País de mentiras

La distancia entre el discurso y
la realidad en la cultura mexicana

Sara Sefchovich

País de mentiras

La distancia entre el discurso y
la realidad en la cultura mexicana

OCEANO *exprés*

Diseño de portada: David Maawad
Fotografía de la autora: Carhol

PAÍS DE MENTIRAS

© 2008, 2012, Sara Sefchovich
© 2008, Juan San Juan Rebollar (por las imágenes)

D.R. © Editorial Océano de México, S.A. de C.V.
Blvd. Manuel Ávila Camacho 76, piso 10
Col. Lomas de Chapultepec
Miguel Hidalgo, C.P. 11000, México, D.F.
Tel. (55) 9178 5100 • info@oceano.com.mx

Primera edición en Océano exprés: agosto, 2012

ISBN 978-607-400-846-3

Para Rogelio Carvajal, editor generoso
y querido amigo

Índice

Prólogo:
El descubrimiento de la mentira[1]

*E*n noviembre de 1996, los diarios traían la nota de que en la ciudad de Roma, en una reunión internacional de alto nivel, el secretario de Agricultura de México afirmó que en el país ya se había terminado el rezago agrario y que el campo producía 97% de los alimentos que se consumían en él. Dicho esto, el funcionario no sólo relató las maravillas de nuestra producción agrícola, posibles, según dijo, gracias a los apoyos que el gobierno les daba a los campesinos, sino que hasta se permitió impartir lecciones a otros países de cómo deberían hacer ellos para obtener tan buenos resultados.[2]

En el momento de tan festivas declaraciones, según datos oficiales del Consejo Nacional Agropecuario, México importaba más de 30% de sus productos alimentarios, incluidos hasta los más básicos de los básicos de la dieta nacional, como el maíz (45% del total del consumo nacional venía de fuera), el frijol (70% del total) y el chile (pues, por increíble que parezca, los chinos producen buena parte del que nos comemos).[3] Además, importábamos trigo, arroz (75% del que se consume en el país proviene de Estados Unidos), fruta, leche, hortalizas (la lechuga de Estados Unidos es más barata y de mejor calidad que la nuestra porque está regada con agua limpia y no con aguas negras) y borregos (la mexicanísima barbacoa sale más barata con carne congelada que viene desde Nueva Zelanda que con animales nacionales).[4]

Poco tiempo después, otro secretario del ramo insistió en lo mismo, esa vez para oídos nacionales. En su comparecencia frente a la Cámara de Diputados afirmó que "el sector rural fortalece nuestra seguridad alimentaria" y que "nuestro país, con su política agropecuaria, se puede hacer cargo de su alimentación".[5]

Sin embargo, en ese momento, según cifras del propio funcionario, la producción de granos había disminuido de manera importante, la de fruta se mantenía igual, y la de hortalizas sólo había aumentado 7%. Y según la Confederación Nacional Campesina y la Central Independiente de Obreros Agrícolas y Campesinos: "La demanda nacional de alimentos fue cubierta en 50% con adquisiciones del exterior" y "casi la mitad de las divisas que entran por la venta de petróleo tienen que salir por la compra de granos básicos, carne y leche",[6] y según Agustín Escobar Latapí: "Las importaciones de alimentos han crecido 400% en veinte años y en el año 2000 equivalen al 97% del valor total de las exportaciones de petróleo crudo".[7]

¿A qué se referían entonces los funcionarios que afirmaban que el país se hacía cargo de su alimentación y que producía casi el total de los alimentos que consumía? ¿No estaban ambos inventando una realidad a la medida de sus deseos y presentándola como si fuera la verdad más verdadera?

Sin duda que sí, como lo mostraban una y otra vez los datos y como lo habían señalado desde principios de los ochenta los investigadores David Barkin y Blanca Suárez cuando afirmaron que la autosuficiencia alimentaria era un sueño imposible, aun en tiempos con crecimiento de la producción de granos, frutas, legumbres y oleaginosas, como sucedió en los años sesenta, porque la tendencia no era producir para las necesidades humanas sino para conseguir rentabilidad, y esto no tenía visos de revertirse, dada la forma de funcionar de la economía mexicana y su relación con el capital internacional que "dicta una dinámica que destruye la capacidad social y política para que un país sea autosuficiente".[8]

Nada de lo cual, sin embargo, ha impedido que los funcionarios sigan manteniendo la mentira. En 2008, mientras el mundo entero estaba pasando por una crisis alimentaria y aunque México depende en gran medida de las importaciones de granos y otros básicos, los secretarios de Economía y de Agricultura dijeron que a nosotros eso no nos pega.[9]

Algo similar ocurre con la atención a la salud. En una asamblea general de 1999 del Instituto Mexicano del Seguro Social, el director presentó cifras según las cuales la institución estaba atendiendo al 55% de la población total del país. De acuerdo con el funcionario, 14 millones de trabajadores, 2 millones de pensionados y jubilados y sus familias eran derechohabientes. Sin embargo, la Comisión Nacional del Sistema de Ahorro para el Retiro daba datos según los cuales 13 millones de asalariados nunca habían cotizado en la institución, lo cual significaba que apenas un tercio de los trabajadores se beneficiaba de la seguridad social. Y la Organización Internacional del Trabajo daba cifras según las cuales 51% de los trabajadores mexicanos no tenían seguro social.[10]

De nuevo el gobierno hacía afirmaciones alegres aunque la realidad no concordara con ellas.

Y no solamente el gobierno. A mediados de los noventa, la Fundación Cambio XXI Luis Donaldo Colosio me invitó a participar en un coloquio internacional sobre derechos humanos, en el cual presenté el caso de México. Durante cuarenta minutos recité las violaciones que se cometen en el país, de acuerdo con lo que afirmaban organismos no gubernamentales nacionales e internacionales de reconocido prestigio y con lo que me habían dicho los activistas a quienes entrevisté. La ponencia levantó mucho polvo y, uno tras otro, los demás participantes mexicanos, todos ellos distinguidos diplomáticos, juristas y militares, negaron mis datos y dudaron de mis fuentes, y en cambio hablaron maravillas de los convenios internacionales que nuestro país había firmado en esa materia y de las leyes e instituciones que se habían creado para protegerlos. Era obvio que, lo mismo que en los casos de la alimentación y la salud, también aquí se trataba de dos discursos que, aunque en apariencia se referían a una misma realidad, no tenían nada que ver entre sí.[11]

¿Qué sucedía? ¿Cómo era posible esto?

Unos meses después del evento mencionado, recibí la llamada del editor del suplemento cultural de un diario de circulación nacional, quien me solicitó un artículo sobre la ciudad de México. Puse sobre el papel lo que yo veía:

calles en las que había mierda de perro, colillas de cigarro, bolsas de frituras y envases de refresco; parques abandonados donde lo que alguna vez había sido pasto verde era un zacate seco y amarillo; autos estacionados en doble fila o incluso sobre las banquetas, que de por sí parecían bombardeadas por tantos baches y roturas del pavimento y no eran aptas para caminar; una ciudad, en fin, en la que cualquiera ponía un puesto en cualquier parte para vender lo que sea, cualquiera se apoderaba de los espacios públicos, ensuciaba y ponía música a todo volumen día y noche sin preocuparse si los vecinos enloquecían.

El artículo nunca se publicó. "No es ésa la imagen que nos interesa", fue la explicación que recibí. Lo que querían era el elogio al niño comiendo un helado y no el relato del peatón que se queda pegoteado en el piso porque lo que escurrió de aquel barquillo nadie lo limpia jamás; querían a la indígena que vendía artesanías pero sin que se notara su miseria, querían la puerta hermosa de la iglesia pero no la basura que se acumula en las esquinas del atrio, querían al sol posándose sobre el quiosco de la plaza pero no los faroles cuyos focos siempre están fundidos.

Me di cuenta entonces que en nuestra cultura las miradas sobre la realidad pasan por el filtro que las embellece o al menos que suaviza su dureza y que se tergiversa, oculta o silencia aquello que no gusta.

A partir de entonces, empecé a fijarme, y uno tras otro fueron apareciendo frente a mis ojos ejemplos de declaraciones que pretendían decir la verdad y que quien las emitía pretendía que se le creyera, pero que resultaban falsas cuando se las ponía a prueba.[12] El discurso público[13] que los mexicanos escuchamos en boca de nuestros políticos, eclesiásticos, empresarios y comunicadores, que son quienes tienen voz en el acontecer cotidiano en referencia a los asuntos que nos atañen como sociedad y que están colocados en un lugar que les confiere poder a la hora de usar esa voz,[14] tenía poco que ver con los datos de la realidad reunidos por académicos, científicos e intelectuales, instituciones nacionales e internacionales, activistas y ciudadanos. Esto último sobre todo, pues lo que experimentamos y vivimos cotidianamente los ciudadanos no es lo que nos dicen que es.

De modo que cuando el jefe de la página de opinión del diario *El Universal* me invitó a colaborar, decidí que ése sería mi tema y empecé a seguir lo que para entonces ya se me había convertido en una obsesión. Durante más de quince años fui documentando una tras otra las mentiras del discurso público, en un ejercicio para el periódico y también para la radio, en el programa *Monitor* de José Gutiérrez Vivó, y puedo asegurar que no pasó una sola semana en que no encontrara material de sobra para incluir.

Es sobre este largo y paciente trabajo —que constituye el corpus[15] de este libro— que hoy puedo sostener mi afirmación de que en México hay una brecha entre lo que se dice y lo que es, una separación como diría Lacan, entre la realidad de lo real y la realidad del discurso, un incongruencia enorme, como dice César Cansino, entre el discurso del poder y el ejercicio del poder.[16]

Tendremos las mejores leyes e instituciones, habremos firmado todos los convenios del mundo, nos habrán hecho las promesas y ofrecimientos más excelsos, incluso los informes de resultados más alentadores, pero nada de eso es cierto, porque las instituciones no cumplen con su cometido, a las leyes no se las respeta, se promete lo que no se va a cumplir y se asegura que se hace lo que no se hace. Aunque pasen los años y con ellos las modas ideológicas, aunque cambien los partidos en el poder y los funcionarios en el gobierno, a los ciudadanos nos mienten una y otra vez.

* * *

Y lo que es peor, nos han mentido siempre. A lo largo de la historia esta forma de funcionar se ha repetido, desde el "obedézcase pero no se cumpla" que acompañaba la promulgación de las leyes en el virreinato de la Nueva España, hasta la costumbre de elaborar leyes y crear instituciones con las que los liberales del siglo xix pretendieron vestir a la moderna,[17] a un país "pobre, desorganizado y mugroso", como lo describió Luis González.[18]

Muchas voces lúcidas lo han advertido. En el siglo xix Lorenzo de Zavala afirmó que "hay un choque continuo entre las doctrinas que se profesan, las instituciones que se adoptan, los principios que se establecen y los abusos que se santifican, las costumbres que dominan", y concluyó: "Falta mucho para que la realidad corresponda a los principios que se profesan".[19] Medio siglo más tarde, Justo Sierra habló de "nuestra aversión radical a la verdad, producto de nuestra educación y de nuestro temperamento",[20] y de nuevo cincuenta años después, Octavio Paz dijo que entre nosotros se habían instalado la falsificación y la mentira y que vivíamos en la simulación.[21] Escribe el poeta: "La mentira inunda la vida mexicana: ficción en nuestra política electoral, engaño en nuestra economía [...] mentira en los sistemas educativos, farsa en el movimiento obrero —que todavía no ha logrado vivir sin la ayuda del Estado—, mentira en la política agraria, mentira en las relaciones amorosas, mentira en el pensamiento y en el arte, mentira por todas partes y en todas las almas. Mienten nuestros reaccionarios tanto como nuestros revolucionarios; somos gesto y apariencia y nada se enfrenta a su verdad".[22]

Hoy en día, no hay estudioso de México que no reitere la acusación: "Es muy viejo el problema de la diferencia en México entre el país legal y el país real", dice Héctor Aguilar Camín; "Hemos vivido una gran mentira", dice Horacio Labastida; "Hemos estado viviendo de mentiras", dice Josefina Zoraida Vázquez; "Hay una igualdad formal y una igualdad real", dice Marta Lamas; "Vivimos con un modelo de comportamiento ideal que no alcanzamos", dice Fernando Escalante Gonzalbo; "Hay una simulación entre lo que las leyes ordenan y lo que la población observa", dice Luis Feder; "Los mexicanos mentimos constantemente", dice José Gutiérrez Vivó.[23]

Y, sin embargo, no hemos sabido o no hemos podido o no hemos querido escuchar esas voces, o simple y sencillamente no les hemos dado la importancia que merecen.

* * *

El libro que el lector tiene en sus manos se centra en el periodo conocido como de transición (y algunos piensan que de llegada) a la democracia, específicamente en el último gobierno del priísmo, también último del siglo XX y el primero del triunfo de la oposición, también primero del siglo XXI.

La razón para haber elegido esta temporalidad es que, si bien la mentira había formado parte de nuestro discurso público desde tiempos inmemoriales, sucedió la paradoja de que en este periodo, en el que supuestamente ella ya no habría sido necesaria dado que una de las premisas de la democracia es precisamente el derecho de los ciudadanos a la verdad, no sólo creció y se reprodujo hasta dimensiones insospechadas, sino que se convirtió en la única forma de gobernabilidad.

Y esto fue así, porque el proceso democratizador nos obligó a considerar necesario todo el paquete que lo constituye: la transparencia, la igualdad, el respeto a los derechos humanos, al medio ambiente, a la diversidad y a la libre expresión, y dado que la nuestra es una cultura en la que nada de eso existe, pues nos obligó a la franca mentira. Fue entonces y fue allí cuando ella se volvió necesaria e inevitable, con el fin de pretender que ese cambio que tanto nos anunciaron y que tanto habíamos deseado realmente había llegado.

La mentira sirvió para llenar los huecos y tapar lo que no se hacía y lo que no se cumplía de las promesas en las que cifraron sus esperanzas millones de ciudadanos. Sirvió para mantener la ilusión y evitar el conflicto que se habría producido cuando cambiaron los modos de relación entre los grupos de poder, los cuales habían funcionado durante años,[24] y sirvió también como estrategia de legitimación[25] para poder usar el discurso de la responsabilidad y del compromiso sin que realmente se asumieran ni la responsabilidad ni el compromiso.[26]

Nunca como ahora ha sido tan necesario mentir: decir que hay crecimiento y estabilidad social, aceptación internacional, inversiones, menos pobreza, éxito en la lucha contra la contaminación y el narcotráfico, mejoras en la educación y en la relación con Estados Unidos, respeto a todas las causas que se consideran buenas en los países desarrollados (desde el voto hasta el cuidado del medio ambiente) y lo que sea y lo que se quiera. Y eso es así porque nunca como ahora nos hemos sentido (y nos queremos seguir sintiendo) parte del mundo globalizado y miembros en pleno derecho del club de los países modernos y democráticos.

De modo, pues, que si la mentira constituyó siempre la esencia de la vida política mexicana, hoy es además indispensable para poder gobernar. De no haber recurrido a ella, el poder se habría visto obligado a reconocer públicamente que no cumplió ni alcanzó sus objetivos y, peor todavía, que no puede hacer nada al respecto. Es "una solución según un cálculo de oportunidad", diría Pietro Barcellona,[27] para conservar el poder aunque sea "en el mercado de la opinión", como diría Guy Sorman.[28]

Si en los años ochenta del siglo pasado el investigador Roderic Ai Camp afirmaba que "el sistema político mexicano es un complejo conjunto de estrategias para hacer las cosas", hoy podríamos asegurar que es sólo para decirlas.[29]

México es un país que se ha pasado la historia (su historia) descubriéndose, conociéndose, explicándose.[30] Se nos han pasado el tiempo, la filosofía y la literatura buscando saber qué y cómo somos. Ésta ha sido la aspiración que ha marcado a la cultura en México. En ese que es un solo, repetido, infinito proyecto, se han quedado las energías de los pensadores y los creadores mexicanos.

Pero una cosa es que exista esa preocupación y otra que el objetivo se haya conseguido. En ese sentido, tuvo razón Paz cuando afirmó que, a pesar de tanta obsesión, de todos modos, no tenemos una idea clara de la respuesta. Quizá porque como él mismo dice, los hombres casi nunca logran hacerse una imagen clara y verdadera de la sociedad en la que viven.[31]

Y es que, paradójicamente, la voluntad de conocerse ha estado acompañada de la voluntad de esconder la verdad y de ocultar los problemas. Un prurito nacionalista nos ha llevado a suponer que saber la verdad le hace daño al país y a sus habitantes y, al contrario, que decir sólo lo positivo hará que se lo ame más. Desde Guillermo Prieto hasta hoy, muchos han considerado que ésa es la forma correcta de actuar, y que es necesario engañarnos "orientalistamente", en el sentido que le da al concepto Edward Said y que se refiere al embellecimiento e idealización de las cosas.[32]

Este ensayo comparte la vieja voluntad de conocer y entender a México, pero no desde la perspectiva de tapar las verdades detrás de los velos embellecedores o silenciadores, sino de aquella que, como escribió alguna vez Pablo González Casanova, parte de la convicción de que "es necesario reconocer nuestra realidad, acabar con las simulaciones y con la falsa idea de que la mejor manera de amar a México es ocultar sus problemas".[33]

* * *

A fines de 2007, se llevó a cabo en Indonesia la Cumbre de Bali, dedicada al tema del cambio climático.

México presentó en esa reunión internacional espléndidos documentos: la Estrategia Nacional de Cambio Climático, los 99 proyectos de reducción de emisiones de bióxido de carbono, registrados ante el Mecanismo para un Desarrollo Limpio, y las tres comunicaciones nacionales que se hicieron como país que suscribió el Anexo 1 del Protocolo de Kyoto.

Gran lucimiento tuvieron los funcionarios de la enorme delegación (veintisiete, encabezados por el secretario del Medio Ambiente y Recursos Naturales) que acudieron al encuentro y que, además, igual que habían hecho en Roma poco más de una década antes, les dijeron a los otros países lo que ellos debían hacer,[34] y no sólo eso, también les advirtieron "tajantemente" que "la inacción de otros no será excusa para que México deje de cumplir con sus compromisos en la lucha contra el cambio climático".[35]

Los oídos internacionales se impresionaron tanto con las propuestas mexicanas, que colocaron al país en el cuarto lugar mundial entre los que combaten el problema, apenas abajo nada menos que de Suecia, Alemania e Islandia. Y el director de la Iniciativa de Medición de Gases de Efecto Invernadero del World Resources Institute hasta dijo: "No hay otro país en vías de desarro-llo que haya desarrollado una estrategia tan completa como México".[36]

Pero lo que no saben es que no se trata más que de palabras y no de realidades, pues en el momento de tan festivas declaraciones el país estaba en-tre los trece primeros que mayor cantidad de gases de efecto invernadero emi-tían:[37] 643 millones de toneladas al año,[38] que seguía sustentando su economía y sus modos de producción en el uso de combustibles de origen fósil (96% del total de los que se emplean),[39] que seguía tan campante en la quema de hidrocarburos y que tenía una elevada tasa de deforestación (tan sólo en ese año se perdieron cerca de medio millón de hectáreas de bosques y selvas),[40] de la cual provenía "más de 20% de las emisiones totales".[41] ¡Hasta un panel de la ONU había acusado al gobierno federal de no tomar medidas adecuadas para enfrentar el problema![42]

Diez años habían pasado entre la reunión de Roma y la Cumbre de Bali, pero en el discurso político mexicano nada había cambiado: la mentira seguía allí y, como el personaje de la publicidad de un whisky, tan campan-te. Por eso podemos decir, parafraseando a José Joaquín Blanco, que entre nosotros podrán pasar aperturas democráticas, crisis, devaluaciones, siglos, dinastías, atlas, cosmos y cosmogonías… pero nuestros funcionarios seguirán impune, graciosa, sofisticada, soberanamente inventando sus mentiras.[43]

* * *

Este libro es resultado de una investigación que llevé a cabo en el Instituto de Investigaciones Sociales de la Universidad Nacional Autónoma de México, donde me desempeño como investigadora desde hace casi cuatro décadas. En él reúno diversos tipos de materiales: mis propios artículos y pro-gramas de radio, testimonios de ciudadanos que viven, ven y escuchan, inves-tigación hemerográfica y libros académicos para profundizar sobre los temas específicos aquí desarrollados. Están también presentes las lecturas teóricas de toda mi vida, sobre las cuales elaboré la interpretación que lo sustenta. Se trata, como diría Teun A. Van Dijk, de una denuncia que es al mismo tiempo una cuestión política y una mirada científica sobre la realidad.[44]

El texto está dividido en dos libros, y con toda intención está escrito en tonos narrativos diferentes y con modos argumentativos distintos, precisamen-te para mostrar que el engaño adquiere gran diversidad de formas y niveles.

En el primer libro se establece la existencia de la mentira en el discur-so público mexicano, y en el segundo libro se explica el porqué de ella y las consecuencias que ha tenido en la sociedad mexicana.

El primer libro está a su vez dividido en tres partes. Una de ellas se refiere a las mentiras que escuchamos y vemos todos los días y con las que vivimos cotidianamente y presento ejemplos de las muchas formas de mentir y de los muchos tipos de mentiras: desde hacer leyes, crear burocracia y firmar convenios, hasta manipular cifras e imágenes, alardear y pretender, tergiver-sar o dar medias verdades, minimizar, negar o silenciar hechos. Con todo eso nos quieren hacer creer que las cosas se hacen, aunque luego no sea así, y que los resultados son de otro modo que como realmente son.

Otra parte se refiere a las grandes mentiras que son de dos tipos: las que se dicen para exportación y las que nos dicen para consumo interno.

Aquéllas tienen su origen en que, al mediar los años noventa del siglo XX, parecía que habíamos entrado por fin en serio a la modernización[45] y que era un hecho que íbamos a cumplir el sueño ilustrado de ser un país democrático en el que, como tal, se respetaría lo que se supone que se respeta en los países democráticos, como son los derechos humanos, el medio ambiente, el multiculturalismo, la diversidad y la democracia, todas causas nobles que se pusieron de moda entonces, a las que se consideraba moralmente irrebatibles y política, social, discursiva y simbólicamente legitimadas en el mundo occidental, pues "responden a determinados valores reconocidos como correctos y justos".[46] Estos valores, con todo y que "son fruto de realidades complejas y controvertidas de sociedades históricas particulares", como dicen Pierre Bourdieu y Löic Wacquant,[47] se constituyeron para nosotros en modelo y medida de todas las cosas, sin importar si se correspondían con nuestras formas culturales y modos de funcionar socialmente.

Esto por dos razones: la primera, porque en México tenemos el logos occidental como deseo, como ilusión, como discurso, como prejuicio, y de allí que sea la nuestra una eterna fe en las recetas de fuera, las de los países exitosos y ricos, y un afán de imitarlos, que nos hace convertirnos colectivamente una y otra vez a lo que alguien llamó sus "mecas simbólicas".[48] Ésta es nuestra mentalidad colonizada, pues, como escribió Carlos Monsiváis, "colonial es la posición intimidada que engrandece todo lo de afuera para sentirse habitando la absoluta falta de alternativas".[49]

La segunda razón es que nos interesa quedar bien con los países ricos de Occidente, con los cuales "México ha contraído grandes compromisos pecuniarios, enormes compromisos morales, inmensos compromisos de civilización".[50] Esto, dicho de otro modo, significa que estamos atados estructuralmente a un modo de funcionar en el mundo del que no podemos librarnos y al que tenemos que seguir, voluntaria o involuntariamente.

Todo lo anterior, para decir que fue así como entraron a nosotros una serie de "especies culturales" según les llama José Fernández Santillán; de "instituciones raras" como las califica Pablo González Casanova; de "proyectos civilizatorios externos" como los considera Guillermo Bonfil,[51] que tienen aquí, como en otros países subdesarrollados, una función programática, utópica, ritual y también legitimadora,[52] y que nosotros fingimos creer y pretendemos cumplir.

En el capítulo sobre los engaños para consumo interno, me refiero al discurso que asegura que la familia es un lugar de amor y que los indios son nuestros iguales, que pone a la justicia social como un compromiso ineludible y a la educación y la cultura como prioridades, y que jura que la economía está sana y sólida y que somos una nación con una identidad, siendo que nada de esto es así.

En la tercera parte me refiero a dos mentiras sobre los asuntos que en buena medida van a determinar nuestro futuro como país. Ninguna ley que se promulgue, ninguna institución que se cree, ningún convenio que se firme, ningún plan que se prepare, ninguna reforma que se emprenda, ninguna promesa que se haga, van a tener sentido si no se deja de mentir sobre ellos. Uno es la seguridad nacional, otro son los conflictos sociales. Y me refiero también a un asunto sobre el que ni siquiera hay que argumentar o demostrar nada, porque es obvio para todos los ciudadanos: la gran mentira según la cual en México es justa la impartición de justicia.

El segundo libro está dividido en cuatro capítulos. En el capítulo uno, recojo las formas de comportamiento que dan pie a la existencia de la mentira, como son, entre otras, el hecho de que todo se haga de manera improvisada, sin nunca prever, sin capacitarse, apostando al azar. Es un modo de funcionar que se va por lo superficial, que se sostiene sobre la negligencia y que además no evalúa ni reconoce errores.

En el capítulo dos explico las razones históricas, lingüísticas y culturales que han hecho de la mentira nuestro modo de funcionar. Porque para que ella ocurra como ocurre y sea como es, es porque existe eso que Néstor García Canclini llama "un piso social" que la sustenta. Nuestros poderosos no podrían mentir si no fuera un código y una práctica socialmente aceptados y compartidos. Eso hace que la mentira sea no sólo inevitable sino necesaria, y no parece que eso vaya a cambiar, pues sus condiciones de existencia siguen vigentes.

En el capítulo tres explico cuáles han sido las consecuencias de esa forma de funcionar, pues mentir una y otra vez, durante años y años, no ha sido impune. Ello ha llevado a la desconfianza de los ciudadanos, la falta de respeto a la ley, a las instituciones y a las autoridades, a la desmemoria colectiva, a esperar todo del gobierno, a la corrupción y a la doble moral, y, sobre todo, al desinterés y la desesperanza.

En el capítulo cuatro es al mismo tiempo una recapitulación y una reiteración del modelo, sólo para que al cerrar este libro no olvidemos que la mentira está aquí entre nosotros y que, digan lo que digan, con ella vivimos cotidianamente.

* * *

Cuando Carlos Martínez Assad leyó estas páginas me dijo: "Junto a este libro, la realidad es un remanso espiritual".[53] Y es que puestas las cosas de este modo, una tras otra, sin respiro ni pausa, sin dejar piedra sobre piedra, se pone en evidencia con crudeza la situación en la que vivimos los mexicanos: nos han engañado tanto que ya no sabemos en dónde estamos parados y el desastre es enorme.

Pero había que decirlo. Porque ya es hora de que nuestros poderosos se den cuenta de que nos damos cuenta. Porque estoy de acuerdo con Pablo González Casanova de que la mejor manera de amar a México no es ocultando sus problemas,[54] sino al contrario, sacándolos a la luz. Y porque creo con Guy Sorman que la diferencia esencial entre las sociedades radica en su capacidad de autocrítica y con Karl Popper en que el deber del pensador es elaborar explicaciones de nuestro mundo.[55]

EXISTENCIA DE LA MENTIRA

PRIMERA PARTE
LA MENTIRA NUESTRA DE CADA DÍA

I. Las supuestas panaceas[1]

¿Existe sobre la faz de la tierra algún país que cuente con mejores leyes, con más instituciones (secretarías y subsecretarías, procuradurías y fiscalías, institutos y organismos, comités y consejos) y que haya firmado tantos convenios y acuerdos nacionales e internacionales a favor de todas las causas, las buenas, las mejores y las excelentes?

Difícilmente.

Porque en México se supone que basta con que existan leyes, instituciones y convenios para que las cosas se hagan o se resuelvan. Por ejemplo, se crea una Comisión Nacional de Derechos Humanos y listo, con eso se da por hecho que no habrá más tortura. O una biblioteca gigante y automáticamente se supone que mucha gente va a leer. O un Instituto Nacional del Deporte y ya con eso quiere decir que se practica ampliamente el ejercicio.

Tomemos este último caso: dado que existe el discurso de que el deporte es cosa buena, por instituciones burocráticas y burócratas dedicados a su "promoción y estímulo" no paramos, a pesar de lo cual los atletas se quejan del abandono en que los tienen, las escasas instalaciones para practicar deporte están en pésimo estado y en las competencias internacionales los logros son magros en términos de medallas (incluso en ocasiones no se consigue ni una como sucedió en las olimpiadas de 1996). Y es que simple y sencillamente, como dice Ana Guevara, no es verdad que a las autoridades les interese apoyarlo.[2] Pero eso sí: asistimos a todas partes llevando enormes delegaciones: a Atenas 2004 se mandaron 114 atletas, 32 entrenadores y 22 médicos, acompañados nada menos que de cien dirigentes ¡casi uno por competidor!³ Y a Beijing 2008 fueron 85 atletas y 170 acompañantes entre dirigentes y personal técnico, administrativo y médico. En cuatro años se había aumentado a dos por competidor, una mejora sustancial sin duda.

¿Que hay corrupción? Se crea una Secretaría de la Contraloría de la Federación (hoy de la Función Pública) y sus correspondientes estatales para "combatirla". ¿Que hay contaminación? Se crea no una sino varias instituciones para "resolverla": una Secretaría del Medio Ambiente, un Instituto Nacional de Ecología, una Comisión Metropolitana para la Prevención y Control de la Contaminación Ambiental en el Valle de México, una Secretaría del Medio Ambiente del Distrito Federal, un Programa Integral contra la Contaminación Atmosférica. Por supuesto, cada una de esas instancias tiene sus oficinas, sus funcionarios, su jerga ("se decretó pre-contingencia ambiental", "se va a aplicar la fase uno del sistema de emergencia"), sus siglas ("NOM-EM-102-ECOL-1995"), sus normas ("Las verificaciones deben ser más estrictas en un

35%") y sus datos ("a 38% de los capitalinos les duele la cabeza"). ¿Que hay delincuencia? Se instala una Comisión para atender el problema. ¿Que a pesar de eso sigue la delincuencia? Se organiza un Plan de Reacción Inmediata y Máxima Alerta.[4] ¿Que de todos modos no se quita la delincuencia? Se forma un grupo intersecretarial. ¿Que ni así mejoran las cosas? Se organiza una Reunión Nacional de Procuradores. ¿Que a pesar de eso sigue habiendo asaltos, robos, asesinatos y secuestros? Pues se instituye una Secretaría de Seguridad Pública. ¿Que no se compone esto de la delincuencia? Entonces se crea con bombos y platillos un Consejo Nacional de Seguridad Pública ¡todo un sistema nacional en el que participan gobernadores y procuradores que, nos dicen, logrará ahora sí, terminar con la criminalidad![5] pues según el procurador general de la República: "Todas las posibilidades de llegar al nuevo siglo como un país de leyes y justicia están en el instrumento sin precedente".[6]

Éste es el punto central: en México se supone que todo se resuelve si se crean "instrumentos".

Crear burocracia

Y entonces, pues a crearlos se ha dicho. Un día y otro también nacen toda suerte de oficinas de mayor o menor rango, con éste o con aquel nombre, con más o menos funcionarios, destinadas a ocuparse de cualquier cosa que en ese momento les parezca importante a los gobernantes: desde la contami-

nación hasta la violencia contra las mujeres, desde la supervisión de obras públicas hasta la promoción del turismo, desde la ayuda a la población cuando se presentan desastres naturales hasta la verificación del cumplimiento de las normas contra el ruido, y todo lo demás que se les pueda ocurrir.

Por eso hay secretarías de todo: desde Desarrollo Social y Medio Ambiente hasta Salud, desde Educación Pública hasta Hacienda. Y procuradurías de todo: desde justicia hasta defensa del consumidor. Y institutos de cualquier cosa: desde Seguro Social hasta cuestiones electorales. Y comisiones: desde agua hasta áreas naturales protegidas, desde defensa de los usuarios de las instituciones financieras hasta arbitraje médico, desde regulación y ahorro de energía hasta para el desarrollo de los pueblos indígenas. ¡Hasta existe una Comisión de Nomenclatura del gobierno del Distrito Federal, destinada a ponerle nombres a las calles de la ciudad! Y comités, como el olímpico, el de la industria azucarera, el de sanidad acuícola. Y consejos, como el de la judicatura federal, el de la comunicación, el de fomento educativo, el de la cultura y las artes y programas: tan sólo la Secretaría de la Reforma Agraria tiene "para combatir la pobreza en el medio rural y generar oportunidades de desarrollo para las familias campesinas", el de la Mujer en el Sector Agrario (Promusag), el Fondo de Apoyo a Proyectos Productivos en Núcleos Agrarios (FAPPA), el de Fomento al Desarrollo Agrícola (Formar) y el Joven Emprendedor Rural-Fondo de Tierras.[7] Así que por "instrumentos" no paramos, aunque más allá de crearlos y formalizarlos y llenarlos de burocracia se haga poco.

El caso de la seguridad es claro: "La preocupación se ha limitado al discurso ya que no existen, ni en los criterios presupuestales ni en el diseño de políticas públicas, evidencias de que esa preocupación se traduzca en acciones de apoyo en la materia", afirmó el presidente del Consejo Técnico de Asuntos de Seguridad Nacional del Partido Revolucionario Institucional.[8]

Y como esos ejemplos, todos los que se quieran. Pongo uno que me parece particularmente doloroso: en cuanto tomó posesión, el presidente Fox creó una Oficina de Representación para la Promoción e Integración Social de Personas con Discapacidad, uno de cuyos objetivos consistía en abrir espacios laborales para estas personas en las dependencias gubernamentales federales. El 28 de septiembre de 2001 se firmó con bombo y platillo en la Residencia Oficial de Los Pinos, un acuerdo con los Oficiales Mayores de las dependencias involucradas, para asegurar que esto efectivamente se cumpliera y el 12 de junio de 2002 el secretario de Relaciones Exteriores reiteró públicamente que para el gobierno era "prioritario cumplir con los compromisos internacionales adquiridos en relación con los discapacitados".

Amparado en estos "instrumentos" y discursos, el señor Martín Carlos Velasco Barroso, paralítico de la cintura hacia abajo, presentó su caso. Y en efecto, al poco tiempo se le informó que existía una relación de 19 personas con discapacidad a quienes se daría empleo en igual número de dependencias. A él en concreto, se le comunicó que se le incorporaría al Instituto del Fondo Nacional de la Vivienda para los Trabajadores, colocándolo como asesor del director general precisamente para apoyar "la promoción de las políticas de la institución a favor de las personas con discapacidad". Se le hicieron las entrevistas y exámenes y se le avisó que sus resultados eran correctos, de modo que sólo faltaba esperar la llamada telefónica a partir de la cual se incorporaría a su empleo, tiempo que él aprovechó para documentarse sobre los programas de vivienda y sus normas técnicas.

Pero, al mejor estilo burocrático, la dicha llamada nunca llegó.

Empezaron entonces los ires y venires, los telefonemas y cartas, las visitas de funcionario en funcionario primero, de secretaria en secretaria después, de asistente en asistente al final, los cuales lo trataban despóticamente o, al contrario, le explicaban paternalistamente que debía tener paciencia. "¿Paciencia?", les preguntaba. "¡Tengo que comer!, ¡tengo familia!" "No lo tome así", le respondían condescendientes. Varios meses más tarde, recibió un documento en el que se le informaba que "se le integrará a la bolsa de trabajo para cuando se presente la oportunidad".

Un año después la dicha oportunidad no se había presentado. Y nunca se presentó.[9]

Eso sí, el presidente de la República aparecía en la televisión un día sí y otro también diciendo que "los acuerdos que se firman en Los Pinos se cumplen siempre" y que él "no estaba dispuesto a aceptar que sus colaboradores no lo hicieran".[10]

* * *

Así las cosas. Porque en la perspectiva de nuestras autoridades, el instrumento burocrático, por el solo hecho de existir, ya se supone que resuelve el problema. Pocos ejemplos más elocuentes de este modo de pensar que el que sucedió cuando a finales de 2006 tomó posesión un nuevo jefe de Gobierno de la capital y lo primero que hizo fue crear varias nuevas secretarías, dos institutos y una "Autoridad" que se agregan a las ya existentes hasta sumar ¡23 instancias burocráticas! que se supone harán mejor la vida de los capitalinos.

Pero mi ejemplo favorito de la fe ciega que tienen los políticos en la creación de burocracia es el siguiente: existe una Comisión Nacional de Derechos Humanos y otras 33 comisiones estatales de lo mismo. ¡Todo el planeta tierra cuenta con cincuenta y tantos ombudsman, pero México solito tiene más de tres decenas! ¿Significa eso que aquí se respetan en serio los derechos humanos? Para nada. Otro ejemplo: existen la Subsecretaría de Asuntos Religiosos de la Secretaría de Gobernación y el Consejo Interreligioso de México y el Consejo Nacional contra la Discriminación y la Campaña por la Tolerancia Religiosa y la Libertad de Conciencia. ¿Significa eso que aquí se respeta la diversidad religiosa? Para nada. Un ejemplo más: existe la Procuraduría Social del DF, cuya función se supone que es resolver el muy serio problema de la convivencia entre vecinos. ¿Significa eso que lo ha logrado? Para nada.

Ninguno de estos organismos, ni otros muchos iguales a ellos, puede conseguir gran cosa porque se les crea pero no hay un compromiso de que funcionen y a algunos ni siquiera se les otorgan ni las facultades ni las herramientas jurídicas necesarias para actuar y su campo de acción se reduce a "recomendar".[11] Por eso Raúl Domínguez dice que "son como llamadas a misa".[12]

Parte importante de la creación de los "instrumentos" es el convencimiento de los funcionarios de que entre más largo sea su nombre, entre más mayúsculas tenga, más impresionará a todos y mejor cumplirá con sus funciones. Por eso nuestras instituciones llevan los que llevan: Secretaría de Agricultura, Ganadería, Desarrollo Rural, Pesca y Alimentación; Dirección General de Gestión Integral de Materiales y Actividades Riesgosas de la Secretaría del Medio Ambiente y Recursos Naturales; Comisión Metropolitana para la Prevención y Control de la Contaminación Ambiental en el Valle de México; Tribunal Municipal de Responsabilidades Administrativas y de la Auditoría Superior de Fiscalización; Consejo de Apoyo y Base Interinstitucional a las Delegaciones del Distrito Federal; Oficina de Representación para la Promoción e Integración Social de Personas con Discapacidad... y tantos y tantos más.

La costumbre se ha extendido a las organizaciones y por eso vemos que un sindicato es la Unión Nacional de Trabajadores de la Industria Alimenticia, Refresquera, Turística, Hotelera, Gastronómica, Similares y Conexos de la República Mexicana, y se ha extendido también a los nombres de los cargos de los individuos que se llaman por ejemplo: coordinador de Lluvias y encargado de Riesgos Hidrometeorológicos de la Oficina Federal de Prevención de Desastres, o secretario técnico para Asuntos Sustantivos (¿habrá asuntos que no lo sean?) del Consejo Nacional para la Cultura y las Artes, o este que es un prodigio: jefe de la Unidad Departamental de Operaciones Especiales en las Unidades Especiales dependiente de la Coordinación de Seguridad Pública del Distrito Federal.

¡Hasta algo tan supuestamente sencillo como un convenio de prestación de servicios de los maleteros en el aeropuerto lleva el larguísimo título de "Contrato de acceso a zona federal para la prestación del servicio de manejo y transporte de equipajes en ambulatorio público, puertas y banquetas, así como servicios de apoyo a líneas aéreas"!

El resultado de que se usen estos larguísimos nombres y títulos, es que a fuerza se termina usando solamente las siglas y entonces entramos en un mundo fascinante y misterioso que nos manda de la LOPPE a la LFTAIPG, de la SEMAR a la Semarnat, del Conaculta al Conacyt, de la Conago al Conapo a la Conagua a la Cofepris, del ISSSTE al IMSS al IFAI a la Profeco al Capufe, de la SCJN a la PGR y la PJDF y a las AFI, PFP, SIEDO, MPF y SAE, del Ceneval (con sus Comipems) al Ciesas y de allí a la UACM, la UAM y la UNAM que a su vez tiene oficinas como la DGAPA y programas como el PRIDE, el PAPIIT y el PAIPA.

Y entonces uno se puede encontrar con un escrito como el siguiente, que es la respuesta oficial de la Comisión Nacional de los Derechos Humanos a un quejoso: "La CNDH estableció las tarifas con base en lo dispuesto por la LFTAIPG así como por la LFD. Mientras que la cuestión relativa dependiera de una resolución judicial, los servidores públicos de la CNDH han estado obligados a conducirse con estricto apego a la ley. Por ello la CNDH considera que la reciente resolución de la SCJN, que ha determinado que la fracción VI del artículo 5 de la LFD no debe ser referencia, presenta una oportunidad de adoptar este criterio. En cuanto a la información clasificada como reservada, el criterio adoptado es congruente con la LFTAIPG y tiene su fundamento en el artículo 10 del RTAI de la CNDH".

* * *

Pocos ejemplos tan claros sobre la inutilidad de "los instrumentos" como los destinados a resolver emergencias. Existen el Sistema Nacional de Protección Civil, el Fondo de Desastres Naturales, la Dirección General de Protección Civil del DF y todas las direcciones estatales de lo mismo, el Centro Nacional de Prevención de Desastres, el Centro de Instrumentación y Registro Sísmico, el Programa de Atención a Emergencias, el Programa de Atención a Contingencias Mayores, el Plan Permanente Anticontingencias y otros que se aplican en caso de desastre como el Programa de Empleo Temporal, que cuenta con lo que se llama una Reserva Inmediata, que consiste en dar recursos para desazolve, limpieza de escombros y reparación de todo tipo de daños menores. Por supuesto cada uno de estos cuenta con oficinas muy bien montadas, con funcionarios y asesores y secretarias que se la pasan haciendo reglamentos, normas y disposiciones.

Pero si hay una fuga de gas o de agua, una coladera sin tapa que es un peligro para transeúntes y autos, si se cae el transformador que alimenta la luz de siete colonias o la rama de un árbol que aplasta el auto que por azar estaba debajo, jamás se consigue que alguien responda el número de teléfono que se anuncia, el ring-ring sonara diez y veinte veces hasta que solito de desconecte.

Y cuando ya sucede el milagro de escuchar una voz al otro lado de la línea, invariablemente la respuesta será: "Esto no es de nuestra competencia", "Todos los carros están ahorita dando servicio", "Vuelva a reportarlo más tarde" o, con tal de deshacerse del quejoso, "Ya salieron para allá".

El resultado de esto son problemas serios, por ejemplo, que "23 mil litros de agua potable por segundo terminan en el desagüe", dice el investigador de la Universidad Nacional Ramón Domínguez Mora, o que colonias enteras terminen explotando y haya montones de muertos como sucedió en San Juanico con los tanques almacenadores de gas y en Guadalajara con la gasolina en el drenaje, pues nadie respondió a los llamados de los vecinos avisando que olía a gas o que de las coladeras salían vapores raros. O que durante semanas salga una pestilencia de un puesto callejero y cuando las autoridades por fin se presentan, descubran carne en estado de putrefacción o un muerto que quién sabe cuánto tiempo lleva allí. O que sendas explosiones destruyan las dos plantas principales del complejo Cactus, a pesar de que una y otra vez se advirtió a la empresa Pemex y al gobierno de Tabasco que no se estaba dando mantenimiento a los pozos petroleros.[13]

Un ejemplo inmejorable es el llamado "grupo Beta" que se creó para ayudar a las personas que están en situaciones de riesgo. La siguiente fue una noticia en la televisión nacional: "En días pasados, dos conciudadanos encontraron la muerte ahogándose en las aguas fronterizas entre México y Estados Unidos. Miembros de este grupo especializado en salvamento intentaron rescatarlos pero no pudieron".

En efecto, no pudieron porque los tales rescatistas eran unos gordos, muy poco ágiles ("hipertensos, diabéticos, cardiópatas, menguados y viejos, incapaces de responder con prontitud a una emergencia" según dijo en entrevista el director de la policía capitalina, "con la panza llena de tacos" según dijo hace varios años el caricaturista Abel Quezada), que no sabían nadar, que no conocían ni las reglas más elementales del salvamento ni del trabajo en equipo y que no contaban ni con los más sencillos implementos como cuerdas y llantas. Por eso mientras las personas luchaban contra las aguas que se los querían tragar, los del "grupo especializado" se mantenían inmóviles, trepados en los árboles o hechos bolas sobre frágiles lanchas, tan apretujados que no podían ni maniobrar. Un buzo privado fue el que pudo rescatar a los accidentados, pero para entonces ya eran cadáveres.[14]

La siguiente es una historia real: "Hace unos días, llegando a casa, vimos a una mujer tirada en la banqueta. Parecía o estaba inconsciente. No nos atrevimos a moverla sino que preferimos buscar algún servicio de emergencia que la ayudara. Abrimos el directorio telefónico y lo encontramos: el 060. Sólo que después de intentarlo varias veces porque siempre sonaba ocupado, cuando por fin logramos comunicarnos, respondió una grabación que decía que nuestra llamada estaba siendo registrada y colgaba. Intentamos entonces con las patrullas de nuestra delegación. Aquí la respuesta fue contundente: este tipo de situaciones no nos corresponden. Ante nuestra insistencia para que nos ayudaran a reportar el caso a alguien competente, aceptaron: veremos lo que podemos hacer, nos dijo el policía al teléfono. Hasta el día de hoy no hemos sabido de ellos. Lo siguiente fue marcar a un número que responde al pomposo nombre de Protección Civil. La persona que contestó empezó a interrogarnos: ¿Qué tiene la señora? ¿Cómo se llama? ¿Está herida? ¿Está consciente? ¿Es accidente o enfermedad? A todas sus preguntas respondimos lo mismo: no lo sabemos, no la conocemos, pasábamos por allí y la vimos. Enojada por nuestra ignorancia de 'datos' que sólo Dios sabe para qué le habrían servido, nos cortó tajante: 'Si no contamos con esa información no podemos atender su llamada'. Habían pasado veinte minutos desde que empezamos a buscar ayuda sin conseguirla. Una hora después seguíamos insistiendo pero no habíamos logrado todavía nada".[15]

Cuando vemos este tipo de situaciones nos preguntamos si realmente al gobierno le interesa atender y en su caso resolver el asunto en cuestión o si se trata sólo de que parezca que quieren. Porque año con año, cuando la sequía afecta a medio país, "agarra de sorpresa" a las autoridades que no tuvieron tiempo o recursos o interés ("pero hoy mismo lo haremos") para rehabilitar y perforar pozos y redes de conducción e infraestructura. Y año con año cuando las inundaciones afectan al otro medio país, "agarran de sorpresa" a las autoridades que no tuvieron tiempo o recursos o ganas ("pero hoy mismo lo haremos") de arreglar los bordos de los ríos, abrir drenajes, desazolvar coladeras.[16]

Y eso para no hablar de los desastres "imprevistos" (que no imprevisibles) para los que jamás alcanzan los recursos: "Es que ya se terminaron", dicen invariablemente los funcionarios del Fondo de Desastres Naturales y de cuantos fondos y oficinas y comisiones hay para atender estos asuntos.[17]

* * *

Y es que la burocracia se acaba todos los recursos. Pocos ejemplos más contundentes de esto que el de la educación: el Sindicato Nacional de Trabajadores de la Educación se traga la mayor parte del presupuesto destinado al rubro dejando muy poco para investigación, capacitación, actualización y otras cuestiones importantes. ¡Con razón en el desplegado que publicó en diciembre de 2006 el partido Nueva Alianza afirmaba que "la asignación para la creación de plazas en el DF supera al total de los recursos aprobados para todo el país de 2000 a 2006"![18] Y lo mismo sucede con montones de instituciones a las que luego del pago de salarios ya les queda muy poco para atender otros aspectos de sus tareas. En ese sentido tuvo razón el rector de la UNAM Juan Ramón de la Fuente cuando se opuso a la creación de una secretaría que se encargara de estimular el desarrollo de la ciencia y la tecnología porque "la burocracia consume los escasos recursos".[19]

Que lo diga si no el Sistema de Transporte Colectivo al que no se le ha hecho ninguna inversión importante en años, de modo que llantas y frenos han llegado a su límite de servicio por la cantidad de kilómetros recorridos y el mucho tiempo de servicio, o que lo digan los controladores aéreos que en abril de 2008 dejaron a cuarenta aeronaves volando al garete sobre la ciudad de México porque falló el equipo que ya es viejísimo.[20] Pero eso sí: a los consejeros ciudadanos de cualquier cosa (porque la figura se ha puesto de moda) se les dan sueldos y bonos millonarios. ¡En 2008, en el Estado de México, van a repartir 25 millones de pesos a los del IFE local!

* * *

También se ha puesto de moda que se conformen consejos formados por ciudadanos que se supone asesoran y supervisan las decisiones de las instituciones para que sean buenas, transparentes y desinteresadas.

Por eso vemos que periódicamente se sientan alrededor de grandes mesas en las salas de juntas, grupos de personas que voluntariamente trabajan por igual para la Secretaría de Cultura de la capital que para la Comisión Nacional de Derechos Humanos, y a las que se les pide considerar tanto las actividades que se van a realizar como las adquisiciones, sean vagones para el Metro o uniformes para los trabajadores.

La gran pregunta es sin embargo, si sirven de algo. Porque su capacidad de actuar es prácticamente nula. Por ejemplo, la Procuraduría Social del Distrito Federal tiene un Consejo pero solamente puede opinar sobre ciertos asuntos mientras que otros, simplemente no se les presentan o no se les admiten a quienes los ponen sobre la mesa.

A veces los consejos son inoperantes porque hay demasiada gente en ellos (en el de la Crónica de la ciudad de México son más de cien personas) o porque se coloca en ellos a funcionarios del propio gobierno que se encargan de asegurar la protección del mismo. Hay algunos de estos funcionarios que pertenecen a tantos consejos, que uno se pregunta a qué horas trabajan y si puede ser cierto que saben de todos los asuntos en los que están involucrados.

Un solo ejemplo: el secretario de Desarrollo Social del DF durante la gestión de Marcelo Ebrard, Martí Batres, tiene, además de su trabajo en una secretaría particularmente difícil, participación en las siguientes comisiones y consejos: Junta de Gobierno del Instituto de la Juventud (de la que es presidente), Junta de Gobierno de la Procuraduría Social (presidente), Junta de Gobierno del Instituto de Ciencia y Tecnología (presidente), Junta de Gobierno del Instituto de las Mujeres (presidente suplente), Consejo Interinstitucional de Desarrollo Social (secretario ejecutivo), Consejo para prevenir y erradicar la discriminación (secretario técnico), Consejo para la atención y prevención de la violencia familiar (secretario técnico), Consejo para las personas con discapacidad (secretario técnico), miembro del Consejo del Instituto de la Vivienda, Consejo de Fomento y Desarrollo Cultural, Consejo de Obras y Servicios, Consejo de Turismo, Consejo para el Desarrollo Rural, Consejo para el Desarrollo Económico, Consejo de Salud, Comisión interdependencial para los migrantes, Comité intersecretarial de Archivos, Junta de Asistencia Privada.[21]

Hay también fiscalías que se crean para atender asuntos delicados, significativos o conflictivos. Por ejemplo las que investigan delitos del pasado, delitos electorales, delitos contra periodistas o crímenes contra las mujeres. Pero tampoco funcionan, porque su capacidad de actuar es mínima, sea porque hay intereses que no les permiten cumplir con su trabajo o porque disponen de muy pocos recursos. Cuando el presidente nombró a una comisionada para indagar sobre los homicidios de mujeres en Ciudad Juárez, la Procuraduría General de la República no le permitió el acceso a los expedientes porque "su función solamente es coordinar los esfuerzos institucionales de las diferentes dependencias federales". O cuando una mujer por fin encontró a su hermano, del que la habían separado siendo niña, durante la llamada "guerra sucia" en la que desaparecieron a sus padres, no pudo reunirse con él porque la dicha fiscalía encargada de ayudarla no contaba con dinero para comprarle el pasaje de avión.

Sin duda que a nosotros se nos puede aplicar lo que escribió hace poco tiempo un famoso ecologista: "He llegado a pensar que las leyes, reuniones y comisiones se hacen precisamente para no hacer nada, para evadir los problemas. Son formas de calmar las ansiedades de las personas haciéndolas creer que se hacen cosas, pero sin hacerlas".[22]

* * *

Una de las cosas que más le gusta a nuestros poderosos es firmar convenios y acuerdos. Les encanta sentarse en largas mesas con manteles de fieltro verde y guapas edecanes vestidas de minifalda paradas detrás, que les entregan las plumas fuente con las que estamparán su rúbrica frente a las cámaras. Por eso un día sí y otro también los vemos participar en esas ceremonias.

Allí están los representantes de la Federación firmando convenios con los de los estados, y los de las secretarías con los de las universidades y los de los institutos con los de las empresas. Todo eso con el fin de lograr esto y aquello en la educación, esto y aquello en la salud, esto y aquello para manejar los recursos sí o no renovables, para apoyar a los discapacitados, para intercambiar información sobre la delincuencia, para compartir actividades culturales y ¡hasta para "no usar nunca más la ayuda social para fines electorales"![23] Tan sólo entre la Universidad Nacional Autónoma de México y la Comisión Federal de Electricidad se han firmado convenios para realizar más de 127 proyectos de investigación y otros tantos con el Instituto Mexicano del Petróleo.

Pero todavía es mejor si el acuerdo se hace con los organismos internacionales. Eso sí que es la gloria. De allí que no haya nada con lo que México no esté comprometido, nada que el país no haya firmado: acuerdos de cooperación económica, de cuidado del medio ambiente, de protección del patrimonio cultural tangible e intangible, de respeto a los derechos humanos, de no proliferación de armas, contra la discriminación de las personas, a favor de los derechos civiles, para promover la tolerancia religiosa, y un etcétera larguísimo. México pertenece a 243 organismos internacionales y ha firmado más de mil convenios y más de 600 acuerdos y tratados con otros países (bilaterales y multilaterales) y con instituciones del más diverso tipo con toda suerte de objetivos.[24] Pocas cosas nos dan más gusto que ser un país muy civilizado que cree en las mismas cosas que creen los países muy civilizados y que por eso firma los mismos acuerdos, convenios, tratados, documentos e instrumentos que estos firman.

Claro que luego, cuando se apaga la luz del reflector y las miradas extranjeras voltean a otra parte, las cosas cambian. El presidente Carlos Salinas de Gortari recibió un premio internacional por su defensa de la ecología pues había promovido instrumentos jurídicos para el cuidado y protección de las ballenas, pero después de los aplausos y las fotos, en secreto su gobierno autorizó a una empresa japonesa a explotar sal en Baja California dañando con eso de manera irreversible a los cetáceos.[25] O por ejemplo, la subsecretaría de Asuntos Religiosos permite (o se hace de la vista gorda) que a pesar de los convenios de tolerancia y respeto a la diversidad, se persiga y hasta se expulse de sus comunidades a quienes no son católicos. Y el caso más célebre de los últimos años: la firma de los acuerdos de San Andrés para Chiapas en las que muchos pusieron sus esperanzas pero que nunca se cumplieron.

Esto de firmar convenios y acuerdos que de todos modos no se cumplen es tan fuerte, que el subsecretario de Gobernación encargado de atender el conflicto social en Oaxaca en el verano de 2006, dijo que estaban trabajando para conseguir "una posibilidad real de cumplir lo que se proponga" y el rector de la Universidad Nacional, después de firmar un convenio más con una institución gubernamental, dijo en su discurso que convendría "más allá de toda retórica" que se lo cumpliera.[26]

Promulgar leyes

Además de crear instituciones y oficinas de todo tipo y de favorecer el crecimiento de la burocracia, lo que más se hace en México son leyes. Existe entre nosotros la convicción, heredada de la era colonial con sus costumbres españolas y de los liberales decimonónicos con sus ideas francesas, de que ésa es la manera de hacer que las cosas funcionen. Ya en el siglo XVI el fraile Diego de Durán escribió: "¿En qué tierra del mundo hubo tantas ordenanzas de república, ni leyes tan justas ni tan bien ordenadas, como los indios tuvieron en esta tierra?"[27] Por eso durante todo el siglo XIX y hasta el día de hoy, nuestros Congresos se dedican a con fruición a ello.

Y entonces resulta que hay leyes para todo lo imaginable: para garantizar el derecho de los mexicanos a la salud, la educación, la alimentación, el trabajo, ¡hasta para garantizar el derecho a la cultura! Leyes para todo lo que se pueda concebir y desear: que por la responsabilidad social de las empresas, que para el apoyo a los pequeños y medianos productores y comerciantes, que para proteger a los trabajadores, que para erradicar la violencia intrafamiliar, que contra la pornografía infantil, que contra las adicciones, que en favor de los derechos de los niños y de los adolescentes, que contra la delincuencia organizada, que para defender a los animales, que para cuidar el medio ambiente o los bienes nacionales o la seguridad. Y por supuesto, también leyes para enfrentar situaciones novedosas: ¿que aparece una guerrilla en Chiapas? Se crea una Ley para el Diálogo, la Conciliación y la Paz Digna, ¿que el terrorismo amenaza al país? Se crea una ley que prohíbe "el financiamiento, la planeación y la comisión de actos violentos de grupos extremistas en el territorio".

Total, crear leyes es fácil, al fin que lo de menos es lograr que se cumplan.

Quizá por eso con todo y el derecho inalienable al trabajo, hay millones de desempleados y con todo y el derecho a la alimentación, a la salud y a la educación, millones de ciudadanos no tienen acceso a nada de eso y con todo y la responsabilidad que tienen las empresas para mejorar la calidad de vida de sus trabajadores, éstos siguen ganando salarios miserables, no cuentan con prestaciones y tienen horarios de trabajo de verdadera explotación y con todo y la Ley de Protección a los Animales, montones de perros cuelgan vivos de perchas en restoranes chinos que consideran que entre más sufren esas criaturas más afrodisiaca es su carne y ni qué decir del maltrato brutal que se les da en las perreras, pomposamente llamadas Centros de Control Canino[28] y con todo y la ley que prohíbe el terrorismo vuelan instalaciones de Petróleos Mexicanos y con todo y la nueva y flamante Ley General de Acceso a las Mujeres a una Vida Libre de Violencia hay millones de esposas maltratadas a las que nadie defiende. ¿Será por eso que Marx decía que la sociedad no puede remover los obstáculos a su desarrollo sólo queriendo hacer efectivas las leyes?

Un ejemplo que no tiene desperdicio es el de la ley antitabaco. En 2000 la Secretaría de Salud emitió un reglamento para consumo de tabaco que prohibía fumar en lugares públicos cerrados, pero años después todavía no había quien la respetara, a pesar de que para entonces ya se había convertido en ley, la de Protección a la Salud de los Fumadores y de que la mayoría de los estados de la república había promulgado la suya y a pesar de que cuanta empresa quiso ampararse recibió la negativa de los magistrados. Cuando a fines de 2007, varias legislaturas se decidieron por fin a hacerla efectiva, entre ellas la Asamblea Legislativa del DF, todavía dio seis meses para que los establecimientos la cumplieran y cuando entró en vigor en abril de 2008, resultó que si alguien no la obedecía, para que las autoridades pudieran tomar cartas en el asunto se requería o de flagrancia o de una denuncia ciudadana a la policía, la cual enviaría a un elemento para que tratara de convencer al fumador de apagar su cigarrillo, y si no le hacía caso, se le cobraría una multa y sólo si persistía se le detendría. ¡Eso sí que son ganas de aplicar la ley!

Un ejemplo todavía mejor es la propuesta de crear un Registro Nacional de Teléfonos Celulares que, para detener la ola de criminalidad que se da a través de esos aparatos, obligaría a quienes los adquieren a dejar datos y huellas que los harían localizables. Todo eso suena muy bien excepto porque se daría un plazo ¡de dos años! para que los usuarios cumplan con ese requisito.

Y es que entre nosotros, hacer efectiva la ley siempre es difícil. Por ejemplo, existe un reglamento de tránsito del Distrito Federal que obliga a que todo vehículo en circulación cuente con una póliza de seguro de responsabilidad civil,[29] pero si usted choca contra un taxi o autobús, no sólo no la tienen sino que jamás aceptan su responsabilidad en el percance. Ese mismo reglamento afirma que si la causa de un accidente de tránsito es la falta de mantenimiento de una vialidad, una inadecuada señalización o alguna otra causa imputable a las autoridades, se podrá hacer una reclamación para que se reparen los daños causados a su persona o a su patrimonio. ¡Ja, ja, ja! Cuando se hicieron unas grietas enormes en casas habitación nuevas del estado de Hidalgo, por lo cual los habitantes se quejaron, el gobierno respondió que no podía hacer nada al respecto ¡porque la norma de construcción "ya era vieja"![30] ¿Qué clase de argumento es ése? ¿Qué tienen que ver los ciudadanos con normas nuevas y viejas?

* * *

Lo anterior se debe en buena medida a la forma como se legisla. Por extraño que parezca, nuestros legisladores se la pasan haciendo leyes pero éstas siempre son insuficientes o incompletas o incluso ya envejecidas cuando ven la luz.

Y es que se las hace al vapor, por lo cual son superficiales, ambiguas y plenas de inconsistencias y contradicciones ("galimatías jurídico" lo llama un especialista), que molestan y afectan a todo mundo, no sirven para resolver adecuadamente los asuntos, se contradicen y hasta se oponen entre sí y dejan enormes huecos por los cuales se pueden colar cualquier "interpretación", la discrecionalidad y la corrupción. Y lo que es peor, que como afirmó un legislador, el día de mañana serán inútiles, inoperantes y hasta riesgosas.[31]

Un ejemplo de esto sucedió en 2002, cuando los diputados hablaron (con voz engolada por supuesto), de una Reforma Fiscal (así con mayúsculas) que permitiría al gobierno mejorar la recaudación. Pero luego, durante ocho meses tuvieron en sus manos el proyecto y sólo hasta el último momento, unas horas antes de que concluyera el periodo extraordinario de sesiones y cincuenta minutos antes de que venciera el plazo legal, aprobaron no una reforma, sino una miscelánea de impuestos que no resolvió la cuestión de la recaudación y lo único que hizo fue enojar a todos los sectores.[32]

Uno se pregunta qué dirían los teóricos de la democracia, desde Tocqueville hasta Liphardt, si se hubieran encontrado con un país en el que asuntos tan serios como una reforma fiscal se pierden o ganan por una diferencia de 17 votos, es decir, por mayoría simple y hasta azarosa, pues un diputado

fue al baño, dos estaban de viaje, tres se reportaron enfermos y ya está, el futuro del país toma otro rumbo. Y qué dirían si vieran cómo todo se resuelve en el último momento, mal hecho y parchado.[33]

Por eso no sorprende que resulten inoperantes. Allí está por ejemplo el Reglamento de Protección Civil de la ciudad de México: en 1991 se aprobó uno, pero las disposiciones para establecer los programas internos de protección civil se dictaron hasta ¡once años más tarde! Sólo que para entonces, ya se había emitido una nueva ley en la materia, la cual fue modificada tres años después, en 2005, pero como dicha ley carece de reglamento, "esto se subsana al aplicar uno anterior, que tiene once años de desfase".[34]

Ni sorprende tampoco que tantas veces se las tenga que echar para atrás. Así sucedió con la obligación de hacer facturas de restoranes y de gasolina y con el Registro Nacional de Automóviles que simplemente se abandonó (sin que se devolviera su dinero a quienes habían hecho el pago),[35] con la Ley de Derechos de Autor que resultó tan mala, que aunque se la trató de componer, lo que se consiguió fue una confusión sobre cómo cobrar, qué pagar, cuáles eran los recibos correctos, qué impuestos se debían sumar, y con la Ley de bioenergéticos que apenas habían pasado unos minutos de que se la aprobó en el pleno de la Cámara de Diputados, cuando ya los legisladores empezaron a planear las primeras reformas con la explicación de que "era necesario aprobar la ley con ciertas inconsistencias para después reformarla".[36] ¡Aprobar una ley para inmediatamente reformarla! Pero por lo visto esto es bastante común: cuando se creó la Comisión de Nomenclatura del gobierno del Distrito Federal, lo que hizo en su primera sesión el 15 de julio de 1998, fue ¡el proyecto para modificar a dicha comisión!

¿O será que lo hacen a propósito para dar paso a que se cuelen otros intereses?

A veces parecería ser así, como cuando en 2007 las leyes de vida silvestre, equilibrio ecológico y protección al ambiente, tal como quedaron, permitirán construir centros turísticos nada menos que en zonas de manglares, riqueza imposible de recuperar aunque juren que obligarán a los beneficiarios a la compensación. O cuando pasa el tiempo y no se hace el reglamento de la ley de bioseguridad de organismos genéticamente modificados, indecisión que afecta a la agricultura pero favorece a las transnacionales. O cuando dejan pasar durante años la decisión de elaborar una ley sobre las apuestas y juegos de azar y entonces estos negocios florecen en la clandestinidad.

Y es que por extraño que parezca, en este país nuestro que pone tanta fe en crear leyes ¡hay que ver todos los pendientes sobre los que no se legisla y todas las materias en las que hay rezagos![37] Tan sólo en 2004, de un total de 300 iniciativas presentadas, sólo se aprobaron 61. Y en 2008, los especialistas se han quejado de que "no existe legislación para aprovechar las energías renovables",[38] ni sobre ciencia y tecnología[39] ni muchas otras.

Pero cómo no va a ser así si el periodo de trabajo es tan corto y si además, los legisladores no asisten a las sesiones[40] —allí están las imágenes en los diarios o en la televisión de los enormes recintos semivacíos mientras se debaten los asuntos cruciales de la agenda nacional— o se van rápido —"la reunión empezó a las 12 y a las dos horas la mitad ya se había ido", afirmó un senador. ¿En qué otra chamba se puede faltar tanto y seguir cobrando como si nada? En ninguna por supuesto, cualquiera que lo haga sería inmediatamente despedido, menos los diputados y senadores que siempre tienen coartadas: "es que estaba en comisión", "tenía que dar una conferencia", "se fue a Tokio para ver de cerca cómo funciona el modelo", "lo llamó el presidente".[41]

De modo pues, que en materia de ley más bien parecería que de lo que se trata no es de hacer ni buenas leyes ni lo necesario para que se las cumpla, sino que basta con el sólo acto de invocarla.

Un ejemplo que no tiene desperdicio es la siguiente carta enviada a un diario de circulación nacional por el director de información de la Comisión Nacional de los Derechos Humanos, quien para defenderse de una acusación de no cumplir la ley, en sólo cuatro párrafos la invoca seis veces: "Este organismo actúa con base en las disposiciones establecidas por la normatividad vigente", "Esto se determinó con base en la normatividad y disposiciones vigentes en la materia" "Se actuó con base en lo dispuesto por la ley tal y tal", "Los servidores públicos están obligados a conducirse con estricto apego a la ley, pues su cumplimiento es una obligación y no algo dependiente de su libre arbitrio", "Siempre dentro del marco de la ley", "La ley ordena (no permite, sino que manda)".[42]

Eso sí, los funcionarios siempre dirán, como hace un secretario de Seguridad Pública que se sienta orondo frente a las cámaras de televisión, traje oscuro y corbata de color intenso (es el modo de vestir que proponen hoy los asesores de imagen), que "no vamos a permitir que no se respete la ley". Da gusto saberlo. Y sobre todo, da tranquilidad.

* * *

El problema es cómo piensan "no permitirlo". Porque ni cuentan con los elementos para hacer que las cosas funcionen (los códigos penales son "una maraña", dice Georgina Sánchez,[43] y no hay normas, reglamentos y regulaciones que concreten la ley general "bajándola" a la realidad) ni con autoridades suficientes que tengan capacidad de sancionar ni mucho menos, con ganas de hacerlo, porque eso sólo les sirve para meterse en líos.

Lo primero se hace evidente cuando por ejemplo, promulgan una Ley de Residuos Sólidos que consiste en la obligación de los ciudadanos de separar la basura orgánica y la inorgánica para que sea recolectada por los camiones que, según nos dicen, pasarán en la mañana por una y en la tarde por la otra de acuerdo con una muy pomposa Cruzada Nacional por un México Limpio que puso en marcha en 2001 la Secretaría del Medio Ambiente.[44] ¡Pero cómo pretenden esto si ni siquiera pasan los camiones con regularidad para recoger la basura! Los ciudadanos sabemos que pueden transcurrir semanas sin que se vislumbre en el panorama el camión recogedor, entonces ¿dos veces al día?

Pero aun si esto fuera cierto ¿quién va a imponer la ley a los pepenadores que han hecho de la separación de los "residuos" el negocio de líderes y caciques?[45] Por eso fueron ellos quienes se burlaron de los ciudadanos que lo hicieron y les demostraron la inutilidad de su esfuerzo vaciando los dos tambos (muy pintaditos de colores diferentes como se nos indicó) en el mismo lugar y revolviendo en un segundo lo que con tanto cuidado habíamos separado los estúpidos que nos creímos aquello de que "el cumplimiento de la ley es una obligación y no algo dependiente del libre arbitrio".

Lo segundo se hace evidente cuando en el mismo día en que el secretario de Economía les ofrece a los inversionistas extranjeros darles garantías de que su dinero va a estar "bien protegido por el marco jurídico", un ciudadano envía una carta a un diario capitalino relatando que "habían sido sustraídos sus ahorros de una cuenta en una institución bancaria reconocida y legal y que ésta ¡no aceptaba ni reconocía responsabilidad alguna en el asunto!"[46]

Y lo tercero queda claro en mil situaciones en las que es obvio que no hay funcionario dispuesto a jugársela para hacer cumplir la ley y sancionar a quien no lo hace si se trata de un pez gordo (rico o influyente). ¿No acaso están prohibidas las escuelas confesionales y los centros de apuestas y los tiraderos de basura al aire libre y sin embargo florecen por todas partes sin que las autoridades se den por enteradas? ¿No hay normas estrictas sobre la cantidad de anabólicos, sintéticos y progesterona que se le puede dar al ganado y a las aves y sin embargo, como afirma la directora de docencia del Instituto Nacional de Cancerología, debido a que no hay vigilancia la carne, leche, pollo y huevo que consumimos tiene tan altos niveles de hormonas que no sólo ha aumentado significativamente la incidencia de ciertos cánceres en la población sino que ha disminuido la edad en que se los contrae?[47] ¿No existen cientos de demandas contra las instituciones de crédito por cobros excesivos o indebidos y ni quien las atienda?

Aunque pensándolo bien, quizá todavía es peor cuando ya se deciden a sí cumplir la ley, porque entonces meten la pata sublimemente. El ejemplo inmejorable fue cuando unos policías, que querían cumplir con la ley antiterrorista recientemente promulgada, detuvieron a varios "sospechosos" en una terminal de autobuses, pero luego resultó que uno de ellos era un profesor contratado para dar una conferencia en una universidad pública y los otros, un grupo de veracruzanos que llegaban tranquilamente de paseo a la capital.[48]

Eso por supuesto, sin que nadie explique cómo es que dichos policías esperaban encontrar terroristas, si según un procurador de la República "está descartado que esos grupos actúen en México" y según las autoridades de la Secretaría de Gobernación, al territorio nacional no pueden ingresar esos delincuentes porque nuestras fronteras están "perfectamente selladas" contra ellos y el país "tiene mecanismos de prevención y está preparado para enfrentar cualquier tipo de reto".[49]

* * *

De modo pues que tantas y tan magníficas leyes nos sirven de muy poco. Por eso el empresario Carlos Slim se pregunta "¿Cómo hacer para que el ordenamiento jurídico se apegue a la realidad?". Y el periodista Andrés Oppenheimer responde: "No se puede, porque en esta parte del mundo, nada de leyes, nada de justicia, nada de democracia: aquí lo que cuenta es el poder y punto".[50]

Y esto lo sabemos bien los ciudadanos, que hemos recibido el mensaje: en México las leyes no se cumplen. Aunque existan. Aunque se las firme y promulgue y anuncie y publicite con bombos y platillos. Por eso reímos con amargura cuando en la televisión nos pasan diez veces al día las imágenes (en blanco y negro) de una niña a la que arrancan de brazos de su madre y se la llevan para hacer servicios sexuales. "Nunca más esto sucederá —dice una voz— porque el Senado de la República ya dictó leyes que lo prohíben". Y en la siguiente escena (a colores) una familia pasea y goza feliz. ¡Y todo gracias a las leyes que aprobaron los legisladores!

¡Qué bueno que dicten leyes! ¡Qué bueno que prohíban la delincuencia y el narcotráfico y el terrorismo! Falta que alguien les haga caso.[51] Los delincuentes deben carcajearse a mandíbula batiente de las leyes y de los debates sobre tipificación de los delitos a que se dedican nuestros legisladores durante horas y días, semanas y meses: que si el secuestro merece sesenta años de cárcel o sesenta y cinco y medio (terminaron por ponerlo en 50) y que si la violación diez o veinte (terminaron por ponerlo en 17), que si son o no acumulables las sentencias (a un secuestrador le impusieron ¡203 años de prisión!),[52] que si en caso de cierto tipo de robo la pena debe ser más fuerte o quedarse como está, que si esto, que si aquello.[53]

De todos modos, en lo que se debaten estos asuntos, en lo que se tipifican los delitos y se ponderan las penas (¡once veces se han aumentado las de secuestro y ahora hay una nueva iniciativa, la doceava, para volverlo a hacer!) el secuestro sigue floreciendo en nuestro país (según la revista *Time* México se ha convertido en el país del mundo donde se producen más secuestros[54] y según la consultora Kröll es el segundo país de América Latina con mayor número de estos delitos,[55] pues simplemente entre 1999 y 2001 los informes oficiales fueron de uno cada tres días y los informes no oficiales hablan de 3 mil anuales), y aunque se hayan aumentado los castigos por corrupción de menores (a nueve años de cárcel) y por pornografía infantil (a 14), sucede que "la esclavitud sexual de los menores de edad es ya el tercer delito en importancia en el país, tan sólo superado por el narcotráfico y el trasiego de armas" y que "México ocupa el 5° sitio en América Latina y el lugar 28 a escala mundial como origen y destino de la trata de menores",[56] y aunque se prohíbe el narcomenudeo, en los últimos años ha crecido a un ritmo del 20% anual en el país, según datos de la Confederación Patronal de la República Mexicana, y aunque es obligatoria la transparencia (y hasta existe un Instituto Federal de Acceso a la Información Pública cuyo objetivo es conseguirla), hay instituciones "exentas" de ese compromiso (como la Comisión Nacional de los Derechos Humanos) y hay gobiernos que se niegan a cumplirla (como el de la capital durante la gestión de Andrés Manuel López Obrador), y aunque es obligatorio rendir cuentas, tan sólo en 2001, la cifra de lo que se llama "gasto discrecional" del gobierno federal creció en un 22% (para algunas secretarías como la de Hacienda y la de Defensa el incremento fue de ¡más de 5 mil%!) llegando a casi 4,500 millones de pesos el monto de los dineros que se pueden usar sin dar explicaciones,[57] y aunque cada compra que hace el gobierno debe pasar por un proceso de licitación pública, eso no sucede, por ejemplo cuando la Secretaría de Comunicaciones y Transportes otorgó el permiso para la construcción y operación de un muelle privado para cruceros sin hacerla,[58] o cuando se supone que el gobierno debe conseguir los productos más baratos pero allí están los casos que demuestran que sucede todo lo contrario, como el que se hizo público en 2003 sobre una compra que hizo el Instituto Nacional de Bellas Artes de ropa para músicos de la Sinfónica Nacional y del Coro del Teatro de Bellas Artes, en la que se pagaron 903 pesos por cada camisa de las que al menudeo se venden por 359 y 3,773 pesos por cada traje de etiqueta cuyo precio regular es de 2,990.[59]

¿Leyes, códigos, normas? De nada sirve que esté terminantemente prohibido colocar a parientes en puestos gubernamentales si cuando el funcionario Felipe Calderón, presidente de la República, pudo hacerlo, le dio a su cuñado los contratos más jugosos y cuando el legislador presidente de la Comisión de Energía y luego funcionario de la secretaría del ramo Juan Camilo Mouriño, secretario de Gobernación, pudo hacerlo, le dio a su familia los contratos más jugosos y cuando el gobernador de Nayarit pudo hacerlo, colocó a sus amigos y compadres en puestos públicos y cínicamente dijo "que ninguno de los señalados era familiar directo" y agregó "tengo entendido que los compadres de un gobernador no tienen impedimento alguno para desempeñar un cargo público".[60] ¡Con razón el premio Nobel de Economía Gary Becker dice que el nuestro es un "capitalismo de compadres"!

Un ejemplo espléndido de la inutilidad de todas estas leyes es la existencia de normas contra el ruido. En ellas se establece claramente cuántos decibeles se permiten tanto en el día como en la noche. Son reglamentaciones que se han discutido, mejorado y actualizado en varias ocasiones y la capital del país se ufana de que las suyas "son mejores que las de los demás estados de la federación porque son más estrictas", pues "producir ruidos que atenten contra la tranquilidad o la salud es sancionado con multa de 11 a 20 días de salario mínimo o 13 a 24 horas de arresto". Lo cual no obsta, por supuesto, para que el ruido esté siempre allí. En una carta que se publicó en la sección de correspondencia de un diario de circulación nacional, el director médico del turno vespertino de una clínica del Seguro Social se quejaba de que: "La intensidad del ruido proveniente de los equipos de sonido de alta potencia frente a la unidad médica del IMSS nos dificulta atender adecuadamente a los casi cuatrocientos pacientes que vemos en el turno vespertino [...] Tenemos años de soportar esta situación [...] el volumen del sonido es insultante".[61] Y no hay quien contravenga más esa ley que las propias autoridades que un día sí y otro también organizan espectáculos públicos y escandalosos conciertos en calles y plazas.

Total, que algunas leyes porque son muy generales y carecen de normatividades y regulaciones concretas, otras porque ya están envejecidas y no sirven, unas más porque no hay forma de vigilar que se cumplan y en su caso, de sancionar a quienes no lo hagan, y otras más porque simple y llanamente las autoridades no tienen ganas de tomar cartas en el asunto, el hecho es que no funcionan.

* * *

Dicen los juristas que las leyes se inventaron para poder vivir en sociedad, y aunque no siempre son acordes a nuestro interés o deseo particular, "reúnen y representan los intereses y deseos de los distintos grupos sociales y articulan y sintetizan la diversidad social en un conjunto más o menos coherente".[62] Dicen también que, en la medida en que son acuerdos sociales establecidos, son vinculantes, es decir, obligatorias para todos los miembros de la sociedad sin excepción.[63]

Pero, por extraño que parezca, en México no es así, las leyes ni son obligatorias ni son parejas para todo mundo. No son obligatorias porque aquí la consigna es la de Benito Juárez: con los amigos la benevolencia, con los enemigos la ley. Y no son parejas porque dependiendo el tamaño del sapo, así es su aplicación.

Por ejemplo: un ciudadano tiene un auto viejo y a cada rato los agentes de tránsito lo detienen porque "contamina", pero un camión de pasajeros va por las calles echando un humo negro apestoso y ni quién le diga nada porque eso significaría meterse con los poderosos dueños de lo que se conoce como "el pulpo camionero". O un muchacho se pone a tronar cohetes en la calle y lo detienen porque está prohibido "fabricar, almacenar y comerciar" con estos artefactos, pero el gobernador del Estado de México inaugura con gran fiesta un mercado de cohetes en San Pablito Tultepec, con todo y que ese lugar ya se había quemado una vez hasta sus cimientos precisamente por una explosión. O un viajero que regresa al país después de vivir algunos años en el extranjero, y aunque por ley tiene derecho a traer su menaje de casa, tendrá que sufrir la revisión detallada de sus cajas y pagar cientos de pesos (muchas veces más que el valor del contenido) por sus discos, libros y adornos usados, pero todos los días setenta mil trailers (setenta mil) cruzan las fronteras de México, por lo que las 48 aduanas y los 177 puntos de revisión con sus 6,500 empleados no se dan abasto para atender las miles de operaciones que requieren revisar las mercancías (de hecho sólo alcanzan a controlar un magro 10% de ellas), de modo que la gran mayoría pasa sin pagar impuestos.[64]

¡Cómo serán las cosas que el contrabando es uno de los principales problemas del que se quejan los productores mexicanos de zapatos, textiles y productos eléctricos pues ha afectado gravemente a estas industrias, pero a quien se detiene es al turista que regresa del extranjero con un equipo de sonido o con regalos para su familia!

Todo lo que las autoridades tienen de incomprensión para los ciudadanos comunes, lo tienen de generosidad para los empresarios y para las figuras célebres: allí está la transnacional española Tableros y Chapas de Guerrero talando cuanto árbol puede con la autorización del gobierno del estado,[65] pero al jardinero Pablo Jiménez Galloso lo metieron a la cárcel acusado de "delito de daño ambiental" porque por instrucciones de su patrón cortó dos árboles de una jardinera colocada frente al hotel en el que trabajaba.[66] Y allí están los montones de basura que dejan los puestos y mercados ambulantes sin que nadie diga nada, pero tan sólo en 2006, la policía remitió a 452 personas a los juzgados por "tirar basura" en la vía pública y las que no tuvieron con qué pagar sus multas (que van de once a veinte días de salario mínimo) fueron arrestadas (de 13 a 24 horas).[67]

Si yo, Juan Ciudadano, no pago mis impuestos, se me castiga con multas, recargos, embargos y hasta la cárcel. Pero si la tienda Sam's Club, parte del poderoso grupo Wal-Mart no paga los suyos durante cinco años (su adeudo llegó a los 400 millones de pesos), sus directivos se disculpan asegurando que "personas ajenas a la empresa habían hecho mal las transacciones" y el fisco les acepta la explicación.[68] O la Secretaría de Hacienda le autoriza al banco inglés HSBC a "aplazar tributos por casi veinte mil millones de pesos" porque (pobrecito) no podía pagar de sopetón los impuestos de su compra de lo que antes había sido el banco BITAL,[69] pero manda 75 mil cartas a los contribuyentes para "incentivar el cumplimiento voluntario y correcto de las obligaciones fiscales" y "crear una mayor percepción del riesgo que corren de ser fiscalizados por la autoridad".[70]

Y eso para los que pagan, porque hay algunos a quienes ni siquiera les cobran. Cuando los bancos Banamex y Bancomer vendieron sus activos a bancos extranjeros, ni ellos ni los adquirientes Citibank y Bilbao Vizcaya pagaron un centavo de impuestos.[71] ¡Lo que les hubiera correspondido pagar era una cantidad mayor a la que recibe de presupuesto el desarrollo tecnológico y científico del país para un año completo de labores![72] Pero eso sí, un ciudadano que no pague su impuesto predial pierde su propiedad.

Mi ejemplo favorito, es el siguiente: cuando el cantante Juan Gabriel fue detenido y encarcelado por fraude al fisco, no sólo se le liberó inmediatamente sino que a la salida de la cárcel lo esperaban nada menos que el gobernador y el presidente municipal de la entidad, quienes lo nombraron "hijo predilecto de la ciudad". Y cuando unas horas después se le dictó auto de formal prisión, eso no obstó para que se fuera tranquilamente a Estados Unidos donde todavía se puso a hacer declaraciones de lo molesto que estaba: "No son formas de pedir las cosas, no son formas de tratar a una personalidad".[73]

Claro que solamente las "personalidades" pueden entender la esquizofrenia de que las mismas autoridades que lo detienen sean las que lo elogian, las que lo acusan le pidan autógrafos, las que lo meten a la cárcel le consigan el dinero para pagar la fianza, las que le dictan formal prisión lo acompañen al aeropuerto y lo despidan cuando toma el avión para el extranjero, porque los ciudadanos comunes sólo conocemos a las autoridades del "eso no se va a poder" o el "eso merece un castigo".

* * *

Pero el hecho de que existan leyes que no se cumplen, no quiere decir que no se las pueda hacer efectivas cuando así conviene. Por eso puede suceder que cuando alguien quiere abrir una miscelánea de dos metros de ancho por dos de largo, no le den la autorización porque ¡es obligatorio tener dos lugares de estacionamiento![74] Y en cambio, sí la consignan bares y antros que no cuentan ni con estacionamiento ni con ventilación adecuada, salidas de emergencia, extinguidores, materiales de construcción que protejan tanto a los que están adentro como a los vecinos, servicios sanitarios, de manejo de basura y de vigilancia como los que exige la norma y que son por supuesto, faltaba más, de carácter o-bli-ga-to-rio. ¡A esos sitios ni siquiera los clausuran aunque su permiso sea para meter cien personas y apretujen quinientas! ¡Pero ay de la dicha miscelánea si además de pan y refrescos quiere vender cuadernos y lápices porque eso "no está considerado en el giro de su permiso"![75]

Mi ejemplo favorito sucedió durante el plantón postelectoral de agosto de 2006 en la ciudad de México y lo escuché relatado en la radio por el propio afectado: cuando la Coalición por el Bien de Todos había levantado campamentos que tenían cerradas las calles de Reforma, Juárez y Madero, la policía capitalina detuvo al dueño de una escuela situada en una de esas avenidas, porque estaba con dos colaboradores arreglando un letrero que se había caído y la autoridad consideró que la escalera con que lo hacían obstruía la vía pública.[76]

Las leyes y normas no sólo se aplican de manera diferenciada y según convenga, sino que también se las puede interpretar de formas distintas. Éste es el secreto del asunto y aquí radica la posibilidad de todo: desde librar a alguien de algo hasta acusarlo precisamente de lo mismo.

Por eso el abogado Diego Fernández de Cevallos pudo conseguir una indemnización millonaria para un cliente suyo al que se le habían expropiado unos terrenos, cuando la ley es muy clara (¿lo es?) respecto a lo que se debe pagar en casos de expropiación por interés nacional. En cambio cuando el gobierno de la capital expropió un predio para abrir un camino hacia un nuevo centro hospitalario, la oposición política solicitó nada menos que el desafuero del jefe de Gobierno.

Tiene razón César Cansino: "La ambigüedad normativa fue un componente del sistema político mexicano porque eso convenía a un régimen autoritario que tenía en la ley a un aliado pues podía interpretarla a su conveniencia en ciertas circunstancias".[77]

II. Las mil y una formas de mentir[1]

¿De cuántas maneras distintas se puede mentir? Por sorprendente que resulte, de muchas, muchísimas. En México se han usado todas las que existen y otras que no se han inventado siquiera. Y hasta unas más que no parecerían posibles pero lo son: prometer y no cumplir, decir verdades a medias, tergiversar o de plano ocultar los hechos, alardear y pretender lo contrario son algunas de ellas. Y ¿quién lo iba a imaginar? También inventar resultados, atentar, manipular procesos, números y cifras y hasta imágenes.

Prometer

Sexenio tras sexenio, desde el que quiere ser presidente hasta el que quiere ser diputado, presidente municipal y/o delegado, todos se sueltan haciendo promesas. ¿Quién no ha ofrecido crecimiento económico con estabilidad social, lucha contra la inseguridad y la delincuencia, respeto a la ley y al estado de derecho, justicia social, acceso universal a la salud, depuración de los sistemas de justicia?

Todos los candidatos. Siempre aseguran que si me eligen voy a combatir la corrupción, a manejar con austeridad las finanzas, a moralizar a las policías, a llevar servicios y generar empleos; que si me escogen solucionaré el problema del agua y el de la contaminación, combatiré a los taxis pirata, a los que copian discos y libros para venderlos en los pasillos del Metro y a todos los que hacen negocios con mercancía de contrabando o robada; que si votan por mí encontraré y castigaré a los que ordeñan gasolina de los ductos de Pemex y a los que trafican con lo que sea, desde permisos y licencias hasta drogas, personas y armas. ¡Uno hasta ofreció resolver el tráfico de vehículos en la ciudad de México, como si eso fuera posible por decreto! ¡Vicente Fox, cuando era candidato, llegó a decir que quería ser presidente nada menos y nada más que "para crear las condiciones para que los ciudadanos sean felices"!

Quizá por eso en sus fotografías de las campañas los candidatos siempre se ríen, seguramente porque se están burlando de los que todavía creemos en sus promesas.[2]

¡Qué fácil es prometer! Uno tras otro, nuestros poderosos ofrecen: "Un cambio asegurado", "Una mejor calidad de vida", "Autoridades que sirvan, no que extorsionen", "Danos la oportunidad de servirte".[3] ¿Cuántas veces nos ha ofrecido la dirigente del Sindicato Nacional de Trabajadores de la Educación una reforma educativa y hasta una revolución en la educación?[4]

El presidente Fox había prometido un 7% de crecimiento en 2000, pero durante su mandato el crecimiento alcanzó apenas una media anual del 1.6 y el crecimiento per cápita real fue casi inapreciable según afirma un especialista. Y había prometido que resolvería el conflicto de Chiapas en quince minutos, pero cuando terminó su gobierno allí seguían los indios sublevados. Ni siquiera pudo entregar una carretera a una comunidad de Guerrero a la que se la prometió cuando estaba en campaña.[5] El caso emblemático fue el de un grupo de niños de la calle a los que invitó a desayunar el día que tomó posesión de su cargo y les hizo montón de promesas, pero seis años después, no había ni preguntado por ellos.[6]

Pocos ejemplos tan contundentes de esto como el de las promesas de bonanza que traerían los casinos si se les autorizaba: los casinistas hablaron de que llegarían al país 3,500 millones de dólares y se generarían más de 200 mil empleos directos.[7] Según el Consejo Nacional Empresarial Turístico "el gobierno captaría 1,300 millones de dólares en impuestos" y un diputado estimó que las ganancias oscilarían entre los 20 y 30 mil millones de dólares anuales.[8] No contentos con dar estas cifras, los casinistas se explayan en que esas captaciones no serían para enriquecer a unos cuantos negociantes sino que se convertirían en un detonador del desarrollo: "Se gravaría al juego con 10% del ingreso total" y "se obligaría a los casinos a proporcionar servicios, escuelas y calles en los sitios donde se instalen" e incluso "a entregar 3% de acciones a alguna institución de asistencia social".[9] El diputado citado llegó a decir que 40% de lo que se recibiera de impuestos quedaría para los municipios y comunidades, 8% para los estados y 2% para la federación, lo que permitiría abatir la pobreza, pues era un monto tres veces superior a lo que se estaba obteniendo en ese momento por la venta del petróleo. ¡Hasta afirmó que se podría eliminar el impuesto del IVA en alimentos y medicinas por tanto dinero que ingresaría a las arcas de la federación gracias a los casinos![10] De haber sabido hace mucho que habríamos dejado en sus manos la economía del país.

El ejemplo no es único. Cada rato nos dicen que si hacemos lo que nos dicen, México será riquísimo. En 2008 el presidente Calderón aseguró que si se aprobaba su propuesta de reforma energética, el país "no se tropezaría ante la turbulencia económica que se registra a nivel mundial". A todos los mexicanos nos iría mejor, o como lo dijo una lectora, "todos seremos millonetas".[11]

* * *

Esta forma de funcionar está tan arraigada, que cuando un candidato efectivamente gana una elección o es nombrado para un puesto y llega al poder, se sigue de frente haciendo los ofrecimientos, nada más que ya para entonces se les llama planes, programas, proyectos. ¡Hoy hasta es obligatorio por ley (no podía ser de otra forma) que se los haga!

Esto empezó con el sexenio de José López Portillo, cuando se puso de moda "planificar", según dijeron, "para evitar duplicidades y garantizar la consistencia en el quehacer público". Y desde entonces los presidentes de la República tienen que presentar lo que llaman un "Plan Nacional de Desarrollo" y lo mismo hacen los gobernadores de los estados y otras autoridades menores. Por eso existen planes y proyectos para todo: de inversión pública, de ordenamiento territorial, de promoción y difusión cultural, de capacitación, etcétera. Y es que hacerlos y anunciarlos luce mucho, hace que parezca que el trabajo que se va a emprender es serio, que se lo ha preparado con cuidado y que efectivamente se lo va a cumplir.

Por supuesto, eso no significa que así sea: ni que esas iniciativas efectivamente se impulsen, ni que esas estrategias realmente se echen a andar, ni que esos proyectos de verdad se cumplan.[12] Miguel de la Madrid tomó posesión como presidente jurando que emprendería lo que llamó una "renovación moral" y un cuarto de siglo después ¡seguimos esperando!

Lo que menos funcionan son los planes económicos. Como escribe Carlos Bazdresch: "López Portillo fue rebasado con rapidez por la realidad de la inflación, De la Madrid pronto fue desmentido por la terrible realidad a la que evolucionó la economía, con Carlos Salinas no se pudo vencer la terquedad de la economía en mantener un ritmo bajo de actividad y tampoco con Zedillo se pudo aumentar la tasa de crecimiento. El sexenio de Fox fue en el que se prometió más y se logró menos".[13]

Hoy las cosas no parecen haber cambiado mucho. El Plan Nacional de Desarrollo del presidente Calderón repite las mismas palabras que venimos oyendo desde que terminó la Revolución: promesas de crecimiento económico con estabilidad social, de lucha contra la inseguridad y la delincuencia con respeto a la ley y al estado de derecho, de depuración de los sistemas de justicia. También están las consabidas ofertas de justicia social, de acceso universal a la salud, de mejor distribución de la riqueza, de lucha contra la pobreza, de reducción de la desigualdad, de generación de empleos. Muchas de las afirmaciones están puestas con el lenguaje del día pero son lo mismo: antes se decía "impulsar el desarrollo" y se le acompañaba con la frase "crecer con justicia". Hoy se dice "desarrollo sustentable" y se le acompaña con las frases "uso eficiente y racional de nuestros recursos" y "elevación de la calidad de vida". A la lucha contra la corrupción antes se le llamaba "renovación moral", hoy se le dice "rendición de cuentas" y "transparencia". La novedad ahora es que echan por delante a las inversiones de capital y dejan atrás al apoyo al campo, cuando antes se hacía al revés. Y no faltan las concesiones a la moda: que no a la violencia intrafamiliar, que sí a la equidad de género, que atención a los niños "en situación de calle", que impulso al deporte.[14]

Usar números

Una forma muy común de mentir es la que parecería más improbable: con las cifras, los porcentajes y las estadísticas, todos esos números que según afirma Todorov, "los burócratas adoran"[15] y a los que consideran verdad incuestionable: "Los números no mienten" era el mantra favorito de un secretario de Hacienda.[16]

Pero sí que mienten.

Por ejemplo, a la hora de decir cuántas personas participan en la guerrilla, el gobierno siempre dirá que son pocas, y en cambio a la hora de decir cuántos elementos tiene el ejército para combatirla siempre dirá que son muchos.

Pero no sólo el gobierno actúa así: los organizadores de un mitin o una marcha dirán que asistieron miles de personas mientras que los opositores dirán que no fue ni la tercera parte y hasta harán complicadas operaciones de cuadricular las calles para sustentar sus afirmaciones con el argumento de cuántas caben en cada milímetro del espacio en cuestión.

¿Cuánta gente asistió a la marcha contra el secuestro que se llevó a cabo en la ciudad de México un domingo de 2004? La cifra depende de quien haga el informe, y varía nada menos que entre uno y tres millones de personas. ¿Cuántos delegados se inscribieron a la Convención Nacional Democrática convocada en septiembre de 2006 por la Coalición por el Bien de Todos? El encargado de organizarla habló que solamente del DF eran más de 400 mil, pero en un discurso en el Zócalo capitalino una semana más tarde, Andrés Manuel López Obrador dijo que había 210 mil inscritos en todo el país. Un día después de ese discurso, el diario *La Jornada* aseguró que hasta ese momento la cifra de apuntados era de 317 mil, pero al inicio de la reunión se anunció que habían llegado más de un millón.[17]

Los ejemplos se dan hasta en situaciones en las que sí es posible contar, como las de pesos y centavos. Eso sucedió cuando la asignación del presupuesto en 2004. Según la revista oficial del Congreso de la Unión, el presidente de la República pidió 1 billón 637 mil 55.4 millones de pesos y se le autorizó 1 billón 650 mil 505.1 millones, lo cual claramente significa que se le dio más de lo que pidió. Y sin embargo, el mandatario se puso a decir que "no le dieron lo que necesitaba", que varias secretarías no iban a poder operar, que iba a tener que cancelar proyectos y programas y hasta dijo "fuimos por lana y salimos trasquilados".

Por su parte el secretario de Salud dijo que pidió 3,800 millones y que sólo le dieron 2,300, pero la Secretaría de Hacienda aseguró que le dio 1,500 millones más de lo que pidió. También el presidente de la Suprema Corte de Justicia dijo que se le recortó el presupuesto pero en San Lázaro dijeron que se le había aumentado en más de 8%. Y el Consejo Nacional de Ciencia y Tecnología se quejó de un recorte de 30% pero el presidente de la Comisión de Educación de la cámara habló de incrementos sustantivos en este renglón.[18]

El ejemplo más genial que recuerdo del uso a conveniencia de los números, es el de un cartel que apareció pegado en los muros de la ciudad de México en 1995, en el cual los opositores a una marcha a favor del EZLN afirmaron que "se perdieron seiscientas cuarenta y cinco mil millones de horas hombre de trabajo". ¡Esto significaría que los ochenta millones de habitantes que había en ese momento en el país habrían dedicado 24 horas al día durante 336 días (once meses) únicamente a actividades relacionadas con la marcha, tanto si acudieron a ella como si no pudieron llegar a su casa o trabajo por culpa de dicho evento, tanto si fueron los que recogieron la basura al día siguiente como los que cortaron la madera para preparar el papel para los desplegados, pancartas y volantes![19]

También las empresas hacen esos engaños. Una televisora asegura que su telenovela tiene el mayor rating mientras que las revistas especializadas dicen que no. Y con las encuestas de preferencias electorales y de intención de voto, pues dependiendo del pagador, así los resultados. Porque los sondeos, como bien dice un especialista, se manipulan "en sus criterios y métodos, en sus puestas en práctica y en sus resultados".[20] Esto sucede, porque como afirma José Joaquín Brunner, no se les usa para saber la verdad sino para la obtención de una finalidad,[21] o como dice Guillermo Sunkel, "para ciertos intereses específicos",[22] tal que ya no son estudios sino que se han convertido en instrumentos que "envueltos en la supuesta imparcialidad de las técnicas modernas, sirven a las viejas prácticas políticas y a los propósitos inmediatos de los políticos".[23]

A veces las cifras pueden de plano cambiar el sentido de un acontecimiento. ¿Cuántos muertos hubo por los temblores de 1985 en la ciudad de México? Según el gobierno, fueron 4 mil. Según las organizaciones civiles llegaron a 12 mil. ¿Cuántos muertos hubo en la represión de Tlatelolco en 1968? Durante años la cifra que se manejó fue de casi doscientos, según la investigación realizada por la Fiscalía Especial para Movimientos Políticos y Sociales del Pasado fueron 32,[24] según investigadores del National Security Archive fueron 44,[25] y recientemente Eduardo Valle afirmó, después de revisar actas de defunción y documentos, que fueron 85.[26]

* * *

Y es que si algo se puede usar a conveniencia, son las cifras: un día para aumentar o alegrar la realidad, otro para disminuirla o minimizar los hechos.

Por ejemplo, a la hora de mostrar sus logros, el gobierno siempre dice que son excelentes: afirma que bajó la delincuencia o el índice de pobreza, aunque el único número que pueda dar sea de medio punto porcentual,[27] pues vivimos en un país en el que a fines de los noventa se registraba un asalto cada 42 minutos y los promedios de criminalidad eran 6 veces más altos que los mundiales, cuatro veces más altos que los de Estados Unidos y el doble que los de África y Medio Oriente y México ocupaba el tercer lugar como el más violento en América Latina que en aquel momento se consideraba a su vez, la región más violenta del planeta.[28] ¡Y eso que según Raymundo Riva Palacio se cometen entre 100 y 200% más delitos de los que se denuncian!: "De cada 100 delitos sólo se reportan 34%, y de ésos sólo en 11 se consignó al delincuente. La impunidad puede alcanzar 97% de los casos".[29] Arturo Arango Durán asegura que de cada cien averiguaciones previas que se inician sólo se sentencian cinco, cantidad bajísima que de todos modos es desmentida por la "cifra negra" que todavía reduce ese número al uno por ciento.[30]

Cuando en 2006 la Organización Internacional del Trabajo anunció que había disminuido la tasa de desempleo en el país, los funcionarios presumieron el logro, aunque la cantidad que pudieron dar fue que de 4.9 se redujo a 4.6%. El primero de enero de 2003, segundo día festivo consecutivo y después de las dos semanas con menos labores que hay durante el año, las autoridades de la capital ya sabían que "termina 2002 con el delito a la baja".[31] Y hasta daban números: si en 2001 hubo 21,326 asaltos a transeúntes, en 2002 la cifra bajó a 20,732 (¡quinientos asaltados menos!) y si hubo 2.23 homicidios dolosos esa cantidad disminuyó, según cifras oficiales, al 2.04 (¡un glorioso 0.19!). Lo que no cuentan es que buena parte de la explicación de la dicha baja radica en que se ha puesto de moda que en los ministerios públicos se le pida a la gente, nada más y nada menos, que no denuncie, para así poder anunciar éxitos en el combate a la delincuencia.[32]

Y cuando no queda remedio, como sucedió hace un par de años y el procurador de Justicia de la capital tuvo que reconocer un aumento del 13% en el número de delitos cometidos, se las arregló para convertirlo en un dato a su favor: "No representa un repunte de la delincuencia —dijo— sino un reflejo de mayor confianza de la ciudadanía para denunciar". ¡Eso sí que son ganas de encontrarle tres pies al gato!

No hay funcionario que no suelte frases que se apoyan en cifras, como "se avanzó 50% en el cumplimiento de los objetivos del programa", "se llevaron a término ocho de las diez medidas anunciadas", "se ha avanzado en 32 de las estrategias y más de veinte líneas de acción de todos los ejes programados" "hemos tenido un éxito del 100%".[33] Y es muy probable que ellos mismos terminen por creerse sus porcentajes y números porque un martes se anuncia con bombo y platillo en la residencia oficial de Los Pinos un plan de lo que sea y una semana después ya hablan orgullosos de que "se observan resultados que indican éxito en las políticas adoptadas".

¿No nos dicen que se pavimentaron miles de kilómetros de calles, que se construyeron cientos de casas, que se inauguraron decenas de clínicas, que se capacitó a montones de policías, que se resolvieron tantos rezagos jurídicos y se aprehendió a varios de los narcotraficantes más poderosos? Quién sabe si algo de todo eso es verdad, pero así nos dicen y se supone que debemos creerlo porque las cifras, así nos dicen también, son incuestionables, serias, científicas, exactas. Y a fin de cuentas, pues nadie se va a poner a medir los kilómetros de calles ni a contar las casas entregadas o los avances en los rezagos jurídicos por lo que se refiere a tantos narcotraficantes importantes capturados, pues si fuera así ya no tendríamos el problema que tenemos con el tráfico de drogas.

De modo, pues, que es un hecho que a las cifras se las puede manejar tramposamente. El presidente Miguel de la Madrid decía que durante su gobierno la asistencia social había atendido a más de 30 millones de personas. En 1980 en el país había 67 millones de habitantes de los cuales, también según cifras oficiales, más de 35 vivían en la pobreza y fuera de los sistemas de salud, principalmente los campesinos y trabajadores agrícolas o del sector informal de las zonas urbanas. Si los números que daba el gobierno hubieran sido ciertos, eso habría significado que se atendía prácticamente a toda esa población, lo cual obviamente no era así. Cuando se lo pregunté al propio De la Madrid, su respuesta fue la siguiente: "Las cifras de cobertura de salud y asistencia social que publicó el gobierno se refieren a la población potencial de asistencia social susceptible de acogerse a los sistemas e instituciones establecidos y no definitivamente a las atenciones efectivamente prestadas".[34] Éste es un ejemplo excelente de nuestro discurso público que no sólo anuncia como hecho consumado lo que no es más que una posibilidad, sino que envuelve en complicada retórica sus propias invenciones.

Algo parecido sucede con las cifras que nos dan de inversiones extranjeras: por ejemplo, en 1990 dijeron que hubo "una inversión directa de 4,400 millones de dólares", pero el Banco de México en su informe sólo manifestó 2,633 millones. Y en 1991, dijeron que en los primeros dos meses habían entrado al país 1,524 millones de dólares pero según el mismo banco, sólo se hicieron efectivos 414 millones, 20%. ¿De dónde sale la enorme diferencia? De una operación retórica tan complicada como la del expresidente De la Madrid: resulta que unas cifras (las mayores) eran las previstas por la Comisión Nacional de Inversiones Extranjeras como proyectos autorizados y otras eran el registro efectivo en la balanza de pagos, hecho por el Banco de México.[35]

Las cifras son un lenguaje tan oscuro que tal vez por eso sirven para pasar por infalibles. Por ejemplo: sacan en la televisión a tres o cuatro hombres a los que la policía detuvo. Se les muestra rodeados de montones de armas, bolsas de droga y fajos de dólares y los reporteros hacen cálculos fabulosos de lo que todo eso vale: mil millones dice el de la televisión, mil quinientos dice al día siguiente un diario. Total, son ya tantos millones, que no importa agregarle unos cuantos más, así sea el 50%. Algo parecido se hace con las cantidades que se refieren al enriquecimiento de algún político caído en desgracia, cuando nos dicen lo que supuestamente se robó o lo que valen sus propiedades o los sueldos y prebendas que se supone alguien recibe, son números que ni los jeques petroleros sabrían pronunciar. Cuando el presidente Salinas terminó su sexenio y se fue como asesor a la empresa estadounidense Dow Jones, los periódicos dijeron que ganaría ¡veinte mil millones de dólares de sueldo! ¡La doceava parte de la deuda nacional!,[37] cuando se quiso decir lo que cobraba el asesor de un candidato a una gubernatura se dijo que era "una cifra mayor que el presupuesto del Congreso del Estado y de algunas secretarías como las de Desarrollo Rural, Desarrollo Económico y Salud"[37] y cuando el Tribunal Electoral dio su dictamen final sobre la elección de 2006, la gente a la que no favoreció estaba tan enojada, que empezó a decir que le habían dado mil millones de pesos (unos 90 millones de dólares) a cada magistrado para comprarle su voto.

Pero así es. Las universidades públicas exageran sobre el número de alumnos que reciben, a fin de que el gobierno federal les entregue un presupuesto mayor; la Secretaría del Trabajo anuncia que se crearon miles de empleos con tal de presumir que hace algo contra el desempleo; una mujer que quiere ser gobernadora da cifras inverosímiles de la cantidad de gente que supuestamente la apoya, cuando Cuauhtémoc Cárdenas no resultó electo en 1988, se corrió la especie de que le habían robado nada menos que diez millones de votos y esa misma cantidad de votos aseguró haber conseguido Francisco Labastida Ochoa dentro del PRI para ser nombrado candidato a la Presidencia de la República. Pero ninguna de estas cifras se pudieron probar.[38]

Y al contrario, los números se minimizan cuando así conviene: el gobierno de la capital lleva 15 años diciendo que circulan un millón y medio de autos por las calles, para no reconocer que no tiene ni idea de la realidad o para negarla y evitarse cuestionamientos de por qué no interviene en la solución de los problemas de tráfico. Lo de menos es que en la última década se hayan vendido un promedio de 100 mil unidades de vehículos anualmente, según informan felices las agencias automotrices.

* * *

A veces de este uso de las cifras resultan situaciones que serían de carcajada si no fuera porque son trágicas: por ejemplo, cuando durante el conflicto postelectoral de 2006 se hizo el recuento parcial de votos ordenado por el Tribunal Electoral. Para algunos, las diferencias resultantes significaban "anomalías muy serias que ponían en cuestión toda la elección" mientras que para otros, los mismos números se interpretaban como que "no cambiaban de manera sustancial la tendencia de los resultados que se habían hecho públicos desde el primer día". Pero todavía el mejor ejemplo es cuando el gobierno de la capital sometió a consulta ciudadana la construcción del segundo piso en el DF y aunque de un padrón electoral de cinco y medio millones solamente votaron poco más de ochenta mil ciudadanos, de todos modos se nos dijo que "los capitalinos están mayoritariamente a favor de la obra".[39] Lo interesante de esto es que cuando en 1995 se organizaron las elecciones de consejeros ciudadanos, de un padrón de cinco millones votó un millón, pero entonces, porque así convenía a los partidos, se dijo que la cantidad "no era significativa".[40]

Un caso ejemplar de este tipo de situación se da con las mediciones de la pobreza. Resulta que mientras la Secretaría de Desarrollo Social a través de su propio Comité Técnico de Medición de la Pobreza da una cifra de 52% de la población en esa situación, uno de los especialistas más reconocidos en ese campo da una de más de 20 puntos porcentuales por arriba, lo que no es poca cosa. La diferencia radica en que mientras el académico emplea métodos de medición que se usan internacionalmente, el gobierno federal usa un modelo inventado por su gente.

Esto de usar mediciones propias se remonta a cuando en 1995, un estudio dado a conocer por la Reserva Federal Norteamericana afirmó que los principales bancos mexicanos maquillaron sus cifras para decir que tenían ganancias cuando en realidad tuvieron pérdidas: "Para hacer la alquimia sin caer en la ilegalidad, lo que hicieron fue […] cambiar las formas de llevar la contabilidad".[41] Y ahora, ese método se ha puesto de moda y todos lo hacen: cuando el presidente municipal de Guanajuato aseguró que la ocupación hotelera durante el Festival Internacional Cervantino había alcanzado 100%, los hoteleros de la ciudad se preguntaron "cuál metodología habían empleado para medir porque las cifras son incorrectas". Según el presidente del gremio, "Era información imprecisa para echarle flores a la promoción turística, pero la realidad fue otra". Cuando el presidente Fox dijo que el monto del producto interno bruto destinado en 2004 a la educación fue del 7.3%, la Organización para la Cooperación y el Desarrollo Económico (OCDE) aseguró que fue del 5.9. Y cuando la Organización de las Naciones Unidas para la Agricultura y la Alimentación (FAO) dio datos sobre la deforestación en México, el entonces secretario del ramo dijo que "no se sabe cómo se tomó la información" y que ellos darían su propia "cifra mexicana" según la cual las cosas no andaban tan mal.

En la educación se da mucho el uso de cifras propias. Cuando la Unesco dio cifras sobre cobertura de la educación primaria en México, la Secretaría de Educación Pública las rebatió con las suyas propias que "varían fuertemente" como afirma el investigador Eduardo Andere. Y cuando en 2006 los resultados de la primera aplicación de los Exámenes de la Calidad y el Logro Educativos (Excale) elaborados por el Instituto Nacional para la Evaluación de la Educación arrojaron que a escala nacional altísimos porcentajes de estudiantes no sabían historia ni aritmética, la Secretaría de Educación Pública decidió, en lugar de hacer algo para resolver el problema ¡modificar los criterios de evaluación! Por eso el presidente Calderón ordenó la creación del Sistema Mexicano de Evaluación Educativa y cuando se hizo la primera prueba (Evaluación Nacional de Logro Académico en Centros Escolares, Enlace) se negó a difundir los resultados. Todo para "no evidenciar que los estudiantes, medidos con los propios planes de estudio de la SEP, con sus propias evaluaciones y sus propios maestros ni siquiera pueden tener un nivel de pase decente. Están tratando de ocultar que las escuelas cuyos alumnos obtuvieron un bajo nivel de rendimiento no se vean tan mal".[42] Parafraseando al investigador Iván Restrepo, todo es cosa de sacar del sombrero de un mago cifras al gusto del cliente.

Una de las maneras en las cuales el juego con los números es más engañoso, es cuando se los usa sin contextualizarlos ni relacionarlos con otros. Por ejemplo: nos presumen el presupuesto para el programa de apoyo al campo con sus miles de millones de pesos, pero no lo comparan con el dinero que mandan al país los campesinos que se fueron a Estados Unidos a trabajar y que lo hicieron precisamente por las lamentables condiciones que imperan en el campo mexicano. Pero si se hace esa operación, resulta que lo que envían suma ¡8 veces la cantidad de dicho presupuesto y 35 veces el presupuesto total de la flamante Secretaría de la Reforma Agraria! O nos informan que la gasolina va a subir de precio, 35% inicial y luego solamente el 0.8 mensual, pero nada dicen del interés compuesto ni de la cadena de aumentos que eso

significa y que terminan por elevar el costo muy por encima de la cantidad anunciada.

Los números se exageran o minimizan a conveniencia para conseguir otros fines, como alarmar a la población, conseguir votos, aumentar impuestos o abrir las puertas a ciertos intereses, por ejemplo los de las empresas transnacionales. ¿Qué tal cuando afirman que en los primeros tres meses del año se perdieron 60% de empleos en la industria de la construcción? ¿O que fueron despedidos en una semana 20 mil empleados de la industria textil? ¿O que el índice de la pobreza crece a razón de 4.9% diariamente? ¡El país ya no existiría si alguno de estos números fuera real! No es gratuito que Andrés Manuel López Obrador diga que las cifras alarmantes que nos da el gobierno federal sobre la empresa Pemex tienen el objetivo de justificar su venta a empresas extranjeras.

Hay veces que la manipulación es tal, que ya ni quienes los usan se acuerdan y entonces no siempre dicen lo mismo. ¿Cuánto por fin costó la megabiblioteca que se construyó durante la administración foxista? Primero dijeron que se tenían 95 millones y que faltaban 200, aunque lo que oficialmente se solicitaron fueron 280. Un mes después se dijo que la obra costaría 415 millones pero en el presupuesto se pidió una partida de 418 millones de pesos. Y según una funcionaria del Consejo Nacional para la Cultura y las Artes que se peleó con la presidenta de esa institución: "Se hablaba de alrededor de 700 millones de pesos, se pasó a 900, ahora los papeles oficiales dicen que el costo final es de 1,225 millones, aunque los diputados de la Comisión de Cultura, que han investigado, aseguran que el desembolso final anda por los 2,500 millones de pesos".[43]

Las cifras se usan también para esconder la realidad, para que no se note que es fea. Por ejemplo cuando el presidente del Instituto Nacional de Ecología informa que "en los últimos ocho años las normas de calidad del aire se han violado trescientos veinte días", está pretendiendo tapar el hecho de que sólo 45 días de todo un año el aire que respiramos los capitalinos fue satisfactorio. O cuando la Universidad Nacional inaugura una biblioteca y la anuncia como "una de las dos más importantes de América Latina" es porque les parece que eso suena menos mal que decir que es la segunda.

Y sin embargo, y a pesar de que sirven tan obviamente a ciertos intereses y de que son fácilmente manipulables, se sigue usando a las cifras para darle a las cosas la apariencia de certeza, seriedad, infalibilidad y sobre todo, realidad.

Alardear

La nuestra es una cultura en la que como afirma el dicho popular "al que no habla Dios no lo oye" y en la que como decía el escritor Luis Spota, "lo importante no es poner un huevo sino saberlo cacarear". Y vaya que nuestros políticos, funcionarios, empresarios, eclesiásticos y comunicadores lo creen y lo practican.

Contaba el historiador José Fuentes Mares que el presidente Ortiz Rubio gustaba tanto de alardear, que convertía cualquier actividad, por nimia que fuera, en pretexto para montar ceremonias pomposas y formales, donde bandas de guerra tocaban el himno nacional y se invitaba a funcionarios y diplomáticos. Una de esas ocasiones fue la inauguración de un paso subterráneo en la esquina de San Juan de Letrán y 16 de septiembre, "una obra digna de figurar en el programa de obras materiales del presidente municipal del villorrio más infeliz".[44]

Alardear es tan importante, que los funcionarios de todo nivel, desde el presidente de la República hasta el subdirector de me-da-lo-mismo, emplean buena parte de su tiempo y energía en acudir a inauguraciones, clausuras y eventos de todo tipo en los que haya cámaras y en buscar que los entrevisten en la televisión, radio, diarios y revistas nacionales y extranjeras para poder relatar los (magníficos, impresionantes, estremecedores) logros de su gestión.[45]

Por eso cada oficina, empresa, comisión o institución, por microminúscula que sea, cuenta con un "encargado de comunicación social" y dedica tiempo, esfuerzo y presupuesto a hacer publicidad.[46] Allí están las planas enteras en los diarios y los anuncios en la televisión y la radio contando las maravillas que hacen todos: el Senado de la República presume las leyes que aprobó, el Poder Judicial de la Federación las controversias que resolvió, los gobiernos estatales los drenajes que arreglaron y hasta las esposas de los gobernadores se las ingenian para hablar de la gran labor que hacen sus maridos y ellas mismas.

No importa que lo que publiciten sea cualquier cosita, ellos se encargan de presumirla: en Jiutepec, Morelos, hay gigantescos espectaculares para informar que se pavimentó un camino de dos kilómetros; en Morelia, Michoacán, hay letreros para avisar que se están limpiando los camellones de una colonia y en la delegación Venustiano Carranza de la capital, el director de Desarrollo Urbano advierte a los ciudadanos, que hay obras que "no son visibles, pero es importante que se hacen y se avanza".

Un ejemplo que me encanta es cuando hace algunos años el estado de Colima invitó a empresarios extranjeros, los recibió con bombos y platillos y los atendió una semana a cuerpo de rey porque iban a invertir en un proyecto que daría trabajo a 240 personas ¡tanto ruido y tan pocas nueces![47]

* * *

La forma favorita del alarde ha sido siempre y sigue siendo hoy los informes de labores, suma y cima del concepto de sí mismos que tienen los funcionarios. Desde el Primer Mandatario de la Nación hasta el presidente municipal del último rincón del país y desde el delegado político hasta el jefe de cualquier comisión nombrada para lo que sea, hacen de ese momento el ritual central de su quehacer. Y por supuesto, en ellos lo que dicen siempre está cuidadosamente arreglado para mostrar que "se hicieron cosas muy importantes", "se hizo más de lo convenido", "se cumplieron los compromisos", "se avanzó en el programa", "se impactó favorablemente", "se contribuyó significativamente".

Es en los informes cuando el secretario de Seguridad Pública invariablemente afirma que disminuyeron los delitos y que se logró detener a un importante jefe de los narcos, cuando el secretario del Medio Ambiente invariablemente asegura que disminuyó la deforestación y que los contaminantes arrojados a la atmósfera y el promedio de áreas dañadas por incendios fueron los más bajos en la historia, cuando el secretario de Agricultura afirma que "se descarta cualquier bronca fuerte en el campo y que se está trabajando bien" y cuando el secretario de Salud jura que recibieron atención médica millones de ciudadanos y que todos los niños tienen todas las vacunas.

Es tan importante este momento en el quehacer de los funcionarios, que una delegada política en la ciudad de México pintó las bardas de su delegación informando que durante su gestión se habían repartido 25 mil cédulas de identificación del registro de población (CURP) ¡como si ése fuera su logro personal y no un trámite obligatorio para los ciudadanos!

Y por si lo anterior no bastara, los informes no concluyen en el momento de su presentación, sino que existe una segunda etapa en la cual se vuelven publicidad, como las bardas en las que se anuncia lo que se hizo. El ejemplo que me encanta es el de un espectacular en Morelia, Michoacán, en el cual se afirma que "En lo que va del año se alfabetizó a 62 mil adultos". ¿Es mucho? ¿Es poco? Quién sabe. Si uno ve el anuncio en noviembre, resulta que 5,165 adultos habían aprendido cada mes a leer y a escribir, pero si uno lo ve en marzo, eso significa que se alfabetizan 20,633 adultos al mes. Y eso solamente si se toma como referente el año que empieza en enero y termina en diciembre y solamente si no se pregunta cuánto tiempo lleva allí el espectacular.

Pero todavía hay un escalón más alto, que es la publicación. ¡Ah, la palabra impresa que pasará a la posteridad y que como dice una diputada, "será juzgada por toda la historia"!

El presidente Miguel de la Madrid instaló una oficina especialmente dedicada a elaborar la "Crónica del Sexenio", que dejaría constancia de las maravillas realizadas por su administración y hoy cualquiera manda publicar la "Memoria" de su gestión, en papel de lujo y con fotografías a color, como hizo un delegado de Coyoacán.[48]

Hay quienes prefieren maneras menos intelectuales de festinar sus obras, aunque no por eso menos caras. El presidente municipal de un rincón de Jalisco se mandó a hacer nada menos que cinco verbenas con mariachi y videos para festejar "lo conseguido durante su gestión".

Se trata del mismo modelo presuntuoso y triunfalista que fue característico de los gobiernos priístas durante todo el siglo xx y que pasó intacto a los gobiernos panistas y perredistas, contradiciendo a los intelectuales que aseguraban que muerto el priísmo se acabaría la rabia.[49]

Pretender

"Pretendiendo que lo hago bien parezco ser el que quiero ser", decía una canción de los años cincuenta. Y en efecto, pretender que se hacen muchas y grandes cosas es parte esencial de nuestra cultura política y por lo tanto, de nuestro discurso público.

El caso del presidente Vicente Fox es paradigmático, pues mientras en los noticieros todo eran ajustes de cuentas, secuestros, robos, inundaciones, conflictos sociales, él en cambio decía que todo estaba muy bien y se aplaudió tanto a sí mismo, que los comentaristas construyeron el concepto de "Foxilandia" para referirse a ese país de fantasía, en el que aseguró que vivíamos los mexicanos gracias a su gobierno. Decía el mandatario: "La economía está sólida y mejor que en los últimos 25 años, las calificadoras mundiales reconocen el grado de inversión, en términos sociales llegamos con resultados muy buenos, excepcionales. Se ha reducido la pobreza extrema. En términos políticos no hay ningún problema excepcional".[50]

Fox llegó a atribuirle a su gobierno hasta las reservas de petróleo "las más altas en la historia del país" (¡como si el gobierno tuviera algo que ver con esto y no la naturaleza!) y el aumento en la expectativa de vida de las mujeres mexicanas (¡como si eso se pudiera lograr en unos cuantos años!) y la Fundación Vamos México que dirigía su esposa llegó a asegurar "que había conseguido la disminución de la mortalidad materna e infantil en el país".[51] Pero lo más increíble es que hasta se felicitó por la gran cantidad de dinero que llegaba al país por las remesas de quienes se habían ido a trabajar a Estados Unidos.

No sé si ese mandatario se lo creyó o fue cínico, pero le encantaba hablar del país "en el que uno se siente tranquilo, seguro, confiado de que va a ser el mejor del mundo".[52] Y ese país del que hablaba se suponía que es México. Un México en el que mientras su presidente afirmaba que ya todos ganaban seis mil dólares anuales,[53] salían a la luz estudios como el del Instituto de Desarrollo Sustentable y Equidad Social de la Universidad Iberoamericana, según el cual el número de pobres extremos había crecido en más de 18%, y como la Encuesta de Comunidades de Estados Unidos según la cual la migración de mexicanos al país del norte había aumentado durante el sexenio foxista en cerca de cuatro millones de individuos, y como los análisis de la empresa Consultores Internacionales según los cuales la deuda interna había crecido hasta ocupar 12.5% del producto interno bruto, pasando de 606 mil millones de pesos en diciembre de 2000 a más de un billón de pesos en 2005, 105% de aumento.[54]

Era como de locos escuchar al secretario de Trabajo asegurar que en los primeros ocho meses de 2006 se habían creado 700 mil empleos, mientras datos del diario El Universal afirmaban que se habían perdido casi 200 mil tan sólo en el último año del sexenio, y sumando el déficit acumulado durante toda la administración, la cifra llegaba a poco más de cuatro y medio millones de empleos y mientras Raúl Feliz, economista del Centro de Investigación y Docencia Económica afirmaba "que es uno de los peores sexenios en materia de generación de empleo formal" y Arturo Coutiño, economista de una empresa estadounidense, decía que 85% de las plazas que se habían creado "han sido temporales, lo que significa que van a desaparecer en el corto plazo y son de muy baja calidad".[55]

* * *

Pero entre nosotros pretender que somos más de lo que somos es tan fuerte, que en nuestras escuelas de música y ballet no puede ingresar un niño que no haya empezado a estudiar allí desde la primaria, requisito que ni en Alemania o Inglaterra (que vaya que han forjado grandes músicos y bailarines) existe. O le exigen a una maestra de jardín de niños que tenga una licenciatura en pedagogía o en psicología[56] cuando las maestras de primaria y secundaria reprueban los exámenes que les aplica la SEP. O para otorgar una beca del Consejo Nacional de Ciencia y Tecnología le hacen a los estudiantes un examen con preguntas como: "Según las cifras de la Unicef en 1997 ¿qué porcentaje de las víctimas de la guerra son niños?" ¡Seguro que ni siquiera el secretario general de la ONU sabe la respuesta![57] Pero eso sí, cuánto impresiona pretender que tenemos niveles tan altos de requisitos, pues da la fachada de que somos un país muy avanzado.

Y la fachada, entre nosotros, lo es todo. En función de ella se hace lo que sea.

Cuando en un accidente murió el secretario de Seguridad Pública Federal y ocho de sus colaboradores, hubo un gran acto de cuerpos presentes encabezado nada menos que por el Primer Mandatario de la Nación, en el cual los ataúdes fueron ceremoniosamente colocados sobre tarimas y hubo saludos, pésames, discursos y elogios a los caídos "en el cumplimiento del deber", hasta que en mitad del espectáculo, una de las esposas se atrevió a increpar a las autoridades porque según dijo, al menos dos de los féretros estaban vacíos, incluyendo el de su marido. ¡El acto de cuerpo presente había sido sin cuerpos presentes, solamente un espectáculo, una de las faramallas típicas del poder![58]

Por nuestra afición a las fachadas se hace en la avenida Insurgentes de la capital un flamante sistema de transporte colectivo llamado Metrobús que circula sin obstáculos de norte a sur y de sur a norte de la ciudad, pero para lograr eso, las calles de todos los alrededores son un desastre de tráfico del que nadie se ocupa.[59] O se construyen los preciosos puentes del llamado segundo piso que vuelan sobre la ciudad de México para supuestamente agilizar el tráfico, pero terminan de repente, en seco, en un embudo que nadie se preocupó por resolver.

Fachada y más fachada: dan becas a muchos estudiantes para presumir que se le dan becas a muchos estudiantes ¡no importa que sean cantidades que no les alcanzan para vivir![60] O hacen el "generoso" ofrecimiento (de la Secretaría de Desarrollo Social del DF) de darle 3 mil pesos mensuales a los estudiantes de bachillerato "que quieran financiar sus estudios universitarios o iniciar un negocio o comprarse una casa o un seguro de salud"[61] ¡como si con esa cantidad se consiguiera alguna de esas cosas! O la mejor: un secretario de Marina presume que es capaz de despistolizar al país y para ello le ofrece a la gente cambiarle sus armas por un kilo de arroz. ¡Ni la burla perdonan!

Minimizar

Los medios informan que hay sequía en cierta región del país, pero el titular de la secretaría encargada del asunto dice que "la situación no es catastrófica sino que se trata nada más de un impacto severo".[62] Grupos ecologistas advierten a la población que la fruta producida en cierto lugar no es comestible porque el agua con que se la regó contenía un grado demasiado alto de contaminación, pero los funcionarios locales aseguran que "no hay ningún problema y que todo está bajo control".[63] Los trabajadores del Sistema Colectivo de Transporte se quejan de que la comida que les sirven en los comedores no está preparada en condiciones de higiene, y que "hasta han encontrado cucarachas" y el encargado responde: "Eso de que salgan animales en la comida obedece muchas veces a bromas de los propios compañeros".[64]

El ejemplo más común de este afán minimizador es el que tiene que ver con la situación de violencia e inseguridad. En tiempos del presidente Zedillo, éste decía que el narcotráfico era obra de "unos cuantos malosos,[65] en tiempos del presidente Fox el subprocurador de Investigación Especializada en Delincuencia Organizada de la Procuraduría General de la República afirmaba respecto a los secuestros que "el problema se ha magnificado"[66] y cuando varios estudiantes mexicanos murieron en un ataque del ejército colombiano contra un campamento de la guerrilla de las FARC, el procurador de Justicia de la Nación de todos modos "descartó que grupos armados recluten activistas en el país".[67]

En el discurso se usa mucho hacer menos graves los problemas y además, afirmar que las autoridades tienen "todo bajo control". Ésta es una expresión que se usa con frecuencia, la mayoría de las veces sin que quienes la emplean sepan siquiera qué es lo que tendría que estar bajo control.

Cuando en febrero de 1996 un intenso mal olor despertó a los habitantes de San Nicolás Tolentino en Iztapalapa, que asustados salieron a la calle a medio vestir en plena madrugada, las autoridades de la delegación correspondiente se apresuraron a decir que todo estaba bajo control y que no había riesgo para la salud, sin saber todavía qué era lo que causaba el problema.[68] Y durante una semana particularmente álgida de asesinatos en noviembre de 2006, después de una emboscada en la que mataron a tres policías disparándoles nada menos que 600 balas, el secretario del ramo aseguró que sabía perfectamente lo que sucedía y lo que había que hacer. Los ciudadanos no podemos sino preguntarnos ¿por qué entonces no lo hace?

Descalificar

Cuando el embajador de Estados Unidos denuncia la situación de violencia que hay en el territorio mexicano, el secretario de Relaciones Exteriores dice que esas declaraciones "no nos preocupan". Cuando los pequeños productores del campo manifiestan su temor por la apertura a los productos agrícolas norteamericanos a partir de 2008 en el marco de los acuerdos del Tratado de Libre Comercio, la encargada del asunto en la secretaría respectiva les dice que sus temores son "solamente psicológicos". Cuando el ombudsman acusa a la Procuraduría General de la República de seguir practicando la tortura, la respuesta es que es "temperamental". Cuando un aspirante a presidir el Partido de la Revolución Democrática cuestiona los resultados de la elección, el otro le responde que "tiene desorden mental". Entre nosotros cualquier funcionario de cualquier nivel se permite "desestimar" y "descartar" aquello que no le gusta y hasta calificarlo o descalificarlo.

Esto llega a veces hasta la burla. Cuando en la temporada de lluvias de 2003 la ciudad de México se inundó y las personas quedaron atrapadas durante horas en las vías de comunicación, el jefe de Gobierno le dijo a quienes

lo increparon "que convendría aprovechar las inundaciones para criar peces". En una carta a un diario capitalino, la señora Alma Carolina Eslava Alcántara lamentó que se hubiera dado una respuesta tan ofensiva a quienes habían sufrido por esa situación.[69]

Hablar demasiado

En México el poder sólo lo es de verdad cuando se ha conseguido apoderarse de la palabra. La palabra es tan importante en nuestra cultura, que por eso todos la usan y mucho, muchísimo.[70] Hablan los políticos y hablan los empresarios, hablan los eclesiásticos y hablan los intelectuales, habla todo aquel que puede:[71] "Palabras, palabras, palabras", decía hace cien años Justo Sierra, y la escritora Elena Poniatowska afirma que "la política es no hacer nada, es sólo hablar".[72]

El presidente Luis Echeverría hacía informes que duraban la friolera de seis horas durante las cuales nunca dejaba de hablar, y en tiempos del rector Jorge Carpizo, las reuniones de Consejo Universitario podían durar 14 y más horas porque todo mundo quería decir su opinión sobre cualquier cosa y había puntos en la orden del día en los que se apuntaban más de sesenta oradores.

Hablar es tan importante que en las telenovelas, género por excelencia en nuestra cultura, no pasa nada, sólo se habla para contar las cosas que supuestamente suceden. Y cuando era presidente electo Felipe Calderón se consideraba "enterado" de ciertos hechos porque "ya se los contaron". Y la esposa de un acusado de pederastia le dice que "pida perdón por sus actos, no por sus palabras, que lo asqueroso es lo que hizo, no lo que dijo".

Por eso algunos hacen hasta lo inverosímil para tener la palabra, como buscar un espacio en los medios. "Fulanito salió en la televisión" y ya por eso es importante.

Y paradoja de paradojas, en nuestra cultura oral, ágrafa e iletrada, todavía merece más respeto la palabra escrita. Todo mundo quiere poner por escrito sus ideas. Porque así consiguen el respeto de los demás. Cuando en 2003 un grupo de escritores decidió manifestarse en contra de la propuesta de aplicarle el impuesto al valor agregado a los libros, se presentaron en la Cámara de Diputados en donde los recibieron con todos los honores, les colocaron frente al presidium y los escucharon con atención exponer sus razones, pues ¡eran escritores! Ese mismo día habían acudido al recinto legislativo otros grupos de manifestantes que querían oponerse a tal o cual ley, pero a ellos se les dejó en la calle, bajo el rayo del sol, con sus pancartas y discursos.[73]

Dos casos ejemplares del peso de la palabra son los siguientes: cuando Carlos Salinas de Gortari terminó su mandato, no hubo medio de comunicación que le diera foro para defenderse de las acusaciones en su contra, lo que es (o debería ser) un derecho para cualquier ciudadano, y más si ése había sido presidente de la República. Y cuando los legisladores del Partido de la Revolución Democrática quisieron ofender al primer mandatario, Vicente Fox, lo que hicieron fue impedirle el uso de la tribuna del Congreso para dar su informe de gobierno.

Enredar

El problema está en que en el afán por soltar más y más palabras, nuestros poderosos terminan por enredarse, cambiar por completo lo que supuestamente quieren decir y muchas veces no decir nada aunque parezca que dicen mucho.

Esto tiene entre nosotros un nombre: se llama cantinflismo, un vocablo devenido concepto de uso exclusivo de México.

Ejemplos sobran: el gobierno reduce el presupuesto para el gasto social, pero nos asegura que eso no va a afectar lo que se hace. Entonces uno no puede sino concluir que o antes nos robaban parte de los recursos o no es posible que se sigan haciendo las mismas acciones con menos dinero. O desaparecen algunas oficinas burocráticas, porque dicen que quieren ahorrar, pero se nos asegura que los derechos de los empleados serán rigurosamente respetados. Entonces uno no entiende cómo despedirlos es respetarlos. O el secretario de Hacienda afirma que subir los impuestos nos conviene a los ciudadanos y que vamos a salir ganando y uno se pregunta cómo es que pagando más ganamos.[74]

Hay joyas de este modo de proceder, como el caso de un secretario de Gobernación que hacía malabarismos para decir que "debe ensancharse pero al mismo tiempo limitarse" la libertad de expresión, o el del director del Fondo Nacional de Fomento al Turismo que aseguraba que "hay que ser firmes con las leyes pero no ir a los radicalismos" o el de un académico que escribió que "el desarrollo político mexicano podría llevar a consolidar una democracia política de derecha aunque también podría tomar forma un movimiento social de izquierda" o el del gobernador del Banco de México que aseguraba que "no hay una dirección clara de lo que está pasando con la economía estadounidense, se puede quedar en el fondo un rato, pues no se ve en el corto plazo una recuperación vigorosa, pero tampoco se prevé que esté recayendo y se caiga en una recesión". Ensanchar y limitar al mismo tiempo, obedecer la ley pero no demasiado, ir a la derecha o a la izquierda como posibilidades a futuro, tocar fondo pero no caer en una recesión, frases en las que se mete todo al mismo tiempo, lo bueno, lo malo y lo contrario para así no comprometerse y luego poder decir: "¿Ven? ¡Sucedió como yo lo preví! ¡No me equivoqué!".

Pero si de discursos cantinflescos se trata, pocos como el de un responsable de la calidad del aire en la ciudad de México, que aseguraba que las medidas que se iban a implantar para la verificación de emisiones de los automóviles les serán muy benéficas a los pobres ¡porque ellos no tienen auto! Y ninguno como esta respuesta de Andrés Manuel López Obrador a los reporteros que le reclamaban porque dosificaba la información: "Espérense. En vez de decirles vamos a ver, ¿sí?, y no soy categórico porque yo no tenía todos los elementos. Y les digo no. Y resulta que sí. Ahí, ayer, no, pues imagínense, no digo nada, ya, retiro lo dicho, imagínense. ¡Miren, dijo que no, y miren! Entonces, yo no tengo que actuar".[75]

Tergiversar

En 2002, el escritor y economista Gabriel Zaid acusó a la Secretaría de Hacienda de hacer trampas a la hora de presentar las propuestas de reforma fiscal tanto al Congreso de la Unión como a los ciudadanos: "A propósito se presentaron propuestas confusas y contradictorias, se las ocultó a los ciudadanos y se corrieron rumores cuyo único fin fue sembrar la incertidumbre y el desconocimiento, para evitar que se hiciera un verdadero debate sobre el tema y que se criticaran las propuestas. Para reducir al mínimo la oportunidad de discutir públicamente la reforma, Hacienda dejó correr cuatro meses antes de darla a conocer oficialmente, después de varias fechas prometidas y no cumplidas. También hizo como que difundía el proyecto en la internet (pero) con toda clase de obstáculos".[76]

La tergiversación fue hecha a propósito, para encubrir un engaño: mientras amenazaban con imponer el Impuesto al Valor Agregado al libro, generando con ello un escándalo que distrajo a los interesados, sin decir nada, decidieron que otro impuesto (el ISR) de la noche a la mañana pasó de tasa cero a 32%.[77] "Astucias, arbitrariedades y hasta corruptelas" le llamó Zaid a este modo de hacer las cosas, tan lejos por cierto de la muy anunciada y defendida transparencia y tan poco a tono con la dizque modernidad con la que nos quieren hacer creer que funcionan.

En marzo de 2008 el presidente Felipe Calderón pretendió hacer lo mismo con la reforma energética, pero en esta ocasión los legisladores del llamado Frente Amplio Progresista se lo impidieron. Si no fuera por ellos, dijo el periodista Jacobo Zabludovsky, ya se le habría aprobado.

No dar información

No hay entre nosotros la costumbre de decirles a los ciudadanos lo que sucede. Durante tres horas están fuera de servicio dos estaciones del Metro y hasta desalojan a los pasajeros, pero nadie les explica nada. Y desde hace años que empresas extranjeras están metidas en Pemex de maneras diversas; por ejemplo, a través de los contratos de servicios múltiples y de los encargos de construcción de plataformas para la exploración en aguas profundas, así como en la producción de petroquímicos de la que ha desaparecido casi completamente la industria nacional, con todo y que, de acuerdo con las leyes vigentes, está prohibido, pero no se dice nada al respecto.[78]

Cuando en 1990 se creó el Fondo Nacional para la Protección del Ahorro Bancario, se dijo que su objetivo era "disponer de un fondo de contingencia para enfrentar problemas financieros tales como la insolvencia de los bancos en caso de crisis económica". Se suponía que el dicho fondo asumiría las carteras vencidas y capitalizaría a las instituciones bancarias.

Y sin embargo, lo que sucedió fue otra cosa: se hicieron negocios de los que nunca se informó a la población. Ésta es la historia de uno de ellos: "El Fobaproa entró al rescate del Banco Mexicano Somex al que le compró su cartera vencida que incluía el World Trade Center. Acto seguido le vendió el Banco al Santander de España, sin dar aviso de esto a nadie. Para cuando el Banco Mexicano de Comercio Exterior, dueño del World Trade Center se enteró del asunto, resultó que su deudor ya no era Somex sino el Fobaproa". Escribe Carlos Monsiváis: "Dentro de las finanzas del gobierno, tardan en circular las noticias de los enredos financieros del mismo. En casa del herrero, discreción absoluta sobre minerales. Fobaproa fue muy reservado en sus movimientos, por lo que no le dice a Bancomext nada, ni en cuánto compró los 424 millones de dólares, ni de los 162 millones de dólares que le redescontaron. Si valen lo mismo 102 millones en cash que 424 millones de valor nominal, lo sabremos con el transcurso de los siglos, esos testigos de descargo de la gravedad de los problemas".[79]

Ejemplos de este modo de proceder sobran. Como el caso de las transas (que no transacciones) bancarias por las cuales varios bancos nacionales fueron adquiridos por bancos extranjeros y con la dizque nacionalización que se hizo de la industria azucarera que no fue sino para limpiarla de adeudos y luego ponerla en venta para que la readquirieran sus antiguos dueños. ¡Pero nada de esto lo dijeron![80]

Como no dijeron nada cuando se iba a construir el segundo piso en la ciudad de México. En un correo electrónico que me envió la ciudadana Esther Cimet dice: "Cuando propuestas de una envergadura y complejidad tales se planean en países con mejores tradiciones democráticas que las nuestras, los proyectos son el resultado de varios años de estudios técnicos, de debates y consultas públicas de distintos grupos sociales, particularmente con los afectados directos. Sin embargo aquí no ha sucedido así, se prometen próximas consultas a los vecinos afectados [...] ¿para qué? ¿Y cuándo? Si ya están dando por hecho el proyecto. Dicen que la gente no está en desacuerdo porque no hay movilizaciones de masas. ¿Se apuran ustedes para evitar que se produzcan? ¿Para no dar tiempo a los ciudadanos para responder a su arbitrariedad con movilizaciones y amparos? ¿Se apuran ustedes para evitar que los vecinos afectados tengamos tiempo de reunir la muy pobre información que van soltando a cuentagotas? Sólo con toda la información faltante podríamos tener un panorama completo que nos permita emitir una opinión seria, sustentada en una consulta seria y no en la faramalla telefónica con la que ustedes intentaron legitimar antes de tiempo una decisión ya tomada".[81]

Pero todavía ningún ejemplo como el siguiente: en enero de 2008 se les asignó a varios municipios del país muy castigados por el crimen organizado "una bolsa de dinero que va de los 9 a los 287 millones de pesos para dotar de armamento y tecnología a sus policías". Hasta allí todo muy bien ¡excepto que como nadie les avisó, un mes después no habían hecho ningún trámite para que se los entregaran y, dado que solamente tenían ocho días de plazo para solicitarlo a partir de la publicación en el *Diario Oficial de la Federación*, estuvieron a un tris de perderlo![82]

Decir verdades a medias

Cuando los funcionarios de un gobierno saliente anuncian orgullosos que se van dejando en caja miles de millones de pesos, no dicen que eso se debió a que no cumplieron lo que tenían que hacer, a que no llevaron a cabo las obras o las adquisiciones o los pagos para los cuales estaba destinado ese dinero. Entonces cambia la perspectiva, pues no es digno de encomio que ahorren lo que debían gastar en obras para beneficio de la población.

Hay casos que llegan demasiado lejos: ¡en el mismo momento en que los ciudadanos se quejaban del desabasto de medicinas en el Seguro Social, su director anunciaba públicamente que había ahorrado 70 millones de pesos del presupuesto que se le había asignado![83]

Pero pocos ejemplos como el siguiente: cuando sucedió el desfalco del Fondo Bancario de Protección al Ahorro, se mandó a hacer una investigación. Un comité legislativo contrató a un auditor extranjero para revisar los documentos. Aparentemente, lo que se esperaba de él era un informe que sacara a la luz la verdad de este caso. Se suponía que al traer a alguien de fuera se conseguiría imparcialidad, porque esa persona y su equipo no tenían nada que ver con los enjuagues del asunto que se les estaba encomendando revisar y porque además, eran especialistas con una bien cimentada fama por haber hecho trabajos similares en otros países.

Así que los ciudadanos esperamos medio año, seis largos meses, cada minuto de los cuales nos costaba muchísimo dinero (20 millones de dólares cobró el dicho auditor) pero convencidos de que valía la pena porque por fin sabríamos la verdad y quizá con ella hasta se podría castigar a los responsables del gran desfalco que fue el llamado "rescate bancario".

Pero he aquí que cuando entregaron el informe, resultó que no era la auditoría que prometieron sino apenas, en palabras del propio auditor, "una revisión basada en preguntas previamente convenidas". Y entonces nos enteramos de que se contrató a un especialista y se le pagó una fortuna pero no se le entregaron todos los datos que pidió ni se le permitió hurgar en todos los documentos necesarios ni preguntar libremente. "Las restricciones en el acceso a la información fueron más graves de lo que inicialmente creímos", dijo el auditor Michael Mackey.

¿Para qué entonces lo contrataron? La respuesta es obvia: lo que querían era darnos una verdad a medias, que sirviera para taparle el ojo al macho como se dice popularmente, pretendiendo que se hacía una investigación a fondo cuando en realidad lo que se hacía era lo contrario: tapar el fondo del asunto.[84]

Dar versiones diferentes

En enero de 2003 hubo una trifulca entre dos corporaciones policiacas en el aeropuerto de Chihuahua y cada una contó los hechos a su manera: si había sido o no en el estacionamiento, si ellos o los otros habían estado o no armados. Y no sólo las versiones diferían sino que cada cual decía una cosa, luego se desdecía, luego decía otra y total, el asunto nunca se aclaró.[85]

Es muy común que distintos funcionarios no se pongan de acuerdo sobre algunos asuntos. Por ejemplo, en 1998 el subsecretario de ingresos de la Secretaría de Hacienda y Crédito Público aseguró que no se incrementarían los impuestos, pero el secretario del ramo afirmó que "se estaba preparando una reforma impositiva", o después de las elecciones del 2 de julio de 2006, cuando el Tribunal Electoral revisó algunos paquetes electorales a partir de las impugnaciones presentadas por los partidos, los medios, analistas, militantes, magistrados, voceros, cada quien dio una versión diferente de lo que eso significaba, que era incompatible con la del otro.[86] En la capital no se ponen de acuerdo sobre cuáles son las zonas con mayor delincuencia, pues mientras la Secretaría de Seguridad Pública señala como las más peligrosas a aquellas con más hechos delictivos y más denuncias ciudadanas, la Asamblea Legislativa las mide en base a las querellas que se presentan ante el Ministerio Público.[87] O luego de que varias personas tuvieron accidentes serios en puentes peatonales de la capital, el gobierno se comprometió a revisar los 560 que existen para determinar las condiciones en que se encuentran. Pero cuando una señora cayó de uno de los que no se encontraba en la lista de los que requieren mantenimiento urgente, la explicación fue que "los criterios de la Secretaría de Obras y Protección Civil difieren en lo que son riesgos".[88]

Sin duda que donde las cosas son más susceptibles de versiones diferentes es cuando se trata del concepto de justicia. Si bien es cierto que, por su propia naturaleza la idea misma de justicia varía de persona a persona, de sociedad a sociedad, entre nosotros, como diría Linda Gordon, cada cual considera como justo lo que mejor se adecua a su interés particular.[89] Por ejemplo, en un desplegado publicado en un diario de circulación nacional, un señor que perdió un caso escribe: "El juzgado cuarto de lo penal dictó una sentencia de culpabilidad a un ciudadano inocente, olvidándose el juez de la sagrada encomienda que tiene en sus manos de impartir justicia. Rogamos a los magistrados de la sala de lo penal a donde hemos apelado que impartan justicia conforme a derecho". Es decir: o se imparte la justicia como yo creo que debe ser o no se la puede considerar justa. ¡Qué mejor ejemplo de esta manera de pensar que Andrés Manuel López Obrador, para quien la Suprema Corte de Justicia de la Nación, como no lo dio por ganador en las elecciones de 2006, "no son más que encubridores de políticos corruptos y de delincuentes de cuello blanco"![90]

Pero dar diferentes versiones de las cosas es un recurso tan usado que ya ni nos llama la atención: en la mañana aparece en un importante diario de circulación nacional un encabezado según el cual "de acuerdo a datos del Instituto Nacional de Estadística, Geografía e Informática, hay un repunte del sector industrial", pero esa misma noche un noticiero de la televisión informa que ese sector no ha crecido. Un día nos dicen que el empleo aumentó y al mismo tiempo anuncian despidos masivos en la burocracia. En diciembre el presidente de la República afirma categórico que si no se aprueban las reformas el país no crecerá y en enero su secretario de Economía habla de que se espera un crecimiento del 3% para ese año con todo y que no se aprobaron las reformas. En una página del periódico se dice que la inflación anual fue de poco menos del 4% y en otra que tan sólo el gas subió 26%.[91] En una noticia dice que se están produciendo menos autos que nunca y en otra que se impuso un récord histórico en la venta de autos.

Incluso a la hora de un conflicto o hecho de violencia distintas autoridades dan números diferentes de muertos y de detenidos como si no hubiera cadáveres y cuerpos físicos que contar. El número de homicidios que da la Procuraduría General de la República es distinto que el que da la Secretaría de Salud.[92] Lo mismo sucede con el narcotráfico, pues mientras la Secretaría de la Defensa Nacional afirmó haber detenido entre enero y abril de 2007 a 1,293 delincuentes relacionados con el crimen organizado, el reporte de la Presidencia sobre los resultados sostenía que fueron detenidas 1,257 personas.[93]

Esto llega a ser tan absurdo que se dan diferentes cifras de la cantidad de visitantes a los museos, se hacen anuncios publicitarios de una exposición del Instituto Nacional de Bellas Artes que dan fechas diferentes sobre su duración y hasta se señala la altura de un puente en el viaducto con dos letreros (colgados uno junto a otro) ¡que dicen distintos centímetros!

* * *

Que cada oficina, cada funcionario, cada medio de comunicación, cada organización política o ciudadana dé su propia versión de los hechos sucede mucho en relación con algunos temas: la oposición, la participación política de la Iglesia y nuestro poderoso vecino del norte.

Una mañana de agosto de 2006 la Presidencia de la República aseguró estar negociando con la oposición y en la tarde el jefe del partido opositor dijo que no era cierto. Un día de julio de 2007 el representante legal de la Arquidiócesis afirmó que entregaría un paquete con propuestas de reformas para que los ministros del culto puedan participar el política y al día siguiente el vocero de la misma dijo que no había tal propuesta. En el mes de marzo de 2004, en el mismo día, se dijo en una reunión interparlamentaria "que la relación entre México y Estados Unidos estaba atravesando por uno de sus peores momentos en medio siglo" y en una reunión entre secretarios de Estado "que la relación entre ambos países era excelente".[94]

A veces las versiones diferentes son ¡de una misma persona! El procurador de Justicia de la Nación dice un día que hay un asesino serial y al día siguiente que no hay un asesino serial, el secretario de Relaciones Exteriores explica el plan migratorio del presidente de Estados Unidos a veces como "cosa buena" y a veces como "cosa mala", un día habla de él "con beneplácito" otro dice que "estuvo muy por debajo de las expectativas", en ocasiones afirma que por fin se ha logrado que el tema se discuta, en otras que apenas si se lo discutió y otras más resulta que el dichoso plan ¡ni siquiera existe![95]

No llamar a las cosas por su nombre

Cuando se ha conseguido apoderarse de la palabra, no solamente se puede decir lo que se quiera, inventar, exagerar o minimizar, ocultar o tergiversar, sino que las palabras se pueden voltear y hasta cambiarles su significado y darles el que se desee con tal de que lo que se dice no suene tan mal como realmente es.

Por ejemplo, en la devaluación de 1994 nunca se usó el término, sino que se habló de "cambios en la banda de flotación". Cuando en algún momento quisieron aumentar los impuestos, no lo dijeron de ese modo sino que hablaron de "un ajuste que servirá para cerrar la ecuación". Cuando bancos extranjeros compraron bancos mexicanos sin pagarle al fisco por la transacción, se dijo que se trataba de "operaciones bursátiles y no comerciales".[96]

Con tal de no llamar a las cosas por su nombre, se usa una retórica enrevesada, como cuando el presidente de la Comisión Nacional de los Derechos Humanos acusa a unos policías de que "probablemente hayan transgredido el derecho a la vida" para decir que son sospechosos de haber matado a alguien o cuando la Secretaría de Gobernación habla de "hechos violentos que afectaron vidas humanas" para informar sobre un montón de heridos en alguna refriega. Pero pocos ejemplos tan claros como éste: en los años noventa del siglo pasado, cuando el Partido Acción Nacional se había convertido en un competidor fuerte a la hora de las elecciones, si ganaba decía que "el PRI fue derrotado porque el régimen está agonizando", pero si perdía, decía que "no ganamos porque así es la alternancia en la democracia".

Bueno, para qué ir más lejos: ¿no se inventó el concepto de "voto útil" para justificar que los intelectuales se subieran al barco del partido que ganó las elecciones en 2000? ¿A quién le era útil ese voto?

Entre nosotros, a los inválidos se les llama "con capacidades diferentes", a los viejos "adultos en plenitud" (me escribe un lector: "¿En plenitud de qué? Será de enfermedades, de incapacidades, de problemas"), a las cárceles "centros de readaptación social", a las guarderías "centros de desarrollo infantil", a la lucha contra la corrupción "renovación moral", a la prostitución "sexoservicio", a los niños que no tienen casa donde vivir, "en situación de calle". Entre nosotros, los arraigos se "conceden", las órdenes de aprehensión se "obsequian" y las investigaciones se "atraen". Entre nosotros, a cualquier campaña que quieren hacer, sea para que no se desperdicie el agua o para que se recoja la basura, "una cultura": "por una cultura del agua", "por una cultura de la limpieza", por una cultura de "la legalidad", por una cultura de lo que sea.[97] Como dice un estudioso, "es un modo de decir o sugerir con disimulo ideas cuya recta y franca expresión sería dura o malsonante", como afirma un escritor: "todo es cosa de atribuirle un nombre diferente a las cosas y ya por eso creemos que las podremos mejorar".

Y esto llega tan lejos, que las palabras muchas veces terminan por significar exactamente lo contrario de lo que significan: se le llama Secretaría de Seguridad Pública a una institución que lleva por nombre precisamente uno que dice ¡lo que no es!, o se le llama ley "de Justicia Cívica" a una que significa exactamente lo contrario de su nombre, pues su sentido es que los desempleados que andan por las calles inventándose trabajitos para salir adelante, como limpiar los vidrios de los autos o ayudarles a estacionarse, puedan ser detenidos por la autoridad en calidad de infractores. Gustavo Esteva pone los siguientes ejemplos para abonar a esto: "Un programa oficial que busca la privatización de las tierras ejidales se denomina Programa de Certificación de

Derechos Ejidales, un conjunto de disposiciones legislativas que pone abiertamente en riesgo la riqueza biológica del país se denomina Ley de Bioseguridad, un programa que se ocupa activamente de destruir las semillas criollas del maíz para que los campesinos se vuelvan dependientes de las semillas transgénicas se llama Maíz Solidario".[98] Y es que como escribió Enrique Dussel: "Existe una intención de maniobrar con las palabras para decir exactamente lo contrario de lo que realmente es".

Este modo de funcionar es tan común, que el secretario de Relaciones Exteriores hasta se atrevió a proponer que "para evitar el escozor que causa la palabra privatización", simplemente se cambie el término y así se podrá abrir la industria petroquímica a la inversión privada extranjera saltando "las cuestiones de semántica". Por eso tantos ciudadanos se oponen a cualquier apertura de la empresa Pemex al capital extranjero, pues consideran que es una forma de privatizar aunque las autoridades no lo llamen con ese nombre.

El secretario citado no es el primero y no será el último en pretender cambiar las cosas saltándose las "simples cuestiones de semántica". Cuando en enero de 2003 entró en vigor una nueva fase del TLC que abría la entrada a nuestro país a doce productos agropecuarios norteamericanos sin pago de aranceles, el gobierno anunció lo que llamó un "blindaje" de diez millones de dólares para apoyar a los agricultores amenazados. Pero el tal blindaje resultó no ser otra cosa que la reformulación retórica de fondos que ya se habían aprobado para esos apoyos.[99]

Otra "reformulación retórica" fue la desaparición en 1999 del rubro llamado "partidas secretas" del presupuesto, porque era necesario adaptarse a las nuevas obligaciones que imponía la transparencia. Pero, inmediatamente después, surgió uno nuevo llamado "gasto discrecional".[100] ¡Todo consiste en hacer un cambio de nombre y listo, ya parece como si se tratara de otra cosa!

Pero es que entre nosotros las palabras, como decían los cabalistas, no son un medio para representar al mundo sino su fundamento mismo.

Cambiar el significado de las palabras

¿Qué quiere decir la palabra "inexplicable" cuando acusan a alguien (sea el hermano incómodo del expresidente Salinas o a algún funcionario cualquiera) de "enriquecimiento inexplicable" siendo que todos sabemos y nos explicamos perfectamente cómo se enriqueció?[101]

¿Qué quiere decir "esperanza" cuando nos dicen que la ciudad de México es la ciudad de la esperanza y los que la habitamos tenemos que permanecer tres horas atrapados en un atolladero de tránsito o una hora esperando el camión o inundados hasta media pierna, para no hablar de cuando secuestran, roban, matan?[102]

¿Qué quiere decir "violencia"? Nos dicen que la toma de la tribuna del Congreso de la Unión el primero de septiembre de 2006 para impedir que el presidente de la República presentara su informe de gobierno, fue un ejemplo de no violencia. Pero eso sólo sería cierto si por violencia entendiéramos que corra la sangre, pero la palabra es más amplia e incluye, dicen los que saben, situaciones como ejercer presión y generar tensión psicológica y social como efectivamente sucedió.[103]

¿Qué quiere decir "resistencia civil pacífica"? Si grupos deciden instalar un plantón frente al Congreso de la Unión y no se los permiten, por lo cual reaccionan insultando a los granaderos y lanzándoles toda suerte de objetos, o si van armados con cadenas y palos, pues eso no es pacífico ni aquí ni en China.[104]

¿Qué quiere decir "actuar con libertad"? Si se agrede a todos aquellos que no piensan o dicen lo que yo quiero o pienso, si no se les deja manifestarse porque están en contra de mí, como sucedió en Oaxaca cuando la Asamblea Popular de los Pueblos de Oaxaca impidió a los que apoyaban al gobierno estatal marchar por las calles de la ciudad, eso está muy lejos de ser libertad.

¿Qué quiere decir "voluntad general", "triunfo contundente", que cada lado invoca para sustentar su supuesta legitimidad y para descalificar al otro?

¿Qué quiere decir "respeto a los derechos humanos" cuando quienes los exigen a su vez no respetan los de los otros? "Mis derechos son los que cuentan" aseguran los defensores de una religión que se oponen a que vivan, trabajen y estudien en su comunidad quienes no la profesan.

Cada lado del espectro político, ideológico y religioso, cada grupo y cada persona creen que "Lo que yo quiero es *lo correcto*", "es *lo moral*", "es *lo ético*", "es *lo legítimo*", "es *lo verdadero*", "es *lo único*", "es *lo* bueno para la mayoría".[105] Algunos hasta afirman que lo que ellos quieren es "*lo que Dios quiere y manda*" ¡como si alguien tuviera comunicación directa y el Creador se lo hubiera dicho! Las palabras parecerían no reflejar significados sino construirlos, dice Carlos Monsiváis.

Ni siquiera los vocablos más usados en México en tiempos recientes tienen un significado preciso: ¿Qué significa renovación moral? Tenemos casi treinta años diciendo que se lucha contra la corrupción pero ella allí sigue. ¿Qué significa transición? Tenemos un cuarto de siglo oyendo que estamos en ella y que pronto llegaremos a la democracia, pero no parece que así sea.[106]

Y por lo demás ¿qué quiere decir democracia? Es una palabra que todos los grupos invocan, cada cual para afirmar que él sí la está consiguiendo mientras que el otro la está poniendo en riesgo.[107] Allí estaba la esposa de un gobernador que quería heredar el cargo de su marido y decía que lo hacía porque "lo que yo quiero es la verdadera democracia",[108] o los líderes de los sindicatos corporativos que no permiten ningún cambio en las dirigencias pero afirman que están defendiendo "la democracia sindical". Tal vez por eso en el mensaje a la nación de su último informe de gobierno, el presidente Fox usó la palabra 33 veces en las poco más de 2 mil que en total pronunció.[109] El concepto está tan manoseado y lo usan por igual unos que otros que ya nadie sabe bien a bien lo que significa, pero como afirma un lector, se lo entiende como: "Lo que yo quiero eso es democracia. Si no me cumplen mi capricho, entonces no es democracia".[110]

* * *

El uso de las palabras dándoles el significado que convenga es algo tan común, que los empresarios no tienen empacho en exigir la libertad de empresa pero luego se oponen a la concesión de un muelle o a la apertura de un nuevo canal de televisión porque eso les compite y afecta y la Iglesia no tiene empacho en exigir la libertad religiosa pero hacer todo para impedir la existencia de otras religiosidades.

Pero el más precioso ejemplo es el del obispo Onésimo Cepeda y su interpretación de la palabra "proselitismo": "Nosotros estamos en contra del proselitismo porque es insultante" y "la labor proselitista es en sí misma violenta y agresiva", dice en una entrevista refiriéndose a la labor de los grupos evangélicos, pero también afirma que "él se dedica con ardor a evangelizar porque modificar a las gentes es lo más importante".[111]

No cabe duda de que, como decía Humpty Dumpty, "cuando yo uso una palabra quiere decir lo que yo quiero que diga".

Ponerle nombres nuevos a lo viejo

Constantemente nuestros poderosos toman viejas ideas pero las pretenden hacer aparecer como nuevas. Así sucede cuando se habla de una "nueva cultura de la salud" o de un "nuevo desarrollo", pero en realidad se está aludiendo a lo mismo de siempre.[112]

Por ejemplo, la diferencia entre el viejo y el nuevo federalismo es que el presidente de la República inaugure un foro en el cual los asistentes le dicen que él ya no debe tirar línea, pero luego obedecen lo que él propone.[113] O el significado de la descentralización educativa, consiste en entregarles a los estados las instalaciones físicas de las escuelas y los pagos de nómina, mientras que la federación conserva las decisiones sobre los materiales educativos y los contenidos de los programas, así como el manejo de los presupuestos y la asignación de plazas, que son lo más importante. ¡Con razón la gobernadora de Zacatecas prefirió devolverles su descentralización y que las cosas siguieran como antes! O la llamada pomposamente simplificación administrativa, que consiste en que haya una sola cola para cualquier trámite, no importa que llegue hasta la mitad de la cuadra siguiente. Por eso un ingenioso caricaturista explicaba que la "nueva cultura laboral" era "la misma vieja barbarie empresarial".[114]

Pero el ejemplo que más me gusta es el del horario de verano, que se presentó como la gran novedad para ahorrar energía ¡siendo que en México ya había sido aceptado desde los años veinte del siglo pasado!

Abusar de las palabras

Cuando todos los días durante meses nos dicen que "creció la tensión" en tal conflicto o que "se profundizó" la marginación de tal grupo o que "aumentó el desempleo" o que "subieron los precios", terminamos por no creer. Cuando reiteradamente nos amenazan con que "ya viene la represión" o con "ya se va a privatizar tal empresa estatal", terminamos por no escuchar. ¿Qué quiere decir el término crisis? Desde los años ochenta del siglo xx lo usan una y otra vez para aludir a todo, a la economía y al sistema político, a cuestiones de tipo moral y familiar.[115] Por darle más fuerza al propio discurso, se termina por hacer como en aquel cuento famoso de "allí viene el lobo".

Lo que más se ha vaciado de significado son las palabras más fuertes porque ya a cualquier acontecimiento se le aplican términos como genocidio, golpe de Estado, terrorismo, tragedia, traición y se usan a diestra y siniestra conceptos como "derecha neofascista" o "izquierda populista", lo cual termina haciendo que pierdan su peso y se diluya su contenido. Un ejemplo paradigmático fue el de un escritor que cuando quiso apoyar a un candidato a la Presidencia de la República, planteó las cosas en estos términos: "Echeverría o el fascismo". El otro fue el de las explosiones sucedidas en el Zócalo de Morelia, Michoacán, el 15 de septiembre de 2008, a las que inmediatamente se calificó de terrorismo, aunque varios especialistas afirman que no fue así.[116] En un correo electrónico, una lectora se refiere a José María Aznar, expresidente del gobierno español como "genocida", a Michelle Bachelet, presidenta de Chile como "pinochetista sin Pinochet", al historiador Enrique Krauze como "ideólogo del fascismo", al escritor Héctor Aguilar Camín como "defensor de masacres de indios" y al presidente Felipe Calderón como "el cristero que vive ilegítimamente en Los Pinos".[117] ¡Cuántas sandeces es capaz de proferir la gente! Cualquiera adjetiva como le viene en gana, revuelve conceptos, usa epítetos sin importar si vienen o no a cuento.

Soltar chismes y rumores

Se usa mucho dejar correr especies que generen inquietud o preparen un ánimo determinado en la población para servir a ciertos intereses. Por ejemplo, en tiempos de un presidente que hablaba del control natal, se soltó la especie de que iban a ir a las escuelas a vacunar a los niños para volverlos estériles y los padres de familia se lo creyeron y entraron en pánico a pesar de que, aun si se quisiera hacer eso, no existe semejante vacuna. Y cuando hacia el final de su sexenio este mismo presidente empezó a coquetear con la idea de la reelección, el rumor que corrió fue el de un golpe de Estado militar y su fuerza fue tal, que muchísima gente no salió de su casa el día anunciado para el supuesto evento.[118]

En México el rumor siempre cae en blandito, siempre prende, siempre la gente se lo cree. Habría que entender por qué sucede esto y con tanta facilidad. Según Esther Charabati "el rumor se genera principalmente en sociedades desinformadas y se fortalece con gobiernos que ocultan o manipulan la información".[119] El hecho es que sea la aparición de la Virgen en la pared de una estación del Metro o las bondades de una corteza de árbol para curar las enfermedades más severas o el anuncio del fin del mundo, la gente lo acepta y convierte al lugar en santuario, se toma las dichas pastillas y se refugia en las iglesias para esperar el terrible acontecimiento.

Pero si además el rumor se refiere a nuestros gobernantes, no habrá nada que lo ponga en duda: sea si se dice que Fulano es dueño de los mejores terrenos en las mejores playas del país, que Sutano acaba de recibir la concesión de servicio de limpia de todas las oficinas de gobierno, que Mengano tiene un montón de amantes y por eso se suicidó la madre de sus hijos, que los parientes de Perengano hacen negocios fabulosos. Un ejemplo que lo evidencia: en tiempos del presidente Salinas a una actriz de telenovelas le endilgaron un amasiato con él y hasta se anunció el nacimiento de sus hijos gemelos, nada de lo cual era ni remotamente cierto.

Por eso, cuando después de las elecciones del 2 de julio de 2006, el PRD empezó a hablar de fraude, al principio pocos le creyeron, pero poco a poco empezó a convertirse en verdad y un mes después, las encuestas mostraban que al menos en la capital, una gran mayoría de ciudadanos estaba de acuerdo con que así había sucedido.

Y eso es independiente de pruebas o evidencias, pues entre nosotros la fuerza de la palabra basta como tal: "cría fama y échate a dormir", dice el dicho. Si a una escritora que vende mucho la acusan de ser "de bajas calorías", ya no habrá poder humano que la libre de eso. Si a un funcionario lo acusan de corrupto, hasta las fotos de su casa estarán tomadas con una mala leche tal que a nadie le quepa duda que es delincuente.[120] Alguien acusado de cometer un fraude ya nunca puede limpiar su nombre aunque después se demuestre que no lo cometió.

Los rumores se convierten en verdades incontrovertibles cuando los medios de comunicación los dan por hecho, cosa que les gusta mucho hacer, porque la sangre vende. Y entonces allí los tenemos aprovechando cualquiera de esas situaciones para acusar a alguien de "pederasta", "lavador de dinero", "narcotraficante", "golpeador de mujeres", "usurpador del cargo".[121] En particular les gusta atacar a los funcionarios, y entonces atacan a este secretario porque "gasta mucho en boletos de avión", a aquella esposa "porque es alcohólica".

Por supuesto, lo contrario también es cierto. Si se dice que tal intelectual es muy inteligente, todos lo considerarán así aun sin conocer lo que piensa. O que tal cómico es muy gracioso, reirán de cualquiera de sus bromas. O que tal mujer es hermosa y quien así no lo crea preferirá ni decirlo. Hay muchos que aseguran que se mantienen lejos del poder, pero se la pasan cenando con los políticos y aceptando sus prebendas.

* * *

Como los rumores y chismes se corren con tanta facilidad y rapidez, se usan a veces para favorecer a alguien o para conseguir un objetivo. Por ejemplo, las empresas de espectáculos echan a rodar el rumor de que ya se agotaron los boletos para el concierto de tal cantante, pero que como favor especial para el público se hará una función más y miles corren a comprar entradas. O las tiendas organizan ventas de ropa por sólo algunas horas, tal que todo mundo se convenza de que la mercancía es tan excepcional que vale la pena abandonar todo y correr de compras.

Pero muchas veces los resultados son trágicos: una señora en Tláhuac decide que dos individuos que están parados demasiado tiempo frente a una escuela son ladrones de niños, se lo cuenta a sus amigas y vecinas y al rato todas las mujeres de la cuadra empiezan a azuzar a sus maridos e hijos hasta que consiguen que linchen a los sujetos. O un sacerdote en Huejutla convence a los fieles de que los seguidores de otra religión son el diablo y consigue que los desnuden y humillen en la plaza pública.

Usar un doble discurso

Hay entre nosotros un doble discurso permanente. ¿No escuchamos a un presidente jurar, con lágrimas en los ojos, que no nos iban a volver a saquear y luego lo vimos regalar el petróleo?[122] ¿No lo escuchamos afirmar en su toma de posesión que defendería al peso como perro y todavía el eco de su voz resonaba en el aire cuando llegó la devaluación? ¿No oímos a los empresarios endilgarnos arengas sobre la necesidad e importancia de invertir en México y luego, en cuanto pueden, sacan su dinero del país? ¿No oímos a una primera dama decirle a los reporteros que ella estaba en contra de la caridad y mientras lo decía repartía despensas en una casa hogar?[123] ¿No vimos a una televisora dedicar dos días completos a mostrar su indignación por la invasión de un grupo de braceros a la propiedad privada de la mamá del presidente de la República y después, sin más, sus reporteros y camarógrafos en su afán de preparar una nota, se metieron a los campos sembrados de flores que también son propiedad privada y se bajaron a cortarlas como si no tuvieran dueño?[124]

Claro que lo escuchamos y claro que lo vimos. Escuchamos al presidente Zedillo (y a su secretario de Gobernación y a su procurador de Justicia) decir que los zapatistas no eran terroristas sino "grupos de inconformes que buscan defender causas justas", a pesar de lo cual la policía los detenía.[125] Escuchamos al secretario de Hacienda José Ángel Gurría decir que debíamos pagar más impuestos por el "adverso escenario económico internacional" pero también le oímos decir que siempre estamos protegidos contra lo que sea que suceda en el mundo. Y vimos a Andrés Manuel López Obrador cuando era jefe de Gobierno del DF dictar el Bando número 13 que prohibía "bloquear avenidas o vialidades primarias que desquicien el tráfico y afecten el libre tránsito de terceros" y luego ser él mismo quien encabezó el bloqueo de las avenidas Reforma, Juárez y Madero así como del Zócalo capitalino en un plantón que se mantuvo durante casi dos meses. ¡Ver la paja en el ojo ajeno y no la viga en el propio!

Y tantos ejemplos más: la primera vez que el papa Juan Pablo II visitó México, el presidente de la República lo recibió y para saltarse el obstáculo constitucional del país laico, dijo que lo hacía "no en su calidad de líder religioso sino de jefe de Estado", pero luego lo vimos besarle la mano al pontífice ¿cuándo se le besa la mano a un jefe de Estado? O cuando no mandan a un equipo de deportistas a una competencia porque dicen que no hay dinero, pero luego despiden al entrenador con desayunos y comidas y un espléndido bono de 700 mil dólares de regalo.[126] O cuando la Universidad Nacional informa que no tiene recursos para recibir a tantos estudiantes como quieren entrar, pero unos días después el rector les ofrece a los rechazados pagarles la mitad del precio de la inscripción y de la colegiatura en otras instituciones de educación superior, durante un año renovable si el alumno tiene promedio superior a ocho.[127] O cuando se afirma que el Instituto Federal Electoral es una entidad ciudadana, pero los partidos políticos no solamente proponen a los consejeros sino que son los que deciden si los aceptan o rechazan.

Un buen ejemplo de este doblez en el discurso público es el anuncio que repiten una y mil veces de que se hacen recortes al gasto y se promete austeridad en el uso de recursos. En 2001 el secretario de Hacienda aseguró orondo que entre enero y abril se habían ahorrado 647 millones de pesos gracias a ese plan, pero luego no dijo cuánto gastó el presidente Fox en el viaje que hizo a China al que llevó una enorme comitiva. Tampoco se dice cuánto cuesta que el gobernador del estado de Querétaro use el avión oficial todos los fines de semana de para irse a la playa con su familia,[128] o que el de Morelos se escape con sus amantes en el de su estado, con tanta frecuencia que hasta se le llamó "el helicóptero del amor".[129]

¿Es austeridad cuando el gobernador del estado de Chihuahua se hace acompañar por una escolta de ochenta policías judiciales para que lo cuiden a él mientras que en el aeropuerto de la ciudad hay solamente diez personas para la vigilancia de un edificio público de esa importancia?[130] ¿O cuando para llevar de una cárcel a otra al hijo de un célebre narcotraficante lo acompañan y custodian decenas de patrullas y de elementos policiacos mientras que en un concierto público y masivo en el Zócalo capitalino la vigilancia se reduce a 400 policías?[131] ¿O cuando la esposa de un gobernador del Estado de México se embolsa un salario de más de 100 mil pesos mensuales por dirigir el capítulo estatal del Sistema Nacional para el Desarrollo Integral de la Familia, que además, según nos han dicho reiteradas veces, es un trabajo "voluntario"?

El discurso llega a ser tan doble que a veces parece esquizofrénico. ¿Somos un país rico o un país pobre? ¿Hay dinero o no hay dinero? ¿Hay o no hay crecimiento económico? ¿Es bueno o es malo el Tratado de Libre Comercio?[132] ¿Es buena o es mala la inversión privada en hidrocarburos?

En México somos así y ya ni cuenta nos damos: la publicidad que nos insta a cuidar el agua, se hace a través de imágenes de televisión en las cuales mientras se dice el mensaje hay una llave abierta que deja correr cientos de litros del líquido los cuales se desperdician para decirnos que no debemos desperdiciar.[133]

* * *

El doble discurso aparece por todas partes. Por ejemplo, cuando el subcomandante zapatista Marcos pide la paz ¡él que empezó su movimiento con un levantamiento armado![134] O cuando después de la huelga de varios

meses en una mina, los negociadores consiguen que se les pague a los trabajadores ¡bono por asistencia! O cuando el secretario de Gobernación recibe un
reconocimiento por su defensa de la libertad de expresión ¡siendo que acaba-
ba de encarcelar a ocho militares que intentaron ejercerla![135] O cuando el líder
sindical Fidel Velázquez, que se reeligió un sinnúmero de veces al frente de
la central obrera dice un buen día que "convendría dar paso a otros compañeros que tienen pleno derecho a ocupar los puestos".[136] O cuando el gobierno
insiste en que compremos lo hecho en México para así ayudar a sostener a
nuestra planta industrial y al empleo ¡siendo que fue el propio gobierno el que
nos metió en la política de fronteras abiertas! O cuando nos dicen que somos
hermanos de los latinoamericanos y que nuestros intereses son los mismos
¡pero todo lo que hacemos es para quedar bien con Estados Unidos! O cuando
el gobierno aplaude y felicita a una mujer africana que recibió el premio Nobel
por su defensa de los recursos naturales de su país, al tiempo que mete en la
cárcel a un ecologista del propio por su empeinamiento en defender lo que
hace algunas décadas era todavía un bosque tupido y ahora se ha convertido
en un sitio devastado por empresas taladoras.

Bueno, para no ir más lejos: no hay palabra con más doblez que policía, porque ellos, los guardianes de nuestra seguridad, son los que cometen
más asaltos, robos, violaciones y secuestros, participan del narcotráfico y de la
prostitución y además protegen a quienes delinquen: "La noche del lunes dos
elementos de la Agencia Federal de Investigaciones detuvieron a dos personas en posesión de dos dosis de cocaína conocidas como grapas. Los agentes
federales amenazaron con acusarlos de integrar una banda de narcomenudis-
tas. Para no levantar cargos en su contra exigieron 200 mil pesos, el endoso de
las facturas de dos autos y como garantía se llevaron a la hermana de uno de
ellos y novia del otro".[137] No por nada el presidente de la Comisión Nacional
de los Derechos Humanos afirmó: "Los elementos de las nuevas policías siguen llevando dentro un judicial [...] la idea de crear una policía moderna y
científica se quedó solamente en buenos deseos".[138]

Guardar silencio

Así como se habla demasiado, así también hay cosas de las que simple
y sencillamente no se dice ni pío, como si no existieran, como si no hablando
de ellas dejaran de formar parte de la realidad.

Por ejemplo, cuando el equipo olímpico mexicano fracasó en todas
sus presentaciones en la justa internacional de 1996, a la hora del informe presidencial ni se mencionó su existencia o cuando el gobierno estadounidense
acusó a varios bancos mexicanos de lavar dinero, la Procuraduría General de
la República no abrió la boca, o cuando la contaminación en la capital alcanzó
niveles brutales, el gobierno de la ciudad simplemente tomó la decisión de no
informar más sobre la cantidad de partículas tóxicas suspendidas en el aire.
En 1998 en su informe ante el Congreso de la Unión el presidente Zedillo no
habló una palabra ni de la situación en Chiapas ni de los derechos humanos, ni
del narcotráfico ni de temas que en ese momento la sociedad discutía como el
aborto y la pena de muerte.[139] Y una década más tarde, cuando varios jóvenes

mexicanos murieron en un bombardeo del ejército colombiano a un campamento guerrillero, el gobierno guardó silencio sobre el caso.

¿Alguna vez han incluido en los informes de labores que desde hace meses falta el agua en esa colonia o que nadie barre las calles de tal delegación o que no se le ponen focos a los faroles ni se tapan los baches?, ¿alguna vez han hablado de lo que sale mal o de lo que falta por hacer?, ¿alguna vez han hecho públicas las quejas e inconformidades de los ciudadanos y de cuánto han aumentado en comparación con años anteriores?

Jamás.

Un ejemplo indicativo de cómo se usa el silencio, es el que sucedió con el equipo de futbol de la Universidad Nacional: cuando ganó el campeonato, el escándalo fue enorme, hubo elogios, discursos, aplausos, festejos. Pero cuando poco tiempo después no sólo lo perdió sino que cayó hasta el sitio más bajo de la clasificación, nadie dijo esta boca es mía, ni una sola palabra se profirió públicamente.

Guardar silencio es una manera de ignorar lo que sucede, pero también un deseo de evitarse problemas. Un ejemplo es el caso sucedido en un hospital público en el que murieron doce bebés recién nacidos: "El 26 de agosto una doctora se percató del asunto y dio aviso pero nadie le hizo caso. El 8 de septiembre se descubrió el primer caso, pero aun así se guardó silencio. Los padres de familia se dieron cuenta y lo comunicaron a los médicos, pero nadie les hizo caso. Así permanecieron las cosas hasta el día 22 en que ya no se las pudo ocultar porque para entonces 'ya se me había infectado todo el cunero', según dijo el médico encargado".[140]

También se usa el silencio para castigar, porque entonces es como si la persona o el acontecimiento no existieran. Es lo que le hicieron a la actriz Salma Hayek cuando triunfó en Hollywood: recibirla en México con gélido silencio.[141] Y es lo que hacen las publicaciones culturales: cuidadosamente evitan hablar de quienes no forman parte de su grupo haciendo como que ignoran no sólo lo que producen sino incluso su existencia.

Sin ir más lejos: la tradición más larga y festinada de la política nacional en materia de diplomacia y relaciones internacionales es la llamada "Doctrina Estrada" que consiste precisamente, en guardar silencio (se le dice "no pronunciarse") respecto a cualquier asunto de cualquier país en cualquier momento.[142]

* * *

El principal objetivo del silencio consiste en evitar que se sepa la verdad porque ella genera conflictos. Por eso se guardó conveniente silencio cuando se vendió el terreno del mítico parque de beisbol del Seguro Social en donde durante más de medio siglo se practicó ese deporte, de tal manera que la población se enteró el día en que empezaron a demoler sus 22 mil gradas para hacer un centro comercial y ya ni caso tenía protestar.[143] O cuando vendieron a consorcios internacionales la empresa productora de tequila La Herradura. O cuando autorizaron a una empresa japonesa a explotar sal en Baja California. O cuando se vendieron a consorcios turísticos playas en sitios con manglares, que son (o debían ser) reservas ecológicas.[144] ¡Por eso no extraña que algunos grupos tengan tanto miedo de que se venda Petróleos Mexicanos sin que nadie se entere, pues saben que eso es perfectamente posible! ¿No acaso hasta el himno nacional y la imagen de la Virgen de Guadalupe fueron adquiridos por extranjeros que podrían cobrar derechos de uso cuando les venga en gana?

También se guarda silencio con el objetivo de no inquietar a la población. Iván Restrepo escribió en 1999 que los ecologistas llevaban por lo menos diez años avisándole a los gobiernos de los estados costeros que se prepararan para un huracán muy fuerte, pero éstos no dijeron nada y la tragedia cayó encima sin que nadie estuviera listo para enfrentarla. Y cuando en agosto de 2006 una tromba afectó a la ciudad de México, el encargado del Servicio Meteorológico Nacional hizo público que le había avisado del fenómeno a la Dirección de Protección Civil del gobierno de la capital, pero éste no lo transmitió a la población ni tomó precauciones y se limitó a esperar a ver qué pasaba. Y lo que pasó fue una inundación de varias colonias, con el agua llegando a medio metro de altura y la gente atorada durante horas y en peligro, en pleno periférico y viaducto.

Otra razón para guardar silencio es para que la población no reaccione en contra de los intereses de las autoridades, como cuando quisieron cambiar las instalaciones de la policía y en todas las colonias de la capital los vecinos se opusieron, o cuando se filtró la noticia de que un parque público se iba a convertir en estacionamiento y los vecinos lo impidieron.

O también para que nadie se entere de errores, como el que sucedió en la ampliación del Aeropuerto Internacional de la Ciudad de México, cuando el andador para unir dos módulos resultó con una falla de 72 centímetros, lo cual impidió empatar los niveles de las infraestructuras metálicas entre el corredor y el nuevo inmueble de cinco pisos que estaba en construcción y ¡obligó a demoler la obra completa![145] O lo sucedido con las playas de Cancún en las que se invirtieron millones de pesos para recuperarlas luego de un huracán y que volvieron a desaparecer unos años después. O lo que pasó con la Autopista del Sol que une a la ciudad de México con el puerto de Acapulco, a la que hubo que invertirle más de 1,200 millones de pesos para "corregirle" taludes inestables, sub-bases y columpios, ya que "estuvo mal construida" según tuvo que reconocer el secretario de Comunicaciones.

Y por fin, se guarda silencio para no responder a los ciudadanos que presentan quejas frente a las cuales a la autoridad no le da la gana actuar y ni siquiera responder. Esto lo hacen todas las oficinas gubernamentales, desde la del gobernador de Chihuahua cuando se le acusó de impedir la investigación sobre las muertas de Juárez[146] hasta la Procuraduría Social del DF cuando se la acusa de negligencia en el cumplimiento de sus funciones.[147]

* * *

Y es que guardar silencio evita problemas y no hacerlo puede causar muchos. Allí están los periodistas asesinados porque critican al gobierno y los trabajadores despedidos porque hacen explícito su desacuerdo con los salarios o con las condiciones de trabajo de alguna empresa. Un ejemplo clarísimo: a una diputada local de Querétaro que "difundió que los diputados locales cobraron un bono extraordinario de fin de año", le suspendieron la entrega de sus prerrogativas como castigo, según dijo el dirigente estatal del partido, "por la denuncia que presentó".[148]

Recuerdo cuando hice pública la historia de un bebé que murió en las instalaciones de una guardería de Pemex y apoyé la exigencia de los padres de una investigación de los hechos y de castigo a los responsables.[149] No conseguí que se hiciera nada de eso pero en cambio, me gané la enemistad eterna del funcionario que encabezaba la institución y que hasta entonces había sido mi amigo.[150] O cuando le hice un señalamiento público a la señora Nilda Patricia Velasco de Zedillo, primera dama de México, evidenciando la contradicción que significaba apoyar la campaña de la Cruz Roja cuyo presidente se había manifestado en contra del uso del condón, siendo que la política del gobierno que encabezaba su marido precisamente fomentaba su uso para evitar la transmisión del sida y de otras enfermedades. Su enojo fue grande y me dijo, como me han dicho mil veces: "dímelo en privado" como si se tratara de asuntos que competen al ámbito personal y no de situaciones que deben ser ventiladas públicamente.[151]

Por eso tanto para las autoridades como para los ciudadanos, lo mejor es permanecer mudos. Nosotros frente a los abusos y las incongruencias del gobierno, ellos frente a las evidencias de la realidad que no les gustan o no les convienen.

Ejemplos sobran: se guarda riguroso silencio cada vez que los organismos internacionales presentan, perfectamente documentados, los casos de violación de los derechos humanos o cada vez que los ciudadanos preguntamos sobre los sueldos reales de los funcionarios (no los nominales: ésta es otra de nuestras mentiras), o cuando vemos que el país se llena de casinos que oficialmente están prohibidos, o cuando la Iglesia se mete en política o en educación siendo que por ley no puede hacerlo.[152]

No ver ni oír

Además de permanecer mudas, a las autoridades también les da por la ceguera: hacen que no ven los miles de abortos clandestinos que se practican cada año, causando muchas muertes y dejando graves secuelas a las mujeres porque se hacen en sórdidas condiciones;[153] hacen que no ven los enormes basureros a cielo abierto que existen por todo el país, algunos de ellos con residuos peligrosos, que son verdaderos focos de enfermedades y de contaminación; hacen que no ven los millones de mercancías de contrabando que diariamente entran al territorio en gigantescos trailers y camiones, barcos y aviones (60% del mercado textil se encuentra en el poder de los contrabandistas, seis de cada diez prendas de vestir que se comercializan en México son ilegales según la Cámara de la Industria Textil y del Vestido[154] y diariamente ingresan unas 2 mil armas, a pesar de que existen aduanas, una Ley Federal de Armas y todos los acuerdos y convenios internacionales suscritos por México en materia de Regulación del Comercio y la Proliferación de Armas);[155] hacen que no ven los ductos de hasta 12 pulgadas por donde se le sustraen miles de litros de gasolina a Petróleos Mexicanos.[156]

El siguiente es un ejemplo de lo que las autoridades no quieren ver: en una entrevista aparecida en una revista para mujeres, una joven cuenta que "fui a un casting para trabajar de edecán para un senador. El trabajo era de lunes a viernes, seis horas diarias y pagaban dos mil a la semana. Nos dieron el uniforme que era un dizque traje sastre con el vestido tan corto, que se podía ver prácticamente todo, nos vistieron como no menos que teiboleras. Teníamos que estar dispuestas a viajar, salir en la noche y a todo lo que tuviera que ver con la atención pública y privada del señor, estar a su disposición a todas horas del día atendiéndole y hacer guardias para acompañarlo a sus compromisos personales. 'No lo tomen como trabajo —nos dijo la jefa— más bien es para convivir, se toman la copa, como si fuera un amigo suyo.' Ir a cenar y a bailar y a veces pasar la noche con él. No es a fuerza, si no quieres ir no te obligan, pero al otro día te corren. Pero si lo haces bien puedes ganar hasta 14 mil pues te pagan todas las salidas más el salario".[157]

Y les da también por la sordera: no oyen pasar a los camiones cargados hasta el tope de los troncos talados en los bosques de todo el país y no oyen cuando hay fiestas que no dejan dormir a los vecinos en un radio de muchas cuadras a la redonda y no oyen cuando en la esquina de dos de las más importantes avenidas de la capital fueron podados hasta dejarlos sin ramas los viejos árboles, porque tapaban con su follaje los espectaculares y no oyen cuando las personas se quejan de que no les dan sus medicamentos en los centros de salud.

Nada de eso lo ven ni lo oyen las autoridades, con todo y que cualquier ciudadano lo mira y lo escucha, pues cualquiera sabe dónde encontrar a los médicos que hacen abortos y dónde comprar mercancías ilegales, cualquiera se da cuenta cuando trabajan las motosierras con las que podan los árboles, todos olemos el desagradable tufo que despiden los basureros, todos vemos pasar las pipas y remolques que cargan en las tomas clandestinas, todos sabemos distinguir entre un empleo como secretaria y uno como prostituta. Pero ni autoridades ni ciudadanos decimos nada, todos callan, todos callamos.

Negar .

Aunque parezca increíble, muchas veces se llega al extremo de negar hechos y dichos, de asegurar incluso que nada de lo que se dice que sucedió efectivamente sucedió o que "no dije lo que dicen que dije".

En 1998 el obispo de Torreón dijo que "los ministros de culto preparaban una estrategia para que pudieran ocupar puestos públicos", pero ante el escándalo que generaron sus declaraciones, el secretario ejecutivo de la Comisión Episcopal de la Pastoral Social dijo que eso no era lo que había dicho el prelado. Y el presidente Fox usó mucho el recurso de negar sus propias palabras, culpando a quienes las habían transmitido o entendido "mal". Cada vez que las secretarías del Medio Ambiente y de Salud afirman que las playas y el mar de algún centro turístico están gravemente contaminados, las autoridades de esos lugares se retratan dándose un chapuzón para demostrar que no es cierto y quitan los anuncios de alerta y las banderolas rojas incluso en zonas declaradas de "alto riesgo" o de plano mienten haciendo públicos informes viejos para que parezca que las cosas están dentro del rango aceptado o tolerable.

Pero el ejemplo más sublime es el que sucedió en 2005, un día en que había marchas y plantones de distintos grupos en varios lugares de la capital y llovía a cántaros, por lo cual la gente se quedó atorada en sus autos hasta seis horas, pero cuando le preguntaron al jefe de Gobierno de la capital sobre ese asunto, respondió que "él no había tenido ningún problema para llegar de su oficina a su casa", lo cual por supuesto no podía ser verdad, no había forma de que lo fuera, a menos que se hubiera trasladado en helicóptero.[158]

A veces la negativa tiene que ver con la afinidad ideológica o partidista. Por ejemplo, durante el conflicto postelectoral de 2006, los dueños de comercios, hoteles y restoranes de la zona cerrada por el plantón se quejaban de enormes pérdidas económicas y hablaban de veinte millones de pesos diarios, pero el secretario de Turismo de la capital, cuyo partido era el que llevaba a cabo el plantón, hablaba de que eran "solamente cinco millones". Pero cuando los comerciantes de las inmediaciones de la Cámara de Diputados se quejaron de que por el cerco policiaco que había cerrado las calles habían perdido en tan sólo dos días más de 13 millones de pesos, ninguna autoridad les corrigió la cifra porque eran perredistas como ellos.[159]

Y también se da el caso de negativas que tienen que ver con la amistad. Cuando la escritora Elena Poniatowska afirmó en un comentario televisivo que "el DF no tenía nada que pedirle a Ciudad Juárez en lo que se refería a mujeres asesinadas", negó que eso fuera una crítica al gobierno de la ciudad: "Señalé un hecho delictivo, no hablé de la gestión de López Obrador a quien quiero y admiro".[160]

Hay ocasiones en que las negativas llegan al absurdo. Fue el caso de un jefe de Gobierno de la capital cuando dijo que no estaba construyendo un distribuidor vial y el eminente abogado Ignacio Burgoa publicó un desplegado en el periódico reclamándole por negar lo que todos veíamos con nuestros ojos.[161] Y fue el caso del secretario de Gobernación de Vicente Fox quien ante los medios aseguró que "no se habían dado ni se darían permisos para abrir casinos" en el momento preciso en que su oficina los estaba expidiendo por instrucciones directas suyas. Este caso merece relatarse más ampliamente porque es ejemplar para ver cómo funciona esto de la mentira en el discurso público.

Lo primero que hizo ese secretario cuando se le acusó de autorizar los dichos negocios que están prohibidos por ley, fue negarlo rotundamente y decir que "no sabe de qué le hablan, no está enterado". Pero como poco después salieron a la luz documentos que le impedían seguir aferrado a la negativa, su respuesta empezó a cambiar, siguiendo una ruta de transformaciones así:

–Decir que sí sabía del asunto pero muy poco, sólo generalidades;
–echarle la culpa a sus subordinados;
–decir que iba a ordenar una investigación;
–amenazar con demandar penalmente a quienes "lo estaban difamando";
–cambiar el tema y decir que el problema no eran los permisos concedidos sino que se trataba de un ataque contra él motivado por razones políticas;
–exigir a los autores intelectuales del supuesto ataque que "saquen la cara y dejen de actuar en lo oscurito";
–reconocer que siempre sí sabía y que había sido él quien había dado los permisos, pero asegurar que lo hizo por el bien de la patria porque así "democratizaba el mercado de las apuestas que de todos modos existía y rompía el monopolio del partido opositor" (¿?).

En el lapso de poco más de una semana, el hombre que había jurado que nunca permitiría la apertura de casinos, no sólo los había autorizado sino que además había pasado, por obra y gracia de su propio discurso, de negar el hecho a convertirse a sí mismo en un héroe con una misión: "Seguiré pisando callos, ésta es la manera de combatir los negocios ilegales".[162]

El proceso seguido por el secretario de Gobernación Santiago Creel es un esquema que se repite y reitera entre nuestros funcionarios, con pequeñísimas variaciones. Pongamos otro ejemplo: en 1997 después de un operativo policiaco en una colonia del DF se encontraron tres cadáveres y éstas fueron las respuestas del jefe de la corporación cuando se le pidieron explicaciones:

9 de septiembre: "No hubo ningún operativo en la Buenos Aires. Los policías que pasaban por allí al ver que asaltaban a una persona trataron de frustrar este ilícito";

10 de septiembre: "Afirmo que los elementos de esta corporación nada tuvieron que ver con esos hechos";

11 de septiembre: "Sería muy lamentable que fueran elementos de la policía los que hubieran incurrido en esa acción";

12 de septiembre: "Hemos tenido muchos problemas para moralizar a los policías, no los hemos imbuido todavía de la ética";

20 de septiembre: "No se comprende la función de la policía, por eso se le sataniza y se le da mas importancia a la vida del delincuente que a la de los policías";

24 de septiembre: "Decir no a los operativos es decir sí a la impunidad";

2 de octubre: "Expreso mi profunda indignación y pena por el hecho de que elementos pertenecientes a esta corporación hayan resultado implicados".[163]

En los ejemplos citados, se hace evidente que la primera reacción consiste en negar los hechos y sólo cuando eso ya resulta imposible, entonces los funcionarios proceden a reconocerlos, pero siempre justificándose, siempre defendiéndose.

Diluir la responsabilidad

Una forma de defenderse cuando hay problemas es buscando a quién responsabilizar. En una ocasión en la que hubo un percance en el Metro, su director, antes de que se investigara nada, se curó en salud afirmando que "el sistema es computarizado para evitar errores humanos", pero el jefe de Operaciones le echó la culpa al conductor que operaba manualmente la unidad. Entonces el mismo director aseguró que la lluvia impidió que el conductor se percatara de que había luz roja, pero el jefe de Operaciones aseguró que el chofer no obedeció la señal. Los trabajadores que cambiaban durmientes dijeron que tuvieron que desconectar las señales y que tal vez la empresa no dio aviso a los conductores, pero los encargados del mantenimiento afirmaron que el Metro tiene varios sistemas de señales de modo que lo único que explicaría un accidente de ese tipo es que demasiadas personas estuvieran distraídas o alejadas de su lugar de trabajo o que todos los equipos no estuvieran funcionando. Pero el director aseguró que las instalaciones y equipos estaban en perfecto estado y que se les daba mantenimiento constante, a lo cual el líder de los trabajadores respondió afirmando lo contrario y asegurando que no se había dado mantenimiento mayor a vías ni convoyes y que llantas y frenos habían llegado a su límite de servicio por la cantidad de kilómetros recorridos y los muchos años de servicio. Por fin una organización ciudadana le agregó leña al fuego cuando

aseguró que el chofer iba distraído porque iba acompañado de dos mujeres en la cabina, y otra ONG afirmó que, además, el tren iba a exceso de velocidad.[164]

Hasta dentro del propio gobierno los funcionarios que forman parte del mismo se avientan la pelota cuando hay problemas: cuando el secretario de Turismo no halla como explicar los resultados insatisfactorios del sector, argumenta que fue porque "no le dieron suficientes recursos" porque "el legislativo fue lento para legislar", porque "no hubo coordinación entre las distintas dependencias federales", porque "faltaron regulaciones adecuadas e inversión", en fin, por angas o mangas y así se lava las manos de su responsabilidad diciendo que "se deslinda" de la caída de la actividad de este sector porque "los involucrados no hicieron su tarea".[165] Cuando los resultados del crecimiento económico son magros, el gobernador del Banco de México culpa a la Secretaría de Hacienda por desaprovechar los ingresos excedentes del petróleo "pues se les usó para el gasto corriente en lugar de destinarlos a pagar deuda y a construir infraestructura". Cuando los estadounidenses reclaman por tantas personas que cruzan al otro lado a buscar trabajo, el secretario de Relaciones Exteriores culpa al gobierno (sí, al mismo del que forma parte) por no generar suficientes empleos.

Hay casos que son de risa, como cuando se demostró que el mar en Acapulco estaba contaminado y, el funcionario municipal en turno responsabilizó a la Procuraduría Federal de Protección al Ambiente y ésta a su vez a la Comisión Nacional del Agua, la cual por su parte responsabilizó al municipio, de modo que estábamos otra vez en el principio. O cuando los encargados de resolver el problema de la contaminación del aire en la ciudad de México no pueden hacerlo y dicen que las personas son responsables de enfermarse porque abren las puertas y ventanas de su casa o porque salen a la calle.[166] ¡Los ciudadanos somos culpables de que la contaminación nos afecte porque nos empeñamos en salir a cumplir con nuestras obligaciones y tenemos la mala costumbre de respirar! O cuando los encargados de resolver el problema de la inseguridad no pueden con él, y le echan la culpa a las mujeres que andan solas "invitando a que las asalten" como dice la publicidad. ¡Como si se pudiera siempre salir acompañada y como si por ir acompañada ya no asaltaran! O cuando durante la temporada de lluvias en el verano de 2006, el jefe de la policía capitalina pidió a los ciudadanos que no salieran de sus casas para evi-

tar que se quedaran atrapados en el agua. ¡Como si se pudiera no ir a trabajar o al médico o a comprar alimentos! ¡como si el agua no se metiera a las casas y autos porque el dueño no salga! ¡Como si las lluvias sucedieran cuando la gente ya está guardada en su hogar y nunca la sorprendieran en otra parte! Pero como dice el psicoanalista Luis Feder: "Regañar a otros es un recurso que se usa cuando algún problema nos empieza a molestar".[167]

Y es que sin duda es más fácil echarle la culpa a otro y regañarlo que reconocer que lo grave es que la ciudad se inunde porque el sistema de drenaje es insuficiente y no se lo arregla, que hay contaminación porque no se hace nada para resolverla, que el Metro se descompone porque no se le da mantenimiento, que asustan en las calles porque el gobierno no puede contra la delincuencia.

Pero todavía ningún ejemplo de hasta dónde se puede llegar con esta forma de funcionar supera al siguiente: en marzo de 2002 se reunieron dos procuradores estatales y una subprocuradora federal para pensar "qué hacer" frente al grave problema de los secuestros en el país y llegaron a la conclusión de que el verdadero problema radicaba en que los familiares de las víctimas negociaban con los delincuentes y les pagaban rescates. Entonces su propuesta fue nada más y nada menos que prohibir esas negociaciones y esos pagos y no sólo eso, sino convertirlos en delito. En palabras de uno de ellos: "Cinco o seis muertos y el asunto se resuelve porque a los secuestradores ya no les va a convenir, secuestrar dejará de ser negocio".[168] ¡Ésa sí que es la manera suprema de quitarse de encima su responsabilidad y pasársela a otros, aunque esos otros sean las víctimas!

Esta forma de actuar se ha puesto tan de moda, que hasta los encargados de combatir al narcotráfico dicen que "sólo lograrán su objetivo si los ciudadanos se comprometen en esa lucha". ¡Valiente manera de justificar su incapacidad para solucionar este asunto!

Echarle la culpa a otros

Cuando Cuauhtémoc Cárdenas era jefe de Gobierno de la capital y nombró para la Procuraduría de Justicia a una persona que resultó tener antecedentes penales, responsabilizó a "una deficiencia burocrática de pasadas administraciones".[169] Cuando la Coalición por el Bien de Todos no obtuvo los votos que esperaba en la elección presidencial de 2006, le echó la culpa al presidente de la República, a los empresarios, al Instituto Federal Electoral, a los medios de comunicación, a los otros partidos políticos, a la manipulación de las computadoras y hasta a los viejos miembros su propio partido y a los ciudadanos que contaron mal y permitieron las trampas.

A veces eso de echarle la culpa a otros llega a extremos dolorosos, como fue el caso del bebé que murió en una guardería de Pemex y los encargados le echaron la culpa a los padres por haberlo llevado enfermo, lo cual era completamente falso (si hubiera sido cierto no se los habrían recibido en la mañana).[170] O cuando una mujer en Baja California Sur dio a luz, pero seguía teniendo contracciones y los médicos, en lugar de revisarla, le dijeron que "era psicológico". Cuando horas después resultó que había otro bebé pugnando por nacer, ya era demasiado tarde y el pequeño tuvo problemas respiratorios que le causaron la muerte. La explicación no tiene desperdicio: los médicos del Hospital General que la habían atendido afirmaron que "no detectaron la presencia del segundo bebé" (y uno se pregunta: ¿cómo es posible no detectar esto? ¿No acaso son médicos?) pero afirmaron que de todos modos habría muerto porque "estaba muy chiquito".[171]

Decir que una empresa mete mano en el sindicato, que una lideresa con ambiciones políticas alebresta a sus huestes, que un magistrado fue comprado por algún grupo, que tal partido está por atrás de una protesta ciudadana o que hay intereses oscuros detrás de la lucha por alguna causa, son acusaciones que escuchamos todos los días para pretender explicar los acontecimientos por la existencia de un malo.

Y es que contar con un blanco de ataque contra el que todos se puedan lanzar resulta cómodo y útil, suficientemente distractor y convenientemente aglutinador. Por eso no hay sexenio sin esposa, hermano o hijo acusados de algo, no hay conflicto sin gobernador, empresario o líder sindical considerado responsable de manipular todo por atrás, no hay época sin malvado favorito.[172] Y una vez puesto en evidencia el elegido, no hay poder capaz de detener el linchamiento.[173]

Un día el superasesor José Córdoba y otro el secretario particular Alfonso Durazo, en la mañana el hermano incómodo Raúl Salinas y en la tarde el líder de los mineros Napoleón Gómez Urrutia, un mes el Niño Verde y otro mes la directora de la Lotería Nacional, hace una hora el empresario Lorenzo Zambrano y dentro de una hora el líder perredista Andrés Manuel López Obrador: la cosa es que siempre encontramos a alguien porque nos encanta demonizar, nos encantan los héroes caídos y nos fascina el deporte de pegarle duro al poderoso, al rico, al famoso.[174]

A veces se llega tan lejos en esto, que da risa. Como cuando la Coordinadora Nacional de Trabajadores de la Educación acusó al presidente Felipe Calderón nada menos que de haber creado a la izquierda perredista para "servir a sus intereses y legitimar sus acciones". O cuando a la lideresa magisterial Elba Esther Gordillo la acusaron de ser "la mano invisible" responsable de la ley que prohíbe fumar en espacios públicos cerrados.[175]

Pero hasta hoy, el villano insuperado sigue siendo el expresidente Carlos Salinas. A él se lo ha acusado de esto y de lo otro, se le ha visto detrás de todo y de cualquier cosa.[176] Un solo ejemplo: durante la lucha por la presidencia en 2000, todos lo acusaban de estar detrás del "otro" candidato: así el del Partido del Centro Democrático Manuel Camacho Solís afirmó: "Sigue existiendo el poder político de Carlos Salinas de Gortari y es probable que aumente en los próximos años", pero también Cuauhtémoc Cárdenas, de la Alianza por México, en su cierre de campaña acusó al candidato priísta de estar ligado al narco y al crimen organizado "mismo grupo —dijo— que apoyó a Carlos Salinas de Gortari". Y años después, cuando el proceso de desafuero contra Andrés Manuel López Obrador, éste se apresuró a acusar a Salinas de estar atrás del mismo "porque quiere seguirse tragando al país y arruinándolo". El entonces jefe del gobierno capitalino aseguró que "la decisión de votar a favor de su desafuero en la Cámara de Diputados ya había sido acordada "por el innombrable, el expresidente Carlos Salinas de Gortari". En cambio, para el subcomandante zapatista Marcos, Salinas y AMLO eran lo mismo: "La imagen de Salinas de Gortari construida por López Obrador es en realidad un espejo. Por eso su programa tan cercano a aquel del liberalismo social del salinismo. ¿Dije cercano? Más bien la continuación de ese programa. AMLO oferta terminar lo que dejó pendiente Salinas de Gortari. Si CSG fue el gobernante ejemplar operador de la destrucción neoliberal de México, AMLO quiere ser el paradigma del operador del reordenamiento neoliberal". Por su parte el priísta Manuel Bartlett también tenía su teoría: "Quien está ligado al expresidente es Vicente Fox. La política de Salinas es la misma de Fox. Hay una alianza muy clara desde que se inició este periodo".[177]

Total, que dependiendo quien acusara, todos los demás eran salinistas. ¿Será posible que Salinas estuviera atrás de todo, que fuera el malo de la película por igual para tirios que para troyanos, el monstruo de las mil cabezas que surge y resurge a pesar de golpes, denuncias y repudios, el riquísimo que tiene para financiar medios de comunicación y campañas electorales, el más poderoso de los mexicanos que puede determinar desde la selección de candidatos hasta los complots contra algún funcionario, que puede desde imponer el modelo económico neoliberal hasta provocar la desestabilización social? ¡Ni en las películas de Hollywood los villanos tienen tanto poder y son tan indestructibles!

Y no sólo las personas son villanos, ahora se ha puesto de moda que lo sean también las instituciones: el Instituto Federal Electoral fue acusado de todo por el modo como manejó la información sobre los resultados de la elección presidencial de 2006 y el Centro de Información y Seguridad Nacional ha sido acusado de no haber advertido de actividades subversivas y sabotajes y la Comisión Nacional de Derechos Humanos ha sido acusada de no cumplir adecuadamente con su misión.

* * *

Hay ocasiones en que las acusaciones recaen en unas misteriosas "fuerzas oscuras" con "aviesas intenciones" y "macabros intereses". El presidente Echeverría acostumbraba acusar de "conjuras" cuando surgían protestas en el país y López Obrador usaba la palabra "compló".

Cuando los problemas son en la economía, se culpa siempre a los acontecimientos del exterior, "como si no hubiera instrumentos y políticas públicas que pudieran compensar los vaivenes de las coyunturas internacionales", dice el economista Víctor Godínez. Cuando se trata del medio ambiente, los funcionarios simple y sencillamente nunca reconocen que haya problemas y afirman que quienes los encuentran son "acarreados que se benefician de una industria de la reclamación".[178] Si se trata de instituciones que no funcionan adecuadamente se dice que es "propaganda partidista malintencionada" por parte de "agoreros de infortunios".[179]

Muchas veces se llega hasta hablar de "dignidad ofendida" e incluso de "injerencia en los asuntos nacionales". Esto sucede cuando los organismos internacionales dicen que en México no se respeta el medio ambiente o los derechos humanos. En 1997, la organización ecologista mundial Greenpeace acusó a la empresa paraestatal Petróleos Mexicanos de abandonar las plataformas petroleras ya inservibles en lugar de limpiarlas y desmontarlas según se había comprometido nuestro país frente a la comunidad internacional. Ello redundaba en gran contaminación porque se derramaban constantemente hidrocarburos y se generaban óxidos. La respuesta fue increíble: las autoridades acusaron a los denunciantes de meterse sin permiso a aguas mexicanas "para hacer propaganda alarmista y desestabilizar el sureste" y los periódicos de

Tabasco lanzaron diatribas contra la organización. Y en 2008, un grupo de abogados publicó un desplegado de plana completa acusando a una organización internacional defensora de los derechos humanos, de tener oscuros intereses cuando criticaba a la Comisión Nacional de Derechos Humanos.

De allí al siguiente grado hay apenas un brinco. Éste consiste en hablar de "vulnerar la soberanía".

Y es que la soberanía es una gema preciosa cuya defensa da tantos bríos y por eso tantos se empeñan en ella. Cada vez que la embajada de algún país alerta a sus ciudadanos respecto a la inseguridad en nuestras carreteras, o cuando el embajador o el Departamento de Estado de Estados Unidos declaran que en la frontera común hay violencia y que las policías no son capaces de garantizar la tranquilidad,[180] surgen inmediatamente las respuestas airadas, saltan en un momento los nacionalismos ofendidos, por igual de funcionarios gubernamentales que de organizaciones de ciudadanos que denuncian el ataque a nuestra soberanía.[181]

Y esto no sólo se usa en casos de extranjeros, sino incluso a nivel nacional. Cuando en enero de 2003 se pelearon dos grupos policiacos en las instalaciones del aeropuerto de Ciudad Juárez en Chihuahua, uno de ellos publicó un desplegado de página completa acusando al otro de "una transgresión y un ultraje a la dignidad y soberanía del estado de Chihuahua que los chihuahuenses no pueden tolerar ni están dispuestos a padecer".[182] Lo mismo sucedió cuando a raíz de un escándalo por unas grabaciones que involucraban al gobernador del estado de Puebla en el maltrato a una periodista que había denunciado una red de pederastia, diversos grupos solicitaron su renuncia, a lo cual varios sindicatos de la entidad respondieron publicando un desplegado en el que denunciaban "la embestida que han iniciado fuerzas oscuras ajenas a nuestro estado" y afirmando que "no permitiremos la intromisión de extraños en nuestro estado",[183] como si el asunto fuera contra todos los poblanos y no contra una persona perfectamente identificada.

A veces, en aras de la sacrosanta indignación que produce la ofensa a la patria, se llega hasta lo ridículo: cuando a mediados de 1996 la empresa Microsoft publicó un diccionario de sinónimos lleno de barbaridades ideológicas (por ejemplo, decir que mexicano es lo mismo que charro, y luego definir a esto último como basto, vulgar, chillón, o decir que indígena es lo mismo que salvaje y primitivo mientras que europeo significa ario, blanco, civilizado y culto), lógicamente mucha gente se molestó. Pero hubo quien aprovechó la circunstancia para lucir su nacionalismo ofendido. Un diputado hizo declaraciones tan largas y embrolladas que se necesitaba un diccionario ya no de sinónimos sino de lógica para entender lo que decía y llevó el asunto tan lejos hasta considerarlo "un atentado a nuestra soberanía frente al que tenían que intervenir no sólo la Secretaría de Educación Pública sino también la de Relaciones Exteriores". Y un senador de plano habló de "agresión contra nuestro país".[184]

La Iglesia católica usa mucho el recurso de apelar a la soberanía y a algo que llama "idiosincrasia mexicana". Por ejemplo, con tal de oponerse a los métodos de control natal, acostumbra asegurar que ellos atentan contra ambas.[185]

La soberanía sirve pues, para todas las causas, desde defender al país hasta defender los propios intereses. En el sexenio del presidente Fox, cuando el secretario de Gobernación quiso ser candidato a la presidencia, tomó como bandera el sentimiento antiestadounidense que sabe tan vivo entre los mexicanos[186] y habló mucho de soberanía con todo y que había formado parte del gobierno más pro gringo que habíamos tenido en mucho tiempo.

Este nacionalismo "vociferante", este "falso patriotismo" como le llamó el historiador Edmundo O'Gorman[187] permite llegar en ocasiones a extremos increíbles. Como el caso de un muchacho mexicano que vivía en Texas y al que se acusó de secuestrar, violar y asesinar a una joven estadounidense de 20 años de edad y se le condenó a muerte. Él reconoció haber cometido el crimen y pidió perdón a los padres de la muchacha, quienes se lo negaron. También el presidente de Estados Unidos le negó clemencia. Entonces la familia del asesino declaró que su hijo no había recibido justicia y pidió a la comunidad latina que se uniera para luchar "porque a los mexicanos los explotaban, asesinaban y trataban mal en ese país" y aseguró que no se le perdonó la vida por mexicano, por moreno y por pobre. ¿En qué momento el victimario pasó a ser la víctima, en qué momento al que estaban castigando precisamente para hacer justicia se convirtió en el que no había recibido justicia? ¿En qué momento se le quitó al asunto el carácter de delito para convertirlo en una cuestión de estadounidenses contra hispanos? Quién sabe, pero esa conversión permitió que el asesino de una muchacha terminara convertido en un héroe de la hispanidad a cuyo velorio asistió mucha gente y hasta un sacerdote que roció el féretro con agua bendita y lo cubrió de flores.[188]

Por supuesto, también existe el otro extremo, es decir, el de aquellos a quienes el país, la patria, la nación, la soberanía, les importan muy poco y están siempre dispuestos a sacrificarlos. En una reunión de empresarios que se llevó a cabo en 1999 en Mazatlán, el presidente de la Confederación Patronal Mexicana afirmó que era necesario "dolarizar la economía" y dijo que el Congreso de la Unión era "enano" porque no quería apoyar la propuesta. El hombre reconoció que hacer esto afectaría a nuestra soberanía pero eso no le parecía grave pues "yo cambio soberanía por riqueza".[189]

Defender a los propios

En 1998, varios policías de la delegación de Tláhuac secuestraron durante varios días a tres adolescentes a quienes obligaron a prepararles la comida y lavarles la ropa y luego abusaron de ellas sexualmente. Sin embargo, cuando detuvieron a los culpables, en pleno juzgado y frente a las autoridades que aplicaban la ley que protege a los menores de la violencia sexual, los familiares de estos sujetos no sólo los defendieron sino que incluso amenazaron a las víctimas: "Mira —le decía una señora a su hijo de seis años— conoce a quienes fregaron a tu padre para que cuando crezcas vayas a vengarte en nuestro nombre".[190] ¡El "fregado" era el violador y no la violada! ¡Eso sí que es voltear las cosas! Y en el caso de una maestra de la Universidad Autónoma Metropolitana asesinada ¡hasta un ritual de santería se hizo en pleno juzgado para amedrentar a los testigos!

Este modo de funcionar es característico de la policía que siempre defiende a los suyos, aun si las evidencias son claras sobre su culpabilidad. En

1999 una patrulla se le fue encima a personas que hacían cola para comprar leche, matando a dos señoras y dejando heridas a varias, entre ellas una niña. No sólo nunca reconocieron su responsabilidad sino que ayudaron a huir a los culpables. Y cuando agentes de tránsito mataron a un piloto aviador que se había pasado un alto y al que persiguieron hasta las puertas de su hogar donde le dispararon a quemarropa, la corporación los ayudó y evitó su detención, pero además atosigaron y amenazaron a la familia que exigía castigo a los culpables.[191]

Pero no sólo la policía actúa de ese modo. En el caso relatado del bebé que murió dentro de una guardería de Pemex, tanto los encargados como los funcionarios de la empresa defendieron a capa y espada a los trabajadores del lugar. Lo mismo sucedió cuando en un hospital publico murieron doce bebés en el cunero y lo primero que hizo el subdirector fue decir "No creo que mis amigos médicos sean culpables".

¿Qué hacen las autoridades frente al encubrimiento de los culpables o al acoso y los insultos y amenazas a las víctimas?

Nada, absolutamente nada. ¡Y eso que desde 1985 el gobierno mexicano firmó una Declaración sobre los Principios Fundamentales de Justicia para las Víctimas de Delitos y del Abuso del Poder! ¡Y eso que a fines de los noventa se reunieron en nuestro país eminentes especialistas de todo el mundo para debatir sobre los derechos de las víctimas!

Apelar a un nosotros

La conversión de intereses particulares en un "nosotros" colectivo se usa con frecuencia en el discurso público.[192] Pierre Ansart afirma que la clases dirigentes usan en el discurso el "nosotros" como del interés general y de modo tal que engloba y cubre a quien habla y a quien escucha, y, en efecto, así sucede en México con todos los actores políticos, que dicen hablar en nombre del pueblo, de la sociedad, de los ciudadanos, de la amplia mayoría de los mexicanos, o del sector que les interesa, sean los universitarios, los mineros, las mujeres, los indígenas, los jóvenes.[193] Hasta los candidatos a la presidencia se dirigen sólo a ciertos grupos (los pobres, los católicos) y dejan fuera a los demás.[194]

Es tan fuerte esta manera de pensar, que el presidente Zedillo establecía una división entre "nosotros" que eran quienes apoyaban a su gobierno y los "otros" que eran quienes lo criticaban.[195] El subcomandante Marcos "pintó la raya entre ellos y nosotros" para decirle al presidente Fox que no aceptaba que llamara "hermanos y hermanas" a los indígenas.[196] Y Andrés Manuel López Obrador simplemente acostumbraba sacar de formar parte del pueblo a quienes no estaban de acuerdo con sus acciones y dividía al mundo en buenos y malos que eran, respectivamente, los pobres y los ricos. Y por si esto no fuera suficiente, establecía una especie de "estás conmigo o contra mí" sin términos medios.[197] Por eso Germán Dehesa escribió: "Ese muchacho decidió que todos (los que no lo seguimos en sus acciones) obedecemos a fuerzas oscuras y a intereses inconfesables y estamos siempre listos y dispuestos a servir de lacayos del gobierno espurio".[198]

Ese modo de pensar lo tienen también los analistas políticos, los medios de comunicación y hasta las organizaciones sociales. Por ejemplo, cuando en 2008, un grupo político tomó las tribunas de las cámaras de Diputados y Senadores, tanto quienes los apoyaban como quienes estaban en contra de esa acción decían hablar en nombre de la sociedad y recoger "lo que en las calles se ha convertido en el clamor de amplios sectores de la población". O cuando el grupo chiapaneco denominado Las Abejas tuvo diferencias internas, convirtió en traidores a quienes hasta ese momento habían sido sus compañeros, pues "ya no quieren caminar con nosotros para lograr la justicia", "son cabeza del gobierno que se metió dentro de nuestra organización", "son colaboracionistas y legitimadores".[199]

Sentirse representante de las "buenas causas" permite hablar en nombre de muchos. Durante la huelga de 1999 en la Universidad Nacional se usó mucho decir "nosotros somos la Universidad" por parte de cada grupo que tenía su punto de vista pero consideraba que representaba a la institución en su conjunto. Lo mismo sucedió durante el conflicto postelectoral de 2006, cuando un diario de circulación nacional publicó una carta en la que un grupo de profesores de la Universidad Nacional convocaba a una reunión para constituir una "asamblea universitaria por la democracia". En el primer párrafo, los convocantes decían: "Ante el contexto político que vive nuestro país y como parte de los esfuerzos por la democratización profunda de nuestras instituciones, la UNAM se suma a la convocatoria del movimiento de resistencia civil que encabeza Andrés Manuel López Obrador para la transformación de la vida pública en México".[200]

La UNAM cuenta con cerca de 300 mil alumnos y miles de trabajadores entre profesores, investigadores, autoridades, personal administrativo y de intendencia. Es un vasto universo, que como tal sin duda incluye muchas diferencias ideológicas importantes y muchas de matiz. Entonces ¿con base en qué alguien puede decir que "la UNAM" hace tal o cual cosa, toma tal o cual decisión o posición? ¿Cuándo fueron consultados los universitarios como para que se pueda utilizar el nombre de la institución para apoyar alguna acción?¿Quién les concedió a los firmantes de esa invitación la representatividad como para hablar en nombre de todos y poder invocar a la institución como entidad?[201]

Ejemplos como ése hay muchos: en 1999 apareció en los diarios una convocatoria a una marcha contra la delincuencia firmada por "la sociedad civil", y en 2004 un desplegado en los periódicos dirigido "a todos los mexicanos" y firmado por "la sociedad civil".[202] ¿Cómo puede la sociedad civil firmar un desplegado? ¿Qué es la sociedad civil sino, como afirma Mauricio Merino, "toda la gente común y corriente" o, como dice Fernando Escalante Gonzalbo, "la sociedad en su versión tumultuaria"? ¡Estaríamos en un caso de todos los mexicanos dirigiéndose a todos los mexicanos!

Apostar al olvido

Cuando a pesar de todos los esfuerzos por evitarlo, de todos modos salen a la luz hechos que resultan incómodos a los funcionarios, sea porque ponen en evidencia su negligencia o su ignorancia o su corrupción, entonces acostumbran a recurrir a un procedimiento que siempre es el siguiente: citan conferencias de prensa con diez personas en el presidium, todas las cuales hacen declaraciones en voz alta y firme diciendo la indignación que les producen los hechos en cuestión y asegurando que se va a investigar, que se va a clarificar, que se va a exigir, que no se va a tolerar, que por ningún motivo se va a permitir, que se va a llegar hasta el fondo, que caiga quien caiga, en un acto de teatro puro, de puro ruido.[203]

¿No se mostraron superofendidos los diputados porque la Secretaría de Gobernación autorizó los centros de apuestas, pero en lugar de usar la ley para mandarlos clausurar mejor primero "exigieron" que "se les diera más información para esclarecer los hechos"? ¿No se pusieron superenojados los señores del Instituto Federal de Acceso a la Información prometiendo que iban a verificar los permisos y exigir ellos también la información para cumplir "escrupulosamente" con su misión?

Pero bueno, el hecho es que de todos modos las dichas investigaciones y clarificaciones y aplicaciones de la ley nunca llegan y el tema termina por morir solo conforme el tiempo pasa.[204]

Qué es lo que se pretendía.

Eso sucedió cuando en 2003 se le pidió su renuncia al secretario del Medio Ambiente, porque sus afirmaciones sobre la gravedad de la contaminación en las playas y mares de Guerrero ofendieron e indignaron a las autoridades de ese estado. Pero cuando un mes después hubo dos olas de mortandad de peces en la laguna de Pie de la Cuesta, dichas autoridades lo único que acertaron a hacer fue "ordenar una investigación inmediata". Pasaron los días y las semanas y los meses y nunca se llevó a cabo la tal indagación. Y cuando alguien se atrevió a recordárselos, el delegado estatal de la Secretaría del Medio Ambiente respondió que "de todos modos no tiene caso hacer muestreos después de las lluvias porque nadie se mete a nadar en esos días".[205] Una joya de respuesta.

Y es que entre nosotros cuando se dice que se va a "investigar" y a "esclarecer los hechos" y a "dejar abiertas las indagatorias", significa apostar al olvido. Así sucedió cuando un pescador mexicano fue detenido en Cuba y el gobierno del estado de Nuevo León, de donde era originario, ofreció frente a los medios ayudar a rescatarlo, pero apenas la prensa dejó de mencionar el asunto, nadie, ni en el último escalón de la administración, le volvió a tomar la llamada a la familia.

Y así sucede incluso en los casos que hacen más ruido. ¿Dónde están los resultados de las fiscalías especiales creadas con bombo y platillo para investigar los crímenes de mujeres o los crímenes del pasado o el enriquecimiento ilícito de algunos funcionarios? ¡Apenas en agosto de 2007, casi un año después de que el presidente Fox había terminado su mandato, una de las comisiones especiales encargadas de investigar a los parientes de su esposa se preparaba para "presentar su plan de trabajo en el que solicitaría a la Procuraduría General de la República el expediente referente a una denuncia ciudadana ante el Ministerio Público en torno a la probable participación de Jorge Alberto y Manuel Bibriesca Sahagún en actividades"... bla, bla, bla![206]

La apuesta al olvido vale también para los nombramientos de funcionarios. Por ejemplo, cuando se nombró subsecretario de Prevención y Participación Ciudadana de la Secretaría de Seguridad Pública Federal a un individuo en cuyo pasado había serias violaciones a las garantías individuales, "un hombre que fue de mano dura en contra de las organizaciones sociales y proclive a caer en actuaciones violatorias de los derechos humanos" por lo cual había recibido por lo menos 17 recomendaciones de la Comisión Nacional de Derechos Humanos, más 12 en el tema penitenciario.[207] O cuando a un funcionario de Querétaro se le inhabilitó por 15 años para ocupar un puesto público en razón de los problemas que se presentaron en la construcción de un edificio del que era responsable y poco después apareció colocado en una dependencia federal.[208] O cuando se designó para presidir el Comité Ciudadano de Educación y Difusión Ambiental de Cancún al director de una empresa acusada de destruir 1,200 metros cuadrados de corales, el mayor desastre ecológico documentado en ese sitio, según consta en varias denuncias penales.[209]

Pero si a pesar de todos los esfuerzos porque las cosas se olviden esto no se logra, hay también un método que se acostumbra seguir: se mete en la cárcel a dos o tres sujetos que quién sabe de dónde sacan pero que se supone son los responsables del asunto en cuestión, y con eso se da por resuelto el caso.

* * *

Aunque a decir verdad, a veces hasta es mejor que las cosas se olviden, porque muchas veces se complican más por la manera de atenderlas. Eso sucedió cuando el huracán *Paulina* arrasó las costas de Guerrero y Oaxaca, y funcionarios de todo nivel, comisiones de diputados, organizaciones no gubernamentales, partidos políticos, instituciones de ayuda como la Cruz Roja, voluntarios y periodistas pululaban por la zona, todos dando órdenes y haciendo juntas y reuniones para tomar "las mejores decisiones"... mientras en las bodegas permanecían las cajas con alimentos, agua y cobijas sin repartir.

Pero el ejemplo más aterrador es el ya relatado del hospital público al que se infiltró una bacteria que provocó inflamación en los órganos vitales de los recién nacidos y les produjo la muerte a doce bebés. La explicación del subdirector del nosocomio fue que "a lo mejor entró un paciente con el zapato sucio y así entró la pseudomona". Y es que en efecto, en dicho hospital cualquier persona entraba sin problema y cualquiera podía introducir alimentos a las instalaciones, que médicos y enfermeras compraban sus alimentos en los puestos ambulantes que hay en los alrededores. A ello se agregaba que, como tuvo que reconocer el médico en jefe, la limpieza y desinfección eran siempre insuficientes, "porque no había jabón, ni papel higiénico, ni desinfectantes y ya entrado en verdades, de una vez agregó que ni equipo para esterilizar, ni batas, guantes y tapabocas para las enfermeras que manipulaban a los bebés, todo lo cual, dijo, se debía al insuficiente presupuesto que les habían asignado".[210]

Pero como el caso se hizo público y había que investigar, se apuntaron a "esclarecer los hechos" la Comisión Nacional de Arbitraje Médico, el ISSSTE, la Secretaría de Salud, la Facultad de Medicina de la UNAM, la Cámara de Diputados y por supuesto el Ministerio Público y la Agencia Federal de Investigaciones. El resultado fue un enredo, un montón de gente que entraba y salía del nosocomio estorbando, interrumpiendo, preguntando una y otra vez y "recogiendo evidencias". La peor parte fueron los agentes que con todo y sus trajes de calle, sus zapatos enlodados y sus alimentos comprados en los puestos ambulantes de los alrededores, iban y venían haciendo lo que llamaban "inspecciones físicas" ¡nada menos que en el cunero y en la Unidad de Cuidados Intensivos!

Apurarse

Cuando a nuestros gobernantes realmente les interesa alguna cosa, hacen todo para conseguirla. Así fue cuando Carlos Salinas decidió que debíamos firmar un tratado de libre comercio con Estados Unidos y Canadá, y que eso debía ser, como se dijo entonces, por la vía rápida. Y así se hizo sin importar lo que eso significó para dañar a la pequeña y mediana industria nacional.

Es lo mismo que quería hacer Vicente Fox cuando decía su célebre frase "hoy, hoy, hoy". Y lo mismo que hizo el jefe de Gobierno del DF, Marcelo Ebrard, cuando de la noche a la mañana decidió subir el impuesto predial en la capital en porcentajes que llegaron a ser de 200%, porque durante veinte años no lo habían tocado por razones electorales.[211]

Cuando hay interés en algo, nuestras autoridades son tan capaces de ir tan rápido que uno hasta sospecha. ¡Así fue cuando decidieron quitar las vallas publicitarias y entonces lanzaron operativos para retirarlas con un celo sorprendente que no aplican en otros asuntos![212] Y así fue cuando un grupo político se apoderó de las tribunas de las cámaras de Diputados y Senadores en 2008 y los demás se fueron a laborar en sedes alternas ¡y en 16 días pasaron 14 reformas a las leyes, a una velocidad que no tienen cuando no quieren dar lo que se llaman, de manera muy gráfica, "madruguetes" y "albazos"![213] Y eso no fue todo: un día antes del fin del periodo ordinario de sesiones ¡en 16 horas aprobaron 8 reformas, dos de ellas enmiendas a la Constitución![214]

No apurarse

Pero lo contrario también es cierto, dependiendo lo que convenga. Cuando habían transcurrido cuatro años del gobierno foxista, se le preguntó al secretario de Hacienda qué pensaba hacer con la cuestión del brutal contrabando de mercancías que ingresaban a nuestro país. La respuesta fue: "La dependencia ya prepara propuestas de reformas para cerrar esta llave".[215] ¡Cuatro años habían pasado y apenas preparaban las propuestas!

Y es que muchas veces nuestras autoridades no tienen prisa por cumplir con lo que les toca hacer: en marzo de 2007 la recién nombrada y flamante secretaria de Educación Pública puso en marcha el Programa de Mejoramiento de Espacios Educativos con todo y un Fondo de Infraestructura pero cuando en agosto se le preguntó a los funcionarios encargados del asunto, resultó que durante todo ese tiempo "se estuvieron haciendo las bases de operación del programa y que ya solamente faltaba que se firmaran los convenios con los estados para entregar los recursos".[216] Aunque desde 2000 se publicó en el *Diario Oficial de la Federación* un reglamento que prohíbe el consumo de tabaco en lugares públicos y con todo y que existe una Comisión Federal para la Protección contra Riesgos Sanitarios creada para llevarlo a la práctica, ¡en abril de 2008 el presidente de la República no había firmado la ley![217]

Que no tienen prisa se hace evidente cuando en abril de 2008 el presidente Calderón anunció que "en adelante la política social sería el eje de su gobierno", ¡había pasado un cuarto de su tiempo sexenal y él apenas estaba descubriendo el camino! Y 17 meses después de tomar posesión de su cargo en el Instituto Mexicano del Seguro Social, el director todavía no presentaba siquiera el diagnóstico sobre la institución.[218]

Hay ocasiones en que este tortuguismo es trágico. Como el del señor Rosendo Radilla, guerrerense que fue detenido en 1974 por un retén militar en el estado de Guerrero y nunca volvió a aparecer. Desde entonces los familiares de la víctima recorrieron todos los caminos de las oficinas y las leyes, de los trámites y las antesalas sin encontrar jamás respuesta, ni siquiera cuando el presidente Fox creó la pomposa Fiscalía Especial para Movimientos Sociales y Políticos del Pasado (Femospp). En 2005, la Comisión Interamericana de Derechos Humanos decidió que 33 años de espera "habían sido suficientes para averiguar su paradero y castigar a los responsables" y decidió tomar cartas en el asunto aunque todavía tardó hasta agosto de 2007 en preparar y entregar un informe al gobierno mexicano para que éste responda sobre el caso.[219]

* * *

Pero si nuestras autoridades no llevan prisa, mucho menos nuestros burócratas. Basta ver cómo "funcionan" las ventanillas de trámites y las mesas de atención al público: cualquiera que quiera echar a andar una industria o un comercio o realizar un servicio o conseguir un documento, tiene que cubrir tantos requisitos y exigencias y presentar tantos papeles y dedicarle tanto tiempo, que es un milagro que la gente lo haga. En un estudio llevado a cabo por el periódico *Reforma* se demostró que México es uno de los países del mundo que más tiempo de tramitología exige, al punto que el gobierno federal hasta ofreció un premio al ciudadano que mejor dé fe de esto.

Algo parecido sucede incluso en terrenos que no pueden esperar, como una pensión alimenticia o de viudez o una cita en algún hospital público. ¡A una mujer embarazada de cinco meses le dieron la suya para hacer un ultrasonido en el Seguro Social seis meses después, porque todas las máquinas estaba ocupadas hasta entonces![220] ¡Y a un hombre de 85 años, paralítico, lo obligaron a presentarse frente al funcionario encargado de firmar su pensión, y como no podían subir la silla de ruedas, lo pusieron en la calle y el burócrata le hizo el favor de asomarse por la ventana para ver si era cierto que existía![221] Y ni se diga si lo que se requiere es un préstamo o un crédito, pues se los anuncia pero ay de aquel que se presente a pretender obtenerlo, porque entonces empezará un vía crucis sin fin de solicitudes, demostraciones, obligaciones, compromisos y hasta amenazas.[222]

Uno de los sitios en los que más tortuguismo hay es en las oficinas o ventanillas en las que se cobra alguna mercancía ya entregada o algún servicio ya prestado a cualquier instancia gubernamental, pues en ese caso no sólo hay que llevar hasta el papel higiénico para demostrar esto y aquello, sino que además hay que dar vueltas y más vueltas para que paguen, hay que "untar", "obsequiar" o "invitar" a los encargados de sacar los cheques[223] y en ocasiones, hasta hay que conformarse con recibir menos del monto acordado con tal de recuperar por lo menos algo.[224] Empresas medianas y pequeñas han tenido que cerrar porque no pueden sostenerse si deben esperar meses a que les cubran los adeudos y empresas enormes (como Condumex nada menos y nada más) prefieren de plano dejar de venderle a algunos gobiernos locales para evitarse esto.

Pero la medalla al tortuguismo se la llevan sin duda los juzgados que detienen durante meses y años las resoluciones generando enormes problemas. Porque si algo funciona lenta y mal en México es la así llamada "procuración de justicia". Los ejemplos abundan: testamentos no adjudicados durante años, liberación carcelaria no terminada, propiedades no entregadas, etcétera. Se tardan tanto los jueces y legisladores en juzgar los casos que muchas veces los ciudadanos se les adelantan no sólo con el veredicto sino incluso con el castigo: en la semana santa de 2006 los vecinos de Tepito juzgaron y castigaron a un muñeco de cartón que representaba al gobernador de Puebla, colgándolo del cuello mientras todos aplaudían porque "se había hecho justicia".[225]

El siguiente ejemplo me gusta para mostrar lo que se tarda aquí la procuración de justicia: cuando el señor Ricardo Salinas Pliego metió una demanda por difamación en contra del señor Marco Rascón por un artículo publicado por este último que a aquél le pareció que lo agraviaba y que le causaba daño moral, tardó ¡once años! en salir el fallo judicial. Y eso que estamos hablando de un pez gordo, dueño de medios de comunicación y otras empresas, que tiene abogados trabajando de tiempo completo para él. Y lo mejor fue el resultado de dicho fallo, pues si bien se concedía la razón al demandante y se obligaba al demandado a pagar una indemnización, el monto de ésta debía ser "la tercera parte de los ingresos percibidos por el demandado en 1996 por sus colaboraciones en el periódico en el que apareció el artículo".

El tortuguismo se hace evidente todos los días en el discurso público: "Se aplicará un cuestionario para detectar las fallas en el programa", "Se está trabajando para presentar un proyecto", "Se quiere impulsar la iniciativa", "Se va a instalar un Consejo Consultivo", "Se ha preparado un documento", "Mañana o a más tardar pasado mañana estará listo el plan", "ya se está integrando el expediente", "Estamos a punto de echar a andar el nuevo sistema", o éste que es un prodigio: "Ya casi tenemos lista la estrategia destinada a tomar medidas preventivas".[226] Entre nosotros siempre ya se preparan las propuestas, ya se está trabajando en los planes, ya se piensa en las medidas preventivas, ya se va a empezar a hacer algo, ya mero, ya merito.

La mentira abierta

¿Cómo se le puede llamar sino franca mentira cuando las autoridades aseguran que México es autosuficiente alimentariamente o que realiza maravillosas acciones para detener el cambio climático?

Pues sí: mentira abierta es cuando un director del Instituto Mexicano del Seguro Social asegura que se están llevando a cabo programas de construcción, equipamiento, conservación y mantenimiento de centros hospitalarios y clínicas y que se han mejorado los procesos de atención, disminuyendo los tiempos de espera de consulta, haciendo más eficiente el servicio de urgencias y los de mantenimiento y limpieza de las instalaciones así como las acciones de dotación oportuna de ropa hospitalaria y de suficiencia en el surtimiento de recetas,[227] pero los derechohabientes, cada vez que tienen oportunidad de hacerlo en las muy escasas tribunas públicas de que disponen, que son algunos programas de radio y cartas enviadas a los periódicos, desmienten las afirmaciones del funcionario y se quejan de las condiciones de las instalaciones, de las largas colas y las muchas horas de espera para que se les atienda, del mal trato por parte de secretarias, médicos y enfermeras, de los diagnósticos emitidos por facultativos sobrecargados de trabajo y con deficiente preparación y sobre todo del desabasto de medicamentos. En una llamada a un programa de radio en 1999, una señora enferma del corazón relató que desde hacía seis meses la mandaban de clínica en clínica y no le surtían su medicina pues " todavía no la tenemos en existencia".[228]

Cuestionado sobre estas afirmaciones, el secretario y sus colaboradores aseguraron que nada de eso era cierto y que se trataba de "propaganda partidista malintencionada".[229] Pero de todos modos y por si las dudas, presionaron a los medios de comunicación que hacían públicas las quejas, amenazándolos con retirarles la publicidad pagada si lo seguían haciendo.[230]

Seguramente para estos funcionarios, también es propaganda malintencionada la que asegura que en México la educación es una catástrofe. ¿Cómo es posible decir eso, si ya se firmó el "Compromiso Social por la Calidad de la Educación", que según el secretario del ramo, permitiría enfrentar "el reto de lograr una educación para la equidad y la justicia, para la democracia, la cohesión social y la responsabilidad ciudadana"?[231]

Y también sin duda es propaganda malintencionada la que asegura que el apoyo al deporte es pura palabrería, pues no solamente no forma parte de la enseñanza que se imparte a los escolares, sino que ni siquiera hay suficientes sitios donde practicarlo para quienes así lo deseen. Cada tercer día desaparece un parque en el que los niños jugaban futbol o andaban en bicicleta y en una ocasión hasta se intentó pasar en la capital una ley que prohibía jugar pelota en las calles.[232]

La siguiente historia del maratón de la ciudad de México en el verano de 1999, lo dice todo sobre el apoyo al deporte: "Miles de corredores arrancan a temprana hora de la mañana, teniendo que sortear todo tipo de obstáculos, entre ellos montones de autos y vehículos nada menos que ¡de los patrocinadores!, cuyos motores sueltan un denso humo que los deportistas se tragan a modo de desayuno. Nadie sabe a dónde se dirigen pues no hay señalización. 'Por acá', gritan unos, pero otros rectifican: 'No, por acá'. El problema es que varios ya se fueron por el camino equivocado, incluyendo un vehículo oficial y algunos corredores discapacitados que compiten en sus sillas de ruedas. Unos se meten en calles que no corresponden a la ruta, otros se tropiezan con grupos de ciclistas que participan en otra competencia, todos se arriesgan en los cruceros cuando automovilistas impacientes les gritan que se hagan a un lado y los policías pitan a diestra y siniestra tratando de controlar el tráfico. A fin de cuentas, se descubre que hasta los jueces se equivocaron y que hicieron a los maratonistas recorrer tres kilómetros de más. ¡Tres kilómetros extra a los 42 que ya exige esta dura prueba! Y durante el trayecto ¿Alguien les repartió agua? No. ¿Había baños? Sólo en un sitio y obviamente en ellos la cola era infinita. ¿Hubo vigilancia médica? Tampoco. Y cuando por fin los competidores cruzaron la meta, en lugar de recibirlos con aplausos y darles oportunidad de recuperar el aliento, se encontraron con una pelotera de público, periodistas, fotógrafos, edecanes, patrocinadores y curiosos y todo fueron empujones y codazos y hasta la mesa oficial de los resultados cayó por tierra en medio del relajo".[233]

Y si así sucede en el nivel amateur, tampoco se crea que a nivel profesional las cosas son mejores. Nuestros atletas, desde la famosa corredora Ana Guevara hasta los campeones de Tae-kwon-do que ganaron medallas en las olimpiadas de 2004, pagan sus entrenamientos y penosamente consiguen sus propios recursos para ir a las justas.

* * *

La mentira llana y abierta está en todas partes: desde que encarcelan a un ecologista que defiende sus bosques de la tala inmoderada, diciendo que se le castiga porque se trata de un narcotraficante, hasta un secretario de Relaciones Exteriores que asegura que jamás se entregará a un ciudadano mexicano a autoridades de un país extranjero, pero después firma la "extradición" a Estados Unidos;[234] desde uno de Comunicaciones que asegura que "las carreteras nacionales tienen estándares de clase internacional" siendo que un día sí y otro también hay que componerlas porque están mal hechas (¡cómo serán las cosas que hasta se formó —no podría ser de otra manera— un Fideicomiso de Apoyo para el Rescate de Autopistas Concesionadas, señal de que hay que componer —"rescatar"— muchas porque demasiadas veces las construyen mal!), a uno de Salud que afirma que en México "todo mundo tiene acceso a la medicina altamente especializada" siendo que tantos no reciben ni la atención más elemental; desde un procurador de Justicia que da cifras de disminución de la inseguridad siendo que no hay ciudadano que no haya sufrido un asalto, robo o incluso algo peor.

Mentir es tan común, que el presidente Fox aseguraba que "durante su gobierno se aprobaron reformas fundamentales para el país", siendo que en los seis años de su administración "sólo se enviaron dos propuestas al Congreso, la energética y la fiscal, que además no fueron aprobadas".[235] Y más todavía, hacia el final de su mandato declaró que se iba del puesto dejando "completamente resueltos" los problemas de Chiapas y Atenco siendo que ninguno de éstos se resolvió.

Pero nada como este ejemplo: en Coicoyán de las Flores, en Oaxaca, el gobierno decretó al municipio "libre de pisos de tierra" y hasta comprobó el gasto que hizo para dotar de pisos de concreto a todas las casas de la comunidad, sin que eso fuera cierto.

El cinismo

Y ya entrados en mentiras, lo de menos es seguirse. Y hacerlas cada vez más grandes y hasta más inverosímiles, total qué más da. ¿No es cinismo cuando Vicente Fox dijo que "él había conseguido" avances en las reformas migratorias que se estaban haciendo en Estados Unidos en el momento en que los representantes de aquel país votaban a favor de levantar un muro fronterizo con México? ¿O cuando aseguró que las recomendaciones privatizadoras del Banco Mundial "están en línea con nuestros planes" en lugar de decir que "eran la línea que él debía seguir" como le dijo el periodista Carlos Fazio?[236] ¿O cuando afirmó que gracias a su gobierno la zona metropolitana de México ya contaba con tres aeropuertos, porque simple y sencillamente incluyó a los de Toluca y de Querétaro, sin que le importara que estuvieran uno a 90 y el otro a 150 kilómetros de distancia y sin comunicación eficiente de uno a otro? ¿O cuando en su último informe de gobierno se atrevió a afirmar que entregaba un país tranquilo y en armonía, en el cual "las diferencias se resolvían por vía de las instituciones" en el momento en que medio país estaba incendiado, atravesado por conflictos sociales, políticos, laborales y magisteriales que se manifestaban con violencia y no se resolvían por cauce institucional alguno?

Y no sólo el presidente fue cínico. Otras autoridades también. ¿O de qué otra forma se puede considerar cuando el director de la Comisión Federal de Electricidad califica a la empresa como "de clase mundial" siendo que esa paraestatal y la otra que imparte el servicio, Luz y Fuerza del Centro, son tan ineficientes y sus patrones de productividad y competitividad no se acercan siquiera a los indicadores internacionales mínimamente aceptados según una nota publicada en un diario de circulación nacional: "En los últimos siete años elevaron sus ineficiencias aumentaron los costos de operación (¡47% más que en 2000! la primera de ellas), pierden por robos y fallas de equipos (11% la CFE y 33% la LFC) y registran mayor número de inconformidades por parte de los usuarios por lo que cobran y porque a veces la luz se va hasta 24 horas sin que nadie se presente a arreglar el problema".[237] ¿Y de qué otra forma se puede considerar cuando los funcionarios encargados de resolver los problemas de seguridad se sumaron a la protesta de los miles de ciudadanos que salieron a las calles en 2004 para exigir que se haga algo contra el secuestro, y marcharon también con sus pancartas y consignas exigiendo solución? ¿A quién se la exigían si ellos son los responsables? ¿Y de qué otra forma se puede calificar cuando los legisladores, magistrados y consejeros de los institutos electorales se suben el sueldo cada vez que quieren, se asignan bonos, pagos especiales y pensiones elevadísimas?[238] ¿O cuando los diputados "que representan al pueblo" se negaron a dar un día de sueldo como ayuda para el sureste mexicano que vivió en 2005 inundaciones que lo devastaron, y eso a pesar de que ya lo habían anunciado los jefes de las bancadas?[239] ¿O cuando después de estarse peleando por los resultados electorales, enfrascándose en zafarranchos y pleitos fenomenales hasta con golpes y medio matando por quién ganaba las comisiones en la cámara, los diputados sacan anuncios en la televisión donde festinan su capacidad de "trascender la visión de políticas partidistas", de "establecer el diálogo", y "de ponerse de acuerdo"?

Y no sólo las autoridades sino también los banqueros saben de cinismo, pues ¿de qué otro modo se puede calificar cuando se pusieron furiosos porque el Congreso de la Unión tardaba mucho debatiendo sobre qué medidas tomar en relación con el Fondo Nacional para la Protección del Ahorro Bancario y en su opinión "el tiempo que se están tomando le costaba mucho dinero al país"? ¡Resultaba entonces que no era el monumental fraude del Fobaproa lo que le había costado mucho dinero a México sino el tiempo que se tomaban los legisladores para decidir sobre cómo resolver el problema![240]

Y los medios de comunicación pues ¿de qué otra forma se puede calificar cuando a la comida chatarra le ponen la leyenda "come bien"?

Y los eclesiásticos pues ¿de qué otra forma se puede calificar cuando a mediados de 2002 se acusó a varios curas de pederastia y el obispo de Querétaro no se lanzó contra ellos sino contra quienes los habían acusado?[241]

Pero así son las cosas acá. Por eso no sorprende que un procurador de Justicia de la Nación mandara colocar ("sembrar" como se dice coloquialmente) un cadáver para poder "hallar pruebas" contra un acusado y que un gobernador le presente a la prensa a cuatro "peligrosos narcotraficantes que fueron aprehendidos en un exitoso operativo" y luego resulte que son sus propios colaboradores que aceptaron posar para darle lustre a su deslucida administración.

Transar

Nuestras autoridades, funcionarios y legisladores nos quieren hacer creer que todo lo que hacen es para beneficiarnos, para servirnos, para protegernos.

Por ejemplo, dicen que les interesa proteger a la ciudad y a los ciudadanos de la contaminación visual y que por eso hacen un Reglamento para el Ordenamiento del Paisaje Urbano que prohíbe las vallas publicitarias. Pero esto resulta sospechoso, porque si de verdad se tratara de eso, se atendería de manera integral el asunto, incluyendo a todas las otras formas de afear el paisaje urbano y de contaminar, como los espectaculares. En cambio a éstos no los tocan. Y uno no puede sino preguntarse ¿será porque las vallas publicitarias las ponen empresas extranjeras y su desaparición favorece a las nacionales que ponen los espectaculares?

Las dudas están allí en una y otra y otra situación: cuando se autorizan los centros de apuestas ¿a quién se beneficia?, cuando no se legisla en cuestiones de patentes ¿a quién se beneficia?, cuando se permite que se vendan ciertos lugares del territorio nacional ¿a quién se beneficia?, cuando no hay voluntad para aplicar una ley o un reglamento ya promulgados ¿a quién se beneficia?

La pregunta podría uno hacérsela cada vez que se vende un banco, que se cancela algún programa de radio, que un grupo político emite su voto en el Congreso o que actúa la "justicia". El periodista Miguel Ángel Granados Chapa se preguntó en abril de 2008 ¿cómo podía ser que una y otra vez dejen libre al hijo de un famoso narcotraficante porque el juez del caso no considera que las pruebas son suficientes o contundentes? En su opinión, no lo son porque la autoridad encargada de integrar el expediente no lo hace correctamente. Y eso podría ser perfectamente intencional.[242]

Porque ¿acaso los políticos, legisladores y jueces están por encima del bien y del mal? ¿Acaso no son susceptibles de ser comprados como sucedió con algunos de los que votaron en el sentido que querían las empresas casinistas o las hoteleras o las poderosas tabacaleras? ¿O acaso no puede ser que tengan miedo porque los amenazaron, como se dice que sucedió con un subprocurador de Investigación Especializada en Delincuencia Organizada (SIEDO)?[243] ¿O porque tienen intereses en ciertas áreas como se dice que sucedió con un secretario de Gobernación que antes de serlo había estado involucrado en puestos gubernamentales y comisiones legislativas que tenían que ver directamente con los negocios de su familia?[244]

En cualquier caso, como afirmó el historiador Luis González y González "los del mando sólo se declaran servidores de la nación en las oraciones cívicas".[245]

Manipular las imágenes

Una manera de mentir, aunque parezca difícil de creer, es con las imágenes. Se supone que una fotografía o una película recogen con exactitud la realidad, pero no es así.[246]

Por ejemplo, vemos a un individuo que lanza una antorcha e incendia un edificio. Para algunos se trata de un acto de lucha de cierto grupo social mientras que para otros es un acto de vandalismo. O aparecen indígenas vestidos a la usanza tradicional haciendo algún ritual. Según el gobierno están allí para agradecerle al presidente, según los antropólogos es una prueba más de que sus costumbres ancestrales siguen vigentes, para la oposición política es un escenario montado con grupos que han recibido prebendas y según otros grupos indígenas, se trata de invitados a un banquete oficial. O vemos a una persona en una plaza pública que lleva un letrero colgado al cuello. Puede tratarse de un burócrata acusado por algún grupo de ser espía del gobierno o puede ser alguien que voluntariamente se lo colgó para protestar por una ley aprobada por los legisladores.

Y es que las imágenes también se editan, arreglan y contextualizan a conveniencia, como las palabras. Por ejemplo, hay una ceremonia en la que se anuncia que la ciudad de México se convierte en ciudad refugio para escritores perseguidos, y se muestra el presidium con los principales funcionarios del gobierno de la capital y la crema y nata de la intelectualidad, pero se oculta el hecho de que en el público no había nadie, todo eran sillas vacías porque no interesó el asunto. O se muestra al presidente Felipe Calderón prestando juramento frente al Congreso de la Unión, pero se congela la imagen sobre su persona, para que no se vea ni se escuche lo que está sucediendo en el recinto parlamentario que es muy agresivo hacia el nuevo primer mandatario.

El gobierno gusta mucho de presentar imágenes de ciudadanos comunes que muy sonrientes están llevando a cabo sus labores cotidianas en un México luminoso y de colores, tranquilo, limpio y sin miseria: amas de casa y mecánicos, estudiantes y comerciantes, albañiles, campesinos, trabajadores petroleros y pescadores. A los noticieros por el contrario, les gusta mostrar las situaciones difíciles y de excepción, que un huracán, que una inundación, que un accidente, que un acto de delincuencia. Ambos pretenden que el suyo es el verdadero México y ambos mienten porque el país no es sólo lo uno ni sólo lo otro, no es nada más de colores alegres pero tampoco de puras grises sombras.

Pero de que ni la imagen es ya confiable como registro de la realidad, tenemos un ejemplo inmejorable: los ciudadanos vimos en la televisión a guardaespaldas del gobernador de Oaxaca, vestidos de civil, con armas de alto poder, disparando al aire para amedrentar a grupos de manifestantes durante los disturbios ocurridos en 2006. Pero cuando se le preguntó directamente sobre esto, el señor soltó la carcajada y dijo que eran puros cuentos, que habían sido cohetones.

Más de lo mismo

Los ejemplos podrían seguir y seguir: allí está la imparable corrupción que florece por debajo de los letreros que piden denunciarla, allí están año con año los discursos del secretario de Educación Pública asegurando que ni los uniformes escolares ni las cuotas son obligatorias en las escuelas del gobierno, pero todo padre de familia tiene que comprarlos y tiene que pagarlas, allí está el servicio de recoger la basura que se anuncia gratuito pero no hay camión que se la lleve sin cobrar, allí está la tintorería que si echa a perder la ropa o la constructora que construye mal una casa o la concesionaria que vende un auto defectuoso, y no hay a quien reclamar aunque exista una flamante Procuraduría del Consumidor.

Por supuesto, no cualquiera entiende este código tan nuestro. Al año de iniciado el gobierno del presidente Zedillo, un periodista del *New York Times* escribió un artículo elogiando lo que llamó la "revolución callada" de ese mandatario por las reformas que había emprendido en los sistemas judicial y electoral. Pero los mexicanos sabíamos que ni una sola de esas reformas se había llevado a cabo, que sólo habían sido propuestas de papel.[247]

Y es que nosotros, los ciudadanos, sabemos que aunque nos aseguren una y otra vez que el drenaje profundo de la capital funciona perfectamente, año con año la ciudad se inunda, que aunque el presidente de la República afirme en un rincón de Chiapas que les va a ayudar a mejorar su situación, los años pasarán sin que eso se cumpla, que aunque nos digan que se cometen menos delitos, la situación está fuera de control. Como escribió el periodista Andrés Oppenheimer: "Las cosas en esta parte del mundo muchas veces son lo contrario de lo que aparentan ser".[248]

Segunda parte
LAS GRANDES MENTIRAS

I. Ficciones para exportación[1]

Los derechos humanos: ¿lo más respetable?[2]

*E*n el verano de 2006, el presidente de la Comisión Nacional de los Derechos Humanos acusó a la Procuraduría General de la República de usar la tortura como método para interrogar a los detenidos. Su acusación fue muy fuerte, pues el ombudsman afirmó que la PGR era "tapadera y alcahuete de actos de tortura y ejecuciones extrajudiciales por parte de agentes del Estado" e incluso le llamó "La torturaduría".[3]

La respuesta que recibió el doctor José Luis Soberanes por parte de la institución aludida (y también poco después por parte de la Presidencia de la República) fue una andanada de calificativos como "ligero, irresponsable y temperamental" y "que hacía declaraciones sólo producto de su ánimo personal"[4] e incluso acusaciones sobre su supuesto involucramiento en la manipulación y ocultamiento de pruebas.

Dos meses después, el Comité Técnico contra la Tortura de la ONU reiteró la acusación y afirmó que en México se seguía utilizando la tortura como método y que las autoridades no tomaban las denuncias en serio. Durante su 37 periodo de sesiones y frente a la delegación mexicana encabezada por la subsecretaria para asuntos multilaterales y derechos humanos de la Cancillería, una de las encargadas de elaborar el informe afirmó categórica: "Hay una contradicción entre lo que el gobierno mexicano dice, lo que hace y la realidad. Por eso es que nos preguntamos: si han hecho tanto como dicen ¿dónde entonces están las fallas? ¿Por qué la tortura y la impunidad persisten?".[5]

No era la primera vez que los organismos internacionales hacían este tipo de declaraciones sobre México. De hecho lo han venido diciendo repetidamente: "Transcurrió un año más en que los problemas de derechos humanos en México recibieron una inadecuada atención por parte de las autoridades", decía el informe 1999 de la organización Human Rights Watch,[6] en 2000 la relatora de la ONU, Asma Jahangir,[7] y de nuevo en 2001, el relator, Dato Param Cumaraswamy, se fueron del país con una maleta llena de denuncias sobre violaciones a los derechos humanos.[8] Y lo mismo ha venido sucediendo año con año desde entonces. En agosto de 2007, Irene Khan, secretaria general de Amnistía Internacional afirmó que en el caso específico de Oaxaca las violaciones a los derechos humanos habían sido graves y que no había encontrado voluntad política por parte del gobernador y otras autoridades para resolverlo.[9] Y también el Parlamento italiano manifestó su preocupación porque en México no se respetan los derechos humanos ni se cumplen los pactos y acuerdos con los que el país se ha comprometido a nivel internacional.[10]

Y sin embargo, la respuesta del gobierno mexicano ha sido y sigue siendo siempre la misma: cuando se trata de organizaciones no gubernamentales, las desmiente y las acusa de todo: desde "ser parciales e injustas" hasta no saber la verdad y especular, desde pretender descalificar al sistema de justicia mexicano hasta proponerse denigrar a México (como hizo el gobierno de Chihuahua con las acusaciones por las mujeres muertas en Ciudad Juárez), desde meterse en cuestiones internas que vulneran nuestra soberanía ("injerencia y politización de las acusaciones", como le dijo la secretaria de Relaciones Exteriores a varios organismos internacionales en 1997) hasta, de plano, responder a intereses oscuros.[11] En 2007 el gobernador de Oaxaca, Ulises Ruiz, tuvo esta respuesta típica cuando se le entregó una copia del informe de Aministía Internacional: "Las denuncias ahí expresadas son aventuradas y sin ningún fundamento". Y cuando se trata de instancias como la Organización de Naciones Unidas o algún parlamento, como el gobierno no se atreve a tratarlas así, simplemente guarda silencio.[12] Cuando en 1999 visitó México el secretario general de las Naciones Unidas, Kofi Annan, no lo llevaron a visitar Chiapas porque según la Secretaría de Relaciones Exteriores "eso no estaba en la agenda".

* * *

Pocos países cuentan con un catálogo más amplio y generoso de los derechos y libertades fundamentales del hombre y el ciudadano y pocos países han creado mejores instituciones y leyes que México para protegerlos.

Y eso no es de ahora. El tema está presente desde los inicios de la conquista española y la evangelización católica. Ya entonces se discutía si los indios eran seres humanos y si podían tener derechos. El esfuerzo de misioneros, teólogos y juristas como Francisco de Vitoria y Bartolomé de las Casas llevó al reconocimiento de la existencia de ciertos derechos básicos de todos los hombres por el mero hecho de serlo, y dado que el papa Pablo II había afirmado que los indios "son hombres verdaderos", pues eso los incluía: "Aunque estén fuera de la fe no deben ser privados de su libertad y de la posesión de sus bienes".[13]

Con la Independencia y bajo el influjo del pensamiento liberal, Hidalgo abolió la esclavitud y Morelos declaró que "La felicidad del pueblo y de cada uno de los ciudadanos consiste en el goce de la igualdad, seguridad, prosperidad y libertad. La íntegra conservación de estos derechos es el objeto de la institución de los gobiernos".[14] El artículo 37 de la Constitución de Apatzingán, consagra el principio de que a ningún ciudadano debe coartarse la libertad de reclamar sus derechos ante los funcionarios de la autoridad pública. Diez años después, en el Acta Constitutiva de la Federación, se asienta: "La nación esta obligada a proteger por leyes sabias y justas los derechos del hombre y del ciudadano".[15]

El tema se mantuvo vigente durante todo el siglo XIX y se filtra en los textos constitucionales del 36 y 43, en el Acta de Reformas del 47 y en la Constitución de 1857 que incluyó un catálogo de derechos a partir de principios de igualdad, libertad de conciencia y de cultos, de enseñanza, pensamiento e imprenta. "El pensamiento político recogió el ideario de la burguesía liberal europea, entendiendo por tal la vigencia, al menos filosófica, de ciertas nociones fundamentales de la concepción moderna de los derechos humanos y de cierto consenso que impide la arbitrariedad y apunta a un estado de derecho", escribió Norbert Lechner.[16] También la Constitución de 1917 estableció una serie de garantías individuales consideradas fundamentales e inalienables para el ser humano.

Pero no fue sino hasta la segunda mitad del siglo xx cuando se inició la lucha por hacer efectivos los derechos humanos, a tono con las preocupaciones que por entonces empezaron a manifestar los países desarrollados sobre esta cuestión. La creación de la Organización de las Naciones Unidas después de la segunda guerra mundial, llevó a la promulgación de la Declaración Universal de los Derechos Humanos en 1948, conformada por una amplia lista de derechos económicos, sociales y culturales de las personas, y a partir de ella se crearon instrumentos encargados de promover y vigilar su cumplimiento: "Los derechos humanos irrumpieron como protagonistas de la cultura contemporánea y se convirtieron en un paradigma para el desarrollo de la convivencia social y de las instituciones jurídicas y políticas".[17]

En los años setenta, surgieron organizaciones defensoras de los desaparecidos, detenidos y torturados de la época de represión que se conoce como "la guerra sucia", posterior al movimiento estudiantil de 1968.[18] Una década después, con la llegada de los refugiados centroamericanos, el tema se volvió candente, pues si bien es cierto que durante todo lo que iba del siglo, pero particularmente después de la guerra civil española y de la segunda guerra mundial así como después de la ola de golpes de Estado militares en Sudamérica, la afluencia de inmigrantes y exiliados hacia el país había sido considerable y la actitud de los sucesivos gobiernos mexicanos ante esos flujos había sido por lo general generosa y solidaria, las migraciones de la década de los ochenta se enfrentaron de manera diferente. Primero, porque se trató de situaciones de inmigración masiva, pues fueron varias decenas de miles de personas las que llegaron, pero sobre todo, porque se trataba de un tipo particular de refugiados que venían de comunidades rurales e indígenas, lo que al gobierno no le interesaba. Y su reacción fue deportarlos casi en su totalidad (a muy pocos les fue reconocida la calidad de asilados políticos) unos días después de su llegada. Esta deportación se produjo, pese a que todos ellos habían sido considerados refugiados por el Alto Comisionado de las Naciones Unidas para los Refugiados (Acnur) así como por la Comisión Mexicana de Ayuda a los Refugiados (Comar) creada en 1980.

Tal hecho sin embargo, no desalentó a los guatemaltecos quienes en número cada vez mayor continuaron llegando a México hasta alcanzar, en 1984, una cifra aproximada de 46 mil personas, lo cual condujo a las autoridades mexicanas a aplicar una serie de medidas administrativas destinadas a controlar su afluencia. A partir de la fecha citada, se aumentó el número de agentes migratorios en la frontera sur, empezó a aplicarse con mayor rigor el Reglamento de la Ley General de Población en cuanto a la renovación de los permisos de turistas y en general para la obtención de cualquier documento migratorio y se incrementó la detención de centroamericanos en situación migratoria irregular dentro del país.

El caso de los refugiados centroamericanos se convirtió en paradigmático porque hizo evidente el doble discurso del gobierno mexicano respecto a la protección de los derechos humanos. Por una parte, había negociaciones de alto nivel entre funcionarios mexicanos y el Acnur, de las cuales se hizo público un comunicado de prensa en el que se asentaba que México no repatriaría a ningún refugiado en contra de su voluntad y que les seguiría proporcionando asistencia, y por otro lado se tomaban medidas para impedir el ingreso de los centroamericanos. Y a los que ya habían logrado pasar, no se les echaba del país pero tampoco se les dejaba integrarse, simplemente se los dejaba vivir en una especie de limbo, una situación no de derecho sino de caridad en la que eran muy vulnerables.

Las restricciones, limitaciones y obstáculos jurídicos que se les impusieron a los refugiados eran enormes: dónde y cómo podían vivir y trabajar, lo que estaban obligados a manifestar, lo que no podían hacer y una larga lista de motivos por los cuales se tenían que ir del país. Como sucede siempre en este tipo de situaciones, eso se prestó a criterios divergentes entre las distintas autoridades encargadas de los procesos migratorios, a fricciones y malenten-

didos entre los funcionarios mexicanos y las agencias internacionales y a abusos contra la gente.[19]

Las arbitrariedades que se cometieron con los refugiados motivaron a que grupos de la sociedad mexicana se sintieran obligados moralmente a intervenir, formando organizaciones de apoyo y ayuda. Y fue entonces que empezó a utilizarse el concepto de "derechos humanos", pues hasta ese momento al término se le veía con suspicacia, "como si fuera asunto de la propaganda norteamericana", dice Sergio Aguayo.

Pero la incorporación definitiva del término se produjo unos años después, cuando en razón de la lucha contra el narcotráfico emprendida por el régimen, que sirvió de pretexto para la violación sistemática y generalizada de las garantías individuales en el país, el concepto adquirió legitimidad. Y es que los asesinatos, cateos, torturas y detenciones injustificadas, se convirtieron en asunto de todos los días.

Y entonces empezaron a surgir organizaciones no gubernamentales dedicadas a la defensa y promoción de los derechos humanos: "El brote de actividades proderechos humanos en México ha sido extraordinario", informaba por entonces la organización internacional Human Rights Watch. Si hacia mediados de la década de los ochenta existían cuatro o cinco de estos grupos, siete años después eran más de sesenta y para mediados de los noventa había ya más de trescientos. "De pronto, como los hongos, aparecieron y se desarrollaron en el país las ONG" asegura Luis Aguilar Villanueva.[20]

Además de las nacionales, varias organizaciones internacionales se empezaron a ocupar de vigilar la situación de los derechos humanos en México, entre ellas Amnistía Internacional, ganadora del premio Nobel de la Paz en 1977 y Human Rights Watch, fundada en 1981. A eso se sumaron varias instituciones concebidas como órganos públicos independientes, con competencia para asumir la defensa de los derechos humanos y para realizar funciones de promoción y difusión. Ellas fueron: la Dirección para la Defensa de los Derechos Humanos del estado de Nuevo León, la Procuraduría de Vecinos del municipio de Colima, la Procuraduría para la defensa del Indígena del estado de Oaxaca, la Procuraduría Social de la Montaña del estado de Guerrero, la Defensoría de los Derechos de los Vecinos del estado de Querétaro, la Procuraduría Social del Departamento del Distrito Federal y la Defensoría de los Derechos Universitarios de la Universidad Nacional Autónoma de México.

La experiencia inicial de un ombudsman en el sentido en que aún lo concebimos, tuvo lugar en 1988 con la creación de la Procuraduría de Protección Ciudadana del estado de Aguascalientes, la cual nació cuando se tuvo conocimiento público de serios abusos de autoridad cometidos en los separos de la policía. Esto provocó una protesta general, encabezada por un abogado a quien el gobernador encargó esclarecer el caso y otros similares que pudieran presentarse y para ello le confirió el título de procurador de Protección Ciudadana.[21]

Cuando a principios de los años noventa, el presidente de la República se reunió con su homólogo de Estados Unidos para las negociaciones tendientes a un tratado de libre comercio, se hizo necesario, como parte de las exigencias para ese acuerdo, reconocer y atender el problema que había en materia de derechos humanos. Como se dijo entonces: "Evidentemente, soslayar la situación interna respecto a los abusos a los derechos humanos hubiera debilitado la posibilidad de éxito en dicha negociación. Por primera vez un presidente aceptaba públicamente que en México existía un serio problema en cuanto a derechos humanos".[22]

Este reconocimiento fue un gran paso y el siguiente fue el anuncio de que el gobierno tomaba la bandera de su defensa: "Las autoridades […] en vez de negar por sistema que las violaciones a los derechos humanos pueden ocurrir y de hecho ocurren, aceptan la existencia de irregularidades y también muestran disposición para su corrección y enmienda", afirmó Jorge Madrazo.[23]

Así fue como en junio de 1990 se creó por decreto presidencial la Comisión Nacional de Derechos Humanos (CNDH), responsable de vigilar el acatamiento de las normas que consagran los derechos humanos según las convenciones y tratados internacionales suscritos por México.

En enero de 1992, la CNDH adquirió carácter constitucional, con lo cual pasó a ser un organismo descentralizado, es decir, que maneja su propio patrimonio, elabora su propio presupuesto, no está sujeto a ninguna revisión por parte de ningún organismo superior y en sus procedimientos y recomendaciones no tiene injerencia ningún otro órgano del gobierno.

De acuerdo con sus estatutos, su labor consiste en la protección, observancia, prevención, estudio, promoción, difusión, orientación y capacitación en todo lo relativo a los derechos humanos, en investigar las violaciones a los mismos cometidas por autoridades o servidores públicos (a excepción de los miembros del poder judicial) y en emitir recomendaciones para que se proceda a castigar a los culpables, así como promover programas educativos para los servidores públicos y para la propia población mexicana y hacer propuestas para reformas legislativas.[24]

A la cabeza de la comisión se encuentra el ombudsman, palabra sueca que designa al procurador y defensor de los derechos humanos, cuyo nombramiento corresponde al presidente de la República con aprobación del senado.

Para desarrollar este trabajo a nivel nacional, se crearon además las Comisiones Estatales de Derechos Humanos en las entidades federativas de la República con las mismas funciones de la nacional pero con competencia regional: "Como el número de quejas crecía y crecía y crecía y la Comisión Nacional ya no se daba abasto, entonces, en atención a que estamos en un país que por su extensión y por su cantidad de habitantes es realmente como varios países europeos, el Constituyente permanente creó este sistema que es el más grande del mundo" afirmó Luis de la Barreda.[25]

* * *

–¿De qué hablamos cuando decimos "derechos humanos"?

De las garantías inalienables que tienen las personas a la vida, a la integridad física, a la libertad y a la dignidad y contra las arbitrariedades y los abusos. Se trata de ciertas reglas generales y criterios que exigen satisfacción de forma incondicional y que "forman parte del conjunto de normas imperativas aceptadas y reconocidas por la comunidad internacional que no admiten acuerdo en contrario".[26]

–¿Quiénes cuentan con esas garantías?

Todos los hombres y mujeres, niños y viejos, ricos y pobres, creyentes y ateos, blancos y negros, de la ciudad y del campo, patrones y trabajadores, de cualquier grupo étnico, religioso y nacional, es decir, todas las personas: "A todos se les aplica la ley, a todos los protege la ley", dice la Constitución mexicana, o como diría Hannah Arendt, todos tienen el derecho a tener derechos.[27] Hoy día además se considera que no sólo los individuos tienen derechos, sino también las colectividades.

–¿A quién le corresponde hacer efectivas esas garantías?

Al Estado. Él debe responder por la vida, las libertades y seguridades de las personas y los grupos, debe "prevenir, impedir, vigilar, sancionar y reparar las violaciones a los derechos humanos".[28]

–¿En qué consiste la violación a los derechos humanos?

Según Tom Farrer, son aquellas acciones que nadie en el mundo hoy día, no importa cuál sea su ideología, consideraría como medios aceptables para ningún fin.[29] Por lo tanto, ésta se comete al ordenar, aprobar, tolerar o ejecutar una de las acciones siguientes: violencia o brutalidad contra las personas, cualquier tipo de tratos crueles, inhumanos o degradantes, de agresión física o psicológica, de privación ilegal de la libertad, intimidación, incomunicación y denegación de justicia.

–¿Quiénes son los violadores de los derechos humanos?

Los datos estadísticos revelan que la mayor incidencia de violaciones a los derechos humanos se origina en las corporaciones policiacas, en el ejército y las fuerzas de seguridad. Y hay suficientes ejemplos para acreditar esta afirmación. Según la activista Teresa Jardí: "En Chihuahua los policías judiciales eran los autores de por lo menos 50% de los delitos cometidos en la entidad"; de acuerdo con el perfil socioeconómico del quejoso preparado por la Comisión de Derechos Humanos del DF: "El mayor porcentaje de quejas tiene que ver con las instituciones de justicia" y en el *Libro blanco de los derechos humanos en Jalisco*, José Barragán y sus colegas apuntan: "Entre las diez autoridades contra las cuales se han interpuesto el mayor número de quejas, ocho son procuradurías de justicia encabezadas por la propia PGR. Los servidores públicos de estas dependencias figuran como violadores de los derechos humanos en México".[30]

También son violadores de los derechos humanos otros servidores públicos: "Los juzgados y jueces, agencias investigadoras y agentes y los ministerios públicos, prototipo de la corrupción existente en el país", dice Jardí,[31] los gobernadores, secretarios de gobierno y administradores federales, locales y municipales dice la CNDH y según el Partido de la Revolución Democrática, también los grupos de poder ligados al Estado y los caciques.[32] Para la activista feminista Lucero González: "Es necesario ampliar el marco de referencia sobre los derechos humanos pues no sólo los representantes de los estados y gobiernos pueden cometer violaciones, la familia también puede ser violadora de los derechos humanos. Lo que sucede al interior de la familia, que parecía privado, requiere también de la protección del Estado. En este sentido, se considera violación de los derechos humanos el acoso sexual o el maltrato a los hijos".[33] Otros activistas amplían el concepto a los actos intimidatorios o francamente violentos que se producen en el interior de una empresa, partido político o sindicato, de parte de un patrón, jefe o superior y que van desde la presión a un trabajador hasta la persecución a un disidente o a un líder. Sin embargo, esto no lo aceptan las autoridades pues consideran que este tipo de situaciones son delitos entre particulares que se resuelven en otras instancias jurídicas.

A esta lista podríamos agregar lo que hemos visto en años recientes: que no sólo la autoridad constituida es violadora de los derechos humanos, sino que los ciudadanos lo son también. Hemos visto linchamientos colectivos y actos de violencia contra burócratas, policías[34] y opositores políticos e ideológicos. Por ejemplo, en la Escuela Normal Rural del Mexe en el estado de Hidalgo cuando un grupo de alumnos la tomó, en Tláhuac cuando los vecinos detuvieron y lincharon a policías,[35] en las reuniones de Cancún y Guadalajara cuando los altermundistas protestaron atacando a las fuerzas de seguridad,[36] en el Distrito Federal cuando miembros del Partido de la Revolución Democrática atacaron a la Policía Federal Preventiva que resguardaba el Palacio Legislativo de San Lázaro, en Atenco cuando los habitantes atacaron a los granaderos, en Oaxaca cuando grupos de la Asamblea Popular de los Pueblos de Oaxaca golpearon y exhibieron en plaza pública a quienes consideraban sus enemigos.

–¿A quién se le violan los derechos humanos?

Según Alfonso Verde Cuenca: "El sector social de escasos recursos, por las circunstancias que le rodean, se convierte en blanco fácil de violaciones de los derechos humanos".[37] Dicho en otras palabras, a los más pobres. El Centro de Derechos Humanos Fray Francisco de Vitoria hizo un estudio de cuyos resultados se desprende que "cuantitativamente, al establecer los sectores de las víctimas, sobresalieron los del renglón indígena, de la población penitenciaria, de la rural, del sector político, de la prensa y de los menores de edad".[38]

Si desglosamos esta lista, resulta que a los sujetos a quienes con más frecuencia e impunidad se les violan sus derechos humanos son:

Los indígenas. Dado que ocupan las posiciones más bajas de los índices socioeconómicos y en la estratificación social, es la población más vulnerable. Como afirma Rodolfo Stavenhagen, la explotación de clase y la discriminación étnica han llegado a configurar un cuadro en el cual se presentan violaciones masivas de los derechos humanos de los pueblos indígenas: asesinatos, despojo de tierras, privaciones de la libertad, no aplicación de las garantías individuales constitucionales, discriminación en la aplicación de leyes y procedimientos judiciales, traslados forzosos de población, obstáculos a la participación política.[39]

Los campesinos. Según un informe del Centro de Derechos Humanos Fray Francisco de Vitoria: "La mayor cantidad de violaciones a los derechos humanos se produjeron en el sector rural y la mayoría de ellas tuvo como motivación los problemas originados por la tenencia de la tierra". Human Rights Watch agrega: "Además de los homicidios y desapariciones, la gran masa pobre de las zonas rurales está sujeta a varios otros abusos, como el desalojo con uso de fuerza, generalmente sin previo aviso, que deja a las familias sin hogar e ingresos, además de físicamente maltratados por sus agresores, las detenciones y arrestos aparentemente caprichosos y generalmente bajo cargos inventados, relacionados con desalojos, o como represalia por activismo en organizaciones campesinas y varias otras formas de intimidación y acoso".[40]

Los obreros. Según el Centro Fray Francisco de Vitoria: "El proceso de modernización del país conlleva en la práctica la modificación de las relaciones laborales con una clara tendencia en favor de los intereses patronales, pasando sobre las mínimas garantías de los trabajadores. Los derechos laborales fueron violentados mediante la reformulación de contratos colectivos en función de la productividad y a través de la liquidación masiva utilizando como recurso la quiebra, el cierre o la venta de empresas paraestatales a la iniciativa privada".[41]

Las mujeres. Son un grupo vulnerable por la posición que tradicionalmente ocupan en la sociedad y en la familia. Un documento elaborado por el Foro internacional de Derechos Humanos de las Mujeres afirma que "La mutilación, la violencia o el asesinato sobre el cuerpo de las mujeres es considerado dentro del ámbito de lo privado [pero] es en el reino de lo privado donde se sufren las condiciones de opresión más significativas". Ellas sufren el abuso físico y en general la violencia intradoméstica e intrafamiliar, el acoso sexual y los delitos sexuales.[42]

Los niños y los ancianos. Casi la mitad de la población del país son menores de edad, sujetos a situaciones de violencia, trabajo pesado, prostitución y pornografía. Por lo que se refiere a los adultos mayores, el porcentaje de violaciones de los derechos humanos es hacia personas de más de 51 años pero a partir de los 60 quedan en estado de extrema vulnerabilidad.[43]

Los presos. "El sistema penitenciario mexicano se caracteriza por una sobrepoblación masiva, el deterioro físico de las instalaciones, condiciones insalubres, recursos insuficientes, un personal de vigilancia y administración mal capacitado y peor pagado, una cultura generalizada de corrupción [...] y una violación persistente a la dignidad de los internos", dice la organización Human Rights Watch.[44]

Los periodistas y los militantes de grupos y partidos políticos de oposición, que son acosados, intimidados, perseguidos y hasta asesinados. En el sexenio del presidente Carlos Salinas, el PRD afirmó que 140 militantes de izquierda fueron asesinados y en el del presidente Vicente Fox, 20 periodistas.[45]

* * *

En sus primeros tres años de existencia, la CNDH emitió 529 recomendaciones de las cuales 211 fueron aceptadas y totalmente cumplidas, 297 aceptadas y parcialmente cumplidas, 9 no fueron aceptadas y 2 aunque aceptadas, tuvieron una respuesta insatisfactoria. Se resolvieron favorablemente 73 casos de presuntos desaparecidos y se desarrolló un intenso trabajo en los reclusorios para mejorar las condiciones de los casi 86 mil presos que se encontraban en ellos. Además, se inició una actividad absolutamente novedosa: la de sancionar a servidores públicos. También se atendieron solicitudes de los grupos defensores de los derechos humanos, por ejemplo, la presentación por parte del Partido de la Revolución Democrática de un documento con casos de violencia contra militantes políticos, mereció una investigación y respuesta por parte de la CNDH y la campaña de liberación de indígenas encarcelados llevada a cabo en varios estados de la república por el Centro Fray Francisco de Vitoria logró devolver su libertad a muchas decenas de ellos.[46]

Estas primeras acciones resultaron sumamente alentadoras. Así lo reconoció Morris Tidball-Binz de Amnistía Internacional: "La existencia de la CNDH es importante, es un paso positivo del gobierno mexicano"[47] y así lo reconocieron también los opositores políticos: "Debe reconocerse que en algunos cuantos casos ha sido útil la intervención de la CNDH" afirmó la encargada de derechos humanos del PRD.[48] La activista Teresa Jardí, llegó a afirmar que, por lo menos en el estado de Chihuahua "ya no hay un sólo caso de tortura o de fabricación de culpables".[49]

Pero sobre todo, la importancia de este tipo de acciones fue simbólica, porque se produjo un aumento de la conciencia social de la población sobre los derechos humanos, que incidió en la presión moral para su respeto y porque los ciudadanos adquirieron la esperanza de que verdaderamente se podía terminar con los abusos y que valía la pena denunciarlos. "En un país como el nuestro, este tipo de instituciones significan un importante paso cualitativo", afirmó Jorge Madrazo, y según Celso Lafer: "El hecho mismo de prometer el respeto a los derechos humanos establece un límite estabilizador en la sociedad".[50] Pero además, porque quienes cometían los abusos empezaron a sentir alguna amenaza a su impunidad. Escribió Jorge Madrazo: "Los policías ahora piensan dos veces antes de cometer abusos porque saben que pueden venir esos locos de la Comisión Nacional y armarles problemas".[51]

Y sin embargo, unos años después, esos primeros logros y avances empezaron a perderse. "Ni la creación de la CNDH ni las otras reformas emprendidas han detenido a la Policía Judicial Federal y a otras corporaciones policiacas en la comisión de violaciones a los derechos humanos", afirmaba para fines de los años noventa un organismo internacional y agregaba: "Se percibe falta de voluntad en quienes manejan el aparato estatal para atender la problemática cotidiana al respecto. Para este aparato prácticamente no tienen validez las denuncias formuladas por los organismos civiles defensores de los derechos humanos y tampoco tienen importancia mayor las recomendaciones surgidas de sus propios organismos oficiales".[52]

El levantamiento zapatista en el sur del país a mediados de los años noventa le dio el golpe de gracia a la credibilidad que había tenido la Comisión: "La CNDH quiso arrogarse el ser ella la única expositora frente al mundo de lo que sucedía con respecto a los derechos humanos, siendo que no representa todo el trabajo en esta materia ni mucho menos", dijo una activista. Ello llevó a que "la relación entre los organismos no gubernamentales y la CNDH, que era bastante buena hasta antes de Chiapas, a partir de entonces se deteriorara bastante".[53] Varios organismos de la sociedad civil[54] se quejaron de que la Comisión Nacional bloqueó su trabajo y se generó un enorme descontento por parte de los grupos tanto nacionales como extranjeros que se hicieron presentes en el lugar. A su vez los funcionarios de las comisiones acusaron a las ONG de querer ser protagónicas. La tensión llegó a su clímax cuando México se negó a aceptar que vinieran al país los organismos internacionales. Jorge Madrazo, entonces presidente de la CNDH dijo contundente: "A mí no me habla así nadie, aunque sea un organismo internacional. Es un tono que los mexicanos no debemos tolerar de nadie".

Para principios de la siguiente década, la desconfianza hacia la comisión era total. A su vez, la Comisión desconfiaba de las ONG y empezó a acusarlas de que en muchos casos estaban formadas por delincuentes que, "con el propósito de defender sus intereses ilegales e ilegítimos, han creado organismos de derechos humanos".[55] Y también las policías y el ejército empezaron a considerar a los organismos protectores de derechos humanos fueran oficiales o civiles, como sus enemigos, porque "les atan las manos para realizar su trabajo". Más de un presidente municipal se quejó de que "los delincuentes se pasean libremente por las calles de su pueblo sin que se les pueda detener porque cuentan con la protección de los organismos de derechos humanos" y muchos se quejaron de que se defendía a los delincuentes más que a las víctimas. Era evidente que aquellos primeros resultados alentadores no existían más.[56]

¿Por qué se echó a perder todo?

Por varios factores. Uno de ellos, la severa limitación de la competencia de los organismos defensores de los derechos humanos, pues se les confinó a cierto tipo de eventos y de autoridades y se les impidió intervenir en otros (por ejemplo, casos laborales, electorales y jurisdiccionales de fondo así como en cuestiones de interpretación de las leyes).

Otro fue la excesiva burocratización que se fue formando con el paso del tiempo y el cúmulo de exigencias para documentar los casos, que en muchas ocasiones resultaban imposibles de satisfacer por el tipo de violaciones de que se trataba.

Uno más fueron los límites impuestos a las comisiones estatales a las que se permitió recibir e investigar denuncias pero no realizar campañas de vigilancia directa.

Y por fin —sin duda el más significativo— el hecho de que las comisiones no contaran con mecanismos para hacer cumplir sus recomendaciones: "Uno de los problemas más candentes de la filosofía del derecho es el del poder de coacción sin el cual éste no adquiere su valor pleno", escribió Vittorio Mathieu.[57] Y, como estos organismos no tienen fuerza coercitiva, pues no vinculan ni obligan a la autoridad a la que se dirigen: "Las recomendaciones son aceptadas pero no cumplidas, "hacen como que las van a cumplir, dan el primer paso pero luego no dan los que siguen", dice Isabel Molina, y agrega: "Una vez que las autoridades inculpadas se dieron cuenta que no pasa nada si no cumplen las recomendaciones, entonces, éstas no pasan de ser un intercambio de oficios entre dependencias oficiales... que han sido más que nada útiles para documentar e ilustrar las irregularidades del sistema de justicia mexicano y la impunidad que prevalece".[58]

El resultado de esta situación es que, mientras la Comisión da por cumplidas un buen número de recomendaciones, los críticos afirman lo contrario: "Cuando las autoridades contestan que procederán a acatar la recomendación, con esa simple respuesta se la da por parcialmente cumplida pero no deja de ser más que un intercambio burocrático de papeles", afirma Molina y Amnistía Internacional es todavía más tajante: "Hemos descubierto que la CNDH da como casos resueltos recomendaciones no cumplidas".[59]

Por eso se ha llegado a decir que la institución no sirve: "La CNDH ha sido poco efectiva, es un ente con esfera de competencia limitada, capacidad ejecutiva nula y no ha contado con la voluntad política al más alto nivel para dar fuerza a sus recomendaciones. Es un enorme elefante blanco cuya principal utilidad es cosmética", dice Molina. Y muchos están de acuerdo: "Este esquema de trabajo, esta forma de trabajar no ha resultado ser eficiente. La Comisión Nacional es una instancia de carácter político integrada al poder ejecutivo federal e inmersa en los intereses y las políticas de éste, sin que se hayan afectado ni se hayan tomado las medidas pertinentes para combatir las verdaderas causas de las violaciones a los derechos humanos en México", afirma Barragán y según ha expresado Amnistía Internacional: "La CNDH es claramente un organismo gubernamental que sigue directivas del gobierno central en materia de derechos humanos" y "No deja de ser simplemente una instancia burocrática adicional dentro de la maraña del inoperante sistema de justicia".[60]

* * *

En conclusión, que por lo que se refiere a la defensa de los derechos humanos, en México estamos claramente en el terreno de la simulación. Porque no es lo mismo tener leyes e instituciones promotoras y defensoras, que tener mecanismos efectivos para que se cumplan: "Los derechos humanos no son una realidad que empieza y termina por su inserción en un ordenamiento jurídico. Su protección o realización efectivas son muy insuficientes si es que su realidad no se reduce también a un mero reconocimiento formal".[61]

Y éstos no existen ni pueden existir por varias razones: la primera, la muy endeble estructura jurídica y la atrofia en el funcionamiento de algunos de los poderes públicos del país, como el poder judicial federal, la Procuraduría General de la República y las procuradurías de justicia de los estados. La segunda, la paradoja misma sobre la cual se construyó la Comisión Nacional de los Derechos Humanos y que consiste en que el Estado sea responsable de vigilar que se los respete y de sancionar las violaciones a los mismos, cuando es el culpable de las violaciones. Resulta así ser acusado y defensor, transgresor y garante, el que protege a los gobernados de los abusos que él mismo comete. Por eso, dice Morris Tidball-Binz, "nadie ha sido condenado por ejercer la tortura, a pesar de las miles de denuncias de tortura que han existido en México". Y tampoco se ha dado un solo caso de acusaciones contra autoridades de alto nivel como jefes del ejército, gobernadores, secretarios de Estado. Sobre esto Isabel Molina comenta con ironía: "Las personas tendrían que escoger quién viole sus derechos humanos pues la CNDH siempre finca responsabilidades en los niveles más bajos de poder. Hay que escoger entonces a alguien que no sea demasiado influyente. Y aún así, a veces los protegen porque hay una red de complicidades en las que estos servidores de bajo nivel saben una serie de cosas de sus jefes y entonces éstos no pueden castigarlos porque a lo mejor se destapa toda la cloaca".

De modo pues, que las violaciones a los derechos humanos en México no son accidentales sino que forman parte consustancial de la estructura misma del Estado. Como dice Molina: "La negativa a ver el contexto en que se dan los problemas lleva a recomendaciones parciales y soluciones a medias. Los problemas de fondo no se atienden. No se reconocen las cuestiones estructurales que llevan a patrones recurrentes de violación a los derechos humanos. El enfoque casuístico resuelve casos particulares pero no corrige los problemas de origen". Y como afirma Miguel Sarre: "El sistema de justicia está estructuralmente diseñado para ser violatorio de los derechos humanos, propicio a la detención arbitraria, a la fabricación de culpables y a la tortura: por ejemplo, se le da valor a la primera confesión del detenido y las policías tienen cuotas de detenidos para mostrar luego estadísticas de combate al crimen".[62]

* * *

Pero no sólo es una cuestión del Estado, lo es también de la sociedad. La verdadera razón, la razón profunda que impide que se respeten los derechos humanos es que, como afirma Teresa Jardí, "la nuestra es una sociedad y

una cultura profundamente antidemocráticas en las que está profundamente arraigada la violación a los derechos humanos".

Y en este punto, ya no estamos solamente en el terreno de las políticas públicas sino que, como afirman Sergio Aguayo y Carmen Feijoó, en el de las mentalidades. El nuestro es un país en el que el respeto a las personas no forma parte del modo de pensar. No es ya solamente una cuestión de leyes sino de "cambiar las formas de reaccionar y de actuar de las personas" y esto no es fácil, dado que "éstas no sólo perviven sino que se reproducen. El intento de neutralizar las barreras creadas por la inercia de los prejuicios requiere de años de confrontaciones después de las leyes".[63]

Que lo anterior es cierto resulta evidente en el México de hoy, donde a pesar de las leyes promulgadas, de los convenios firmados y de las instituciones creadas, el respeto a los derechos humanos no es todavía una realidad. Más bien al contrario, "México tiene un problema serio en el respeto a los derechos humanos":[64] persisten los asesinatos y la desaparición de personas, las detenciones arbitrarias y la tortura. Como asegura la organización Human Rights Watch: "La población mexicana está cotidianamente sujeta al abuso y hostigamiento policiacos".[65]

A eso se le agrega que existe la impunidad para quienes cometen estos actos porque todo el aparato creado ha resultado inoperante, la procuración de justicia es pésima y grande la corrupción.

La conclusión es que "las normas sobre derechos humanos no codifican la práctica de los gobiernos sino los ideales que los Estados se sienten obligados a convenir"[66] y que "en México sigue existiendo un amplio abismo entre el apoyo retórico y la protección efectiva".[67] Por eso Tom Farrer les llama "derechos vacíos", porque son una más de las mentiras que ponemos ante el mundo en nuestra pretensión de modernidad y en nuestro deseo de ser aceptados en la cofradía de los países civilizados, frente a la cual el gobierno ha puesto cuidado en cultivar una imagen de defensor.

* * *

Y esto no parece que vaya a cambiar. ¿Por qué habría de cambiar si es tan fuerte la inercia de los prejuicios, la reproducción de las prácticas sociales y de las formas de pensar? ¿Por qué habría de cambiar si estamos en una cultura que acepta como naturales el autoritarismo, la prepotencia y la corrupción? ¿Por qué habría de cambiar si ni siquiera estamos seguros de que esa bandera de los derechos humanos sea real en México o sea únicamente una moda más como tantas que nos llegan de fuera y que pretendemos creer? ¿Por qué habría de cambiar si estructuralmente no han cambiado las condiciones que harían que el respeto a los derechos humanos fuera parte integral de nuestra cultura?

* * *

Casi a fines de la primera década del siglo XXI, es franco el retroceso en materia de respeto a los derechos humanos en nuestro país. Hoy somos el segundo en el mundo donde más periodistas mueren asesinados y todos los días hay "ejecuciones" atribuidas al narco y graves violaciones contra los ciudadanos, que ya ni recomendaciones merecen por parte de los organismos encargados del asunto.

El desprestigio de la Comisión Nacional de Derechos Humanos y de su presidente, así como de las comisiones estatales, es grande. En un análisis de la gestión de 2003, no solamente se mostró que de las 20 recomendaciones federales que se hicieron solamente dos fueron cumplidas y de las 36 locales solamente cuatro, sino que de plano se acusó al ombudsman de no haber hecho "ni una sola petición directa al presidente de la República para que asuma un compromiso ante la opinión pública en el sentido de adoptar medidas concretas en relación con los derechos humanos" y se afirmó que "los resultados de la labor de la CNDH en materia de recomendaciones, recomendaciones generales, informes especiales, estudios legislativos e investigación, no corresponden, ni de lejos, a la dolorosa realidad que vive al país en materia de derechos humanos".[68]Algunos casos que se convirtieron en paradigmáticos fueron los que le dieron el golpe de gracia a la credibilidad de la comisión: Atenco, sobre el cual se emitió una recomendación de castigo para los responsables pero a la que se le dio carpetazo; Oaxaca sobre el cual se emitió un informe especial pero sin hacer señalamientos directos de responsabilidad ni recomendación alguna; Veracruz, donde la muerte de una anciana indígena se resolvió con demasiada premura y argumentos poco convincentes; Michoacán y todos los otros sitios en los que la guerra contra el narco ha servido (¡otra vez!) para cometer abusos por parte de autoridades, policías e incluso el ejército.[69]

De modo que cuando en el primer semestre de 2007 el propio ombudsman nacional presentó un recurso de inconstitucionalidad contra la ley aprobada por la Asamblea Legislativa de la Ciudad de México en relación con el aborto, el escritor Carlos Monsiváis habló "del desastre que significa una mentalidad así para la Comisión Nacional de Derechos Humanos".[70] Y esto quedó plenamente demostrado cuando la CNDH, que se supone es la instancia defensora de los derechos humanos en el país, se sumó a las instancias gubernamentales como la Secretaría de Gobernación para cuestionar las valoraciones de Amnistía Internacional respecto a Oaxaca e incluso afirmó que eran "exageradas". ¡El defensor ni siquiera dudó en ponerse del lado de los acusados y no del de las víctimas!

Pero eso sí: por discursos y por "instrumentos" no paramos. Uno tras otro los secretarios de Estado hablan de los avances en materia de defensa de derechos humanos que hay en el país y una tras otra las instancias gubernamentales firman convenios con la CNDH. Y cuando la secretaria general de la organización internacional Amnistía Internacional presentó su informe sobre Oaxaca en el que documentaba serias violaciones a los derechos humanos de las que responsabilizaba tanto al gobierno del estado como a la federación porque "tiene la responsabilidad de garantizar que se protejan los derechos humanos de todos los mexicanos", el presidente de la República, Felipe Calderón, respondió nada menos que ¡haciendo un reconocimiento a la contribución positiva de la organización al fortalecimiento de la situación de los derechos humanos y refrendando su compromiso con la protección de las garantías y las libertades fundamentales en el país"! ¡Puro discurso vacío!

El medio ambiente: ¿la importancia de cuidarlo?[71]

Una y otra vez nos dicen que tenemos que cuidar el aire que respiramos, el agua que bebemos y que riega los campos, la tierra que habitamos y sembramos, los bosques que son vitales para la supervivencia del planeta. El discurso sobre la protección al medio ambiente aparece por todas partes, con su cúmulo de declaraciones y de buenas intenciones.

De hecho, entre todos los discursos de los países occidentales, éste es el más reiterado, porque si como dicen, el aleteo de una mariposa en América puede crear un ciclón en Asia, o que talen un bosque en Tailandia afecta al clima del Canadá,[72] se entiende que a los países ricos les preocupa lo que sucede en cualquier parte del planeta.[73]

En México hemos adoptado (por supuesto) el discurso de la protección al medio ambiente (hoy se le llama "biología de la conservación"), de la misma manera como hemos adoptado todos los discursos y paradigmas mentales de los países desarrollados, aceptándolos como modelos no sólo inescapables e inevitables sino además correctos y adecuados. Y, en consecuencia, hemos firmado (por supuesto) todos los convenios internacionales que nos han ofrecido, hemos creado (por supuesto) leyes y programas para eso: en los años cuarenta una Ley de Conservación de Suelo y Agua, en los setenta una Ley para Prevenir y Controlar la Contaminación Ambiental, a principios de los ochenta una Ley Federal de Protección al Ambiente y hacia el fin de la década una Ley General de Equilibrio Ecológico y Protección al Ambiente, y hemos creado también (por supuesto) montón de instituciones específicas: en los setenta una Subsecretaría para el Mejoramiento del Ambiente, en los ochenta una Secretaría de Desarrollo Urbano y Ecología, en los noventa el Instituto Nacional de Ecología y la Procuraduría Federal del Medio Ambiente y unos años después, la Secretaría del Medio Ambiente, Recursos Naturales y Pesca, que en 2000 se convirtió en Semarnat, pues le quitaron la pesca.

Ésta, que sigue vigente, tiene competencia federal pero además hay otras idénticas a nivel estatal. Sus objetivos son "fomentar la protección, restauración y conservación de los ecosistemas y recursos naturales y bienes y servicios ambientales". Hay también una Comisión Metropolitana para la Prevención y Control de la Contaminación Ambiental en el Valle de México y un Programa Integral contra la Contaminación Atmosférica.[74]

Pero con todo y eso, la contaminación de nuestro aire, agua y tierra no tiene parangón: "Acuerdos y compromisos se hacen muchos pero todo queda en palabras", dice Felipe Vázquez, investigador de la Universidad Nacional Autónoma de México.[75] Tal vez sólo los expaíses comunistas como Rusia, China o Rumania han descuidado y destruido así su medio ambiente. Somos una sociedad depredadora y despilfarradora que no ha cuidado sus recursos naturales ni su entorno ecológico.

* * *

En una reunión internacional efectuada en Washington en mayo de 2001, el entonces secretario del Medio Ambiente y Recursos Naturales afirmó que "en México la contaminación está en todos lados" y dio las siguientes cifras: "93% de los ríos y lagos están contaminados, la erosión de las tierras montañosas es tal que la tierra ha perdido capacidad para retener o filtrar el agua que recibe, la pérdida de bosques es enorme, el agua se desperdicia, pues del 80% que se destina a la irrigación, 55% se pierde por sistemas ineficientes". Y un mes después, en su informe semestral, habló del gran rezago en materia ambiental en el país.[76]

En el Día Mundial del Medio Ambiente de ese mismo año, el entonces presidente del Instituto Nacional de Ecología aseguró que, a casi diez años de la tan celebrada Cumbre de Río que supuestamente serviría de pauta para impulsar políticas ambientales, en México "el avance ha sido poco".[77]

¡Cómo serán las cosas para que ni los funcionarios del gobierno, que siempre presumen sus logros en cualquier materia y siempre minimizan las visiones alarmistas, pueden negar la gravedad del problema!

Y es que uno tras otro los especialistas y estudiosos lo han advertido: México vive un desastre en materia ambiental. No se trata de una catástrofe anunciada dice Iván Restrepo, sino de una que ya está aquí. Y no se está haciendo nada por atenderla.

Los siguientes son algunos datos que demuestran que, en efecto, por donde sea que se le mire, la situación de la degradación ambiental es gravísima:

–Los bosques y selvas:

Investigadores de la Universidad Autónoma de Chapingo, aseguran que en el país han desaparecido 40 millones de hectáreas de bosques en los últimos cincuenta años, lo cual representa 20% de la superficie nacional.[78] Casi 8 millones de esas hectáreas perdidas lo fueron entre 1993 y 2000 y casi 4 millones solamente en los últimos seis años,[79] señal inequívoca de que el deterioro crece y se multiplica a gran velocidad.

Según José Sarukhán, no contamos en el país con mediciones adecuadas para conocer con exactitud la dimensión real del asunto, "pero estimaciones conservadoras afirman que se pierden entre 600 y 750 hectáreas de bosques y selvas cada año".[80] Un investigador del Instituto de Ecología de la

UNAM llega tan lejos como para afirmar que ya se han perdido 90% de los bosques tropicales que había en el territorio, en los que se alojan más de la mitad de las especies vivas que componen la muy rica biodiversidad mexicana. La tala clandestina, los incendios forestales y los cambios de uso del suelo, sea para urbanización o para fines agrícolas, son responsables de esta situación.

Los ejemplos están a la vista: el bosque de neblina en Veracruz, que alguna vez fue la formación vegetal más diversa de México, está desapareciendo, sobre todo en las zonas alrededor de Jalapa, dice Guadalupe Williams Linea.[81] Las selvas del sur del país "están fuertemente amenazadas por acciones humanas como la ganadería, la agricultura intensiva, la deforestación masiva, los asentamientos humanos desordenados, la explotación maderera y la explotación petrolera", dice Arturo Gómez-Pompa.[82] En Michoacán, donde habita casi la mitad de las especies de coníferas conocidas, la tala ha sido tan brutal, que alrededor de diez de ellas están el peligro de extinción y hay zonas donde de plano ya no existen, como es el caso de Uruapan dice Daniel Piñeiro.[83]

Incluso las zonas de reserva ecológica están amenazadas porque se invaden o fraccionan comercialmente. Hay varios ejemplos de esto, como la zona boscosa de El Ajusco, área en donde se produce la renovación del aire, la regulación del microclima y el control de la contaminación del valle de México, no sólo por el oxígeno que se genera en sus bosques sino porque ellos absorben el carbono que por estar concentrado en la atmósfera, está provocando los cambios climáticos. Pero además, es lugar de acopio de agua (la zona aporta casi 70% del líquido que alimenta a los mantos freáticos de la ciudad de México), y sin embargo, está lleno de asentamientos humanos y se le ha deforestado de manera brutal.[84] O como el Parque Nacional de los Remedios, reserva natural muy importante de la zona conurbada de la capital y que según la dirección de Ecología Municipal del Estado de México, ya está "biológicamente muerto" porque los asentamientos humanos no nada más le han restado la mitad de hectáreas (de 750 a 450), sino que han hecho gran devastación.[85] ¡Hasta en Xochimilco han mandado a rellenar canales para vender los terrenos y cuando se le pregunta sobre esto a las autoridades, responden con evasivas!

– Las cuencas hidrológicas:

Desde 1996 organizaciones no gubernamentales han venido advirtiendo sobre el grave deterioro del lago de Chapala y en 1998 el presidente del Consejo Estatal de Seguimiento y Evaluación del Acuerdo de Chapala afirmó: "Para el año 2007 Chapala estará muerto".[86]

Se trata nada menos que de la mayor cuenca hidrológica del país, en la que vive uno de cada once mexicanos, que abastece del líquido vital a las ciudades de Guadalajara y parte de León así como a la agricultura y ganadería de la región y que regula el clima y los ecosistemas de una amplia zona.[87]

Hoy día el lago se encuentra a 15% de su capacidad ya que recibe menos aportes de líquido del río Lerma en relación con lo que se extrae de él, por lo cual han desaparecido especies de peces como la carpa y el charal así como de aves migratorias de las que es residencia. Según el director del Instituto de Limnología de la Universidad de Guadalajara, el problema de Chapala radica en que no se cuidan los cauces del Lerma, se extrae toda el agua que se quiere sin control ni vigilancia y se desperdicia mucha al bombearla, conducirla, regar y en los hogares.

Y no es la única que está en esta situación. En la guía de turismo cultural elaborada en 2005 por la Secretaría de Cultura del gobierno del estado de Michoacán, se afirma que la laguna de Cuitzeo está a punto de desaparecer y algo similar le está sucediendo al lago de Pátzcuaro.[88] Las razones son siempre las mismas: explotación desmedida y descuido, los pozos artesianos se secan, los mantos acuíferos agonizan.

Además de los lagos, están los humedales y manglares, que también son objeto de agresión sin que las autoridades los protejan. Recientemente se ha denunciado el caso de Cuatro Ciénagas en el estado de Coahuila, zona que ahora esta en riesgo porque dos empresas lecheras extraen el agua para regar sus campos de alfalfa.

–Los ríos y mares:

Mediciones periódicas muestran muchos más enterococos por cada 100 mililitros de agua de los que autoriza el nivel máximo (de 500) para no representar riesgo sanitario. La razón principal de esta contaminación es la descarga de aguas negras, "el gigantesco torrente de descargas municipales, basura, hidrocarburos y plaguicidas hacia las aguas marítimas" sin que se tome ninguna medida de limpieza o tratamiento. Entre 80 y 90% de las aguas residuales que provienen de fuentes terrestres llegan a los mares sin tratamiento, afectando a peces y crustáceos y a los ecosistemas dice Chris Corbin, del Programa de las Naciones Unidas para el Medio Ambiente.[89]

Los destinos turísticos más concurridos del país, como Acapulco y Veracruz, presentan altos grados de contaminación, pero se oculta la información, ya sea dando una falsa (como se hace en la página de internet de la Secretaría del Medio Ambiente), dando la atrasada (como se hace con los monitoreos del Sistema Nacional de Información sobre la Calidad del Agua en Playas Mexicanas que tienen hasta tres meses de retraso) o simplemente no dando nada.[90] Cuando el numero de bacterias llega a 16 veces la norma internacional, los laboratorios dejan de contar, así de sencillo.[91] Lo mismo hacen los prestadores de servicios turísticos que no quieren ver afectado su negocio: simplemente quitan las banderolas de advertencia sobre la contaminación y amenazan a los representantes de las instituciones que pretenden realizar las mediciones y monitoreos: "La Semarnat declaró zona de alto riesgo por contaminación fecal la playa de Caletilla, pero allí hay 32 restaurantes y de ellos dependen económicamente unas mil familias, de modo que no dejamos que el delegado estatal de la dependencia colocara la bandera roja", dijo el dirigente de los restauranteros.[92]

Las empresas industriales, turísticas e inmobiliarias sean del gobierno o privadas, no cumplen con las leyes y reglamentos en la materia y descargan sus deshechos sin tratar.[93] Pero la peor es la paraestatal Petróleos Mexicanos, "la empresa más contaminante del país" según afirma Iván Restrepo, por sus descargas residuales, porque derrama petróleo por tuberías en mal estado y contamina con plataformas abandonadas, que escurren hidrocarburos en el mar, todo lo cual según la organización ecologista Greenpeace, ha convertido al Coatzacoalcos en el río más contaminado de América Latina y a las costas de Tamaulipas, Veracruz y Tabasco en "la zona petrolera más contaminada del planeta".[94] Restrepo afirma que los peces y crustáceos de esa zona muestran residuos carcinógenos y que las sustancias tóxicas encontradas en el agua, aire y tierra son de gran peligrosidad para la salud de las personas. Tan sólo entre enero y abril de 2001 registraron 31 emergencias ambientales relacionadas con la paraestatal, 27 por ductos en mal estado, tres por volcaduras de autotanques y una en un almacén.[95] Y eso para no hablar de accidentes como el ocurrido en el segundo semestre de 2007 que requirió de tres meses de trabajos para controlar el problema.

–El agua:

México esta considerado junto con Egipto y Nigeria como en una situación crítica respecto del agua por los pésimos sistemas de extracción y de distribución y por el enorme desperdicio.[96] Éste se debe a varios factores, siendo los principales las muchas fugas (el sistema de cañerías es tan obsoleto que se pierde hasta 40% dice el exsecretario Lichtinguer, mientras que el investigador Exequiel Ezcurra afirma que se pierde hasta 30% por tuberías rotas o en mal estado y el estudioso Ramón Domínguez Mora habla de 23 mil litros de agua potable que terminan en el desagüe tan sólo en la ciudad de México),[97] así como la falta de una cultura de cuidado del líquido: se siguen usando sistemas antiguos para regar (como el de inundación) hay pocas plantas de tratamiento de aguas, no se invierte en infraestructura y modernización ni tampoco en mantenimiento de lo que ya existe.[98] Y por fin, tampoco es poca cosa el hecho que los ciudadanos gastamos muchísima, el promedio de litros de agua que se consumen por persona es de entre 800 y 1,000 al día por habitante, cifra que en Tokio, Nueva York o París no sobrepasa los 200.[99]

En la capital y zona conurbada, a pesar de que la ciudad está levantada sobre una cuenca lacustre riquísima (cinco grandes lagos y muchos ríos y manantiales), la explotación intensiva de los acuíferos ha provocado un hundimiento brutal que algunos investigadores afirman que en algunas zonas es de diez metros y en otras hasta 16. Tan sólo entre 1950 y 1980, el centro de la ciudad de México se hundió cinco metros. Según Domínguez Mora, el hecho de estar en un valle cerrado, a una altitud superior a los 2,200 metros sobre el nivel del mar y con una concentración demográfica de más de 18 millones de habitantes "hace que el nivel de recarga acuífera y el escurrimiento captable no cubran la demanda, a pesar de lo cual no se aprovecha el agua de lluvia y se la deja irse literalmente al caño.[100] El déficit lo cubrimos con las presas del Cutzamala y sobreexplotando el manto acuífero".[101]

Esto a su vez ha dado lugar a otros problemas serios, siendo el principal el de la contaminación del líquido, pues el descenso en los niveles freáticos y el hundimiento hacen que se haya perdido la inclinación del drenaje al punto que ahora hay que bombear las aguas negras y en muchos sitios se revuelven el agua limpia y la sucia.[102] Pero nada de esto se atiende, pues según Ezcurra, solamente 7% de las aguas negras y 30% de las aguas residuales se tratan. A esto se le agregan los gases que hay en el subsuelo y los deshechos químicos que se echan al drenaje. La situación a veces es tan crítica, que en la cosecha de fruta de 1999 en Michoacán, todo el producto resultó inservible porque el agua con que se lo había regado estaba sumamente contaminada.[103]

–El aire:

En las zonas metropolitanas, particularmente en las grandes ciudades, es severa la contaminación causada por industrias y por automóviles. Hay plomo, monóxido de carbono, residuos de hidrocarburos, productos químicos, residuos fecales, partículas sólidas, microorganismos patógenos, ozono.

En la ciudad de México el problema es particularmente grave, porque no solamente es la que tiene mayor número de habitantes, de industrias y de automóviles así como de asfalto y concreto sino por su misma situación geográfica (entre montañas) y su muy baja velocidad de viento así como por el tipo de servicios que se hicieron en ella: el drenaje y el bombeo de agua que secaron y contaminaron los antiguos lechos del lago sobre el cual está levantada.

A pesar de que en México los índices que se han establecido para la calidad del aire son más elevados que los aceptados internacionalmente, de todos modos como señala Ezcurra, "la concentración media de ozono en la atmósfera en la ciudad es casi el doble del límite máximo permisible en California y Japón".

–El suelo:

"De nuestros recursos el suelo es el menos visible", afirma la especialista Christine Siebe; "los conceptos de aire limpio y agua limpia han quedado muy claros pero la idea de suelo limpio es muy difícil de transmitir". Pero el suelo no es nada más "lo que se pisa" sino que es el sustrato en el que crecen los cultivos y se filtra el agua y es el hábitat de muchos organismos que constituyen un gran banco necesario para la biodiversidad.[104]

Datos del Instituto Nacional de Estadística, Geografía e Informática para 1999, aseguran que 64% de la superficie continental del país presentaba algún tipo de degradación y según una investigación hecha en la Universidad de Chapingo, entre 130 y 170 millones de hectáreas están erosionadas y 470 mil más están ensalitradas.[105] Pesticidas y plaguicidas, desechos químicos, fertilizantes y todo tipo de residuos tóxicos, algunos de productos que en los países desarrollados ya han sido prohibidos pero que se siguen usando en México, lo han afectado. Como también le ha afectado la quema de grandes volúmenes de combustibles fósiles y el crecimiento de las llamadas "manchas urbanas", ya que el pavimento no permite la filtración del agua de lluvia.

– Los desechos:

Según un secretario del Medio Ambiente "cada mexicano genera en promedio 860 gramos de basura diaria" (datos de 2001, para 2004 el procurador federal de Protección al Ambiente dijo que el promedio diario total es de 100 mil toneladas), pero sólo 32% se recolecta oportunamente y el resto, 57 mil toneladas diarias, queda en tiraderos a cielo abierto o disperso en el ambiente en barrancas, cañadas y donde se pueda, lo cual redunda en que se contaminan tierras y aguas y se generan plagas, debido a que la mitad de estos desechos son orgánicos.

Para tener una idea de la gravedad del problema, estas cifras significan que "cada dos semanas estaríamos llenando hasta el borde el estadio Azteca con los residuos que no son depositados en sitios controlados", según afirmó Lichtinger.[106]

Prácticamente nada de esto se trata, pues de los 2,400 municipios del país, sólo 12 cuentan con rellenos sanitarios y además hay "un déficit de 68% en infraestructura adecuada para la separación, recolección, transporte, tratamiento, reciclaje y disposición final de los residuos", según afirmó el mismo secretario del Medio Ambiente.

Y además se sigue manteniendo la práctica de incinerar la basura, porque los ciudadanos no tienen la conciencia (personalmente le pedí a uno de los más célebres escritores mexicanos que dejara de hacerlo y me dijo que no debía yo creer "los infundios del imperialismo yanqui") ni las autoridades la capacidad de imponer la ley, lo cual provoca serios problemas "porque los contaminantes son simplemente trasladados de un medio a otro", de acuerdo con lo que señala un informe de la Alianza Global para Alternativas a la Incineración.[107]

No es menos grave el problema de los residuos peligrosos: industriales, químicos, plaguicidas, escoria de la industria minera, basura biológica de los hospitales (alguna de ella infecciosa), llantas, y toda suerte de sustancias y agentes corrosivos, reactivos, explosivos, inflamables, tóxicos, más la "nueva" basura que resulta de la tecnología, los que sumados dan una cifra de entre tres y siete millones de toneladas anuales, de los cuales prácticamente nada se controla, simplemente se los abandona en tiraderos regados por todo el territorio nacional, cuya cantidad no se conoce, pero seguramente son muchos porque un funcionario hasta afirmó que "el país entero es un tiradero de residuos peligrosos".

Según datos recientes, "en 21 estados del país existen 124 sitios abandonados que están contaminados con residuos peligrosos. Se estima que existe un volumen cercano a 33 millones de toneladas de dichos residuos".[108] Y una y otra vez activistas de San Luis Potosí han denunciado que en Guadalcázar (La Pedrera) se han tirado veinte mil toneladas de éstos[109] y otros grupos ecologistas han hablado de sitios similares en Tijuana, en Hermosillo, en Salamanca, cuyos grados de contaminación son realmente severos y que producen daños graves al ecosistema y a las personas. Un estudioso del tema afirma que hay 31 de estos tiraderos que son críticos,[110] pero ni aun así se hace nada por resolver el problema.

* * *

En abril de 2000, soldados del 40 Batallón de Infantería con sede en Ciudad Altamirano, en el estado de Guerrero, arrestaron a Rodolfo Montiel, conocido como el Burro, un hombre de cuarenta y tantos años, hijo de campesinos, muy pobre, que apenas si sabe leer y escribir y quien como modo de vida iba, ayudado por su esposa, de ranchería en ranchería vendiendo mercancías.

Durante varios días, lo mantuvieron incomunicado, lo golpearon y torturaron junto con un compañero, que era el dueño de la casa en la cual estaba de visita cuando se lo llevaron. Lo hicieron así hasta obligarlos a ambos confesar lo que ellos querían oír: que eran contrabandistas de armas para un grupo guerrillero y narcotraficantes.

Lo que en realidad querían era tener un pretexto para meter en la cárcel a quien había organizado a los campesinos (los había "despertado" como dicen ellos) convenciéndolos de que era necesario frenar la tala inmoderada de árboles en su región, la sierra de Petatlán y Coyuca de Catalán.

La lógica de Montiel es simple pero impecable: sin árboles es imposible vivir. Se secan los ríos y se termina el agua, el sol se hace más fuerte porque ya no hay sombra, las cosechas no se dan, el bosque calvo se convierte en desierto. Por eso fundó la Organización de Campesinos Ecologistas que se dedicó a combatir a los taladores, boicoteando sus labores, impidiendo el paso a sus camiones, haciendo paros, colgando mantas.

Pero resultó que dichos taladores eran la empresa norteamericana Boise Cascade, que se había tenido que ir de Estados Unidos y de otros países desarrollados en los cuales sí funcionan las leyes de protección a los recursos naturales, la empresa española Tableros y Chapas de Guerrero y varias empresas propiedad de caciques locales. Entre todos ellos y con la autorización del gobierno del estado, cargaban día y noche camiones y trailers con troncos hasta el tope.[111]

A este grupo de campesinos les sucedió lo mismo que a los defensores de la Amazonia brasileña: les dieron a elegir entre recibir dinero y callarse la boca o recibir un tiro para terminar con su oposición.

El caso de Montiel está lejos de ser único.[112] Y tampoco lo es la respuesta de las autoridades. Porque el cuidado del medio ambiente no es una preocupación ya que por encima de él están los intereses económicos y los compromisos con las transnacionales, como se puede ver en la siguiente respuesta de un funcionario al que se le cuestionó sobre el tema: "hay que tener cuidado con no sobrerregular, no hay que ir a los radicalismos, cualquier obra que haga el ser humano va a tener impacto ambiental".[113]

Puse este ejemplo de entre muchos posibles, porque de acuerdo con los ecologistas, entre los cambios ambientales de mayor impacto el que sobresale es la deforestación.[114] Ésta afecta a todo lo demás: a la tierra, a la generación de agua y a la purificación del aire, al clima.

* * *

La lucha por conservar algunos espacios verdes está cada vez más perdida. Una mañana los habitantes de la colonia Polanco en el DF se enteran de que se van a tirar los árboles de un viejo parque para construir un estacionamiento subterráneo. Otro día los habitantes de la zona de Coapa ven desaparecer el único espacio donde podían pasear y jugar porque lo ha comprado una cadena comercial y va a levantar una tienda. En el Zócalo de Cuernavaca, Morelos, un presidente municipal arrasa con los árboles centenarios para poner un nuevo pavimento. En Cancún, el director de Fonatur decide regalarle al ayuntamiento el lugar llamado Ombligo Verde, ocho y media hectáreas que albergan más de doscientas especies de flora y fauna y que era el lugar favorito de esparcimiento de la población y el único pulmón que queda en la ciudad, y la presidenta municipal a su vez dona la mitad a la prelatura para que construya la catedral con todo y anexos y palacio para el obispo. Y cuando los habitantes del lugar protestan, éste les espeta: "hijos de las tinieblas que se oponen a que Dios tenga una casa digna".[115] Seguramente también son hijos de las tinieblas quienes exigen que se cuiden los manglares. Eso piensan los empresarios que los acusan de "exagerar" con sus medidas de protección que sólo sirven, dice Mauricio Flores, "para impedir inversiones que serían muy beneficiosas".[116] Y por lo visto lograron su objetivo pues en 2007 el Congreso de la Unión aprobó una ley que permitirá a varios emporios turísticos levantar sus construcciones sin preocuparse por los manglares.

* * *

México no sólo es un país con una inmensa diversidad de paisajes y recursos naturales: desiertos y selvas, bosques y pastizales, lagos y ríos, montañas y planicies, larguísimas costas, humedales y gran número de especies vegetales, sino también con una rica diversidad animal.

Pero tampoco en esto hay ningún cuidado. Por eso vemos que se depredan las especies, no importa si están en peligro de extinción (por ejemplo las tortugas cuyos huevos son manjar apreciado o ciertos tipos de pájaros que a las personas les gusta enjaular y poner como adorno o algunos lagartos que les resultan molestos) hasta el maltrato que se les da, por igual a los que nos comemos (las formas de matanza son espantosas) que a los domésticos. ¿No vimos los ciudadanos como destazaron a una pobre vaca frente a la Secretaría de Gobernación para defender quién sabe cuál causa? ¿No vimos al secretario general del Partido Acción Nacional retratarse muy divertido con un pobre lagarto en las manos, que es una especie en extinción y supuestamente protegida? ¿No vemos todos los días a perros maltratados por sus dueños y a las perreras del gobierno que los recogen y matan de maneras salvajes?

El día mundial del medio ambiente de 2007, el rector de la Universidad Autónoma Metropolitana "donó una escultura monumental en bronce del jaguar (Panthera Onca) con su cría al Zoológico de Chapultepec de la Ciudad de México", evento para el cual invitó a distinguidas personalidades y organizó amplia y pagada campaña de publicidad. La idea era que se estaba contribuyendo así "a difundir una especie en extinción".[117]

Éste me parece un excelente ejemplo de la vacuidad y falsedad del discurso de protección a las especies en extinción, porque se trata de una medida que no tiene ninguna efectividad para conseguir ese objetivo pero que le sirve a quien lo hace para adornarse por su preocupación frente a una causa noble.

* * *

"La destrucción de la naturaleza en México alcanza dimensiones alarmantes", afirma Iván Restrepo: "Las fuentes de agua sufren daños irreparables, el nivel de los mantos freáticos ha disminuido peligrosamente, la erosión de suelos agrícolas, la disminución de bosques y selvas que albergan la biodiversidad, la excesiva carga tóxica en ciertas zonas de alta concentración industrial y humana y la inadecuada disposición de desechos de hogares e industrias, se suman al uso irracional de los insumos, la obsolescencia de los recursos y la mala administración".[118]

Lo mismo dice Homero Aridjis: "Los problemas ambientales se intensificaron, como la contaminación causada por Pemex en suelos ríos y mares, la tala de bosques y selvas, la destrucción de arrecifes, humedales y manglares, la pérdida de especies animales y vegetales y la creciente escasez y baja calidad del agua. Bolsas y botellas de plástico ensucian las playas y el campo, a la vez que los pocos ´rellenos sanitarios´ rebosan de basura".[119]

Y si en todo el país el panorama es devastador, en la ciudad de México esto se multiplica a la ene potencia. Según Norma Teresa Ruz Varas, en una década el DF "se colapsará por el crecimiento fuera de control de la población, sin que se tomen medidas para resolver los problemas que ello significa sobre los recursos y el medio ambiente".[120]

A ello se agregan situaciones mundiales que también nos afectan: desde el problema del uso de ciertos plaguicidas hasta el de la capa de ozono de la estratosfera cuyo agujero enorme aumenta la radiación ultravioleta dañina para la salud humana[121] y el cambio climático que se está produciendo (los especialistas aseguran que aumentará la temperatura entre uno y tres y medio grados en el curso del siglo) como resultado de los mayores niveles de bióxido de carbono y otros gases en la atmósfera, lo que significa que habrá un incremento en la frecuencia de las catástrofes climáticas tales como huracanes, inundaciones y sequías,[122] situaciones que ya hemos venido padeciendo en los años recientes, con graves consecuencias.

Y sin embargo, no parece que nadie vaya a hacer nada para enfrentar en serio este grave problema. El gobierno se escuda en la mentira (la secretaria del Medio Ambiente de la capital ha llegado a tener la desfachatez de asegurar que las obras viales que se construyeron ayudaron a reducir los índices de contaminación), en el maquillaje de las cifras (que ha llegado tan lejos hasta crear, por parte de la Secretaría del Medio Ambiente, una "cifra mexicana" con la cual hacer las mediciones y así poder cuestionar los datos de los organismos internacionales sobre el deterioro ambiental en el país dando siempre panoramas más optimistas. En base a esta medición, un secretario cuestionó los datos que sobre deforestación ofrece periódicamente la Organización de Naciones Unidas para la Agricultura y la Alimentación, diciendo que "no se sabe cómo se tomó

la información ni a qué corresponde y que las cosas no andan tan mal")[123], en el cambio de terminología y en el eterno pretexto de la falta de presupuesto.[124]

La sobreexplotación y el descuido de tierras, aguas, árboles, aire, fauna, es tan fuerte, que va más allá incluso de la degradación normal del ambiente que produce por la propia actividad humana. Aquí se ha arrasado con todo, por la urgencia de obtener utilidades económicas a corto plazo[125] y sin la menor atención a nada que tenga que ver con conservar o regenerar.

Por igual los gobiernos que las empresas privadas transnacionales y nacionales se han caracterizado por una actitud de desdén hacia la política ambiental. Es el caso de las empresas madereras, de los grandes grupos de hoteleros y en general del sector turístico (especialmente en Yucatán y en Quintana Roo),[126] de las empresas productoras de alimentos (los lecheros en Cuatrociénegas) y de empresas muy contaminantes desde la paraestatal Pemex hasta otras como Cromatos de México (el tercer mayor contaminador en el país) y metalúrgica Met Mex Peñoles.[127] Y son en fin, los innumerables casos donde los intereses políticos predominan sobre cualquier otro (por ejemplo la actitud del PRD frente a los invasores de terrenos o para hacer pública la realidad sobre la contaminación atmosférica).

Ahora bien: a decir verdad, tampoco los ciudadanos muestran interés en esta cuestión ni parecen estar dispuestos a cambiar sus hábitos y costumbres para cuidar el medio ambiente: los campesinos que siguen quemando sus campos y con ello no sólo contaminan la atmósfera, degradan los suelos y permiten la entrada de especies invasoras como dicen varios autores en una revista científica,[128] sino que desatan incendios muchas veces imposibles de controlar; los criadores de camarón que devastan los ecosistemas; los pescadores que usan ¡dinamita! para obtener más fácilmente su pesca; los pepenadores que han hecho todo para impedir que se separe la basura; las amas de casa que usan detergentes y aerosoles que contaminan y todos los que desperdiciamos agua, pues pocos se preocupan por arreglar las llaves que gotean o los excusados que tienen fugas.

De modo pues que, gobiernos, empresarios y ciudadanos estamos una vez más frente al puro discurso vacío: se habla de que hay que cuidar y preservar, no desperdiciar y buscar fuentes alternativas, se habla de regenerar y hasta de conseguir el desarrollo sustentable[129] (el nuevo concepto de moda), se asiste a las conferencias internacionales presentando magníficos proyectos y estrategias y se bla, bla, bla. Pero no se hace en serio, absolutamente nada.

El multiculturalismo: ¿una realidad afortunada?[130]

En el amplio territorio de México, desde el extremo norte hasta el extremo sur, desde el Atlántico hasta el Pacífico, radican tantas sociedades diferentes con culturas tan diversas, que es válida la expresión que escribiera hace quinientos años Bernardo de Balbuena en el sentido de que aquí "se junta España con la China, Italia con Japón y finalmente un mundo entero en trato y disciplina".[131]

¿Quiere esto decir que estamos frente a lo que se podría llamar una sociedad multicultural?

Si al término multicultural lo definimos por el hecho de que distintas culturas ocupen un mismo territorio, entonces el mosaico que conforma México sin duda lo es. Como escribió Othón de Mendizábal, "México ha sido siempre un ardiente crisol de razas y culturas".[132] Pero si lo definimos como un mundo en el que es posible vivir juntos en la diferencia y con las diferencias, entonces está lejos de serlo.

Y es que estamos frente a un concepto que tiene dos significados, uno referido a la realidad práctica y otro al deseo. Por eso para diferenciarlos, es útil la distinción que establecen Giovanni Sartori y León Olivé entre "multiculturalidad" como un término que se refiere a una situación de hecho y "multiculturalismo" como un concepto normativo.[133]

* * *

Entonces resulta que la multiculturalidad es un hecho tan real como inevitable en las sociedades, pues todas se han formado con migraciones y cruzamientos de diversos grupos étnicos, culturales y religiosos. Escribe Jacob T. Levy: "Una conclusión a la que se puede llegar es que el pluralismo étnico-cultural es una característica duradera en la mayoría de los Estados. Prácticamente todos son étnica y culturalmente heterogéneos".[134]

En el caso de México, las culturas como la tolteca, la maya, la azteca, fueron producto de migraciones y mestizajes y hoy día en el territorio habitan un medio centenar de grupos indígenas (la cifra es de fines de los años cuarenta y el cálculo lo hizo el investigador Lucio Mendieta y Núñez y lo siguen manteniendo algunos investigadores. Otros hablan de que son más),[135] distintos entre sí tanto étnica como culturalmente. Además, están los descendientes de españoles que fueron los conquistadores y colonizadores (y que a su vez traían consigo 800 años de convivencia con los árabes); los de africanos que fueron traídos como esclavos desde inicios de la conquista (y cuya presencia es tan importante que se les ha llamado "la tercera raíz"); los de otros europeos que empezaron a llegar en el siglo XVIII como los franceses; los de italianos, alemanes e ingleses que arribaron durante el XIX; los de las migraciones de la primera mitad del siglo XX compuestas por libaneses, sirios y turcos así como por chinos y japoneses y los de las migraciones de la segunda mitad del mismo siglo XX, tanto centro y sudamericanos como europeos del este. Y están por supuesto los descendientes de todos los mestizajes ("miscegenaciones" les llama una autora)[136] que se pueda imaginar entre esos grupos, tanto voluntarios como involuntarios, tanto en el aspecto étnico como en el cultural.[137] Por eso Luz María Montiel escribe: "Siempre apoyados en las cifras, podemos decir que el proceso de la unión plural tiene una consecuencia directa: la de una nación no india ni española ni africana sino mestiza".[138] Y hoy en día la ciencia le da la razón: según Gerardo Jiménez Sánchez, director general del Instituto Nacional de Medicina Genómica, "la población en México es resultado de la mezcla de 35 grupos étnicos incluyendo amerindios, europeos y africanos".[139]

A lo anterior hay que agregar la multiculturalidad que no es producto directo de la presencia física, como fue el caso de la cultura francesa que marcó el pensamiento liberal de nuestro siglo XIX y que dominó entre las clases altas hasta el periodo que se conoce como el porfiriato: "Las elites en América Latina deifican a Francia —escribió Carlos Monsiváis— y convierten a París en la utopía del gusto y del estilo" y el caso de la cultura norteamericana que se impuso desde mediados del siglo xx, dando lugar a un proceso que el mismo pensador calificó como "la norteamericanización arrasadora del país".[140]

La multiculturalidad se produjo a veces como simbiosis, a veces como superposición, a veces como convivencia y, en ocasiones, como choque, de las formas civilizatorias y las culturas que cada uno de esos grupos trajo consigo, las cuales, como señaló Guillermo Bonfil, fueron desde las modalidades de uso y propiedad de la tierra y de intercambio de bienes y servicios hasta los sistemas jurídico-administrativos, desde las instituciones sociales hasta los modos de relación personal y por supuesto costumbres, hábitos alimenticios, vestuario, fiestas, religiosidad.[141]

En conclusión y parafraseando a Balbuena, en México hoy se junta lo blanco con lo amarillo, lo negro con lo café, lo originario mesoamericano con lo español y lo africano, con lo francés y lo norteamericano y finalmente un mundo entero en trato y disciplina.

* * *

El multiculturalismo en cambio, es un discurso que surgió de un paradigma liberal e ilustrado,[142] humanista y utópico, como diría Lévi-Strauss[143] y de un optimismo que podríamos calificar de romántico, que desde hace un cuarto de siglo tienen ciertos grupos de intelectuales progresistas de las clases medias y altas de los países desarrollados, quienes suponen que con la pura arma de la razón, todos los pueblos entenderán que deben aceptar al otro, no como "tolerancia"[144] y no solamente "permitiéndoles su sobrevivencia", [145] sino respetándolos y asignándoles un valor, un "reconocimiento" pleno dice Charles Taylor, tal que sea posible vivir con ellos "soportando sus actitudes y comportamientos aunque vayan contra lo que consideramos correcto y hasta verdadero",[146] en convivencia armónica y enriquecedora.[147]

Se trata de una idea que "recicla una vez más la fantasía de que se puede superar la tendencia autodestructiva de la sociedad" y "se adelanta al deseo de superar la opresión".[148]

La idea es el resultado lógico de los procesos sociales que tuvieron lugar durante todo el siglo xx, desde las grandes migraciones hasta la descolonización, todo lo cual como afirma Sartori, alteró a las sociedades occidentales, pero tomó vuelo a raíz del cambio en la situación de los negros en Estados Unidos, que apuntaba a su plena integración a la sociedad y también cuando hacia el fin de la centuria se intensificaron las olas migratorias de los países pobres o en guerra hacia Inglaterra, Francia, Alemania, Italia, España, Estados Unidos y Canadá.

Todo esto motivó a la reflexión filosófica, sociológica y antropológica así como a la acción. Algunos intelectuales de origen tercermundista que vivían en los países ricos de Occidente —hindúes como Gayatri Spivak, palestinos como Edward Said, latinoamericanos como Walter Mignolo— introdujeron en la academia la propuesta de pensar al mundo desde otra perspectiva, una que cuestionaba a la cultura occidental y a su mirada homogeneizadora y que no sólo mostraba sino valoraba la existencia de un mundo vasto y complejo, pleno de diversidad. "¿Pueden los subalternos hablar?" fue la célebre pregunta de Spivak y la respuesta no menos célebre de Santos fue "Sí, sólo que no nos han querido escuchar".

De repente se volvía posible e incluso deseable escuchar al "otro", al diferente, a ese ser que se había hecho visible por lo que Said llamó "el proceso globalizador puesto en movimiento por el imperialismo moderno".[149]

De ese primer paso, el de escuchar al otro, se pasó, como afirmó Mary Louise Pratt, al deseo de "reparar".[150] Era algo así como decir "nosotros, los que hasta hoy hemos sido el centro del mundo, el modelo y el canon físico y moral —los blancos, varones, adultos, heterosexuales, cristianos— hemos descubierto que existen los demás —las mujeres, los negros y los indios, los africanos y los asiáticos, los musulmanes y los budistas, los homosexuales, los discapacitados—, cualquiera con género, país, color de piel, cuerpo, etnia, lengua, costumbres, sexualidad o religión diferentes —y que ellos tienen algo que decir que es válido y valioso.

Y de allí se llegó más lejos, hasta proponerse de plano terminar con las separaciones y exclusiones y dar inicio a lo que Steven M. Bell llamó "una conversación cultural", en la cual todos debíamos hacer hasta lo imposible por entender las aspiraciones y valores, los códigos y las lógicas, las gramáticas, las estéticas, las narrativas, los rituales y los símbolos del otro.

Y por fin, como apuntó Sartori, la idea se convirtió en un esfuerzo por emprender acciones y políticas concretas para que eso fuera una realidad.

Se juntaban en esta propuesta dos luchas características del siglo xx: la del derecho a la igualdad y la del derecho a la diferencia, pero ambas dejaban de ser una dicotomía para convertirse en una misma cosa: la igualdad en la diferencia. La igualdad, escribe Marta Lamas, "no como una renuncia que implica similitud o identidad, sino, por el contrario, que se apoya en las diferencias".[151] La diferencia, dice Joan W. Scott, "como la condición de las identidades individuales y colectivas".[152]

Pero tal vez la idea no habría salido de los libros y de los cenáculos intelectuales si no fuera porque coincidió con los deseos, intereses y conveniencias del gran capital.

En efecto, hoy es éste quien más pretende y a quien más conviene terminar con la separación y los compartimentos geográficos, económicos y culturales para convertir al planeta en un solo y vasto mercado.

Esto no deja de ser paradójico, pues que la idea del multiculturalismo haya surgido precisamente en el centro y corazón mismo de los países que hicieron todo por aplastar la multiculturalidad y que han sido los que han señalado a los otros, que los han querido cambiar, que los han explotado y humillado y masacrado porque no son como ellos, porque no viven como ellos y no tienen sus mismos valores, resulta sin duda extraño.

Tampoco deja de ser paradójico que ahora esa idea nos llegue de regreso a los países pobres de Occidente o a los no occidentales, cuando siempre fuimos multiculturales y no por voluntad. Dicho de otro modo, que los europeos y estadounidenses inventaron el concepto cuando se les vino encima el problema de la multiculturalidad, mientras que con nosotros el proceso fue al revés, aquí estaban muy tranquilos los pueblos indios cuando llegaron los de afuera y los cambiaron sin preguntarles ni preguntarse sobre respeto, tolerancia y esas cosas. Pero cinco siglos después, resulta que nosotros hablamos de la multiculturalidad como si fuera algo que también deseamos.

* * *

En México la multiculturalidad es una realidad a la que se llegó por dos procesos: uno de imposición y otro de generación espontánea. La imposición la hicieron los conquistadores al obligar a los indios a dejar atrás sus creencias y costumbres y a aprender el idioma castellano y la religión católica. La generación espontánea, en cambio, se fue produciendo con el paso del tiempo, cuando los contactos entre los grupos se fueron dando, como afirman José Emilio Pacheco y Fernando Benítez, "por el proceso irreprimible de la sexualidad" generada por el hecho mismo de la vecindad y convivencia.

Es así como se produjo el mestizaje, el físico y el cultural, pues no solamente se mezclaron los inmigrantes con los nativos y los descendientes de ambos entre sí, sino que mezclaron la música y los bailes, la gastronomía y los vestidos, las costumbres y las fiestas, que recogieron esa "interculturación" como se dice ahora.

En cambio el multiculturalismo ha sido difícil de convertir en realidad. En nuestra cultura pesa un desagrado hacia lo diferente: no en balde a los primeros mestizos que nacieron de las uniones de españoles con indios o con negros y de las uniones entre los descendientes ya mestizos de ambos, se les pusieron nombres que los ridiculizaban y que como dijo Irving Leonard hacían patente su "condición de bastardía": saltapatrás, lobo, cambujo, tente en el aire, no te entiendo, torna atrás.[153]

Y eso no es privativo de México. El mundo entero vive hoy, cuando están en plenitud la realidad de la multiculturalidad y la propuesta del multiculturalismo, purgas étnicas, fundamentalismos religiosos y nacionalismos agresivos. No sólo nada de eso ha desaparecido, sino que al contrario, está muy vivo en India y en Filipinas y en Ruanda y en Argelia, en Irán y en Sudán y en Europa Oriental. Y muy vivo también en los países que inventaron y defienden estos conceptos como es el caso de Francia, Alemania, Inglaterra.

¿Quiere esto decir que los humanos no tenemos capacidad para el multiculturalismo? ¿Quiere esto decir que es una más de las utopías, de las propuestas que sólo existen en la cabeza de unos cuantos?

Quienes creen que sí es posible que en las sociedades exista el multiculturalismo, aseguran que de lo que se trata es de aceptar como único principio (pero básico e irrenunciable) el del respeto al individuo contra cualquier abuso de poder, contra cualquier cosa que afecte su dignidad y su integridad mental y física. Es decir, que "las personas sean consideradas fines y no medios", de acuerdo con una idea que "hace de la dignidad un fin contra el que no se puede actuar en ningún caso".[154]

Quienes creemos que eso no es posible, sostenemos que ello se debe a que el multiculturalismo se enfrenta a límites que tienen que ver con su misma esencia. ¿Hasta dónde puede llegar el respeto al otro? ¿Hasta dónde puede llegar la aceptación de sus modos de vida y valores? ¿Podemos (y debemos) aceptar que se lleven a cabo actos que en nuestras culturas resultan inadmisibles y hasta repugnantes?[155] O como diría Isaiah Berlin "¿puedo aceptar lo que buscas siendo que es irreconciliable con los fines a los que yo he dedicado mi vida?" Y no sólo yo como individuo, sino como sociedad, porque como bien dice este pensador, "la libertad de los lobos es la muerte para los corderos".[156]

* * *

México es un país en el que este tipo de preguntas resultan muy pertinentes: ¿Debemos considerar como válido el trato que se da a las mujeres en ciertos grupos indígenas, por ejemplo, los lacandones que venden a sus hijas o muchos otros en los cuales se las golpea y obliga a casarse con alguien elegido por la familia?[157] ¿Podemos permitir que mueran niños cuyas familias se niegan por razones religiosas a aceptar medicamentos como es el caso de los Testigos de Jehová? ¿Podemos considerar como apropiados los castigos que por usos y costumbres se imponen en ciertas comunidades rurales a quien ellos consideran delincuente o adúltera o embrujado, como el caso de los coras que pueden incluso decidir la pena de muerte para alguien? ¿Tiene alguien derecho a decidir suicidarse o a abortar aunque las iglesias consideren que no? ¿Debemos permitir que la educación se rija por los principios de cualquier grupo cultural o religioso y no por las decisiones que adopta el Estado para todos los ciudadanos?

Estas preguntas, apenas unas cuantas de las muchas posibles, evidencian la dificultad del tema en cuestión, dado que apuntan a los asuntos más serios a los que se enfrenta hoy nuestra sociedad. ¿Podemos permitir que cada grupo religioso, cultural o ideológico pueda destruir lo que penosamente hemos construido durante años y hasta siglos? ¿Podemos permitir que cada cual llegue hasta donde quiera llegar en sus propias formas civilizatorias y que se rija por sus propias leyes y quede fuera de las obligaciones y modos de actuar que impone la ley general y lleva a la práctica el Estado nacional? ¿Cómo conciliar el respeto a la cultura e identidad de cada grupo y persona pero al mismo tiempo hacer que a ellos les apliquen también las normas que rigen a todo ciudadano mexicano?[158] ¿hasta dónde debemos llegar cuando por razones de diversidad cultural o religiosa se contraponen los derechos individuales con los de orden colectivo, o los de las mayorías con los de las minorías siendo que a ambos les hemos asignado valor?[159] ¿Dónde está la frontera que fija lo válido e inválido, lo correcto y lo equivocado, lo sano y lo enfermo, lo normal y lo anormal, lo ético y lo inmoral?

Estos límites se han puesto a prueba más de una vez entre nosotros. Por ejemplo, en aquellos municipios con predominancia de población indígena a los que desde hace algunos años se les ha autorizado a gobernarse por "usos y costumbres",[160] aunque solamente en lo que se refiere a cuestiones administrativas y de participación política y no en cuestiones de tipo jurídico y judicial. Y en aquellas comunidades religiosas que no reconocen ni al Estado ni a sus símbolos ni a sus leyes. Y nunca hemos salido con bien de esas situaciones.

Y no podremos salir con bien de ellas porque con todo y que reconocemos que no para todo mundo puede y debe ser válida una idea de una cierta forma de gobernar y de hacer justicia, de tratar a las mujeres y a los niños, de resolver las cuestiones de la salud o de la fe, de las concepciones de la moral, también es cierto que como dice Sartori, no podemos llegar tan lejos en nuestra aceptación de lo diferente ni podemos no hacer juicios morales y de valor sobre otras culturas aunque digamos que consideramos a todas "igualmente interesantes y respetables". Dicho de otro modo, que no es posible un "relativismo cultural extremo" como le llamó Alain Touraine.[161]

Porque aceptarlo es correr el riesgo de permitir que se cometan actos que nos parecen del todo reprobables. Y nos lo parecen porque creemos en una verdad y la afirmación de la verdad propia necesariamente es excluyente de la afirmación de otras verdades.[162] Cada uno de nosotros, como individuo y como colectividad tiene ciertos valores, creencias, principios. Y nos gustaría pensar que pueden ser "constitutivos" de los seres humanos, unas ciertas "propiedades morales que cumplen de modo cabal con lo que concebimos como naturaleza humana", unos "ciertos presupuestos de lo que es ser humano, de lo que es vivir la vida en común con los demás".[163]

Lo que se nos plantea aquí es un dilema de tipo moral: ¿debemos quedarnos ciegos ante las consecuencias prácticas de nuestros principios?[164] y más aún ¿debemos o no intervenir en esos casos?[165]

La paradoja central de esta cuestión consiste en que el respeto irrestricto a otros podría incluso terminar por negar avances de las culturas occidentales que son innegables, como por ejemplo el respeto a los derechos humanos, al Estado laico, a la existencia de legislaciones e instituciones que se pretenden neutrales y aptas para amplios grupos sociales. Y esto nos regresaría a momentos muy oscuros de la humanidad en los que unos grupos podrían, paradójicamente aprovechándose de la propuesta de respeto a la multiculturalidad, afectar a otros.

De modo que, en sentido estricto y paradójico, no se puede llegar al multiculturalismo, pues ello significaría en muchos casos aceptar la oposición a los valores mismos que fundamentan la idea según la cual, ese multiculturalismo es algo deseable. Y significaría que cualquier grupo que considera a lo suyo como lo mejor precisamente por sus particularidades, pudiera terminar por negar lo que consideramos como lo mejor precisamente por su carácter universal. Todo lo cual no puede sino concluir que el respeto irrestricto al otro podría destruir precisamente lo que nos parece más caro y por lo que más hemos luchado.

Estamos sin duda en un terreno que es la prueba de fuego del concepto y la idea del multiculturalismo y no tenemos respuesta frente a los cuestionamientos, a pesar de los ríos de tinta filosófica que se han invertido en intentarlo.

Quizá lo único que estamos haciendo con todo este discurso, es tratar de encerrar a lo diferente dentro de ciertas certezas, de una conceptualización, una metodología, un orden y unos límites conocidos, para sentirnos menos asustados frente al mundo y sus infinitas diferencias, a sus diversidades que sabemos irreconciliables.[166]

Pero tenía razón Isaiah Berlin cuando dijo que no es posible tratar de darle razones a lo irracional.[167] Hay algo en los seres humanos que nos impide la aceptación incondicional del otro, más allá de lo que podamos racionalmente pretender. Quizás hasta esa pretensión es falsa y forma parte de un modo de pensar que apenas ocupa un pequeño momento en la historia de la humanidad y que ya está pasando.[168]

El sueño del multiculturalismo, tan deseable, tan impecable desde un punto de vista teórico, tan difícil de rebatir desde una perspectiva moderna, tan de moda como afirma Amartya Sen,[169] es al mismo tiempo uno más de esos callejones sin salida a que conduce el modo de pensar occidental liberal, que cree que es posible construir un mundo ideal, "el reino de la felicidad, la verdad y la virtud", de la tolerancia y el respeto. Pero como bien apuntó Semprini, se trata de un concepto que "lanza a las sociedades contemporáneas un fabuloso reto de civilización".[170]

La diversidad: ¿necesaria y agradecible?[171]

En octubre de 2004, visitó México el Dalai Lama, líder espiritual y terrenal del pueblo tibetano. Desde que puso pie en suelo nacional se dedicó a insistir en la urgencia de cultivar el valor de la tolerancia.

Quienes lo recibieron no solamente estuvieron de acuerdo con él, sino que hasta hicieron uso de las mismas palabras: hablaron de la tolerancia como un gran valor e hicieron grandes elogios del diálogo como vía para lograr la armonía y la paz.

Quien más insistió en esto fue el cardenal y arzobispo primado de México, monseñor Norberto Rivera Carrera. Sus palabras no dejaban lugar a dudas: "La tolerancia nos permitirá una convivencia respetuosa, fraterna", dijo. También el secretario de Gobernación habló en ese sentido: "La tolerancia como base de la construcción de la república, el Estado laico como garantía del respeto a todas las formas de creer y el reconocimiento de que todos somos iguales para poder ser distintos". Por su parte, el jefe del gobierno capitalino insistió en que la tolerancia era la única forma de "evitar el avasallamiento, la humillación y la exclusión de quienes no comparten una visión o una ideología".[172]

Y como demostración de que se creía a pie juntillas en ese discurso, se organizó una celebración ecuménica en la Catedral de México en la que participaron representantes de las distintas religiosidades que se practican en el país y se organizaron encuentros de los gobernantes con el líder budista. Todo estuvo muy bonito y fue muy civilizado.

Pero… fue puro cuento.

Porque México es un país que no acepta la diversidad. Una y otra vez se hace evidente que en esta sociedad no caben ni los que tienen otras costumbres, ni los que tienen otras preferencias sexuales, ni mucho menos quienes profesan otra religión. Los conceptos de respeto y tolerancia son vacíos, pues aunque existen y todo mundo se llena la boca con ellos, como decía el filósofo Wittgenstein, "no porque existe el sustantivo existe la sustancia".[173]

* * *

La base y punto de partida por la cual no se acepta ni se respeta la diversidad es también histórica: México nació al mundo cuando un imperio lo descubrió, conquistó y colonizó. Pero ese imperio estaba formado por individuos que no habían salido de su casa como espíritus rebeldes e inconformes, sino al contrario, convencidos de que el suyo era el mejor de los mundos posibles, tal que en todas partes lo quisieron reproducir:[174] "Hacer todo lo que fuese menester y que se enseñen a nuestras costumbres".[175]

Era tan profunda esa convicción, que quienes llegaron a estas tierras traían un "exacerbado y puntilloso complejo de genérica superioridad europea con respecto a lo de América", afirmó Raymundo Lazo[176] y lógicamente, como contraparte de lo mismo, todo lo americano se descalificó y degradó: "Nada quedó a salvo, todo fue sometido a un proceso de desintegración y desvalorización implacable", escribió Enrique Florescano.[177]

Pero esa España del siglo XVI de la que salieron los conquistadores y colonizadores, esa España que tanto los enorgullecía y que se sentía tan superior y digna de ser imitada, vivía enclaustrada en un pensamiento dogmático formalista y estrecho que nunca quiso ni pudo abrirse a las nuevas ideas y formas de funcionar. Escribe Octavio Paz: "En el momento en que Europa se abre a la crítica filosófica, científica y política que prepara el Nuevo Mundo, España se cierra y encierra a sus mejores espíritus en las jaulas conceptuales de la neoescolástica".[178]

Y eso fue lo que nos marcó.

Nuestra entrada al mundo occidental fue a partir de una idea de obediencia ciega, de verdades definitivas, de jerarquías no puestas en duda y de descalificación del otro, el diferente.

* * *

A la cabeza de esa visión del mundo estaba la Iglesia católica. El catolicismo se consideraba no sólo superior sino verdad única y los clérigos, ayudados por los militares, se dedicaron a defender con ardor esa idea: "El hierro, el fuego y la sangre están constantemente presentes en la historia del cristianismo tanto en Oriente como en Occidente", escribe Cornelius Castoriadis.[179]

Por eso no nada más convirtieron a los indios, sino que prohibieron la entrada al territorio del virreinato a nadie que no fuera católico. No contentos con eso y por si alguno se colaba o no seguía la ortodoxia debida, establecieron el Tribunal de la Inquisición para buscarlos y castigarlos.

Cuando a principios del siglo XIX los criollos y mestizos consiguieron la independencia de España, su cultura y visión del mundo estaban ya marcadas por esa intolerancia. Los sublevados y después el Congreso de Chilpancingo de 1813 de donde saldrá la primera Constitución, establecieron no solamente que hubiera una sola religión en el territorio mexicano sino que sostuvieron, lo mismo que los españoles, que no podían ni poner pie en él quienes no fueran católicos. "La unidad de la fe, que era el fundamento de Nueva España, debía estar en la base del Anáhuac liberado", explica Jacques Lafaye.[180]

De modo pues que, aunque se trataba de combatir la tiranía del imperio español, se defendían los mismos valores culturales y espirituales que ese imperio había traído, los cuales no se ponían en duda y no sólo eso, se consideraban los mejores.

Esto cambiaría, al menos en el papel, hasta la segunda mitad del xix, cuando los liberales, en su afán de modernidad, incluyeron en la Constitución de 1857 un amplio catálogo de derechos, entre ellos los de libertad de conciencia y de cultos de enseñanza y de pensamiento. Por supuesto, los conservadores se enojaron tanto, que hasta se fueron a buscar a un emperador extranjero para gobernar el país.[181]

Pero con el triunfo liberal, se gana esa batalla y se consigue transferir al Estado varias de las que hasta entonces habían sido atribuciones exclusivas de la Iglesia, como eran los ritos de paso en la vida de los seres humanos y la educación, todo ello menos con un afán antirreligioso que con uno específicamente anticlerical.

Porfirio Díaz se encargaría durante su largo mandato, de tranquilizar los ánimos, jugando el doble juego de decirse liberal y modernizador pero de actuar en mucho como lo deseaban los conservadores y tradicionalistas.[182] Esto permitió que se mantuviera el Estado laico y que pudieran vivir en el país grupos no católicos, pero aquello siempre de manera algo engañosa y éstos con un muy bajo perfil.

La Constitución de 1917, producto de la Revolución, conservó las ideas establecidas por los liberales: limitó las facultades del clero y afirmó la libertad de creencias en el territorio mexicano así como la educación laica.

De nuevo eso no le gustó al clero, que criticó la Carta Magna. El arzobispo Mora y del Río publicó una declaración abierta en ese sentido, lo cual llevó al presidente en turno, a poner en práctica medidas anticlericales como cerrar conventos y escuelas confesionales y deportar sacerdotes, a lo que a su vez la Iglesia respondió declarando la suspensión de cultos.[183] Eso alebrestó a los fieles que se lanzaron a la guerra contra el gobierno. La zona del centro de México volvió a escuchar las balas, los trenes salían volando en pedazos y el baño de sangre fue brutal. Tomó buen tiempo salir de esta situación y se requirieron largas y difíciles negociaciones, a las que por cierto, poco contribuyó en la época cardenista la introducción de la educación socialista.[184]

Pero desde entonces, se aceptó y mantuvo una especie de acuerdo, destinado a durar hasta hoy,[185] en el cual el Estado oficialmente laico, se encargaría de la educación y la Iglesia de las conciencias, aquel haciéndose de la vista gorda cuando esto no se cumplía, como sucede en las escuelas particulares de las clases altas.

Pero se puede decir, como conclusión y sin temor a exagerar, que toda la historia independiente de México ha visto la lucha de la Iglesia católica por recuperar su poder e influencia en la población, sea a través de la educación y de la participación en política así como emprendiendo una batalla feroz contra cualquier otra religión que los ciudadanos pudieran preferir.

Así en el siglo xix se opuso con toda su fuerza a las logias, círculos espiritistas y sociedades teosóficas que se pusieron de moda, y en el siglo xx a los protestantismos y evangelismos, a los movimientos milenaristas y carismáticos, e incluso a otras teologías católicas y pensamientos católicos alternativos, como la de la liberación y la india, que fueron condenados, perseguidos o mediatizados por la jerarquía.[186] Baste un ejemplo: cuando a fines de los años sesenta, se formaron grupos de lectura de la Biblia para reflexionar sobre problemas de la comunidad y formas de solucionarlos, el Episcopado las atacó duramente obligándolos a desarticularse y disolverse. Lo mismo sucedió con los esfuerzos para psicoanalizar a sacerdotes emprendidos por el religioso Gregorio Lemercier, con el discurso calificado de "izquierdista" de algunos obispos, como Sergio Méndez Arceo, y con el apoyo de algunos curas a rebeliones sociales locales, como Samuel Ruiz en Chiapas. La Iglesia en México, ha mantenido su oposición total y definitiva frente cualquier forma religiosa diferente a la que lleva el sentido jerárquico y conservador, en acuerdo con el Vaticano. Por eso Roberto Blancarte la define como "contrarrevolucionaria, antiliberal y antimoderna".[187]

El único caso de cierta tolerancia (que viene desde la época de la Colonia y tiene que ver con el estatuto de inferioridad que se le da a los indios) ha sido con la religiosidad católica indígena popular, "que es muy sincrética y enfatiza el rol de los santos patrones y sus imágenes, además de las celebraciones comunitarias y las peregrinaciones", [188] pero esa tolerancia no ha evitado, dice Carlos Garma, que intenten dirigirla hacia prácticas de culto más aceptables para la Iglesia y más cercanas a las estrategias que ella favorece.

* * *

Y sin embargo, de todos modos, y a pesar de esas actitudes y conductas de la Iglesia, en México existe una amplia diversidad religiosa, tan amplia que, como señalan los estudiosos, en los censos y documentos oficiales no hay siquiera suficientes categorías para dar cuenta de ella.[189]

Esta diversidad se inició en el siglo XIX, cuando por las leyes liberales se pudieron instalar en el territorio nacional las primeras congregaciones protestantes. En 1858 el presidente Juárez cedió dos templos a la Iglesia Episcopal Mexicana y para 1876 ya había 129 de ellas "y la curva ascendente se mantendría constante hasta mediados de los años treinta del siglo xx".[190] Pero fue en la segunda parte de esa centuria, cuando se produjo el fenómeno del intenso y rápido crecimiento de distintas denominaciones religiosas en el país.

Esto resulta curioso, porque ése era un momento en la historia de la humanidad cuando se apostaba por la desaparición de las religiones en las sociedades modernas y todo apuntaba al abandono no sólo de las Iglesias sino incluso de la fe.[191]

La tendencia había comenzado a manifestarse desde finales del siglo XVIII, cuando los racionalistas y los ilustrados hablaron de la capacidad de elegir del ser humano, idea que se intensificó con el surgimiento del liberalismo y su idea de los derechos del individuo. Fue entonces cuando se produjo eso que Kant llamó "la separación de las esferas", que permitió diferenciar entre lo público y lo privado, dejando a las creencias y a los sentimientos religiosos en la "esfera de la conciencia", como le llamaba Spinoza, de la subjetividad como se le llamó después, de lo privado como le llama hoy Bovero. La religiosidad se convertía en una decisión personal y en una responsabilidad individual. Cada quien podía establecer su relación particular con las creencias, podía permanecer en su religión de origen, cambiar de religión o de plano abandonarla. Y más todavía, podía seguir teniendo fe pero sin que ello implicara el paquete completo de la religión y las Iglesias constituidas, con sus maneras de funcionar, sus jerarquías y ortodoxias, sus reglas y rituales.

Y sin embargo, a contrapelo de lo esperado, para fines de la centuria pasada se había producido un renacimiento y fortalecimiento de la religiosidad,[192] que habría sorprendido al mismísimo Malraux cuando dijo su célebre frase de que el siglo XXI sería religioso o no sería.

En todo el mundo empezaron a llenarse otra vez las iglesias y los templos (las mezquitas nunca se habían vaciado)[193] y hasta volvieron a producirse las viejas guerras de religión. Y se vio surgir una nueva ortodoxia fundamentalista —palabra que inventaron en el siglo XIX grupos cristianos en Estados Unidos— en todas las religiones históricas así como movimientos de nuevas religiosidades, en los que mucha gente de los países occidentales pareció encontrar respuestas más acordes con sus nuevos estilos de vida.

Lo interesante del fenómeno, como bien lo vio la estudiosa Daniele Hervieu-Leger, fue que contradijo lo que se había pensado respecto de la modernidad, pues no sucedió que ella generara sociedades menos creyentes, sino sociedades diferentes de creyentes, o dicho de otro modo, que la modernidad no significó que a los humanos les dejara de hacer falta creer sino que mostró que les hacía falta creer de otra manera, ya fuera con una intensidad diferente dentro de los caminos tradicionales o con modos "alternativos a los modelos dominantes",[194] lo cual dio lugar a la proliferación de las maneras de creer que se ha producido en los países occidentales.[195]

En México también se dio ese proceso. Algunos creen que se debió a la manipulación externa (y acusan sobre todo al "diablo" norteamericano que quiere invadirnos a través de sus formas religiosas),[196] otros a la forma violenta en que penetró en nuestro país la modernización capitalista "con sus secuelas de dislocación"[197] y unos más a que es una tendencia mundial de la que es difícil escaparse, debido a la apertura a las comunicaciones y de la información, lo cual ha permitido conocer el mercado religioso con sus diversas ofertas. Hay también quien lo atribuye a causas individuales que van desde la insatisfacción personal con las respuestas espirituales que conocen (Hervieu-Léger habla de "la incertidumbre" que se vive en la actualidad "y que pone continuamente en entredicho las certidumbres racionales")[198] hasta la molestia con las prácticas culturales o las exigencias económicas y de poder que implica la religión en la que se nació. Y por fin, hay quien lo atribuye al atractivo que significan otros rituales y modos de creer que le permiten a quien entra en ellos adquirir eso que Reneé de la Torre llama "una identidad social"[199] y que según Jean Pierre Bastian significan la "dignificación del actor social marginado a través de las nuevas expresiones religiosas".[200]

Pero Antonio Roqueñí, simplemente cree que esto siempre fue así, que no se trata de ningún fenómeno nuevo sino que simplemente no nos habíamos dado cuenta: "Una de las cosas que estamos descubriendo y que es verdaderamente interesantísima es que México es muy plural en sus manifestaciones religiosas. No es necesariamente un país católico, pero es un país muy religioso y que está abierto a cualquier oferta. Aquí cualquier oferta prende rapidísimamente".[201]

* * *

Según las investigaciones de los especialistas, el crecimiento del universo religioso no católico en México (o de "credos ajenos a la religión mayoritaria" como le llaman algunos estudiosos), se ha dado principalmente en las fronteras norte y sur del país[202] y en los alrededores de las principales zonas urbanas,[203] mientras que el centro de México sigue manteniéndose en el tradicionalismo católico (que algún investigador llama "barroco") y es "menos proclive a la aceptación de otras religiosidades".[204]

La proliferación de las "diversidades religiosas no católicas" como les llama José Andrés García Méndez, responde a "ciertas características socioculturales de los receptores",[205] que éste no es el lugar para analizar pero que tienen que ver con cuestiones como el tipo de organización social, las características de la propiedad de la tierra, las dinámicas de conflicto, ciertas necesidades de la comunidad y un largo etcétera. Lo único que sí se puede afirmar es que el fenómeno se produjo principalmente entre los pobres y marginados de los sectores rurales (que se han visto atraídos por las ofertas cristianas protestantes y evangélicas y recientemente también por el Islam) y entre algunos sectores de las clases bajas y medias urbanas atraídas por ofertas orientales, esotéricas y precolombinas que "producen sistemas de significación de los que tienen necesidad".[206]

De todos modos, la religión mayoritaria en México ha sido y sigue siendo el catolicismo, que a su vez es mayoritariamente apostólico y romano.[207] Hay también variantes católicas tanto tradicionalistas como populares y modernas (Martínez Assad cita la ortodoxa, antioqueña o maronita, griega, de Moscú, mexicana y de Trento),[208] y otras religiosidades cristianas, por ejemplo, las evangélicas (bautistas, pentecostales, luz del mundo, presbiteriana), las protestantes (metodista, luterana, anglicana) y otras (mormones, testigos de Jehová y adventistas del séptimo día —estas últimas llamadas escatológicas por algunos estudiosos— así como las espiritualistas —trinitaria, mariana, fidencista).[209] Y están también las religiosidades no cristianas como la judía, la musulmana, las orientalistas budistas e hinduístas de diversos tipos, las prehispánicas o mexicanistas y los llamados "nuevos movimientos religiosos" o "nebulosa místico-esotérica" o new age.[210]

A ello hay que agregar a los laicos, pues como dice Michelangelo Bovero "la posición laica frente al mundo existe" como "una manera de concebir y explicarse y valorar el mundo de manera diferente a la religiosa".[211] Y de hecho en México, ésta ha tenido y sigue teniendo muchos defensores.[212]

El hecho es que para los años ochenta del siglo xx, ya había dos y medio millones de no católicos en México y diez años después, un millón más.[213] Hoy, en el siglo xxi, su número sigue creciendo al punto que hay algunos lugares del país donde los no católicos ya son más que la población católica. Por ejemplo hay zonas enteras en Chiapas, Tabasco y Oaxaca, en las que los católicos son minoría. En un escrito Enrique Marroquín decía que "si a nivel nacional la feligresía protestante pasó del 1.8 al 4.8% de la población total, en Oaxaca ese crecimiento se disparó del 1.5 al 7.3, ¡un 531%![214] Y según datos del Instituto Nacional de Estadística, Geografía e Informática, en Chiapas, en 1970 había 91% de católicos, para 1990 ya eran 67%,[215] la tercera parte de la población del estado. La tasa de crecimiento de no católicos es de un elevado y sostenido 8% anual.[216] Bastian le ha llamado "geografía de la descatolización" a este proceso de "desregulación religiosa", Carlos Garma "movilidad religiosa", Cristina Gutiérrez Zúñiga "pluralización de lo religioso" y Daniele Hervieu-Léger "recomposición de lo religioso".[217]

Esto por supuesto, no le gusta a la Iglesia católica. Ella tiene la concepción de que "sólo existe un camino de realización y plenitud religiosa" y ese es el catolicismo. Por eso, según afirman los estudiosos, es "una institución caracterizada por la intolerancia hacia aquellos seguidores de credos ajenos al suyo".[218] Y eso no sólo lo creen en la jerarquía sino muchas personas, algunas de ellas funcionarios públicos importantes: desde el presidente Vicente Fox que gustaba decir que "él quería hacer en México la gran revolución de finales del siglo xx como la de la Independencia, la de 1910 y la guerra cristera en la que participamos para defender nuestra religión y nuestras creencias",[219] hasta un secretario de Gobernación (por cierto: cabeza de la institución que se supone garantiza la libertad a todas las religiones e Iglesias en el país) que públicamente afirmó que la religión católica es "la que llevará la luz y la vida al próximo milenio".[220]

El rechazo por parte de la jerarquía católica a las otras religiosidades se hace manifiesto y presente cotidianamente: el cardenal y arzobispo primado de México ha criticado a protestantes, evangélicos, musulmanes, judíos, practicantes de religiosidades orientales y de religiosidades prehispánicas, new age y esotéricos acusándolos de ser "sectas" y ha dicho "que producen confusión moral en la gente" y en una instrucción pastoral de 16 páginas, exigió a sus fieles "que se opongan a ellas".[221] Por su parte, el obispo de Ecatepec dice: "no me gustan" y "no puedo aceptar" ni a los mormones ni a los testigos de Jehová, por su "afán de proselitismo a costillas nuestras" (afán que le molesta aunque al mismo tiempo afirme que parte importante de su propia misión sacerdotal consiste en evangelizar y que se dedica a ello con ardor) y se burla de pentecostales y anglicanos, "que se quedan con una parte, la que les conviene, de la religión" y "son locos", "con una prédica extranjerizante", "un clero que se ha dedicado muchísimo más a ideologizar que a predicar a Cristo o más bien que predica un Cristo ideologizado". Y hasta se ríe de quienes se llaman obispos o apóstoles en otras religiones: "No se puede tomar en serio, es una chunga. Obispo aquí sólo hay uno y ése soy yo".[222] Por su parte, el obispo de Huejutla, Hidalgo, declara que "Aquí no voy a permitir que haya evangélicos", mientras que otros obispos han dicho que "estiman poco conveniente que sus feligreses tengan trato con disidentes religiosos".[223]

Pero además de la descalificación, se ha llegado al franco hostigamiento y persecución contra quienes practican otras religiosidades: desde amenazarlos hasta impedirles la construcción o apertura de sus templos o incluso quemarlos cuando ya existen, desde afectarles sus bienes y privarlos de servicios hasta impedirles enterrar a sus muertos en los panteones, desde encarcelamientos y agresiones físicas hasta expulsiones de las comunidades.

Los ejemplos son numerosísimos: "En Puebla, en Oaxaca y por acá por el Estado de México no nos dejan entrar", dice una obispa metodista;[224] en Tlanchinol, Hidalgo, el presidente municipal manda encarcelar a los evangélicos "y en pleno domingo y con la complacencia del señor cura de la parroquia, sacaron a las mujeres de la cárcel y las desnudaron en público por su pecado: eran protestantes. Después de eso obligaron a todos a firmar una renuncia de su fe evangélica so pena de matarlos. Los obligaron a arrodillarse frente a las imágenes y a ir de rodillas a la parroquia";[225] en una comunidad de Chiapas amenazan a tres familias evangélicas y se les impide practicar su religión; en otra comunidad se llega más lejos: "Los evangélicos fueron golpeados a puñetazos, patadas y garrotazos, de tal manera que todos quedaron con lesiones en sus cuerpos y dos de ellos además en la cara. Asimismo, la señora Teresa Gómez de 47 años de edad sufrió un golpe con un garrote que le causó una herida en la frente y la señora Cristina Cruz de 21 años, embarazada, también sufrió una herida en su cabeza ocasionada por un garrotazo";[226] en una carretera cercana a San Juan Chamula, cinco hombres armados emboscaron al pastor Mariano Méndez Díaz y lo asesinaron. Siete días antes en el municipio de Mapastepec había sido asesinado Jairo Solís, otro pastor. Desde 1981 van diez los torturados y asesinados por su fe.[227]

Y suma y sigue: en Baja California Norte a los hijos de familias testigos de Jehová se les corre de las escuelas porque no saludan a la bandera y otros símbolos patrios;[228] en Oaxaca de los 352 conflictos violentos que se registraron entre 1975 y 1992, 53 "se originaron por la falta de participación de la parte evangélica en las actividades de la comunidad";[229] en San Juan Chamula, Chiapas se expulsa de sus pueblos a los presbiterianos; en Hidalgo a los evangélicos no se les deja construir sus templos; en Jalisco se obliga a los creyentes de otras religiones a desplazarse.[230]

Y todavía más: en San Cristóbal a los musulmanes que rezan alguna de las cinco veces al día que les impone su fe, los acusan de contravenir la ley que impide actos de culto en las calles aunque nadie hace lo mismo cuando se llevan a cabo peregrinaciones católicas[231] y en un folleto anónimo que hicieron circular los obispos maronitas titulado "El Islam está invadiendo a toda América Latina", se acusa a esa religión de "pretender ser la única y verdadera" y se dice: "En comparación con el cristianismo, religión espiritual, sublime y etérea, el Islam se presenta como una religión carnal, dominada por el sexo" y "el Islam es una religión esencialmente terrorista, fundamentalista e intolerante, más peligrosa que las sectas".[232] Lo mismo se hace respecto al budismo: un célebre conductor de radio recibió amenazas de perder publicidad por invitar a su programa a un experto en esa religión.[233] Y respecto al judaísmo, cuando un intelectual judío acudió a la radio a dar su punto de vista sobre las religiosidades en México, un radioescucha llamó para preguntar "¿Cómo puede una persona que es judía hablar de 'nuestro país' aunque haya nacido en México?"[234]

El asunto ha llegado tan lejos, que en la capital de la república una poderosa empresa productora de pan puede exigir que se cancelen las transmisiones de una telenovela cuya posición moral le desagrada y en un diario de circulación nacional una articulista recibe amenazas por escribir sobre el liberalismo y los beneficios que esa doctrina política le trajo al país. En una carta enviada por un lector al director del periódico le dice "que dicha corriente de pensamiento estuvo siempre ligada a la masonería universal, lo cual era sinónimo de diabólico". Incluso en un caso en que grupos ecologistas se opusieron a la construcción de una iglesia en el predio llamado Ombligo Verde en Cancún, considerando que era prioritario preservar ese único pulmón de la ciudad, varias personas tergiversaron el asunto y se lamentaron de "que exista gente que tiene como objetivo proferir ataques en contra de la Iglesia católica y promover el desprecio a la religión que profesan la mayoría de los mexicanos".[235]

Este convertir cosas que no tienen nada que ver en supuesta persecución contra la Iglesia es una actitud que se repite y reitera. Y así como la defensa de un sitio ecológico pasa a ser un supuesto ataque a la religión, así la defensa de la tolerancia y el respeto a la diversidad religiosa terminan convertidos en afirmaciones contra el Estado y la educación laicos: "Ya es tiempo de madurar como sociedad, entendiendo que los mexicanos tienen todo el derecho a profesar su religiosidad",[236] aunque este derecho sólo se refiera, como ya hemos visto, a la práctica del catolicismo.

No extraña entonces que en la Encuesta Nacional de Mexicanos de los Noventa, elaborada por la Universidad Nacional Autónoma de México, casi la mitad de los encuestados afirmara que no aceptaría en su casa a una persona de otra religión,[237] porque "no tenemos experiencia histórica en aceptación de la pluralidad religiosa y sí una tradición monopólica y escasamente ecuménica de un catolicismo".[238]

* * *

El punto de partida que autoriza y justifica estas conductas, es que no hay ninguna razón para respetar a los que profesan religiosidades diferentes a la mayoritaria y que se pueden violar sus derechos humanos y civiles porque nadie, ni las autoridades religiosas ni las del Estado o las policías los van a defender. Y no lo harán por dos razones: la primera porque existe el axioma, creado por la propia Iglesia católica, según el cual las convicciones religiosas católicas son la base de la identidad nacional y de la "conciencia patriótica mexicana,[239] en boga desde el siglo XVII, cuando los criollos crearon un "Inextricable entrelazamiento de fervor religioso y entusiasmo patriótico".[240] A partir de entonces, catolicismo y mexicanidad se han unido en un lazo considerado indisoluble y que excluye a todas las demás religiosidades. Y no sólo eso, sino que además, dicho axioma lleva implícita la afirmación de que entre más religiones existan en el territorio de la nación, habrá más conflictos.[241]

Y la segunda, es porque como lo ha señalado Castoriadis, en las sociedades humanas es imposible constituirse a uno mismo sin excluir al otro, sin desvalorizarlo y, finalmente, sin odiarlo. En el origen de todo ello hay una categorización del mundo y una lógica que les confiere a esos "otros" una esencia malvada y perversa que justifica de antemano todo lo que uno se proponga hacerlos sufrir.[242] Sobre el repudiado pues, van todas las culpas, maldiciones y fantasías de venganza explica Néstor Braunstein,[243] porque los consideran no sólo equivocados sino herejes y existe la idea de que es necesario aniquilar a esas herejías porque ellas ponen en peligro la fuerza, el poder y la seguridad de lo propio.[244]

Cada religión y sistema de pensamiento se ve a sí mismo como especial, distintivo, mejor, la cima de la más alta montaña y ve a todos los demás hacia abajo, como una vasta llanura indiferenciada en la cual las personas que la habitan son juzgadas como dementes o impuras y más todavía, como peligrosas. Y esto autoriza a que se las extermine.[245] ¿Qué otra cosa ha sido la historia sino un largo sucederse de, en sus mejores momentos, la tolerancia del otro —ese que no cabe, que no tiene lugar— y en sus peores momentos, su humillación y sometimiento o de plano su aniquilación?[246]

* * *

¿Qué hacen las autoridades frente a esto?

Hablan, sueltan palabras: "Mandaremos un oficio", "Investigaremos lo que sucedió". Esto es lo que dicen cuando reciben las denuncias. Pero nunca hacen nada. "Dicen que en México no hay intolerancia religiosa y asunto resuelto", afirma el apóstol Gabriel Sánchez y agrega: "No nos hacen caso, nos mandan con el secretario del secretario y ese nos manda con el conserje y ése todavía nos manda con su secretario".[247] Por eso el pastor Abner López dice: "Los funcionarios hablan mucho de justicia y de ecumenismo, pero cuando suceden las amenazas y los impedimentos para ejercer los cultos, las persecuciones y las expulsiones, no dicen esta boca es mía, se quedan callados".[248]

De modo pues que en México, a pesar de que los artículos 244 y 130 constitucionales garantizan la libertad de culto religioso, a pesar de que se han firmado toda suerte de documentos como la Declaración de Principios sobre la Tolerancia, la Declaración para la Eliminación de Todas las Formas de Intolerancia y Discriminación fundadas en la Religión, a pesar de que existe una Subsecretaría de Asuntos Religiosos que pone al Estado como garante de la pluralidad religiosa y una Ley de Asociaciones Religiosas y Culto Público que asienta que "cada quien puede tener o adoptar la creencia religiosa que más le agrade y practicar en forma individual o colectiva los actos de culto o ritos de su preferencia",[249] a pesar de que existe un Consejo Interreligioso de México y un Consejo Ecuménico de México ambos presididos por el cardenal y arzobispo primado en el que están representadas una veintena de las religiosidades que existen en el país, a pesar de que se festeja año con año el Día Internacional de la Tolerancia Religiosa, de los muchos libros que se publican, foros que se organizan sobre el tema y discursos que hacen tanto la jerarquía católica como las autoridades... de todos modos no hay ninguna aceptación real de la diversidad religiosa. Son una vez más, palabras vacías, o como diría el jurista, "una visión legalista que no implica en los hechos su despliegue". Por eso un foro de especialistas celebrado en 2006 concluyó que "La del gobierno es una cultura de simulación que viola constantemente el marco legal que rige las relaciones entre Estado, Iglesias, agrupaciones y asociaciones religiosas".[250]

* * *

Pero no sólo en el terreno de lo religioso sucede esta falta de aceptación de la diversidad. El otro campo en el que abiertamente se agrede a los diferentes es en el de la sexualidad.

En 1997, los locutores de una estación de radio en la capital dieron la noticia de que San Luis Potosí era el estado que registraba mayor número de divorcios en el país por causa de homosexualidad, pues los maridos abandonaban a las esposas para irse con otro hombre. Las burlas y descalificaciones no se dejaron esperar a pesar de la ley que asegura que "habrá penas de prisión a quien incite al odio o la violencia por razones de orientación sexual".[251]

A fines de 2006, un niño fue expulsado de su escuela en Aguascalientes, porque tenía lo que su maestra consideró "actitudes demasiado femeninas" y ella misma encabezó y provocó las burlas del resto de los alumnos con todo y que el artículo 282 bis del Código Penal impone "penas de uno a tres años de prisión a quien cometa actos de discriminación por razones de orientación sexual".

En nuestro país, el desprecio a los homosexuales es fuerte. "La última Encuesta Mundial de Valores —escribe una estudiosa— señala que para 59% de los mexicanos el homosexualismo es injustificable", y en las encuestas nacionales una mayoría dijo que por ningún motivo aceptarían en su casa a un homosexual.[252]

A los homosexuales se les llama con sorna afeminados, maricones, jotos, invertidos, locas, se los desprecia y descalifica, se los humilla e insulta. Patricia Mendoza González cita un letrero ubicado en el Balneario Ojo Caliente en Aguascalientes: "Se prohíbe la entrada a animales y homosexuales". Y también se los agrede y asesina: entre 1995 y 2000 hubo 213 crímenes por homofobia.[253] Por eso Alejandro Brito habla de plano de una "política de exterminio".[254]

También en el terreno de las prácticas reproductivas la intolerancia ha sido enorme y la Iglesia ha encabezado una lucha frontal para que se prohíban los anticonceptivos, el uso del condón y el aborto,[255] a pesar de los serios problemas que estas prohibiciones significan, por ejemplo, que anualmente mueran miles de mujeres por abortos mal practicados, 100 mil según datos del Grupo de Información en Reproducción Elegida: "El aborto es oficialmente reconocido como la cuarta causa de mortalidad materna".[256]

En 1995 el papa Juan Pablo II dio a conocer una encíclica a la que llamó "Evangelio de la vida" en la que reiteraba su oposición tanto a los anticonceptivos como al aborto, al suicidio y a la eutanasia y en la que exhortaba a los católicos a desobedecer a las legislaciones que consideraran otras formas de pensar y actuar, es decir, promovía la desobediencia civil en aras de la obediencia a la Iglesia en esos a los que llamaba "asuntos de conciencia".[257]

Y muchos así lo hicieron. En un caso que resultó muy sonado, varias enfermeras y médicos del Hospital General de Mexicali en Baja California se negaron a practicar un aborto a una niña que había quedado embarazada por una violación, a pesar de que existe una ley que lo hace legal en esos casos y a pesar de que el Ministerio Público había girado la orden, que sin embargo éstos dijeron haber desobedecido precisamente "por razones de conciencia".[258]

Aunque la intolerancia de la Iglesia en esta materia está allí permanentemente, se hace particularmente intensa en ciertos momentos, por ejemplo cuando el gobierno de la capital propuso la llamada Ley Robles que autorizaba el aborto en circunstancias específicas o cuando algunos gobiernos estatales promulgaron leyes en este sentido o cuando durante el gobierno del presidente Fox la Secretaría de Salud aceptó el uso de la píldora del día siguiente como método de anticoncepción de emergencia o cuando en 2007 la Asamblea Legislativa del DF aprobó el aborto.

La intolerancia se expresa también hacia ciertas enfermedades que han sido calificadas de "inmorales", particularmente el caso del sida. En 1998 el presidente de la Cruz Roja Nacional declaró que la institución no atendería a personas que lo tuvieran, porque "no tenían responsabilidad en cuanto a sus deberes morales y no valía la pena dedicarles recursos", y eso a pesar de la ley que castiga "a quien excluya, niegue o restrinja sus derechos" por este motivo.[259]

En el terreno del pensamiento, también hay falta de respeto a la diversidad. Se estila que quienes piensan de una manera se sientan autorizados a insultar y ofender a quienes piensan de otra e incluso a mandarlos asesinar como ha sucedido con varios periodistas. Pero si antes esto sólo lo hacían los poderosos, desde que existe la internet, cualquiera se siente con derecho a hacerlo, amparado en el anonimato que les da esa tecnología. "Envidiosa", "gusano", "imbécil", "plañidera", "pagada con dólares de Washington", "comprada por Cuba", son calificativos que personalmente he recibido por parte de personas que no comparten mis puntos de vista.[260]

Esto de insultar es una vieja costumbre en México. Desde siempre cuando alguien pensaba diferente se le acusaba de "mal mexicano", pero en los años setenta del siglo pasado el dique se desbocó y la derecha empezó a agredir en serio usando términos como "gobiernícola", "zoocialista", "indoisquierda" y el preferido, "Hijos de padre desconocido y mujer pública".[261]

Unos años después, la cosa había llegado tan lejos que ya se lanzaban jitomates, huevos podridos, piedras, botellas y bolsas llenas de porquería a quienes pensaban diferente.[262]

Cuando el Partido Acción Nacional llegó a la Presidencia de la República en 2000, lo primero que hizo fue quitar del Aeropuerto Internacional de la ciudad de México y de las oficinas públicas el nombre y los retratos de Benito Juárez, el presidente que sentó las bases del Estado laico en México. Y dado que la oposición a los libros de texto gratuito y a su versión de la historia nacional había sido constante desde que se los introdujo al sistema educativo, algunas autoridades locales aprovecharon para hacer sus propios libros, con una versión diferente. Así lo hizo el presidente municipal de la ciudad de Guadalajara, quien con dinero del Ayuntamiento, publicó y repartió más de 40 mil ejemplares de un libro de historia y geografía para tercero de primaria en el cual quita a los héroes del panteón oficial y en su lugar pone a clérigos, curas, personajes conservadores y militantes del Partido Acción Nacional.[263]

La falta de respeto a la diversidad ideológica y política se puso en evidencia durante las más recientes campañas electorales por la Presidencia de la República. Particularmente en la de 2006, grupos de la derecha hicieron publicidad muy agresiva contra la izquierda, y el partido de izquierda envió a los medios de comunicación una lista de nombres de analistas políticos a los que "exigían" que no se les diera cabida porque eran críticos de sus posturas.[264]

También hay intolerancia geográfica. Evidencia de ello es que en el norte del país se hizo popular durante los años noventa la consigna "haz patria, mata a un chilango" o la afirmación de un gobernador de que en México "el norte trabaja, el centro piensa y el sur descansa".[265]

En el terreno de la diversidad étnica, el racismo es el signo que nos marca. La publicidad por ejemplo, maneja un concepto de belleza que consiste en ser blanco, rubio, alto, delgado y quien no lo cumple merece no sólo la burla sino también el maltrato. Nadie quiere tener el cabello rizado de los negros, los ojos rasgados de los japoneses, la nariz aguileña de los judíos europeos, la piel café de los indígenas, el cuerpo regordete típico de un país pobre cuya alimentación se basa en los carbohidratos y las grasas.

Constantemente en cartas a los diarios, las personas se quejan de que en restoranes, clubes sociales, discotecas y antros discriminan a las personas morenas, con rasgos indígenas y chaparras.[266] Pero esa discriminación está tan incorporada en nosotros, que ni cuenta nos damos: "Tiene un tipo muy mexicano pero es bonita", "aunque sea moreno, es guapísimo", son expresiones que escuchamos a cada rato. Por eso incluso alguien que mandó una carta a un diario para lamentar esa situación, se sintió obligada a advertir: "Yo he tenido la suerte de no sufrir ese problema porque soy güerita, hija de papá estadounidense y mamá española" y el periodista a quien le dirigía la misiva le respondió: "Afortunadamente esos problemas no te tocan".[267]

Pero todavía no hay peor cosa en el imaginario cultural que ser indio. Se le considera lo último en la escala social, feo, tonto, pobre, del que cualquiera se puede burlar porque no habla bien el castellano (recuérdese el nefasto personaje de la India María que tanto éxito tuvo en la televisión). Cuenta Jaime Costa: "Personas que se quejan de lo que hicieron los españoles, no se les puede decir que ellos no son descendientes de españoles. 'Pues tú eres mexicana, entonces tienes raíces indígenas le dices´, y te contesta, 'No, yo tengo raíces españolas'".[268]

Por supuesto, de un racismo deriva otro y tenemos casos de racismo invertido, como cuando en un concierto masivo en el Zócalo capitalino en mayo de 2002 no se le permitió presentarse a un grupo musical venido de España con el argumento de que "eran güeritos", y algo similar ocurrió en la Facultad de Filosofía y Letras de la Universidad Nacional cuando en sus paredes aparecieron pintas contra los blancos que decían "No los queremos aquí" y "La escuela para los prietos". Este modo de pensar llega tan lejos, que incluso se considera que cualquiera de piel clara siempre es rico y nunca puede ser un buen mexicano. En una carta enviada por una lectora, me dice: "Aterra que este país esté en manos de los egresados de las universidades privadas, por ese desapego que tienen a las necesidades sociales del país".[269]

La falta de respeto a la diversidad se manifiesta por muchos otros lados: desde que presidentes municipales decidan prohibir a las mujeres el uso de minifaldas y a los varones los aretes en las oficinas públicas porque según ellos les corresponde "defender el pudor",[270] hasta los cómicos de la televisión que se burlan de las señoras que se dedican al hogar,[271] desde quien se opone a decisiones como la de ser vegetariano o de defender el medio ambiente que les parecen "ridículas",[272] hasta a quien le molesta que la gente pueda divertirse en antros, "table dance" y burdeles porque le parece inmoral ¡como si sólo se valiera ser deportista, ir a misa o a una biblioteca![273]

En un escrito reciente, José Woldenberg cita una encuesta hecha por el Consejo Nacional para Prevenir la Discriminación en el cual resulta que: "El 94.7% de los homosexuales, el 94.4% de los discapacitados, el 94.2% de las mujeres, el 90.8% de los indígenas, el 88.4% de los adultos mayores y el 80.4% de las minorías religiosas piensan que en México existe discriminación hacia ellos".

Ésta es una percepción brutal, pero que se sustenta en datos: según el mismo autor, en un solo año 42.8% de los homosexuales dijo haber sufrido un acto de discriminación por su condición, 32.9% de los discapacitados, 31.5% de los indígenas 24.5% de los adultos mayores 21.4% de las minorías religiosas. Estos datos coinciden con los de otras encuestas, según los cuales mucha gente respondió que no permitiría que en su casa vivieran personas con ideas políticas distintas a las suyas, de otra religión, de otra raza, homosexuales, discapacitados o indígenas.[274] Las tendencias se corroboran en la más reciente Encuesta

Nacional sobre la Discriminación de México realizada a mediados de 2004 por la Secretaría de Desarrollo Social, que una vez más nos enfrenta a la realidad de que la nuestra es "una sociedad con intensas prácticas de exclusión, desprecio y discriminación hacia ciertos grupos" y que pone en evidencia "que la discriminación está fuertemente enraizada y asumida en la cultura social y que se reproduce por medio de valores culturales en el seno de la familia".[275]

En conclusión: en México el "otro", el diferente, el diverso, sea por su religión, cultura, costumbres, modos de vida, creencias, concepciones morales y éticas, ejercicio de la sexualidad o ideología política es inaceptable. Hay contra ellos una fuerte discriminación[276] y lo que Monsiváis llama un "rencor activo".[277]

Y eso es así aunque el discurso pretenda lo contrario: desde la época en que el secretario de Gobernación del presidente Zedillo afirmaba que "en el respeto a nuestras diferencias está la construcción de una nación soberana, más democrática y más justa" hasta hoy, cuando el gobernador del estado de Jalisco asegura que "en la entidad se promueve la sana convivencia y el respeto a todas las creencias"[278] ha pasado más de una década de mentiras, pues como afirma Magdalena Gómez, en México "existe una cultura racista, discriminatoria, homofóbica y con expresiones de intolerancia hacia lo que se sale del patrón hegemónico".[279]

Los extranjeros: ¿nuestros amigos?[280]

Extranjero —dice el diccionario de la lengua española— es "quien viene del país de otra soberanía".

En el territorio de lo que conocemos como México, se podría decir que muchos llegaron de otras soberanías: toltecas, mayas, aztecas. Pero a ésos no se les considera extranjeros, porque son también indios. Y se considera que los primeros extranjeros llegaron hace poco más de 500 años, pues ellos eran como dice Eric Hobsbawm "diferentes a mí, los que no son nosotros".[281]

Quizá por la forma agresiva en que llegaron y obligaron a los demás a aceptar sus modos, es que desde entonces se generó entre los nativos un desagrado por lo extranjero. Eric Van Young asegura que desde que "las primeras vacas de los españoles invadieron las milpas de los indígenas" se estableció un patrón prácticamente universal en contra de los fuereños, de los no nacidos en el lugar, de los que tienen otras características étnicas y hablan otro idioma. Y desde entonces "las actitudes xenofóbicas fueron parte de la cultura y la mentalidad del campesinado indígena" asegura ese autor y agrega: "El patrón en contra de los extraños fue prácticamente universal".[282]

Las actitudes xenofóbicas y los sentimientos antiextranjeros tuvieron su origen pues, en razones muy concretas, ya que los fuereños violentaron y obligaron, despreciaron y descalificaron, destruyeron y asesinaron. Por eso, según afirma un investigador "el odio fue sobre todo popular".[283]

No fue así en las elites criollas, al contrario. Ésas querían imitar en todo (y de modo casi sacramental como dice un estudioso) a los españoles y hasta exageraron en su esfuerzo por ser como ellos: más devotos, más formales, más barrocos. Pero al mismo tiempo, sentían gran humillación por no tener el reconocimiento que creían merecer, al no poder ocupar puestos en el gobierno virreinal y no alcanzar jamás la categoría y el lugar que alcanzaban los peninsulares.

Con la independencia, el odio popular se manifestó abiertamente. El cura Hidalgo decía: "No conviene que, siendo mejicanos, dueños de un país tan hermoso y rico, continuemos por más tiempo bajo el gobierno de los gachupines. Éstos nos extorsionan, nos tienen bajo un yugo que no es posible soportar su peso por más tiempo, nos tratan como si fuéramos sus esclavos, no somos dueños aun de hablar con libertad, no disfrutamos de los frutos de nuestro suelo, porque ellos son los dueños de todo. Pagamos tributo por vivir en lo que es de nosotros. Pues bien, se trata de quitarnos ese yugo haciéndonos independientes, quitamos al virrey, le negamos la obediencia al rey de España y seremos libres; pero para esto es necesario que nos unamos todos y nos prestemos con toda voluntad. Hemos de tomar las armas para correr a los gachupines y no consentir en nuestro territorio a ningún extranjero".[284]

El país independiente que es México, se fundó pues, sobre la idea de "no consentir en nuestro territorio a ningún extranjero". Incluso las elites criollas terminaron por cancelar formalmente su hispanidad y se transformaron en mexicanos.[285] "En 1835 —escribió Bulnes— el odio al extranjero alcanzaba proporciones deformes próximas al canibalismo" y en ese espíritu es que se redactó una manifestación popular dirigida al Congreso pidiendo la inmediata expulsión de todos.[286]

De todos modos eso fue imposible. Porque a la Nueva España habían llegado muchos fuereños y no solamente españoles, también peluqueros, cocineros y modistos franceses, que vinieron con los nobles españoles de costumbres afrancesadas.[287]

Y durante el siglo xix se les pidió y rogó a los extranjeros que vinieran al país, no sólo a los ricos para que trajeran acá su cultura y sus inversiones, sino incluso a los trabajadores, a los que se invitaba para que "mejoraran" las cualidades físicas, las cualidades morales y la actitud hacia el trabajo de la gente de estas tierras porque "había que cambiar el carácter del pueblo —escribió Andrés Molina Enríquez— hacerlo ilustrado y próspero, y para ello era necesario que vinieran europeos de tez pálida y raza rubia a mezclarse con los naturales, gente insuficiente en calidad".[288]

Y sin embargo, a los que vinieron, atraídos por la oferta gubernamental, se les dieron tierras yermas, salitrosas, estériles, un salario bajísimo, pésima comida, y se les hacía dormir en el piso "como perros y no como cristianos que somos". Así lo cuenta el siguiente relato: "Tres barcos salieron de su lugar de origen cargados con trabajadores pero solamente uno llegó a su destino pues los otros dos se hundieron. En el puerto desembarcaron 325 personas, en su mayoría hombres, que fueron conducidos a sus lugares de trabajo. Un mes después habían muerto 200, por hambre y enfermedades. De los restantes, algunos volvieron a sus lugares de origen y los otros no se sabe a dónde están". El maltrato fue tal, que de plano se regresaron a Veracruz donde hicieron un plantón de varios días exigiéndole al gobierno mexicano la repatriación y acusándolo de haberlos traído con engaños.[289] ¡Y ésos eran los invitados!

De modo pues, que estamos hablando de un país en el que a los extranjeros se les ama y se les odia, se quiere impedir que entren al territorio y al mismo tiempo se les ruega que vengan y hasta se los manda traer, pero ya que llegan, se les trata mal.

La actitud ambigua, el doble discurso, se hizo muy evidente durante el siglo xx, pues por una parte se les abrieron las puertas a quienes huían de las guerras, las persecuciones, la pobreza y discriminación, por igual si eran refugiados del derrumbado imperio turco que de la primera guerra mundial, de la guerra civil española que del nazismo, a los sudamericanos que en los años setenta huían de los gobiernos militares represores, que a los centroamericanos que en los años ochenta abandonaban su patria por la inestabilidad y en los noventa a gente del este de Europa que huía de las limpiezas étnicas.

Pero al mismo tiempo a fines de los años veinte se expidió una ley que pretendía impedir a los sirios, libaneses, armenios, hindúes, turcos, palestinos y árabes que se mezclaran con los nacionales porque "producen degeneración en sus descendientes", y a los judíos y a los chinos se trató de plano de impedirles que vinieran al país, a aquéllos "por sus características psicológicas y morales, por su sistemática rebeldía, por su egoísmo"[290] y a éstos por considerarlos "hombres de instintos salvajes", "raza indolente y perezosa", "ruin y abyecta", "con lacras físicas y costumbres repugnantes".[291] En los años sententa, a los que vinieron del sur del continente se les llamó "subamericanos" y a los centroamericanos se les deportó casi en su totalidad. Y a los que a pesar de eso pretendieron seguir viniendo al país, las autoridades mexicanas les aplicaron una serie de medidas administrativas destinadas a controlar su afluencia y se cometieron con ellos toda suerte de barbaridades; golpearlos, incomunicarlos, humillarlos, robarles, violarlos.[292]

Un maltrato similar sufren todos aquellos que no son blancos, rubios, altos, o que no vienen de países occidentales ricos. En los centros de detención migratoria hay coreanos, asiáticos, africanos. El presidente del Comité Ciudadano de Defensa de los Naturalizados Afroamericanos presentó una queja ante la Comisión Nacional de Derechos Humanos por discriminación racial, privación ilegal de la libertad y amenazas por parte de personal del Instituto Nacional de Migración porque cuando llegó al aeropuerto en un vuelo internacional la agente que le solicitó sus documentos no aceptó como suficiente su pasaporte de ciudadano mexicano "ya que según su criterio un negro no puede ser mexicano", y lo mismo hizo otro agente quien "cuestionó la nacionalidad que le había proporcionado la Secretaría de Relaciones Exteriores en 2005 debido a su condición racial". Cuando el hombre solicitó que se respetaran sus derechos, elementos de la Policía Federal Preventiva lo detuvieron durante más de dos horas.[293]

Y no sólo a ellos los maltratamos, sino incluso a los propios ciudadanos mexicanos que los ayudan: la señora Concha Moreno, de Querétaro, pasó 29 meses en prisión "por haberle dado de comer a unos hondureños", afirma Jean Meyer.[294]

Eso sí, por discursos no paramos: en el Forum de las Culturas de Monterrey, el presidente Calderón dijo con firmeza: "Los muros y las razzias atentan contra nosotros y contra la prosperidad de la región". Al primer mandatario se le "olvidó" que hacemos lo mismo y que nos portamos con muchos otros exactamente igual que como criticamos que se portan con nosotros los vecinos del norte.

* * *

Dice la leyenda que decenas de ojos miraron por detrás de las cortinas al austriaco Maximiliano de Habsburgo cuando llegó a México porque no podían creer el color azul de sus ojos y la mata de su barba rubia, y el escritor Fernando del Paso cuenta que el presidente Juárez lo miró en silencio durante más de media hora cuando ya estaba muerto, impresionado por su estatura.[295] En las novelas mexicanas los ojos azules y la tez blanca embelesaron por igual a Juan A. Mateos que a Mauricio Magdaleno ("Blanca como la nube, con cabellos de elote y nariz imperceptiblemente levantada, boca pequeña, dentadura magnífica y ojos azules, duros como el cielo")[296] y hasta a Carlos Fuentes. Los extranjeros han sido paradigma de forma de vida y de costumbres, incluso modelo estético.

Pero junto al embeleso están y han estado siempre también los prejuicios.

Como el de considerar que todos los extranjeros nada más vienen a México para buscar fortuna y para explotar y desposeer a los naturales: "Casi todos los extranjeros que solicitan carta de ciudadanía, obedecen sólo a una baja necesidad de orden mercantil", escribió un autor.[297] Y allí está el poema que lo dice abiertamente: "El extranjero mamando y tus hijos por los suelos".[298]

Y si bien es cierto que muchos así lo hicieron (desde los españoles que sólo querían oro "aquel rubio metal, dulce goloso/tras que todos andamos desvelados"[299] y que se repartieron la tierra y a sus habitantes hasta los ingleses que invirtieron en minas, ferrocarriles y bancos; desde los alemanes que se hicieron de grandes fincas cafetaleras hasta los norteamericanos que al iniciar el xx se habían apropiado del 16% del territorio del país: 269 personas poseían 32 millones de hectáreas de tierra y una sola compañía era dueña de 500 mil hectáreas en Sinaloa, además de que eran dueños de los recursos petroleros, de la minería y del comercio exterior), no todos fueron así. Muchos, muchísimos, llegaron al país a instalarse y a integrarse y a convertirse en mexicanos. Como dice también un verso: "Aunque soy de raza conga, yo no he nacido africano, soy de nación mexicano".[300]

Pero de todos modos, en México "toda presencia extranjera produce una reacción de afirmación nacionalista", afirma Luz María Martínez Montiel. ¿Será por eso que el artículo 33 de la Constitución permite sacar del país a cualquier extranjero "cuya permanencia se considere inconveniente" y que un extranjero no puede ser propietario de tierras hasta 300 kilómetros de las zonas costeras[301] y que el artículo 32 dice que "los mexicanos serán preferidos a los extranjeros en igualdad de circunstancias para toda clase de concesiones y para todos los empleos"?[302] ¿Será por eso que todavía a fines del siglo xx, Ignacio Bernal pretendía "colocar a Mesoamérica entre las civilizaciones de primer cuño o de primera generación, es decir, que no descienden de otras sino arrancan de una matriz primitiva", Miguel León-Portilla explicaba la grandeza de las culturas prehispánicas "como producto del aislamiento de milenios y de no tener contacto con el exterior", y Cecilia Cortina aseguraba que "México no es un territorio corrompido por influencias extrañas"?[303]

Lo que sí es evidente, es que existe un doble discurso respecto a los fuereños:

Por parte del gobierno, porque aunque dice que "en materia de inmigración no se abrigan prejuicios", como afirma Alfredo Romero Castilla, la tónica de la política migratoria del gobierno mexicano ha sido la de las puras ambivalencias.[304] Por lo que se refiere al "pueblo llano" como le llama Dolores Plá, es francamente antiextranjero en su "sustrato psíquico" según dice Juan Comas,[305] lo cual no impide a los hombres preferir a una prostituta de Europa Oriental por sobre una nacional ni a las mujeres teñirse el cabello de color rubio cuando pueden hacerlo. Y en lo que tiene que ver con las elites, como afirma André Taguieff, el rechazo tiene una "gradación": no se rechaza igual a un chino que a un alemán. Muchos darían la vida por casar a sus hijos con un inglés o canadiense, pero en cambio no podrían soportar que sucediera lo mismo si se trata de un africano o de un "subamericano".[306]

Y es que unos por gachupines, otros por asiáticos, los judíos por sólo interesados en el dinero, los gitanos por ladrones, los latinoamericanos por inferiores, los negros por negros, la cosa es que hay prejuicios muy hondos y muy extendidos contra los extranjeros.[307]

Y por eso alguien puede ser la tercera y la sexta generación de nacidos en el país y seguirá siendo considerado ajeno: el empresario Carlos Slim es "el árabe" y el dueño de la tienda de abarrotes es "el español" y el que participa en la política con un apellido diferente será denostado por su supuesta extranjeridad, como sucedió en las elecciones de 2002 para presidente municipal en un lugar del estado de Hidalgo. Allí el partido de la izquierda basó su campaña en "acusar" al otro candidato de descender de inmigrantes y de paso hizo extensivas las "acusaciones" a todos los descendientes de extranjeros que habitan en la zona, promoviendo la burla y la persecución contra ellos. En el mitin de cierre de campaña, tanto el diputado presidente de la Comisión de los Pueblos Indígenas en el Congreso de la Unión como el coordinador de la bancada perredista en la Cámara de Diputados dijeron textualmente "que todos los árabes y libaneses eran caciques, ladrones y rateros y que ninguno de los que se apellidan Bulos o Kuri llevan la sangre del pueblo ni se identifican con los valores mexicanos y que por lo tanto no se debía votar por nadie que tuviera ese nombre". Y terminaron diciendo que todos esos extranjeros "deberían irse a gobernar sus países".[308]

Y eso sucede en todos los campos. En 2006, un lector me atacó por una opinión política que no le gustó con la acusación de que yo "formaba parte de "la caterva de distorcionadores [sic] de la verdad como lo son todos los judíos, perversos y pervertidos que luego de haber sido recibidos en nuestro país de manera generosa y honesta y luego de que este grupo al que usted pertenece remonta las primordiales nececidades [sic] humanas, se desarrolla y progresa, se tornan una elìt [sic] que no para en mientes con tal de lograr sus cometidos, mismos que los llevará tarde o temprano a los límites de la sana convivencia". En opinión de esta persona los mexicanos descendientes de extranjeros están "étnicamente imposibilitados para ejercer el patriotismo".[309]

PAÍS DE MENTIRAS

La costumbre de culpar de todo a los extranjeros se reitera a cada paso: cuando a raíz de los temblores de 85 en la ciudad de México se descubrieron las terribles condiciones de trabajo de las mujeres en los talleres de costura, no se habló de los malos empresarios sino de los extranjeros que eran propietarios de algunos de ellos;[310] cuando el gobernador de un estado hizo mal su trabajo, se lo tachó de ser "iraquí"; a un funcionario se le descalificó por tener madre norteamericana y a otro por tener esposa francesa ¡como si ello tuviera que ver con su desempeño! y a un pederasta se le antepone el hecho de que sea extranjero al horror de su crimen.[311] Y hasta cuando los jurados académicos hacen evaluaciones y deciden premios, hay quien se queja de que "nos califiquen extranjeros".[312] Bueno, para no ir más lejos: en unos comerciales para la televisión que se hicieron cuando el Campeonato Mundial de Futbol en 2002, se observaban las espaldas de varios jugadores que esperaban sentados en la banca. Cada uno llevaba su nombre y su número de jugador señalados en la camiseta. La cámara los recorría a todos hasta llegar al número uno. Entonces una voz decía: "No importa cuántos extranjeros haya en la banca, si el número uno es mexicano".[313]

Hay en estas formas de ver las cosas una arrogancia mezclada con resentimiento, una aversión mezclada con desprecio hacia lo otro, lo diferente, lo "no yo" como dice Pierre André Taguieff,[314] que termina por "apartarse tristemente de la crítica y caer en el insulto y las generalizaciones agresivas fundadas en la ausencia de razonamientos concretos" como afirma Carlos Monsiváis.[315]

* * *

Buena parte del antiextranjerismo sin duda tiene que ver con actitudes defensivas frente al hecho de que muchos de los inmigrantes nunca aceptaron a las culturas que encontraron en México, que les parecieron primitivas y llenas de absurdos. En particular a los indios y mestizos se les consideró inferiores y muchos no tuvieron deseo ni intención de mezclarse con ellos.

Extranjeros fueron los que inventaron el mito de que el mexicano era haragán, borracho e incapaz, y que México era un país en el que campeaban la anarquía, la inseguridad, la corrupción y la ineficiencia, "un país sin ley y lleno de gente estúpida" escribió Graham Greene,[316] "un país de gente con vicios, pocos hábitos de trabajo, escasa moralidad y costumbres perniciosas".[317]

Seguramente por eso hasta el día de hoy, los franceses tienen sus propios deportivos, los americanos sus propios clubes, los alemanes sus propias escuelas, los judíos sus propios cementerios, los chinos sus restaurantes, los norteamericanos sus hospitales, los rusos sus cuartetos de cuerdas y hasta las prostitutas conservan su extranjeridad argentina o checa en este mundo mexicano. Se casan entre ellos, siguen usando sus nombres, comiendo sus platillos, aunque incorporen alguna que otra costumbre y expresión, cierta relación con la fiesta y con el color.

* * *

Pero si lo extranjero en general desagrada, la palma se la llevan los estadounidenses o "gringos".

Y es que la relación con Estados Unidos es la de una larga historia de conflictos y dificultades, malentendidos y agresiones: "La capacidad de ambos países para crear malentendidos en ocasiones parece ilimitada" escribió Robert Pastor.[318]

Las razones que hay detrás de esas dificultades se remontan al siglo XIX, a los años treinta cuando la ambición por tierras hizo que se instalaran colonos en las zonas deshabitadas de Tejas, que luego se separaría de la República mexicana y se incorporaría a la federación norteamericana; a los años cuarenta, cuando los norteamericanos invadieron a México y lo justificaron con una retórica según la cual, ellos habían sido elegidos por la Providencia para un gran destino que se realizaría aumentando su territorio y al establecimiento de la llamada "doctrina Monroe" en la cual se afirmaba que Estados Unidos intervendría en los países americanos si en opinión de su gobierno veía algún peligro para su seguridad o para su tranquilidad.[319]

Todas estas agresiones, fueron posibles porque como escribió José María Bárcena, Estados Unidos era ya para entonces un país próspero y bien organizado mientras que en México todo era "debilidad de nuestra organización social y política, desmoralización, cansancio y pobreza, resultado de veinticinco años de guerra civil".[320] Los norteamericanos le arrebataron a México un vasto territorio de más de dos millones de kilómetros cuadrados y dicen los que saben, que no se quedaron con más porque no querían tener que cargar con la población india y mestiza que allí habitaba y que les parecía una carga.

También durante el siglo XX, los norteamericanos intervinieron en todos y cada uno de los momentos históricos de importancia, ya sea apoyando o no a cierto caudillo político, vendiendo o no armas, otorgando o no préstamos, reconociendo o no presidentes. Conspiraron durante la Revolución, se opusieron a las reformas de Cárdenas, en particular a la nacionalización petrolera y obligaron a México a entrar en la segunda guerra mundial aunque ya para entonces habían cambiado la política del garrote por la de la buena vecindad porque necesitaban apoyo para sus planes estratégicos, particularmente mano de obra y producción de ciertas mercancías que ellos no podían fabricar por estar su industria volcada a lo militar.

Y desde entonces, Estados Unidos se convirtió en el país más importante para México. Se trata de una vecindad compartida en términos económicos (la industria, las finanzas, las exportaciones, las importaciones, la tecnología) y en el plano cultural. Una vecindad con contactos intensos y múltiples, con intercambio de bienes y servicios, de personas, relaciones y afectos.

Por eso también nosotros somos importantes para ellos: desde por lo que les vendemos hasta por lo que les compramos, desde por la mano de obra hasta por la migración, desde por el petróleo hasta por el narcotráfico.[321] Y recientemente, también por el terrorismo. Por eso Edwin A. Deagle Jr. afirma que "México se encuentra incómodamente cercano al centro de la controversia en Estados Unidos acerca de la seguridad nacional".[322]

Esa historia y este presente explican una relación "teñida de resentimientos" como dice Alan Riding[323] y de amarguras, "errática y difícil"[324] como dice Jorge Montaño, en la cual se privilegia la lectura del conflicto en cualquier interacción y se califica de entreguista a quien no la sigue.[325]

Los mexicanos acusan a los americanos de arrogantes, de sentirse los dueños y gendarmes del mundo, de querer imponer sus ideas y modelos de vida y de no hacer más que defender sus intereses. En una palabra: que están "para plagar de desdichas nuestras vidas" como dijo Simón Bolívar hace dos siglos: "Acusamos a Estados Unidos de enriquecerse más cada día a costa de los países pobres; de dominar económica y militarmente al mundo; de ser egoístas y no preocuparse más que de sí mismos; de ser belicistas y preferir las bombas a los acuerdos políticos; de contaminar el mundo, cambiar el clima y hasta poner en peligro a la Tierra por la explotación de sus recursos y sus sistemas de producción; de fascistas porque se meten a censurar, manipular y limitar a todo mundo, recurriendo incluso a la violencia, y de incultos porque imponen al mundo sus distracciones vulgares y uniformadas. En una palabra, los acusamos de ser origen y fuente de todos los males y causa de todas las infelicidades".[326]

Por eso, como dijo un embajador de México en Washington: "Vecinos seremos siempre, socios lo somos por ahora, amigos nunca, porque la suya es una política de conveniencias",[327] basada "en términos crudamente materialistas: dólares, barriles de petróleo, etcétera".[328]

Para los estadounidenses, sigue siendo válida la vieja copla:

> Mí ya se marcha para mi tierra
> porque en México no poder estar
> estar muy bárbaros...
> y americanos querer matar.[329]

¿Será por eso que cuando terroristas atacaron a ese país vecino no les mandamos ni un pésame, no les rezamos ni una oración, no les guardamos siquiera un minuto de silencio y seguimos con nuestra vida?[330] ¿Será por eso que por igual gente del pueblo que intelectuales no pensamos que exista un solo norteamericano confiable?[331] ¿Será por eso que hacemos hasta lo indecible por humillarlos como sucedió en octubre de 2003, cuando en una reunión llamada "Encuentro en Defensa de la Humanidad", a la que asistieron académicos y políticos latinoamericanos de izquierda, un grupo de estadounidenses que asistía como público tuvo que "pedir humildemente" (así lo dijeron) que se les permitiera opinar porque por el hecho mismo de su nacionalidad y sin que importe a lo que se dedican o lo que piensan, automáticamente estaban bajo sospecha?[332]

El abucheo a la joven que concursaba en Miss Universo en mayo de 2007 en la ciudad de México fue la reiteración de esa actitud a la que alguien calificó como "un nivel de hostilidad sorprendente".[333]

La otra cara de la misma moneda es la respuesta de Vladimir Garnica, guitarrista del grupo de música "Los de abajo", cuando un reportero le preguntó qué pensaba hacer frente al éxito que tenían en México las bandas extranjeras y lo que dijo fue: "Los grupos se deben ocupar de una recuperación nacionalista".[334]

***

La actitud de hostilidad hacia los extranjeros tiene como resultado y consecuencia la falta de interés en lo que pasa afuera de México. Los diplomáticos mismos se quejan de que "la política exterior tiene poca o ninguna importancia".[335] Y estamos tan encerrados y cerrados sobre nosotros mismos, que el mundo se puede caer y seguimos como si nada.

Así fue durante los conflictos étnicos en el este de Europa y durante las guerras civiles y las hambrunas en África, cuando la brutal crisis financiera en Argentina y cuando un tsunami devastó el sur de Asia. Este último caso sirve como buen ejemplo de lo que digo: el presidente Fox tardó más de un mes en enviar dos buques con alimentos y medicinas y una turista mexicana entrevistada en el lugar dijo que "mejor se iba a Europa a seguir sus vacaciones porque allí todo estaba muy feo".[336]

La democracia: ¿lo que tenemos? y ¿lo que queremos tener?[337]

"Por democracia suelen entenderse muchas cosas —escribe Luis Aguilar— desde una regla procedural de elección de legisladores y gobernantes hasta un gran proyecto imperativo de sociedad igualitaria".[338] Se trata entonces de dos concepciones, una que se refiere a "la participación en la formación y funcionamiento del orden político y jurídico",[339] la cual "se debe expresar con el voto" como quería Norberto Bobbio,[340] y otra que se refiere a una condición de la sociedad en general, como querían Rousseau y Tocqueville, "a una manera de funcionar de la sociedad y un espíritu que la penetra en todos los aspectos de la vida organizada", dice Alain Touraine,[341] en la cual el poder "se encuentra ampliamente distribuido entre los miembros de la sociedad".[342]

En México, sólo concebimos a la democracia en su primera acepción, la electoralista. Hacer elecciones ha sido una arraigada costumbre entre nosotros, tanto, que según el investigador Gustavo Ernesto Emmerich: "Por más de seis siglos se ha realizado algún tipo de proceso electoral" o de consulta para nombrar a las autoridades.[343]

Tal vez esto sea una exageración. Lo que sí es un hecho, es que en el siglo XIX, después de la Independencia, se le dio tanto peso a las elecciones, que éstas se llevaron a cabo aun cuando no había una nación y ni siquiera paz social y con todo y que los grupos contendientes se atribuían cada uno el triunfo y no respetaban los resultados. Por eso más de una vez hubo dos (y más) presidentes al mismo tiempo, o uno en la mañana y otro en la tarde y otro por la noche.

Porfirio Díaz, que gobernó treinta años con mano dura, de todos modos organizó puntualmente elecciones tanto para "ganar" el poder de manera "legítima" (y siempre por "abrumadora mayoría") como para que sus amigos fueran gobernadores o representantes de la gente, a pesar de que como decía la copla: "Que importa a los chamulas, que no tengan ojos azules, si dos diputados güeros, se sientan en sus curules". Se trataba, como afirma un estudioso, de una "coreografía legitimadora de decisiones ya tomadas con la venia presidencial".[344]

Lo importante de esto, es que como dice Emmerich, aunque no tenía que ver con el concepto y la práctica de la democracia, "su sola realización muestra que siempre ha tenido fuerza la idea de consultar al pueblo o por lo menos a parte de éste".

La Revolución mexicana se hizo con el lema del "sufragio efectivo", pero de todos modos, en las elecciones que siguieron a los hechos armados siempre había balazos y robo de urnas. Luego se formó un partido oficial que aunque le daba permiso de existir a alguno de oposición, invariablemente ganaba la presidencia, gubernaturas, presidencias municipales y congresos: "Desde fines de la década de los veinte, se dio el dominio ininterrumpido e incontrastado del partido oficial en las dos cámaras de las cuales se compone el Congreso de la Unión".[345]

En el último cuarto del siglo XX, grupos de ilustrados y de activistas sociales empujaron al gobierno a emprender reformas que permitieron que nuevos partidos políticos aparecieran en el mapa y contendieran.[346] A ese proceso se le llamó "transición a la democracia" porque, según José Woldenberg, permitió que además de partidos de oposición y elecciones limpias, se plantearan reglas sobre condiciones para la competencia y canales para dirimir diferendos.[347]

Y sucedió que poco a poco empezaron a ganarlas diputados, presidentes municipales e incluso gobernadores surgidos de dichos "otros" partidos.

Al principio todo parecía muy bonito y fácil. En las elecciones de 1995 en el estado de Jalisco, los priístas les repartieron tortas a los panistas y se apresuraron a reconocer la derrota de su candidato. Y cuando en 2000, el viejo partido de oposición Acción Nacional sacó por vía de las urnas al Revolucionario Institucional de Los Pinos, luego de más de seis décadas que llevaba en el poder, el presidente de la República reconoció sin más el hecho.

Pero poco después de eso, todo cambió. Se trataba de tener el poder a toda costa y no de preocuparse por la democracia. Pleitos brutales, alianzas insólitas, cambios de filiaciones políticas, ilegalidades y corrupción son la marca de la así llamada lucha electoral entre nosotros, que es una verdadera guerra cuyos métodos son muy poco democráticos.

* * *

Pero de todos modos, se sigue pensando que el voto es el instrumento del cambio y el signo inequívoco de la democracia. "A México ya sólo le falta tener elecciones limpias para ser un país del primer mundo", dijo a mediados de los años noventa el embajador de Estados Unidos en México, y todos estuvieron de acuerdo con él: "El voto es el instrumento fundamental para cambiar al país", declaró Cuauhtémoc Cárdenas.[348]

En función de esa creencia, se construyó un sistema electoralista enorme y complejo, y para que funcione, ha sido necesario (no podía ser de otra manera), gastar millones de pesos en crear leyes, instituciones y toda clase de organismos destinados a organizar y supervisar los procesos electorales: un Instituto Federal Electoral más uno en cada estado de la República, además de juntas distritales y varios tribunales especializados para resolver los conflictos que se presenten y un padrón de votantes que es el más caro del planeta, con su respectivo sistema de credencialización. Cada una de estas instancias requiere una burocracia formada por los Consejeros, cuyos sueldos son de los más elevados que oficialmente se pagan en el país, y toda una parafernalia de asesores, secretarias, contadores y ayudantes, que requieren de oficinas, autos, equipos de alta tecnología y de comunicación.[349] A esto se agrega el presupuesto destinado específicamente a cada uno de los partidos y grupos políticos reconocidos, a la organización de las campañas y a la publicidad. ¡Cada voto nos cuesta una verdadera fortuna![350]

Y esto llega tan lejos que a veces parece chiste. Escribe Carlos Martínez Assad: "Un ciudadano mexicano deberá emitir en un periodo de seis años votos para elegir a cuando menos diez personas que lo gobiernan o lo representan: 1. el presidente de la república; 2. el gobernador de su estado; 3. los senadores; 4. dos veces los diputados federales; 5. dos veces los diputados locales; 6. dos veces los ayuntamientos. Si además se trata de un militante de partido tendrá una elección para quien lo dirija, si es trabajador, profesor o estudiante, tendrá una elección sindical, como padre de familia tendrá la elección de la mesa directiva de la escuela de sus hijos y como habitante de alguna unidad habitacional o condominio, la de la directiva. Millones de mexicanos participan en cerca de cinco mil elecciones nacionales y locales cada sexenio, pues hay poco más de tres por día en el país". Y concluye: "Si el criterio electoral fuese el indicativo de la vigencia de la democracia, México sería uno de los países más democráticos del orbe".[351]

Y sin embargo, está lejos de ser así. Incluso en el terreno de lo puramente electoral. Y eso por muchas razones: desde que a los ciudadanos no les interesa lo que sucede en la esfera de la política o no piensan que su voto pueda significar algo, hasta porque encuentran que las ofertas electorales no les satisfacen o de plano les desagradan, pasando por lo mucho que confunden las formas de llevar a cabo la selección de candidatos y las votaciones.

Y es que la participación electoral del ciudadano, por el modo como está concebido el juego político, se limita a poner una marca sobre el logotipo de un partido, como si la democracia no fuera sino una gran encuesta de opinión pública, en la que nada tienen que ver ni con la configuración de las candidaturas ni con la conformación de las reglas. El voto entonces no es una apuesta (la palabra en el sentido que le da Bobbio) a que las cosas sigan igual o a que cambien, sino solamente una convalidación (y legitimación) de lo que otros decidieron de una manera que no los incluye.

Tal vez por eso es que millones de ciudadanos se abstienen de votar. Esa "ciudadanía" que según José Woldenberg "se conformó gracias a la transición democrática",[352] no parece muy decidida ni muy interesada en ejercer su derecho. Y eso lo vemos una y otra vez: en las elecciones de 2003, 58% de ciudadanos se abstuvieron, "la menor asistencia desde que las elecciones son organizadas por esos órganos ciudadanos", afirma Martínez Assad. Y además, dos millones anularon su voto premeditadamente: "No se registra ningún precedente semejante en la historia del país que exprese de forma tan contundente el rechazo al sistema político".[353] Algo similar ocurrió en las elecciones estatales de 2007 en Baja California y Oaxaca. Según el mismo investigador, desde hace muchos años ningún gobernador ha ganado con más de 20% de votos del total del padrón.[354] Y hasta a nivel de elecciones presidenciales, nadie ha ganado con más de 60% de votos y ha habido casos en que esa cifra no ha sido mayor de 30%.[355]

El abstencionismo es un aviso de desinterés o desilusión, pero también una forma de protesta activa, la única de que disponen los ciudadanos frente a lo que más que una democracia es una lucha de partidos e intereses en los que nada tienen que ver. ¿Qué otro modo hay de decirles que no les creemos sus promesas o que nos parece equivocado su modo de hacer política?

"El abstencionismo no es silencio ni vacío como se lo quiere ver y como convendría creer, sino una manifestación significativa de la sociedad, una expresión ciudadana, una manera de interpelar. Es la herramienta de los individuos que no encuentran forma de ejercer su derecho a expresar y legitimar sus puntos de vista y sus intereses y no quieren usar vías ilegales para hacerlo. Si estamos de acuerdo en que el voto es un instrumento fundamental para la democracia, entonces necesariamente tendríamos que aceptar que el no voto también lo es, pues dice algo que el voto no permite decir."[356]

Hoy día es una realidad que, a pesar de todo el esfuerzo y de los millones de pesos invertidos y energías enfocadas en lo electoral, el abstencionismo es el partido triunfador.

Y es también una realidad que los cambios a que nos condujo la vía electoral no nos han llevado a una verdadera democracia.

Las razones de esto son diversas, pero la principal es sin duda, la inadaptación a la novedad que ha significado que no exista ya un todopoderoso para dictar línea, mandar y resolver. Pues la vida política mexicana siempre estuvo dominada por un amo y señor como escribió Julio Scherer, que "resuelve y decide todo, desde lo nimio hasta lo trascendental" como escribió Luis Spota.

Durante el siglo xx, la gobernabilidad se consiguió con un sistema de negociaciones y acuerdos, de premios y castigos, de lealtades y de corrupción, en el que los conflictos se resolvían en lo oscurito y a la luz sólo salían las inauguraciones, clausuras y aplausos. La unidad en el Congreso y un buen carburado mundo de intermediarios la apoyaba.[357] Se trataba de un orden político en el que como ha señalado Fernando Escalante Gonzalbo: "Las instituciones están poco menos que de adorno (y) la arbitrariedad de los políticos era posible e incluso necesaria porque no podía contarse con el funcionamiento de las instituciones".[358]

Pero de repente eso cambió. Con el ingreso de nuevas fuerzas políticas al escenario, el poder del ejecutivo disminuyó mientras que el del legislativo aumentó, dando por resultado, escribe Luis Rubio, que "el presidente dejó de ejercer control efectivo sobre el Congreso, lo que se tradujo en que varias de sus iniciativas fueran rechazadas, algo inusitado en la historia política del país", situación que se repitió una y otra vez y terminó por traducirse en franca parálisis.[359]

Y es que, al mejor estilo nuestro, no se hizo nada para adecuar a las instituciones, a las leyes y los modos de funcionamiento del sistema y del ejercicio del poder a las nuevas realidades y a sus nuevas necesidades. Escribe Roger Bartra: "El sistema mexicano tenía una muy sólida base en muy complejos sistemas de mediación política", pero con los cambios "los aparatos de mediación ya no funcionaron bien".[360]

El no haber conseguido los acuerdos ni la negociación de diferencias, hizo que los grupos políticos se mantuvieran en el puro pleito: "Nuestra democracia quiere decir diputadas insultando y aventando botellas, diputados arrancando curules para lanzarlos contra sus compañeros, legisladores soltando bofetadas, trajes y corbatas echados cuan largos son sobre el presidium o volando para irse a estrellar contra el piso".[361]

* * *

Pero no sólo por allí ha fallado la democracia en México. También en otros de sus elementos fundamentales, como es la participación ciudadana.

El término "participación ciudadana" entró a la moda en México en la última década del siglo xx, para significar que había grupos de la sociedad que se organizaban para incidir en la esfera pública de acción.[362] Con eso, se "abandonaba el enfoque centralizado fundado en el Estado a favor de un enfoque que se refiere al conjunto de los actores sociales",[363] los cuales desempeñaban los papeles sin vanguardias, representantes o delegados.[364] Pero significaba sobre todo, que los ciudadanos "ya no son objeto de políticas sino sujeto de políticas".[365]

El lugar común aceptado por casi todos, es que los sismos de 85 en la ciudad de México fueron el detonador de este proceso, pues se organizaron grupos de ciudadanos para exigir apoyos para la reconstrucción y eso se consideró como el primer paso que se suponía, con el tiempo debería llegar mucho más lejos,[366] hasta que la ciudadanía realmente tomara parte en los asuntos públicos, proponiendo, criticando, ofreciendo, revisando, evaluando, es decir, funcionando en el sentido canónico del concepto como "responsabilidad de los ciudadanos y su voluntad de actuar en la vida pública",[367] fuera de las relaciones de poder que caracterizan a las instituciones estatales.[368]

Este camino que pareció abrirse despertó mucha ilusión. Como hongos aparecieron las llamadas ONG, que hablaban en nombre de la sociedad para defender sus derechos, promover sus demandas y denunciar las arbitrariedades del poder. Según Luis Aguilar: "En una sociedad tan estatizada como la mexicana, en la que tradicionalmente el control estatal ha sido tan extenso como intenso, estos resultaron embriones y puntas de lanza de una sociedad que libremente se organizó para atender por ella misma sus muchos problemas, que puso límites a la acción innecesaria o arbitraria del gobierno, que con sus iniciativas complementó la acción gubernamental y sobre todo, que actuó fundamentalmente por razones morales: solidaridad, defensa de los derechos humanos, filantropía, desarrollo social, cuidado del ambiente, sin interesarse por tener el control del poder estatal o aprovecharse de él".[369] Sergio Zermeño incluso llamó "democracias emergentes" a las organizaciones de la sociedad civil, considerándolas "movimientos sociales que influirían en la política nacional".[370]

Y, sin embargo, pronto se hizo evidente que eso no sucedería. Más bien al contrario, resultó ser la reproducción de un modelo viejo y bien conocido por la sociedad mexicana: el de un Estado paternalista y ciudadanos que esperan todo de él.

Porque ese Estado que en México históricamente no sólo había sido "controlador, vigilador y castigador" según la celebre trilogía de Foucault, ni sólo había sido "organizador y mediador" según la afirmación de Luis Aguilar, sino que además había sido benefactor, era el que los ciudadanos seguían invocando. Ese Estado que regalaba la casa y la máquina de coser, fijaba el precio del maíz y compraba las cosechas, subsidiaba la tortilla y la leche y el sistema de transporte colectivo, construía la carretera, la clínica, la escuela y el aeropuerto, llevaba la luz y el agua, el médico y las medicinas, el maestro y los libros de texto y por si eso no bastara, asumía las deudas de grupos privados era a lo que estamos acostumbrados los mexicanos. Y entonces, pues se siguió funcionando igual: no sólo esperando todo del gobierno sino con el convencimiento de que éste todo lo puede y lo debe dar. Por eso tanto en las situaciones de pobreza como en los desastres naturales, en la vida cotidiana como en las excepciones, la gente esperó y sigue esperando que el gobierno se encargue de componer las cosas. El siguiente es sólo un ejemplo reciente que evidencia este modo de funcionar: en una carta enviada a un diario capitalino después de las inundaciones que afectaron a la ciudad de México en el verano de 2006 un ciudadano escribe: "¿Qué va a hacer el gobierno del DF para recompensar a los afectados? Propongo que el año que entra nos condonen la tenencia y que no cobren el transporte público, que dejen pasar gratis a la gente al Metro y que no nos cobren el agua". Nada menos y nada más pedía este ciudadano a su Santa Clos gobierno.

La participación de los ciudadanos en la democracia en México, ha estado marcada por ese modo de funcionar. Los grupos que se organizaron lo hicieron para pedir y para gestionar beneficios específicos:[371] que servicios para una colonia, que habitación, que créditos.[372] La participación se entendió al modo tradicional de la forma de funcionar del sistema político mexicano y esto se hizo evidente también en la forma poco democrática en que funcionaron las organizaciones emanadas de la llamada "sociedad civil".[373] Como afirmó Enrique Canales: "No hay nada de romántico en estar idealizando las bondades de la sociedad civil pues ni sabemos sus buenas o malas intenciones ni tampoco podemos afirmar que entre más sociedad civil, más democracia participativa".[374]

Por eso la desilusión vino con toda su fuerza. "¿Acaso las ONG mexicanas tienen una visión de país, un proyecto de nación?", se preguntó una estudiosa y ella misma se respondió: sí lo tienen pero no es el de las movilizaciones y luchas populares sino el de algunas premisas formuladas por los tanques de pensamiento del capitalismo que ven al Estado como inoperante, ineficaz, costoso, excesivamente regulador e interventor de las relaciones sociales y que tienen una visión de la sociedad como ciudadanía y realización de las oportunidades de manera individual y no como un complejo sistema de clases sociales y de relaciones, por lo cual la suya es una retórica "asistencialista, desarrollista o humanista".[375] Y por eso otro académico de plano afirmó que la existencia de estas organizaciones había llevado a la atomización y el debilitamiento (y hasta desmantelamiento) del tejido social e incluso a la disolución social y habló de "la sociedad derrotada".[376]

* * *

Y es que, a decir verdad, pocos se ponen de acuerdo en qué es, qué puede ser y qué debe ser la "participación ciudadana". Para Alicia Ziccardi por ejemplo, se trataría de que los ciudadanos participen en los procesos de toma de decisiones,[377] pero Joan Font se pregunta ¿en qué tipo de decisiones?[378] Otros estudiosos piensan que más bien tiene que ver con vigilar y evaluar el cumplimiento de compromisos, pero en ambos casos, nadie tiene claro cómo sería esto. ¿Significa que se eligen otros representantes además de diputados y senadores y asambleístas? (y la pregunta entonces es si necesita la sociedad más intermediarios entre ella y el Estado),[379] y de ser así ¿qué asegura que éstos efectivamente sean representativos del conjunto de la sociedad? ¿No sería mejor pensar que pudieran participar todos aquellos que lo desearan y que espontáneamente lo hicieran?[380]

El problema es que en cualquier caso, trátese de representación o de participación abierta y espontánea, de toma de decisiones o de vigilancia y control ¿cuáles serían los mecanismos para que esto funcionara? ¿Cuáles los mecanismos para llevar a la práctica cualquiera de las opciones?

Ziccardi insiste en que es necesario hacerlo con reglas bien definidas,[381] pero no aclara cuáles serían éstas.

Hasta hoy, la manera como se ha puesto en práctica la llamada participación ciudadana ha sido siguiendo tres caminos: la cogestión entre grupos de ciudadanos y el gobierno (por ejemplo el modelo del Programa Nacional de Solidaridad), la llamada "ciudadanización del gobierno", que consistió en crear comités ciudadanos para vigilar a ciertas instituciones gubernamentales en sus procesos de decisión y cumplimiento de compromisos, y los referéndums y consultas sobre temas específicos.

¿Han funcionado?

Los estudiosos aseguran que las primeras de esas formas participativas, cuando tienen éxito, éste es limitado y de poca duración, por razones que tienen que ver desde con los insuficientes presupuestos hasta con la dificultad para el acuerdo de los vecinos sobre prioridades y modos de trabajo, pero sobre todo, con la disponibilidad en tiempo y energía de los ciudadanos y el hecho de que ese tipo de programas siempre son clientelares.

Por lo que se refiere a las segundas, su carácter es "meramente decorativo" y sólo han servido, como afirman Alberto J. Olvera y Ernesto Isunza Vera, para "legitimar decisiones previamente tomadas por la burocracia estatal, además de que no tuvieron capacidad para monitorear la aplicación de la política ni evaluar los resultados".[382]

Y respecto a las terceras, tienen poca confiabilidad. El caso arquetípico fue la consulta que se hizo sobre el llamado segundo piso en la ciudad de México, en la cual aunque de un padrón electoral de cinco y medio millones solamente votaron poco más de ochenta mil ciudadanos, de todos modos se nos dijo que "los capitalinos están mayoritariamente a favor de la obra".[383] En cambio, otras consultas en las que participó mucha más gente, como el caso de las elecciones para consejeros ciudadanos del DF en 1995, aunque votó el 21% de los empadronados, se consideró que no tenía validez por "insuficiente participación".[384] Es evidente que la valoración tiene siempre tintes políticos.

Como son las cosas hasta hoy, la participación ciudadana ha sido imposible por varias razones: una de ellas, por la cantidad de intereses encontrados imposibles de conciliar. Un ejemplo: en una ocasión en que los habitantes de Coyoacán se reunieron con el delegado, fue tanto lo que se le pidió y exigió, tanto lo que se le reclamó y criticó, que el hombre no podía tomar ninguna decisión sin afectar a algún grupo: unos pedían sí a la apertura de nuevos negocios mientras que otros se negaban a ello; unos querían quitar a los ambulantes mientras que otros insistían en permitirlos; había quien quería hacer espectáculos públicos y quien se negaba porque se genera mucho tráfico y ruido, y así. Entonces, el dicho funcionario terminó haciendo nada, excepto algunas esculturas de héroes de la mitología oficial ¡y ni así la gente estuvo contenta y los vecinos de una colonia protestaron por la que les tocó a ellos, que no les gustó!

Y es que concebir a los ciudadanos como un grupo homogéneo y con intereses comunes claros, y sobre todo, suponerlos "puros" y por encima de intenciones aviesas, de intereses particulares o incluso de mala fe, es un absurdo, pues no son sino seres humanos con todas sus enormes diferencias y sus particulares deseos, gustos, motivaciones y hasta su autoritarismo y su incapacidad para llegar a acuerdos. No olvidemos que las organizaciones de la sociedad son por igual la Cruz Roja que los Caballeros de Colón, Alcohólicos Anónimos que Caritas, Pro Vida que el Grupo de Información en Reproducción Elegida, los Damnificados de Tlatelolco que la Asociación de Esposas de Diplomáticos Acreditados en México, los concheros que bailan frente a Catedral que los cronistas de los barrios de la capital, la Mara Salvatrucha que las pequeñas pandillas que aterrorizan a ciertas colonias, los gestores de casas y terrenos en nombre de algún partido o líder que así pretende ganar influencia que las mafias de los puestos ambulantes y de la basura.

Otra razón para dificultar la participación ciudadana, es la imposibilidad de entregar la energía, tiempo y dedicación que se requiere. Zermeño cuenta lo que sucedió en la delegación Tlalpan del DF: los vecinos se negaron, a través de una consulta, a que se cambiara el uso del suelo. Pero los abogados de la delegación encontraron caminos jurídicos para que de todos modos se dieran permisos para centros nocturnos y construcciones de edificios que exceden la normatividad de la zona. "La batalla es constante entre vecinos y miembros de los comités vecinales por un lado, y las autoridades y los inspectores de la delegación. Es un trabajo titánico para los comités, que lo llevan adelante sin tener las herramientas jurídicas, debiendo asistir una y otra vez con este o con aquel empleado, a esta o a aquella reunión".[485]

Una razón más, es porque por lo que al gobierno se refiere, ni le interesa ni le conviene ese "empoderamiento" como se dice hoy, de los ciudadanos, que sólo les genera conflictos y más trabajo. Por eso, a pesar del discurso que reiteradamente hacen de que la sociedad tiene que ayudar a enfrentar y resolver los problemas, se la pasan tratando de echar a andar leyes para limitar y controlar su participación,[386] porque "ella es vista como enemiga".[387] Con razón según los resultados de la Encuesta Nacional de Cultura Política de 2003, "el 55 % de los entrevistados considera que los ciudadanos influyen poco o nada en las decisiones de gobierno".[388]

En particular, a las autoridades les interesa boicotear cualquier cosa que tenga que ver con la participación ciudadana en el aspecto político.[389] Así ha sido desde las elecciones para consejeros en la capital hasta las de los comités vecinales que han sido indefinidamente pospuestas y desde la configuración de candidaturas hasta pelear porque se mantenga la prohibición de las que se lanzan de manera independiente fuera de las estructuras de los partidos.

Y es que ellos quisieran que el término participación ciudadana significara que les demos nuestro voto y después regresemos a la casa donde como dice el dicho, "calladitos nos vemos más bonitos",[390] y que no volvamos a aparecer hasta la siguiente elección. Para nada está entre sus planes "que los ciudadanos se involucren en los actos de gobierno"[391] ni que quieran "transmitirle al poder su parecer"[392] y participar de las acciones que se emprenden, ni "en la formación y funcionamiento del orden jurídico y político" como dice Fernández Santillán.[393]

* * *

A decir verdad, tampoco los ciudadanos tenemos muy claro el alcance del término "participación ciudadana". Un buen ejemplo sucedió en 1988, cuando "se cayó el sistema" que debía hacer el conteo de los votos electorales: "El 6 de julio de 1988 íbamos a empezar la revolución después de desayunar. Estábamos dispuestos a defender el voto con la vida. ¡A la calle! ¡México se levantaría! Pero afuera, ni un alma. Ni siquiera una patrulla, ni un peatón, ni carros. Se robaban la elección presidencial, el futuro, la esperanza y nadie había" escribió Agustín Gendrón.[394]

¿Qué fue lo que pasó? ¿Por qué a pesar de las palabras ardientes México no se levantó?

Casi una década después, cuando Cuauhtémoc Cárdenas triunfó en las elecciones para gobernar la capital de la república, esto no se había modificado un ápice: "Los ciudadanos empezamos a preguntarnos qué podíamos hacer para cooperar con el nuevo gobierno de la ciudad ¿Debíamos esperar que el nuevo jefe de Gobierno nos dijera qué hacer y seguir entonces con el esquema de la vieja cultura autoritaria y paternalista? ¿O debíamos aprovechar los deseos de participación y las energías de tantos entusiastas? Pero ¿cómo?"[395]

De modo pues, que vivimos en un círculo perfecto: nuestros dirigentes creen que la democracia consiste nada más en votar y los ciudadanos tampoco sabemos qué hacer que no sea pedir y esperar todo del papá gobierno.

Así que el concepto de participación ciudadana es uno de esos que es excelente en el papel pero que no se puede aterrizar en la realidad. Los gobiernos lo adoptaron como discurso pero no asumieron una práctica consecuente, sólo simularon una apertura estatal a la ciudadanía[396] y los ciudadanos lo hemos aceptado así.

* * *

Otro elemento fundamental para la democracia es la transparencia, que tampoco existe entre nosotros aunque existan (por supuesto) las leyes y las instituciones que deberían hacerla efectiva.

Dicho en castellano: de poco o nada sirven la Secretaría de la Contraloría de la Federación hoy de la Función Pública, el Instituto Federal de Acceso a la Información Pública, la Auditoría Superior de la Federación y las Leyes de Transparencia y Acceso a la Información Pública. La nuestra es una democracia con serios rezagos en cuanto a la transparencia del gasto público.[397]

El discurso de la transparencia surgió en los años noventa, en los organismos internacionales, como "reacción a la continuidad de las prácticas generalizadas de corrupción que caracterizan a la mayor parte de los gobiernos y a la preservación del secretismo en que se funda el poder discrecional de los políticos y de los burócratas", afirman dos investigadores.[398]

En México, se la asumió como si tal cosa, como se asume todo lo que nos dicen de fuera, a pesar de lo cual, con todo y los discursos y las promesas, las instituciones y las leyes creadas para tal fin, todos se las han arreglado para darle la vuelta al asunto: los gobernadores estatales se muestran reticentes a la fiscalización federal (y siguen manejando 62 centavos de cada peso sin dar explicación de su uso afirma Juan E. Pardiñas), sólo se conocen los salarios "base" o "nominales" de los funcionarios públicos pero no sus prestaciones, bonos y compensaciones que duplican y hasta triplican a aquéllos, se hacen trampas en la manera de nombrar a los recursos o no se desagregan los presupuestos de manera que no se puede saber cuánto de un programa se va a dedicar a gastos de administración y cuánto va a llegar directamente a los beneficiarios, se cambian continuamente los criterios, objetivos, metas, indicadores, nombres y denominaciones a los que se destinan los recursos, los Congresos locales y el federal son renuentes a asignar presupuestos adecuados para echar a andar sistemas de transparencia, tal que lo que se puede auditar es mínimo, los órganos encargados de vigilar tienen estrechos márgenes de autonomía y el nombramiento de sus encargados está muy politizado, los organismos públicos no hacen disponible la información o la limitan y muchas veces la que sí hay es de pésima calidad.

Éste es un ejemplo: en junio de 2003, un diario traía la siguiente información de que "a menos de un mes de que venza el plazo marcado por la Ley de Transparencia y Acceso a la Información del Distrito Federal, todavía no se ha constituido el Consejo de Información que tendrá como primera tarea redactar el reglamento y los instrumentos que permitan a los ciudadanos ejercer ese derecho". Y sigue: "Pese a que la sociedad está supeditada a la integración de este órgano para consultar las bases de datos de los organismos públicos, todavía ninguna entidad ha nombrado a sus representantes".[399]

En resumidas cuentas, dice Juan E. Pardiñas, que "por la falta de transparencia y la dudosa credibilidad de la información disponible, resulta imposible conocer con certeza lo que sucede".[400] En resumidas cuentas, decimos nosotros, todo es una vez más, pura simulación.

Los resultados de este proceder están a la vista: según el informe que presentó en 2003 la Auditoría Superior de la Federación "no se han aclarado 85% de las anomalías en la contabilidad de las entidades" y tampoco se ha aclarado el destino que tuvieron millones de pesos asignados a diferentes rubros, por ejemplo, al Fondo Nacional de Desastres Naturales al que "se le perdieron" nada menos que 400 millones de pesos.[401]

Los ejemplos se multiplican. El julio de 2002 se hizo público que el llamado "gasto discrecional" del gobierno había crecido nada menos que en 22%

en un año. Tan sólo las secretarías de Hacienda y Crédito Público y de Defensa habían incrementado el suyo en más de 5,000%. ¡Casi 4,500 millones de pesos de los que nadie tiene que dar cuentas ni pedir permisos![402]

Por eso organismos como Transparencia Internacional reprueban periódicamente a México en este terreno.

* * *

Un elemento más que tendría que estar presente entre nosotros si realmente fuéramos democráticos es la aceptación de la crítica.

En México no gusta la crítica y nunca ha gustado. Ejercerla puede costar muy caro, desde la exclusión (como le sucede a los académicos y a los críticos de arte y literatura que no comulgan con las ideas de moda o con las mafias) o el empleo y hasta la vida (como le ha pasado a tantos periodistas y activistas).

En los remotos tiempos de la Nueva España, si se quería criticar, se echaban a circular volantes anónimos porque la autoridad virreinal no estaba dispuesta a aceptar ningún cuestionamiento. Lo mismo sucedió en los tiempos de la dictadura porfirista y en las casi ocho décadas del priísmo, en el que, como afirma Miguel Ángel Granados Chapa, el sistema político era autoritario, pero no aceptaba que lo era y de todos modos, no aceptaba la crítica.[403]

En los años sesenta del siglo XX, empezaron a aparecer libros críticos del gobierno, pero sólo hasta que terminaban los sexenios y los señalados ya no tenían poder. Cualquier programa de radio o televisión, revista o periódico que se atreviera a tocar al presidente y a algunos otros poderosos, sufría las consecuencias de la censura, porque como diría años después un gobernador "la crítica genera desconfianza e intranquilidad".[404] Daniel Cosío Villegas se atrevió a criticar al presidente Echeverría y éste lo persiguió sin piedad. Lo mismo le sucedió al periódico *Excélsior*. Y si alguien criticaba a algún eclesiástico, se le acusaba de ser comunista y de estar en contra de la religión mayoritaria de los mexicanos.[405]

De los últimos dos presidentes de ese siglo, a uno, Salinas, le pareció que el modo de parar a los críticos consistía en comprarlos con prebendas y honores, y al otro, Zedillo, le dio por acusarlos de nostálgicos del autoritarismo, pesimistas y derrotistas "que sólo ven lo negativo y nunca lo positivo", que "ocultan las buenas noticias y el esfuerzo de millones de mexicanos que sí creen en nuestro país". Los llamaba "malosos" y los sacaba de formar parte del pueblo porque en su opinión "el pueblo se identifica con el gobierno y criticar a éste es oponerse a aquél".[406]

Cuando el presidente Fox inició su mandato, él y su esposa decían que "bienvenida la crítica" porque "de ella aprendo y me ayuda", pero muy pronto ya no quisieron saber. A partir de entonces se dedicaron a descalificar a los críticos, a acusarlos de estar motivados por razones ridículas ("pura vocación criticona", dijo el vocero del Partido Acción Nacional,[407] aviesas (envidia, resentimiento, servicio a los partidos de oposición e incluso corrupción) o pasadas de moda ("quieren que sigamos siendo floreros, figuras decorativas").[408] A veces el presidente se enojaba tanto, que amenazaba a sus críticos "con hacerlos beber sopa [*sic*] de su propio chocolate".[409] Y un día, anunció que no leería más los periódicos ni oiría más lo que se opinaba sobre su que-hacer, y no contento con eso, invitó a los ciudadanos a que hicieran lo mismo, llegando hasta el punto de felicitar a una campesina ¡porque no sabía leer![410]

Tampoco a López Obrador le gustaba la crítica y también durante su gestión la ignoró reiteradas veces, pero de plano durante el conflicto postelec-toral, los que se atrevieron a hacerla tuvieron que pedir perdón público, como en los tiempos del estalinismo, cuando cada vez que alguien decía algo ajeno a los lineamientos en turno tenía que retractarse.

En general la actitud de los perredistas fue la de acusar de complot en contra del partido o de sus jefes a cualquiera que se atreviera a manifestar una opinión adversa o una queja.[411] Y todavía llegaban más lejos: una recla-mación en alguna delegación o colonia por falta de servicios o por lo que fuera bastaba para que se le fueran encima al que la hacía acusándolo de estar en contra del partido y hasta del jefe de Gobierno de la capital,[412] de ser de derecha y hasta fascista.

Y así con todo: a quienes critican las fiestas opulentas del obispo Oné-simo Cepeda se les acusa de estar en contra de los católicos, a quienes opinan sobre la riqueza desmesurada de Carlos Slim se les tacha de estar en contra de los empresarios. Al periodista José Gutiérrez Vivó las grandes empresas le cortaron la publicidad por no estar de acuerdo con su posición política du-rante la campaña presidencial de 2006 y lo obligaron a dar por terminado su espacio radiofónico después de 33 años de transmisiones ininterrumpidas y de un indiscutido liderazgo en cuanto a la forma de hacer radio en el país. Y en la academia, como dice Julio Boltvinik: "La crítica es interpretada como descalificación personal. Quien se atreve a criticar las ideas, análisis y conclu-siones de sus colegas es castigado por la comunidad con el aislamiento. Esta manera lleva a (casi) todos los académicos a abstenerse de toda crítica a sus colegas".[413] Y lo mismo sucede con la crítica en las artes y en la literatura, que si alguna vez existió, ahora ha desaparecido por completo.

Pero ¿es eso democracia?

"La democracia tiene como premisa fundamental e irrenunciable la exteriorización pacífica de las opiniones de los ciudadanos", escribió Alain Touraine,[414] el cuestionamiento constante, el "interpelar e interpelar", dijo Norbert Lechner.[415] El ideal democrático prevé una ciudadanía atenta a los desarrollos de la cosa pública, informada sobre los acontecimientos políticos, al corriente de las principales cuestiones y comprometida de manera directa o indirecta en formas de participación", afirma Giacomo Sanni.[416]

* * *

Después de este recorrido, la única conclusión posible es que la demo-cracia en México no existe. A menos que se considere como eso el puro juego electoral y de la manera tan restringida como se lo lleva a cabo. Y a menos que se considere, como dice Roger Bartra que dice Niklas Luhmann, que es posible que un sistema democrático pueda funcionar y reproducirse sin derivar su legitimidad de la sociedad que lo rodea y por el funcionamiento de sus pro-pios mecanismos electorales. En este caso, se trataría de un sistema autónomo, autolegitimado, basado en la pura formalidad de la administración,[417] en el que participan solamente minorías ilustradas, mientras que para las mayorías "no significa ningún cambio favorable en cuanto a una democracia social".[418]

La democracia en México no es una realidad en el sentido que le dan los teóricos del tema, como "una manera de funcionar de la sociedad y un espíritu que la penetra en todos los aspectos de la vida organizada", según dice Alain Touraine.[419]

Y no lo es, porque no surgió de abajo hacia arriba sino al contrario, fue impuesta de arriba hacia abajo por grupos ilustrados que presionaron al gobierno y pudieron hacerlo porque forman parte de él. Escribe Gabriel Zaid: "Desde que México pretende ser moderno (para ser exactos, desde que las minorías educadas pretenden modernizar al país) prevalece la contradicción: la modernización impuesta desde arriba. Es una contradicción porque al imponerla, el modernizador actúa premodernamente".[420]

Dicho de otra manera, que entre nosotros no fueron transformaciones mentales y sociales profundas las que llevaron a la democracia, las que como señaló Sartori deberían ser previas a las construcciones legales e institucionales,[421] no fue "una conciencia, una interioridad, antes de ser una política y una acción",[422] sino que fue solamente "una apertura controlada y restringida de la arena electoral con fines pragmáticos, los de recobrar para el régimen alguna legitimidad", y para que la elite política se alternara en el poder.[423] Por eso conservaron el viejo entramado institucional y normativo heredado del régimen anterior, pensando que era posible alterar una parte de la ecuación sin tener que cambiar el todo.[424]

La democracia no es entre nosotros una cultura, no proviene del conjunto de la sociedad ni se encuentra ampliamente distribuida entre sus miembros como dice Pedro Salazar que sería el sentido canónico del concepto.[425] Más bien al contrario, "la nuestra es una sociedad sin vocación democrática y con una poderosa cultura autoritaria".[426]

Por eso no pasamos la prueba de las elecciones de 2006 y el país entró en guerra. Lo que vimos en México durante varios meses fue a jóvenes agrediendo a jóvenes porque apoyaban a otro partido, a comensales insultándose en los restoranes por distintas filiaciones políticas, a grupos del partido perdedor impidiendo al nuevo presidente colocar una ofrenda en un monumento, tomando carreteras y edificios públicos.[427]

Y es que no hemos entendido, como quería Octavio Paz, que además de ser el más alto grado de civilización, la democracia es también y al mismo tiempo un recurso civilizatorio. No hemos entendido que la democracia no puede existir mientras exista la separación entre los valores democráticos y el funcionamiento real de la vida democrática.[428]

Por eso, aunque la palabra democracia se usa mucho y la usan todos a diestra y siniestra,[429] no hay tal. Eso sí: según la publicidad, no solamente sí existe sino que ¡tenemos al Trife como su garante![430]

La familia: ¿un lugar de amor?[1]

*M*argarita Nolasco define a la familia como una "una unidad de parentesco cuyos miembros reconocen el parentesco". También Pilar Gonzalbo la define por los "lazos de parentesco", pero además agrega el hecho de que sus miembros sean "componentes de una comunidad doméstica", lo que otros autores llaman "hogar", y que según afirma Peter Laslett, significa "compartir el mismo espacio físico". A esto Ignacio Maldonado le suma un elemento clave que es el de la "interacción significativa" de esas personas.[2]

Pero la familia es más que eso: es también una unidad económica (de ingreso, de gasto y de consumo), es el lugar de reproducción de la especie y de la fuerza de trabajo, así como de los valores sociales y de las pautas y prácticas culturales y simbólicas y es el sitio donde se aprenden las reglas de la socialización y de los sentimientos y las relaciones. Por eso, los teóricos han dicho que es "la célula básica de la sociedad" pues cumple las cuatro funciones esenciales que ella requiere para sobrevivir; la sexual, la económica, la reproductiva y la educativa.[3]

Pero hay también otras funciones que cumple la familia y que se han estudiado menos. Una de ellas, es la que señala María Inés García Canal según la cual es en su seno donde se llevan a cabo las rutinas de la cotidianidad:[4] "es la organización responsable de la existencia cotidiana de sus integrantes, produciendo, reuniendo y distribuyendo los recursos que hagan posible la satisfacción de sus necesidades básicas",[5] con lo cual funciona como "amortiguadora" de lo que sucede en la sociedad y como intermediaria entre dicha sociedad y el individuo. La otra es, según sostienen y aseguran el Estado y las Iglesias, las leyes y la medicina, los medios de comunicación y la literatura, la de ser un lugar de protección, apoyo y solidaridad,[6] o como dice Christopher Lasch "un refugio en un mundo despiadado".[7] Por eso es que "con la palabra familia se asocian significados altamente positivos como los de unión, hijos, amor, hogar, bienestar, padres y comprensión", afirma Julia Isabel Flores.[8]

Este último aspecto, que tiene que ver con la dinámica en la familia, es el que me interesa, aunque es en el que menos atención se ha puesto en la muy vasta bibliografía sobre el tema.[9]

La razón de mi interés es que esto es particularmente importante hoy día, cuando se supone que a la familia ya sólo le quedan como funciones las de la reproducción[10] y la de dar amor y ser sitio de reparación emocional, puesto que las otras funciones ya las cumplen otras instituciones sociales: "La familia concentra toda su fuerza en el afecto y le deja la educación a la escuela, la religión a la Iglesia, la protección al Estado", dice Carle Zimmerman.[11] Esto por supuesto no es del todo cierto, pues como afirma Mario Luis Fuentes: "Ningún programa ni institución puede suplir a la familia en sus funciones esenciales",[12] pero sí tiene buena parte de verdad en el sentido de que, en los tiempos que corren, la familia ya no cumple ni puede cumplir funciones que no van más de acuerdo con los nuevos modelos sociales, con los patrones de mortalidad, fecundidad y nupcialidad, con las muchas formas de unión que existen, con los cambios en la división y formas del trabajo, con las maneras de conseguir y transformar los alimentos, con los cambios en la educación y en el acceso a la información, con las transformaciones en el papel que desempeña la mujer y los modos distintos de socialización de los hijos que incluyen el cuestionamiento del concepto mismo de autoridad.[13]

* * *

La afirmación de que la familia es un refugio, parte de dos suposiciones: la primera, que el hogar es un lugar al que no entra el ruido de afuera y que por lo tanto, a diferencia del mundo que siempre es hostil, difícil, competitivo e inhumano, en él resulta agradable vivir y es posible reponer fuerzas físicas y sicológicas que permitan luego salir y enfrentar con fortaleza las dificultades. Y la segunda, que los padres siempre aman a sus hijos, en particular la madre que no sólo es fuente de ese amor sino también de infinita capacidad de sacrificio[14] y que los miembros de la familia cuentan con ese afecto que les nutre y apoya.

Esta forma de pensar nació con la sociedad industrial, cuando los estudiosos se percataron de que las largas y agotadoras jornadas en las fábricas mantenían a las personas fuera del hogar al que nada más llegaban para alimentarse, descansar y recuperarse. Se decidió entonces que la familia servía como restauradora de lo que el mundo de afuera arrebataba a las personas y como reordenadora de ese mundo exterior que "parece algo amorfo, un desorden inexplicable", según escribió Zaretsky. De allí nació el mito que, fortalecido por el romanticismo, hizo creer que la familia es un lugar de cariño y seguridad. Y tan se lo creyó, que el escritor Ralph Waldo Emerson hasta llegó a decir que la ternura se había inventado en el siglo XIX y en el hogar.

Hoy día, el modelo ideal de la familia perfecta, que es el mismo de los países ricos de Occidente, la compone de papá-mamá-hijo e hija-perro y perico,[15] que asisten a la escuela y el trabajo y que habitan en su linda casa, rodeados de muchos objetos materiales. De acuerdo a este modelo, la familia es (y debe ser) un pequeño núcleo autosuficiente, que puede (y debe) resolver tanto las necesidades de la vida diaria de sus miembros como las contingencias que se presenten y que además tiene la obligación (y la posibilidad) de hacerlos felices.

A este modelo ideal aspiran las personas y por conseguirlo se esfuerzan más allá incluso de sus posibilidades reales, tanto materiales como emocionales. Aunque no cuenten con los recursos o aunque no tengan ganas, todo mundo querrá casarse y "formar un hogar y una familia" y en ellas "la primera aspiración es el afecto y el amor de la pareja", escribe Luis Leñero.[16]

Y allí empiezan los problemas. Porque en esa fantasía no entra para nada el conflicto, que es inevitable porque los seres humanos tienen problemas, formas de ser que no congenian, expectativas que los otros no pueden cumplir, carencias y deseos que no pueden satisfacer. Y porque no es cierto que el hogar pueda cerrarse a los ruidos, presiones y exigencias de afuera, pues como escribe Christopher Lasch: "El mundo moderno se inmiscuye en todo y ha destruido la privacidad".[17]

Entonces resulta que de hecho es al revés, que la familia, como dice Diane Feeley, "es un núcleo conflictivo lleno de tensiones emocionales y problemas internos [...] que más que dar seguridad genera violencia".[18]

No podría ser de otro modo. Porque desde el momento mismo en que la familia es el lugar de mediación entre las ideas y construcciones ideológicas (modelos y paradigmas, deseos y sueños) y la realidad, en ella es donde se ejercen y materializan las presiones sociales reales y donde se hacen efectivas las contradicciones. Y es que todas las carencias, presiones y exigencias sociales pasan por la familia, generándole fuertes tensiones tanto a sus miembros individuales como al conjunto, de modo que como bien lo vio Freud, ésta termina por ser un caldo de cultivo para miedos, envidias, culpas, ira, frustraciones, odio: "El prójimo no representa únicamente un posible colaborador y objeto sexual, sino también un motivo de tentación para satisfacer en él la agresividad, para explotar la capacidad de trabajo sin retribuirla, para aprovecharlo sexualmente sin su consentimiento, para apoderarse de sus bienes, para humillarlo, para ocasionarle sufrimientos, para martirizarlo y matarlo".[19]

Y porque el ser humano no puede vivir sin conflicto, el conflicto le es necesario y útil para adaptarse, para defenderse, para sobrevivir, para resolver aunque sea momentáneamente, las contradicciones y presiones, las provocaciones, confusiones y miedos de la vida.

Dicho de otro modo, que el conflicto no es una aberración sino una forma de funcionar del orden social. Por eso tiene razón Marta Torres Falcón cuando afirma que "la agresividad humana es incomprensible fuera del contexto social".[20]

* * *

La violencia ha sido parte integral de la vida de las familias desde el principio de la historia. Ella aparece en los mitos fundadores de todos los pueblos, desde los relatos de la Biblia y de los dioses griegos, romanos, germanos, egipcios y aztecas, plagados de fratricidios, asesinatos, filicidios y demás variantes del odio de padres contra hijos, hijos contra padres, esposos contra esposas, hermanos contra hermanos y toda suerte de parientes cercanos y lejanos contra aquellos. Y aparece también en las historias de las casas reinantes de todos los tiempos y de todos los lugares así como en todas las clases sociales, desde las que tienen el poder económico hasta las que viven en pobreza.

Por supuesto, los parámetros y definiciones de lo que es violencia cambian por épocas, países y clases. Un golpe puede ser considerado educativo o humillante según cuándo, dónde y viniendo de quién, puede servir para iniciar un pleito o para pararlo, puede ser señal de virilidad —hubo tiempos en que un marido que no golpeara a su esposa era mal visto— o al contrario, puede ser causa de estigma social, como se supone que sucede hoy en las sociedades democráticas.

El término violencia se refiere pues, a un amplio rango de situaciones y tiene muchos grados y niveles, pero por lo general se considera violencia "a un comportamiento caracterizado por el ejercicio de la fuerza para ocasionar un daño o lesión a otra persona",[21] aunque también se considera violencia la negación del afecto, los insultos verbales y las ofensas, la coacción y las presiones emocionales, las exigencias excesivas y a las amenazas, e incluso la indiferencia y la desaprobación, el rechazo y el abandono.[22]

Las causas de la violencia en la familia son de diversa índole. Hay razones económicas que tienen que ver con las dificultades materiales concretas: que no alcance el dinero para satisfacer las necesidades básicas como alimento, salud, techo, servicios, o las necesidades que más allá de las básicas ya se han vuelto reales en las sociedades actuales como la ropa, el maquillaje, las diversiones y la posesión de ciertos objetos como autos, computadoras o teléfonos.[23]

Hay razones culturales que tienen que ver con conductas, costumbres, creencias, tradiciones y supersticiones. Por ejemplo, el sentimiento de propiedad sobre mujer e hijos, la necesidad de obediencia que tiene el fuerte respecto al débil, la concepción de cómo debe ser y qué debe hacer la autoridad, las ideas sobre formas de educación o respecto al ejercicio de la sexualidad y al uso del tiempo.

Hay razones que tienen que ver con la forma como está construido el orden social "que asigna posiciones diversas en función de la edad, el sexo, la etnia, la clase, etcétera".[24] Hanna Arendt por eso dice que la familia "es la manifestación más flagrante del poder".[25] Además está lo que los demás esperan o suponen que debe ser el comportamiento de las familias.

Hay razones que tienen que ver con los cambios inesperados en la vida, como irse a vivir del campo a la ciudad, pasar de una familia extendida a una nuclear o al contrario, perder el trabajo o la salud, sufrir exilio o devastaciones provocadas por la naturaleza, e incluso vivir en espacios muy reducidos o entre mucho ruido o tráfico.

Hay razones biológicas, que van desde la relación de las hormonas con la agresividad hasta las diferencias en fuerza muscular y de energía, y razones sicológicas, que van desde la incompatibilidad de personalidades hasta la enfermedad mental y desde las frustraciones, los deseos, la soledad y el miedo hasta la impotencia o la ira.

Total que por una razón o por otra, el hecho es que en las familias hay rivalidad, competencia, envidia, resentimiento, necesidad de aprobación y de reconocimiento, interés amoroso, económico o de poder y todo ello genera conflicto y hasta violencia.[26] Escriben Helfer y Kempe: "A través de la historia existen los bien conocidos motivos de la búsqueda del poder, posición, posesiones, prestigio y los poderosos impulsos de la envidia y los celos que conducen inevitablemente a conductas violentas. Dentro de la familia ocurren estos patrones de conducta, surgen conflictos por razones de reconocimiento, provisión

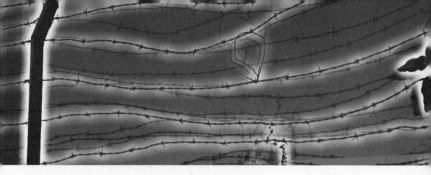

material, lealtad, control y fidelidad sexual y se puede recurrir a la violencia como modo de sacarlos o de pretender resolverlos".[27] Todo ello conduce a que inevitablemente, como escribió el sociólogo chileno Ariel Dorfman, la violencia forme parte de nosotros de forma tan natural como respirar o comer.

* * *

Que hablen los datos:

–Según la Procuraduría General de la República y la Comisión Nacional de los Derechos Humanos, en una de cada tres familias hay violencia física contra la mujer, hay una mujer agredida cada 15 segundos,[28] y la violencia afecta a casi el 10% de las mujeres mexicanas.[29]

El Centro de Atención de Violencia Intrafamiliar reportó que 93% de las personas que solicitan sus servicios son mujeres, y del 7% restante, la mayoría son niños menores de 12 años o ancianos.[30]

La Encuesta Nacional sobre la Dinámica de las Relaciones en los Hogares 2006 afirma que 67% de las mujeres en México ha sido objeto de algún tipo de violencia y que dos de cada diez mujeres señalaron haber sufrido agresiones físicas que les provocaron daños permanentes o temporales, 16% de ellas por parte de su pareja.[31] Los datos dejan ver que la violencia física aumentó casi un punto porcentual,[32] con todo y la recientemente aprobada Ley General de Acceso a las Mujeres a una Vida Libre de Violencia y con todo y la puesta en marcha del Sistema Nacional de Prevención, Atención, Sanción y Erradicación de la Violencia contra las Mujeres que se supone apoya la puesta en práctica de la ley.

Un estudio reciente hecho por el Consejo Nacional para Prevenir la Discriminación muestra la gravedad de esta situación, pues cuando se les preguntó a las mujeres cuál era su mayor sufrimiento, la mayoría respondió que la violencia familiar, poniéndola por encima de la pobreza y la falta de trabajo.[33]

–En 1998 el director del Sistema Nacional para el desarrollo Integral de la Familia afirmó que 73% del maltrato infantil iba contra menores entre 0 y 11 años y que de ése, en 57% de los casos era infligido por los progenitores, particularmente la madre.[34] Unos años después, el Informe Nacional sobre Violencia y Salud afirmó que "mueren al año más de 700 niños por maltrato", que "desde hace treinta años dos menores de 14 años de edad mueren cada día a causa de la violencia", que "entre 1998 y 2002 la primera causa de defunciones en niños y niñas menores de un año fue ahorcamiento, estrangulamiento y sofocación, de 1 a 4 años fue ahogamiento y sumergimiento, y de 5 a 9 años y de 10 a 14 años fueron disparos de armas de fuego".[35] Según el informe 2006 *La infancia cuenta*: "Después de la India, México es considerado el segundo país del mundo con mayor número de niños víctimas de la violencia doméstica".[36] Datos de la Organización de las Naciones Unidas hablan de 8.5 millones de niños que sufren de maltrato y datos de la Comisión Nacional de los Derechos Humanos dicen que en los casos de violencia contra niños, 40% corresponde a menores de 12 años y 35% a niños entre los 12 y 15 años.[37] Por su parte la Red por los Derechos de la Infancia, afirma que millones de niños mexicanos crecen en un entorno de gritos y violencia y "con poco o nada de cariño": "Hay una práctica generalizada de castigo físico hacia niños y niñas que se justifica como una forma de disciplina", aseguró Nashieli Ramírez, consejera de la Red.[38] ¿Qué mayor signo de violencia que el hecho de vivir en la calle? En 2004 alrededor de 15 millones de niños y jóvenes vivían en esa situación.[39]

–Según la Carta Demográfica sobre México publicada por la UNAM en el 2001, en los adultos mayores de 65 años sigue siendo más grave la pobreza, la desnutrición y la falta de apoyos y servicios, así como el maltrato.[40] Y el investigador Luis Leñero asegura que "una quinta parte de los mayores de 44 años están abandonados por sus parientes cercanos".[41]

–Según la Encuesta Nacional sobre la Dinámica de las Familias, 13 millones de personas coincidieron "en que es poca o nula la manifestación de cariño" en el seno de las familias.[42]

Y que hablen los ejemplos:

En Tijuana una mujer sale a trabajar y deja a cuatro niños, cuyas edades fluctúan entre los seis meses y los seis años, completamente solos en un cuartucho de cartón, semidesnudos, en temperaturas bajo cero y sin nada que comer. En Tamaulipas una pareja amarra a sus hijos a un árbol y los golpea inmisericordemente durante días, semanas, meses y años hasta que un vecino se atreve a denunciar el hecho. En la ciudad de México, un niño se suicida colgándose del techo, porque ya no soportaba el maltrato de sus padres que dijeron que lo hacían "para corregirlo y educarlo". En Guerrero, una niña vive encerrada desde hace cuatro años (en total tiene cuatro y medio) en una jaula, a la intemperie, junto a los cerdos que cría su familia. La madre asegura que lo hace así porque la chiquita es muy latosa. En Chiapas, una familia le vende a un extranjero a su hija de once años, éste abusa sexualmente de ella y la golpea hasta matarla y luego se regresa tranquilamente a su país. En la ciudad de México una abuela barre el piso con la cabeza de su nieta "para darle una lección". En Veracruz una madre pone las manos de su hija sobre el comal caliente para que se enseñe a hacer correctamente las tortillas. Todas las semanas aparecen recién nacidos abandonados en botes de basura o en terrenos baldíos y pequeños quemados con cigarrillos.

* * *

En el modelo de familia de los países ricos, que en México nos ponen como ejemplo a seguir, no caben sin embargo, muchas realidades. Por ejemplo: una familia extensa en la que estén incluidos los abuelos y algún tío, una familia en la que la mujer es el jefe y proveedor como son tantas en México (20% del total)[43] y otros países pobres, una familia compuesta por amigos y no por parientes o por una pareja del mismo sexo. En los casi 30 millones de hogares que había en México en 2001 —y que crecen a razón de medio millón por año— alrededor de diez millones de familias seguían el patrón nuclear y otros cuatro millones no lo seguían.[44] ¿Quiere decir eso que quien así vive está en falta, en el error, en el pecado, en la ilegalidad, en la enfermedad, en la desviación, en el fracaso, en la vergüenza? Así parecen creerlo muchos, por ejemplo los legisladores de Nuevo León que en el 2007 propusieron una ley que excluía a todos ellos del concepto de familia.[45]

Pero la realidad que menos cabe es la que no acepta reconocer que en las familias no se cumple el esquema de amor y armonía que nos han puesto como modelo.

La familia es una forma de organización social cuya estructura misma y modo de funcionamiento, dados tanto por la propia naturaleza humana como por las presiones de afuera, genera *per se* una dinámica de conflicto. Pero como la sociedad la considera como un lugar de amor y armonía y al conflicto como una desviación o enfermedad que hay que extirpar de su seno, entonces cualquier familia que no es como dice el esquema que debe ser, es por definición una que está mal, ante Dios, ante la ley, ante la Iglesia, ante la sociedad, ante la medicina.

Y eso es algo que las propias personas se creen y tienen profundamente internalizado y por eso niegan, esconden, ocultan, silencian lo que sucede en el interior de sus familias. Según los resultados de las encuestas, en la mayoría de los hogares y de las familias, no se acepta que exista conflicto ni que haya violencia. El padre de familia niega que golpea a su esposa e hijos, las familias ocultan que niños y adolescentes abandonan el hogar para vivir en la calle, las hijas y nueras no reconocen que maltratan a los viejos.

Como demuestra Evan Imber-Black, las familias, con tal de no hacer evidente que no cumplen con el modelo ideal que supone que son "una institución construida sobre el amor y la seguridad",[46] guardan como secretos sus modos de vida "disfuncionales",[47] para evitar la vergüenza que les da no cumplir con los esquemas culturales aceptados. Escribe Luis Leñero: "El pleito cotidiano apenas si es declarado por 10% del total de las parejas". Y todo porque hemos incorporado estos modelos hipotéticos y terminamos por creer que son posibles, necesarios y obligatorios, lo cual produce una tensión con el hecho real de que no lo son ni pueden serlo.

* * *

Y sin embargo, en el discurso, la familia sigue siendo una de las instituciones sociales clave para los mexicanos.

En las encuestas la gente afirmó que "llevar una mejor vida familiar es lo más importante" y ese objetivo "destaca como propósito personal de los mexicanos", afirma Enrique Alduncin.[48] La idea está tan internalizada, que un investigador norteamericano ha afirmado que todas las instituciones sociales se están desmoronando en México "salvo la familia".[49] El Consejo de la Comunicación ha instaurado un "día de la familia" y la legislatura de Nuevo León ha pretendido pasar una ley de familia.

Y es que el discurso de la familia como lugar de amor y de seguridad está allí permanentemente, aunque se contradiga con la realidad. Y eso se debe a que el Estado, las Iglesias y los medios de comunicación nos lo dicen constantemente, aunque ni sea cierto ni ellos tengan la capacidad y muchas veces ni siquiera la voluntad de conseguir que así sea ni de proteger a sus miembros cuando no lo es.

La justicia social: ¿un compromiso ineludible?[50]

Como son las cosas hoy, no hay nadie que ponga en duda la necesidad y la urgencia de conseguir la justicia social. Se trata de uno de esos conceptos, que por donde sea que se lo mire y como sea que se lo defina, se considera válido y evidente por sí mismo, un fin tan noble, tan superior y tan libre de toda sospecha que es compartido socialmente, por lo menos en todos los países de tradición cristiana.[51]

La idea que lo sustenta es la siguiente: "Cuando vemos a seres humanos que sufren porque les falta lo que consideramos básico (el alimento, la salud, el techo, la educación, el agua, el transporte) dan ganas de responder compasivamente, sea por generosidad, por solidaridad o por principios".[52] Y es entonces cuando hacemos por "contribuir con esfuerzo, tiempo y dinero a hacer algo por los demás" dice Alberto González Hernández.[53]

Fue por eso que empezaron las acciones que llevaban a cabo curas y órdenes monásticas, pues era suya la idea de la caridad hacia el prójimo. Después eso se convirtió, a fines del siglo XIX con la Encíclica *Rerum Novarum* de León XIII,[54] en una política de la Iglesia.

Pero ya en el Siglo de las Luces había la idea de que la historia necesariamente tenía que llevar a un constante mejoramiento de la vida humana, dictado que la pobreza en el corazón de la civilización europea parecía negar. Y la mayoría de las corrientes de pensamiento del siglo siguiente —del liberalismo al socialismo— afirmaban que era posible para los individuos acceder a una mejor condición de vida y hablaban de la igualdad y del derecho a participar de los bienes y la propiedad sin importar las condiciones sociales del nacimiento.[55]

Como explica Ferenc Fehér, en la era moderna este humanismo tuvo que convertirse en un principio político operativo: "Tenía que definirse un mínimo socialmente aceptado del modelo de vida, junto con el nacimiento de una opinión pública que estuviera de acuerdo con que si un considerable número de ciudadanos de la nación-Estado tenía que subsistir por debajo de ese nivel, entonces la situación sería considerada una anomalía, una enfermedad".[56]

Para resolver esa anomalía o para curar esa enfermedad, se aceptó que había que "tomar de los vencedores una cierta cantidad de despojos para distribuirla entre los perdedores" y a esto se le llamó "justicia social"[57] y se decidió que el Estado era quien tenía la obligación de prestar ayuda a las víctimas de las injusticias sociales distributivas más flagrantes.

De modo pues, que conseguir la justicia social pasó de ser una cuestión moral a una solidaridad concebida como deber de la sociedad y del Estado. Y esto significó que había que hacer lo necesario para, como dicen Víctor Abramovich y Christian Courtis, "asegurar la satisfacción de por lo menos niveles esenciales de los alimentos básicos, atención primaria de salud, abrigo y vivienda, condiciones sanitarias básicas y formas básicas de enseñanza".[58]

Lograr la justicia social exige que las acciones que se lleven a cabo cumplan dos objetivos: el primero, el de remediar las carencias inmediatas y dar asistencia a los que no tienen medios de vida[59] y el segundo, el de crear las condiciones para que las personas salgan de esa situación de pobreza y vulnerabilidad.[60]

Para lograrlo se crearon instituciones y toda una legislación que apuntaba tanto a reparar y compensar por medio de la asistencia como a crear mecanismos de seguridad social, educación, atención a la salud, creación de vivienda, de empleos y de oportunidades. Esto último es clave porque como explica Fehér: "La dinámica de las sociedades modernas ha estado caracterizada por una tensa fluctuación entre dos extremos: el libre mercado —ese supuesto productor de abundancia cuando se le abandona a sus propios recursos— y la intervención estatal —que sirve para proteger al individuo de los lados oscuros de ese automatismo económico".[61]

A todo esto se le llamó "políticas sociales", es decir, intervenciones del Estado para conseguir los objetivos propuestos.

* * *

En México, la historia de la lucha por ayudar a los pobres es larga. Dado que para el catolicismo la caridad es una obligación de los fieles, en la época colonial no hubo virreina ni aristócrata que no diera limosna y muchas fueron más lejos hasta dotar conventos y hospicios. Esto se prolongó durante el siglo xix, cuando ayudar al prójimo se convirtió en una de las pocas actividades que fuera del hogar podían y debían desempeñar las mujeres. Ellas se ocupaban de esas tareas de "acudir a los dolores y miserias de la humanidad" como se decía entonces, de "practicar con entusiasmo la caridad y no vacilar ante las mayores dificultades para socorrer el infortunio", según diría Concepción G. de Flaquer.[62] Y efectivamente lo hicieron, pues fundaron y sostuvieron asilos y orfanatorios y casas para mujeres, dispensarios, y en tiempos de guerras, que muchas hubo en ese siglo, atender a los heridos.

La idea de que el Estado tenía una obligación social, prendió entre los liberales, para quienes era necesario quitarle a la Iglesia la función social de ser quien ayudaba a los pobres y convertir esa acción en una de servicio público, como ramo de la administración civil. Por eso crearon un órgano encargado de promover, organizar, sostener y administrar hospitales, asilos, comedores, orfanatorios, hospicios, casas cuna y hasta en cierto momento una Procuraduría de Pobres, pero era poco lo que se podía hacer porque el país siempre estaba en carencia de recursos.[63]

En tiempos del presidente Porfirio Díaz, el Estado no se ocupó de atender los problemas de los pobres, pues como señaló Daniel Cosío Villegas, se concebía su papel como promotor de las acciones de particulares, las cuales, en la medida en que hicieran progresar a quienes las emprendían, harían progresar a los demás grupos sociales ya que "se derramarían" de forma natural hacia toda la sociedad. "El Estado no puede ya ser un creador de bienes para el pueblo sino un guardián de los bienes del individuo [...] cada individuo tiene lo que es capaz de merecer por su propio esfuerzo. La función del Estado es la de proteger tales intereses y no la de hacer la felicidad de todos".[64]

La idea positivista llegó tan lejos, que alcanzó versiones apocalípticas. Telésforo García, redactor del periódico La Libertad, acusó incluso a la Iglesia católica de "comunismo negro" porque obligaba a repartir los bienes mediante la caridad y la limosna. Pero aún así, la esposa del presidente, la señora Carmelita Romero Rubio de Díaz, formó las llamadas "Juntas de socorro" para ayudar a la gente cuando algún desastre natural o accidente conmovían a la opinión pública, mandó construir casas cuna y encabezó las suscripciones para todas las obras de caridad que hacia la buena sociedad. Un periódico de la época cuenta como "cooperó al sostenimiento de la sociedad de beneficencia llamada 'la Buena Madre' con lo cual en 1887 abrió sus puertas un asilo para la niñez indigente y desvalida".[65] Y hacia los últimos años del gobierno de su marido, inauguró la Casa Amiga de la Obrera, que cuidaba a "los infelices hijos de las obreras, desgraciados seres indigentes, que ya no estarían abandonados al mísero jornal de sus madres y recibirían caridad material y espiritual".[66]

En 1908 se reunió un Congreso Nacional de Madres en el que participaron las más connotadas damas de la capital, con el objetivo de "estudiar sobre la alimentación y el cuidado del niño y el socorro de las madres pobres, el establecimiento de casas de maternidad y de dispensarios de ayuda a los padres indigentes".[67] Se volvía de ese modo a la idea de que la ayuda al desfavorecido debía venir de instituciones privadas y no del Estado.

El hecho de que se considerara importante a la caridad, no impedía que se pensara que los pobres lo eran porque querían, porque "no tienen exigencias ni goces aparte de los meramente animales" y no "hacen nada por mejorar su condición". Escribió José López Portillo y Rojas: "Causa verdadero asombro la miseria en que viven…Trabajan sin tregua, comen poco, andan casi desnudos y ni tienen exigencias ni goces aparte de los meramente animales. Saldrán de la abyección en que vegetan el día que aspiren a comer bien, a vestir decentemente y a procurarse comodidades".[68]

La Revolución mexicana a principios del siglo xx incorporaría la idea, llamada por algunos estudiosos "liberalismo social", que consistía en refutar la concepción de la vida como naturalmente dividida entre ricos y pobres y considerar que era necesario tomar en cuenta las demandas populares "que habían estado en la base de la explosión revolucionaria".[69] Sara Madero, la esposa de Francisco I. Madero, el hombre que inició la Revolución y que fue el primer presidente emanado de ella, fundó un club llamado "Caridad y Progreso", que eran los dos puntos centrales del programa maderista y desarrolló una intensa actividad benéfica que consistió en sostener huérfanos, becar estudiantes y fundar hospitales, escuelas y comedores populares.[70]

La Constitución de 1917 incorporó lo que se llamaron "los derechos sociales" que significaban "garantizar" empleo, propiedad, tierra, salario, condiciones de trabajo y de vida a los pobres, para "emancipar al pueblo de la tiranía de la miseria" como dijo en aquel momento el diputado Jara. Según Luz Lomelí, así se plasmaba en la carta magna el concepto de justicia social.[71]

Desde entonces, gobierno tras gobierno, hasta bien avanzado el siglo xx, consideró como su obligación repartir tierras, regalar casas, otorgar créditos, herramientas y semillas.

En 1921 se llevó a cabo el primer Congreso Nacional del Niño, una de cuyas conclusiones fue que urgía crear "centros de higiene" como se les llamaba entonces, a instituciones que eran una combinación de hospicio y escuela y la Secretaría de Educación Pública dio inicio al reparto de desayunos escolares. El presidente Obregón ordenó la realización de grandes festivales públicos populares, costumbre que se mantuvo durante todo el siglo, en los que se les regalaba dinero y objetos útiles a los pobres. Los pobres dejaban de ser la gente de mala calaña y sin aspiraciones como los habían visto en el porfiriato y pasaban a ser merecedores de que se les ayudara. El libro de Ramón Beteta y Eyler N. Simpson *Mendicidad en México*, que se publicó en 1930, hablaba de la gran cantidad de pobres y mendigos que había en la ciudad de México y afirmaba que "la sanidad pública estaba íntimamente relacionada con el bienestar público".

Esto coincidía bien con las ideas de la primera posguerra. La época había visto aparecer dos fenómenos sociales: la entrada masiva de las mujeres en la fuerza de trabajo y la salida a la luz de sectores de la sociedad en los que antes pocos se fijaban: niños, ancianos, inválidos, discapacitados.

Tal vez por todo eso, es que la esposa del presidente Emilio Portes Gil se juntó con un grupo de amigas y consortes de los colaboradores del ejecutivo y fundó el Comité Nacional de Protección a la Infancia, con delegaciones en toda la república, destinado a proteger a mujeres embarazadas y a niños desde que nacían hasta la edad escolar. Se abrieron diez hogares infantiles en barrios pobres de la capital para cuidar a los hijos de madres que trabajaban, como se había hecho en tiempos de la señora Díaz y se echó a andar el programa "La gota de leche" que regalaba ese importante producto para la alimentación infantil y que para 1932 ya repartía quinientas raciones diarias.[72]

La señora de Ortiz Rubio, esposa del siguiente mandatario, agregó un sistema dominical de desayunos para niños indígenas, y la del presidente Abelardo Rodríguez mandó construir una maternidad pública. Se trataba en todos los casos de acciones remediales en un país con muy grande pobreza y altas tasas de mortalidad infantil.

La posguerra de la segunda guerra mundial dio lugar a lo que se conoce como el "Estado benefactor", uno al que se le impuso la obligación, dice Ferenc Fehér, "de curar la enfermedad de la pobreza". Los vencedores, reunidos en Bretton Woods, se propusieron crear "un nuevo orden económico mundial", que ayudaría a la recuperación, y que consistía en que el Estado se convertía en agente activo para promover la educación, la salud y la vivienda. Fue así como nacieron las políticas de seguridad social concebidas como el método moderno para garantizar el bienestar de las mayorías.

En México se adoptaron inmediatamente esas propuestas y pronto se crearon las legislaciones e instituciones encargadas de ello, con un concepto de seguridad social que consistía en atender a los sectores modernizados de la economía: los trabajadores de los sindicatos de industria, petroleros y ferrocarrileros, los burócratas, el ejército y la marina. El gobierno estaba tan orgulloso de su creación que hacía grandes discursos sobre cómo "la seguridad social realiza en su más alto grado el ideal de la solidaridad humana mientras que la asistencia responde a móviles filantrópicos, aquélla tiene una orientación redistributiva, ésta un carácter remedial".[73]

Pero dada la situación de miseria que había en el país, resultaba imposible abandonar del todo la ayuda remedial, única que recibían los menesterosos, de modo que se creó también un sistema de asistencia social para la población que estaba fuera de las estructuras corporativas. Así fue como quedó establecida la separación entre políticas asistenciales y políticas de seguridad social, tal que mientras por un lado se creaban las grandes instituciones que sostenían a ésta, por el otro se dejaban funcionando las que se ocupaban de aquélla, que de paso servían para que las esposas de los funcionarios tuvieran una ocupación y pudieran lucir sus sombreros.

Y vaya que los lucían. La esposa del presidente Manuel Ávila Camacho se ponía los más elegantes cuando hacía sus grandes eventos: en Navidad obsequiaba ropa a los niños, en Día de Reyes juguetes y en un día especial recientemente instituido en honor a las madres, el 10 de mayo, estufas, planchas y hasta casas a las "reinas del hogar". En alguna ocasión pagó y liberó las boletas de empeño del Monte de Piedad para devolverles sus máquinas de coser a cientos de mujeres y el hecho causo gran revuelo, se le calificó en la prensa de la época de "gesto insólito que será imborrable en los anales del sentimiento mexicano".[74] Era no sólo el Estado benefactor sino más bien el Estado paternalista en su máxima expresión.

En el sexenio de Miguel Alemán se crearon la Oficina Nacional del Niño, el Instituto de Bienestar para la Infancia y la Asociación pro Nutrición Infantil. Esta última repartía 15 mil desayunos diarios y aquélla atendía a 6,500 niños en la capital y a otros 10 mil en el resto de la república, poco si pensamos que había 25 millones de habitantes en el país y un millón en la capital, pero suficiente para que se pudiera hablar de lo que se estaba haciendo a favor de los pobres.

Es claro que aunque la asistencia social seguía existiendo y que se había convertido en una atribución y obligación del Estado, no fue una política prioritaria para un país que se las daba de moderno y un régimen que se las daba de ser producto de una revolución. El gobierno mexicano se adornaba con esas instituciones, eran la fachada que se consideraba adecuada. Por eso se hablaba de ellas en los discursos oficiales y no hubo visitante cuya esposa no recorriera alguna guardería infantil y le espetaran discursos como que "el niño bien nutrido es la primera piedra base de una familia, la cual es a su vez el espíritu de una raza fuerte"[75] y otras frases políticamente correctas para la forma de pensar y hablar de entonces.

Ahora bien: es un hecho que los gobiernos hicieron albergues, asilos, clínicas, dispensarios, hospitales, comedores públicos, en un esfuerzo enorme, ni duda cabe, aunque siempre dirigido a lo remedial, es decir, a dar de comer al hambriento y aliviar al enfermo, pero sin ninguna prevención y mucho menos sin acciones para resolver de fondo la pobreza. Como escribió Carlos M. Vilas: "No se les ayudaba a salir del pozo sino que se impedía que se hundieran más".[76]

En tiempos del presidente Adolfo López Mateos se le dio un impulso enorme a estas tareas, con la creación de la ley e institución del Seguro Social y la construcción de grandes centros hospitalarios y unidades habitacionales. El aumento de la población cubierta por las instituciones públicas alcanzó casi cinco millones y medio de personas.

Su esposa pudo entonces crear el Instituto Nacional de Protección a la Infancia, el cual reforzó el reparto de desayunos escolares llegando a cifras impresionantes (cuatro millones según el gobierno y un millón y medio según la investigadora Teresa Incháustegui) y haciéndolo extensivo a todo el sistema educativo público nacional, además de acciones paralelas como instalar plantas para la elaboración de alimentos y la rehidratación de leche, campañas de educación y de vacunación, guarderías, escuelas, clínicas, servicios a mujeres embarazadas y programas de integración de niños de la calle.[77] Además se hicieron los repartos tradicionales de ropa y juguetes. El gasto social del gobierno se elevó hasta 20% del presupuesto.

El siguiente gobierno se continuó con la labor y hasta se creó otra institución para la niñez, la Institución Mexicana de Asistencia a la Niñez, con propósitos muy similares a los del INPI.[78] Las instituciones asistenciales crecían y se complejizaban en cuanto a sus actividades y lo mismo sucedía con las de seguridad social, que para mediados de los años sesenta ya incorporan a los ejidatarios y pequeños propietarios con lo cual la población amparada por ellas alcanzó casi 8 millones de derechohabientes.

Con el presidente Luis Echeverría, se pretendió cambiar la idea que sostenía el quehacer asistencial, diciendo que se trataba de "una nueva teoría y práctica de la solidaridad social", la que consistía en "hacerse solidarios de la responsabilidad del bien público" y en convertir a la política asistencial "en un verdadero instrumento de desarrollo", pasando de las acciones aisladas a una visión global que promoviera el bienestar.[79] Para ello se destinó al gasto social casi la cuarta parte del presupuesto y se echó a andar un amplio programa de salud, se crearon empresas orientadas al abasto y regulación del mercado de productos básicos (Liconsa, Diconsa, Inmecafe, fortalecimiento de Conasupo), se amplió el régimen de seguridad social para incluir a los trabajadores del henequén, voceadores y mineros, tal que la cobertura del Estado en esta materia pasó a ser de casi 17 millones de personas y se desarrollaron programas para atender a zonas y grupos rezagados.[80] A las instituciones de asistencia se las reformó enfocándolas hacia sectores más amplios y diversos (por ejemplo, hacia toda la familia y no sólo hacia la mujer y el niño y además hacia la inclusión de las campesinas, sector hasta entonces siempre olvidado de todas las políticas públicas)[81] y haciendo llegar hasta los rincones más apartados del país las ayudas, fueran alimentos, vacunas, alfabetización, legalizaciones matrimoniales, creación de empresas productivas familiares, construcción de vivienda, reforestación, fomento al deporte, atención a la farmacodependencia, promoción de la salud, de la paternidad responsable y la planificación familiar ("la familia pequeña vive mejor", fue algo que por primera vez se dijo en la historia de México), de desarrollo de la comunidad, defensa de las artesanías, capacitación en oficios, combate de plagas y ¡hasta de barrer la República!, actividad que a la esposa del presidente le parecía importante porque era señal, decía, "no sólo de limpieza sino de orden".[82]

Para todo este esfuerzo se formó un voluntariado "obligatorio" para las esposas de funcionarios, de altos mandos del ejército y hasta del cuerpo diplomático. En su último informe de gobierno el presidente de la República dijo que tres millones de mujeres campesinas, un millón de promotoras voluntarias y cincuenta mil señoras del voluntariado habían atendido a treinta mil comunidades.[83]

Con José López Portillo se unificó a las instituciones tanto de salud (se creó el Sistema Nacional de Salud) como de asistencia (dando lugar al Sistema Nacional para el Desarrollo Integral de la Familia). Se seguía así la lógica de moda que era la de planificar y hasta la asistencia social privada se empezó a coordinar desde las instituciones del gobierno.

En ese sexenio surgieron una serie de programas de ayuda a los pobres, como el de zonas deprimidas y grupos marginados (Coplamar), el Sistema Alimentario Mexicano (SAM), el de desarrollo regional (Proder), el de desarrollo rural (Pider). Y se estableció lo que se llamaron "mínimos de bienestar" que significaban proporcionar a los grupos marginados y rezagados un nivel apropiado de alimentación, salud, vivienda y educación.

Con Miguel de la Madrid empezó el neoliberalismo. Ésa fue la manera como se le ocurrió a él y a su equipo (obligados además por las presiones internacionales) enfrentar la crisis tan severa que había vivido el país durante lo que popularmente se conoció como "la docena trágica" y que llevó a que, según dijo él mismo al tomar posesión, "el país se le deshiciera entre las manos":[84] una deuda de 80 mil millones de dólares, una inflación de casi cien por ciento, un déficit sin precedentes del sector público, estrangulamiento financiero, cierre de mercados internacionales, paralización de los ingresos de divisas, fuga de capitales, debilitamiento de la actividad productiva, desempleo.[85]

De acuerdo a esta teoría, se abandonó la concepción del Estado intervencionista y se asumió la del Estado adelgazado y eficiente, ocupado principalmente de la macroeconomía.[86] "El nuevo gobierno replanteó los principios de asignación de los bienes y servicios que proveía; por una parte, se estableció el control de precios y subsidios a ciertos productos básicos (tortillas, leche, pan) y por otra, la política social desplazó al sector obrero del centro de la escena para ocupar los recursos en atender a los grupos marginados (a los que se llamó "vulnerables") que componían casi 55% de la población."[87]

El Sistema Nacional para el Desarrollo Integral de la Familia (DIF) pasó a ser un brazo especializado, autónomo y desconcentrado del sector salud, y se formó el Sistema Nacional de Asistencia Social que incluyó a los sectores tradicionalmente atendidos de niños y mujeres pero agregó a los jóvenes y a los viejos (Centros de Integración Juvenil, Instituto Nacional de la Senectud) y creó filiales en todo el país, tanto a nivel estatal como municipal, que tenían manejo propio de recursos.[88] La asistencia social se convirtió en un sistema muy complejo con compromisos, estrategias, leyes y convenios, institutos y centros.[89]

En su quinto informe de gobierno, el presidente de la Madrid dijo que los beneficiarios del sistema de asistencia social habían pasado a ser 25 millones y en la *Crónica del sexenio* que mandó a hacer, se afirma que se daba atención a más de 30 millones de personas. Las cifras son exageradas si se piensa que en 1980 había en el país 67 millones de habitantes de los cuales, según los estudiosos, 35 millones vivían en la pobreza y fuera de los sistemas de atención,[90] siendo principalmente campesinos y trabajadores agrícolas y del sector informal en las zonas urbanas a quienes nunca habían alcanzado los

beneficios de las políticas de asistencia.[91] De modo que si los números que presumía el gobierno hubieran sido ciertos, eso habría significado que se atendía prácticamente a toda esa población y no era así.

Las políticas de los siguientes gobiernos se mantuvieron en el marco del neoliberalismo, pero jugaron un doble juego: por una parte el presidente Salinas sostenía que "nadie podrá decir de ahora en adelante que hay un solo mexicano olvidado en México"[92] y por otra le cortaba presupuesto al llamado "sector social" y no sólo eso, sino que el que había lo dividió entre una serie de organismos paradójicamente creados para ayudar a los pobres como Procampo y Pronasol, que incorporaron los nuevos sistemas de "coparticipación" entre el gobierno y los ayudados.

En su último informe de gobierno, el presidente afirmó que la institución había atendido a poco más de diez millones de personas de escasos recursos, cifra menor que la que había dado el gobierno anterior.[93] Eso sí, se mantuvieron los discursos de lucha contra la pobreza y de compromiso con la justicia social.

Si con De la Madrid el gasto social había disminuido a 17% del presupuesto, para 1988 el recorte ya lo había dejado en 10% y con el siguiente presidente, Ernesto Zedillo, llegó a ser tan grande que de plano sólo se dejó la ayuda alimentaria y aún así, según el entonces director del DIF "900,000 niños dejarían de recibir leche y un millón se quedarían sin tortillas".[94] Y eso para no hablar de las reiteradas quejas sobre la calidad nutritiva de lo que sí se daba, pues se usaron muchos alimentos chatarra, a los que se recurrió porque eran fáciles de adquirir y de almacenar y permitían salir del paso con el encargo aunque no cumplían con la misión. Si no se dejó de plano morir a las acciones asistencialistas, fue porque ante los propios mexicanos había que mantener la ficción, y porque algunas esposas de mandatarios estatales hicieron hasta lo imposible por mantenerlas vivas.

Y es que el de Zedillo fue un gobierno de neoliberales ortodoxos en materia económica, a quienes no les interesaba el rubro de las acciones sociales y por eso no sólo disminuyeron considerablemente los recursos destinados al gasto en esa materia, sino que cambiaron incluso su forma de asignarlos. Por ejemplo, se crearon programas que repartían directamente a los beneficiarios apoyos monetarios, como fue el Progresa, que según cifras oficiales atendió a poco más de dos y medio millones de familias de los 23 millones que según el Consejo Nacional de Población vivían en pobreza extrema en el país.[95] Pero las instituciones tradicionales sufrieron recortes tan severos, que los ciudadanos se quejaron repetidamente de la falta de atención y hasta de medicinas y la asistencia social se redujo al mínimo, es decir, a dar apenas lo suficiente para mantener a flote a las instituciones que quedaron debilitadas al punto que rayó en su desmantelamiento.

En una carta enviada al papa por la organización no gubernamental Católicas por el Derecho a Decidir cuando su visita a México en 1999, se habla de "la agobiante situación de las mujeres y sus familias, ya que se ha incrementado la pobreza a 40 millones de personas y a 26 millones de extremadamente pobres, mayoritariamente indígenas y mujeres [...] y el aumento de niños y niñas que viven penosamente en las calles", y sin embargo dicen, hay una "reducción del presupuesto en salud, educación y alimentación y una insuficiente atención a las instituciones de salud".[96]

Con Vicente Fox esto no mejoró, al contrario, el gasto social se redujo a 8% y no se logró ni la cobertura, ni la atención en las grandes instituciones como el Instituto Mexicano del Seguro Social y el Instituto de Seguridad Social y Servicios para los Trabajadores del Estado, ni mucho menos en la asistencia social pues al DIF se lo abandonó tanto que hasta su directora, en una declaración insólita para un funcionario de gobierno, se lamentó públicamente por la falta de recursos y de la imposibilidad de conseguirlos.[97]

Es muy probable que las acciones a favor de los pobres habrían disminuido aún más y muchas hasta desaparecido por completo si no fuera porque las agencias internacionales decidieron que en el siglo XXI su acción sería el combate a la pobreza. De repente, el Banco Mundial, el PNUD, el BID, el FMI, la

OCDE apuntaron sus baterías, ideología y recursos a ese objetivo y obligaron a los países a seguirlo.

Por eso volvió a México el combate a la pobreza con todo y sus muchas mentiras. Por ejemplo, se anunció que el programa Oportunidades atendía a 25 millones de personas, que 40 millones habían recibido créditos al salario, se crearon algunos programas y se les cambió el nombre a otros y es así como tuvimos de nuevo los muchos discursos, los nombres rimbombantes y los instrumentos burocráticos pero los pocos logros. Un ejemplo fue el programa llamado "Pa' que te alcance", que el presidente de la República le presumió en 2003 a los funcionarios de los bancos Mundial e Interamericano de Desarrollo y de la Comisión Económica para América Latina y el Caribe como "el más novedoso conjunto de acciones para atacar el problema de la pobreza alimentaria",[98] y que, sin embargo, nunca funcionó.

Durante el sexenio la política social pasó a convertirse, igual que con Zedillo, en de plano darle dinero en efectivo a los pobres,[99] para deshacerse del problema y cubrir el expediente. Esto por supuesto, no les servía más que de manera inmediata y no para salir de la pobreza.

Lo que sin embargo resurgió fue la filantropía privada, encabezada nada menos que por la esposa del Primer Mandatario, quien se inventó una organización fuera de las estructuras gubernamentales (y por lo tanto exenta de toda coordinación por parte del Estado) con la cual se propuso "obtener y dirigir fondos económicos hacia la población en pobreza extrema", destinados según dijo a "resolver la marginación y la pobreza", "contribuir a equilibrar las grandes desigualdades sociales", "reactivar el desarrollo del país" y hasta "salvar a México".[100]

Para cumplir con estos fines, echó a andar un montón de programas: "Ayúdame a llegar", "Arranque parejo en la vida", "Niños y adolescentes sin adicciones", "Participa", "Tecnología educativa", "Escuela para padres" y algunos con nombres kilométricos como "Mesa interinstitucional para la elaboración del diagnóstico de la familia mexicana" o "Acción para la prevención y rehabilitación de discapacidades", organizó colectas de dinero entre empresas, instituciones, fundaciones y personas tanto nacionales como extranjeras y encabezó campañas de "ayuda a los desfavorecidos" junto con cadenas comerciales y de transporte público, medios de comunicación y bancos que "ofrecieron" apoyar la alimentación, la educación o las necesidades especiales de grupos vulnerables de la población con un sistema de "coparticipación" del público que consistía en dejar el cambio, hacer donativos o comprar ciertos productos y servicios.[101]

Lo mismo que ella, las esposas de muchos gobernadores también seguían la tradición de crear y crear programas, oficinas, instituciones. Por ejemplo, en el estado de Veracruz, la consorte "creó" la Fundación Tokoneme, para atender a hijos de madres solteras, la Fundación Albergues Telpochcalli para estudiantes de secundaria, el Programa Dulce Proteínico, para dar alimentos con alto valor nutricional, el programa "Información de la Fábrica de Niños" para que los jóvenes puedan evitar embarazos indeseados, el programa de "Fianzas de Preliberación" para ayudar a los encarcelados por delitos menores a recobrar su libertad, la Fundación Sentimiento e Imágenes, para contribuir a la construcción de un piso más en el Hospital General de Veracruz y Únete para promover el uso del internet y de la televisión educativa.[102]

Una vez más, como ya había sucedido, cada señora decidía cómo hacer su obra de asistencia personal, sin orden ni concierto, según lo que ella sentía y lo que le gustaba: así una andaba en el crecimiento humano, otra en las enfermedades degenerativas, ésta en la grilla política y aquélla en el medio ambiente, hoy en las artesanías, mañana en la música y así.

Se trata en todos los casos de una concepción de la justicia social como caridad, y como buenas intenciones, una forma clientelar, paternalista (maternalista) y voluntarista de legitimar al gobierno, sin que les importe duplicar y competir con las acciones de las instituciones específicas a las que le arrebatan recursos. Por ejemplo, algunos de los programas mencionados hacen lo que le corresponde al Sistema Nacional para el Desarrollo Integral de la Familia, o a la Secretaría de Educación Pública, o a las instituciones encargadas de combatir las adicciones o de atender a personas con discapacidad y hasta a las instituciones que hacen diagnósticos sobre los problemas públicos. Pero no importa: ellas prefieren cada vez empezar desde cero, descubrir el agua tibia y el hilo negro.

* * *

El problema de este tipo de acciones es que, por mejores intenciones que tengan, la mayoría de las veces resultan ser la peor política.[103] Y eso es así por dos razones: la primera, porque como afirmó Alan Riding, lo que se hace no es por la justicia social sino por razones políticas. No se trata de un afán por resolver la pobreza, sino solamente de una fachada para mantener una estabilidad.[104] Bruno Lautier llega más lejos cuando afirma que las razones para luchar contra la pobreza no son solamente humanitarias ni solamente políticas (se necesitan votos), sino también económicas (se necesita que más gente consuma) y ¡hasta estéticas! (porque la pobreza se ve muy fea).[105] Y Marta Lamas es todavía más dura y dice que "encubren motivaciones hedonistas, oportunistas, utilitaristas e interesadas".[106]

Entendemos entonces que más que de hacer justicia social, de lo que se ha tratado es de hacer tés canasta: los ricos empresarios y sus esposas, los presidentes y las primeras damas y las esposas de los funcionarios organizando eventos a favor de la infancia desamparada en los cuales cada arreglo floral o cada cubierto, cuestan más que los alimentos y vacunas que necesita un niño en sus primeros tres años de vida.[107] Tenía razón el filósofo Isaiah Berlin: la justicia es incompatible con la caridad.[108]

La segunda razón, es por que se basan en una idea de las necesidades, las prioridades y los métodos de acción que va con el interés particular de quien las lleva a cabo y no con el de quien las recibe, pues como dice Carlos M. Vilas, se trata de acciones "pensadas y diseñadas por técnicos de clase media o por funcionarios de organismos internacionales"[109] y no por los propios interesados.

Y en efecto, si se observa la forma como funcionan las entregas de dinero y de obsequios útiles, no puede sino preguntarse ¿cómo se escoge a los beneficiarios?; ¿cómo se decide a quiénes sí y a quiénes no se les va a dar ayuda?; ¿qué se espera de los que la reciben?; ¿en función de cuáles criterios un día se decide dar bicicletas y otro computadoras, techos para viviendas aquí y un aparato de rayos x allá, una casa a éste y una beca a aquél, caricias en un orfanatorio, consejos en un leprosario, rezos en una escuela y propuestas de divorcio en un refugio para mujeres golpeadas?; ¿en función de qué valores se decide que es importante canalizar millones de pesos a programas orientados a educar a los padres o a luchar contra el consumo de drogas por los adolescentes o a legalizar uniones matrimoniales o a aplicarle vacunas a los niños?

Y la verdad, no hay ninguna respuesta que no vaya en el sentido del puro voluntarismo, aunque a veces se le oculte detrás del discurso de la necesidad del recipiente y de los valores correctos.

* * *

Pero aun si esto fuera cierto, no se trata de acciones que resuelvan a fondo y a largo plazo los problemas, sino que sólo tienen un impacto efímero.

Esto se hace evidente si ponemos a prueba (en el sentido de Popper) los resultados del largo cúmulo de esfuerzos que se han emprendido o que nos han dicho que se han emprendido por la justicia social. ¿Ha disminuido la pobreza?; ¿hay menos pobres?; ¿son menos pobres y menos vulnerables ?; ¿qué se ha logrado luego de todos estos años de Estado benefactor, instituciones asistenciales y grupos privados de filantropía?

Según Julio Boltvinik: "Entre 1994 y 1996 la pobreza crece en más de diez puntos, entre 1996 y 1998 se mantiene casi constante y entre 1998 y 2000 desciende fuertemente, pero luego vuelve a aumentar casi 5 puntos porcentuales. Además, la proporción de pobres extremos aumenta sustancialmente en relación a la de pobreza moderada".[110] Y si le creemos al Comité Técnico para la Medición de la Pobreza de la Secretaría de Desarrollo Social (una instancia gubernamental y esto es importante de destacar porque son números oficiales), la pobreza en México entre 2000 y 2002 aumentó en cuatro millones de personas, con lo cual casi 54% de la población, es decir, más de la mitad, cae en la categoría de pobre.[111]

Boltvinik asegura que hoy día en el país hay 76 millones de personas en esta situación, la Secretaría de Desarrollo Social del gobierno federal asegura que son 53 y según Rodolfo Tuirán son 49. En términos porcentuales, algunos hablan de 60% de la población, otros como ya vimos de 54%, unos más como Gerardo Torres Salcido y la Secretaría de Desarrollo Social de entre 48 y 52% y según José Woldenberg son 42%.[112]

En todo caso, con cualquier cifra que se acepte, son muchos pobres. "La pobreza en México sigue siendo inaceptablemente alta" sostiene un informe del Banco Mundial hecho público en abril de 2004, que agrega "no se ha podido combatir esa condición que afecta a más de la mitad de los mexicanos".[113]

Por eso la afirmación de Carlos Solano lo dice todo: en cuanto a la lucha contra la pobreza y por la justicia social, "los resultados son magros".[114] O como lo pone Rolando Cordera "hay un déficit formidable en materia social".[115] Y ese déficit está allí aun si se aceptan diferentes definiciones y mediciones de lo que es la pobreza.

Por ejemplo, según Julieta Campos, la pobreza es "la condición que existe cuando la gente carece de medios para satisfacer sus necesidades básicas",[116] y según Alicia Ziccardi, "el término hace referencia a situaciones de privación en el acceso a bienes y servicios básicos".[117]

Esto, que suena tan lógico y claro, nos coloca sin embargo en terreno pantanoso, porque ¿cómo se determina qué es lo esencial y cuáles son "las necesidades básicas"?

Para Víctor Abramovich y Christian Courtis éstas son "los alimentos básicos, atención primaria de salud, abrigo y vivienda, condiciones sanitarias básicas y formas básicas de enseñanza",[118] mientras que para Peter Townsend se trata de "obtener los tipos de dietas, participar en las actividades y tener las condiciones de vida e instalaciones que se acostumbran o al menos son ampliamente promovidos y aceptados en las sociedades a las que pertenecen los individuos, las familias o los grupos".[119] La diferencia es importante, pues mientras para algunos las necesidades básicas son el mínimo con el que se puede sobrevivir, para otros se trata de las condiciones de vida que se acostumbran y que son ampliamente promovidas y aceptadas en nuestras sociedades.

En todo caso, la pobreza siempre tiene que ver con carencia o insuficiencia de alimentos, vivienda y servicios, pero también de salud y de educación ("pues hoy día si las personas no mejoran su escolaridad y no adquieren capacitación, no pueden competir en el mercado y se quedan al margen", ya que "la falta de acceso al conocimiento genera un efecto en cadena que impide salir de la pobreza").[120] Y además con el acceso a ciertos bienes que no son solamente los llamados básicos (que de nuevo, quién sabe cómo se los define y por qué se decide que ésos deben ser), sino que son los que se acostumbran (y se han vuelto necesarios) en la sociedad: desde shampoo hasta refrigerador, desde información hasta diversiones. No tener esto es, como dice la sociología francesa, vivir en la exclusión social, y sufrir las prácticas de discriminación de que son objeto los pobres, cuyo resultado como afirma Gerardo Torres Salcido, incide en la autovaloración del individuo y en sus relaciones con los demás.[121] Por eso Abraham Maslow definió las necesidades básicas en una jerarquía formada por cinco niveles: "las fisiológicas, las de seguridad, las afectivas (pertenencia, afecto y amor), las de estima (que divide en dos, una referida a los logros personales, la independencia y la libertad o bases de la autoestima y la otra de reputación o prestigio o estima de los otros y por último, la necesidad de autorrealización o realización de las potencialidades)"[122] y Julio Boltvinik establece una relación directa entre la pobreza y "el florecimiento humano".[123]

* * *

En conclusión: que en México no hemos visto disminuir de manera significativa ni la cantidad de pobres (con cualquier definición de pobreza que se quiera) ni la profundidad de la pobreza para usar una expresión de Boltvinik. Tanta tinta derramada en debates conceptuales, tanto gasto en leyes, instituciones, comisiones, planes y programas, tantas personas y organismos gubernamentales y no gubernamentales involucrados en este asunto, tantas mediciones y cálculos... y los pobres allí siguen. Quizá tiene razón Bruno Lautier cuando con crudeza afirma que todo lo que se hace "sólo sirve para darle empleos y ocupación a legisladores y burócratas, para formar y sostener ONG y conseguirles recursos nacionales e internacionales".[124]

¿Y por qué no se ha podido combatir a la pobreza si aparentemente existe tanta voluntad de hacerlo y de lograr la justicia social?

Los estudiosos dan distintas respuestas a esta pregunta. La más común consiste en echarle la culpa a que se destina poco dinero para ello. Según la Organización para la Cooperación y el Desarrollo Social, México nada más pone 8% de su PIB para el gasto social, cifra que nos coloca en el lugar número 20 de los países que la conforman y que destinan un promedio de 20% a ese rubro.[125] Jim Wolfensohn, del Banco Mundial, dice que los países ricos no aportan suficiente presupuesto al combate contra la pobreza en los países pobres. En su opinión, debería duplicarse el monto de este dinero, para que no sólo alcanzara para atender situaciones de emergencia como hambrunas provocadas por guerras y fenómenos naturales, sino para que además se pudieran financiar proyectos de desarrollo. "Si me dieran 100 billones de dólares —dijo en la cumbre mundial en Johannesburgo— lograría en el lapso de una década reducir la pobreza a la mitad, la mortalidad infantil en dos terceras partes y asegurar la educación primaria universal."[126]

Por supuesto, no todo mundo está de acuerdo con esta manera de ver las cosas. El exsecretario norteamericano del tesoro por ejemplo, dice que los trillones de dólares que se han dado hasta ahora a los países pobres no han servido de nada y que ha sido dinero desperdiciado. Algunos han llegado más lejos asegurando que incluso lograron lo contrario de lo que se proponían "porque en lugar de usarse para el desarrollo, han dado oportunidad al enriquecimiento de malos gobernantes".[127]

Lo que no dice el funcionario, es que muchos de los fracasos han tenido que ver con que los que dan el dinero han insistido en que se lo use para aquellos rubros que a ellos les parecen importantes, por ejemplo, una mina o una presa, y hasta han pretendido que pueden decidir qué se debe producir y cómo se lo debe producir y comercializar, en función de criterios y valores que no necesariamente son los mejores para ciertas regiones o grupos de personas o a los que la gente quiere y puede adoptar. Esto ha sido particularmente evidente cuando se obliga a los campesinos a sembrar algo distinto a lo que están acostumbrados o a hacerlo con otros métodos.

De los estudiosos mexicanos, la respuesta más interesante es la de Rodolfo de la Torre García, para quien el problema es que "la política social no ha tenido hasta el momento grandes innovaciones".[128] Y en efecto, pasan los años y cambian los gobiernos y se transforman los paradigmas de la acción social, pero entre nosotros las políticas públicas en esta materia siguen siendo las mismas.[129]

El resultado es que no hemos podido pasar de las prácticas remediales, desde las de caridad o beneficencia que hacen personas, grupos o instituciones particulares hasta las asistencialistas que hace el gobierno. Y aun éstas, dejan mucho que desear. Y por si fuera poco, hoy hasta la seguridad social está en franca crisis.

* * *

En México hemos pasado por épocas de cerrazón y por épocas de apertura al mundo, de ajuste y de estabilización económica, de riqueza y de crisis, de Estado benefactor y de neoliberalismo. Hemos hablado de progreso hace un siglo, de desarrollo hace medio siglo y de solidaridad hoy. Hemos cambiado de mediciones para definir si la pobreza va por arriba o por debajo de tal nivel o de cual decil y si "necesidad básica" significa esto o aquello. Y todo eso siempre ha estado envuelto en el discurso sobre la urgencia "impostergable" de "hacer algo por los otros, los que no tienen".

Si se hubiera cumplido lo que nos prometieron, o lo que nos han dicho que se hizo, a estas horas ya todos los ciudadanos mexicanos habrían salido de la "situación de pobreza" como se dice en la jerga del día. Pero resulta que no es así. Con todo y que desde hace un siglo nuestro discurso público se sostiene sobre la afirmación de que el objetivo principal del desarrollo y la misión central de nuestros gobiernos consiste en conseguir la justicia social, y que eso significa combatir la pobreza, la marginación, la vulnerabilidad y la falta de oportunidades, y que para eso se han creado leyes, instituciones y políticas públicas que "garantizan" los derechos sociales; con todo y que nos han dado cifras del incremento en el acceso a la escolaridad y a la salud, de construcción de vivienda y dotación de servicios, de las "toneladas de víveres" y "de obsequios útiles" que se han regalado, de los "cientos de créditos y préstamos" que se han hecho accesibles; con todo y que cada vez que suben el precio de la gasolina dicen que es para "ayudar a la lucha contra la pobreza" o cuando aumentan el precio de la luz aseguran que es "para financiar la educación básica" y con todo y que una y otra vez nos han asegurado que esas acciones han sido "éxitos rotundos", millones de ciudadanos siguen en la pobreza y sin ninguna perspectiva de que eso cambie. Lo cual no obsta para que pasado un año y medio de iniciado su gobierno, el presidente Felipe Calderón repitiera el mismo y eterno discurso de que "en adelante la política social sería la prioridad de su gobierno",[130] pero ahora con otro nombre: Estrategia Vivir Mejor.

Y es que el problema central no se ha resuelto, pues lo que importa como dice Antonio Gazol, "no es la cantidad de pobres que dejan de serlo, sino el fracaso en las acciones para evitar que se sigan produciendo pobres".[131]

Éste es el tema. Pero en ese terreno, el panorama es poco alentador, pues como afirma Susan George, no importan las medidas que se tomen, la pobreza no se podrá "componer" dado que es la consecuencia inevitable de un sistema. No se trata de una cuestión técnica, de un conjunto de acciones mejores o peores, ni siquiera de recursos destinados a ello, sino de una cuestión estructural.[132]

Por eso el Estado mexicano ha fallado y los planes y programas antipobreza no han pasado al cementerio de los proyectos fracasados.[133] Y esto no parece que vaya a cambiar porque como afirma Ricardo Páez, "conforme avanzamos en el modelo neoliberal la situación empeora".[134] Así que la promesa de justicia social no sólo ha sido sino que seguirá siendo, parafraseando a Hans Kelsen, "una mentira",[135] otra más.

PAÍS DE MENTIRAS

La educación y la cultura: ¿las prioridades?[136]

Desde hace dos siglos, nos han venido diciendo que la educación es una de las grandes metas y de las prioridades de nuestros gobiernos. Y esto es así porque a ella se le atribuyen las mayores virtudes para mejorar el futuro del país y porque se le asigna un alto valor para las personas[137] o como dice Pablo Latapí "ha sido objeto privilegiado de las aspiraciones de la población",[138] por lo que estuvo y sigue estando "en el centro de las más poderosas certezas y de las más caras ilusiones de los mexicanos".[139]

De allí que la educación haya sido y siga siendo "el corazón de la política social del Estado mexicano posrevolucionario" como afirma Aurora Loyo[140] y una tarea central de la sociedad.

Fueron los liberales del siglo XIX quienes le dieron ese gran peso "a la instrucción del pueblo" como decía el escritor Ignacio Manuel Altamirano. Al comenzar la centuria Fernández de Lizardi ya insistía en que había que educar a todos (incluidos los pobres y las mujeres), idea que era absolutamente novedosa para las mentalidades coloniales, aun las ilustradas. Y en la segunda mitad, surgieron ambiciosos planes que le asignaban al Estado la responsabilidad de educar, la cual tradicionalmente había monopolizado la Iglesia.

Durante el porfiriato, se creó la Secretaría de Instrucción Pública y Bellas Artes, a partir del concepto de Justo Sierra de que la educación tenía que "producir simultáneamente el desenvolvimiento moral, físico, intelectual y estético de los escolares".[141] Pero fue hasta después de la Revolución, cuando José Vasconcelos, al mando de un ministerio creado por el presidente Álvaro Obregón, la Secretaría de Educación Pública, dio inicio a la gran empresa educativa y cultural del Estado que debía, en sus propias palabras, "redimir al hombre y dar orientación a los esfuerzos nacionales".[142] Amparados en el artículo tercero constitucional que proponía "desarrollar armónicamente todas las facultades del ser humano y fomentar en él a la vez el amor a la patria",[143] se abrieron escuelas primarias, rurales, técnicas, industriales, preparatorias diurnas y nocturnas, se prepararon maestros y alfabetizadores, se mandaron ejércitos de educadores a enseñar aritmética e historia, civismo e higiene, se publicaron libros y manuales y se organizaron congresos para debatir el tema. Pablo Latapí Sarre habla del proyecto vasconcelista como "el de la Revolución", aunque ésta también tuvo un proyecto de educación socialista,[144] uno de educación racionalista,[145] y uno de educación tecnológica, todos con pretensiones de empujar al país hacia lo que entonces se consideraba necesario tanto en términos de productividad como de ideología.[146]

A raíz de la segunda guerra mundial, el gobierno aprovecha para "reclamar la unidad de todos los mexicanos" como decía el presidente Ávila Camacho, lo que se tradujo en un afán por homogeneizar la educación.[147] Entre el nacionalismo que estaba a la orden del día y la idea de conciliación y concordia se terminó con lo que hasta entonces había representado divergencia o conflicto en los planes educativos.

Esto permaneció así hasta los años setenta, cuando se echó a andar una reforma educativa que tenía como fin modernizar la educación ("modernizando las mentalidades"), lo cual se entendió, afirma Latapí, como la participación activa del educando, la confección de planes y programas de estudio estructurados con objetivos muy precisos y las evaluaciones del aprendizaje. Se esperaba "desarrollar en los alumnos capacidades de análisis, pensamiento crítico, inferencia lógica y deducción" para que "estuvieran mejor preparados para el trabajo socialmente productivo".[148]

Algunas de las características de este proyecto habrían de ser ahondadas después, en la cauda de las reformas económicas y sociales impulsadas por la modernización de corte neoliberal, afirma el mismo autor. Sus orientaciones pueden resumirse en tres planos: "Uno, en el que la educación se relaciona con las nuevas coordenadas políticas, económicas y sociales que impone la apertura y la globalización de la economía; otro, en el que se establece la descentralización de la enseñanza básica y se hace hincapié en la vinculación con la comunidad y el tercero, el plano pedagógico, referido al acontecer cotidiano en las aulas". Todo esto significa "una concepción de la calidad educativa que descansa en tres elementos: la atención al maestro (incluyendo su actualización y superación), la reestructuración de los planes y programas de estudio así como la reelaboración de libros de texto con novedosas orientaciones curriculares y la introducción de evaluaciones".[149]

* * *

Y sin embargo, si hay una zona de verdadero desastre en México es precisamente, la de la educación. Se trata sin duda de una tragedia, de una "catástrofe silenciosa" como le llamó Gilberto Guevara Niebla.[150]

Según Eduardo Andere, en términos educativos, el país sólo puede compararse con los más pobres de América Latina como Bolivia y a nivel mundial con algunos africanos.[151] Y no solamente el rezago es cada vez mayor y la brecha cada vez más difícil de cerrar, sino que deambulamos como barco sin rumbo, sin proyecto ni objetivos y no hay evidencias de que se vaya a rectificar el camino.[152]

De modo que, con todo y los discursos, con todo y la cauda de propuestas pedagógicas, didácticas y evaluativas, con todo y los anuncios de reformas, con todo y los nuevos programas de estudio y los cambios en los contenidos y en los libros de texto, con todo y las muy cacareadas innovaciones tecnológicas, una y otra vez se hace evidente que estamos muy atrasados en el terreno de la instrucción formal, que ella es insuficiente y de baja calidad. Entonces ¿de qué nos están hablando cuando dicen que la educación es un asunto prioritario?

Quién sabe. Quizá nada más del deseo de que las cosas fueran mejores o de la suposición de que lo son porque se lo dice. Y porque se crean leyes y se firman convenios.

* * *

El sistema educativo público atiende, al comenzar el siglo XXI, a poco más de 31 millones de alumnos (más de 33 y medio si se incluye a las universidades),[153] con casi un millón y medio de profesores en unas 200 mil escuelas regadas por todo el territorio nacional, cifras que triplican las de 1970 y duplican las de 1980[154] y que hablan de un sistema gigantesco, el cual sin embargo, no se ha logrado que sea ni suficiente en cobertura ni de calidad.

Suficiente significaría que toda la población en edad escolar tenga acceso a la instrucción escolar, tanto en niveles de primaria y educación media como de educación superior, y significaría también que adultos que no tuvieron oportunidad de acceder a ella o que la quieren mejorar, ampliar o profundizar tuvieran la posibilidad de hacerlo.

De calidad significaría que sea buena, aunque no todo mundo está de acuerdo en lo que ese duro quiere decir, pues ¿calidad para entrar al mercado, con los sistemas de trabajo y productividad y sobre todo con los de competitividad que éste impone?; ¿o para acumular conocimientos?; ¿o para formar espíritus críticos?; ¿o para preparar gente capaz de crear nuevas tecnologías y avances científicos?; ¿o para que tengan una visión humanista? Por eso, como dice José Lema Labadie, se trata de un concepto controvertido,[155] aunque para los propósitos de este ensayo, nos basta con la definición de Johanna Filip según la cual la calidad se define como "aprendizajes que permitan adquirir los suficientes conocimientos y habilidades como para integrarse y participar en la vida social y para desempeñarse eficientemente según las demandas del medio social, cultural y económico en que se vive".[156]

En México los datos, tanto los duros como los de interpretación, apuntan a sostener que la educación es insuficiente, porque ni cubre a toda la población y porque su cobertura es dispareja en las distintas regiones del país y en los diferentes niveles educativos. Por ejemplo, aunque la educación primaria es obligatoria, muchos niños no acuden a las escuelas (alrededor de 1.8 millones de niños en edad escolar están fuera del sistema educativo básico),[157] sea porque viven muy lejos, porque tienen que trabajar o ayudar a sus padres, o porque no les interesa ni a ellos ni a sus familiares. Por lo que se refiere a la educación media, Manuel Peimbert asegura que solo 39% de jóvenes en la edad correspondiente tienen acceso a ella,[158] pero una encuesta del año 2005 afirmó que "más de 50% de los jóvenes entre 12 y 29 años no estudia, mientras que 22% cuyas edades van de 20 a 29 años no asiste a la escuela".[159] Y ya en la educación superior, la brecha se hace enorme porque sólo 22 de cada cien jóvenes entre los 19 y 23 años están inscritos en alguna institución que la imparte.[160] Peimbert habla de sólo 15% mientras que Germán Campos Valle afirma que "sólo el 16% de los jóvenes entre 20 y 24 años tiene acceso a los estudios universitarios".[161] Y esto se agrava si se mira regionalmente, pues si en el DF la cobertura es de más del 50%, hay estados como Oaxaca donde apenas llega a 14%.[162]

A ello se agrega el problema de la fuerte deserción. Los promedios (con todo y que siempre son engañosos), hablan por sí solos: 12 de cada 100 alumnos abandonan la escuela antes de terminar el sexto año de primaria, 25 de cada 100 antes de terminar el tercer año de secundaria y 4 de cada 10 lo hacen en el bachillerato.[163] Según Axel Didriksson, la mitad de los que ingresan a la UNAM la habrá abandonado antes de concluir y, según el Centro Nacional de Evaluación para la Educación Superior, de los que sí terminan, sólo 4 de cada 10 lograrán titularse. Roger Díaz de Cossío da un ejemplo de dos carreras: ciencias y matemáticas: "De 144 instituciones que ofrecen estas carreras, 30% han producido entre uno y nueve titulados ¡en 16 años!".[164] La situación es tan grave que según este estudioso, "en unos veinte años dejaremos de tener científicos. Los egresados serán tan escasos que no alcanzarán a cubrir los programas de posgrado y las necesidades de reemplazo de nuestros institutos de investigación ni los profesionales científicos en la práctica".[165]

Y de baja calidad, porque ella no ha estado encaminada a desarrollar la capacidad de aprender y de entender sino sólo a la de repetir, por lo cual no ha propiciado la abstracción y la síntesis sino en el mejor de los casos, el aprendizaje de memoria y a decir verdad, ni eso.

Esta afirmación la hago a partir de los resultados de la encuesta PISA que realiza la Organización para la Cooperación y el Desarrollo Económico para evaluar el panorama de la educación en el mundo y que en el 2006 colocó a México en el lugar número 38 de un total de 40 países medidos y un año más tarde ya lo había puesto en el último sitio. La razón de esta bajísima clasificación fue porque los alumnos que terminan la primaria no saben ni el álgebra más elemental ni copiar un párrafo sin errores[166] y "dos terceras partes no pueden más que seguir instrucciones simples".[167] Una encuesta de la Unesco aplicada a ocho millones de educandos mexicanos, comprobó que aunque todos sabían leer, muy pocos comprendían lo que leían. Y los resultados de la primera aplicación de los Exámenes de la Calidad y el Logro Educativos (Excale) elaborados por el Instituto Nacional para la Evaluación de la Educación, arrojaron que a escala nacional, 80.6% de los estudiantes de tercero de secundaria no saben lo mínimo indispensable en matemáticas, 71% se encuentra en la misma situación en la materia de español y 56% de los que cursan el último año de secundaria no saben copiar una palabra sin cometer algún error ortográfico ni pueden diferenciar un texto narrativo de uno científico. Otras encuestas señalan el alto número de estudiantes que reprueban en el bachillerato y los bajos promedios que obtienen. ¡No sorprende entonces que a la hora del conteo de votos en las casillas durante las elecciones de julio del 2006 se hayan cometido errores básicos como sumar mal, lo que se consideró por los perdedores un "fraude hormiga" cuando probablemente no era sino resultado de la pésima enseñanza escolar! ¡Y no sorprende tampoco que los ciudadanos tengamos tantos problemas con nuestros papeles oficiales, pues las secretarias son incapaces de copiar correctamente un dato, de modo que luego resulta que no somos esa persona que decimos ser o que no vivimos en esa dirección en la que aseguramos vivir!

Pero la verdad, es que no necesitamos de esas encuestas para saberlo. Cuando se pregunta a los pequeños qué se celebra en cierta fecha o quién es algún personaje del panteón oficial, pocos conocen la respuesta.[168] ¿Y qué podemos esperar si hasta aquellos que quieren estudiar la carrera de historia en la Universidad Nacional cuando hacen el examen de admisión no alcanzan más de 69 aciertos en un total de 120 preguntas?[169] Eso sí: cuando se les pregunta a los mexicanos de qué se sienten orgullosos, un buen porcentaje (42%) responde que de su historia.[170] ¡Así somos! Puro discurso.

* * *

Si queremos indagar sobre las razones que explican lo anterior, encontramos una diversidad de respuestas posibles.

La más común es la que tiene que ver con el dinero. Todos se quejan siempre de que los recursos son insuficientes. La OCDE afirma que México solamente asignó 5.9% de su PIB a este rubro, pero según otras fuentes, "El gasto total en instituciones educativas fue del 6. 8% del producto interno bruto".[171] Germán Campos Calle asegura que el gasto federal destinado a la educación superior respecto al gasto educativo total se redujo del 27. 8 al 18.2% en la década de los noventa y hoy día, en la primera del siglo XXI, "por cada peso que México gasta per cápita en educación superior, sus principales socios comerciales Estados Unidos y Canadá invierten 19 y 11 y Corea 7.[172]

Sin embargo, para el investigador Eduardo Andere, el presupuesto que se destina en México a la educación es altísimo: constituye 25% del total del gasto el gobierno federal.[173] Pero no sólo eso, sino que crece continuamente y de manera impresionante, como se puede observar sobre todo a partir de los años noventa del siglo XX. Algo similar afirma Roberto Rodríguez respecto a la educación superior, pues tan sólo la Universidad Nacional, duplicó su presupuesto en los seis años del gobierno foxista.[174] Y por lo que se refiere a los salarios, Andere considera que aunque el lugar común afirma que los maestros en México están mal pagados, esto no es cierto si se comparan sus sueldos con los de otros trabajadores. Macario Schettino incluso sostiene que "los profesores de educación básica en México son los segundos mejor pagados en el mundo. Sólo Corea del Sur paga más [...] Un profesor de secundaria gana en México 2.2 veces el ingreso promedio nacional, mucho más que el 1.1 que gana un profesor en cualquier país de Europa Occidental o Norteamérica".[175]

El problema, desde el punto de vista de estos especialistas, no es entonces la cantidad de dinero asignado sino que no se aproveche para hacer algo sustantivo, pues países como Japón que gastan mucho menos, tienen mayor cobertura y calidad educativa.[176] Schettino hace la siguiente operación: los niños y jóvenes mexicanos están muy mal preparados en comparación con los de países de Europa y Norteamérica "que pagan a sus profesores, en términos relativos, la mitad".

La pregunta entonces es ¿por qué el gasto no se traduce en resultado?

La clave está en que aunque se asigne mucho y se gaste mucho, se usan mal los dineros. Y se usan mal, porque, afirma Andere, el esquema del gobierno funciona de una manera equivocada, como si la educación fuera solamente un problema administrativo de conseguir y repartir dinero y como si no hiciera falta ocuparse de otras cuestiones, como la capacitación de los maestros, las pedagogías y didácticas, y sobre todo, la evaluación de los resultados para consecuentemente corregir errores o rumbos.

Pero hacer esto no es posible, por varias razones:

–La manera en que están organizados los presupuestos, tal que la mayor parte se destina a lo que se conoce como gasto corriente, es decir, salarios, prestaciones y pago de burocracia. Esto es tan grave, que en el 2006 el partido Nueva Alianza publicó un desplegado en los periódicos, en el que afirmaba que "la asignación para la creación de plazas en el DF supera el total de los recursos aprobados para todo el país de 2000 a 2006".[177]

Y de lo que queda, "sólo el 2.8% del gasto educativo total se canaliza a la formación de capital: recursos para el desarrollo de infraestructura, adquisición de equipo y capacitación entre otros".[178] Según Bernard Hugonnier, subsecretario para educación de la OCDE, es tan poco lo que se destina la capacitación de docentes, que esto incide manera grave en la calidad de la enseñanza.[179] También se destina muy poco a adquisición de nuevas tecnologías educativas y prácticamente nada a la investigación sobre contenidos, metodologías, pedagogías y didácticas de la enseñanza y el aprendizaje.

–La muy baja preparación de los maestros. Ello se debe sin duda a que están organizados gremialmente de manera corporativa: "Desde fines de los años cuarenta la actuación del magisterio ante el Estado ha estado mediada por el Sindicato Nacional de Trabajadores de la Educación. El sindicato fue un factor muy importante para proteger a los profesores de los abusos de autoridades y caciques locales y para garantizarles un salario digno. En ese proceso sin embargo, fue excediendo los límites de su naturaleza y fue controlando monopólicamente la profesión docente no sólo en sus intereses laborales, sino también en los profesionales, técnicos y políticos".[180] El poder sindical ha llevado a una confusión entre lo pedagógico, lo administrativo y lo laboral que "generalmente conduce al callejón sin salida del conflicto de intereses, que empantana o subordina los asuntos educativos a los intereses político-sindicales".[181]

El ejemplo más patente es la manera en que se consiguen las plazas: se trata de un tráfico francamente escandaloso. No tiene la menor importancia si "una persona ha obtenido un título de licenciatura en pedagogía y ha realizado cursos de actualización, no puede obtener una plaza de maestro porque debe comprarla en 400 mil pesos o más, dependiendo del estado, la ciudad y la comunidad en donde desee impartir sus clases. El problema se genera porque las plazas de los maestros, como sucede con todas las plazas de los trabajadores sindicalizados, se pueden heredar a los hijos o son objeto de comercio por quienes se jubilan o desean dejar la enseñanza. No importa que el hijo no haya cumplido siquiera con la preparación o haya salido de la cárcel por la venta de estupefacientes, el padre le puede heredar la plaza porque es un derecho obtenido, una conquista sindical".[182]

No es casualidad entonces, que cuanto organismo internacional nos evalúa, afirme que el sindicato y las prácticas sindicales así como la burocracia oficial son el principal obstáculo para la mejora de la educación.

–Que los contenidos y pedagogías se han hecho a partir de una visión homogeneizadora de la población y sin tomar en cuenta las diferencias de necesidades educativas, contextos socioeconómicos y especificidades culturales y regionales. Un ejemplo inmejorable sucedió cuando en alguna ocasión en que el presidente Zedillo visitó una escuela en Chiapas y les preguntó a los niños por el verdadero nombre del presidente Guadalupe Victoria. La pregunta era absurda, porque los alumnos de primaria no tendrían por qué saber que el primer gobernante del México independiente usaba un seudónimo, pero sobre todo, porque ¿de qué les sirve a los niños tzotziles o a cualquier niño saber eso? Francamente de nada. Es casi como cuando Darwin llegó a la Patagonia y les entregó a los habitantes del lugar preciosas vajillas de porcelana, copas de cristal cortado y cubiertos de plata, un regalo que él consideraba espléndido pero a los recipientes no les servía de nada. ¿Habría podido el presidente de la República responder si alguno de esos niños le hubiera preguntado cómo se alimenta a las gallinas o qué se debe hacer cuando el grano de café se plaga?

No es descabellado pensar que buena parte del fracaso de la educación en México tenga que ver con el tipo de enseñanzas que se dan en la escuela y su utilidad en relación a las necesidades de la vida de las personas.

–Que el sistema educativo en general y los maestros en particular no aceptan los cambios, una y otra vez se oponen a nuevos libros de texto, a diferentes contenidos, a cambios en los programas o en las formas pedagógicas.

–Que por lo que se refiere al mantenimiento y construcción de infraestructura escolar, hay un enorme déficit. Un informe oficial sobre estructura física en escuelas informaba a mediados del 2007 que 36% de las primarias y 30% de las secundarias tienen indicadores visibles de mal estado, que 44% tienen goteras y 18% se inundan y que el déficit en infraestructura es superior a los 44 mil millones de pesos.[183] ¡Y eso que tenemos un magnífico Programa de Mejoramiento de Espacios Educativos con todo y un Fondo de Infraestructura!

–Que por extraño que parezca, la infraestructura escolar está subutilizada, particularmente en las zonas urbanas. Las escuelas por lo general solamente se usan para un turno.

–Que también los educandos están subutilizados: son pocas las horas de clase que se imparten (en las primarias los estudiantes asisten 3 horas diarias y por lo menos un viernes de cada mes no hay clases por distintas razones: porque no vino el maestro —algo muy frecuente que puede suceder por el sindicalismo corporativo— por alguna festividad del calendario oficial o algún festejo de la propia escuela, por una junta de maestros o por un "puente").

La educación superior tampoco presenta mejores perspectivas. "El sistema educativo superior en México esta compuesto por 2'384,900 alumnos y 251,750 maestros que laboran en 4,672 instituciones".[184] De éstos, alrededor de 45% en estudios relacionados con las ciencias sociales y administración, 7% con las ciencias exactas y según datos de la ANUIES, sólo 3.1% en educación técnica.[185]

También aquí encontramos muchos problemas, entre los cuales destacan:

–La baja preparación con que llegan los estudiantes. En los exámenes de ingreso a la UNAM en el 2001, de casi 36 mil aspirantes solamente 31 obtuvieron más de 100 aciertos de los 120 posibles y la mayoría mostró "bajo perfil".[186]

–La falta de perspectivas de empleo.

–El embate abierto y decidido contra las universidades públicas cuya misión y quehacer no van (o al menos no solamente) en el sentido de los esquemas neoliberales de mercado que tienen que ver con resultados inmediatos y con ganancias. El caso de la Universidad Nacional es el ejemplo vivo de ese esfuerzo por desmantelar un concepto de educación masiva y popular así como de investigación y enseñanza sobre asuntos y temas que no cumplen con esos esquemas.

* * *

¿Por qué hemos llegado a esta situación?

Acosta Silva sostiene que el problema es la forma en que está concebida nuestra educación, como una que tenía que ver con un sistema político y económico particular, es decir, con un cierto modelo de crecimiento, industrialización, urbanización, un Estado de fuerte intervencionismo y de autoritarismo político y con una sociedad conformada en consecuencia. Los cambios que produjo el neoliberalismo plantearon exigencias a la educación a las que ésta no pudo responder "dada su arquitectura institucional y sus condiciones básicas de existencia". El sistema educativo mexicano no pudo cambiar a la velocidad y de la manera que requería una nueva forma de inserción en el mundo.

Sin cuestionar lo anterior, mi opinión sin embargo, es que nuestra desgracia educativa radica en el hecho de que una y otra vez adoptamos los paradigmas de otros países sin preocuparnos si ello se adapta o no a nuestras necesidades y posibilidades reales. Nuestros grupos ilustrados se convierten dócilmente a las modas intelectuales de los países ricos y adoptan como propias las particularidades de aquellas tradiciones culturales.[187] A este modo de proceder algunos estudiosos lo han caracterizado como "afán sucursalista", porque consiste en querer hacer todo lo que aquellos hacen, en pensar y escribir como aquellos piensan y escriben.

Así, el siglo XIX vio la adopción de corrientes de pensamiento europeo, español, francés e inglés, más adelante, la llamada por Cosío Villegas "tercera generación liberal" trajo de Francia un ideario que encarnó en la Constitución de 1857 y en la entrada del positivismo "con su carácter eminentemente práctico".[188] Poco después, con todo y el espíritu nacionalista surgido de la Revolución, no por eso el pensamiento europeo dejó de ser determinante principalmente en la reflexión filosófica. Escribe Carlos Pereda: "En los cuarenta fuimos vitalistas y partidarios de Bergson, en los cincuenta nos convertimos en apasionados existencialistas, devotos de Sartre y la Rive Gauche, en los sesenta practicamos la ciencia ficción del estructuralismo, incluyendo el estructuralismo delirante y marxista de Althusser, para convertirnos después en los setenta a la hermenéutica, al posmodernismo, a la deconstrucción y al vértigo de lo sublime respecto del Otro con mayúscula".[189]

Desde los años ochenta, entró el paradigma norteamericano (un "injerto" según lo califica Noriega[190] del modo de pensar de lo que Justo Sierra llamó "ese maravilloso animal colectivo que vive junto a nosotros", "esa formidable locomotora a la que había que engancharse": los Estados Unidos) Se trata de un modo cuantitativista que considera que el conocimiento requiere solamente de datos duros: "El concepto de la cadena Datos-Información-Conocimiento-Sabiduría se ubica frente a nosotros de una manera cada vez más importante":[191] "ser eficientes, preparar los cuadros que exige el mercado, desarrollar una cultura empresarial, el conocimiento práctico, aplicado, vinculado a la economía, el que produce innovaciones rentables" afirma Pablo Latapí Sarre.[192]

Hoy, en la primera década del siglo XXI, éste es el modelo: que la productividad y la competitividad son la meta, que los criterios de pensamiento e investigación son los deciles y quintiles, porcentajes y curvas, que todo, incluido lo social y humanista debe considerarse con el paradigma de la ciencia dura. Escribe Isaiah Berlin: "El *Calculemus* hoy se considera la clave para solucionar los problemas sociales y personales. Este método pone el acento en el análisis sistemático, en la eficiencia de los costos, en la reducción a términos estadísticos y cuantificables y en el poder de los expertos, como si la aplicación de técnicas tecnológicas para la organización de la vida y la actividad productiva de los seres humanos y como si el conocimiento científico que ha tenido éxito al revelar los secretos de la naturaleza animada e inanimada pudieran racionalizar también la vida social y lograr la satisfacción de las necesidades humanas".[193]

La idea sobre la que se basa el prestigio de este modo de pensar considerado "científico", dice Carlos Amador, es que se trata "de un trabajo pulcro, racional, objetivo y ordenado donde no tienen cabida la subjetividad, la irracionalidad y el desorden que son, se supone, el modo de funcionar de las pobres humanidades".[194] Por eso, con todo y que no somos un país con una herencia sólida en ciencias duras y sí con una en ciencias sociales, humanidades y artes, según el Banco Mundial los recursos de los centros de investigación del Consejo Nacional de Ciencia y Tecnología "se incrementaron alrededor de 87% entre 1998 y 2005, en diez centros del área de las naturales y las experimentales el aumento fue de 68% y en nueve del área tecnológica los ingresos casi se duplicaron, mientras que los centros del área social y humanística no figuraron en el proyecto".[195]

Para nuestra desgracia como país, atrás han quedado aquellos tipos de conocimiento aparentemente improductivo, que no desecha lo viejo en aras de las novedades, que se hace preguntas que pueden o no tener respuestas fincadas en la razón o en la utilidad, que buscan espacio para la creatividad, para lo trascendente y para lo estético. Con ello se ha abandonado la herencia más importante de nuestro pasado, ésa que hizo surgir entre nosotros espléndidos pensadores y escritores. Como son las cosas hoy, un Paz o un Monsiváis no pasarían los sistemas de evaluación.

Pero también es posible que el gran fracaso en la educación se deba a que no es cierto que le interese ni al gobierno, ni a los empresarios, ni a las Iglesias, ni a los ilustrados y que solamente sea una más de las hermosas declaraciones que hacen y que todos fingimos creer. Un ejemplo reciente me da pie a pensar de esta manera: en la Olimpiada Mexicana de Historia que promueve la Academia Mexicana de Ciencias junto con la empresa Televisa se preguntan cosas como que "¿quiénes construyeron las pirámides de Teotihuacan?" Y las respuestas posibles entre las cuales se debe elegir una son: "a. los extraterrestres, b. los gigantes, c. los dinosaurios, d. los campesinos de la zona", o se pregunta "¿cómo llegó el hombre a América? y las posibilidades a elegir son: a. volando, b. nació aquí, c. en barcos, d. caminando". Como bien afirmó un maestro en una carta a un diario de circulación nacional, dislates como éstos trivializan los esfuerzos por enseñar y ridiculizan los contenidos.[196]

* * *

Así como se creó el discurso de la educación como el valor más alto, así también hemos escuchado una y otra vez el discurso de que la cultura es "lo mejor que tenemos", "nuestro baluarte". Y también por supuesto, todas las declaraciones que se quieran en el sentido de que hay un compromiso de parte del Estado para apoyarla porque "los derechos culturales forman parte del universo de derechos de los mexicanos".[197]

Pero ¿qué ha significado esto?

Para empezar, una confusión. Porque una cosa es entender la cultura en su sentido amplio como "una manera de vernos y comprendernos colectivamente en el mundo"[198] y otra cosa es darle su sentido restringido que tiene que ver con los productos, bienes y servicios culturales, que serían, "la ronda de literatura y conciertos y discos y obras de teatro y películas y discusiones intelectuales".[199]

Lo que el Estado mexicano ha establecido como compromiso para apoyar, impulsar, promover, estimular y proteger es la cultura en su segunda acepción.

Esta actitud tiene raíces históricas, pues a lo largo del tiempo ha habido esfuerzos en este sentido. El primero de ésos, dice Gabriel Zaid, surgió a fines del siglo XVIII cuando "aparece toda una generación de hombres que no se sienten menos que los europeos y que se enfrentan por primera vez al problema de una integración cultural en un proyecto independiente que se corresponde con otros de afirmación nacional".[200] Se trata de los criollos ilustrados, quienes decidieron conocer y dar a conocer a su país, para lo cual impulsaron expediciones por el territorio, hicieron mapas y cartas geográficas, estudiaron la flora y fauna, levantaron los primeros censos y listas bibliográficas y fundaron instituciones como el Colegio de Minería y la Academia de San Carlos. Pero sobre todo, se propusieron romper con las estrecheces de la filosofía escolástica y "con todo el sistema tradicional que veía en la modernidad a su gran enemigo" y abrirle el paso a la filosofía moderna "con su confianza en la razón y en el criterio individual, rechazando el argumento de autoridad".[201] Como escribió José Rafael Campoy, querían "buscar toda la verdad, investigar minuciosamente todas las cosas, descifrar los enigmas, distinguir lo cierto de lo dudoso, despreciar los inveterados prejuicios de los hombres, pasar de un conocimiento a otro nuevo".[202]

El segundo proyecto, surgió a fines del siglo XIX, una vez consumado el triunfo de los liberales, y en él la cultura era el vehículo para transitar de la mentalidad colonial a la independiente, adquirir una idiosincrasia, rescatar la historia, las costumbres, el paisaje y el lenguaje propios, en un esfuerzo por encontrar eso que José Luis Martínez llamó "la expresión nacional".[203] En esa tarea colaboraron escritores, filósofos, historiadores y periodistas al lado de juristas, políticos y administradores, quienes con un espíritu romántico, se impusieron la misión de instruir a las masas y escribir "para un pueblo que comenzaba a ilustrarse" como afirmó Altamirano. Y lo hicieron de un modo que se convertiría en paradigmático: formando grupos, publicando revistas y elaborando proyectos más grandes que la realidad. Tal fue el caso de la Academia de Letrán, del Liceo Hidalgo y de la revista *Renacimiento*, que en el nombre lleva su programa y que se convirtió en el ejemplo del proyecto cultural por excelencia, a pesar de que tuvo muy corta duración. Fue un proyecto que incluyó a todo el espectro político e ideológico, pues tenía también como fin "sofocar rencores, iniciar una reconciliación general y hacer brotar del amor a las letras el amor a la patria común".[204] Por eso en él cupieron por igual imperialistas y conservadores que liberales y radicales, pues se trataba "de un empeño colectivo que nadie por sí solo podía hacer".[205]

Fue entonces que se plantearon las preocupaciones que se volverían centrales y definitorias de la cultura mexicana: "El gran tema, la continua obsesión de estas tierras es la necesidad de comprobar hasta qué punto somos autónomos y en qué medida somos derivados, invenciones truncas", escribió Monsiváis.[206] De ese primer gran problema derivan todas las oposiciones, afirmaciones y negaciones, contradicciones y sincretismos que han configurado nuestra historia cultural: el universalismo y el nacionalismo, la búsqueda de las raíces (indígenas o hispánicas) y de la originalidad (cuáles han sido nuestras aportaciones a la cultura universal); la definición de qué es lo mexicano, que combina la obsesión por conservar eso que se llama "lo propio" con la obsesión por ser modernos y pertenecer al ancho mundo; la tensión entre el compromiso social y el arte-purismo, entre el humanismo y el cientificismo, entre la integración cultural del pueblo o la cultura para las minorías selectas, entre la participación de los intelectuales en la política o la automarginación y la torre de marfil.[207]

La Revolución de principios del siglo XX, vería surgir el tercer proyecto cultural, que de cierta manera era continuidad del anterior, pero también algo nuevo, pues era suya la idea de que había que refundarlo todo, de que el país renacía, de que la nacionalidad "irrumpía" como escribió López Velarde. Vasconcelos lo pondría en marcha, como una gran cruzada: "Que se pinte, que se haga poesía, que se haga música, que se haga teatro, que se lea, que se baile".[208]

La concepción vasconcelista, concebía a la cultura a la manera que había impuesto hacía medio milenio el Renacimiento: como una entidad superior y misteriosa, un sutil y especial contacto con el espíritu que produce cierto tipo de actividades y de objetos considerados "sublimes" y que componen lo que conocemos como la alta cultura o las bellas artes. De allí su programa de edición de miles de ejemplares de libros, que se vendían a precios muy bajos para que la gente los pudiera adquirir, aunado al de abrir bibliotecas públicas fijas y ambulantes y al de impulsar la pintura y la música nacionalistas.

A partir de estos parámetros se estableció y fijó lo que sería y sigue siendo hasta hoy, el concepto de cultura y el modelo de política cultural: el Estado como promotor y patrocinador de la cultura, entendida ésta como "cierta clase de actividades, actitudes, gustos y conocimientos en torno a la creación artística y a un campo limitado del quehacer intelectual" según diría Guillermo Bonfil.[209]

Y en efecto, la política cultural del Estado mexicano ha consistido en crear instituciones y leyes que protejan eso que se llama "el patrimonio" y que apoyen y estimulen la creación y fabricación de productos culturales de la pintura, música, danza, literatura, cine, teatro, escultura, arquitectura y fotografía y que lleven esos productos a la gente.

A eso se dedican desde su fundación y hasta este día el Instituto Nacional de Bellas Artes (hoy y de Literatura), el Instituto Nacional de Antropología e Historia, el Consejo Nacional para la Cultura y las Artes, el Instituto Mexicano de Cinematografía, la Dirección General de Culturas Populares (hoy e Indígenas), el Fondo de Cultura Económica, la Dirección General de Publicaciones (hoy y Medios), los festivales y ferias del libro, los centros culturales (como el Centro Nacional de las Artes, la Cineteca Nacional, el Centro de la imagen y las muchas casas de cultura), el canal 22 de televisión y el Instituto Mexicano de la Radio, las bibliotecas y museos y todos los Institutos y Consejos estatales de cultura, las Comisiones de Cultura de las cámaras de Diputados y de Senadores y la gran cantidad de leyes, convenios, tratados, recomendaciones y declaraciones que se han propuesto, aprobado y firmado tanto dentro del país como a nivel internacional en esta materia, así como las comisiones, planes y programas, encuestas y estadísticas que se han formado y aplicado.

* * *

Éstos son datos de la cultura, en su concepto restringido:

–Los libros: según la Encuesta Nacional de Lectura del 2006, los mexicanos "leen 2.9 libros al año en promedio", "la tercera parte de la población no lee ni un libro al año", poco más de 43% "no ha leído jamás en su vida un libro", "uno de cada cuatro admite no tener libros en su casa ni haber visitado una librería" y "33% jamás ha pisado una biblioteca".[210] Carlos Monsiváis asegura que "el tiraje promedio de los libros es de 1,500 ejemplares y los que han rebasado la barrera demográfica del millón de ejemplares son *Los de abajo, Pedro Páramo, El llano en Llamas, El laberinto de la soledad*".[211] No sorprende entonces que según la Cámara Nacional de la Industria Editorial Mexicana, entre 1991 y 2003 hubiera una reducción de 19% en el número de títulos publicados y una disminución en el número de editores de 230 a 186, ni sorprende que existan menos de 500 librerías en todo el país (una para cada 90 mil habitantes) y apenas 6,610 bibliotecas[212] (una para cada 15 mil habitantes, aunque este promedio es engañoso porque no están distribuidas de manera homogénea y mientras la ciudad de México cuenta con el doble que Jalisco, muchos municipios no cuentan con ninguna). Pero como además el Estado produce 60% de los libros y de ellos los de texto constituyen poco más de la mitad de la producción total en el sector,[213] pues resulta que de la capacidad instalada para la producción sólo se usa 7%.[214]

–La infraestructura: en el país existen 1,058 museos y 1,592 centros culturales y casas de cultura,[215] 173 sitios arqueológicos[216] y 118 monumentos históricos[217] y éstos aumentan constantemente, sobre todo en algunas áreas (por ejemplo los monumentos históricos),[218] porque otras se han dejado completamente abandonadas (Néstor García Canclini afirma que "hace muchos años que el Estado no crea nuevos museos, ni compra obras de arte").[219]

Y sin embargo, según la Encuesta Nacional de Prácticas y Consumos Culturales levantada por el Consejo Nacional para la Cultura y las Artes, apenas 60% de la gente afirma haber visitado algún museo, y en las casas de cultura y salas de lectura, la asistencia anda alrededor del 9%. Por lo que se refiere a los espacios arqueológicos, "el promedio de visitantes anuales se situó en alrededor de 40 millones".[220] Ernesto Piedras ha calculado un promedio de 5 visitantes al día para cada uno de los lugares referidos.[221]

De la asistencia a galerías, no se cuenta con datos ni de cuántas hay ni de cuánto venden, pero un caso que puede servir como indicador es el del Jardín de Arte de Sullivan que después de gran auge en la década de los setenta, decayó mucho.[222]

–El cine: 44% de los ciudadanos acuden a las salas de exhibición al menos una vez al mes. México es el quinto mercado mundial por número de espectadores y el cuarto por la transferencia de regalías al extranjero por concepto de consumos de materiales audiovisuales. El problema es que "las distribuidoras transnacionales controlan 80% del mercado mexicano, con lo

que obtienen las mejores fechas (y salas) para los productos estadounidenses y dejan las peores para las cintas mexicanas, razón por la cual éstas no alcanzan a recuperar su inversión (en los últimos años 90% de los productores no la han recuperado y eso que el Estado ha aportado el 49% de la inversión), a lo que se agrega que los distribuidores y exhibidores se llevan más de la mitad de las ganancias.[223] De modo que el cine nacional, que en algún momento fue el principal productor de películas en América Latina, hoy está en fuerte crisis.

–La televisión: es el medio "de más penetración" en los hogares mexicanos según afirman Nivon y Villalobos[224] (en la ciudad de Guadalajara, más de 99% de los hogares tienen al menos un aparato y según la citada Encuesta Nacional de Prácticas y Consumos Culturales del Conaculta "más de 95% de los entrevistados acostumbra ver televisión y casi la mitad la ve entre dos y cuatro horas al día"),[225] pero está en manos de muy pocas empresas, y una de ellas, la líder en el mercado, que es Televisa, "captura el 74% de la audiencia"[226] y "dispone de un presupuesto de 210 millones de dólares anuales de los cuales 82 millones se destinan a su principal producto: telenovelas",[227] lo que habla de poca diversidad de oferta.

–La música: escucharla es un hábito cultural muy extendido,[228] casi 80% de los encuestados acostumbra escuchar música grabada y uno de cada tres dedica a esta actividad entre dos y cuatro horas diarias,[229] pero también en este caso, se trata de empresas transnacionales que son las principales productoras de discos y tienen un concepto de qué promover.

Los datos podrían seguir: cuánta gente asiste a los teatros y qué tipo de obras prefiere ver; qué pasa con el fenómeno de los espectáculos masivos, tanto en los recintos cerrados (como el Palacio de los Deportes o el Auditorio Nacional) como en las plazas públicas (por ejemplo el Zócalo), cómo funciona el negocio de los videos, cuál es su contenido y a dónde van las ganancias, cuánta gente usa computadoras (30% de los entrevistados), internet (cerca del 25%) o cualquiera de los demás aparatos que permiten el consumo de lo que se considera cultura. Si no sigo dándolos es porque me parece que para los objetivos de este ensayo, basta con lo que hasta aquí se ha dicho.

Porque para nosotros el punto es: ¿nos sirve de algo saber todas estas cifras, esa "dimensión objetiva" como le llaman Raúl Béjar y Héctor Rosales,[230] para entender algo de lo que es y cómo funciona la cultura en México?

Me parece que los datos nos permiten comprender varias cosas significativas: por ejemplo que como señala un estudioso, "hay predominio de las industrias culturales sobre las vías tradicionales de acceso a la cultura", pues los cines son más visitados que las bibliotecas, los museos y las librerías,[231] o que la infraestructura cultural es más grande que la realidad de su aprovechamiento, como se observa por la escasa asistencia a museos y sitios arqueológicos y que en muchos casos esa infraestructura cultural no responde a los intereses reales de la población, por ejemplo, los estados de Tabasco, Tlaxcala y Oaxaca tienen el mayor porcentaje de bibliotecas por habitante pero los menores índices de lectura.[232] Esto nos permite concluir que la infraestructura y la oferta culturales no necesariamente tienen que ver con el consumo, o dicho de otra manera, que más museos no hacen que más gente acuda a los museos ni más bibliotecas hacen que más gente lea. Y esta observación se puede am-

pliar hasta afirmar que ni la legislación ni los programas culturales se han tra-
ducido en ni se reflejan en la participación de los habitantes en lo que, desde
los parámetros que hoy se consideran válidos, es la vida cultural.

Un caso emblemático es el estado de Jalisco que con todo y que tiene
el conjunto de leyes más amplio relativas a la cultura (21 reglamentos por
comparación a los 9 que tienen el DF y Nuevo León), sus habitantes son los que
de acuerdo a los criterios cuantitativos, consumen menos cultura.[233]

Ahora bien: si insisto en decir "de acuerdo a estos parámetros" o "según estos criterios" es porque ellos definen un concepto de cultura particular,
que deja fuera a otros. Por ejemplo, en Oaxaca las personas no irán a las bibliotecas pero producen artesanías; en Jalisco no irán a los museos pero van
a los espectáculos y a las iglesias; en el DF no irán a las zonas arqueológicas
pero hacen deporte (o van a él como espectadores) y acuden a antros; todo
lo cual nos tendría que hacer reconsiderar el concepto de cultura mucho más
allá que el consumo de cierto tipo de productos o la asistencia a cierto tipo de
instalaciones consideradas culturales. O como lo ponen Nivon y Villalobos, se
trata de "actividades que requieren escasa mediación de las industrias o instituciones culturales",[234] pero eso no significa que no sean cultura. E incluso,
son actividades que sí requieren de las industrias culturales pero que no son
consideradas como cultura por quienes hacen las definiciones y fijan las políticas: por ejemplo leer best-sellers y revistas[235] o escuchar radio[236] o ir al futbol.

Y es en este punto cuando llegamos al meollo del asunto: que una
práctica cultural puede definirse de muchas maneras. Pongo por ejemplo una
encuesta que yo misma realicé entre maestros indígenas de Chiapas, Oaxaca
y Guerrero en la cual se hizo evidente que muy pocos tenían idea de quiénes eran los escritores que nosotros hemos colocado en el olimpo de nuestro
panteón cultural, que jamás habían ido a un museo ni a un cine, pero eso no
significa que no tenían cultura y prácticas culturales. De hecho al contrario,
eran la gente "leída y escrebida" como decía Cosío Villegas, de sus comunidades, conocían bien la historia de México, con los héroes y las fechas cívicas y
las costumbres, religiosidades y lenguas de sus pueblos, que hablaban fluida-
mente además del español.[237]

Esto mismo vale para otros grupos: por ejemplo, los jóvenes de las
zonas urbanas para quienes la cultura no está en la galería, la librería o el
teatro sino en los centros comerciales, auditorios y estadios, plazas públicas,
discotecas y centros nocturnos.

Por eso la cultura tiene que verse como más que una estadística de
producción y consumo de mercancías, bienes y servicios,[238] más que leyes e
instituciones, convenios y planes, políticas y presupuestos. Hasta quienes hacen los diagnósticos más cuantitativistas se ven obligados a reconocer que
libros, museos, telenovelas, discos, son solamente "un medio de acceso a una
existencia intelectual, afectiva, moral y espiritual satisfactoria",[239] pero no el
único ni el universal.

La cultura es asignación de significados a las prácticas de la vida, que
le dan sentido. Y esto se refiere a toda una dimensión que podríamos llamar
subjetiva,[240] pero que, a pesar de eso, no es individual sino colectiva, social.

* * *

La pregunta en todo caso, es por qué la política cultural de los gobiernos, aunque parezca elaborada con tan buenos propósitos y envuelta en tan bellas palabras, no ha conseguido convertirse en parte integral del diario acontecer, ni ha conseguido recoger las expresiones de los diversos grupos y las distintas regiones, ni ha conseguido dejar de lado dos características que la marcan: lo que podríamos llamar su modo de ser "oficialista" y lo que es su "positividad". Aquélla se refiere a una manera de entender y transmitir las cosas, desde los temas que se eligen hasta el modo de hacerlos circular. Ésta se refiere a la reiteración de ese asegurar el "éxito" y los "grandes resultados" con el que se la rodea sin realmente profundizar en la evaluación de resultados.

Y es que la cultura en México ha seguido hasta hoy un modelo de acumulación extensiva: más museos (el gobierno de la ciudad de México se enorgullecía en el 2006 de que la capital cuenta con 121), más bibliotecas y hasta una megabiblioteca, más casas de cultura, ("les vamos a construir sus casas de cultura a todas las colonias, ya verán", dijo una delegada cuando tomó posesión del cargo)[241] más exposiciones, conferencias, espectáculos y conciertos, más número de ejemplares de libros (¡llegaron a hacerse ediciones de 100 mil en un país en el que los promedios de lectura son tan bajos!) y "la explosión demográfica" de simposios, coloquios, premios, festivales, homenajes y conmemoraciones. ¡Tan sólo en los primeros cuatro meses del 2008 el Instituto Nacional de Bellas Artes homenajeó a Vicente Leñero, Sergio Pitol, Octavio Paz, Dolores Castro, Inés Arredondo, Griselda Álvarez y Ángel de Campo! Y todo ese año están programados, tanto por parte del gobierno federal como de varios gobiernos locales, universidades y editoriales, homenajes a Carlos Monsiváis por sus 70 años, Carlos Fuentes por sus 80, Alí Chumacero por sus 90, Octavio Paz por 10 años de muerto. En este sentido, y por la forma en que se la entiende, es un terreno en el que nunca ha existido la crisis: la oferta es amplísima, excede cualquier fantasía sueño o deseo.[242]

Su problema es que sólo es oferta pero no consumo. Y lo es, en buena parte, porque adolece de los mismos vicios que hay en todos los rubros: no tener una concepción de qué es la cultura (y considerar que basta con usar el término para legitimarse y barnizarse de gloria, o como dijo en alguna ocasión Monsiváis para "ornamentación sexenal") y suponer que una política cultural consiste en disponer una y otra vez de más asignación presupuestaria para de nuevo, hacer más de lo mismo.

Pero también porque se trata de un concepto de cultura atravesado por paradojas y contradicciones irresolubles:

–Aunque pretende ser democrática (por ejemplo, llevar a los autores consagrados a sitios populares o presentar en los lugares de la "alta" cultura a la banda de rock, la tambora y la artesanía), por la naturaleza misma de su concepción, no lo es ni lo puede ser, pues su esencia consiste en ir de arriba para abajo, ser un conjunto de ofrecimientos de eventos y mercancías que consumidores pasivos reciben[243] y estar permeada por "una vieja tradición elitista",[244] en la cual los creadores individuales ofrecen sus productos.

–Aunque pretende reconocer y aceptar los nuevos tiempos y los cambios en valores, modos y métodos de elaborar los productos culturales, no considera cultura a ningún objeto diferente de los establecidos tradicionalmente, evitando así el riesgo de lo nuevo o lo diferente.

–Aunque pretende ser inclusiva, ha creado un canon que ha establecido y fijado cuáles autores y cuáles obras se consideran imprescindibles y fundamentales, estableciendo una verdadera "aristocracia del espíritu" en el sentido de Nietzsche.

–Aunque pretende estar abierta al espectro regional y local, está centralizada y es centralista. Por eso Sergio González Rodríguez afirma: "Existe una tendencia al uso de conceptos centralizadores, inflexibles, de criterio nacional o generalizador, paradigmas autoritarios".[245]

–Aunque pretende permitir toda la diversidad, es homogeneizadora y tiende a una cómoda homogeneidad (o como decía José Luis Martínez "alguien tiene el acierto y la originalidad de escribir una novela y cien, mil más, continuarán pastando en ese prado").[246] Esto se da a pesar de que vivimos en un mundo en el que ya no existen ni pueden existir las lecturas monosémicas,[247] en el que un objeto cultural ya no tiene ni puede tener una forma única de leerse, verse, oírse entenderse. Hoy todos los productos culturales se "contaminan" entre sí, reapropiándose y readaptando conceptos, ideas, estéticas, ideologías, lenguajes, formas de estructuración.[248]

–Como política cultural es completamente errática: un día se publican miles de ejemplares de libros a los que se considera clásicos e imprescindibles y otro día se la convierte en espectáculo para los pobres en las ciudades,[249] un día se deja que las cosas vayan funcionando como puedan y otro se pretende coordinarlas o controlarlas con instituciones y leyes. No existen objetivos claros ni una idea de largo plazo y siempre está sujeta a los caprichos de gobiernos y funcionarios en turno que asignan o recortan presupuestos, prioridades, temas, modos.[250]

* * *

Las anteriores paradojas y contradicciones se deben a que la cultura en México:

–Es de grupos o de "mafias" como le llamó Luis Guillermo Piazza, de cacicazgos como le llama Arnaldo Córdova:[251] "Nuestros grandes intelectuales se convierten en caciques. Su autoridad intelectual no puede ponerse en duda y de ello se aprovechan. Comienzan a decidir todo lo que debe y puede hacerse, deciden lo que es bueno y lo que es malo, deciden quiénes están bien o mal de acuerdo con los cartabones que ellos mismos imponen; quién pasa y quién no pasa la prueba de sus paradigmas, quién se queda o quién debe ser excluido".[252]

Los escritores, pintores, cineastas, músicos, bailarines se tienen que organizar de ese modo si quieren que se los tome en cuenta porque nadie que no sea de su grupo dirá una palabra sobre su trabajo[253] y, a su vez, ellos harán el vacío y guardarán silencio en torno al trabajo de los demás, aunque todos en el discurso dirán que son abiertos y plurales.

– Es de códigos.

Hay películas, novelas, pinturas, obras de teatro y de danza, suplementos culturales que reciben aplausos porque obedecen a lo que los grupos culturales en el poder consideran que se vale decir y a cómo se lo debe decir,[254] es decir, porque aceptan una cierta lógica, concepción y modo de hacerse (estrategias lexicales, sintácticas y semánticas, de formas de organizarse, de lugar y proceso de la enunciación, de maneras de entrar en circulación) que "constituye una práctica socialmente ritualizada y regulada" como diría Gilberto Giménez. En una entrevista con la directora de una compañía de danza que repetidas veces ha obtenido becas del Estado, la mujer confesó que "ya se sabía el código" y que los proyectos que presentaba eran los que tenía seguridad que ganarían. Y ganaban siempre.

–No acepta la crítica.

Escribe Julio Boltvinik: "La crítica es interpretada como descalificación personal. Quien se atreve a criticar las ideas, análisis y conclusiones de sus colegas es castigado por la comunidad con el aislamiento. Por eso todos se abstienen de cualquier crítica a sus colegas".[255]

A quien transgrede este tabú, se le aplica "el tribunal, la picota, el dogma y la exclusión" como se decía en tiempos del modernismo. Pero por lo demás ¿quién se atreve a hacerla cuando el criticado puede después estar en una comisión de las que da los apoyos y becas? El Sistema Nacional de Investigadores y el Sistema Nacional de Creadores han apoyado a los intelectuales, científicos y artistas pero también han comprado su silencio y complacencia y han acabado con la crítica.

–Tiene un compromiso con el poder.

Desde el momento en que es el que patrocina la mayor parte de la producción cultural ("no es exagerado señalar que en México cerca de 90% del presupuesto dedicado a la cultura lo proporciona el Estado" afirma Carlos Monsiváis)[256] y es el que da toda suerte de prebendas y apoyos. Por eso los intelectuales, artistas y creadores están siempre cenando con el presidente y los secretarios de Estado, participando en y aceptando homenajes oficiales.[257] Carlos Fuentes y Octavio Paz, nuestros más célebres escritores, que siempre hicieron discursos sobre la necesidad de que los pensadores estén lejos del poder para garantizar su independencia, fueron sin embargo muy cercanos a él. Y lo mismo puede decirse de muchos otros aunque lo nieguen.

En tiempos de Fox, muchos escritores, artistas visuales y cineastas aceptaron agregadurías culturales y con Calderón varios creadores han aceptado puestos en la burocracia cultural, siguiendo una vieja costumbre que data desde el siglo XIX y atravesó todo el XX. Esta excesiva cercanía ha hecho que no puedan ser "la conciencia moral de su tiempo" que Isaiah Berlin suponía que debían ser.[258] Claudio Lomnitz lo dice con cierta amargura: en México "se logró separar a la Iglesia y al Estado pero no a la cultura y al Estado".[259]

Hoy día esta cercanía es también con los medios de comunicación. "Enséñame a un elitista y yo te mostraré quién se muere de ganas de que lo inviten a un programa de televisión", escribió Monsiváis resumiendo el espíritu de la época,[260] porque todos sueñan con estar en la televisión, radio y periódicos. Como sueñan con ser una presencia en el mercado, aunque lo nieguen. Porque estos dos, medios y mercado, son hoy por hoy los criterios de validación que se aceptan, aunque se critique a quien lo consigue acusándolo de haberlo logrado por ser ligero, malo, superficial, con concesiones a la moda, complaciente o vendido.

–Está sustentada en criterios que tienen poco que ver con la realidad del país.

Éstos son: el mercado (siendo que pocos pueden comprar); la excesiva valoración de lo científico por sobre lo humanístico y social (siendo que estamos atrasados en ciencia y tecnología y en cambio tenemos una gran tradición en las otras dos áreas);[261] la sobrevaloración discursiva de las creaciones de los jóvenes (frente a la realidad del respeto solamente para los ya consagrados, que son los mismos desde hace medio siglo); la subordinación a la escena internacional (a pesar del nacionalismo discursivo) y el predominio de la promoción por sobre la producción.[262]

* * *

En resumidas cuentas: que el Estado mexicano, a pesar de su discurso, ha fracasado en su objetivo de hacer llegar la cultura (en su sentido restringido) a la población.

Ni las ediciones de miles de ejemplares, ni la apertura de bibliotecas y museos, ni los subsidios al teatro, al cine y a los creadores, ni la obligación a los escolares de leer ciertos textos canónicos de la literatura, ni la promulgación de la Ley de Fomento para la Lectura y el Libro y la creación del Consejo Nacional para lo mismo, ni la publicidad, nada de eso ha logrado que la gente lea, que acuda a las exposiciones y al teatro o a ver películas mexicanas.

Y es que la inexistencia de públicos para la cultura se debe a varios factores:

–Que somos un pueblo con un pésimo sistema educativo, con desconocimiento profundo de la historia (incluida la propia) y de los productos culturales nuestros y de otros países. Ello se debe en buena medida a que en los tiempos coloniales la Corona y la Iglesia prohibieron leer y lo castigaron, pero sobre todo lograron hacer creer que era una pérdida de tiempo "gastarlo en la lectura de filósofos y poetas" y en general que el conocimiento sólo servía para crear problemas (recuérdese lo que al respecto escribió sor Juana: "Cabeza que es erario de sabiduría, no espere otra corona que de espinas").

–Que tenemos un concepto del nacionalismo que como decía Edmundo O'Gorman, decide lo que supuestamente es auténticamente mexicano y lo que no, asignándole a aquello el valor de lo bueno y a esto el de lo malo. El resultado es que existe una especie de obligación de interesarse por lo propio, que puede desalentar bastante el acercamiento a los productos culturales. Así lo dijo en su momento Jorge Cuesta: "Preferir las novelas de Gamboa a las novelas de Stendhal y decir don Federico para los mexicanos y Stendhal para los franceses [...] por lo que a mí toca, ningún Abreu Gómez logrará que cumpla el deber patriótico de embrutecerme con las obras representativas de la literatura mexicana [...] Que duerman a quien no pierde nada con ellas. Yo pierdo *La cartuja de Parma* y mucho más".[263] Y sin embargo, muchos escritores mexicanos (pintores, bailarines, etcétera) siguen creyendo que debería ser obligatorio "poner hasta adelante en las librerías la obra de autores mexicanos" (o exhibirla en los principales recintos) suponiendo que así va a consumirse más. Porque los productos que "oficialmente" se consideran cultura no necesariamente gustan, interesan o atraen a la mayoría de los lectores y espectadores, quienes pueden preferir como dice Sergio González Rodríguez "otras voces, otras historias, otras sensibilidades [...] otros protagonistas, sitios y hechos diferentes"[264] o incluso, como ya nos mostraron Nivon y Villalobos, otro tipo de productos.

* * *

Ahora bien: ¿por qué las así llamadas industrias culturales sí han conseguido llevar ciertos productos a amplias capas de la sociedad y por igual a las elites que al pueblo como dice Néstor García Canclini, a los grupos dominantes que a los dominados, a los ricos que a los pobres, a los hegemónicos que a los alternos, a los integrados que a los excluidos y de los que somos consumidores tanto voluntaria como inconscientemente? Es el caso de ciertos libros y productos editados como los cómics, de algunas películas y música, de programas de televisión como las telenovelas y los concursos.

La mayoría de los estudiosos le da a esta pregunta una respuesta puramente de mercado y de manejos publicitarios, pero no es así. Porque se trata también de que satisfacen con eficacia reales necesidades (aun si son creadas) de quienes los consumen,[265] necesidades que van desde recibir información hasta entretener, desde dar la tranquilidad y la consolación como decía Umberto Eco de remitir a un mundo conocido hasta acceder, a un ritmo tolerable y soportable a uno nuevo, formando una "trama vasta y diseminada" en la que se mezclan por igual "herencias reprocesadas" que las novedades culturales que la globalización hace viajar.[266]

Esto es lo que sucede cuando en un supermercado "encontramos ofertas de discos de Von Karajan o Leonard Bernstein, libros de Neruda y Sabines, videos de Kurosawa, publicidad con una lluvia de imágenes engendradas en el saqueo de Picasso, Matisse, Renoir, Jackson Pollock, los artistas pop, Andy Warhol, David Hockney",[267] o cuando en el Zócalo de la ciudad de México nos encontramos lo mismo con un maratón de lectura de *El Quijote* que con un discurso de Saramago o un concierto de Shakira.

Esta pérdida de "la distinción entre la actividad cultural que realizan las universidades y el efecto de las telenovelas o las caricaturas japonesas", o dicho de otro modo, esa terminación de la separación tajante entre productos de la alta cultura, la cultura de masas y la cultura popular,[268] entre la cultura de museo y la de espectáculo, de academia y de medio masivo, de tradición y de modernidad, de elite y de pueblo, de géneros, en una palabra la distinción entre "lo noble y lo espurio", como diría Camille Paglia, ha permitido que los receptores de la cultura "entiendan, valoren, memoricen, parafraseen, resuman, reproduzcan",[269] trascendiendo la visión estrecha de que la cultura son un conjunto de bienes y productos y una cierta clase de actividades y asumiendo el concepto amplio del término "como una manera de verse y comprenderse en el mundo".

Los indios: ¿nuestros iguales?[270]

En el paisaje visual de México están (siempre han estado) los indios: los vemos en los pueblos y rancherías, en los campos y cerros, en las calles de las ciudades, con su piel cobriza y su corta estatura, con su miseria a cuestas y sus "particularidades fenomenológicas" como les llama José del Val: su indumentaria, sus artesanías, sus maneras de hablar.[271]

Los indios también están en nuestro paisaje discursivo, porque el discurso, sea el oficial o el de oposición, sea el dominante o el alternativo, los saca a colación con el menor pretexto, unas veces (dependiendo la época y las modas ideológicas) para acusarlos y culparlos de nuestro retraso y otras para alabarlos y considerarlos nuestra esencia y fundamento.

Y por fin, los indios están en nuestro paisaje cultural, en algunos giros lingüísticos, en cierta estética, modas y costumbres, particularmente las festivas y las culinarias.

Donde no están es en nuestro paisaje auditivo (no los oímos) ni en nuestro esquema mental (pues para los no indios, los que sí lo son no existen como seres humanos sino solamente como estereotipos).[272]

* * *

¿Qué es un indio?[273]

El vocablo fue creado por los colonizadores para designar a los pobladores que ya vivían en el territorio cuando ellos llegaron a este lado de la mar Océano. Como a la tierra recién descubierta le llamaron "Las Indias", a sus habitantes les llamaron "los indios", sin hacer distinciones ni étnicas ni culturales entre los muchos y muy diversos grupos. Por eso Guillermo Bonfil decía que la palabra indio es una categoría que "no denota ningún contenido específico de los grupos que abarca, sino una particular relación entre ellos y otros sectores del sistema social global del que forman parte".[274]

Y en efecto, lo único que sin duda sí denota el vocablo es que se trata de un "otro", de un "diferente".

Sin embargo, el término se sigue utilizando, porque sirve para designar algo realmente existente: eso que Víctor M. Toledo llama "el sector descendiente de la matriz mesoamericana",[275] es decir, aquellas personas que a pesar de que tienen características antropomórficas, culturales y lingüísticas diferentes, así como grados distintos de desarrollo, tienen, como afirma Guillermo Bonfil, "un proceso civilizatorio único que les otorga una unidad básica más allá de sus diferencias y peculiaridades".[276] Estas peculiaridades, dice Jean Piel, son principalmente, ciertos modos de producción, particularmente la agrícola pero también la minera y la artesanal[277] y ciertos rasgos generales que constituyen uno de los elementos fundamentales de su identidad cultural, y que tienen que ver con la religión, la estructura de la vida comunitaria, la relación con el trabajo y con la naturaleza, o como apunta López Austin, "una peculiar manera de concebir al mundo y de obrar en él".[278]

Hoy día, a esa perspectiva a partir de la cual se identifica al indio, se le agrega una más según la cual nos preguntamos si indio es quien así se con-

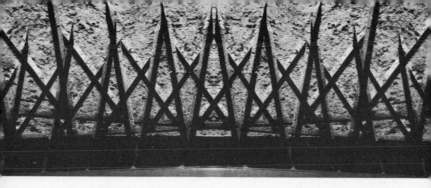

sidera y se autoatribuye esa condición o si lo es aquel a quien desde afuera así lo consideran y se lo atribuyen.

* * *

Cuando los españoles llegaron al territorio de lo que se llamaría América, "aquí vivían, inocentes, los pueblos que verían trastocado su destino", escribió Margarita Peña.[279]

A los europeos no les gustó lo que vieron: les desagradó la gente que encontraron, con sus extrañas costumbres y su creer en muchos dioses. Y entonces, pues simplemente lo descalificaron: "Nada quedó a salvo, todo fue sometido a un proceso de desintegración y desvalorización implacable", escribió Enrique Florescano.[280] De entonces son ideas como la que escribió Juan de la Puente en un libro muy leído en el siglo XVI: "Influye el cielo de la América, inconstancia, lascivia y mentira, vicios propios de los indios". Y de entonces es que dudaron de si se les podía considerar humanos y si tenían alma. Tuvo que llegar un papa para decretar que sí lo eran y sí la tenían.[281]

Los conquistadores y colonos que llegaron, venían con un "exacerbado y puntilloso complejo de genérica superioridad europea con respecto a lo de América" según afirma Raymundo Lazo.[282] Y venían desesperados por obtener riquezas pues era eso lo que los obsesionaba: "el oro, ese rubio metal tras el que andamos desvelados", escribió un poeta de la época. [283]

Con sus armas y sus enfermedades ganaron las batallas y destruyeron a las civilizaciones y culturas que encontraron. Decían los indios que "una víbora había caído de las nubes sobre la tierra dejando en ella una estela de sangre y destrucción".[284] Luego, organizaron a los indios: se les obligó a congregarse en pueblos, se les separó en su propia "república"[285] en la que estaban gobernados por leyes específicas y por caciques que respondían ante las autoridades civiles y eclesiásticas.[286]

Detrás de los conquistadores llegaron los frailes, convencidos de que a ellos tocaba alumbrar las almas de los indios y sacarlas de "las tinieblas de la idolatría" como decía Sahagún. Se consideraron elegidos por el Señor para anunciar el Evangelio en estos países desconocidos, para "llevar a la Iglesia y ensancharla por entre aquellos bárbaros" según decía Villagrá y para fundar en el Nuevo Mundo el reino de Dios en la tierra. Por eso no sólo se dedicaron a enseñar la doctrina cristiana a los indios, la cual por cierto éstos no habían solicitado aprender, sino que les obligaron a abandonar su fe y a convertirse y les prohibieron muchas de sus costumbres y maneras de vivir. Un estudioso llamó a este proceso "la conquista espiritual de México", pues no fue nada más la justificación de la empresa española sino lo que permitió que ella se llevara a cabo: "La predicación fue la otra cara de la pólvora" afirma José Joaquín Blanco.[287]

La forma como los españoles lograron sus objetivos fue "crudelísima", como decía un fraile que lo atestiguó. Los historiadores Stein y Stein aseguran que a la llegada de los europeos había 25 millones de indios y para 1600 apenas si rebasaban el millón: "No hay duda de que el descenso de la población Amerindia alrededor de 1600 fue tremendo […] la proporción fue de una magnitud de veinte a uno o quizá más".[288] David Brading cita a Las Casas según el cual, luego de medio siglo de colonización, 15 millones de nativos habían desaparecido de la faz de la tierra.[289]

En el siglo XVII, y por la necesidad de los criollos americanos de forjarse una identidad y de encontrarse unas raíces, se estableció un discurso según el cual los indios eran el pasado grandioso al que se reivindicaba, sin que ello afectara para nada al hecho real y concreto de que a los indios vivos se los maltrataba, explotaba y humillaba.[290] Esta dicotomía llegó tan lejos, que según un estudioso, los criollos ilustrados los proscribieron de su idea de patria y combatieron lo que consideraban sus supersticiones y las antiguas costumbres que pervivían,[291] pero al mismo tiempo, se puso de moda aprender alguna de sus lenguas (el náhuatl) en lugar del latín o del griego.

Durante el siglo XIX, "los liberales, bien intencionados y eufóricos de nación decidieron negar la existencia y hasta el sustantivo de los pueblos indios".[292]

Y es que los aborrecían, los consideraban "cortos y envilecidos",[293] origen de todos los males sociales y económicos, un lastre, un obstáculo para la civilización, "gente insuficiente en calidad", "raza degenerada" que vivía en una situación de "abyección y miseria" por culpa de sus costumbres y culturas. "El rebajamiento de los indígenas fue en el siglo XIX una actitud empecinada de los grupos dirigentes" escribe Florescano.[294] Por eso la centuria está atravesada de propuestas y esfuerzos por traer extranjeros "de tez pálida y raza rubia", para que se mezclaran con los naturales y los mejoraran en sus cualidades físicas y sobre todo, según decían, en sus cualidades morales.

Y para impulsar el proceso pusieron fin a la legislación colonial que les asignaba un lugar específico y los igualaron con el resto de los ciudadanos en el papel de las leyes, obligándolos así a dejar de ser comunidades y corporaciones con privilegios para convertirse en individuos.[295] "Parece que oigo el retintín de que ya no hay indios y de que todos somos mexicanos. Valiente ilusión", escribió Carlos María de Bustamante. Pero era una ilusión de los modernizadores que así pretendieron desaparecer a los indios en el mestizaje y conseguir una "fusión nacional en términos raciales, étnicos y culturales".[296]

Hacia fines del siglo XIX, cuando dominó esa filosofía que fue el positivismo "no amainó la campaña de vituperar la condición de los grupos nativos" dice un autor, pero además la cuestión indígena pasó a ser considerada "problema". A los grupos dominantes les parecía cada vez más necesario "que se convirtieran en mexicanos dejando atrás su indianidad".[297]

La Revolución produjo un cambio de perspectiva que consistió en ya no devaluarlos ni considerarlos inferiores: "El indio tiene cualidades y elementos de positivo valor", escribió Moisés Sáenz y Manuel Gamio propuso conocerlos porque su pobreza, atraso y marginación "no residían en atavismos ancestrales o deficiencias físicas o mentales de la raza sino en las condiciones geográficas, económicas, políticas y sociales que determinaban la situación de los pueblos".[298]

Fue entonces cuando nació el afán de conocerlos: observarlos y describir sus modos de vida y costumbres y sobre todo, "tratarlos de entender".[299] En el discurso oficial, lo mismo que en el académico, en la literatura tanto como en la pintura y la música, todo mundo parecía interesado en los indios.[300]

A esto se le llamó "indigenismo",[301] concepto que consistió en una "teoría y práctica política diseñadas e instrumentadas por los no indios para lograr la ' integración ' de los pueblos indios a la nación".[302] Para ello se crearon instituciones: que el Instituto Nacional Indigenista, que el Instituto Nacional de Antropología e Historia, que la Dirección de Educación Indígena, en los cuales se desarrollaron magnos proyectos para cumplir con ese objetivo.[303] Así fue como los indios pasaron a ser, por obra y gracia de las oficinas burocráticas, lo que hoy se llama "tutelados".

Hacia la segunda mitad del siglo XX, el discurso de revalorización había llegado tan lejos como para que a los indios se les considerara "hermanos" a los que ya no nada más había que conocer sino también "amar".[304] La antropología y etnología se volvieron tan atractivas y socorridas que hasta corría el chiste de que la familia india estaba compuesta por abuelos, padres, hijos y un antropólogo.

Para los años ochenta, Guillermo Bonfil de plano afirmó que los indios eran el verdadero México y que todos los demás que habitaban el territorio eran "el México imaginario" que lo había negado.[305] Y una década después, se había invertido por completo el paradigma que había dominado la historia de México y en adelante, se afirmaría que lo significativo de la mexicanidad no era lo mestizo como pretendían los liberales (desde Molina Enríquez hasta Krauze), sino lo indio. A los indios se les consideró el fundamento y "la base de la personalidad cultural de la nación",[306] "la raíz más honda del ser histórico del país".

Casi al final del siglo, esto tendría su correlato en el cambio de la propuesta de integrarlos que había prevalecido desde la posrevolución a la opuesta, la de dejarlos ser, permitirles vivir no sólo con lo que se dio en llamar sus "usos y costumbres", sino incluso con su autonomía y autodeterminación.

El proceso no fue exclusivo de México. En 1993 la Organización de las Naciones Unidas declaró el Año Internacional de los Pueblos Indígenas y hasta se pretendió aprobar una Declaración de los Derechos Universales de los Pueblos Indígenas. Muy probablemente fue por eso que el gobierno de Carlos Salinas de Gortari decidió revivir al para entonces moribundo Instituto Nacional Indigenista, creó la Comisión Nacional de Justicia para los Pueblos Indígenas y propuso una ley en la que reconocía que "la nación mexicana tiene una composición pluricultural sustentada originalmente en sus pueblos indígenas y que la ley protegerá y promoverá el desarrollo de sus lenguas, culturas, usos, costumbres, recursos y formas específicas de organización social y garantizará a sus integrantes el efectivo acceso a la jurisdicción del Estado".[307] Y no nada más eso, sino que el Estado mexicano decidió reconocer que los indios no son una unidad homogénea y que hay grandes diferencias étnicas y culturales entre ellos. Escribe José del Val: "Esa reforma constitucional que reconoce los derechos culturales de los pueblos indígenas tendrá con el tiempo un impacto definitivo en torno a la inserción cultural, económica y política de los grupos indígenas". Y agrega: "Permitirá que en todos los campos en que las aspiraciones de los grupos indios son bloqueadas jurídicamente, cuenten éstos con una llave, se hayan apropiado de una palanca que permita por procedimientos jurídicos normales acceder a modificaciones en las legislaciones federales, estatales y municipales, en todos los aspectos que se consideren lesivos a la protección, desarrollo y preservación de las culturas indias del país".[308]

Hubo quienes sin embargo, no se emocionaron tanto como este antropólogo con la nueva ley, pues les parecía que se trataba del viejo indigenismo disfrazado, que otorgaba los derechos sin preguntarle directamente a los indios qué querían y cómo lo querían. Según estos pensadores, era necesario convertir a los indios no sólo en objetos sino en sujetos de sus propias políticas públicas. Escribe Guillermo May Correa: "El mecanismo sigue siendo el mismo, es decir, se legisla sobre la materia y no sobre los sujetos de derecho. Por lo tanto, los pueblos indígenas quedaron convertidos nuevamente en frases huecas del discurso oficial, el cual asegura que sí se les toma en cuenta y al mismo tiempo ahoga su autonomía y su propia existencia, privatizando sus tierras y territorios, destinándolos para futuro uso de los megaproyectos neoliberales (presas, energía eólica, ecoturismo, parques nacionales, etcétera)".[309]

Tal como lo advirtieron las voces disidentes, la nueva conciencia indigenista del gobierno y de los grupos ilustrados no cambió las cosas. Lo que parecía prometedor, en los hechos no resultó como se esperaba: se trató de leyes, e instituciones que no se volvieron realidad. Escribe Guy Rozat: "Los discursos que dicen e inventan al indígena pueden ser aparentemente diferentes, pero sigue en acción la misma retórica de la alteridad".[310]

* * *

Cuando decimos indios, estamos hablando, según Víctor Manuel Toledo, de la quinta parte de los habitantes del país, según José del Val de 10% de la población total del país y según el Consejo Nacional de Población de 13%.[311]

Se trata de un medio centenar de grupos, cifra que fue calculada a fines de los años cuarenta del siglo xx por el investigador Lucio Mendieta y Núñez[312] y que siguen manteniendo investigadores como Toledo, mientras que, de acuerdo a otros estudiosos, serían unos 78, los cuales hablarían, según un especialista, unas 230 diferentes lenguas y dialectos y según el *Censo General de Población y Vivienda* del 2000 unas 85,[313] que habitan predominantemente en las zonas rurales del país (Toledo incluso afirma que son la mayoría de sus habitantes rurales) y son predominantemente campesinos.

Que no sea fácil saber ni siquiera cuántos grupos son, ni qué porcentaje de la población conforman, ni cuántas lenguas hablan, es un indicador muy evidente de lo poco que los conocemos, a pesar de los muchos años de indigenismo y de los hermosos discursos sobre su importancia y a pesar de la existencia de un Instituto Nacional Indigenista, una Comisión Nacional para el Desarrollo de los Pueblos indígenas que cuenta con oficinas centrales, delegaciones estatales y centros coordinadores, un Programa Nacional para el Desarrollo de los Pueblos Indígenas, una Dirección General de Educación Indígena, una Coordinación General de Educación Intercultural Bilingüe, una Dirección General de Culturas Populares e Indígenas, un Centro de Documentación, Investigación e Información de los Pueblos Indígenas, una Unidad Especializada para la Atención de Asuntos Indígenas de la Procuraduría General de la República y las Comisiones de Asuntos Indígenas del Congreso de la Unión así como de la existencia de leyes y reglamentos y proyectos y programas (por ejemplo: el de Organización Productiva para Mujeres Indígenas, el de Turismo Alternativo en Zonas Indígenas, el de Coordinación para el Apoyo a la Producción Indígena, el de Fondos Regionales, el de Infraestructura Básica para la Atención de los Pueblos Indígenas) y de que hemos firmado cuantos instrumentos y convenios y declaraciones internacionales existen y hemos participado en todas las conferencias, foros y grupos de trabajo que se han hecho en el mundo, faltaba más.

Dicho de otro modo, que en México hay una doble moral en relación a los indios: por un lado, un discurso oficial que habla de respetarlos y de "impulsar una transformación profunda de las relaciones políticas, sociales, económicas y culturales que satisfaga su demanda de justicia", pero al mismo tiempo una realidad de desinterés y abandono, despojo y explotación, exclusión y marginalidad. Escribe Rodolfo Stavenhagen: "La mayoría de los indígenas en América Latina constituye colectividades de campesinos pobres cuyos deprimentes niveles de vida son el resultado de un largo proceso histórico y de la forma en que fueron insertados primero en el sistema colonial y posteriormente en la estructura económica de las repúblicas independientes. Su explotación ha sido doble: por una parte, una explotación de clase, por su condición precisamente de campesinos pobres y marginados, carentes de tierra y de recursos [...] Por otra, por su condición étnica de indígenas, discriminados y despreciados por el racismo inherente y los sentimientos de superioridad cultural de la sociedad nacional, dominada por los valores culturales 'occidentales'".[314]

* * *

Hoy se le llama "esencialización" a "la cristalización imaginaria que les confiere a los indios un conjunto de atributos y detrás de esos atributos una esencia".[315]

Y es que en el imaginario colectivo, los indios tienen una serie de características que les asignamos de manera fija y ahistórica, sean "buenas" o "malas", valiosas o despreciables. Así es que lo consideramos ingenuo, eterno menor de edad, primitivo, pintoresco,[316] atrasado, ignorante, servil,[317] o por lo contrario, el sabio, el que conoce los verdaderos secretos de la tierra porque vive una profunda unidad entre hombre y naturaleza, entre lo sagrado y lo profano, el que tiene "un verdadero proyecto civilizatorio".[318] Se trata de atributos que nadie piensa que puedan modificarse, dotados de "autenticidad y verdad intrínsecas" como dice Jesús Marín Barbero,[319] aunque asignados a ellos por los no indios y, como dice Guy Rozat, con el "logos" occidental.[320]

Y según cuál sea la versión, así se los considerará como "el lastre que nos impide ser el país que podríamos ser" porque "ninguna excolonia que tenga una población indígena importante ha logrado jamás salir del subdesarrollo",[321] o lo más genuino y la fuente misma de nuestra peculiaridad y de nuestra cultura,[322] con todas las virtudes, las bondades y las sabidurías: "Los hombres ricos no saben de la tierra ni del mar ni del viento. ¿Qué saben ellos si noviembre es bueno para quebrar los maizales? ¿qué saben si los peces ovan en octubre y las tortugas en marzo? ¿qué saben si en febrero hay que librar a los hijos y a las cosas buenas a los vientos del sur?", dicen que decía el indio maya Jacinto Canek[323] y según Evo Morales, presidente de Bolivia: "La cultura de la vida está representada por los pueblos indígenas y la cultura de la muerte está representada por Occidente. En los países occidentales todo es individualismo y egoísmo mientras que en las comunidades campesinas e indígenas todo es solidaridad y reciprocidad".[324]

La esencialización se conforma pues, menos con atributos que con estereotipos y sirve para considerar al indio como lo peor o como lo mejor, haciendo una inversión simple del paradigma. Por eso Pierre-André Taguieff escribe que "las fronteras supuestamente claras entre el infierno habitado por los racistas y el paraíso poblado de antirracistas, se revelan con frecuencia poco seguras y difícilmente reconocibles".[325]

* * *

Pero sea de un modo o de otro, la verdad más verdadera es que México es un país "de racismo devastador" como afirma Carlos Monsiváis".[326]

Hoy por hoy, lo mismo que hace cinco siglos y que hace dos, lo indio nos sigue resultando extraño y ajeno. Hoy por hoy, como hace quinientos años y como hace doscientos, los indios siguen siendo el último escalón de la sociedad y seguimos poniendo "a esta nación indiana en tan bajo e ínfimo lugar".[327] Hoy por hoy, "la concreción de anhelos o expectativas está muy por debajo de lo que discursivamente se prometió".[328]

En pleno siglo XXI, el gobierno sigue despreciando a los indios, y allí está el ejemplo de los Acuerdos de San Andrés de 1994, que hablaban de "impulsar una transformación profunda de las relaciones políticas, sociales, culturales y económicas con los pueblos indígenas que satisfaga su demanda de justicia"[329] pero que terminaron en nada.

Y los ciudadanos también. Ésta es una carta a un periódico de circulación nacional, en la que un ciudadano le pide al presidente Fox que no llame indio a Benito Juárez porque "esa palabra (indio) se utiliza para señalar a una persona terca, floja, mal vestida, ignorante, pobre, descuidada etcétera y se le dice para demostrarle desprecio, inferioridad, humillarlo y repudiarlo".[330]

Y hasta los propios indios muchas veces tienen esa actitud, como se observa en un testimonio recogido por una estudiosa: "Mi mamá es Contreras Chan y mi papá es Parra López. Dice mi mamá que la mamá de mi papá la humillaba mucho, se reían de ella por su apellido y le decían macehual. A mi mamá nunca la aceptó como nuera, todo el tiempo se la pasó mi abuelita lamentándose y avergonzándose de mi mamá sólo por el apellido. Le decía a mi papá que por qué no escogió otra novia de buena familia, de buen apellido".[331] No cabe duda que, como escribió Néstor Braunstein, "las matrices de identificación no están separadas: si así me ven y así me describen, luego entonces así soy".[332]

El racismo dice Lothar Knauth, es un concepto de distinción y discriminación,[333] que nace del hecho y resulta en el hecho, de que se perciba a los otros como diferentes.[334] "Los discursos, las actitudes, los comportamientos hacia los indios muestran racismo en sus varias formas: prejuicios, discriminación, segregación y violencia tanto en sus lógicas asimilacionista como diferencialista"[335] y la pretensión de que son nuestros iguales es solamente un formalismo discursivo como diría Pietro Barcellona, una estrategia de conveniencia como diría Nicholas Luhman, una pura hipótesis como diría Hans Kelsen.[336]

La economía: ¿sana y sólida?[337]

La historia de la economía mexicana ha sido concomitante a la de perseguir el sueño de convertir al país en una nación moderna en el sentido occidental, pero con las imposiciones y limitaciones de la dependencia.

Según Leopoldo Solís, entre 1910 y fines de los años sesenta, la historia económica mexicana tiene dos periodos claramente diferenciados: uno sin crecimiento que va de 1910 a 1935 y otro con crecimiento que principia en 1935 y llega hasta 1970.[338]

En el periodo comprendido entre las dos guerras mundiales, se crearon los mecanismos "que constituyeron las condiciones necesarias del proceso de crecimiento sostenido: se reformó la política del gasto público para orientarla al fomento económico y social, se establecieron los fundamentos del sistema financiero con la fundación del Banco de México, se dio impulso a la reforma agraria, se nacionalizó el petróleo y se creó la Comisión Federal de Electricidad vinculando la inversión de energía a la actividad económica interna".[339]

La segunda guerra mundial permitió a México entrar en un proceso de estímulo a la industrialización, dado que la industria de Estados Unidos estaba volcada a la guerra y dio lugar a lo que autores como Rolando Cordera y otros llamaron "la combinación favorable" de "guerra-industria ligera-explotación del trabajo".[340]

El sistema funcionaba con el Estado interviniendo activamente en la economía, como inversionista, promotor, administrador, negociador y como apoyo al capital con la creación de infraestructura y marcos jurídicos adecuados, todo lo cual le permitió al país efectivamente crecer, con una tasa de inflación baja y estabilidad cambiaria, dando lugar a lo que se conoce como "el desarrollo estabilizador" y como "el milagro mexicano". Escribe Cesáreo Morales: "La estrategia de industrialización centrada en la sustitución de importaciones de bienes de consumo y de uso intermedio contribuyó punto por punto a la competencia internacional entre capitales. Por un lado, los grupos empresariales mexicanos, sobreprotegidos por la política económica gubernamental, ocuparon los lugares competentes en la industria de la transformación, alimentos y textiles principalmente. Por otro, la inversión norteamericana directa que representó 80% del total y que cambió de las ramas minera, de energía y transporte a las de manufacturas y comercio".[341]

Todo parecía indicar que la ansiada modernización y el tan deseado crecimiento habían llegado por fin. La década de los sesenta registra un crecimiento rápido del intercambio comercial con Estados Unidos, del turismo, del crédito externo y de la transnacionalización económica pues si en 1966 había 1237 empresas de origen norteamericano en México, para fines de la década 35% de la producción industrial y 62% de la de bienes de consumo duradero provenían de empresas transnacionales.

Pero en ese momento la economía vecina entró en recesión y México, deudor y socio comercial, la resintió agudamente. A ello se aunó el hecho de que el mercado interno ya no seguía creciendo suficientemente —había demasiados pobres y pocos que pudieran adquirir los productos de esta forma peculiar de industrialización— y que la importación de equipo y maquinaria pesada acrecentaba el endeudamiento. Una coyuntura particularmente desfavorable para los productos agrícolas mexicanos complicó la situación y el milagro empezó a frenarse.

A partir de 1970, el gobierno modificó su política. Según Cesáreo Morales: "El propósito era doble: reorientar la planta industrial que de la sustitución de importaciones pasaría a una política exportadora y modificar la agricultura. Se buscaba así modificar las bases de la acumulación, redefiniendo al mismo tiempo la relación económica con Estados Unidos. La palanca de esa estrategia sería el aumento de la inversión pública".[342]

Empezó entonces una época de crecimiento lento e inestable, de intensas presiones inflacionarias, de agudización del desequilibrio del saldo con el exterior y de aumentos de los déficits fiscales. En 1976 estalló la crisis: inflación desbordada, especulación y fuga de capitales, devaluación del peso, caos financiero, contracción productiva.[343] "Las causas de origen de la crisis económica han de ser ubicadas en el estilo de desarrollo global de la economía mexicana", dijeron varios estudiosos.[344]

Para salir adelante, la apuesta gubernamental se hizo sobre el petróleo, pues para entonces se habían descubierto enormes reservas. Pero se mantuvo la misma política de buscar el desarrollo acelerado a toda costa. El país volvió a adquirir carta de crédito internacional, al punto que el economista Carlos Tello llegó a hablar de "una segunda versión del milagro".

Pero el endeudamiento fue enorme y además, no se aplicaron las ganancias obtenidas por los hidrocarburos en la construcción de bases distintas para la acumulación. Para principios de los años ochenta, la elevación de las tasas internacionales de interés vino acompañada de la caída en los precios del petróleo. En 1982 estalló otra vez la crisis: "Ella mostró en el espacio de unos cuantos meses todos los efectos negativos acumulados durante los últimos años: los engranajes concretos de la integración industrial que amenazan la planta productiva; el cerco tendido a la economía mexicana que es un mecanismo transmisor de los intereses norteamericanos, la dependencia del dólar que transforma la economía en especulación".[345]

Cuando Miguel de la Madrid asumió la presidencia, el país estaba al borde del colapso: deuda de 80 mil millones de dólares, inflación de casi 100%, paralizados los ingresos de divisas, un déficit sin precedentes del sector público, estrangulamiento financiero, cierre de mercados internacionales, fuga de capitales.[346] La década ha sido reconocida como la peor en cuanto a las crisis financieras y productivas, con los menores crecimientos históricos del producto interno bruto y las mayores tasas de inflación.[347] "Los mexicanos de este siglo no habían vivido una coyuntura tan grave como la que se cernía sobre el país en esos meses finales de la fiesta petrolera", afirmaron Héctor Aguilar Camín y Lorenzo Meyer.[348] Como lo reconoció el nuevo mandatario, el país "se le deshacía entre las manos".[349]

Con De la Madrid entraron al poder los neoliberales, jóvenes tecnócratas que habían estudiado en universidades de Estados Unidos y tenían una idea de la economía en consecuencia: privatización, adelgazamiento del Estado, reforma fiscal, renegociación de la deuda. Pero aún así, en 1986, el país tocó fondo en materia económica. "Es la catástrofe", escribió Macario Schettino.[350]

Para salir de la crisis, el siguiente presidente, Carlos Salinas de Gortari, aplicó algunas medidas drásticas como renegociación de la deuda, una reforma fiscal que favoreció a las grandes empresas nacionales y a las transnacionales, contención de los salarios y la venta de empresas deficitarias del Estado:[351] "El gobierno puso en marcha un proceso de venta por licitación pública. Al cabo del ciclo, 85% de las empresas públicas se habían declarado en quiebra, cerrado o vendido. Los recursos que obtuvo el erario llegaron a los 22,500 millones de dólares, que luego por desgracia, se volatilizaron".[352]

La nueva política pareció funcionar, la economía creció a más de 3%, se controló la inflación y no hubo más devaluaciones. Miles de dólares entraron en inversiones y se detuvieron las fugas de capital.[353] El país empezó a vivir "años realmente buenos", dijo un estudioso.

La esencia del proyecto salinista consistió en abrir completamente las puertas del país: terminar con el proteccionismo y lanzarse a la integración a la economía mundial. Fue entonces cuando se firmó un Tratado de Libre Comercio con Estados Unidos y Canadá, "que reconoce la globalización creciente y la interdependencia económica al vincular el intercambio de bienes, el comercio de servicios y los movimientos de capital […] y fortalece los principios del multilateralismo al proponerse la creación de un espacio económico amplio y abierto al resto del mundo".[354]

Sin embargo, eso no sucedió. Hacia mediados del sexenio, la economía empezó otra vez a mostrar problemas, pues la industria nacional había resentido las demasiadas importaciones con cuyos precios no podía competir. La apertura se empezó entonces a vislumbrar como fracaso y ya no como salvación y panacea. Según Jorge Castañeda, ello se debió a dos razones: primero, a la avasallante asimetría entre los países y la idea simplista de confiar en el automatismo del mercado para resolver los problemas que pudieran surgir, sin buscar mecanismos compensatorios, y segundo, a la prisa con que se lo quiso implementar.[355]

En efecto, como afirma José Luis Calva, las reformas se llevaron a cabo con tal celo y prontitud, que fueron incluso imprudentes: demasiado abruptamente se liberalizaron la inversión extranjera y el sistema financiero, se hizo la apertura comercial, se desregularon varias actividades económicas y se desmantelaron los instrumentos de fomento económico.[356]

Pronto fue evidente que la inversión esperada no llegó, que la economía no creció como se pensaba, que las exportaciones no aumentaron de acuerdo a las expectativas,[357] y en cambio, que la deuda externa creció de manera exponencial.

La crisis estaba de regreso. En diciembre de 1994, "la deuda en tesobonos pasó de 20 mil millones de dólares a 28 mil y el flujo de dólares al exterior superó los mil millones semanales. El día 20, el secretario de Hacienda del nuevo gobierno anunció "el desplazamiento de la banda de flotación". La respuesta no se hizo esperar: seis horas más tarde se habían fugado del país seis mil millones de dólares.[358] A los dos días la devaluación ya era de 50% y a los tres meses había llegado casi a cien.

Para evitar la hecatombe, el gobierno solicitó un préstamo a Estados Unidos, que el Congreso de ese país le negó pero que el presidente Clinton dio, aunque el dinero vino acompañado de un duro programa de ajuste de los que imponía el Fondo Monetario Internacional y que consistía en recortes al gasto público, elevación del impuesto al valor agregado de 10 a 15% y restricciones al crédito.[359]

Un año y medio más tarde, se habían perdido dos millones de empleos, los bancos tenían problemas porque poca gente podía pagar los créditos que habían obtenido con tasas artificialmente bajas y con un peso sobrevaluado y la inversión, el producto interno bruto y el consumo habían caído estrepitosamente.

Pero las medidas funcionaron, la economía se estabilizó e incluso volvió el crecimiento. Hacia el final del sexenio, por primera vez no hubo crisis, pero la situación tampoco era Jauja: "Ya se vendió lo que se podía vender. Se abusa del petróleo para sobrevivir. El sistema fiscal es deplorable y la recaudación total es menor al 10% del PIB, lo cual no alcanza para los gastos de un gobierno como el que tenemos. La industria que florece es la maquila, que no es inversión sino empleo de mano de obra a salarios muy bajos. Por lo demás, México no es el cuerno de la abundancia. Ni tenemos mucha tierra para sembrar, ni es de gran calidad y el agua no sobra".[360]

Y sin embargo, con todo y eso, cuando estaba en campaña el candidato Vicente Fox, ofreció un crecimiento de la economía de 7% anual. Eso y otras muchas cosas ofreció: reformas importantes entre ellas la fiscal, millones de dólares que vendrían de fuera para invertirse en el país, la luna y las estrellas.

Pero pronto resultó evidente que esto no sucedería. Más bien al contrario, lo que hubo fue una recesión y una serie de medidas impositivas que enojaron a todos los sectores y en lugar de dólares entrando alegremente hubo tal transferencia de recursos al exterior que "duplicó el monto de la inversión extranjera directa".[361] A mediados del año 2007, según el Fondo Monetario Internacional, México había crecido 3.1% mientras que Panamá 8.5, Trinidad y Tobago 8 y Dominicana y Argentina 7.5:[362] "México ocupa el lugar de honor en un selecto club de países depredados y empobrecidos por la globalización", afirmó Tom Wise, del Instituto de Desarrollo Global y Medio Ambiente de Boston.[363]

* * *

Por supuesto esto no lo reconoció jamás el gobierno, que se mantuvo firme en un discurso según el cual "la economía está sólida y mejor que en los últimos 25 años. Los indicadores macroeconómicos revelan la solidez y estabilidad de la economía mexicana, las calificadoras mundiales reconocen el grado de inversión, las reservas internacionales son las más altas en la historia del país, las tasas de interés las más bajas en los últimos 25 años. Los resultados del Banco Mundial avalan la información del gobierno de la república de que se ha reducido la pobreza extrema".[364]

Y sin embargo, a la aseveración oficial de que la economía mexicana está sana y sólida, se contraponen los datos:

–El crecimiento ha sido a tasas mucho más bajas que las potenciales afirma José I. Casar[365] y según José Luis Calva: "Durante los 23 años cumplidos de experimentación neoliberal, la tasa media del crecimiento del PIB ha sido de apenas 2.4% anual".[366] Hay quien sostiene que los promedios de crecimiento han sido de apenas 1% anual en las últimas dos generaciones,[367] con un importante retroceso en el ingreso por adulto: "El crecimiento per cápita real fue casi inapreciable".[368] Y no solamente los especialistas lo dicen, sino que lo perciben los ciudadanos, pues como escribe un lector a la sección de cartas de un diario: "¡Estos economistas y sus números nos iluminan con su inagotable sabiduría! Si una persona se come un pollo y la otra no, estadísticamente los dos se han comido medio, argumento macroeconómicamente impecable, aunque desde la economía doméstica uno de los dos muera de hambre, también de manera impecable".[369]

–El empleo ha caído de manera significativa, según cifras recientes del Instituto Nacional de Geografía, Estadística e Informática. No solamente no se crearon todos los empleos que se prometieron (más de un millón de fuentes de trabajo había dicho Fox), sino que al contrario, se perdieron casi 200 mil tan sólo en el último año del sexenio y el déficit acumulado sumó poco más de cuatro y medio millones. Y de los que sí se crearon, "85% han sido plazas temporales, lo que significa que van a desaparecer en el corto plazo y que son de muy baja calidad".[370]

–La economía sigue sustentada sobre bases que la hacen endeble y sobre todo, vulnerable:

a) El grueso de los ingresos proviene de manera sustantiva solamente de dos fuentes.

Una es la venta del petróleo y de productos de bajo valor agregado (las aportaciones directas e indirectas de Pemex constituyen más de la tercera parte de los ingresos del gobierno federal),[371] los cuales además, como han afirmado tanto el secretario de Hacienda como el gobernador del Banco de México, no se han usado para crear bases sólidas de crecimiento sino que se destinaron al gasto corriente.

La otra, son las remesas de los migrantes, las cuales según el Banco de México, "aportan mas recursos a la economía que la balanza petrolera y la automotriz". Tan sólo en un año, el 2003, los trabajadores mexicanos que laboran fuera del país, principalmente en Estados Unidos y Canadá, mandaron unos 10 mil millones de dólares, el doble de lo que ingresó por exportaciones agrícolas y un tercio más que los ingresos por turismo.[372] Dos años después, la cifra se había duplicado hasta conformar casi el 3% del PIB, según datos del mismo banco central. Y en junio del 2007, en una entrevista radiofónica, el presidente de los contadores públicos habló de que la cifra ya era del 30% del producto interno bruto.[373]

Según Devesh Kapur de la Universidad de Harvard y John McHale del Queens School of Ontario, las remesas significaron en el año 2002 ¡veinte veces el dinero que Estados Unidos destinó a la ayuda externa en América Latina! y ¡diez veces más que las transferencias netas de capital privado! y sus principales beneficiarios fueron las familias que están en la franja inferior de ingresos entre las cuales "unos dólares pueden significar la diferencia entre la pobreza extrema y la miseria".[374]

De modo pues, que se sigue dependiendo de manera importante de una materia prima que, además de ser un recurso que se agota y no es renovable, es inestable y volátil en sus precios internacionales y de los brazos de quienes, paradoja de paradojas, por pobreza y falta de oportunidades se fueron del país.

b) Vivimos de prestado.

Ésta ha sido la historia del país desde que el primer presidente Guadalupe Victoria, apenas asumió el poder, ya estaba pidiendo un préstamo. De hecho, el endeudamiento fue la razón (al menos así lo dijeron), para que las potencias extranjeras decidieran en el siglo XIX invadirnos.

En los años recientes, la situación no ha cambiado. Desde mediados de los sesenta la diferencia entre lo que gasta el gobierno y lo que recauda supera 10% del producto interno bruto. En los años locos de los setenta y primera mitad de los ochenta llegó a ser de más de 30% y hoy anda alrededor del 15%, afirma Macario Schettino y agrega: "Estamos gastando hoy los recursos de mañana, nos estamos comiendo el futuro".[375]

–La economía no se sustenta en la creación y mantenimiento de una planta industrial (según Enrique Quintana, el sector manufacturero es el que peor desempeño tiene en el conjunto de la actividad económica)[376] ni en la productividad agrícola (que es muy errática porque depende de factores no controlables como el clima y no recibe apoyos reales) ni en la modernización tecnológica (que es el peor de los campos, el que menos avanza).

El 60% de nuestro producto interno bruto es por servicios, cifra que evidencia un brutal desequilibrio en el sector productivo y una enorme dependencia del capital transnacional. Y buena parte de esos servicios son financieros lo que, como afirman los economistas, significa que cuando a éstos les va bien es porque a los ciudadanos les va mal.

Y si bien es cierto que se ha recibido inversión extranjera, ésta ha sido en áreas como la automotriz[377] (¡38 marcas diferentes y 400 modelos distintos de autos en un país con un mercado tan reducido!), la informática, los bancos, la hotelería, que no contribuyen a crear ni a fortalecer una base industrial. Escribe Guillermo Domínguez: "La inversión extranjera que llega al país no es para crear plantas industriales sino para adquirir industrias consolidadas, fusionarse o aliarse con el capital nacional con lo cual las empresas se capitalizan pero a su vez se extranjerizan. El caso más ilustrativo es el de la banca privada".[378] Pero además, estas empresas sacan el grueso de sus ganancias del país ("Las empresas envían a sus países la mayor parte de sus ganancias en lugar de reinvertirlas" dice el mismo autor), de modo que un alto funcionario del gobierno llegó incluso a decir que en un balance final, "los dólares que llegan por estas inversiones apenas si repercuten en la balanza de pagos".[379]

–El Tratado de Libre Comercio, en lugar de ayudar a los sectores productivos, ha significado su desmantelamiento:

a) En la agricultura, la cual de por sí, como afirma Armando Bartra, está en una situación de catástrofe[380] pues las importaciones agropecuarias que provienen de Estados Unidos son 82% del total;[381] *b*) en la industria, la cual de la noche a la mañana había quedado sin protección, a merced de las fuerzas del mercado (eufemismo también para decir que son manejadas por los grandes consorcios), porque le fue imposible competir con los productos manufacturados norteamericanos, tanto por sus formas de trabajo y de producción como por el hecho de que aquéllos entran sin aranceles: "Los pequeños productores de todo México han enfrentado la competencia de importaciones baratas de EU".[382] ¡En cambio de parte de ellos, siempre encuentran formas de impedir la entrada de productos mexicanos, agrícolas o industriales, usando argumentos como razones sanitarias o que los transportes están en mal estado o que el producto es de baja calidad! Por eso Joseph Stiglitz escribió: "La liberalización y la apertura de mercados es una consigna que el norte inventó para los países del hemisferio sur, pues los del hemisferio norte siguen siendo keynesianos, proteccionistas".[383]

A poco más de una década de su entrada en vigor, ya resulta claro que el dicho tratado solamente favoreció y sirvió a las transnacionales y a los grandes consorcios tanto extranjeros como nacionales: "La disparidad de renta entre ambos países aumento 10% a lo largo de la primera década de funcionamiento del acuerdo. Para la economía mexicana el crecimiento fue de un decepcionante 1.8% [...] mucho peor que el producido en épocas anteriores [...] En la práctica el TLC hizo que México dependiera más de Estados Unidos".[384]

–La caída en rubros por los cuales tradicionalmente México obtenía divisas, siendo el más importante el turismo, que durante muchos años fue fuente de ingresos y de inversión extranjera. En el 2004 el secretario del ramo reconoció que no sólo no había crecimiento en el sector, sino que incluso hubo una caída en cuanto al PIB y a la generación de empleos.[385]

Las razones de esta situación son diversas. Según Daniel Hiernaux, la principal equivocación fue la apuesta que se hizo desde los años sesenta a un cierto tipo de turismo de lujo que usa las grandes instalaciones turísticas transnacionales en detrimento de las más pequeñas y las nacionales.[386] A esto los funcionarios le llaman "turismo de calidad que genera mayor derrama económica".[387] Otros especialistas lo atribuyen, por el contrario, al turismo de bajos ingresos que es el que principalmente visita el país, y que no gasta casi nada.

Hay quienes culpan a factores exógenos como son la baja generalizada en el turismo a causa del miedo al terrorismo y las restricciones que se han puesto para viajar (principalmente en Estados Unidos que es para nosotros el surtidor más fuerte de turistas) así como a factores nacionales como la inseguridad y la delincuencia, la falta de organización y los malos servicios (reservaciones no respetadas, tarifas cambiadas, descuido de los sitios e instalaciones turísticas, mala atención a los visitantes y la eterna e infaltable corrupción).[388] Todo ello ha redundado, según un estudio de la Universidad Ryerson de Canadá, en una muy baja tasa de retorno, una de las más bajas del mundo. Los turistas vienen una vez a México y no vuelven jamás.

Felipe González, el exgobernante español, preguntó en una reunión de empresarios nacionales en la que fue orador principal, cómo podía ser tan lamentable lo que pasaba en ese sector considerando que el país tiene tanto para ofrecer. "España tiene 40 millones de habitantes y 75 de turistas, México tiene 100 millones de habitantes ¿cuántos turistas debería tener?", se preguntaba y culpaba al gobierno de desinterés.[389] ¡Y es que mientras nosotros oímos las quejas y le echamos la culpa a todo mundo, Cuba construía 23 mil cuartos de hotel y un país tan pobre como Jamaica tenía ritmos superiores de inversión y desarrollo de ese sector![390]

–La baja competitividad. Una y otra vez los informes mundiales que elaboran organismos como el Foro Económico Mundial y algunas consultorías privadas, muestran que México se ha quedado muy abajo y "con la tendencia a seguirse deslizando en la competitividad a nivel internacional", afirma Raúl Rodríguez Barocio. Si en el año 2000 el país ocupaba el número 14 en la lista, en el 2003 el número 24 y en el 2005 ya había caído hasta el 56. En 2008 según el Foro Económico Mundial estaba en el 60.[391]

La razón principal de esta situación es la debilidad estructural en cuanto a eficiencia institucional —tanto del gobierno como de las empresas— aunada a otros elementos como la inexistencia de un estado de derecho, la baja modernización e innovación, no solamente por la falta de inversión sino por otras razones que van desde la poca inversión en investigación —por cada peso que México gasta per cápita Estados Unidos invierte 31, Canadá 15 y Corea 16[392] y el gasto en este rubro es de 0.41% del producto interno bruto, mucho menos que lo que invierten países como Brasil y Turquía—[393] y la poca disposición para cambiar, aceptar y absorber la innovación, sea de nuevas tecnologías, sea de nuevos modos de producir, sea de nuevas relaciones laborales, sea de nuevos criterios de investigación y ¡hasta de nuevas formas de pensar!, pues se sigue funcionando, tanto en el gobierno como en la empresa, en las Iglesias como en las universidades, en el legislativo como en los tribunales de procuración de justicia, en la educación como en la cultura y hasta en la vida ciudadana, con esquemas viejos que repetimos sin ponernos al día, aunque parezca que sí porque se introdujeron las computadoras. A ello se aúna la baja productividad de los trabajadores, derivada sobre todo de su escasa capacitación, pero también de sus salarios y sus nulos incentivos.[394]

–La falta de "ambiente de negocios", que según el investigador Clemente Ruiz Durán, en el país no existe. Otros investigadores le llaman "la actitud correcta" y también dicen que no la hay. Como sea, ambos se "miden" periódicamente y se comparan con las de otros países, y el resultado en México es que no somos una economía dinámica.

–El bajo índice de confianza para la inversión extranjera. Esto lo afirma un estudio elaborado por una consultoría multinacional, según el cual México ocupa el lugar número 22 en el mundo ¡siendo que tenía el quinto hace apenas 5 años! Según Francisco Gutiérrez de Scotiabank: "La falta de estímulos por la carencia de reformas y la pérdida de competitividad" son los factores que hacen menos atractiva la llegada de la inversión extranjera.[395] El grupo bancario Santander piensa lo mismo aunque lo diga con más elegancia: "México muestra una acusada pérdida de relevancia en la economía internacional". Y otros autores de plano afirman que "México ha perdido importancia como lugar para la inversión",[396] que "ya no es prioridad en la relación con Estados Unidos"[397] y que "ya no representa una buena opción para que inviertan".[398]

–La incertidumbre a que están expuestos los proyectos productivos.

La precariedad de la democracia, ha impedido que se lleven a cabo reformas que son necesarias para las nuevas condiciones económicas que exige el mundo en el que estamos insertos. Ello tiene que ver tanto con viejos atavismos mentales respecto a cómo deben funcionar las instituciones como con el hecho que no hay deseo ni capacidad de negociación entre los grupos políticos y también con el miedo a tocar ciertos intereses (farmacéuticas, tabacaleras, armadoras de autos).

–El problema de la recaudación fiscal, que afecta los recursos de que dispone el gobierno para atender a las necesidades de salud, educación, construcción de infraestructura, etcétera. Las razones de esto son diversas: que el segmento de población que paga impuestos es muy pequeño (datos de 1998 hablan de solo 6 millones,[399] y en 2001 el vocero de la Secretaría de Hacienda afirmó que "los contribuyentes son un número bastante pequeño") pues todo mundo, desde el ciudadano de a pie hasta los consorcios más grandes no quieren pagarlos y hacen todo lo posible por encontrar espacios en el sistema legal que les permitan librarse de la obligación. A su vez éste funciona de tal manera, que se pueden hacer trampas, logrando la evasión y que se condonen. Ejemplos característicos son los dos casos de bancos nacionales que pasaron a ser propiedad de extranjeros sin pagar un centavo de impuestos y tiendas como Wal-Mart, Soriana y Zara que no los pagan hasta que las descubren.[400]

Pero no sólo eso. Está también el problema de la cantidad de mercancías que entran sin pagar aranceles (sólo 10% de las mercancías que ingresan al país se revisan) y el del enorme contrabando (sólo en el rubro textil 60% del mercado se encuentra en el poder de los contrabandistas, seis de cada diez prendas de vestir que se comercializan en México son ilegales según la Cámara de la Industria Textil y del Vestido).[401]

–La corrupción. México es uno de los países del mundo con índices más altos en esta materia y aquí sí que ocupamos los primeros lugares de las listas internacionales.

–La costumbre de no invertir recursos para mantener y cuidar lo que se tiene. Solamente se quiere invertir en lo nuevo y no en lo que ya existe. Los ejemplos emblemáticos son la infraestructura carretera y los transportes.

–El derroche, el desperdicio, el descuido. El caso ejemplar es el de la empresa Petróleos Mexicanos: "El régimen draconiano a que ha sido sometida la empresa por muchos años ha resultado en su descapitalización, una caída dramática en las reservas de petróleo, importaciones crecientes de petroquímicos, y productos refinados del petróleo, una deuda enorme y el consecuente pérdida de capacidad para inversiones productivas", escribe Fluvio C. Ruiz Alarcón[402] y Enrique Calderón abunda: "Los estados financieros, los montos destinados a inversión, la eficiencia, la productividad, el desarrollo y la generación de tecnología propia, el valor agregado de su producción, sus estadísticas de accidentes, el efecto en la formación de cadenas productivas locales, etcétera, ponen de manifiesto lo que puede ser considerado un verdadero desastre".[403]

Parte de esto se debe a que no se apoya la investigación (a pesar de su Instituto Mexicano del Petróleo en el que supuestamente eso se hace y se envían jóvenes a estudiar al extranjero para que regresen a aplicar aquí lo aprendido) y se prefiere seguir el camino de la dependencia tecnológica. Este punto es importante pues la empresa se está quedando tan atrasada en tecnología y su infraestructura es tan anticuada y está tan deteriorada, que empresas extranjeras (por ejemplo Halliburton o Shlumberger) o mexicanas privadas (como Comesa) tienen que venderle la que se requiere.[404]

El caso de esta paraestatal pone de relieve todos los vicios del sistema político: arrancarle hasta el último centavo a la gallina de los huevos de oro y dilapidar los enormes flujos de dinero sin aprovechar la oportunidad para convertirlos en motores del desarrollo.[405] Parece de ficción, pero México ahora importa petroquímicos y productos refinados: medio millón de barriles de gasolina al día[406] y se ha quedado atrás inclusive de países que no tienen petróleo como España.

–La vecindad con Estados Unidos. En lugar de servir como estímulo e impulso, convirtió al país en totalmente dependiente de las fluctuaciones económicas y de las decisiones de fuera. Un día nos obligan a vender materia prima y otro a sustituir importaciones, un día a mandarles mano de obra y otro a poner maquiladoras, un día a la especulación de capitales y otro a entrar al libre comercio. Y nosotros obedecemos, como si no hubiera instrumentos y políticas públicas que pudieran compensar los vaivenes de las coyunturas internacionales, como ha afirmado el economista Víctor Godínez: "Hay una estrategia pasiva frente a los acontecimientos del exterior y se siguen políticas

fiscales, monetarias y financieras que reciben y absorben todos los choques".[407]
David Barkin lo expresa así: "Sorprende la falta de respuesta de política pública frente a ciertas presiones".[408]

–La dificultad de creer en el discurso oficial. Por ejemplo, el secretario de Economía asegura que "las empresas ya no tendrán más altibajos y que seguramente habrá una reaceleración económica y financiera",[409] pero los empresarios se quejan de que "es ilusorio que se va a dar la recuperación" y los analistas afirman que todavía no hemos tocado fondo.[410] O el Instituto Nacional de Estadística, Geografía e Informática (INEGI) da como dato de la producción industrial menos 3.4% respecto a la del año anterior, pero si se diera lo que se llama "cifra ajustada" que incorpora varios elementos que la hacen más fina, resulta que la tasa es de menos 16.5%, una diferencia abismal. O dicen que la producción industrial empezó a caer hace determinado tiempo, digamos cuatro meses, pero con las cifras ajustadas, resulta que había dejado de crecer seis meses antes, lo que significa que llevábamos diez meses con tendencia negativa de crecimiento. O que la producción creció 7.1% pero con la tasa ajustada resulta ¡que cayó 8.3%![411] ¡Puro juego con los números!

* * *

Una y otra vez nos proponen panaceas para salir de esta situación. Por ejemplo, a principios de los noventa la propuesta fue abrirle la puerta a los capitales en la bolsa. En 1991, ocho de cada diez dólares de los que entraron al país fueron a la especulación y luego migraron como golondrinas a mejores climas y nos llevaron a una brutal devaluación y descapitalización. Después vino la idea de la llamada reconversión industrial y le entramos a la maquila que durante la década de los noventa "se convirtió en el núcleo central del modelo económico debido a su crecimiento casi explosivo en términos de empleo y producción".[412] Pero un día sin más se fue a sitios (China, Centroamérica) donde los costos son más bajos —sobre todo los salarios— y la productividad —basada en la intensidad del trabajo— más alta.

Con Vicente Fox las dos nuevas propuestas fueron "empléate a ti mismo" y abrir casinos.

–Empléate a ti mismo:

Según la Comisión Económica para América Latina y el Caribe las políticas de mercados abiertos y de liberalización económica dejaron sin empleo a millones de personas, ya que muchas industrias pequeñas y medianas nacionales se achicaron, quebraron o desaparecieron y tanto el campo como el pequeño comercio están en situación de absoluta desventaja en todo lo que vaya más allá de la subsistencia. Esta situación explica, dicen, el vertiginoso crecimiento del sector informal de la economía en países como México.

La forma principal que ha tomado este fenómeno es lo que se conoce con el nombre de "ambulantaje", que significa que cualquier persona se pone a fabricar, vender o reparar lo que se le ocurre en cualquier sitio donde se le ocurre.[413]

En un estudio realizado por Benjamin Temkin y Gisela Zaremberg,[414] se afirma que las causas que llevan a un individuo a convertirse en comerciante informal son de índole compleja, pues si bien es cierto que una parte importante tiene que ver con que el sector formal de la economía no está en capacidad de darle empleo, también tiene que ver el hecho de que a la gente le resulta mejor ser su propio empleador y dueño de su propia empresa, trabajar según sus posibilidades, capacidades, deseos y tiempo, sin tener que obedecer a ningún patrón o jefe. Según estos autores, 80% de quienes han entrado en el sector informal, no quieren volver a los empleos formales.[415] Y 85% de la población que respondió a una encuesta, afirmó confiar en su propio esfuerzo para cambiar su situación y autodeterminarse.[416]

Datos de la Organización para la Cooperación y el Desarrollo Económico (OCDE) aseguran que 18 millones de personas (la mitad de la población económicamente activa) participan en el comercio informal y movilizan un tercio del PIB (el estudioso Hernando de Soto dice que la mitad)[417] y según Carlos Cárdenas Guzmán, en México "60% de los participantes en la economía están en la informal que asciende a 30% del producto interno bruto".[418] Datos del Instituto Nacional de Geografía, Estadística e Informática aseguran que esta actividad es más productiva que la industrial, agropecuaria, silvícola y pesquera juntas. Por eso al gobierno le conviene que exista el ambulantaje, aunque finge que no e incluso hay una ley que prohíbe poner negocios en la vía publica.[419]

Y es que si bien es cierto que los ambulantes no pagan impuestos, también es cierto que movilizan suficiente dinero como para que la actividad resulte rentable y sobre todo, le quitan presión, no sólo a la economía y al empleo sino también a las instituciones de salud y a las pensiones por incapacidad o para el retiro así como a los créditos y otras prestaciones que se dan por ley a quienes tienen un empleo formal. Escribe Jorge Cadena Roa: "La economía informal es funcional a la dominación capitalista: descarga al Estado de responsabilidades que antes asumía, le permite reducir su gasto social y su papel en la regulación de la economía y convierte problemas derivados de disfuncionamiento económico-sociales en problemas que los individuos y sus familias deben resolver".[420] Por eso se permite que siga creciendo.

–Abrir casinos:

Los centros de juegos y apuestas se prohibieron en México en tiempos del general Lázaro Cárdenas, con el argumento de que le hacían daño a la población, aunque fue hasta 1947 cuando se expidió la ley correspondiente según la cual: "Quedan prohibidos en todo el territorio nacional los juegos de azar y los juegos con apuestas".[421] Pero a mediados de los años noventa, el tema resurgió impulsado por la Secretaría de Turismo, empujada a su vez por las transnacionales casineras que veían al país como un buen nicho de negocios hasta entonces inutilizado.

La campaña fue tan fuerte, que después de sesenta años de silencio, de repente no pasó un día sin que los medios de comunicación dejaran de hablar del asunto, sobre todo la prensa (sólo en 1999 hubo más de 600 notas en los periódicos festinando las bondades de estos negocios)[422] y en ellos se apeló al viejo miedo cultural de los mexicanos de no ser aceptados como civilizados por los países del primer mundo: "Ya somos capaces de contar con centros de juego", "El pueblo mexicano ya tiene la madurez que se requiere para abrir casinos" y "México no debe ir a la zaga de la realidad mundial". Esto, al mismo tiempo que se afirmaba que los casinos ya no son aquellos centros de vicio y perdición que se creía, sino lugares de entretenimiento sano y hasta familiar.

Para lograr que se cambiara la ley y se los autorizara, se siguieron dos caminos: algunas autoridades mexicanas hicieron un intenso cabildeo y los casinistas untaron dinero a diestra y siniestra. El director de Juegos y Sorteos de la Secretaría de Gobernación aseguró en una entrevista pública, que le habían ofrecido un millón de pesos mensuales a cambio de dejarlos operar o, en caso de no hacerlo, lo amenazaron.[423]

El argumento principal que han dado quienes favorecen la apertura de estos negocios, es el que se refiere a los beneficios económicos que supuestamente le traerían al país: se dice que generarán inversión y traerán divisas, que incrementarán la recaudación de impuestos, que abrirán empleos y fuentes de trabajo y que repercutirán favorablemente en la industria turística nacional por ofrecer una mayor diversidad de atractivos y una mayor competitividad con otros destinos. Incluso se dice que los propios mexicanos que hoy van a jugar a donde hay casinos, aprovecharían los nacionales y no sacarían su dinero del país.

Las cifras que se dan son de tal magnitud, que de plano caen en el terreno de lo inverosímil: en el 2003 la Asociación Mexicana de Desarrolladores Turísticos afirmó que autorizar casinos significaría conseguir inversiones superiores a los 3,500 millones de dólares y la generación de 200 mil empleos directos.[424] Un casinista asegura que cada centro de juego requiere de una inversión de 500 millones de dólares para generar 2 mil empleos directos y 10 mil indirectos. Según otro, la inversión inicial sería de 2,400 millones de dólares, 5 mil los empleos directos y 85 mil los habitantes beneficiados. Según el Consejo Nacional Empresarial Turístico "el gobierno captaría 1,300 millones de dólares en impuestos" y un diputado ha estimado que las ganancias oscilarían entre los 20 y 30 mil millones de dólares anuales.[425] Uno se pregunta si ya desde ahora nos mienten así ¿en base a qué podemos suponer que después nos van a decir la verdad?

No contentos con dar estas cifras, los casinistas se explayan en que esas captaciones serían un detonador del desarrollo: "Se gravaría al juego con 10% del ingreso total" y "Se obligaría a los casinos a proporcionar servicios, escuelas y calles en los sitios donde se instalen" e incluso "A entregar 3% de acciones a alguna institución de asistencia social".[426] Un diputado llegó a decir que 40% de lo que se recibiera de impuestos quedaría para los municipios y comunidades, 8% para los estados y 2% para la federación, cifra que permitiría, en opinión de este señor, abatir la pobreza, pues era un monto tres veces superior a lo que se estaba obteniendo en ese momento por la venta del petróleo. ¡Hasta afirmó que se podría eliminar el impuesto del IVA en alimentos y medicinas por tanto dinero que ingresaría a las arcas de la federación gracias a los casinos![427]

De repente estos negocios que se dedican a despelucar a la gente, se convertían no sólo en los detonadores del desarrollo nacional sino hasta en la única forma efectiva de lucha contra el desempleo, la pobreza y la desigualdad. Con razón secretario de Turismo tras secretario de Turismo se la pasan queriéndonos convencer de esto[428] y asegurándonos que los casinos son la salvación de México ¡de haberlo sabido antes nos podíamos haber ahorrado los otros esfuerzos y los endeudamientos!

Y sin embargo, la realidad de las experiencias en otros países muestra que las cosas no son exactamente así: el estado de Illinois en Estados Unidos invitó a los casinos a instalarse en su territorio para así resolver el grave problema económico que les había dejado la crisis en la industria del acero, pero unos años después, se encontró con que la recuperación económica no se dio pero en cambio sí se produjo el deterioro social que siempre e inevitablemente acompaña a esos negocios. Según un estudio de la Universidad de Nueva Orleáns, en todas partes donde se han abierto casinos se genera tráfico, ruido, basura, contaminación ambiental, aumento del costo de la vida, prostitución, tráfico de drogas, drogadicción y delincuencia. En un promedio de 20 años, todas las ciudades con casinos aumentaron sus índices delictivos en 44%. Y de eso no se han salvado ni en Estados Unidos ni en el Caribe ni en la República Checa ni en Tailandia, ni aunque tengan mejores marcos regulatorios que nosotros (lo que no es difícil dado que los de México son inexistentes, "el marco regulatorio en México es realmente uno de los peores", dijo José Luis Daza, jefe de estrategia para mercados emergentes del Deutsche Bank),[429] ni aunque juren que van a imponer durísimos castigos a quienes no cumplan con la ley, porque México es un país en el que la ley no se cumple y en el que impera la corrupción, éste es el único código que funciona, la única moneda que circula, que rompe cualquier barrera, que abre cualquier puerta y por supuesto, que inutiliza cualquier ley. Al afirmar esto, seguramente les estoy descubriendo el hilo negro a mis amables lectores.

Por eso hasta la Secretaría de Seguridad Pública de México, después de hacer un estudio sobre la viabilidad de los casinos, llegó a la conclusión de que "el país no tiene la capacidad para hacer frente a las consecuencias del juego".[430]

Y por lo que se refiere al impulso que supuestamente le dan estos negocios al sector turístico, también se ha demostrado que esto es falso. Según un estudio encargado por la secretaría del ramo, los turistas que viajan a México lo hacen por el paisaje, las playas, los vestigios arqueológicos, la cultura, la historia y la gastronomía. En su campo de interés y motivación para viajar al país no estaban los casinos, con todo y que se les preguntó directa y abiertamente. La razón de esto es que muy cerca existen sitios ya consolidados (Las Vegas, Bahamas) con excelente infraestructura, servicios, tecnología y ambiente con los que no es fácil competir, como lo demuestran casos de países que quisieron hacerlo: Costa Rica y Perú en América Latina, España en Europa.

Lo más increíble del asunto de los casinos, es que la propia Sectur, en sus previsiones más optimistas, asegura que lo que se incrementaría la afluencia turística si se autorizaran estos negocios, sería de apenas 10%. ¡Un miserable diez por ciento a cambio de tanto riesgo! ¡No en balde el director del Consejo Nacional Empresarial Turístico afirma: "Desde hace mucho tiempo se descartó la idea de que los casinos constituyen una panacea para el turismo"!

Por lo que se refiere a la supuesta obtención de divisas, no es secreto que "las empresas multinacionales establecidas en el país envían a sus matrices la mayor parte de sus ganancias en lugar de reinvertirlas".[431] Que quieran convencernos de otra cosa, no es sino una vez más, discurso vacío.

En síntesis, que "la experiencia mundial indica que de nada han servido los casinos a las economías", dice Pablo Kusher, alto directivo de la agencia de viajes más grande del mundo.

Esto por supuesto lo saben bien nuestros funcionarios, pero también saben que en los primeros años, cuando recién se conceden los permisos, llegarán recursos porque se construye y se instala, con lo cual pueden presumir de que durante *su* gestión consiguieron cosas buenas. Lo de menos es que después los capitales se vayan como siempre sucede, porque son negocios que lucran y se llevan rápidamente sus ganancias, y que el anfitrión se quede con unos cuantos empleos en los escalones más bajos de la calificación de servicios, beneficios que como dice Jorge Castañeda "resultan muy móndrigos comparados con el alto precio social que se paga".[432]

Y lo saben también nuestros empresarios, pero se hacen como que no. En el 2003, cuando vieron amenazadas sus ganancias por el permiso que dio el gobierno federal para construir un muelle privado para cruceros, lanzaron una campaña de quejas y solicitudes ¡con los mismos argumentos que se han dado en contra de la apertura de casinos y que ellos en ese caso no aceptan porque allí sí les conviene! [433]

Apostar a los casinos es pues, repetir los sueños de enriquecimiento que ya hemos tenido y no será sino una más en la lista de experiencias que terminan en fracaso.

* * *

Hay otros dos elementos en la apuesta gubernamental a las panaceas y a los milagros, pero de ellos no se habla en voz alta y no se los quiere reconocer. Uno es la emigración de mexicanos a Estados Unidos y otro el narcotráfico.

–La migración:

Durante los años setenta, según datos de Samuel P. Huntington, 640 mil mexicanos emigraron legalmente a Estados Unidos.[434] En los años ochenta la cifra fue de un millón 656 mil y en los noventa de 2 millones 249 mil. Según la oficina de Inmigración de ese país, a mediados de la primera década del 2000, entre 300 y 400 mil mexicanos pasan anualmente a ese país, cálculos que son similares a los de grupos y organizaciones fronterizas y a los de académicos mexicanos.[435] Para el 2007, el Consejo Nacional de Población de México afirmó que la emigración aumentaría 40%.[436]

A estos datos hay que agregar los de la inmigración ilegal. Según el jefe de los servicios de emergencia de la Border Patrol, cada invierno cruzan de México a Estados Unidos unos 1,200 indocumentados al día y en primavera unos 3 mil.[437]

En el año 2000 se calculaba que había unos 8 millones de mexicanos viviendo en el país vecino que componían 28% de toda la población extranjera[438] y para el 2006 la cifra, según el portal WorldNetDaily fue de entre 11 y 20 millones,[439] (de los cuales "6.5 son indocumentados"),[440] lo cual representa en conjunto 3% del total de la población del país vecino y casi 10% de la de México (cifra que según Francis Mestries es de casi 18% de la fuerza de trabajo mexicana de 15 a 29 años). Hay sitios en los que la población mexicana constituye más de 60% de la total y José es el nombre que reciben más recién nacidos. Tal vez por eso el cónsul mexicano en Phoenix dice que "Estados Unidos está embarazado de mexicanos".[441] El senador Charles Borden ha calificado a este fenómeno de "un éxodo de proporciones bíblicas" en el cual "los mexicanos son un ejército invasor" y un congresista por Arizona se la pasa exigiendo detener lo que llama "la reconquista".[442]

Vistas las cosas desde el lado mexicano, hay pueblos enteros que se han vaciado, primero de hombres y ahora el proceso se ha ampliado a las mujeres jóvenes. Y es que según Ricardo Valenzuela, "uno de cada diez mexicanos emigra".[443]

Estados como Zacatecas, Michoacán y Oaxaca han generado una emigración tan grande, que su población se ha reducido en porcentajes significativos, más de 2% en cinco años según un estudio del Banco Mundial. Y, de acuerdo a los estudiosos, cada vez son más las regiones de las que emigran. Por eso la Secretaría de Relaciones Exteriores asegura que 40% de mexicanos tienen al menos un pariente viviendo del otro lado de la frontera y la escritora Sabina Berman dice que todos los mexicanos lo tienen.

Pero lo mismo que con los ambulantes, al gobierno mexicano le conviene la migración, porque le quita presión a la economía nacional. Un estudio reciente hecho por la Compañía Nacional de Subsistencias Populares sostiene que los indicadores económicos muestran mejoría en la distribución de la riqueza, pero que eso sucede porque hay menos personas entre quienes distribuirla.

Pero además, como ya se dijo, a la economía mexicana le alivia no solamente que se vayan personas sino también el dinero que mandan quienes se van fuera del país a trabajar. Esos recursos les permiten a las familias que lo reciben resolver sus necesidades básicas de alimentación, vivienda y salud e incluso poner algún pequeño negocio y contribuir a hacer mejoras en sus pueblos.[444]

Esta conveniencia ha hecho que varias oficinas gubernamentales (por ejemplo la Secretaría de Relaciones Exteriores y la CNDH) hasta repartan guías y mapas para los migrantes, haciéndoles sugerencias de cómo cuidarse y por dónde pasar con menos riesgos, aunque digan que lo hacen para salvar vidas y no para estimular los cruces.[445]

–El narcotráfico:

Por lo que se refiere al tráfico de drogas, éste representa inyecciones permanentes de millones de billetes verdes que entran a la economía nacional, sea por el negocio mismo (pueblos enteros consiguen sobrevivir), por lo que se gasta aquí, por el lavado de dinero a través de compra de bienes raíces y prestación de servicios[446] y por la corrupción que lo acompaña y que salpica a muchísima gente, desde funcionarios de alto nivel hasta policías, pues como afirma el investigador Luis Astorga, el narcotráfico no es una estructura paralela a la política y la policiaca sino que son una y la misma.[447] Pero esto por supuesto no se dice ni se reconoce sino al contrario, existe el discurso de que se lo combate.

* * *

En resumidas cuentas, como afirma José Luis Calva: "El desempeño de la economía mexicana es miserable": con todo y TLC, "a dos décadas del cambio de rumbo los resultados son decepcionantes",[448] con todo y la aplicación de recetas (el decálogo de "reformas estructurales" y "disciplinas macroeconómicas" —que se conoce como el Consenso de Washington),[449] con todo y el ajuste estructural impuesto por el Banco Mundial, el FMI y otras agencias internacionales,[450] México, "uno de los países más grandes del planeta, con recursos, con 3,000 kilómetros de frontera con el mayor mercado del mundo —dice Macario Schettino— no ha logrado convertirse ni en medianamente desarrollado".[451]

Entonces ¿en qué se sustentan las afirmaciones sobre la supuesta solidez de la economía mexicana? En mentiras: "Resulta increíble la cantidad de falsedades que una y otra vez nos repiten", dice Arturo Damm Arnal.[452]

Hace apenas unas décadas, países que eran más pobres que el nuestro, hoy van delante de nosotros de manera importante, por ejemplo Chile, Irlanda o España. Este último, dice Raúl Rodríguez Barocio, tiene el doble de PIB que México, cuando hace apenas unos años lo tenía muy similar.

"México es la tragedia más grande en Latinoamérica —consideró hace poco el ya citado José Luis Daza— y debería ser hoy la economía con más rápido crecimiento en el mundo, creciendo más rápido que China, pero sin embargo, ha alcanzado muy modestas tasas de crecimiento."[453] Hace varios años, el banquero Agustín Legorreta fue tajante cuando dijo: "Da mucha lástima, pero estamos atrancados, yo me imaginaba que a estas alturas México estaría ya entre los países desarrollados, pero eso no se ha logrado, estamos viviendo en el estancamiento".[454] Eso mismo afirman los datos del Banco Mundial. Según el representante de ese organismo en el país, "no se observa ningún progreso en México en los últimos 15 años: no ha crecido la productividad, tampoco los ingresos por habitante y hay una gran fragilidad en sus patrones de crecimiento".[455]

Y sin embargo, a pesar de esas realidades, a pesar de los señalamientos de los expertos, de todos modos seguimos con una política económica basada en la idea de que el crecimiento requiere más inversión y no una estrategia de desarrollo. Por eso, dice León Bendesky, los ajustes que se hagan periódicamente serán "frágiles y volátiles" y una vez más, no se podrán enfrentar cuestiones como el empleo y los ingresos de las familias, con lo cual se harán más graves la informalidad, subocupación y emigración.[456]

Y seguimos también con una política económica hecha de concesiones a las modas, aunque éstas nunca nos han resultado favorables. Cuando nos dijeron "Estado interventor" lo hicimos, cuando nos dijeron "ajustes estructurales" lo hicimos, cuando nos dicen "liberalización total del mercado" lo hacemos. Como diría Octavio Paz, adoptamos sin adaptar. Por eso, dice Antonio Gazol: "No se habla de desarrollo sino de competitividad; no se habla de crecimiento sino de estabilidad, no se habla de fomento y alguna forma de protección a las actividades productivas sino de libre comercio sin cortapisas; el bienestar de la población se sacrifica al equilibrio fiscal; el éxito de la gestión gubernamental se mide por la cantidad de pobres que dejan de serlo, pero no por las acciones para evitar que se sigan produciendo pobres".[457]

* * *

Para la economía, por paradójico que parezca, lo fundamental son las decisiones políticas. Ello rompe el mito que le atribuye todo lo que nos sucede a los avatares de la economía norteamericana y pone el acento en que existen "instrumentos y políticas públicas que pueden compensar los vaivenes de las coyunturas internacionales" como han mostrado en su desempeño los países asiáticos.

Pero es en este terreno donde nuestra caballada es más flaca, pues nuestros tecnócratas piensan en números pero no en todo lo que debe rodear, arropar y apoyar a esos números, y que va desde la educación hasta la infraestructura, desde el marco jurídico hasta las instituciones, desde el estado de derecho hasta la lucha contra la corrupción y la inseguridad. Por eso lo importante no es el porcentaje tal o cual de crecimiento o de inflación sino eso que Roberto Salinas llama "el clima de estabilidad"[458] y podríamos agregar el de "confianza".

Pero vistos los datos anteriores, no queda sino aceptar que las cosas en México no son como dicen que son. Y que ni estamos a punto de dar el salto ni México es ya siquiera una economía emergente con un desempeño ya no se diga brillante, sino mínimamente adecuado (aunque por supuesto el secretario de Hacienda, cualquiera que ocupe el cargo, opinará lo contrario y asegurará que es la economía emergente más exitosa)[459] y que así como pasamos en unos años de ser la novena economía mundial a ser la número 15,[460] nos seguiremos deslizando sin parar.

Nunca como hoy ha tenido más pertinencia la pregunta que se hizo hace ya muchos años Carlos Fuentes: "¿Seremos un territorio de mendigos en espera de los mendrugos de la caridad norteamericana? ¿Será nuestra economía una ficción mantenida por pura filantropía?".[461] Claudio Lomnitz cree que sí: "Si nuestras economías se hundieran, lo más que podríamos esperar de la globalización es que dejaran caer en paracaídas unos paquetitos de granos marcados US AID".[462]

La nación y la identidad: ¿existen?[463]

A mediados del siglo XIX, Mariano Otero tenía una definición romántica de lo que debía ser una nación: "Una gran familia unida por vínculos del interés y demás afecciones del corazón".[464] Esta idea era la de los liberales, quienes una y otra vez afirmaron que "todos los mexicanos formamos una familia".[465]

Para Justo Sierra, la nación se definía por "el suelo en que nacimos", afirmación que hoy está de moda otra vez, pues según T. K. Oomen, el territorio es la condición primera para la formación de una nación.[466] Pero además del territorio, tienen que existir otros elementos: según Leopoldo Zea, "una historia común",[467] según Norberto Bobbio "un poder que organice a la población",[468] y según Pietro Barcellona "un orden jurídico"[469] con la capacidad de "proveer protección a sus residentes contra la inseguridad interna y la agresión externa".[470]

Hay sin embargo, quienes consideran que esas cuestiones no son suficientes y ni siquiera son las decisivas. Para Luis Villoro, una nación es "una modalidad de hombres que formarían un conjunto de fronteras imprecisas, que comparten una manera de sentir y ver el mundo, esto es, una cultura".[471] También Horacio Labastida piensa que para sentirse parte del ser nacional mexicano hay que "sentirse parte de la cultura mexicana"[472] y Gilberto Giménez y Catherine Héau hablan de "un legado cultural compartido".[473] Eduardo Andere está de acuerdo con la idea de la cultura común, pero le agrega que también tiene que haber "un pueblo con origen común".[474]

Las definiciones que se sustentan en la idea de una base cultural compartida, dejan de lado el hecho esencial de que la nación fue creada desde arriba, por el Estado,[475] de un modo artificial y no como resultado de todas esas cosas que supuestamente tenemos en común los mexicanos (y que no son tales, pues no lo son ni el origen ni la cultura). De hecho ha sido al contrario: las elites políticas tuvieron que hacer grandes esfuerzos por desarticular la cohesión identitaria de los pueblos (o al menos por hacer como si no existiera) para crear esa unidad o esa homogeneidad que supone y exige la idea misma de nación. Por eso Benedict Anderson en su famoso libro de 1983 considera que una nación no es sino una "comunidad política imaginaria".[476] Me escribe un lector "Para que en el territorio comprendido desde Tijuana hasta Tapachula se reconozca una bandera, un himno, un gobierno y unas leyes aceptadas por todos los habitantes, se necesita que el Estado imponga de buena o mala manera su fuerza".[477] Eso fue precisamente lo que hicieron quienes la imaginaron: elaboraron lo que según ellos era una "síntesis de las particularidades" con lo cual pretendían trascenderlas con criterios generales válidos para todos, que permitieran conformar un armazón común en el que todos los habitantes del territorio llamado México se reconocieran.

Ese armazón estaba conformado por una misma historia (esa historia común de la que hablaba Zea) y un mismo proyecto a futuro, una representatividad política y jurídica como dicen Bobbio y Barcellona y una supuesta solidaridad y compromiso como querían los liberales románticos.

* * *

La idea de reconocer "una misma historia" (o como se dice hoy un mismo "relato" o una misma "narrativa" sobre el pasado) fue entonces fundamental para el proyecto de nación. De allí la importancia que se dio a su creación, así como a la obligación de inculcarla a todos los mexicanos a través de la educación ("fomentar la religión cívica del patriotismo a través de la educación" decía Justo Sierra).[478]

Dicha historia está conformada por una colección de hechos ejemplares ("ínclitos" como quería Francisco Sosa) y situaciones paradigmáticas, llevados a cabo por individuos portentosos, dechados de virtudes y de valentía, "glorias nacionales" como apuntaba un folleto de la celebración de las fiestas del centenario en tiempos de Porfirio Díaz,[479] que están allí "para merecer loor", como quería Genaro García. Una historia en la que todo son momentos fundacionales y efemérides que se celebran con frases hechas: "La grandeza de las culturas prehispánicas", "El cura Hidalgo, padre de la Patria", "Juárez, Benemérito de las Américas", "La Revolución nos creó", "El 68 fue un parteaguas", "El 85 vio nacer a la sociedad civil".

Una historia en fin, en la cual se incluyeron y excluyeron, recordaron y olvidaron, acomodaron y cambiaron, acentuaron, mutilaron, o de plano borraron, acontecimientos, personajes, situaciones. Y a la que se le dio un determinado sentido, se privilegiaron ciertas cuestiones y se pasaron por alto las contradicciones.[480] El resultado ha sido una versión (demasiado definitiva decía Henríquez Ureña) en la que parecería no existir ninguna "disgregación ni ruptura del orden" como quiere Jesús Martín Barbero.[481]

Con ese discurso se hicieron las arengas y los panegíricos, se construyeron las mitologías, se levantaron las estatuas y los monumentos, se hicieron las rotondas de los hombres ilustres, se cantaron los himnos, se decretaron las fiestas a celebrar, se escribieron los libros de texto y se creó toda una estética y una simbología.[482] Ésta es la historia que se nos inculcó, con su panteón de héroes y su calendario cívico-laico, con su idea de Patria con mayúscula, "augusta y querida" como escribió Díaz Mirón, a la que se saluda "con el alma en los labios".[483]

Claro que después de doscientos años de uso y repetición, esta construcción se ha reificado hasta quedar convertida en un discurso de piedra,[484] tan sólido, que todavía en los años ochenta del siglo XX, el secretario de Educación Pública, Jesús Reyes Heroles, se negaba a que se mencionara la existencia de cualquier personaje ajeno a ese panteón y censuraba a quienes pretendían convertir a los "héroes" en seres de carne y hueso (nada de sacar a la luz la vida familiar de los abogados que hicieron la Reforma o las parrandas de los generales borrachos y matones que hicieron la Revolución y a los que la historia oficial refinaba a golpe de palabras pretendiendo que no tenían más vida que la de servir a la patria).[485]

Hoy, en pleno siglo XXI, se siguen haciendo ofrendas, guardias, monumentos, discursos patrióticos y elogios a los héroes y es la hora que no

existe todavía ninguna otra manera de concebir al pasado. Incluso se sigue el modelo en el caso de los que quieren darle la vuelta a las cosas, cambiando los libros de texto gratuito que hicieron los gobiernos priístas, por unos en los cuales los héroes no son laicos sino religiosos y los próceres son de derecha en lugar de liberales. Porque no se concibe otra manera de pensar el pasado, en la cual figuraran otros personajes o colectividades políticas, ideológicas, étnicas o culturales, o se entendieran los procesos que llevaron a los acontecimientos, o se diera cabida a eso que Carlos Aguirre ha llamado "las múltiples contra-memorias alternativas".[486]

* * *

Pero no sólo era necesaria una misma historia, sino que también, como condición y como consecuencia del deseo de ser una nación, había que autoimponerse una identidad.

Es así como nació la idea de la existencia de una "sustancia unificadora" como le llamó Roger Bartra,[487] ese algo específicamente mexicano, que nos hace diferentes de otros pueblos y que es capaz de "pasar por encima de las múltiples identidades y en nombre del civismo, plegarse ante la voluntad general",[488] y que se supone hasta tiene lo que se llama una "idiosincrasia" particular.

¿En qué consiste dicha identidad?

La respuesta a esta pregunta ya se había buscado en el siglo XVI, cuando autores como Cervantes de Salazar, Balbuena y otros intentaron "captar lo esencial del carácter nacional mexicano" y para hacerlo mostraron la refinada civilización de los criollos en contraste con la falta de cultura y rapacidad de los españoles.[489] De nuevo hacia fines del siglo XVIII, el esfuerzo se volvió a poner a la orden del día, cuando los jesuitas expulsados de la Nueva España extrañaban "su tierra" y la recordaban y mitificaban desde la distancia y cuando los ilustrados criollos, fascinados con el racionalismo y las "luces" la recorrieron, descubrieron y describieron, proponiéndose "buscar toda la verdad, investigar minuciosamente todas las cosas, descifrar sus enigmas, distinguir lo cierto de lo dudoso, despreciar los inveterados prejuicios de los hombres, pasar de un conocimiento a otro nuevo"[490] y así responder a la moda europea de desvalorizar a América y de considerar salvajes a los americanos.

En el siglo XIX, apenas pasada la independencia de España, los liberales, deseosos de encontrar lo propio, decidieron, imitando el costumbrismo español, "exponer flores de nuestros vergeles y frutas de nuestros huertos deliciosos", como decía Guillermo Prieto[491] y eligieron que esas flores y esos frutos fueran los que la Colonia había desdeñado: lo rústico, lo pobre, lo sencillo, lo popular, "la china, la polla, la cómica, el indio, el chinaco, el tendero" como diría José Tomás de Cuéllar.[492]

Nació entonces lo que sería un modo de ser característico de la cultura mexicana en el cual "una minoría culta decide mirar al pueblo, idealizarlo y declamarlo".[493] Y esto lo hicieron no nada más describiendo a los personajes con sus costumbres y ambientes, sus indumentarias, comidas, fiestas, vida diaria y no sólo "inmersos en el paisaje considerado típico de México", sino incluso recogiendo su modo de hablar, sus giros lingüísticos y sus coloquialismos. Escribe Enrique Florescano: "El retrato de figuras y escenas populares fue un vehículo poderoso en la formación de la identidad mexicana. De ese trasfondo popular surgieron 'tipos mexicanos' que tuvieron proyección nacional y larga vida en el imaginario colectivo".[494]

La búsqueda de la identidad tomó vuelo después de la Revolución a principios del siglo xx. Y eso porque, como dijo Manuel Gómez Morin, ese movimiento les permitió a los intelectuales constatar que "existían México y lo mexicano" y entonces "nació el propósito de reivindicar todo lo que pudiera pertenecernos".[495]

Fue así y fue entonces, cuando se desarrolló un nacionalismo "intenso y ruidoso" como lo calificó Edmundo O'Gorman, que se suponía expresaba una identidad "sólo posible en esa realidad llamada México" y específica de esos seres a los que llamamos "mexicanos", la cual "recoge y expresa esas modalidades que nos constituyen en una entidad perfectamente distinta" como quería Justo Sierra.

Esa identidad consistió, según algunos, en elementos como "el petróleo, la canción y las ruinas", pero según otros, en particular una corriente filosófica que se desarrolló entre los años treinta y cincuenta del siglo xx, en un montón de complejos, exagerada susceptibilidad, resentimiento, fatalismo, inconstancia e imprevisión.[496] Emilio Uranga escribió que en el mexicano "todo es arbitrario y al revés, nada es sustancial y permanente y eso se manifiesta en actitudes como la improvisación, el relajo y hasta la exaltación y burla de la muerte",[497] y para Octavio Paz, se trata de un ser hostil, oscuro y vengativo, fascinado con la violencia y con la muerte, que desconfía de sus propias capacidades y no tiene formas de expresión propias sino que todas son prestadas, son máscaras que le sirven para disimular: "El mexicano excede en el disimulo de sus pasiones y de sí mismo [...] no camina, se desliza, no propone, insinúa, no replica, rezonga, no se queja, sonríe".[498]

El desarrollo económico de la segunda mitad del siglo xx, pareció dejar atrás la preocupación por la cuestión de la identidad. "La Revolución se bajó del caballo y se subió al Cadillac" fue la muy gráfica frase que acuñó un periodista[499] y que daba fe del proceso al que Monsiváis calificaría de "intensa desnacionalización", resultado "del auge de las clases medias y su terror ante la perspectiva de identificarse con el folklore o naufragar en esquemas mentales carentes de glamour o prestigio".[500]

De la noción de identidad sólo quedaría una serie de rituales y de frases hechas ("como México no hay dos") que supuestamente ponían de manifiesto el orgullo por ser mexicano como alguien diferente a los demás.

A principios del siglo xxi, en lo que parecería una paradoja, se está produciendo, a pesar de los procesos globalizadores y de las nuevas tecnologías o quizá precisamente por eso, un regreso a la búsqueda de esa identidad que supuestamente nos define. Y entonces, pues allí está ésa a la que Nicolás Bravo había llamado "la parte pensadora de la nación", preguntándose otra vez por la identidad, tratando de encontrar si existe algún elemento que sea propio y exclusivo nuestro y que nos diferencie de los demás y tratando de entender si ese elemento es unificador y cohesionador.[501]

Sólo que ahora nadie parece ponerse de acuerdo en la respuesta. Algunos consideran que no existe la dicha identidad porque "ni somos un pueblo ni una cultura homogéneos" como dijo Echánove Trujillo,[502] ni existe eso que se llama un "alma colectiva" o "alma nacional" como creyeron los liberales decimonónicos y como siguen afirmando hoy desde Guillermo Tovar y de Teresa hasta José Ángel Quintanilla,[503] ni una esencia irreductible (y eterna), ni tampoco nada que siquiera pueda "definir de manera concluyente lo que es un individuo".[504]

Otros en cambio piensan que sí. Estudiosos como Raúl Béjar Navarro y Héctor Rosales, Roger Bartra y José Antonio Aguilar Rivera, Ilán Semo y Lourdes Arizpe, Gilberto Giménez y Catherine Héau dan por sentado que existe la identidad y elaboran diferentes tesis para explicar en qué consiste.

Esas tesis van de lo más simple a lo más complejo. Por ejemplo, para Arizpe la identidad se define por, se sostiene sobre y se manifiesta en una serie de objetos tangibles, como es el caso de las ollas de barro y los huaraches así como de ciertas conductas.[505] Maya Lorena Pérez Ruiz agrega como parte de la identidad el hablar la lengua de los mayores.[506] Esta manera de considerar las cosas parte del paradigma nunca puesto en duda de que esos objetos y esas costumbres constituyen lo más auténtico de ella.[507]

Para algunos investigadores sin embargo, la cuestión es más compleja pues consideran que son diversos los elementos que la componen. Un resumen apretado de sus propuestas incluiría los siguientes aspectos:[508]

–El étnico.

Éste se encuentra en disputa entre quienes afirman que lo indio es depositario de lo específicamente mexicano (y dentro de lo indio, como dice David Brading, se convirtió a los aztecas en el paradigma de la indianidad) y quienes dicen que lo mestizo. Se trata de un debate viejo, pues ya los criollos en el siglo XVII afirmaban lo primero mientras que los liberales del XIX se inclinaron por lo segundo.[509] Luego una corriente antropológica que empezó con Manuel Gamio en los años veinte y se prolongó hasta Guillermo Bonfil a fines del siglo XX sostuvo lo primero mientras que otra cuyo defensor más conspicuo es hoy Enrique Krauze sigue asegurando lo segundo.[510]

–El histórico.

Tiene que ver con cuál momento del pasado se considera como el fundamental en la constitución de la nación, si el prehispánico o el colonial. Los liberales del XIX pretendieron borrar todo lo que tuviera que ver con la Colonia a la que detestaban porque "sólo sabíamos de impuestos, alcabalas y una humillación de esclavos" decía Fernández de Lizardi,[511] pero los conservadores hicieron exactamente al revés y aseguraron, como dijera Lucas Alamán, que de España nos había llegado lo mejor que teníamos, que eran la religión, el idioma y en una palabra, la civilización. Esta lucha que alguien caracterizó como entre "Cuauhtémoc y Cortés", para autores como O'Gorman no tiene sentido pues lo mexicano dice, es producto del encuentro entre ambas civilizaciones y esa división tajante o "forcejeo ontológico" "convirtió al proceso forjador del ser nacional en una lucha de dos tendencias, de dos posibles maneras de ser trabadas en mutuo intento de afirmarse la una en exclusión de la otra".[512]

–El religioso.

Se refiere al catolicismo guadalupano creado por los criollos, como modo particular de ejercicio de la fe, propio y único de México.[513] Sin embargo, esto que fue prácticamente un dogma durante mucho tiempo, se tropieza hoy con el hecho de que ya hay un buen porcentaje de la población que no es católica y de todos modos es y se considera mexicana.

–El cultural.

Se refiere a ciertas maneras de vestir, bailar, hablar, comer, y que se consideran como constitutivas de lo específicamente mexicano. Sólo que esto tampoco es tan claro, porque por lo general las que se consideran como tales y que han sido aceptadas como su representación, corresponden a ciertos grupos (principalmente los rancheros del centro de México)[514] y dejan fuera a los demás, no solamente los "autóctonos" o los "rurales" sino también a los de las ciudades que hoy por hoy, en las vecindades tanto como en las colonias son y se sienten mexicanos. Me escribe un lector: "Soy de Ciudad del Carmen, Campeche y a los nativos de aquí nos han hecho sentir como extranjeros. Si no hablas como ellos, hablas mal, si no usas o conoces sus nahuatlismos (la gente del centro del país) y anglicismos (los norteños) eres un ignorante que no sabe hablar bien el castellano, si empleamos algún mayismo te salen con el cuento de que qué dialecto estás hablando [...] Según el gobierno federal, ser mexicano es ser de Jalisco (yo soy del estado de Campeche), usar traje típico de charro (prefiero un short, una camiseta y unas sandalias, ése es mi traje típico), beber tequila (prefiero la horchata), escuchar música ranchera (me encanta la salsa y los ritmos afrocaribeños), ser descendiente de los aztecas (soy descendiente de chinos, mayas, españoles y negros), bailar el son de la negra y cosas por el estilo (crecí bailando salsa y cumbias), hablar español con el acento de la ciudad de México (hablo español con acento de la costa), comer mole y comida típica del centro y occidente de México (como comida yucateca y pescados y mariscos y comida de la región). Creo que no encajo en la descripción generalizada de ser mexicano y eso que nací en México y mis padres y abuelos son mexicanos. Así que cuando alguien me sale con el cuento de que todos los mexicanos somos aztecas lo mando a volar".[515]

Pocas descripciones he encontrado mejores sobre el tema a que nos referimos.

–El ideológico.

Se considera que "el pueblo" es lo verdaderamente mexicano, entendiendo por esto solamente a los pobres, "a la mayoría desheredada compuesta por campesinos pobres y grupos marginales urbanos",[516] y dejando fuera a los demás. Este modo de ver las cosas comenzó con el siglo XIX, desapareció a inicios del XX y volvió y se fue por largos periodos de esa centuria. Pero hubo tiempos en los que no era así. En el siglo XVII los criollos se consideraban mexicanos y no consideraban como tales a los indios y durante el porfiriato los mexicanos eran los burgueses, la "gente decente" y no el "peladaje".

–El simbólico.

Tiene que ver con una serie de objetos o imágenes que supuestamente despiertan en todos los habitantes del territorio una gran emoción y una profunda lealtad: la bandera, el águila, el himno, etcétera. Hace unos años la revista *Time* le preguntó al presidente municipal de Tuxpan, Michoacán, qué pensaba hacer para evitar que se siguieran perdiendo generaciones enteras de mexicanos porque todos los jóvenes del lugar se iban a trabajar a Estados Unidos, su respuesta fue contundente: "Mi administración ha gastado veinte mil dólares en una bandera mexicana gigante que vamos a colocar en el lugar más alto. Eso va a mandarles un mensaje a todos los que andan en el norte".[517] ¿Cuál es ese mensaje? Eso no se lo preguntaron a dicho señor, pero era obvio que se refería a un símbolo que todos reconocen como factor de identidad.

–El de un código de cultura política.

José del Val le llama "priísmo" y dice que se pone de manifiesto en las formas de actuar y pensar independientemente de filiaciones políticas concretas.[518] Hoy sin embargo, muchos no estarían de acuerdo con esto, por ejemplo Gilberto Giménez y Catherine Héau, para quienes la identidad pasa precisamente por la resistencia a ese código.[519]

* * *

Ahora bien: ¿existe realmente esa historia compartida? y ¿tenemos de verdad una identidad?

La respuesta a estas dos preguntas no es la misma. Por lo que se refiere a la historia, es definitivamente no. Y eso por dos razones, la primera, porque poco tienen que ver los pasados de los pueblos que habitan diferentes regiones: por ejemplo, los del norte con los del sureste, o los del centro con los de la costa. La historia no es la misma para un rico de Nuevo León que para un pobre de Tabasco, para un descendiente de esclavos negros en Guerrero que para un campesino de Veracruz, para un minero de Guanajuato que para un ranchero de Jalisco. Pero incluso en una misma región, muchas veces son distintas, por ejemplo un hacendado de Chihuahua y un indio Tarahumara o un finquero del café del Soconusco y un trabajador de la región boscosa de Chiapas. Carlos Martínez Assad ha mostrado que la Revolución no se vivió de la misma manera en el sur del país que en el norte[520] y Conchita Miramón relata cómo hasta en la misma ciudad se vivían de manera diversa: "Mientras los soldados se batían desde las torres, las azoteas y las calles y el populacho saqueaba negocios y casas, la gente bien seguía asistiendo a bailes y fiestas, desfiles y clases de canto y de equitación o asistir al teatro. En el Nacional se podía ver lo mismo una obra clásica de Shakespeare que un novedoso acto de perros amaestrados, escuchar una ópera italiana que una comedia española".[521] ¿Afectaron los pleitos por la silla presidencial que se daban en la capital de la república la vida de las personas comunes en Tamaulipas? ¿Le dicen algo a las gentes de Nayarit y de Coahuila nombres y luchas que significan todo en Querétaro o en Puebla? Por supuesto que no, aunque ésa sea "la concepción unitaria y homogénea impuesta por la historia oficial".[522]

La segunda razón que haría imposible que todos los que habitan en el territorio llamado México compartieran una misma historia, es que, como han señalado desde Francisco Bulnes hasta Héctor Aguilar Camín, fue una narrativa construida con muchas mentiras. Por ejemplo: afirmar que nuestro territorio es un cuerno de la abundancia,[523] o construir "leyendas patrióticas de nuestro heroísmo en las guerras internacionales"[524] y crear toda una "bi-sutería de pípilas inexistentes y de dudosos niños héroes".[525] Se trata de "un inquietante proceso mediante el cual algunas de nuestras creencias colectivas fundamentales tienen por origen comprobables falsificaciones históricas. Mentiras fundadoras rigen algunas de las certezas más íntimas de nuestra conciencia colectiva".[526]

Pero más que sobre los hechos concretos, se trata de mentiras que tienen en su base concepciones con las cuales nos hemos engañado, como la idea de que los perdedores son mejores que los triunfadores o que los violentos son mejores que los conciliadores, o que los débiles son por definición los justos y que es más noble trabajar desde la debilidad que desde la fuerza,[527] ideas todas que nos han llevado, como diría Néstor Braunstein, a pretender que somos lo que no somos.[528]

En cambio, por lo que se refiere a la identidad, la respuesta es sí, pues existe sin duda una identificación de quienes habitan el territorio, con algo llamado "lo mexicano" o "la mexicanidad", que si bien no sabemos exactamente qué quiere decir, sí sabemos, como ha dicho Monsiváis, que es diferente a lo paraguayo y a lo argentino. No es, como quisieran algunos, "algo que se lleva en la sangre" o "en los genes" —cuando un soldado norteamericano de origen mexicano se negó a disparar su arma en Irak y se declaró objetor de conciencia, un conductor de televisión comentó que el hecho "era un timbre de orgullo para México porque el soldado había nacido en Guadalajara y a lo mejor hay un pedazo del ADN de México que lleva ese hombre que lo hizo poner la moral por encima de la disciplina"—[529] ni algo que se vive de manera concreta sino más bien una "conciencia de pertenencia",[530] que está dada como singularidad y que se establece "como frontera entre lo propio y lo extraño",[531] haciendo que lo propio produzca orgullo.[532]

Lo que sin embargo no existe es la conexión que algunos pretenden establecer entre identidad y eso que llaman "idiosincrasia", que significaría que todos los mexicanos comparten una manera de pensar y unos valores. Por ejemplo, cuando el PRD quiso ganar una elección en el estado de Hidalgo, descalificó al contendiente diciendo que "no se identifica con los valores mexicanos" y cuando los obispos de la Iglesia católica se oponen a la lucha por los derechos reproductivos o por la aceptación de la diversidad religiosa aseguran que éstas son "ajenas a nuestra idiosincrasia". El concepto supone una idea de semejanza y se lo equipara con autenticidad.

Pero esto es imposible. Un indígena de Chenalhó no tiene la misma manera de pensar ni los mismos valores que un joven de familia religiosa en Jalisco. Esta idea la expresó hace un siglo Manuel Gamio y hace medio Leopoldo Zea cuando afirmó que los millones de seres que habitan el territorio "no podían abrigar los mismos ideales y aspiraciones, ni tender a idénticos fines".[533]

En este sentido la conclusión sólo puede ser que no hay una idiosincrasia mexicana sino múltiples, que son resultado de un proceso histórico como afirma Charles Taylor.[534] Las formas de pensar, los valores, los proyectos, son cambiantes en distintos momentos históricos y están conformadas por las múltiples y diversas pertenencias sociales, culturales, económicas, geográficas, religiosas, étnicas, de género, de posición económica y social que constituyen a las personas y que forman eso que Gilberto Giménez llama "entramados de significación".[535]

* * *

En síntesis, no cumplimos con ninguna de las características que supuestamente harían realidad los conceptos de nación: ni el contrato que quería Renan, ni la cultura compartida de que hablaba Horacio Labastida, ni una misma historia como quiso Riva Palacio, mucho menos una común como lo ha mostrado Martínez Assad, ni el sentido de cohesión y de pertenencia que dice Héctor Aguilar Camín, ni la unidad religiosa como pretendía tanto el modelo colonial español como sus herederos los conservadores mexicanos, ni una misma educación como quisieron Juárez y Altamirano, ni una misma composición étnica, sea en la versión indigenista o mestizista, ni ese "fondo común de verdades" que quería Gabino Barreda, ni "significaciones compartidas" como diría Norbert Lechner, en un sentido cultural y no sólo político como quería Munkler.

No compartimos tampoco una manera de vernos y comprendernos en el mundo ni una idea general ordenadora de la vida social que le dé unidad, contexto y sentido a nuestros quehaceres, ni un proyecto de futuro, ni objetivos ni métodos, ni nos "interpelan" (como se dice ahora) de la misma manera las expresiones de lo que supuestamente es lo nacional, lo propio, lo nuestro, ni a unos les dice nada lo que otros ensalzan.

La idea de nación es otra vez la construcción de una gran mentira, basada en el deseo ilustrado de una supuesta sociedad individida e indivisible, siendo que somos un territorio en el que habitan grupos de lo más diverso, llegados de muchas partes y con culturas diversas, un país plural y heterogéneo en el que como escribió Guillermo Bonfil, "nunca ha existido ni puede existir nada ni siquiera semejante a una cultura única o unificada".[536] Suponer que es posible tener una esencia cristalizada que permanezca idéntica a través de la historia y que atraviese las clases sociales, los grupos humanos, los sitios en los que se vive y los distintos papeles que desempeñamos en la vida es una ilusión. No es posible aceptar que "nuestras modalidades son tales que nos constituyen en una entidad perfectamente distinta entre las otras" como quería Justo Sierra[537] ni que "hay características sólo posibles en esa realidad llamada "México" que expresan el modo de ver y vivir y pensar la vida de un grupo de seres humanos a los que se puede llamar "mexicanos" como pensaba Leopoldo Zea.[538] Por más que haya ciertos símbolos y ciertos objetos que nos traigan memorias que nos identifican con esa patria a la que conscientemente queremos pertenecer y eso es a lo que llamamos identidad.

I. Simulaciones para todos

La seguridad nacional: ¿sólo una idea?[1]

*C*uando tomó posesión como presidente de la República, lo primero que hizo Felipe Calderón Hinojosa fue sacar al ejército de los cuarteles y mandarlo a combatir al narco: "27,000 soldados y policías fueron enviados a diversos estados del país destinados a erradicar plantíos de drogas, interceptar cargamentos de narcóticos y aprehender criminales". También convenció al Congreso para que "aumentara 24% el presupuesto de seguridad. El país ahora gasta aproximadamente 2,500 millones de dólares al año en el combate al crimen organizado".[2] Estaba así ejerciendo su facultad para decidir qué es y qué no es la seguridad nacional, cuáles son las amenazas a ésta y dentro de ellas, cuáles deben considerarse prioritarias, qué recursos, instituciones y métodos se deben utilizar para enfrentarlas".[3]

Con esas medidas, el nuevo mandatario pretendía entrar con paso fuerte a ejercer un puesto cuya obtención por la vía electoral había sido cuestionada y mostrar que enfrentaba con decisión y firmeza al que se consideraba el principal problema que ponía en riesgo a la seguridad nacional.

Pero no pudo. Como tampoco pudo su antecesor que ya lo había intentado. De hecho, Vicente Fox también había empezado su mandato con lo que un estudioso calificó de "un uso intensivo de las fuerzas armadas" para el mismo propósito.

Y es que si bien el narcotráfico llevaba muchos años operando en México,[4] pues por su lugar geográficamente privilegiado, servía como puente entre los países productores de América del Sur y el país consumidor de América del Norte, el cambio de partido en el poder que se produjo en el año 2000, desestructuró y alteró las formas de funcionamiento de la relación entre narcotráfico y poderes.[5]

La vida nacional se había visto afectada por este comercio, pues frente a las mafias poderosas y enormes cantidades de dinero que movían, el gobierno no disponía de nada que no fueran discursos amenazantes: ni armas, ni capacitación, ni tecnología, ni voluntad política.

Y entonces empezó la mentira, que ha ido creciendo con el tiempo. Mientras un secretario de Gobernación aseguraba que "hemos avanzado en la recuperación de espacios que estaban en manos de la delincuencia organizada",[6] los estudiosos afirmaban que los resultados estaban siendo magros. Escribe José Luis Sierra: "Ha bajado el número de toneladas de cocaína confiscadas, que ya en el último año del foxismo no rebasaban el promedio anual de 10% de toda la cocaína que pasa cada año por la frontera de México con Estados Unidos. Los 90 kilogramos de heroína confiscados anualmente son nada frente a las hasta cinco toneladas que tienen capacidad de producir los narcotraficantes mexicanos y que constituye la mitad del consumo anual del mercado estadounidense". Y todavía falta considerar a la mariguana, los opiáceos y las anfetaminas. Por eso concluye: "Si se evalúa la cantidad de droga confiscada y erradicada por el ejército con el número de efectivos militares movilizados, los recursos materiales aplicados y el monto del presupuesto ejercido, se verá que la efectividad es muy baja".[7]

Y no sólo eso, sino que muchas veces son resultados incluso contraproducentes, porque "las actividades del crimen organizado aumentaron en estados ya contaminados y se extendieron a otras entidades"[8] y porque con los golpes los cárteles "se reorganizan pero cada vez con más violencia":[9] las cifras de ejecuciones y ajustes de cuentas que del 2004 al 2005 habían crecido un 30%, para el 2006 habían aumentado en un 50%[10] y "en 2007 fueron 351 más que en el mismo periodo el año pasado".[11] Según Eduardo Correa Senior: "Hubo días entre el 2005 y el 2006 en que se presentaron más homicidios en México por esta condición que en la guerra de Irak. Largos tiroteos en las calles de distintas ciudades, incluyendo los dos puertos turísticos de Acapulco y Zihuatanejo; asesinato de policías, secuestro y tortura de los encargados de la vigilancia en cárceles de alta seguridad por parte de comandos paramilitares; asesinatos con evidentes signos de tortura, secuestros, matanzas".[12] Edgardo Buscaglia afirma que México tiene hoy un índice de delincuencia organizada tan alto como el que tenía Colombia hace una década "y eso esta medido con datos duros no con percepciones".[13]

Hoy los cárteles mexicanos han logrado que haya cada vez más deserciones del ejército y la policía a sus filas[14] y que México haya dejado de ser solamente un lugar de tránsito para las drogas[15] —en los años noventa 60% de la cocaína que llegaba a Estados Unidos pasó por México y hoy ya es el 90%—[16] sino que el país se haya convertido también en productor y en consumidor.[17] Además se han globalizado y tienen ya redes de distribución por todo el mundo.[18]

* * *

Antes de eso, el principal problema de la seguridad nacional era la oposición política y sobre todo la guerrilla que surgió en algunas regiones del territorio durante las décadas de los sesenta y setenta del siglo xx.[19]

Precisamente fue en nombre de la seguridad y del interés nacional que se persiguió, torturó, desapareció y asesinó a demócratas sindicalistas y militantes de izquierda, campesinos, maestros, médicos, estudiantes y periodistas, que querían tierras, mejores condiciones de trabajo, mayores salarios, opciones de participación política o de libertad de expresión.[20] Se les acusó de ser enemigos de la nación y de estar al servicio de fuerzas internacionales[21] o nacionales "oscuras".[22]

Pero durante la llamada transición a la democracia, la guerrilla quedó en el pasado. O al menos eso se suponía hasta que en 2007 explotaron en distintos sitios del país y en el curso de unas cuantas semanas, ductos de la empresa Petróleos Mexicanos.

Esos acontecimientos generaron gran especulación. Según algunos, se hacía evidente que seguían existiendo células armadas que muy probablemente eran las mismas de antes y que se habían mantenido en la clandestinidad,[23] preparándose y fortaleciéndose con recursos obtenidos a través de secuestros y asaltos a bancos y con el apoyo y asesoría de guerrilleros colombianos,[24] por lo cual eran "perfectamente capaces de llevar a cabo acciones de ese tipo".[25]

Otros en cambio pensaban que el Estado mexicano efectivamente había logrado terminar con los grupos armados, entre ellos el EPR al que se estaba culpando de las explosiones, el cual "quedó sin bases ni mandos y guardó un silencio casi total, sin operaciones armadas y prácticamente sin bases sociales de apoyo". Quienes así pensaban se preguntaron: "¿Cómo se explica entonces que de la noche a la mañana reaparezca con la operación coordinada, eficaz y sorpresiva de células expertas en explosivos detonados a distancia? El diseño y operación profesional de explosivos activados a distancia no parecen formar parte de habilidades observadas en los movimientos armados del país".[26]

A partir de hipótesis como ésa, hubo quien consideró que los atentados pudieron haber sido cometidos por otros grupos, por ejemplo, por las propias fuerzas de seguridad mexicanas, atravesadas por pleitos internos entre diferentes corporaciones, situación que el propio secretario de Gobernación confirmó en una comparecencia ante los legisladores. Y en efecto, las explosiones sirvieron para que el procurador general de la República pudiera acusar al director del Centro de Investigación y Seguridad Nacional (CISEN) de ser "el más incapaz de los funcionarios",[27] golpe que de una vez alcanzaría al secretario de Gobernación, pues dicho centro de inteligencia forma parte de ese ministerio. A esta tesis abonó el hecho de que "la maestría en el manejo de explosivos la tienen los cuerpos de seguridad y otros servicios de inteligencia".[28]

Pero también se atribuyeron los atentados a grupos a quienes les convenía el río revuelto, por ejemplo aquellos que con el pretexto de la seguridad quieren que se reprima a algunos movimientos sociales o que se militaricen ciertas zonas del país o que se descuiden otras, o a quienes les interesaría lograr que "una preocupación particular se meta bajo el paraguas de seguridad si con ello se avanza en un objetivo político".[29] Éste podría haber sido el caso, dado que en aquel momento se estaban debatiendo reformas tan importantes como la electoral y la fiscal y poniendo trabas a los medios de comunicación en materia de publicidad para las campañas políticas.[30]

Hubo además la tesis de que los norteamericanos pudieran haber sido los responsables de esos actos. A esta hipótesis abona el hecho señalado por Sierra, de que los explosivos que se usaron eran como los que se habían empleado en la guerra de Irak. Y abona también el tipo de comentarios que en el momento hicieron varios funcionarios y analistas políticos norteamericanos, quienes en un programa de televisión que se transmitió en Estados Unidos unos días después de las explosiones, se mostraban "sorprendidos" de la poca reacción que hubo en el país frente a esos hechos, al punto de preguntarse "qué era necesario hacer para mover a los mexicanos".[31]

La razón es que a ellos es a quienes más interesaría hacer ver como si México ya tuviera el terrorismo adentro de su territorio (lo que uno tras otro niegan los estudiosos),[32] para así convencer al país de alinearse inmediata y contundentemente a sus decisiones en materia de lucha contra él, al que además han colocado como su prioridad.

Y es que en opinión de los vecinos del norte, México forma parte de su "perímetro de seguridad" y es responsabilidad del llamado "Comando Norte",[33] lo cual significa que el gobierno mexicano tendría que participar de una concepción de seguridad elaborada por ellos, que debería priorizar ciertos problemas (y dejar en un lugar secundario a otros que pueden incluso ser más importantes para nosotros como por ejemplo la seguridad de los ciudadanos),[34] establecer ciertas hipótesis del conflicto posible",[35] definir a los enemigos,[36] fijar los objetivos deseables y las medidas y acciones pertinentes para resguardarla y asegurarla. En este contexto es que se ha dado la cooperación con Estados Unidos, que ha involucrado "profundamente" a las fuerzas armadas, no solo en lo que se refiere a capacitación, equipamiento, logística y asesoría sino incluso a recolección de información y a todo un sistema de organización militar.[37]

Y por fin, existe también la idea de que quienes provocaron esto pudieran haber sido empresas privadas formadas por militares en retiro que ofrecen servicios de protección y apoyo en tareas como vigilancia de ductos e instalaciones estratégicas y a quienes convendría un desorden que obligara a contratarlos, como ya ha sucedido en otros países del mundo.[38]

En todo caso, y haya sido quien haya sido, las explosiones pusieron sobre la mesa importantes dudas sobre la seguridad nacional. "¿Cómo pudo ocurrir este desarrollo sin ser anticipado, descubierto o destruido?" se preguntó un estudioso.[39]

* * *

Cuando se habla de seguridad nacional no hay claridad sobre lo que significa el concepto.

El término tiene por sí mismo significados múltiples, que además han ido cambiando a través del tiempo. Ernesto López Portillo señala la diferencia entre seguridad nacional, seguridad interior, seguridad pública (de las instituciones) y seguridad de los ciudadanos (de las personas).[40] Otros estudiosos insisten en separar lo que llaman la "seguridad positiva" de la "seguridad negativa". Aquélla se define como la capacidad de mantener las cosas bien, es decir, como lo que sí funciona en el país y que por lo tanto "es un éxito" como dice Jorge Tello Peón, precisamente "porque no se nota",[41] por ejemplo, los aeropuertos, los transportes, la generación de energía eléctrica, etcétera.[42] Y ésta sería la amenaza a esas capacidades y lo que atenta contra el país y los ciudadanos, es decir, lo que no funciona.[43]

Las amenazas a la seguridad pueden venir de fuera o generarse dentro del propio territorio. Según las definiciones tradicionales, las amenazas de afuera tienen que ver con las acciones que algún país pudiera cometer en perjuicio de México en relación a su integridad territorial, soberanía o independencia y en este sentido, "seguridad nacional son las acciones destinadas

de manera inmediata y directa a mantener la integridad, estabilidad y permanencia del Estado mexicano, frente a las amenazas y riesgos que enfrente".[44] Y las amenazas internas serían lo que atenta contra el orden y tranquilidad de los ciudadanos y contra el estado de derecho, como guerras civiles, conflictos sociales o "irrupciones generalizadas de violencia".[45] En ambos casos, se considera al Estado —que es la "instancia privilegiada de coordinación social"[46] "por encima de la cual no existe ningún poder"—[47] como el único facultado para (y obligado a) hacer lo necesario para preservar la seguridad, inclusive si para ello tiene que recurrir a la violencia.

Pero la realidad no es tan clara como las definiciones. Hoy la seguridad nacional no solamente incluye lo anterior sino que abarca desde la protección al medio ambiente hasta las cuestiones energéticas; desde la seguridad alimentaria, hasta los aspectos demográficos, particularmente las migraciones; desde la explotación de recursos como el agua y los bosques, hasta los precios internacionales del petróleo; desde el poder de las transnacionales y corporaciones hasta los asuntos financieros, incluyendo la deuda externa y el lavado de dinero. Además, el concepto se ha ampliando "a una serie de amenazas potenciales a las sociedades civiles", según dicen Rockwell y Moss, que surgen "de poderosas fuerzas que rebasan la capacidad de control o manejo de cualquier Estado",[48] tal que atentan contra eso que se ha dado en llamar "el interés nacional"[49] o "los legítimos intereses nacionales",[50] como es el caso del narcotráfico.

* * *

El 15 de septiembre de 2008, cuando el gobernador del estado de Michoacán daba el "grito" con el que tradicionalmente se celebra la Independencia, explotaron en la plaza principal de la ciudad de Morelia varias granadas de fragmentación que provocaron la muerte de ocho personas y varias decenas de heridos.

Inmediatamente y antes de investigar, se decidió que la responsabilidad era del narco y la hipótesis fue aceptada por prácticamente todos los actores políticos y por los medios de comunicación. También se calificó al hecho de terrorismo. Así lo denominaron desde el gobernador del estado[51] hasta los senadores de la República y desde la Asamblea de Representantes del DF[52] hasta los medios de comunicación y los analistas políticos. El presidente de la Academia Mexicana de Ciencias Forenses y exinvestigador del Instituto Nacional de Ciencias Penales Ángel Gutiérrez Chávez aseguró que "desde la lógica forense y penal fue un acto terrorista".[53]

De esta manera, se ponía fin a la afirmación de que en nuestro país no había terrorismo y al mismo tiempo, terrorismo y narcotráfico quedaban unidos como las dos amenazas principales para la seguridad nacional.

La combinación de combate al narcotráfico (y de las situaciones que tienen que ver con él como tráfico de armas y lavado de dinero) y de lucha contra el terrorismo (interno o externo), es lo que hoy por hoy conforma, de acuerdo al discurso oficial mexicano, el corazón del tema de la seguridad nacional.

Y en función de esta concepción, el gobierno ha decidido que para poderla garantizar es necesario:

–Promulgar leyes, crear burocracia y firmar convenios.

Allí están las reformas al Código Penal, la Ley de Seguridad Nacional, la Estrategia Nacional de Seguridad, la Agenda Nacional de Riesgos, el Consejo de Seguridad, el Centro de Información y Seguridad Nacional (CISEN), la Dirección General de Investigación y Seguridad Nacional, la Coordinación Regional de Seguridad, el Comité Especializado de Alto Nivel en materia de Desarme, Terrorismo y Seguridad Internacionales, el sistema de alerta ante amenazas terroristas, el Grupo Central de Atención a la Subversión en el que participan la Secretaría de la Defensa Nacional y la de Seguridad Pública así como la Procuraduría General de la República y el Sistema Único de Información que "pretende conjugar la información de todos los estados y de la capital del país proveniente de los cuerpos policiacos y otros organismos",[54] el Instituto Nacional para el Control de las Drogas —o para el Combate a las Drogas— y el Centro Nacional de lo mismo, la Unidad Especializada contra la Delincuencia Organizada (UEDO) hoy convertida en SIEDO, la Policía Federal Preventiva (PFP) y la Agencia Federal de Investigación (AFI).[55] Y están los convenios internacionales, de los cuales México es parte o está en proceso de ratificar y que son "al menos 17 mecanismos internacionales relacionados con la lucha contra el terrorismo".[56]

–Hacer fuertes inversiones de dinero.

Todos los presidentes de la República y ahora muchos gobernadores le han pedido al Congreso Federal y a sus instancias legislativas locales incrementos en los presupuestos destinados a este rubro y han aceptado la ayuda norteamericana, pues están convencidos de que con más recursos los resultados serán más efectivos. Como ya dijimos, en 2007 el país estaba gastando unos 2,500 millones de dólares anuales para este fin y en lo que se refiere a la ayuda de los vecinos, si bien no se conoce el dato exacto, se calcula que durante los próximos años será de entre 800 y 1,300 millones de dólares,[57] dinero que ellos "invertirán" en lo que llaman la "cooperación bilateral"[58] en esta materia, bajo el manto de lo que empezó siendo el Acta de Alianza para un Vecino Próspero y Seguro y se ha convertido en un Acuerdo para la Seguridad y Prosperidad de América del Norte que incluye a Canadá.[59]

* * *

Sin embargo, ese camino ha mostrado ser insuficiente. Hasta hoy, la realidad es que el gobierno no puede contra el narco y la violencia relacionada con él y no ha podido tampoco con los grupos subversivos (sean terroristas o no, pues ese calificativo depende de la perspectiva, ya que mientras para unos se trata de "actos de violencia que inducen terror en la población civil de manera premeditada",[60] otros hablan de "sabotaje", como "acción deliberada dirigida a debilitar a un enemigo mediante la obstrucción, la interrupción o la destrucción de material,[61] por parte de grupos de la sociedad que así expresan su enojo porque "no se atienden sus demandas").[62] Y en lo que respecta al terrorismo internacional en su relación con el país, aunque un secretario de Gobernación aseguró que "México estaba preparado para enfrentar al terrorismo" y que "tenía mecanismos de prevención contra el terrorismo",[63] no parece que tengan idea clara de lo que sucede.

Según los especialistas, las razones por la cual las cosas son de este modo serían las siguientes:

–La penetración de las organizaciones criminales en el gobierno, en las fuerzas policiacas, en el ejército y en la empresa privada.[64] Eduardo Correa Senior da un ejemplo: "En abril del 2006 cayó un DC9 de la Comisión Nacional del Agua en Ciudad del Carmen, Campeche, en el que se hallaron más de 5 toneladas de cocaína provenientes de Colombia. Para mantener la carga oculta, la protección del avión la hicieron agentes de la Policía Federal Preventiva".[65]

–El hecho de que a pesar de que se dice que se están haciendo cambios institucionales y legales para enfrentar el problema, en realidad no se hace nada significativo: "La estructura del Estado permanece casi intacta",[66] y "los vacíos legales son graves", no solamente porque el marco jurídico es incompleto ni solamente porque se contradicen entre sí los diferentes códigos penales, sino sobre todo, porque generan indefinición y traslapes en las potestades, facultades, atribuciones, obligaciones y limitaciones de los distintos cuerpos y agencias encargadas de la seguridad (por ejemplo entre el ejército y los mandos civiles, entre las instancias federal y estatales, entre las procuradurías de justicia y las secretarías de Estado, entre las propias secretarías como la de Gobernación y la de Seguridad Pública,[67] entre los servicios de inteligencia nacionales y la información que llega del extranjero o que recogen aquí quienes nos vienen a "ayudar", entre las diversas ramas militares —pues en México están separados el ejército-fuerza aérea y la marina— o entre las muchas corporaciones policiacas —más de 2,000 según el senador Santiago Creel; 1,650 según el secretario de Seguridad Pública Genaro García Luna—[68] lo cual no solamente produce desconfianza y descoordinación sino falta de cooperación e incluso pleitos). Esto hace que muchas veces no actúen, o si lo hacen, da lugar a situaciones que Sergio García Ramírez califica de "peligrosas".[69]

–El no decidirse en serio a transformar a fondo a las instituciones encargadas de la seguridad, ni a crear sistemas de inteligencia que efectivamente cumplan con su cometido y que consignan, analicen y compartan información.[70]

–El hecho de que "no existe un proyecto de seguridad nacional"[71] y por lo tanto, no hay una estrategia y una política de seguridad integrales. Lo que hay son respuestas reactivas a las contingencias, hechas más para mostrar resultados inmediatos que para conseguir metas a largo plazo.[72] Como escribe Fernando Ortiz Proal: "Las autoridades se limitan a apreciar delicados acontecimientos como hechos aislados o de coyuntura, sin realizar un análisis respecto de sus causas y sobre todo, de sus efectos".[73] José Luis Sierra lo resume así: "La experiencia de los últimos 15 años indica la existencia de un sistema desarticulado de inteligencia donde prevalecen métodos rudimentarios de operación de la inteligencia militar, la falta de un sistema de comunicación eficiente entre los servicios militares y civiles de inteligencia, así como la carencia de una visión estratégica en los equipos de interpretación y formulación de políticas del gobierno federal".[74] Y eso termina por ser, como dice Luis Herrera Lasso, "el mejor aliado del enemigo".[75]

–La poca claridad sobre cuáles son las amenazas reales a la seguridad del país. Como se dice en la jerga especializada, nadie tiene claro qué es un riesgo y cuál es la agenda de riesgos.[76]

–La preocupación por consideraciones políticas inmediatas y por conseguir objetivos concretos que beneficien esos intereses, más que por el largo plazo y el beneficio de la nación en su conjunto.

–La inexperiencia en el manejo de los asuntos (incluida la forma de comunicarlos dice Ana María Salazar).[77]

–El hecho de que se decida emprender acciones y recorrer caminos que ya han mostrado ser totalmente ineficaces y fallidos, como por ejemplo, establecer la colaboración con Estados Unidos de la misma manera como se la realizó con Colombia, siendo que "el Plan Colombia ha sido una gran decepción como estrategia de combate al narcotráfico".[78] Sacar al ejército de los cuarteles y militarizar con el pretexto de la lucha contra la delincuencia son técnicas que no solamente no han conducido a resolver los problemas sino muchas veces por el contrario, los han agravado.[79] ¿En base a qué, se pregunta Laurie Freeman, se puede suponer que la Iniciativa Mérida va a funcionar "si se sustenta sobre los mismos principios"?: "Los funcionarios estadounidenses siguen recurriendo a la misma cirugía: armando a policías y militares con herramientas para acabar con los capos de los cárteles y reducir la oferta de drogas", pero "encarcelar o matar a los poderosos señores de la droga sólo ha servido para que los reemplacen capos todavía más despiadados y el flujo de drogas no se reducirá mientras no se ataque el factor principal que fomenta el tráfico, que es la demanda de drogas ilícitas de millones de estadounidenses".[80]

Pero la razón principal por la cual el gobierno no está en condiciones de garantizar eso que se llama "la seguridad nacional", es porque con todo y lo que diga el discurso, no le interesa hacerlo: "La mayor mentira es pensar que a nuestras autoridades de verdad les interesa resolver el asunto de la seguridad" dice Luis Herrera Lasso. La falta de voluntad se hace patente en:

–El hecho de que cada vez que sucede algo, se hace mucho ruido y hay mucha agitación, pero no se procede a hacer nada efectivo.[81] Y los ejemplos están a la vista: cae un avión con tres toneladas de cocaína y sacan a todas las fuerzas de seguridad a peinar el sitio, a pesar de lo cual los tripulantes escapan. O un "comando" ataca un cuartel de la Policía Federal Preventiva, pero con todo y la llegada de más de un centenar de agentes al lugar "para reforzar los trabajos de inteligencia" no se detiene a los culpables. O explota un camión cargado con una sustancia altamente explosiva, y nadie sabe explicar cómo es posible que circule por las carreteras material de este tipo. Escribe Germán Dehesa: "Tronó un tractocamión cargado, hasta donde se sabe, con 25 toneladas de nitrato de amonio. Dejó en su estallido la destrucción y la muerte. ¿Cómo se le hace para juntar 25 toneladas de nitrato de amonio? ¿Va uno a la tlapalería y las pide? ¿Se habla con la Secretaría de la Defensa Nacional que supuestamente es el único organismo que puede hacer estas tareas? ¿Qué hacía ORICA (nombre de la empresa propietaria del transporte) paseando esa carga tan letal?".[82]

–El hecho de que no solamente no se construyen en serio los elementos para tener seguridad, sino que deliberadamente se destruye lo que ya existe, como sucedió durante el gobierno foxista con el desmantelamiento de los servicios de inteligencia,[83] que llevó a Ricardo Raphael a preguntarse: "¿Cómo es posible que el asunto internacional más importante que sucedió durante la administración de Vicente Fox que fueron los atentados terroristas en Nueva York, Madrid y Londres no llevó a que México, como todos los demás países, reconstruyera, reorganizara, mejorara sus servicios de inteligencia sino que se hiciera exactamente lo contrario, desmantelar a los servicios de inteligencia y convertir en un desastre al Centro de Investigación y Seguridad Nacional? ¿Cómo es posible que habiendo gobernado en esos tiempos no protegieran a su población y además engañaran a sus socios extranjeros que vinieron a pedirnos ayuda para crear una asociación contra la inseguridad que representaban los terroristas?".[84]

* * *

De modo pues, que el presidente Calderón podrá decir cuantas veces quiera que tiene "el monopolio del poder"[85] y que lo va a usar para "terminar con el crimen organizado" y para "preservar la soberanía". Y el secretario de Gobernación podrá decir cuantas veces guste que "todo está bajo control" y que "hemos fortalecido la presencia de la autoridad", "hemos disminuido la violencia y la pérdida de vidas humanas", "hemos mejorado las condiciones de seguridad de los mexicanos y de sus familias", "vamos por el camino correcto", y hasta podrá permitirse decir cosas que suenan a fuertes advertencias como que "A los delincuentes les debe quedar claro que el Estado mexicano es inflexible con ellos y que en nuestro territorio no tienen cabida las organizaciones delincuenciales",[86] pero la verdad es que no es así. Los narcotraficantes, los guerrilleros y cualquier otro grupo que decida usar tácticas subversivas para conseguir sus objetivos, presentan grandes desafíos al Estado porque éste no tiene capacidad ni voluntad para evitarlo: "Las estructuras de seguridad y justicia del país no están en condiciones de enfrentar la dimensión del monstruo delictivo y del narcotráfico".[87] Esos grupos hacen evidente que el monopolio de la violencia ya no lo ejercen más las instituciones que legítima y legalmente la pueden ostentar como afirmaron los teóricos del Estado y como afirma Nelson Arteaga Botello, se han convertido "en un verdadero contrapoder que enfrenta peligrosamente la legitimidad del Estado".[88]

Hoy la política de seguridad, con todo y los despliegues policia-cos y militares, con todo y los enormes gastos, "no es sino una propuesta discursiva"[89] y en los hechos, no se está pudiendo "desviar, evitar o disminuir las amenazas"[90] y peor aún, ni siquiera preverlas y prevenirlas, como se supo-ne que se debe hacer. A pesar de los discursos triunfalistas y tranquilizadores que nos endilgan, la realidad es que "hay fallas graves en el sistema de se-guridad nacional".[91] Y lo que es peor, las medidas que se hacen para mostrar decisión y fortaleza, en la medida en que fracasan, están incluso logrando lo contrario de lo que se proponen.

Los conflictos sociales: ¿cuántos discursos?[92]

Todos los días en México, en distintos rincones del país, personas y grupos plantean demandas y exigen soluciones a sus problemas y lo hacen como afirma Charles Tilly, "en los foros públicos".[93]

Se trata de acciones colectivas,[94] que emprenden los actores sociales[95] cuando se sienten agraviados,[96] por razones que tienen que ver con la escasez de recursos,[97] sean materiales, simbólicos, espirituales o de trascendencia,[98] de oportunidades, derechos, participación y pertenencia, por la divergencia de in-tereses o la incompatibilidad de metas.[99] Carlos Monsiváis resume así las mo-tivaciones: "Por la existencia de autoridades sordas, ciegas y mudas, de una burocracia pasmada o sobrepasada, de sindicatos corruptos, sueldos de ham-bre, transas y mentiras, de miseria, de la falta de alternativas, el despojo, la ne-gligencia y la voracidad, la corrupción y el autoritarismo"[100] y Francisco Pérez Arce así: " Por las promesas incumplidas, las limitaciones de la vía institucional y el tortuguismo burocrático".[101]

Todo ello, como afirma Gilberto Giménez, da lugar a "un desfase entre las expectativas y las recompensas"[102] que hace que dichas acciones "conecten a sus participantes con uno o más objetos de reclamos e incluyen alguna forma de articular las demandas".[103] Estas formas pueden ser pacíficas o violentas,[104] de corta o de larga duración y pueden llevar a que los grupos que las llevan a cabo se desbaraten después de recibir (o no) respuesta o a que permanezcan en el tiempo y hasta se conviertan en movimientos sociales.[105]

Quienes estudian las acciones sociales tienen diferentes versiones so-bre lo que las hace surgir. Para algunos, son las situaciones de crisis, que al provocar el deterioro de las condiciones de vida de la población, generan una amplia oleada de ellas.[106] Para otros por el contrario, son los momentos de estabilidad pues "las situaciones agudas de crisis paralizan a las fuerzas socia-les, mientras que los periodos de recuperación desatan las fuerzas largamente contenidas".[107] Hay quien considera que surgen más en el autoritarismo —por la desesperación de la gente ante la cerrazón— que en la democracia porque en ésta existen canales institucionales para la participación y la negociación, pero hay quien por el contrario, asegura que la democracia las incrementa o intensifica, mientras que el autoritarismo y los regímenes políticos cerrados las limitan por el miedo a la represión y por los altos costos de la participación.[108]

Éste no es el lugar para dar cuenta del vasto trabajo que se ha hecho sobre el tema,[109] tanto en lo que se refiere a las razones que las motivan, como

260

a su conformación y dinámica, los actores que las componen y sus liderazgos, sus ciclos y trayectorias, sus formas de lucha y de financiamiento y lo que consiguen o no,[110] ni tampoco sobre cuánto afectan al Estado y a las políticas públicas y de qué modo les afectan a ellas las respuestas de las autoridades o de los patrones así como otras acciones colectivas.

Lo que aquí pretendo, y que tiene que ver con el tema y el objetivo de este libro, es mostrar que las acciones sociales dan lugar a una diversidad de discursos, los cuales dan diferentes versiones de las mismas y también mienten. Y es que, como dijo Alain Touraine, la sociedad es un campo de conflicto en el que chocan ideologías y se enfrentan intereses opuestos así como el deseo de controlar las fuerzas del desarrollo y del poder.[111]

Dos ejemplos pueden demostrar esta afirmación: en 2004, hubo una gran marcha en la ciudad de México para protestar por los secuestros, organizada por agrupaciones ciudadanas que aseguraron haber reunido casi un millón de personas. Pero el gobierno de la capital dijo que todo había estado armado por la derecha y calificó de exageradas las cifras de secuestrados que pregonaban así como las de los asistentes al acto. ¿Cuál de los dos lados decía la verdad?

O en la lucha contra el narcotráfico emprendida por el gobierno del presidente Felipe Calderón: hay quien considera, como he mostrado más arriba en este mismo capítulo, que ella es un fracaso, pero hay quien afirma que es un éxito: "1) Nunca en la historia de México se había atrapado a tantos y tan importantes capos de narcotráfico, 2) Nunca se habían confiscado semejantes cantidades de droga, 3) Nunca se habían confiscado tantas armas y dinero al narcotráfico, 4) Nunca se habían confiscado tantos autos y aviones al narcotráfico, 5) El precio de las drogas en EU ha subido de manera muy importante debido a la escasez que se está produciendo. Definitivamente ha habido muchas bajas del lado de la justicia, pero esto es todavía mayor evidencia de la desesperación en la que se está poniendo a los narcos. Los narcos incluso han tratado de irse a otros países como Guatemala para escapar de la persecución de la justicia en México. En fin hay innumerables evidencias, para quien quiere verlas, de que ha sido la lucha más efectiva contra el narcotráfico en la historia de México".[112] ¿Cuál de las dos versiones es cierta?

Difícil saberlo, y por eso, como sostiene Paul B. Armstrong: "Las personas creen en algo por un acto de fe que la lógica no puede imponer por sí misma y que nunca puede ser justificado de manera completa y concluyente".[113]

Y es que el conflicto social es también un conflicto discursivo, ya que los discursos encarnan y expresan el choque de ideologías e intereses y la lucha por el poder[114] y más todavía: son al mismo tiempo reveladores y productores de las situaciones.[115]

Y entonces encontramos que lo que unos y otros dicen que quieren y que pretenden lograr, se enfrenta a lo que dicen los otros. Y lo mismo sucede respecto a la validez (adecuación, justicia, legalidad) que unos y otros dan a los métodos empleados para ello. Escribe Armstrong: "Las lecturas en contraposición ocurren porque los intérpretes tienen premisas contrarias […] Cuando de interpretar se trata, la función que cumple la creencia en la comprensión hace que el desacuerdo se vuelva inevitable […] Los intérpretes pueden defender sus hipótesis con argumentos coherentes y buenas razones, empero, las mismas razones no parecerán igualmente convincentes a los miembros de comunidades contrarias de opinión [...] En la interpretación puede presentarse un conflicto irreconciliable".[116]

* * *

En los conflictos se trata, grosso modo, de dos bandos que se enfrentan: los que "tienen acceso a los agentes y recursos del gobierno" y los que no lo tienen, lo cual según McAdam, Tarrow y Tilly, define a quienes son miembros y a quienes son disidentes.[117]

Cada uno de ellos se presenta a sí mismo como "los buenos" y a los otros como "los malos": los disidentes consideran que "luchan por la justicia" y por "terminar con la desigualdad, la pobreza, la injusticia y la marginación",[118] que según ellos los miembros impiden, y éstos dicen que aquéllos son "una amenaza para la subsistencia del orden",[119] que "atentan contra el estado de derecho" y "quiebran la estabilidad"[120] y hasta el sistema".[121]

De allí que parte de la lucha sea el reconocimiento discursivo del "otro", ya que como dice Alain Touraine: "Es raro que un problema social sea reconocido primero como tal y por el contrario, es muy frecuente que la existencia de un problema social sea negada y encubierta".[122]

Y es que para ambos bandos, el discurso cumple la función, diría Frederic Jameson, de llenar la necesidad de explicarse, re-apropiarse y re-inscribir sus acciones y las de los otros en un sistema de ideas, representaciones y valores,[123] tanto para convencer a la sociedad de que el modo suyo de hacer las cosas es el correcto y el adecuado (lo cual va aparejado a la necesidad de desacreditar a las del otro) como para legitimarlas.[124]

Por eso cada uno de los bandos en pugna va a construirlo de tal manera que sirva para configurar un significado preciso capaz de apuntar hacia ese fin. Como dice Julio Juárez Gámiz, se trata siempre de una "comunicación que tiene un objetivo tendencioso".[125]

Dicha tendenciosidad está en varios niveles, el más obvio en aquello que directamente se dice (el signo figurativo y lo denotativo), que de todos modos y de por sí como decía Bajtín, está poblado con el uso y con las intenciones que otros le han dado. Otro nivel está en la construcción del discurso: en las retóricas, en las estrategias argumentativas y en los recursos lingüísticos empleados —las palabras seleccionadas (por ejemplo, cuando el gobierno habla de terroristas y la oposición de subversivos, o cuando se acusa a quienes toman la calle de provocar una "peligrosa disrupción del sistema" mientras que quienes llevan a cabo esa acción hablan de "resistencia"), las metáforas y metonimias, ciertos modos de usar los verbos y sustantivos que generan opacidad o claridad en la información y el relato de los hechos, de los métodos y de los objetivos, en suma, el modo de representar a la realidad que promueve determinadas clases de explicaciones y maneja y controla las inferencias relativas a la acción que se describe, que pretenden "forjar coherencia",[126] "provocar efectos" y ser "portadoras de sentido".[127]

Y por fin, el nivel más profundo que son los supuestos "paradigmas epistemológicos"[128] sobre los que se funda la percepción,[129] los cuales no sólo establecen la forma como se consideran las cosas (por eso Armstrong lo llama "el acto previo de categorización"),[130] y no sólo legitiman cierto punto de vista, sino que hacen que eso adquiera un carácter natural, no cuestionado ni cuestionable, "como convicciones válidas universalmente".[131]

Todas esas maneras de construir el discurso imponen, sostienen, justifican, proponen, un determinado modo interpretativo de la realidad.

* * *

A lo anterior se agrega el hecho de que además de los bandos en pugna hay otros actores que intervienen en los conflictos discursivos y que tienen también sus propias ideologías e intereses que defender y sus discursos.

Uno son los medios de comunicación. Según Jean Mounchon, éstos viven "la triple dictadura de la precipitación, la emulación y la emoción" que inevitablemente los lleva a "inventar" la noticia, es decir, a crear y hacer crecer situaciones y personajes que al mismo tiempo que sirven a ciertos intereses, sean atractivos para los consumidores,[132] pues tienen como prioridad vender. Y dado que, en su experiencia "la sangre vende", resulta que "la cobertura de los medios de información se basa principalmente en la narrativa de la confrontación. El discurso mediático es seguidor de la lógica de la confrontación" afirma Juárez Gámiz.[133] Y Jorge Cadena Roa asegura que hay ocasiones, en que las partes "recurrieron a vías contenciosas e institucionales aunque las más visibles y difundidas por los medios de comunicación fueron las primeras".[134]

Por eso dice Pete Hamil que: "El periodismo es a menudo una herramienta burda que puede relatar hechos sin llegar a expresar la verdad, puede obviar el significado real de los sucesos, puede ignorar las facetas ocultas de una sociedad".[135]

El otro actor poderoso en la conformación del discurso sobre los conflictos sociales son los académicos, analistas y estudiosos. Éstos, aunque pretendan la neutralidad y el conocimiento objetivo, no lo logran pues la naturaleza misma de los conflictos sociales hace, como dice Gerrit Huizer, que las ciencias sociales no estén ni puedan estar "libres de valor". A ello se agrega que desde los años sesenta del siglo xx en América Latina los científicos sociales decidieron ya no sólo ver su materia de estudio como objeto sino identificarse con su destino y comprometerse con su causa.[136]

El resultado son interpretaciones impregnadas —consciente o inconscientemente— con "conceptos teóricos y opciones políticas preestablecidas, a veces hasta el punto de impedir la percepción de cualquier realidad divergente",[137] a lo cual se suma el hecho de que, como dice Adriana López Monjardin, tienden a buscar lo excepcional o ejemplar que les lleva muchas veces a construir paradigmas que "llegan incluso a oscurecer algunos de los aspectos más persistentes de las luchas sociales".[138]

Un tercer actor es la sociedad en su conjunto, aquellos que no forman parte de ninguno de estos bandos pero que están allí, apoyando o rechazando a los conflictos sociales a través de los discursos que de y sobre ellos reciben. Son a los que Serge Moscovici llamó "mayorías silenciosas" , a los cuales las "minorías ruidosas" tienen que convencer "de lo acertado de sus ideas y ha-

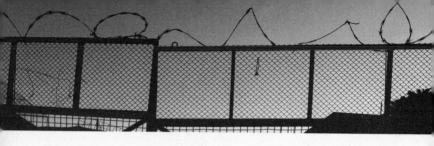

cerle compartir sus opiniones"[139] y así ganar aceptación para sus planteamientos y hasta conseguir su solidaridad.

* * *

Los historiadores afirman que en México siempre han existido conflictos sociales. En la época del virreinato, aunque había férreo control, se han documentado cientos de conflictos, surgidos principalmente por la propiedad de la tierra y el abuso y maltrato a los indios. También en el siglo XIX los hubo, y fueron tantos, que hay autores que hablan del "mar continuo de la sublevación y la rebelión rural",[140] aunque Silvia Marina Arrom ha mostrado que también los pobres urbanos fueron actores políticos significativos.[141] Y ni qué decir de los conflictos políticos (pronunciamientos, cuartelazos y sublevaciones) contra los gobiernos en turno, los cuales estaban tan a la orden del día, que un viajero extranjero cuenta en sus memorias cómo cualquiera podía levantarse sin demasiado esfuerzo: "Bastaba con reunir a algunos descontentos para lanzarse a tomar el ayuntamiento, apoderarse del dinero de la caja fuerte y obligar a los comerciantes de la zona a un préstamo con lo cual ya podían dar inicio a la guerra".[142]

Durante el gobierno de Porfirio Díaz, otra de esas épocas que nos han pintado como de tranquilidad y control por parte de las elites dominantes, también hubo conflictos y algunos alcanzaron gran fuerza, como lo demuestra la novela *Tomóchic* de Heriberto Frías, y el hecho de que la época terminó con un estallido social violento al que conocemos como la Revolución.

Y una vez terminada ésta y afincados en el poder los nuevos poderosos, durante todo el siglo XX no dejó de haber conflictos: por tierras y aguas, por salarios y prestaciones, por bienes y servicios, contra leyes y patrones, por deseos de participación política, de libertad de expresión o de derechos civiles.[143]

Toda la centuria está atravesada por ellos, con todo y que durante los años del predominio de un partido único y un ejecutivo poderoso hubo también un férreo control por parte de "la organización corporativa de los principales contingentes sociales y por su exclusión de los campos decisivos del quehacer político".[144]

Particularmente en la segunda mitad del siglo, sindicatos independientes desafiaron a los oficiales, grupos de campesinos se levantaron contra el gobierno, médicos, ferrocarrileros, maestros y estudiantes salieron a la calle a protestar. Como escribe Lucía Álvarez: "La relación con el gobierno se estableció a través del reclamo y la lucha frontal"[145] por lo cual, como asegura Alberto Olvera, el camino todos fueron reprimidos y derrotados.[146]

A fines de los años setenta, la crisis del modelo económico y el cambio de rumbo impuesto por los sucesivos gobiernos con la implantación de las políticas neoliberales, dieron lugar a conflictos por la defensa del trabajo y de la economía popular, por la lucha en contra de la carestía[147] y "por intervenir en el plano público en campos muy diversos del desarrollo local; el acceso al territorio y a la vivienda, la equidad de género, la educación pública, el medio ambiente, los servicios públicos y la gestión de la ciudad".[148]

La siguiente década, "fue un periodo marcado por la movilización y organización social, que posibilitaron poner en la mesa de discusión el llamado proceso de democratización en el país. Las movilizaciones y acciones sociales se fueron encaminando hacia acciones vinculadas cada vez más, sobre todo a partir de 1985, con el descubrimiento por parte de los actores de ser sujetos de derecho, esto es, ciudadanos reclamando sus derechos sociales y, en menor medida, civiles y políticos".[149] Se observa entonces un fenómeno creciente de participación cuya orientación "cambia hacia una lucha por rescatar la dignidad ciudadana como fundamento del poder público"[150] y ello hace que se busque la interlocución con el gobierno.[151]

Surgen entonces nuevos actores políticos y sociales, como partidos políticos y organizaciones ciudadanas llamadas "no gubernamentales", que se pusieron a luchar por cuestiones concretas (desde servicios hasta elecciones limpias), estableciendo una relación menos confrontada con el gobierno, buscando y aceptando la negociación y la concertación. El tránsito a esta relación más fluida con las instituciones gubernamentales llevó a Sergio Zermeño a afirmar que se había "desarticulado y atomizado el tejido social",[152] mientras que para Silvia Bolos, lo que sucedió es que se produjo un cambio en el sentido de que "la eficacia de los conflictos sociales sólo podía ser garantizada por la mediación de los actores políticos", lo que dicho de otro modo, significó "que los movimientos necesitan de los actores políticos para que sus demandas se concreten en leyes, políticas públicas y programas de gobierno".[153]

* * *

Para el periodo que abarca este libro, la fecha significativa es el primero de enero de 1994, cuando se produjo el levantamiento del llamado Ejército Zapatista de Liberación Nacional en el estado de Chiapas.

Según Hermann Bellinghausen, se insurreccionaron las gentes de los pueblos y de las rancherías, "lo mismo alteños que selváticos", hartos de la impunidad de ganaderos, finqueros, caciques, latifundistas, gobernadores, diputados, ediles, delegados, guardias blancas y soldados: "Silenciosos, embozados y armados, a medianoche entraban los zapatistas a esa ciudad en el valle de Jovel (Altos de Chiapas), ocupaban el palacio de gobierno. En el primer amanecer de 1994, una atónita y fría plaza de San Cristóbal escuchó en los altavoces a los indígenas que de pronto hablaron".[154]

Según un estudioso, fue "una declaración de guerra contra el Estado mexicano, el presidente en turno y el ejército",[155] y así lo planteó también el dirigente de los sublevados, "su vocero y estratega teórico-militar":[156] "Nosotros salimos a la guerra para hacernos escuchar".[157]

Pero esa guerra no sucedió. La sublevación se convirtió en una de palabras, no de balas: "Las palabras son nuestras armas", afirmó el subcomandante insurgente Marcos.

Según el académico Carlos Tello, el cambio se debió a que el 12 de enero el presidente de la República anunció su decisión de "suspender toda iniciativa de fuego", tregua que fue aceptada por el líder rebelde,[158] pero según los zapatistas, lo que sucedió fue que "la sociedad civil salió a las calles y paró la guerra a 12 días de iniciada".[159]

La versión tan distinta sobre quién paró la guerra se repetiría respecto a todo lo demás relacionado con ese conflicto. Así por ejemplo, mientras el gobierno afirmaba, como hizo el presidente Zedillo, que quienes se habían levantado no eran delincuentes sino personas que deseaban luchar por la justicia y creaba comisiones para "coadyuvar" con el diálogo, mandaba al ejército a patrullar la zona: "La región está completamente ocupada y controlada por el ejército" afirmó en 1997 Danielle Mitterrand,[160] y los organismos de derechos humanos informaban de detenciones y encarcelamientos. Y así por ejemplo, aunque Marcos que empezó su movimiento con un levantamiento armado, afirmaba reiteradas veces que deseaba la paz, según un presidente del Partido Acción Nacional: "A veces se percibe de parte del EZLN una actitud de ir escalando los obstáculos, de ir endureciendo las actitudes, que quizás ellos sean los que no quieren que tengamos pronto el diálogo y la firma de la paz".[161]

Pero el ejemplo máximo del doble discurso fueron los Acuerdos de San Andrés que se firmaron en febrero de 1996, a los que la Comisión de Concordia y Pacificación (Cocopa) tradujo en una iniciativa de ley sobre derechos indígenas que sin embargo, el jefe del ejecutivo se negó a enviar al Congreso. Fue hasta el siguiente mandatario que lo hizo, y para apoyar su aprobación, los zapatistas emprendieron una larga marcha hasta el Congreso de la Unión, donde exigieron, en voz de una comandanta indígena "que sea reconocida nuestra forma de vestir, de hablar, de gobernar, de organizar, de rezar, de curar; nuestra forma de trabajar en colectivos, de respetar la tierra y de entender la vida, que es la naturaleza, que somos parte de ella".[162] Pero ni el Senado ni la Cámara de Diputados aceptaron esa ley, sino que hicieron una serie de reformas a la Constitución que según el subcomandante Marcos, significaban que "los partidos aprobaron una ley que no reconocía la autodeterminación de los pueblos indígenas".[163] Y desde entonces, el diálogo se suspendió, sin que se lo haya retomado hasta el día de hoy.

Las versiones e interpretaciones sobre lo que es el zapatismo recorren un amplio espectro: desde considerarlo "un retoño de movimientos anteriores" hasta decir que son "uno de los movimientos sociales más avanzados del mundo".[164] Las de lo que quiere el zapatismo han ido desde decir que es "un programa radical de demandas campesinas" hasta afirmar que buscan "el reconocimiento político-cultural para la construcción civil de la autonomía".[165] Las de los métodos que usa el zapatismo han ido desde afirmar que es una guerrilla hasta sostener que es una forma de vida colectiva de comunidades civiles autónomas.[166] Las de quiénes y cuántos componen el zapatismo y sus bases de apoyo han ido desde asegurar que éstas se han mantenido o han mermado (y la causa de esto último ha ido desde hablar de deserción o pleitos entre sí hasta la necesidad de salir a trabajar en ciertos periodos del año)[167] y las de las razones de la ruptura con el PRD y con muchos intelectuales de izquierda han ido desde asegurar que tiene que ver con la intransigencia de Marcos hasta que ello se debe a que "no han reconstruido el tejido social ni impulsado una democratización real de la vida ciudadana ni cambiado las jerarquías culturales milenarias que seguimos padeciendo".[168]

Hoy día, las versiones más confrontadas se refieren a cuál es el futuro de los zapatistas. Según Bellinghausen, ellos seguirán allí porque: "Han desfilado tres presidentes de la República, cinco gobernadores del estado, siete enviados especiales para el "diálogo", tres obispos católicos, decenas de miles de elementos de las fuerzas armadas, todas las corporaciones policiacas y los servicios de inteligencia del país y de muchas otras partes y se han gastado miles de millones de pesos en logística de la guerra y compra de lealtades y miles de familias han perdido sus hogares y sus pueblos, cientos de indígenas han sido asesinados, pero las causas que provocaron la insurrección zapatista permanecen sin resolverse".[169] Pero según el Comisionado para el Desarrollo de los Pueblos Indígenas, el asunto está concluido e incluso habla la "otrora denominada zona de conflicto de Chiapas",[170] al punto que la Secretaría de Gobernación ha determinado "poner fin a la Coordinación para el Diálogo y la Negociación en Chiapas por considerar innecesaria su existencia".[171] Pero por su parte el subcomandante Marcos anuncia que "entraremos a una nueva fase de lucha. Será de movilización y agitación".[172]

* * *

Otros ejemplos:
–Aguas Blancas, Guerrero, 1995.
Un grupo de campesinos de la zona se dirigían a un mitin de protesta para pedir la liberación de un compañero activista preso. De repente se desató una balacera y 17 murieron y 23 quedaron heridos.

El gobernador del estado primero lo negó y dijo que eran inventos de la prensa, que allí no había pasado nada. Pero el periodista Ricardo Rocha hizo público un video de los hechos en la más importante cadena de televisión del país y al funcionario no le quedó más remedio que aceptarlo, pero afirmó que la fuerza pública había actuado en defensa propia porque los habían atacado. Tanto el partido del gobernador, el PRI, como la Iglesia católica abonaron a esta versión acusando a los campesinos muertos de ser bandoleros. Pero, en la versión de los testigos y sobrevivientes, la policía los había emboscado y había abierto fuego contra ellos. Por eso varias organizaciones ciudadanas de derechos humanos presionaron al gobierno federal para que se investigaran los hechos.

Entonces se nombró un fiscal especial para el caso. Pero éste realizó las investigaciones con base en la documentación que le entregaron las propias autoridades estatales y concluyó exonerando al gobernador y responsabilizando a unos cuantos policías. El veredicto causó gran indignación, pero el discurso oficial insistió en afirmar que "el fiscal actuó de manera seria y conforme a nuestro estado de derecho". Entonces las ONG insistieron en que se reabriera el caso, recurriendo en dos ocasiones a la Suprema Corte de Justicia de la Nación, la cual se negó a ello, hasta que el presidente de la República le dio la orden de hacerlo.[173] Pero aún así, a diez años de la matanza, no había resultados y según la presidenta del Centro de Derechos Humanos "La voz de los sin voz": "Es un caso que se mantiene en la impunidad".[174]

–Distrito Federal, 1999.

Las autoridades de la Universidad Nacional decidieron aumentar las cuotas que pagan los estudiantes, asunto sumamente sensible y de gran peso simbólico. Por eso, para conseguir que el Consejo Universitario diera apoyo a la propuesta, el rector lo convocó clandestinamente, excluyendo a quienes no estaban de acuerdo, y se lo llevó a un lugar fuera de los recintos de la institución. "Es como si en las elecciones en Tabasco pusieran las urnas en Campeche y no le avisaran a los del partido de oposición cuándo es el día en que debían votar."[175]

Al hacerse público el resultado de esa deliberación, la respuesta de los estudiantes fue el paro de labores.

La huelga pronto polarizó a los universitarios. Se formaron dos bandos, cada uno de los cuales declaró representar a "los verdaderos universitarios" y ser "los únicos que representan los legítimos intereses de la institución",[176] cada uno de los cuales se mostró duro en su posición: el rector diciendo que estaba dispuesto al diálogo pero que eso de todos modos no significaba que se modificaría el reglamento de pagos aceptado y los estudiantes impidiendo hablar o actuar a aquellos con cuyos puntos de vista no comulgaban.[177]

La situación llegó al extremo: si unos publicaban desplegados de apoyo a la rectoría, los otros los acusaban de ser inserciones pagadas por ella. Si otros hacían público su apoyo a los huelguistas, los unos los acusaban de estar financiados por un partido político. Si los estudiantes afirmaban haber sido víctimas de secuestros y golpizas, el rector decía "no estar seguro de que dichos actos efectivamente hubieran sucedido". Si se formaba una comisión "de enlace", los huelguistas consideraban que en ella sólo se había incluido a incondicionales de la rectoría y no la reconocían. Pero si se formaba otra comisión, eran las autoridades las que no la aceptaban.[178]

Así estuvieron las cosas durante meses. A los cuatro de iniciada la huelga, y después de haber permanecido callado todo ese tiempo, el presidente de la República por fin habló. Pero lo hizo para decir que no iba a intervenir: "A los universitarios corresponde recuperar y defender su casa de estudios", dijo Ernesto Zedillo.[179] Y sin embargo, de todos modos, la policía terminó por entrar a la Ciudad Universitaria: "La huelga en la Universidad Nacional que empezó en abril de 1999 se resolvió en febrero del 2000 mandando a la PFP".[180]

El fin de la huelga no fue el fin del conflicto. Las proclamas y protestas, los aplausos y denuestos, los juicios y condenas siguieron a la orden del día. La escritora Elena Poniatowska lloró ante las cámaras de televisión por los jóvenes encarcelados, el sociólogo Sergio Zermeño dijo que se trataba "de una rebelión legítima contra una situación sin presente y sin futuro contra los excluidos"[181] y el historiador Carlos Martínez Assad habló de los huelguistas como "seres pensantes con una visión clara de la Universidad y del país, que le habían perdido confianza al régimen",[182] pero también hubo universitarios que les reprocharon a los huelguistas haber usado un método de lucha que "hoy puede representar un peligro para la UNAM"[183], el presidente de la República los acusó de "haber cometido un grave atropello",[184] los medios de comunicación los presentaron como delincuentes y vándalos y empresarios y obispos hablaron despectivamente de la institución y algunos hasta afirmaron que les gustaría ver cerrada de manera definitiva a la Universidad Nacional.

En aquel momento escribí: "¿Dónde cabemos aquellos que no estamos de acuerdo ni con la forma de manejar el conflicto ni con la idea de universidad ni de unos ni de otros? ¿Dónde cabemos aquellos a quienes no nos parecen adecuadas las actitudes de no ceder un ápice que han manifestado ambas partes? Para gente como nosotros no hay lugar. Porque la vieja cultura política consiste en que si no eres mi amigo eres mi enemigo, si no estás conmigo estás contra mí".[185]

–Oaxaca, Oaxaca, 2006.

El primer día del mes de mayo, los maestros enviaron un pliego petitorio al gobernador para pedir mejores condiciones laborales. Como pasaban los días y nadie les respondía, hicieron un plantón en la plaza central de la ciudad.[186] Durante más de un mes permanecieron allí. Ante las quejas de los comerciantes del lugar, el gobernador mandó a la fuerza pública para que los retirara, pero éstos no se dejaron. El enfrentamiento fue violento, hubo heridos y detenidos y al final la policía tuvo que replegarse.

Entonces el movimiento se radicalizó y creció, pues se le sumaron diversas organizaciones sociales que se agruparon bajo el nombre de Asamblea Popular del Pueblo de Oaxaca (APPO). Cientos de personas salieron a las calles, hicieron barricadas en el centro de la ciudad, cerraron carreteras y tomaron edificios y estaciones de radio y televisión, "con un solo objetivo: pedir la salida de Ulises Ruiz".[187]

Pero el gobernador no solamente no se movió de su puesto, sino que responsabilizó al presidente de la República por la escalada del conflicto.

Pronto empezaron a aparecer las distintas versiones de los hechos: en los noticieros de la cadena Televisa, se presentaban imágenes de gran violencia en las que aparecían los de la APPO blandiendo machetes y lanzando bombas molotov, incendiando autos y camiones del servicio público de transporte, pero en el diario La Jornada hablaban de "las justas demandas del pueblo" y responsabilizaban a las fuerzas de seguridad de golpes, desapariciones y hasta asesinatos.[188] Éstas se van a repetir cotidianamente durante meses: cada bando culpaba al otro de la violencia pero decía que él no la había cometido. Así, aunque se veían las imágenes de civiles con armas de alto poder, disparando al aire para amedrentar a grupos de manifestantes, el gobernador de todos modos decía que eran puros cuentos, que habían sido cohetones. Y aunque se veía cómo los de la APPO tomaban los edificios del gobierno y "ajusticiaban" a funcionarios, ellos decían que habían sido provocadores infiltrados y no su gente.

La situación de violencia duró varios meses y todo ese tiempo, hubo un ir y venir de declaraciones contradictorias no sólo entre los de la APPO y el gobierno sino incluso entre las propias autoridades: si en el estado había o no gobernabilidad, si el gobernador debía o no renunciar, si la responsabilidad del conflicto era estatal o federal. El PRI y el PRD, los diputados, el secretario de Gobernación y el gobernador de la entidad nunca se pusieron de acuerdo.

A fines de octubre y a solicitud del gobernador, el presidente Fox mandó a la Policía Federal Preventiva, que intervino para retomar calles y edificios, a pesar de lo cual todavía siguieron los enfrentamientos. En diciembre fueron detenidos varios líderes del movimiento.

Poco a poco pareció como si la tranquilidad hubiera vuelto al estado. Al menos esas fueron las señales discursivas que se enviaron: "todo va bien en Oaxaca", afirmó Ulises Ruiz.[189] Pero la APPO ha dicho lo contario, que la lucha no ha terminado y que se trata solamente de un repliegue: "Hay quienes piensan que la insurrección en Oaxaca terminó pero nosotros sabemos la verdad, en cualquier momento resurgirá".[190]

–Ciudad de México, 2006.

Cuando Andrés Manuel López Obrador perdió las elecciones presidenciales del mes de julio y no consiguió que los órganos calificadores y los tribunales de justicia le reconocieran su argumento de que hubo fraude y su propuesta de volver a contar voto por voto, cerró las principales avenidas y el Zócalo de la capital con un plantón de miles de sus seguidores que duraría varias semanas.

El conflicto discursivo que se desató fue brutal: entre quienes consideraban que las elecciones habían sido limpias y quienes estaban convencidos de que hubo fraude; entre quienes estaban de acuerdo con el método de protesta decidido por los perredistas y quienes lo repudiaban; entre quienes veían con temor los sucesos y quienes estaban felices porque por fin las cosas cambiarían. Para algunos "se estaba viviendo el momento cumbre de la historia reciente de México",[191] para otros se trataba del fin de la democracia por la que tanto se había luchado. Éste es el correo electrónico que me mandó un lector: "Todo el esfuerzo que en doce años hemos puesto todos para que nuestro país finalmente sea capaz de confiar en su sistema electoral, en el IFE, instituto avalado internacionalmente, reconocido por su alta tecnología y limpieza y, por lo tanto, en la democracia, en los gobernadores electos, en los diputados, en los senadores, todos los esfuerzos que se han hecho por la democracia en nuestro país, para que un señor que se cree un iluminado venga a tirar por la borda la credibilidad de nuestra democracia, de las instituciones, y sobre todo de la gente, de los millones de mexicanos que no lo han votado".[192] Y ésta es una carta enviada al diario *La Jornada*: "Existe la imperiosa necesidad de levantar la voz contra el intento de fraude perpetrado desde las altas esferas del poder político en el país. Nos sumamos a las manifestaciones de repudio a estas acciones, exigiendo al IFE que respete la voluntad del pueblo y actúe de manera imparcial en el proceso electoral".[193]

Había quien aseveraba que estábamos en una guerra[194] y que el régimen no podría seguir adelante,[195] pero también hubo quien aseguró que no pasaba nada fuera de "palabras incendiarias" o "pólvora mojada",[196] y el presidente Fox de plano lo calificó de "algo que se reduce a una calle en la capital".[197]

En ese momento escribí: "Hay quien dice que dependiendo de cuál de las versiones uno cree, se sabe de qué lado está. Y que si no cree a pie juntillas en una de las versiones, entonces le está haciendo el caldo gordo al enemigo. La verdad es que como ciudadana, me siento engañada por todos".[198]

* * *

Un ejemplo de la diversidad de interpretaciones posibles de un conflicto social, se dio respecto a la matanza de Acteal.

En diciembre de 1997, un grupo de indígenas tzotziles que se encontraban rezando en una capilla fueron atacados por otro grupo de indígenas. Cuarenta y cinco murieron y varios quedaron heridos.

Las versiones sobre quiénes habían sido los autores intelectuales y materiales de la matanza fueron diversas: según la organización civil Las Abejas se trató de grupos paramilitares, a los que el gobierno y la policía dejaron actuar.[199] El Centro de Derechos Humanos Fray Bartolomé de las Casas y los obispos Samuel Ruiz y Raúl Vera culparon al presidente Ernesto Zedillo y dijeron que "se le debía condenar por crímenes de lesa humanidad".[200] Los zapatistas, por su parte, dijeron que los asesinos "estaban ligados al PRI" y responsabilizaron al gobernador del estado y al presidente de la República.[201] La Procuraduría General de la República culpó a los propios zapatistas y usó la misma versión de la radio chiapaneca del día de los acontecimientos, según la cual se trató de "un enfrentamiento" entre grupos indígenas. Sin embargo, según el escritor Carlos Fuentes: "La explicación de que es una pugna entre grupos indígenas rurales no se sostiene, desaparecen como por encanto los únicos capaces de comprar armas, los finqueros, la oligarquía chiapaneca y sus aliados en el gobierno y el PRI estatales".[202]

También fueron diversas las motivaciones que podrían haber empujado a los asesinos: desde la que consideraba que al gobierno la matanza le servía como "la justificación ideal para continuar con el desarrollo del plan contrainsurgente",[203] o la de quien consideraba que el objetivo era socavar y exterminar a las bases zapatistas y hostigar a los simpatizantes del zapatismo ya que la zona de Los Altos tenía mucha presencia zapatista y las comunidades eran la base civil del EZLN,[204] hasta quien lo atribuyó a la situación ya muy polarizada en Chiapas, pues "el levantamiento zapatista había dividido a las comunidades entre los indígenas que apoyaban la insurrección, querían nuevas formas de autogobierno y desconocían al Estado mexicano y los que se oponían al levantamiento y seguían fieles al gobierno". Hubo quienes lo atribuyeron a cuestiones religiosas: "Muchos se habían iniciado con la doctrina católica de la liberación. Otros, principalmente del bando priísta, eran de Iglesias evangélicas",[205] pero la Iglesia católica desmintió que la religión tuviera que ver. Y no faltó quien hablara de pleitos por tierras o conflictos intercomunitarios.[206]

Casi diez años después de los hechos, el Centro de Investigación y Docencia Económicas (CIDE) decidió tomar el caso para mostrar la manera como funciona la justicia penal en México. Su conclusión fue la misma que desde el principio sostuvieron los grupos evangélicos y que una y otra vez sostendría el abogado defensor Javier Angulo: que las personas encarceladas y acusadas de ser los autores materiales no eran los responsables y que el proceso judicial había estado mal hecho. Revisando las evidencias reunidas, Héctor Aguilar Camín llegó a la misma conclusión en una serie de artículos y fue más lejos hasta negar las afirmaciones sobre la supuesta brutalidad de los asesinos, que durante años habían tomadas por verdaderas y según las cuales habían abierto los vientres de las mujeres embarazadas y utilizado hachas y balas expansivas.[207]

Estas conclusiones motivaron una cascada de opiniones divididas. Hubo quienes estuvieron de acuerdo con ellas y dijeron que así "se despejan algunas zonas oscuras, nos acercamos a una versión más precisa de los hechos [y] se reconstruye una historia diferente a la heredada"[208] y hubo quienes afirmaron que se trataba de análisis llenos de "errores, omisiones y falta de rigor" que pretendían "desviar la verdad sobre Acteal", "ocultar, manipular y tergiversar la verdad en torno a los hechos"[209] y "hacer creer que el Estado no tuvo nada que ver en esa masacre".[210] El periódico *La Jornada* acusó al autor de "tergiversaciones sobre la realidad"[211] y el subcomandante Marcos incluso lo acusó de pretender "lavar el crimen de Estado"[212] y no faltó quien llegó a decir que se estaba "defendiendo a los asesinos".[213]

* * *

El conflicto discursivo no solamente consiste en que existan diferentes versiones de un mismo hecho sino también tiene que ver con la concepción de su resolución.

La mayoría de los estudiosos consideran que "el panorama conflictivo es el gran telón de fondo de la historia"[214] y que "el cambio social en casi todos los casos ha estado hermanado con la violencia", pues "la ruptura del orden, la confrontación y la violencia son parte consustancial de la dinámica de las sociedades".[215] Sergio Zermeño afirma que nuestra historia tiene como constante las revueltas y la violencia con breves etapas de reposo y Héctor Aguilar Camín va más lejos hasta sostener que "la violencia está siempre latiendo en el otro lado de la estabilidad política".[216]

Hay sin embargo quien afirma exactamente lo contrario: que en México tenemos una cultura que tiende más hacia la conciliación que hacia el pleito, hacia la negociación que hacia la represión. Escribe Silvia Marina Arrom: "Una de las mentiras de los analistas es que todo es represión, hay mucha negociación".[217]

Quienes sostienen lo primero, están de acuerdo con Octavio Paz y otros filósofos de los años treinta y cuarenta del siglo xx, para quienes el mexicano es un ser en esencia violento, porque la violencia fue el modo de fundación de lo mexicano y porque éste siente fascinación por la muerte, razón por la cual siempre está agazapada la explosión, y sólo necesita de una chispa que la prenda.[218] Dicha chispa puede ser cualquier cosa: la crisis en el modelo de mando,[219] la desaparición de los canales institucionales tradicionales y de las formas de mediación,[220] ciertas políticas públicas[221] o el hecho mismo de que existe "un proceso de constante desorganización social".[222]

Quienes por el contrario sostienen la segunda tesis, aseguran que el afán conciliador se debe a que la Conquista y la Colonia se establecieron gracias al avance militar y al establecimiento simultáneo de un orden político hegemónico, dos situaciones de suyo contradictorias que hacen que los conflictos estallen pero también que se prefiera resolverlos por así decirlo "por la buena".[223] Para quienes así piensan, los conflictos no son señal de inestabilidad o ingobernabilidad sino al contrario,[224] hacen evidente la forma de funcionamiento normal del sistema "dónde el orden establecido es vulnerable y dónde es fuerte"[225] y de hecho constituyen el funcionamiento normal de la democracia,[226] pues como decía Marx "sin antagonismo no hay progreso". Y todavía hay quien llega más lejos hasta afirmar que los conflictos son la forma de abrir las posibilidades y los intersticios por los cuales se va a filtrar el cambio,[227] ya que como dice Silvia Bolos, reorientan tendencias y alianzas y establecen compromisos.[228]

Para quienes creen en la primera forma de ver las cosas, no hay duda que a partir de mediados de los años noventa (y debido al impacto e influencia del levantamiento zapatista) se incrementaron las acciones colectivas: "Durante el primer semestre de 1996 hubo más cantidad de luchas sociales que durante todo el año de 1994".[229] El aumento, dicen, no sólo fue en cantidad sino que a partir de entonces, "se ha podido observar una tendencia creciente hacia una confrontación social que va aumentando en su envergadura".[230] Desde su punto de vista, "sigue siendo una práctica el uso excesivo de la fuerza"[231] y la situación es cada vez más violenta: "Las muertes entre las fuerzas en defensa del régimen y las fuerzas en oposición a la política del régimen, presentan ya una desproporción grande: del porcentaje de las luchas que generan muertos, el 78% son sufridas por las FO. Respecto a los heridos, éstos también se reciben en una proporción similar. Entre los dos campos de fuerza considerados, 74% del total de acciones donde hay heridos son sufridas por las FO y 26% por las FD".[232]

En cambio, para quienes sostienen la segunda versión: "La sociedad civil mexicana ha registrado un proceso de desmovilización asociado con la democratización de las instituciones políticas, que se traduce en menores niveles de conflictividad y protesta social",[233] y afirman que: "Consumada la alternancia política, una percepción parece clara: la sociedad civil, lejos de afirmarse y visibilizarse, ha perdido presencia y vigor".[234]

Ambos modos de pensar tienen ejemplos para sostener su argumento. Los que sostienen el primero hablan de que a lo largo y ancho del país hay protestas, mítines, plantones, marchas y huelgas de campesinos, mineros, maestros, movimientos urbanos populares, deudores de la banca, obreros, colonos, burócratas, vendedores ambulantes, taxistas, microbuseros y grupos de diferentes religiones. Raúl Jiménez afirma que entre 1982 y 2006 hubo "13 mil 908 huelgas, 2 millones 120 mil 322 conflictos laborales", un promedio de 1.5 huelgas por día.[235] Esto es para ellos señal de que como escribió Carlos Monsiváis: "La sociedad ya es incapaz de soportar por más tiempo la tensión", y como afirmó Luis Hernández Navarro: "La resistencia seguirá frente al avasallador avance del autoritarismo". Hay quien llega más lejos y lo considera señal de que "se ha desbordado a las instituciones"[236] y hay incluso quien se ha llegado a preguntar si no se estará desmantelando al Estado en México.[237] Pero para los que sostienen el segundo argumento, el hecho de que con todo y esos conflictos el país no haya llegado hasta una situación crítica es la señal de que hay negociación y de que existe apertura y receptividad por parte de las autoridades, lo cual ha hecho que "las demandas sean canalizadas cada vez más por vías institucionales y cada vez menos por canales contenciosos". Los esfuerzos de conciliación han llevado a que se resuelvan adecuadamente los conflictos "logrando distender o solucionar el 70% de ellos".[238]

En el año 2006 las dos versiones mostraron ser válidas, pues hubo conflictos que 'se resolvieron con el uso de la fuerza y también hubo otros que se resolvieron con negociaciones. En San Salvador Atenco, Estado de México, se dieron ambas situaciones.

En el 2002, los ejidatarios se sublevaron contra el decreto del presidente Fox de expropiación de sus tierras para construir allí un nuevo aeropuerto internacional para la capital. Durante varios meses salieron a la calle armados con machetes, palos, piedras, cerraron carreteras, tomaron edificios y retuvieron a funcionarios hasta que tres mil quinientos elementos de la policía fueron enviados a enfrentárseles.

Por supuesto, los discursos empezaron su fluir: hubo voces que lamentaron que "los campesinos se opongan al progreso" y otras que los felicitaron porque defendieron sus tierras. Los funcionarios del gobierno del Estado de México y de la Procuraduría de Justicia estatal justificaron el envío de las fuerzas de seguridad y las órdenes de aprehensión acusando a los ejidatarios de estar manipulados por la izquierda radical e incluso de ser acarreados, mientras que los participantes en el movimiento hablaron de gente golpeada, detenida, torturada.[239] El asunto se resolvió cuando el presidente Fox canceló el proyecto mostrando lo que Jorge Cadena llamó "una actitud prudente y negociadora".

Unos años después, en el 2006, un grupo de vendedores de flores se instalaron en una calle y cuando los policías los quisieron quitar, empezó un pleito que derivó en violentos enfrentamientos entre pobladores y policías municipales, estatales y federales, donde los primeros usaron machetes, piedras y bombas caseras y los segundos gases lacrimógenos. Según el diario *El Universal* murió un joven, más de 50 personas resultaron heridas y 94 detenidas y el informe de la Comisión Nacional de Derechos Humanos concluyó que: "207 personas, incluyendo 10 menores de edad fueron víctimas de tratamiento cruel, inhumano o degradante, 145 fueron arbitrariamente arrestadas, 26 mujeres sufrieron asalto sexual y 5 extranjeros, además de la violencia que se les infligió, fueron ilegalmente expulsados del país". La institución acusó a la policía de "uso excesivo de la fuerza" y de "haber preferido recurrir a la brutalidad que al diálogo".[240]

En esa ocasión el gobernador justificó su decisión de enviar a la fuerza pública diciendo que era necesario "restablecer el orden en la comunidad": "Hay grupos minoritarios que pretextan cualquier asunto para generar violencia" dijo y agregó: "Para aquellos que han violado el orden, la aplicación irrestricta de la ley con todo su peso".[241]

* * *

Las diferentes versiones de un mismo hecho, que llegan incluso a ser totalmente opuestas, hacen evidente lo que ya dijimos: que se entiende e interpreta a las acciones colectivas desde los intereses y las posiciones de cada cual. Esto puede o no ser deliberado, pues más allá de la situación particular de que se trate, depende de los marcos de pensamiento de quien los vive, mira, o estudia. Es lo que ya vimos más arriba que algunos autores llaman "paradigmas" y otros "esquemas interpretativos", "marcos epistemológicos" o "actos previos de categorización", que son los que nos permiten ver lo que vemos, oír lo que oímos, entender lo que entendemos, interpretar lo que interpretamos, porque nuestro repertorio de posibilidades interpretativas es limitado y en él metemos todo lo nuevo que se nos aparece.[242] Escribe Armstrong: "Tanto la comprensión como el juicio de las cosas dependen de un acto previo de categorización el cual establece cómo será considerada la entidad que se estudia. Las especulaciones siempre resultan tema de controversia y ponen a prueba las premisas y los intereses según los cuales se lo juzga".[243]

Un ejemplo que no tiene desperdicio es el de la reforma energética propuesta por el gobierno del presidente Calderón en abril de 2008, que dio lugar a la toma de la tribuna del Congreso de la Unión y a una movilización social por parte de quienes consideraban que "su esencia es privatizadora".[244] Según Andrés Manuel López Obrador: "Se pretende despojar al pueblo de México de su patrimonio, privatizando la industria petrolera"[245] y según el Centro de Estudios de Derecho e investigaciones Parlamentarias de la Cámara de Diputados: "La reforma es claramente privatizadora".[246] Sin embargo, el jefe del ejecutivo sostuvo que no era así y que "Pemex no se privatiza",[247] y lo mismo dijo el presidente de su partido, Germán Martínez Cázares: "No se pretende privatizar a Pemex".[248]

Los que aseguran que no se trata de privatizar, hablan de que solamente se trata de dar contratos a empresas en aquellas áreas en las que según ellos México no cuenta con recursos o tecnología suficiente. Así lo afirmó Jesús

Reyes Heroles: "Es necesaria la participación de particulares para aumentar la ejecución de Pemex".[249] Esta "ejecución" requiere, "privatizar la industria de la refinación" y la exploración en aguas profundas.[250]

Pero quienes están en contra aseguran que "asociación, alianzas, acompañamiento, apertura, maquila, permisos, contratos de riesgo, contratos de servicios múltiples, contratos con terceros, contratos de servicios ampliados, autonomía de gestión" son palabras para "disimular sus verdaderas intenciones",[251] las cuales serían llevar a cabo "una privatización hormiga y a retazos".[252] Desde su punto de vista, el país sí cuenta con recursos y capacidad para hacer lo que se requiere con el petróleo, desde extraerlo hasta refinarlo, desde distribuirlo hasta comercializarlo.[253]

Respecto a los métodos empleados para detener la reforma, fueron fuertemente criticados por algunos: "Cada reforma que el gobierno propone el FAP se ha empeñado en bloquearla",[254] pero otros afirmaron que de no haber sido por la toma de tribunas que realizaron los legisladores del Frente Amplio Progresista, no se habría podido impedir la aprobación: "Si AMLO y sus contingentes no hubieran irrumpido con sus sudores y malas maneras la reforma habría sido aprobada".[255]

* * *

Que haya versiones diferentes o incluso manejos distintos de una misma terminología no quiere decir que no se mienta deliberadamente. Esto sucede también y mucho. Es por ejemplo, el caso del periodista norteamericano Brad Will, asesinado durante los disturbios del 2006 en Oaxaca, cuando se encontraba reporteando los sucesos en la barricada del municipio de Santa Lucía del Camino. Luego de descartar la hipótesis de una bala perdida, se culpó de asesinato a "grupos para-policiales" (Indymedia) y a "hombres al servicio del gobernador" (*El Universal*).[256] Año y medio después, el periodista Ricardo Alemán dijo que las investigaciones apuntaban hacia los propios integrantes de la APPO, quienes durante el enfrentamiento con policías estatales le habrían disparado a muy corta distancia y no uno sino dos balazos, el segundo cuando ya estaba en el piso.[257] Y en octubre de 2008, la Procuraduría General de la República y la Comisión Nacional de Derechos Humanos dieron reportes oficiales con versiones completamente diferentes sobre el hecho.[258]

O es el caso de los jóvenes mexicanos que murieron en un ataque del ejército colombiano a un campamento de las FARC en territorio ecuatoriano. Una y otra vez sus familiares insistieron en negar que eran guerrilleros y asegurar que se trataba de estudiantes interesados en los movimientos sociales latinoamericanos.[259] Sin embargo, uno de ellos había reconocido en el 2004 ser miembro del Núcleo Mexicano de Apoyo a las FARC[260] y la única sobreviviente del ataque, Lucía Moret, cuando recibió asilo en Nicaragua declaró: "Las guerrilleras en el camino nos encontramos".[261]

Y es que los discursos sobre los conflictos sociales no solamente están allí para hacer conocer, explicar y legitimar, sino también para confundir, oscurecer, tergiversar, ocultar, engañar, simular. Todo depende los intereses y objetivos de las diferentes partes involucradas.

II. La mentira mayor

La impartición de justicia: ¿algo que decir?[1]

*D*ice el artículo 17 de la Constitución Política de los Estados Unidos Mexicanos: "Toda persona tiene derecho a que se le administre justicia por tribunales que estarán expeditos para impartirla en los plazos y términos que fijan las leyes, emitiendo sus resoluciones de manera pronta, completa e imparcial. Su servicio será gratuito, quedando en consecuencia, prohibidas las costas judiciales".

¿Es posible imaginar una mentira más grande?

Porque en México ni toda persona tiene derecho a que se le administre justicia, ni esto sucede de manera pronta y expedita, imparcial y completa ni mucho menos gratuita.

Escribe Jorge Zepeda Patterson: "No vivimos en un estado de derecho. Todos los días miles de mexicanos humildes son víctimas de tribunales y autoridades que operan a favor del poderoso o del que ofrece más. Háblenle del estado de derecho a Lydia Cacho, a las víctimas de Ulises Ruiz en Oaxaca, a los campesinos que suplican a un funcionario que ya vendió su causa".[2]

Por eso Miguel Carbonell y Enrique Ochoa Rizo afirman: "Cualquier análisis del sistema de justicia criminal en México, debe partir de una certeza: es tan defectuoso que podemos decir, sin temor a exagerar, que es completamente fallido. Se trata de un proceso que hace agua por todas partes: *a*) no sirve para atrapar a los criminales más peligrosos; *b*) da lugar a un muy alto nivel de impunidad y corrupción; *c*) no garantiza los derechos fundamentales ni de las víctimas ni de los acusados; *d*) no establece incentivos para la investigación profesional de los casos y *e*) considerando su muy pobre desempeño, resulta extremadamente costoso".[3]

LIBRO SEGUNDO

EXPLICACIÓN DE LA MENTIRA

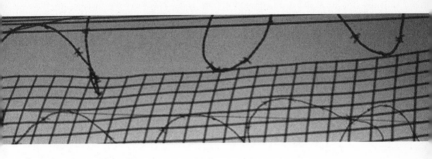

I. EL PISO PARA LA MENTIRA[1]

No definir

¿*Q*ué es lo que hace posible que exista la mentira?

Hay conductas colectivas que sustentan este modo de funcionamiento en nuestra cultura. Por ejemplo, no se acostumbra delimitar y definir, no se estila la claridad. Allí están las leyes ambiguas, que dejan enormes huecos por los cuales se puede colar cualquier "interpretación". Éste es sólo un caso para dar fe de ello: "En su afán de conmemorar el Día Internacional de la Mujer de su primer año de gobierno con alguna medida que impresionara mucho, el presidente Calderón envió una iniciativa de ley tan favorable a las mujeres, que terminó por proponer castigos severos a quien lastime a una niña pero le negó ese privilegio a los niños, defendió a la mujer víctima de la violencia física pero el hombre golpeado sólo le sucita desprecio, cree que el hombre que le es infiel a su mujer incurre en un delito grave que merece sanción penal pero la mujer que engaña al marido está libre de culpa. ¿Qué justifica que el secuestro de niños, ancianos y mujeres sea castigado con una pena más alta que el secuestro de varones?".[2]

La poca claridad sucede también respecto a las funciones, atribuciones y límites que le corresponden a las instituciones y oficinas burocráticas de todo tipo y nivel: ¿qué exactamente debe hacer esta dirección, aquel organismo, esa comisión? No se sabe bien a bien.

Si grupos de inconformes cierran una carretera ¿a quién corresponde enfrentarlo? ¿al gobernador de la entidad? ¿al secretario de Seguridad Pública? ¿a las fuerzas federales? ¿a la policía local? O si hay agentes extranjeros en los aeropuertos ¿quién es responsable de ellos? ¿la Secretaría de Relaciones Exteriores? ¿la Procuraduría General de la República? ¿la Secretaría de Gobernación?[3] O si hay un pleito entre dos grupos de delincuentes ¿cuál de las alrededor de dos mil corporaciones policiacas que hay en el país va a atenderlo?[4] Como nadie lo sabe, pues cada autoridad o se pone a hacer lo que no le toca o peor todavía: se lava las manos, dejando las cosas sin resolver.[5]

En el caso de las personas, la falta de claridad en las funciones que se deben cumplir en cada puesto genera un enorme desconcierto, al que se agrega el miedo a equivocarse que podría costar el enojo del jefe e incluso la chamba. Porque en nuestro sistema político sólo hay que cumplirle al superior, que es de quien depende el presente y el futuro. Los ciudadanos, los derechohabientes, los electores, los contribuyentes, somos conceptos abstractos que en la realidad no contamos para nada.

No evaluar

Tampoco hay ningún mecanismo para rendir cuentas, para revisar si se cumplieron las promesas, si se llevaron a cabo los planes, si se hizo lo que se tenía que hacer en el cargo que se tuvo y si lo que se dijo que se hizo efectivamente fue así. Por eso cualquiera puede ofrecer la luna y las estrellas, al fin que nadie va a revisar después si lo hizo,[6] si hubo concordancia entre lo propuesto y los resultados conseguidos, entre las promesas y los hechos, entre los informes y la realidad. Y también por eso cualquiera puede no hacer nada en su puesto, e incluso hacer algo desfavorable (como negociar en lo oscurito o favorecer a alguien o gastarse el dinero en algo diferente a lo planeado) pues ni quien se entere y si se entera, nada sucede.

¿Quién evalúa si el secretario o el director hicieron lo que les corresponde? ¿si se cumplieron los proyectos educativos, si se pavimentaron las calles, si se entregaron los créditos? ¿quién evalúa si la legislación sobre este o aquel asunto está favoreciendo a algunos intereses o afectando a ciertos grupos?

Tampoco hay castigo por servicios mal prestados, como fue el caso de un reemplacamiento que hubo en la ciudad de México y algunos propietarios de automóviles no recibieron las suyas en años y a otros en cambio les llegaron varios juegos.[7] O como es una y otra vez el caso de la falta de agua durante semanas y el de los cortes en la luz que llegan a durar horas y hasta días. O el de obras mal hechas o que quedan sin terminar, como tantos puentes y caminos, escuelas y clínicas. Eso pasó con la Escuela para Menores Infractores del Valle de México con la que se adornó el gobernador del estado a la hora de dar su informe, pero luego nunca se acabó de construir y con el puente que une a Tuxtla Gutiérrez con San Cristóbal en Chiapas y que se derrumbó al día siguiente de su estreno.

Ésta es una carta enviada por un lector a un diario de circulación nacional: "¿Cuándo tendremos un gobierno que termine lo que ofrece bien y completo? A poco más de un mes de que iniciara operaciones la ampliación del Metrobus en el sur del DF se observan las obras inconclusas, agujeros sin tapar y basura interminable en los alrededores. Los elevadores para minusválidos en las estaciones nuevas ya se olvidaron…las líneas de los carriles de circulación para automóviles aparecen y desaparecen por lo que uno circula esperando en cualquier momento un accidente".[8]

Porque no se evalúa, porque no se castiga, es que existen funcionarios que permiten y hasta impulsan actos fuera de la ley (Ivan Restrepo relata el caso de grupos invasores de terrenos en el sur de la ciudad de México que han provocado incendios en áreas ecológicas protegidas con el fin de "limpiarlos" para poderse asentar y edificar, que cuentan con la protección de funcionarios que lo hacen "a cambio de votos y apoyo al régimen"[9]), o que otorgan permisos de cosas prohibidas o ilegales en el último minuto de su poder (lo vimos con un secretario de Gobernación respecto a los casinos), porque saben que nadie les va a cobrar la factura.

Quienes más se benefician de esto son los legisladores, que pueden calentar su curul durante tres años sin hacer nada o haciéndolo mal, cambiar de partido político o incluso declararse independientes, vender favores, armar escándalos en sitios públicos, no presentarse a las sesiones (hay ocasiones en que el recinto legislativo está casi vacío) o incluso no cumplir ellos mismos con la ley (como fue el caso de los diputados que estaban fumando dentro de la cámara el mismo día en que entró en vigor una ley que prohibía hacerlo en sitios públicos cerrados).

Eso sí: si a alguno de esos funcionarios se le reprocha que no haga honor a sus promesas y ofrecimientos o que haya hecho mal su trabajo, existen algunas frases a las que se acostumbra recurrir como respuesta: "Hicimos todo lo que pudimos" (así, en plural mayestático), "Tengo la conciencia tranquila", "La historia me juzgará", "Dios sabe la verdad", y con eso ya estuvo, el emplazado no se siente obligado a explicar más y seguirá por la vida como si nada.[10]

No actuar

En nuestra cultura política siempre ha sido y sigue siendo mejor no hacer las cosas y no moverse, que agitar las aguas ("el que se mueve no sale en la foto" era la frase de un famoso líder obrero). Aquí lo que se castiga es actuar, lo que se premia es quedarse quieto, la inmovilidad es siempre mejor que cualquier acción. Tratar de resolver problemas sólo complica la vida y no reditúa, así que mejor dejar que las cosas se queden como están.

¿Qué gana el pagador si se apura a sacar el cheque de un proveedor? ¿qué gana el juez si resuelve con prontitud un caso? ¿qué ganan los policías si detienen a un delincuente, los médicos si atienden a un enfermo? Nada. Y a veces al contrario, hasta pierden, pues ¿a cuántos policías se les acusa de atentar contra los derechos humanos por cumplir con su deber? ¿o a cuántos médicos de negligencia porque un paciente no se alivia? ¡En septiembre del 2008 se fugó de un hospital un criminal que estaba detenido y se acusó al radiólogo por haberlo dejado solo durante la toma de radiografías!

Por eso vemos que las autoridades se hacen las ciegas, mudas y sordas ante los problemas y las demandas de los ciudadanos y los dejan que se las arreglen como puedan.

Y por eso vemos que las personas desesperadas mandan cartas a los diarios o lo cuentan en el radio: una madre de familia que se queja de que las otrora tranquilas calles de la colonia Copilco Universidad están convertidas en centros de venta de alcohol y los parques en hoteles de paso al aire libre, un médico de un hospital del Seguro Social que no puede pasar a la zona de emergencias porque le estorban los puestos ambulantes, grupos de vecinos que no soportan más a las bandas que se han apoderado de las calles. Pero en ningún caso hay autoridad que intervenga.

Ésta es una carta de una familia que fue engañada por una empresa constructora de casas habitación: "Compramos un departamento en preventa.

La construcción debería haberse realizado en cuatro años y resulta que la han terminado en sólo dos para ahorrar a costa de lo que sea. Nuestra situación es que por malos acabados y sobre todo por falta de trabajadores capacitados, llevamos cuatro meses con arreglos en el departamento y no han podido darle solución. Al recibir el inmueble los muros estaban chuecos y desplomados, el piso disparejo con hoyos y chipotes muy grandes, los clósets y las ventanas descuadradas, faltaban losetas, la cocina mal colocada, el desagüe de la lavadora no tenía salida, etc. Han reparado los muros cuatro veces y cambiado siete veces la puerta de entrada que estaba caída hacia fuera. Nuestro departamento tiene 68 metros cuadrados, no puede imaginarse en ese espacio a seis o siete obreros con andamios que hacen un cochinero que no se puede aguantar. Ahora han dañado el piso de madera, han rayado puertas y un mueble".[11]

¿Quién le va a exigir a esa constructora que cumpla con su trabajo? ¿quién va a encontrar a los dueños de una escuela particular que cerraron a mitad del año escolar sin previo aviso y con las colegiaturas ya pagadas? ¿quién va a tomar en sus manos el caso de la empresa a la que el gobierno del estado de Guerrero le adelantó millones de pesos para la construcción de un hospital en la ciudad de Taxco y que simplemente desapareció del mapa sin llevar a cabo la obra?[12] ¿quién va a solucionar el problema de los que firman un contrato por un local o una vivienda y luego durante años no pagan la renta o lo usan para otros fines que se los acordados?

El siguiente es un caso que ocurrió en el DF: "Los vecinos de Tlalpuente habían cerrado una calle con lo cual fuimos afectados toda una colonia. Ahora para entrar en nuestra casa tenemos que dar una vuelta de cinco kilómetros y entrar por un camino de dos metros de ancho el cual es de doble sentido y es imposible transitar por él. Esta calle que cerraron ha sido utilizada toda la vida. El agua también la bloquearon, hemos estado meses sin agua, comprando pipas, esperando a que nos abran la llave".[13] Como corresponde, los afectados acudieron a quejarse a su delegación, pero la respuesta que recibieron de las autoridades fue: "El asunto fue atendido sin llegar a un acuerdo, dando como resultado que el procedimiento conciliatorio quedara agotado conforme a la normatividad vigente. (Se puede) conciliar conflictos entre particulares siempre y cuando sean de carácter voluntario y con concurrencia de partes". ¡Esto es lo que les dijeron a los vecinos nada más y nada menos que las autoridades delegacionales! ¿Quién entonces podrá resolver el problema? ¿se quedará para siempre así la situación de las personas afectadas? Pero eso sí, las autoridades de Tlalpan terminaron la misiva con un discurso sobre "el compromiso del gobierno delegacional para atender las solicitudes de los vecinos". ¡Vaya cinismo!

Un ejemplo sin desperdicio fue cuando en el 2003 hubo un conflicto en el canal 40 de televisión que llegó tan lejos como para que un grupo tomara a la brava la torre de transmisión y al preguntársele al presidente Fox si pensaba intervenir su respuesta, de antología, fue "¿y yo por qué?"

Incluso la policía prefiere no meterse en problemas. Ésta es una carta que apareció en un diario de la capital: "Comenzaron una fiesta a las 19 horas. A las 21.30 llamamos a una patrulla porque el volumen era tan alto que se escuchaba a más de una cuadra. Al llegar la patrulla, ambas partes acordamos

de manera cordial qué sonido sería el adecuado. Pero a media noche el inmueble se cimbraba de manera alarmante. De nuevo recurrimos a la patrulla porque el festejado estaba en un grado de intoxicación grave y nos había amenazado cuando le recordamos su compromiso de mantener un volumen menos agresivo. Los oficiales tampoco tuvieron éxito. A la una de la madrugada el escándalo era intolerable. Para entonces se habían sumado decenas de muchachos que deambulaban intoxicados en la vía pública. Golpeaban mi puerta y mi ventana sin cesar, tocaban el timbre, gritaban, escupían y arrojaban objetos dentro de mi domicilio, destrozaron mis plantas, estacionaron los autos en triple fila bloqueando las entradas de los carros. Llamé 14 veces a auxilio, a Protección civil, tres al 060, dos más a la central de la delegación, pero la autoridad nunca se presentó. La respuesta era siempre la misma: entendemos su desesperación pero son demasiados muchachos intoxicados, la patrulla no puede con todos. La pesadilla terminó a las cuatro de la madrugada, en pleno corazón de Coyoacán y los infractores gozaron de impunidad insultante".[14]

¿Para qué desazolvar coladeras, cambiar tubos o darle mantenimiento a los drenajes si ni se nota? ¿para qué mojarse en la lluvia dirigiendo el tráfico? ¿para qué arriesgarse a quitar a los vendedores ambulantes y tener que enfrentarse al enojo de esa gente? ¿para qué perder votos por querer legalizar a los taxis pirata? ¿para qué molestarse en dedicar largas horas a negociar con los que cierran una carretera si de todos modos los automovilistas, aunque se queden atorados durante toda la noche, no tienen manera efectiva de presionar o de tirar a un funcionario?[15] ¿para qué insistir en aumentar las cuotas en la Universidad Nacional si cuanto rector ha tratado de hacerlo ha caído? ¿qué necesidad de perseguir a los narcotraficantes para luego ver la propia cabeza, separada del cuerpo y con señas de tortura, rodar hacia el centro de la pista de una discoteca?

Y suma y sigue: ¿Para qué pelear con los trailers que ingresan a las ciudades en pleno día impidiendo la circulación? ¿para qué obligar a los dueños de los camiones a verificar sus motores a fin de que no contaminen, para qué exigirles a los empleados de la delegación que barran las calles, para qué multar a los empresarios que no cumplen con las normas ambientales, a los constructores que no cumplen con las normas de construcción, a los dueños de antros que no cumplen con las normas de seguridad, a los hospitales que no cumplen con las normas de higiene?

Como nadie quiere tener problemas, entonces nadie hace nada y cada cual puede hacer lo que le venga en gana: abrir un taller mecánico, una herrería o una carpintería en cualquier parte, montar una feria o instalar un puesto donde se le ocurra, poner música a todo volumen las veinticuatro horas del día sin ninguna consideración por los demás, no pagar nunca las cuotas de mantenimiento de su condominio aunque use los servicios, dejar su auto estacionado donde le parezca así estorbe el paso a diez vecinos ¡hasta defecar en las puertas de las casas alrededor de los antros![16]

Ese no meterse, no hacer, no resolver ha llevado a situaciones trágicas como la siguiente: en julio del 2002 un mecánico a quien se impedía trabajar porque la directora de un kinder cerró la calle para ampliar el espacio de juegos de los pequeños, que durante meses suplicó y rogó, a las maestras, a los padres de familia, a las autoridades delegacionales y policiacas, sin que nadie le hiciera caso, lanzó su coche contra los niños y las maestras matando e hiriendo a varios.[17]

Y es que cada vez se llega más lejos porque nadie atiende los problemas: tomas de carreteras, plantones frente a los edificios públicos, sea el palacio municipal, la Secretaría de Gobernación, la residencia oficial de Los Pinos o el Congreso de la Unión.[18] En una ocasión los manifestantes se presentaron frente a la casa de la madre del presidente y en más de una hasta han sacado los machetes.

Irse por lo superficial

En nuestra cultura política resulta preferible levantar estatuas en cada esquina que barrer los parques públicos, organizar espectáculos en las plazas que poner luz en los faroles, estrenar una fuente que desazolvar las coladeras, construir una clínica nueva que darle mantenimiento a una que ya existe (algunas se han abandonado al punto que ya no se las puede ni componer y hasta resulta más barato de plano derruirlas que arreglarlas, como sucede con el hospital del Seguro Social de León, Guanajuato). Porque los funcionarios quieren hacer solamente lo "visible", que luce a la hora de presumir.[19]

Y eso hace que los dineros se usen a partir de esas prioridades. Y entonces sucede que en el Hospital de Neurología de la ciudad de México, uno de los centros de especialidades de los que nos enorgullecemos, se muera un paciente que estaba en sala de recuperación porque la luz se fue durante 45 minutos y no había planta. O que no haya en el país un solo avión para combatir incendios forestales y en años en que éstos han sido feroces se haya tenido que esperar durante semanas antes de poder hacer algo al respecto porque se los tuvo que alquilar en Estados Unidos y hubo que esperar a que se desocuparan.

Aquí nos parece mejor hacer una ceremonia para honrar la "Grandeza de la Patria" que atender el problema de la falta de medicamentos en el Seguro Social, levantar un monumento a un héroe de la historia oficial que construir un pozo para agua que llevaría el líquido a varias colonias, asignar mil millones de pesos más al Instituto Federal Electoral para que organice elecciones que al Fondo Nacional de Desastres al que nunca le alcanza para atender los problemas derivados de ciclones, inundaciones o sequías,[20] gastar en publicidad sobre los avances de la lucha contra la pobreza en lugar de llevarle cobijas a quienes soportan rudos inviernos en las zonas marginadas del país, hacer carísimas pruebas de evaluación educativa aunque luego haya que cerrar una escuela rural por falta de fondos.

Hace muchos años, el escritor Bertolt Brecht se burló de estas deformaciones culturales cuando habló con ironía de lo importante que son las causas grandes, buenas y nobles como la de construir mausoleos y hacer oraciones cívicas y no las pequeñeces de todos los días, como encargarse de que haya suficientes pañales para los bebés que resguarda una guardería o que desde hace siglos no se haya mejorado el sistema de transporte público que usan millones de personas, pues éstos son "problemitas menores" y hasta "vulgares".[21]

Y es que, como dice el escritor Gabriel Zaid, no es nuestra la filosofía de las cosas pequeñas,[22] sino que más bien al contrario, lo que se cotiza son las obras enormes, lo espectacular. Por eso en México no se hace un auditorio para conciertos sino un Centro Nacional de las Artes, no se hace una casa de cultura sino un elefante blanco en Zamora, Michoacán, no se hace una biblioteca sino una Megabiblioteca.

No prever

Según escribieron José Gaos y Edmundo O'Gorman, la única manera de que lo que se hace dejen de ser hechos aislados sin significación y adquieran un sentido es teniendo un proyecto.[23] Pero hace buen rato que en México no existe un proyecto para el mañana: "Deambulamos como barco sin rumbo, sin proyecto ni objetivos y no hay evidencias de que se vaya a rectificar el camino".[24]

En el siglo XIX, tanto liberales como conservadores se empeñaron en construir una nación, cada cual a su modo, algunos queriendo preservar y otros queriendo cambiar ciertas formas de funcionamiento de las cosas, desde la propiedad de la tierra hasta los modos de gobernar. Durante el porfiriato además de pacificar al país, se trató de civilizarlo, con el concepto europeizante del término.

La Revolución también tuvo proyectos: para repartir la tierra, para llevar la educación a todos. Y después de ella, se hizo lo necesario para crear instituciones y para industrializar al país. Incluso los gobiernos tecnocráticos de fines del siglo XX, con los cuales según José Luis Calva "se canceló el proyecto nacional que había venido funcionando",[25] tuvieron uno que consistió en hacernos entrar en la globalización y el último de ellos, encabezado por Ernesto Zedillo, centró su preocupación y esfuerzos en la macroeconomía.

Pero con Vicente Fox eso se acabó. Dejó de existir el largo plazo, la idea del país al que se quiere llegar. Ya no se apunta a algo mayor (y real, que no sea ese absurdo proponerse que "todos los mexicanos sean felices") que nos impulse, estimule, oriente, encamine. Carlos Fernández lo pone así: "hay una falta de visión de lo que queremos como país".[26] Escribe Germán Dehesa: "¿Cuál proyecto? ¿a ese amasijo de buenas intenciones, titubeos, debilidades, inmovilidades, rectificaciones a las rectificaciones, ingenuidades, inexperiencias, complicidades con el pasado, viajes sin ton ni son, logros aislados, tartamudeos ideológicos, venias al clero, botas de charol y lo que se acumule, le llaman proyecto?¿a estas mediocridades y tonterías disfrazadas de 'estilo de gobierno'? ¿a este vendaval sin rumbo?"[27] y Carlos Martínez García: "¿A cuál proyecto se refieren? Porque de existir éste, a la fecha no sabemos cuál es y en qué consiste. Parece ser que sólo el matrimonio que vive en Los Pinos sabe de qué se trata el proyecto, los demás ni nos hemos enterado porque no se ve aplicado por ningún lado". Y agrega: "Si el de Fox es el proyecto del cambio entonces sí lo está cumpliendo porque un día cambia de idea y al día siguiente sale con otra propuesta que contradice a la anterior. El ir y venir, la oscilación constante es el proyecto".[28]

Algo similar sucede con el gobierno de Felipe Calderón que un día dice que va a caminar por acá y otro que por allá y que realiza una serie de acciones desconectadas entre sí. En abril del 2008, 17 meses después de tomar posesión de su cargo, anunció que en adelante el eje de su gobierno sería la política social. ¡Menos mal que ya había encontrado uno!

Sin embargo, hay quien piensa que precisamente, en este no tener proyecto consiste el proyecto de la derecha:[29] en hacer una política que no se ocupa de nada más que deliberadamente "privilegiar a lo privado sobre lo público",[30] y en sustituir las responsabilidades del Estado en campos tan diversos como los de la educación, el combate a la pobreza e incluso la acción social. Lo anterior tiene sentido conforme a la idea panista —que retoma una tendencia fuerte y de larga vida en nuestra historia de parte de los grupos conservadores— "de la (necesaria) reducción significativa de la participacion estatal en la vida social" y de que "el mejor gobierno es el que menos gobierna".[31]

* * *

Y no sólo no se piensa para el largo plazo, tampoco se preparan y organizan las cosas para que funcionen. Entonces un buen día se crean instituciones y se promulgan leyes sobre una serie de asuntos (respeto a los derechos humanos, al medio ambiente y la diversidad, justicia social, educación y cultura, apoyo a los pueblos indios), pero no se llevan hasta el fondo las normatividades y regulaciones que permitan cumplirlo. O un buen día entramos en un mundo globalizado de competencia y productividad, pero sin haber cambiado nuestro sistema de sindicatos corporativos, sin invertir en infraestructura, investigación y tecnología,[32] sin preparar los cuadros que exige el mercado, sin desarrollar una cultura empresarial y un conocimiento vinculado a esa economía.[33] O un buen día la democracia parece funcionar y la oposición empieza a ganar espacios después de décadas de dominio priísta, pero no se hacen los ajustes en las instituciones y en las leyes para que se adecuen a las nuevas realidades y entonces resulta que "El presidente dejó de ejercer control efectivo sobre el Congreso, lo que se tradujo en que varias de sus iniciativas fueran rechazadas, algo inusitado en la historia política del país"[34] y que se rompieron los aparatos de mediación tradicionales sin que haya nuevos que permitan negociar, lo cual redunda en retraso y hasta parálisis.[35]

Y es que en México no hemos entendido que no basta con desear las cosas, ni siquiera basta con promulgar una ley o crear una institucion o hacer un discurso. No hemos entendido tampoco que un cambio no viene solo sino que da inicio a toda una cadena de modificaciones y que no se puede alterar nada más una parte para tener ciertas ventajas y pretender que todo lo demás se mantenga igual:[36] "Los cambios no pueden conseguirse a base de pura imposición o decisión de los grupos de poder, porque requieren y provocan reacomodos profundos" dice Zilah Eisenstein.[37]

Allí está el caso del Tratado de Libre Comercio con Estados Unidos y Canadá, pues con la pretensión de insertarnos de la noche a la mañana en la globalización, se dejó sin protección y a merced de las fuerzas del mercado a la pequeña y mediana industria y a los agricultores que no pudieron competir con los productos norteamericanos, tanto por sus formas de trabajo como de producción. Y allí están las necesidades lógicas del crecimiento de empleo, frente a las que no hay una estrategia adecuada "que permita el crecimiento de la población económicamente activa".[38]

¿Por qué no se previó y preparó y ayudó y apoyó?

Porque eso no se hace en este país. Porque aquí sólo existe el hoy, el ahorita mismo.

¿Qué otra cosa sino falta de previsión está en la base de la decisión del gobierno de la capital de subir el impuesto predial en un doscientos o trescientos por ciento, después de veinte años de que se le mantuvo absolutamente estancado por razones político-electoreras?[39] ¿O en la firma de la llamada "Alianza por la calidad de la educación" entre el gobierno y el sindicato de maestros sin consultar con los mentores y originando una protesta que dejó sin clases durante varias semanas a los niños de Morelos y afectó a las vialidades de ese estado y de la capital? ¿O en la puesta en funcionamiento en la ciudad de México de un sistema de transporte público llamado Metrobús que la atraviesa de norte a sur, sin que nadie se preocupara por resolver el problema del tráfico ni por atender el problema de los transportes públicos que habían perdido sus rutas y sus ingresos? Fue necesario que hubiera marchas y enfrentamientos a golpes para que el jefe de gobierno "se comprometiera a crear rutas alternas a ese transporte que permitan a los microbuseros seguir dando servicio."![40]

Pero ningún ejemplo supera a este: cuando en septiembre del 2008 estalló la crisis financiera en Estados Unidos, el secretario de Economía afirmó que "el gobierno no considera aplicar una estrategia para evitar un impacto en México porque tomar medidas extraordinarias sería anticiparnos a algo que todavía no pasa" y agregó: "si se toman medidas será hasta ver cuál es el impacto del sistema financiero americano a los bolsillos de los mexicanos".[41]

Improvisar

A nuestros gobernantes les gusta pretender que analizan, estudian y piensan antes de decidir, de organizar, de actuar. Pero eso es falso: las respuestas a los problemas se improvisan al calor del momento y dependiendo principalmente de razones políticas.

Por ejemplo, cuando en junio del 2008 una redada policiaca en un antro provocó la muerte de varios jóvenes, el gobierno capitalino reaccionó destituyendo mandos y decidiendo construir un centro de esparcimiento. ¿Fueron ésas las acciones adecuadas? Quién sabe. Porque con tal de calmar el enojo social, se tomaron medidas que dejan la duda: ¿a dónde fueron a dar los policías despedidos? ¿a aumentar la delincuencia quizás? y ¿quién dijo que la cultura y el "sano esparcimiento" es lo que quieren y necesitan los jóvenes?

Cuando en el verano de ese mismo año apareció asesinado un joven hijo de familia prominente que había sido secuestrado, el clamor fue tan grande de que de nuevo los gobiernos local y federal se vieron obligados a dar alguna respuesta. Ella consistió en lo mismo que siempre: prometieron reorganizar a las corporaciones policiacas, armaron una gran reunión sobre seguridad nacional, encabezada por el presidente de la República y con asistencia de todos los gobernadores, hablaron de la necesidad de asignar más presupuesto para el combate a la criminalidad y discutieron sobre si aumentar los años de cárcel para los secuestradores.

Pero, dado que la presión social era fuerte, además actuaron: de la noche a la mañana quitaron los retenes que había en la ciudad de México y que poco antes habían dicho que eran fundamentales para garantizar la seguridad y armaron un grupo antisecuestro, formado por 300 elementos, "que trabajará 24 horas al día, todos los días del año y en todo el territorio nacional" para "captar y procesar información criminal que les permita alinear capacidades y definir estrategias operativas y controlar indagaciones para identificar a organizaciones dedicadas al secuestro".[42] ¿De dónde los sacaron? ¿A qué horas los capacitaron? ¿Cómo podrán 300 personas darle seguridad a un país de más de 100 millones de habitantes y casi dos millones de km cuadrados?

Esta forma de actuar se da a todos los niveles: desde para el combate al narcotráfico hasta para los problemas de tráfico, con el transporte público o con los venderores ambulantes, pues sólo hasta que se llega a los golpes, con heridos o incluso muertos se toma alguna medida.

No capacitarse

Aquí se puede tener cualquier empleo, sin importar si quien lo tiene está preparado o no, interesado o no, capacitado o no para desempeñarlo. Por eso resulta que hoy se puede ser el encargado de una oficina de licencias y mañana de un despacho de asuntos religiosos, hoy delegado político y mañana secretario de Economía. Hay quien pasa sin más de ser artista de cine a senador, de gobernador a secretario de Agricultura y luego a secretario de Gobernación. ¿No vimos durante el gobierno de López Obrador en la capital que una misma persona se hizo cargo de asuntos tan disímiles como la construcción del segundo piso y la ley de protección a los derechos de los animales y todavía unos años después la volvimos a ver, explicando con argumentos de alta matemática, el fraude cometido en las elecciones del año 2006? Por más

brillante que sea una persona no es posible que pueda cambiar así de sombrero y saber así de todo.

El problema de este modo de funcionar es que aunque no sepan del
asunto tienen que hacer algo que se note y entonces pasa como con aquel señor que había sido gobernador de su estado y fue reciclado como secretario de
la Contraloría de la Federación, donde a fuerza tenía que actuar y no tenía ni
idea de por dónde, entonces decidió lo siguiente: "Estamos buscando en una
empresa en la que tengo la convicción de que hubo cosas irregulares. No tengo
hasta el momento los elementos para probarlo pero sí el convencimiento de
que actuaron mal". ¿De dónde le viene dicho convencimiento? se le preguntó,
"De un tufo", respondió. ¡De modo pues que estamos frente a una autoridad
creada para combatir la corrupción que no basa su lucha en pruebas sino en
intuiciones, en tufos![43]

Esto mismo sucede con los burócratas respecto a los requisitos que se
deben cumplir y que como desconocen, entonces los inventan.[44] El resultado
son absurdos como éstos: para obtener la Clave Única del Registro de Población se exigen dos documentos oficiales, los cuales a su vez, para poderse
obtener, requieren de la CURP. O la Secretaría de Hacienda decide que ya no
entrega tarjetas para hacer el pago de impuestos en los bancos, pero los que
están en las ventanillas de éstos no aceptan recibir el pago sin la tarjeta. O el
Instituto Nacional de la Senectud entrega credenciales provisionales porque
desde hace meses está descompuesta la máquina que hace las definitivas, pero
ninguna oficina las acepta. Y cuando el afectado se queja, la respuesta es: "Dí-
gales que se la tienen que aceptar".[45] ¡¡!!

Pero el ejemplo extremo de esta afirmación de que para las chambas
no es necesario tener preparación son los legisladores. Aunque el discurso
diga (como dijo un presidente de la mesa directiva de la Cámara de Diputados) que para ser legislador "deben reunir ciencia, técnica y conciencia en su
labor", en realidad están muy lejos de tener ni una de las tres, ya no se diga
todas. ¿Cómo le hacen para hoy saber sobre alimentos genéticamente modificados y mañana sobre estímulos a empresas pequeñas y medianas, un día
sobre medios de comunicación y otro sobre la industria farmacéutica, en un
periodo sobre terrorismo y en otro sobre relaciones internacionales o sobre
justicia penal o sobre violencia doméstica? Pues simplemente no le hacen y
por eso allí están todas aquellas materias en las que legislan mal, sin conocer
a fondo los asuntos ni el fondo de los asuntos, dejándose llevar por consideraciones ora políticas ora económicas ora ideológicas o partidistas, ora personales o coyunturales, dejando que los asuntos se resuelvan por la intervención
de otros, por la inercia y el paso del tiempo, o que simple y llanamente no se
resuelvan.

Pero es que entre nosotros basta con tener el nombramiento de "legislador", "secretario", "director", "encargado", "jefe", para que ya se considere
que se sabe y se puede hacer las cosas. Es el nombramiento lo que da la capacidad, no la preparación.

Es más, ni siquiera se necesita el nombramiento porque aquí todo
mundo sabe de todo, entiende cómo deben ser y hacerse las cosas. Así fue
el caso de la esposa del presidente Fox: la señora adquirió el poder de la no-

che a la mañana por la vía matrimonial y sin ninguna experiencia previa en políticas públicas, lo cual no le impidió hacerse pasar por conocedora y discursear sobre todo: desde las transformaciones en la familia hasta la violencia doméstica, la salud reproductiva, la nutrición de los niños, la educación de los padres, la lucha contra las adicciones, las mejores medidas de apoyo a la hora de desastres naturales, las cuestiones migratorias, la capacitación de las organizaciones de la sociedad civil, los métodos de recaudación de fondos y un largo etcétera.[46] Y no sólo habló, sino que construyó todo un aparato llamado "Vamos México" con el cual se lanzó al ruedo para según ella resolver los problemas, sin tomar en cuenta lo que sabían los especialistas y lo que ya había de experiencia acumulada. El resultado fueron errores tan graves, que demostraron no sólo que las buenas intenciones no bastan,[47] sino que como dice Linda Gordon, el supuesto "mejor interés de alguien" puede ser la peor política.[48]

Pero a decir verdad, los ciudadanos también somos así. Por eso cualquiera se pone a decirle a los responsables de la justicia por dónde deben ir sus indagaciones y cualquiera califica los resultados: "el procurador tiene una actitud facciosa", "es falso lo que dice la PGR", "ese gobernador no conoce la ley". Entre nosotros todo mundo sabe quiénes son los culpables y cómo se les debe atrapar y cuál es el castigo que hay que aplicarles. Somos un país de juristas.[49]

Y de médicos. Porque cuando el presidente Fox se tuvo que operar la espalda, todo mundo opinó si la dicha cirugía era o no pertinente y si había que hacerla en ese momento o no.[50]

Y de economistas, porque cuando hay devaluaciones o entran ingresos extraordinarios por el petróleo, todos saben lo que se debería hacer para que las cosas sean mejores de lo que son.

Y de educadores. Y de historiadores. Y de ecologistas. Y de promotores culturales. En México todos sabemos lo que hay que saber en todas las materias. Todos menos por supuesto, los funcionarios encargados de cada uno de esos ramos.

* * *

La falta de preparación es particularmente notable en los medios de comunicación, en donde locutores y reporteros hablan de situaciones y personas sobre las que no tienen la menor idea.

Esto se hizo evidente en una de las visitas a México del Papa Juan Pablo II, cuando la empresa televisiva que la cubrió hizo gran despliegue de tecnología, a la altura de la mejor del mundo, pero en cuanto a contenidos, no hubo nadie de los que tuvieron el micrófono que se hubiera hecho de los mínimos conocimientos. Y el resultado fue una transmisión en la que los espectadores nos quedamos en blanco porque nadie supo explicarnos lo que sucedía: ni quiénes eran las personas que acompañaban al pontífice, ni quienes estuvieron a recibirlo, ni en qué consistía el protocolo. Por eso todo eran expresiones como "no distingo a ese señor de cabello blanco", "ya están caminando hacia la puerta" y otras que describían lo que todos estábamos viendo:

PAÍS DE MENTIRAS

que hay mucha gente, que ahora está cantando un coro de niños, que todo es muuuy emocionante.[51]

Durante las Olimpiadas de Atenas 2004, ninguno de los enviados para transmitir la ceremonia de inauguración tenía la mínima idea de la historia, mitología y cultura de ese país como para explicarnos lo que estaba sucediendo en el estadio.[52]

Armados con esa ignorancia cubren las guerras y los conflictos sociales, económicos y políticos y por eso no hay ninguna diferencia si el reportaje se hace desde Afganistán, Irak, Líbano o cualquier país de África o de Oceanía: siempre nos dirán qué horas son en aquel lugar, qué desoladas se ven las calles, cuántos niños pobres hay por allí y qué duras se escuchan las batallas.[53] Y da lo mismo si un día se trata de las mujeres asesinadas en Ciudad Juárez y otro de las inundaciones en Nueva Orleans, un día de los migrantes que cruzan el desierto de Arizona, otro de un atentado suicida en Jerusalén y uno más de la cumbre económica en Davos.

Y eso no solamente sucede cuando se trata de eventos internacionales, sino también con los propios. Cuando en diciembre del 2006 tomó posesión de la Presidencia de la República Felipe Calderón, los locutores, que habían sido nombrados por la propia oficina de Comunicación Social del ejecutivo, no tenían idea de quién era quién en el salón de sesiones de San Lázaro ni en el Auditorio Nacional y menos idea tenían de la historia de México, de las tomas de posesión y discursos de presidentes anteriores, de las costumbres de protocolo o en fin, de cualquier información o dato con el cual rellenar el mucho tiempo que tuvieron de micrófono.

Por supuesto, nadie puede saberlo todo, pero ¿qué tal prepararse un poco? ¿qué tal leer algún libro en el camino? ¿qué tal llamar a algún especialista que explique, que proporcione antecedentes, en fin, que conozca el tema para dar algo más que puras impresiones, descripciones, opiniones?[54]

Pero eso jamás. Nunca. Nadie considera que necesita asesoría.[55] Y además, porque ello significaría darle a otros la palabra. Y como la palabra en nuestra cultura tiene tanto peso ("las palabras son armas" dice el subcomandante Marcos) y confiere tanto poder, pues por eso el que la tiene no la suelta, no la cede ni la presta. El ejemplo contundente son los entrevistadores de radio y televisión que aunque estén hablando con especialistas, los interrumpen para dar ellos su punto de vista y su explicación del tema en cuestión.

Apostar al azar

La voz popular afirmó que los temblores del año 1985 en la ciudad de México los puso el diablo pero que Dios puso la hora, porque si hubiera sido unos minutos más tarde el resultado habrían sido mucho más muertos.

Quién sabe si eso es cierto, pero lo que sí es cierto es que nuestros funcionarios apuestan a la suerte para resolver los problemas, esperan que algo mágico los solucione o al menos que para cuando revienten ellos ya no estarán allí.

Y en efecto, muchas veces así sucede y la fortuna los favorece. Éste ha sido por ejemplo el caso cuando hay una situación económica difícil pero entonces suben los precios internacionales del petróleo.

Dos situaciones recientes dan fe de que esta apuesta al azar muchas veces les resulta bien a los funcionarios: en octubre del 2007 hubo un accidente en una plataforma petrolera de Pemex en la sonda de Campeche, en la que hubo 19 muertos y cuatro desaparecidos. Se cuestionó al director de la paraestatal por cuestiones como falta de mantenimiento y no haber evacuado a la gente aun a sabiendas de que había vientos y olas muy fuertes. Él prometió una investigación, pero entonces la atención se desvió porque sucedieron las graves inundaciones en el estado de Tabasco y nadie se volvió a acordar del asunto.

La otra fue la entrada en vigor de la última etapa del Tratado de Libre Comercio, aquella que abrió la puerta al ingreso sin aranceles de varios productos agrícolas, pero entonces sucedió que los precios de los granos subieron por la escasez provocada por el afán de elaborar combustibles a partir de ellos. Escribe Guillermo Knochenhauer: "Es un hecho relevante para un numeroso sector de campesinos mexicanos que la total apertura comercial se combine con la creciente importancia que han adquirido los cereales a partir de la utilización del maíz como biocombustible y por consecuencia, con los muy altos precios internacionales que se pagan por todos ellos".[56]

No reconocer errores

Todos los días y respecto a cualquier tema, asunto, situación o problema nuestras autoridades nos dan respuestas triunfalistas. Si se trata de delincuencia, aseguran que ha disminuido; si se trata de problemas, dicen que están trabajando para atender la cuestión; si se trata de políticas públicas, afirman que son un éxito; si se trata de demandas de la población informan que se han resuelto; si se trata de fraudes o fallas juran que están investigando. Siempre logran desarticular células, apresar narcotraficantes, controlar incendios y sequías, garantizar abasto. Cuando en septiembre del 2008 el estado de Veracruz sufrió serias inundaciones, el gobernador, a una pregunta expresa, afirmó que no necesitaba apoyo de los ciudadanos pues tenía todo bajo control.[57]

Hasta el día de hoy, todavía no se ha dado el caso de que algún funcionario o político, empresario, eclesiástico, juez o medio de comunicación reconozca que no pudo, que hizo las cosas mal, que no cumplió, que se equivocó. ¡Primero muertos![58] Cuando el expresidente José López Portillo estaba viejo y enfermo, dijo que "lamentaba no haber terminado con la pobreza en el país durante su mandato", pero no confundamos, en sus palabras no hay el reconocimiento de un error sino un ejemplo más de la omnipotencia presidencial.

Nuestras autoridades son tan omnipotentes y se sienten tan infalibles que un presidente del Instituto Nacional de Ecología decidió que los autos son lo que más contamina en el Valle de México (y no la industria, como aseguran los especialistas) y obligó a la mitad de los vehículos de la ciudad a no circular durante tres días. Y cuando le dieron los resultados de los estudios que mandó a hacer y se percató de que apenas si habían bajado los índices de los contaminantes... de todos modos siguió necio defendiendo su propuesta y le echó la culpa de que su medida fallara nada menos que a los vientos.[59] Y son tan infalibles, que el presidente Calderón manda al ejército a combatir al narco y meses después, cuando el negocio de la droga sigue tan campante y las ejecuciones están a la orden del día, de todos modos asegura que son un éxito las operaciones emprendidas.

Lo grave de todo esto es, como afirma un escritor español, que nadie va a admitir "que sus errores de ayer también son responsables de la infamia de hoy."[60]

No tener coherencia

Constantemente vemos que los políticos cambian de camiseta como si nada[61] y que pasan del partido perdedor al ganador,[62] o que atacan sin piedad a un personaje y después se vuelven sus asesores, o que juran que jamás y por ningún motivo harían cierta cosa que ya han hecho,[63] o que renuncian a la oficina que les cobijó durante años y entonces se ponen a denunciar lo que allí sucede.[64]

También vemos que un partido acepta que entre a formar parte de él alguien que militó en el grupo político más detestado y que se cambió porque quería un puesto, lo que no consiguió con el otro. O acepta elegir candidatos cuyo pasado político es cuestionable y en ocasiones hasta vergonzoso. O con tal de ganar una elección, hace alianzas con cualquier fuerza política. O con tal de obtener el poder, hace lo que sea y actúa usando métodos que según su propio discurso se consideran reprobables[65] porque "reproducen grotescamente los viejos vicios del régimen".[66]

Los ejemplos abundan: cuando en 1998 el Partido de la Revolución Democrática preparaba su Congreso Nacional, quiso discutir su programa y se le ocurrió la idea de mandar a grupos de intelectuales a que fueran por todo el país para encabezar estos debates. Lo incomprensible es que se invitó a personas muy ligadas con gobiernos anteriores, específicamente a quienes habían sido colaboradores del salinismo que había sido hasta ese momento el gobierno que más habían combatido Cuahutémoc Cárdenas y Andrés Manuel López Obrador, aquél asegurando que le habían hecho fraude en la elección presidencial del año 88 y éste por los problemas en Tabasco y en cambio se dejó fuera a intelectuales de primera línea que se la habían jugado por ese partido y por sus candidatos.[67] O cuando en 2001 ganó la gubernatura de Yucatán un panista pero resultó que ese partido se había aliado al PRD para esa elección, siendo que era con el que menos afinidad ideológica y de principios tenían y contra el que desde hacía meses venía desarrollandose una campaña de acusaciones y enfrentamientos.[68]

Pero no sólo la izquierda funciona así. Allí está el llamado centro volviéndose de izquierda cuando le conviene y de derecha cuando ídem. Allí está la derecha uno de cuyos gobernadores, a pesar de estar obligado a respetar la Constitución de la República que establece la separación entre Iglesia y Estado le regaló al obispo varios millones de pesos del erario para que construya un santuario. Y allí están los partidos chicos que se la pasan viendo con quién juntarse para no desaparecer y poder seguir recibiendo los recursos del Estado y las dietas de sus legisladores.

¿Dónde están los principios, esos que se había afirmado sostener, esos que eran la motivación y justificación de la creación de nuevos grupos políticos y de su lucha, esos que las personas blanden como antorchas encendidas?

Pero eso sí: una y otra vez escuchamos de esas personas y de esos grupos que "no aceptaremos" y "jamás haremos", aunque una y otra vez lo acepten, lo hagan, entren en componendas, concesiones y alianzas.

Refiriéndose a la izquierda, Arnaldo Córdova plantea algo que se vale para todos los individuos y grupos: "La política es asunto de hombres de carne y hueso, no de ángeles ni querubines. Todos los hombres son capaces de tener ideales, pero tienen ante todo intereses. ¿Por qué todo mundo quiere una izquierda perfecta, que sea inteligente, culta, preparada, decente, de buenas maneras, justa, éticamente buena, coherente en sus ideas y planteamientos, pacífica, no rijosa, dispuesta a ponerse siempre de acuerdo con sus oponentes y con olor a santidad?"[69]

No sé si es olor a santidad lo que se pide, pero al menos cierta coherencia con los principios, cierta continuidad entre las ideas que se expresan y la forma en que las lleva a cabo.

El feminismo tenía como divisa "lo personal es político". Y en efecto, así es. Si una persona está en un grupo político que afirma que quiere el poder para ayudar a los pobres y luego se construye mansiones y adquiere autos de lujo, como de hecho sucede con diputados, presidentes municipales, líderes de organizaciones y periodistas, o si una persona asegura que es católica y que obedece los mandatos de su religión y luego se divorcia y se vuelve a casar porque se enamoró, pues son incoherencias, desde cualquier punto de vista que se lo quiera ver.

La doblez

¿Cómo se le puede considerar a un patrón que obedece la ley y otorga un contrato a su trabajador o empleado pero al mismo tiempo lo obliga a firmar de una vez su renuncia? ¿Cómo se le puede llamar a los intelectuales que saben que se están cometiendo errores serios en ciertos campos de la conducción política pero aún así callan y hasta apoyan? ¿Cómo se puede considerar el caso de quienes aceptaron la versión de que los estudiantes mexicanos que murieron en una incursión del ejército colombiano en un campamento guerrillero en Ecuador estaban allí preparando su tesis y no porque tenían relación con las Fuerzas Armadas Revolucionarias de Colombia, pero que en cenas y reuniones privadas decían que no era así?

Quizá no haya caso de mayor doblez en el discurso que el que tiene que ver con lo que conforma la explicación de la gobernabilidad. Según los que la estudian, ella requiere de construcción de mayorías en las cámaras y de acuerdos entre los partidos políticos,[70] pero los ciudadanos vemos que no hay capacidad para ello, que es imposible concertar, negociar, conciliar, llegar a acuerdos o como lo pone un lector: "En México parece que las posturas son irreconciliables y que todos se están jalando el tapete sin llegar a ningún lado".[71] Y sin embargo, esto tampoco es del todo cierto, porque a fin de cuentas después de gritar, enojarse y amenazar, siempre llegan a acuerdos.

Y es que si bien según algunos "el panorama conflictivo es el gran telón de fondo de la historia"[72] y "la violencia está siempre latiendo en el otro lado de la estabilidad política",[73] no es así, sino más bien, como lo muestran muchos estudios, es al contrario: en México tenemos una cultura que tiende más hacia la conciliación que hacia el pleito, hacia la negociación (compra, cooptación), que hacia la represión. "Una de las mentiras de los analistas es que todo es represión, hay mucha negociación."[74]

La negligencia

En el verano de 1995 relaté la siguiente historia: "Hace un par de semanas el rector de una universidad privada que vacacionaba en Puerto Vallarta con su familia, salió a pasear al Zócalo del puerto. Allí había uno de esos hoyos que a cada rato se abren en las calles, que no tenía ningún señalamiento ni aviso. La esposa no lo vio y cayó en él, rompiéndose la columna vertebral y muriendo dos días después. La tragedia se podía haber evitado con un simple foco y un pedazo de cartón o madera con la palabra *cuidado*".[75]

La negligencia, que el diccionario de la Real Academia de la lengua española define como "descuido", "falta de cuidado", es uno de los más graves males del país. El "ai se va", "luego lo reviso", "me vale", "mañana sin falta" son respuestas que dan por igual los burócratas de los ministerios públicos, los ingenieros que los albañiles, los políticos que los ciudadanos. Todos dejamos para mañana el arreglo de la fuga de agua, el cable pelón, el vidrio flojo, el freno descompuesto.

Todos éstos son problemas que tendrían arreglos rápidos y sencillos y que no requieren de mucho dinero, pero sí de voluntad. Y no la hay.

Entonces ¿cómo no mentir cuando se tiene que informar lo que se hizo, siendo que se han dejado por años las coladeras sin tapa, los transformadores de luz detenidos con una cuchilla, el Metro con llantas viejas, las zanjas abiertas en las calles, la tubería de gas agujerada, el camión de la basura sin frenos?

Depender de la aprobación de afuera

Ya lo dije antes pero hay que repetirlo: en México siempre hemos querido ser como los países occidentales ricos y por eso les copiamos sus modos y modas y las traemos aquí sin siquiera ver si sirven para nosotros, si se adaptan a nuestra forma de ser, a nuestras necesidades, a nuestros recursos y posibilidades.

En los años cincuenta del siglo XX el gobierno le dio el voto a las mujeres porque ésa era la moda, pero lo acompañó de un discurso que las conminaba "a no olvidar que su papel es tener virtudes morales y que su categoría ciudadana deben disfrutarla dentro de las normas de moral y decencia".[76] En los setenta, se puso a difundir la "alta" cultura sacando ediciones de cien mil ejemplares de libros en un país sin lectores. En los ochenta y noventa se pretendió que aquí podíamos y queríamos respetar los derechos humanos, el medio ambiente y la diversidad, siendo que nada de eso había formado parte histórica y mental de nuestro modo de funcionar. Y hoy, cuando de afuera dijeron que era hora de estimular la participación ciudadana, de castigar la violencia doméstica, de comerciar sin aranceles, de rendir cuentas y ser transparentes, aquí nos pusimos a hacer leyes sobre eso, instituciones para eso, convenios y acuerdos de eso y hablamos con voz engolada del derecho a la información y del libre comercio y de la igualdad y del cambio climático, porque todos éstos son valores altamente apreciados en Occidente y nosotros queremos ser como los países del Occidente civilizado y pensamos que si los imitamos lo vamos a conseguir.

Y no sólo en los grandes objetivos somos así. Lo somos también en nuestra vida diaria, en la que imitamos sus maneras de vestirse y peinarse, de divertirse y ocupar el tiempo de ocio.[77]

* * *

Pero además de copiarles, queremos que nos vean y consideren y tomen en cuenta y aplaudan y hasta que, como decía Alfonso Reyes, nos permitan sentarnos junto a ellos en el banquete de su civilización. Necesitamos de su aprobación para valorarnos a nosotros mismos.[78]

Por eso sufrimos si el gobierno norteamericano no nos "certifica" en nuestra lucha contra el narco o si estudiantes franceses protestan por la falta de respeto a los derechos humanos cuando el presidente de México visita el país galo. Y por eso pagamos antes de tiempo nuestras deudas y somos muy generosos en nuestras aportaciones a organismos internacionales: Entre 2005 y 2006 se entregaron 12 mil millones de dólares a la UNESCO, al Instituto Latinoamericano de Comunicación Educativa, a la ONU (¡160 millones de dolares!) a la OEA, al Fondo Internacional de Desarrollo Agrícola, al Fondo Para el Medio Ambiente Mundial ("es el país que mayor apoyo le da al organismo" afirma Global Public Opinión) y a otros organismos.[79]

II. La mentira como código[1]

Una estructura colectiva

¿Significa todo lo que hemos dicho que podemos acusar de mentirosos a nuestros funcionarios, a nuestros políticos, a nuestros jueces, a nuestros eclesiásticos, a nuestros empresarios, a nuestros intelectuales y científicos, a nuestros medios de comunicación, a nosotros mismos los ciudadanos de este país?

No, aunque parezca.

Porque la mentira, para que ocurra como ocurre y sea como es, es porque existe eso que Néstor García Canclini llama "un piso social" que la sustenta. Nuestros poderosos no podrían mentir si no fuera un código[2] y una práctica socialmente compartidos, socialmente aceptados y firmemente establecidos que permiten que las cosas sean así.

Dicho de otro modo: cuando la mentira no es una conducta extraña que se cuestiona y hasta castiga sino que es un discurso de todos, repetido y reiterado, ya no es una decisión individual de quien la emite ni es tampoco algo que una persona pueda decidir cambiar. Porque para que esto suceda como sucede y sea como es, es porque se trata de un código cultural como diría Eco,[3] de una "forma social de funcionamiento" como dirían Levi-Strauss y Bourdieu,[4] de un esquema como diría Hjemslev,[5] de una "estructura sociocultural" como diría García Canclini,[6] de "una trama de significación" como diria Geertz,[7] de un "paquete cultural" como diría Gamson, entendido esto como "el conjunto de sistemas para hablar, pensar, escribir y actuar, los dispositivos mediante los cuales se organizan los datos provenientes de la realidad",[8] y que parafraseando a Marx, se produce "más allá de la voluntad y hasta de la conciencia".

Y es que, como afirmó Octavio Paz, toda sociedad funciona con un sistema de prohibiciones y autorizaciones,[9] de lo que se puede hacer y lo que no se puede hacer, de lo que se puede decir y lo que no se puede decir y también de lo que se debe hacer y decir. Y las personas individuales no pueden librarse, no pueden estar por fuera ni por encima de ese sistema en la medida en que están insertas en y condicionadas por la sociedad, la historia y la cultura a la que pertenecen,[10] porque dice Ariel Dorfman: "los modelos de comportamiento dominantes no se encuentran flotando en una entidad abstracta y lejana (sino que) anidan en esto que somos nosotros mismos".[11]

La cultura mexicana no sólo genera y permite sino que exige, aplaude y premia ese modo de funcionar. Si en México se miente es porque se puede mentir y más todavía, porque se tiene que mentir. En nuestro sistema cultural, de percepción, pensamiento y valores las cosas son así, o como diría Enrique Alduncin, así es como seleccionamos entre las alternativas posibles de modos y medios para la acción y así es como tomamos nuestras decisiones y elaboramos y justificamos nuestras conductas.[12]

Estamos pues, hablando de un gran discurso colectivo, de una práctica en la que existe una base de acuerdo triple: la de que ése es un modo aceptado de funcionar, la de que ése es el modo de actuar de quienes tienen poder y también lo es de quienes los escuchamos y aceptamos.[13] Es una práctica al mismo tiempo argumentativa, ideológica y simbólica.[14]

Razones históricas

Este modo de ser del discurso público mexicano tiene sus raíces no en supuestas insuficiencias o complejos de quienes vivimos en este país[15] y conformamos eso que se llama "el pueblo mexicano" —interpretación que prevaleció durante décadas, desde los años treinta a los años sesenta del siglo XX y que no ha muerto del todo—[16] sino en muy concretas razones históricas.

Como diría Michel Foucault, el discurso de la mentira ha sido y es posible y factible porque durante quinientos años se han ido construyendo pacientemente sus condiciones de posibilidad culturales y mentales, de modo que recurrir a ella no es un modo de funcionar coyuntural y ni siquiera reciente, sino que es una forma enraizada en la historia.

Y es que nuestra cultura nació de una conquista violenta que hizo hasta lo imposible por liquidar a las civilizaciones que existían en el territorio, a sus religiosidades, costumbres y tradiciones y que además las humilló y descalificó, sometiendo a todo lo americano "a un proceso de desvalorización implacable",[17] a partir de un "exacerbado y puntilloso complejo de genérica superioridad europea".[18]

Eso obligó a los conquistados por una parte, a aprender un código en el cual pudieran esconder la vieja cultura y la vieja religiosidad, que estaban prohibidas, así como la rebeldía o desobediencia, que eran severamente castigadas y por otra parte, a usar las palabras del idioma recién aprendido, de manera tal que dijeran aquello que los nuevos amos querían escuchar. Y el modo persistió y persiste hasta hoy, pues como dijo Octavio Paz: "La colonia ha terminado, no así el miedo ni la sospecha".

La otra raíz histórica de este modo de funcionar, tiene que ver con el carácter profundamente autoritario de la cultura nacional, herencia tanto de las civilizaciones originarias como de la impuesta por los conquistadores. La nuestra ha sido una cultura en la que siempre alguien manda y decide y es dueño de todo el poder: tlatoanis, virreyes, caciques, presidentes, jefes. Ninguno de ellos es un servidor público, sino "amo y señor" dice Julio Scherer, el que "nombra, protege, concede, facilita y coarta" dice Carlos Monsiváis, el que "resuelve y decide todo, desde lo nimio hasta lo trascendental" escribe Luis Spota, "y su poder es tan enorme, que si quisiera podría torcer el destino que le viniera en gana".

En una cultura así, moverse o no moverse, decir o no decir, hacer o no hacer, pueden afectar seriamente a una persona, al grado de que la posición, el empleo, la vida misma, dependen de haber hecho lo correcto en la opinión y desde la perspectiva del que manda. Por eso la necesidad de mentir, pues con tal de asegurarse y hasta salvar el pellejo, es necesario engañar o simular, exagerar o minimizar, ocultar o tergiversar, no dar información suficiente o decir medias verdades, diluir responsabilidades o de plano negar.

Por fin, una razón histórica más, es el imperialismo. Aunque la palabra pueda parecer pasada de moda, no así su realidad que es "la dominación de un Estado sobre otro para establecer una hegemonia económica, política y cultural".[19]

Nosotros siempre hemos estado dominados y presionados por algún imperio. O como lo pone Enrique Semo: "En cada etapa de desarrollo de la formación socioeconómica latinoamericana está presente la relación metrópoli-colonia".[20] Y si bien es cierto, como lo señaló Hanna Arendt, que existen muchas diferencias entre ellos, es un hecho que nos han sometido a sus designios y que han puesto y ponen sus intereses por encima de los nuestros y nos obligan a seguirlos. La forma en que se ha desarrollado o no se ha desarrollado México, ha tenido que ver con la forma en que los distintos imperios que han estado presentes en nuestra historia han fijado lo que podíamos o no hacer y lo que debíamos o no hacer.

Así fue desde la época colonial cuando se estableció el modelo: Nueva España estaba allí para mandarle oro, plata y otros productos primarios a España, pero no estaba autorizada a producir nada que compitiera con ella.[21] También en el siglo XIX fuimos exportadores de materias primas y importamos todo lo que fueran productos manufacturados y máquinas. En el siglo XX, cuando Estados Unidos se convirtió en la "potencia hegemónica" como le llamó Tulio Halperin Donghi,[22] nos consideró "su" zona de influencia, tal que desde entonces hasta hoy, se siente con derecho a "exigir". Por eso el momento en que tuvimos una industria propia fue cuando la Segunda Guerra Mundial nos empujó a ello, porque los norteamericanos tanían su industria orientada al esfuerzo bélico. Y por eso en el último cuarto de la centuria eso se acabó y tuvimos que entrar a la globalización tal que ahora ni un tornillo se produce en el país.

El imperialismo "destruyó la autonomía de México"[23] y lo hizo dependiente de las fluctuaciones económicas y de las decisiones de fuera: un día nos obligan a vender materia prima y otro a sustituir importaciones, un día a mandarles mano de obra y otro a poner maquiladoras, un día a la especulación de capitales y otro a entrarle al libre comercio. No se nos ha dejado otra opción ni otra alternativa que jugar su juego,[24] que además viene acompañado de apoyos, ayudas, inversiones, pactos y préstamos, si es por la buena, reclamos desorbitados, pretendidas tutelas militares y políticas, intromisiones y hasta francas intervenciones si es por la mala, y de una ideología que siempre consiste en asegurar que se trata en cada momento "del modelo económico con más lógica", "el que es lo mejor para la humanidad", "el legítimo" y "el camino al bien absoluto".[25]

Razones lingüísticas

La España que nos conquistó no sólo impuso sus modos de gobierno y sus creencias religiosas sino también su idioma. Y el lenguaje es más que un conjunto de palabras y reglas gramaticales, es un sistema con el cual las personas representan y comprenden su mundo, le construyen y atribuyen sentido y significado y organizan sus creencias y sus prácticas.[26] "Las personas no crean su vocabulario a partir de la nada, sino que lo heredan de las concepciones en las que son socializadas" dice Jean Cohen,[27] y en efecto, "no se habla como se quiere" ni "se dice lo que se quiere", porque hay coerciones que pesan sobre nuestro lenguaje que son de orden social, cultural e ideológico y que "determinan no nada más nuestra manera de hablar sino también el sentido de nuestras palabras".[28]

El hecho de que nuestro lenguaje venga de España significa que carga con esa cultura y también, a través de ella, con la cultura árabe. Fue precisamente por el peso de lo árabe, que se estableció una relación tan particular con la palabra, que no sólo es medio de comunicación sino arte, adorno, entretenimiento.

Entre nosotros el discurso es siempre formal y complicado, diferente del de la mentalidad moderna en la cual las cosas se dicen en el menor tiempo posible y de manera directa y denotativa, siendo por el contrario, connotativo

y simbólico. En nuestro lenguaje, como dice Michael Slackman "ser directo y decir la verdad no son principios valorados, de hecho lo opuesto es la verdad. Se espera que las personas expresen alabanzas falsas y promesas no sinceras. Se espera que digan lo que sea con tal de evitar un conflicto o que ofrezcan esperanzas cuando no las hay".[29] El sociólogo iraní Muhammad Atrianfar explica: "Un sí no necesariamente significa que sí, puede significar quizá y puede significar no y puede no significar nada, pues la mente piensa una cosa, el corazón siente otra cosa, la lengua dice otra y los modales hacen otra".[30]

Eso es lo que nosotros aprendimos. Aprendimos a decir lo que no pensamos y a no decir lo que sí pensamos, aprendimos a decir las cosas de manera rebuscada y dándole muchas vueltas. Aprendimos que las palabras sólo sirven para decir sino también para enredar, tergiversar, ocultar.

Pero además, en la tradición religiosa judeo-cristiana, la palabra es creadora de realidad: Dios no hizo al mundo, dijo "que se haga", Dios dijo "hágase la luz" y la luz se hizo. "En el principio fue el verbo" dice el primer versículo del Evangelio de san Juan.

De allí deriva que si se dice algo, entonces ese algo es. Por eso el presidente de la República puede decir: "La iniciativa de ley que mandamos al Congreso cambiará radicalmente las cosas",[31] porque las cosas pueden ser como se quiere que sean si se las pone en palabras.

En nuestra cultura, la palabra tiene gran prestigio y su eficacia es grande.[32] ¿Qué es la nación sino una utopía que se pensó posible sólo porque se la creaba con la palabra, la cual puesta sobre el papel es la ley? ¿Qué son hoy nuestra democracia, participación ciudadana, respeto a la diversidad, al medio ambiente y a los derechos humanos sino deseos que esperamos se vuelvan realidad sólo porque los ponemos en palabras? Como dice Néstor Braunstein, para nosotros la realidad se configura por los discursos que sobre ella se vierten[33] y como diría el marxista, entre nosotros se considera que se crean las condiciones de posibilidad para la realidad si antes se la dice.

En esa lógica, el gobernante se levanta una mañana y crea la Comisión Nacional de Derechos Humanos y el Instituto Federal de Acceso a la Información Pública y la Secretaría de Protección al Medio Ambiente y firma los tratados internacionales para la defensa de las ballenas y forma una Comisión contra la Discriminación y una subsecretaría de Asuntos Religiosos y propone leyes contra la violencia intrafamiliar y por la igualdad de todos los que viven en el territorio y por el respeto a sus culturas y prohíbe el terrorismo y ya está: da por hecho que ha creado esas realidades.

Y en esa misma lógica también, sucede lo contrario: que los encargados de la seguridad pública pueden echarle la culpa de la existencia de la delincuencia a "horas y horas de transmisión en los medios de comunicación advirtiendo sobre el clima de inseguridad que existe en el país que han terminado por hacer de ese ambiente una realidad",[34] porque desde su punto de vista es la palabra la que provoca la inseguridad y no las acciones de los delincuentes o las deficiencias en las políticas públicas y en el quehacer de funcionarios, burócratas y policías. O los legisladores le echan la culpa a los medios de comunicación de "la pésima imagen" que hay de ellos entre la opinión pública, porque desde su punto de vista, la crítica es lo que les da mala fama y no la realidad de sus acciones e inacciones.[35] O el procurador general de la República puede decir que "no es cierto que se hayan incrementado el número de secuestros sino que lo que creció fue la idea de que hay más secuestros",[36] como si no hubiera un número real de personas que están en esa situación. O un funcionario de alto nivel puede afirmar que la crítica es lo que "genera desconfianza e intranquilidad" en el país[37] como si eso no se creara por la realidad del mal gobierno y la inseguridad.

Y es que políticos y policías, jueces y medios de comunicación, pensadores y ciudadanos, todos lo creen: es la palabra la que crea la realidad y no a la inversa. "Las palabras parecerían tener poderes sobrenaturales" dice Carlos Monsiváis y según el académico norteamericano Henry C. Schmidt, en México ellas son "realidades vivientes y no abstracciones inútiles".[38] Por eso, se considera que con la palabra se puede cambiar de realidad aunque no se cambie la realidad.[39]

Las dos funciones de la palabra

Entre ese pretender que porque se lo pone en palabras algo va a existir y el usar el lenguaje más como retórica que como expresión directa y clara, resulta que la palabra entre nosotros cumple dos funciones al mismo tiempo: es creadora de realidad y es discurso vacío.

Creadora de realidad, como cuando en agosto de 1995 el presidente de la República dio orden de pagar lo que se debía a los proveedores del gobierno, después de meses que éstos llevaban suplicando que se les cubrieran los adeudos.[40] ¿Por qué no se les había pagado? porque no había dinero, era la respuesta. Pero ahora resultaba que si el presidente dice que hay que pagar, entonces siempre sí hay dinero. El dinero aparece por milagro porque el presidente dijo.

Creadora de realidad, como cuando los alumnos de una preparatoria en la ciudad de México, atosigados por bandas que los extorsionaban y golpeaban a la salida del plantel, fueron junto con sus padres a planteárselo al director de la escuela y éste respondió que no era posible que eso fuera cierto porque él "ya había firmado un convenio de seguridad con la delegación política correspondiente".[41]

Discurso vacío, como cuando se usan y se reiteran hasta la saciedad los clichés que terminan por no significar nada: "Lucharemos por la justicia social", "Defenderemos el estado de derecho", "Nadie por encima de la ley", "La rendición de cuentas ante todo", "Investigaremos y llegaremos hasta el fondo, caiga quien caiga."

Discurso vacío como cuando tenemos una Constitución que le garantiza a todos los ciudadanos el derecho a la salud, la educación y el trabajo, aunque ello no se cumpla porque simple y sencillamente no se puede cumplir.

Como escribió José María Ruiz Soroa: "Asistimos al proceso de invocar el estado de derecho, la vigencia de las instituciones, la firma de acuerdos y convenios y la formación de comisiones y comités como si fuera real y no solamente un uso discursivo con el que los actores políticos hacen creer a la sociedad que curarán todos sus males. Todos estos procesos burocráticos y parlamentarios se han convertido en una operación de imagen, una actuación, para convencer a la ciudadanía de que la incansable actividad y la omnipotente capacidad de los gobernantes resolverá cualquier género de problemas, mediante la producción incesante de nuevas leyes, instituciones, acuerdos y convenios, comisiones y comités. Se trata de un mecanismo que se autoalimenta indefinidamente y que sólo les sirve a los políticos, empresarios, eclesiásticos, medios de comunicación para aplacar a la opinión pública".[42]

Creadora de realidad y discurso vacío, eso es la palabra entre nosotros. Las dos son formas de mentir, una es para dar esperanzas y para invocar que se cumplan las cosas deseadas y la otra para tapar que no se cumplió con lo prometido y ofrecido.

Razones culturales

Cuenta Samuel P. Huntington que un día se topó con datos sobre la situación económica de Corea del Sur y de Ghana durante los años sesenta del siglo pasado, que mostraban a dos países muy similares respecto a su ingreso per cápita, a la división de la economía en productos primarios, manufacturas y servicios y a la ayuda externa que recibían. Treinta años después, el país asiático ya era un gigante industrial, la economía número catorce del mundo, industrializada y con una democracia consolidada, mientras que el otro seguía siendo un país pobre y dependiente. Cuando se preguntó cómo se podría explicar esa diferencia, buscándole por acá y por allá, llegó a la conclusión de que la explicación estaba en la cultura, pues mientras los coreanos valoraban el trabajo duro, la organización, la disciplina y la educación, los africanos no tenían esos valores.[43]

En 1985, Lawrence E. Harrison escribió un libro completo en el que planteaba que en el caso de América Latina, la cultura había sido un obstáculo para el desarrollo: "Los valores y las actitudes culturales facilitan o obstaculizan el progreso" escribió, "hay una relación estrecha entre los valores y actitudes y el funcionamiento económico y político de los países".[44]

De algún modo, Harrison estaba continuando por el camino que había abierto Max Weber cuando explicó el nacimiento y desarrollo del capitalismo a partir de la religión protestante y por el camino que entre nosotros siguieron desde Benito Juárez hasta Octavio Paz para explicar nuestro eterno atraso como derivado de la cultura católica.

Lo interesante de las teorías culturalistas es que usan una perspectiva según la cual, los factores culturales hacen que se puedan aprovechar mejor o peor los recursos económicos, el clima, la geografía y los recursos naturales, que se pueda enfrentar mejor o peor el pasado colonial y el imperialismo, que se tomen mejores o peores decisiones políticas.

Lo anterior viene a cuento, porque siempre estamos buscando explicación para el hecho de que en algún momento México figuró entre las economías mundiales más importantes y parecía que era un país que entraría de lleno a la modernización, que podría resolver la pobreza más lacerante y atender la educación de sus niños, pero no fue así. México nunca dio el salto, jamás pasó el umbral.

¿Qué fue lo que se lo impidió? ¿Cómo sucedió que Corea, que estaba muy por detrás de nosotros, ahora nos ha dejado años luz atrás? ¿Cómo pasó que la banca mexicana, que llegó a estar tan modernizada que hasta se reía de la española tanto por su tamaño como por sus anticuados sistemas de funcionamiento, hoy día por el contrario, esté rezagada de la ibérica que tiene uno de los mejores sistemas bancarios a nivel mundial?[45] ¿No éramos nosotros los privilegiados por ser vecinos de los norteamericanos y ahora resulta que les conviene más irse a producir hasta China e India que hacerlo cruzando la frontera? ¿Cómo pasamos de ser "un nuevo poder regional" —según nos calificó un investigador en 1981— a convertirnos apenas dos años más tarde, según el mismo estudioso, en "el deterioro del poder regional".[46]? ¿Cómo se explica que hoy México no solamente siga estando entre los llamados "países emergentes" sino que ni siquiera está entre los considerados brillantes en su desempeño pues nos hemos quedado detrás de Vietnam, Nigeria, Egipto, Bangladesh (¡Bangladesh! que hace unos años era el ejemplo más patético de que se disponía para hablar de pobreza y que ahora tiene un crecimiento promedio del PIB de 5.4% mientras que el nuestro es de 2.6%)?

La respuesta radica, ya lo dijimos, en la historia que hemos tenido. Pero también en la cultura que nació de aquélla. Hay culturas en las que se valora más que en otras la educación escolarizada, la eficiencia y la productividad y otras donde no es así, unas que apuntan más la frugalidad y otras el derroche, unas que son más proclives al desarrollo tecnológico mientras que otras lo son al pensamiento filosófico, unas más afines a la democracia y otras al autoritarismo, las que funcionan con el respeto a la ley y las instituciones o las que se sostienen sobre relaciones de tipo personalista.

"Cada comunidad humana —escribió Herder— tiene una forma y un molde únicos. Sus miembros nacen dentro de una corriente de tradición que da forma tanto a su desarrollo emocional y físico como a sus ideas".[47] Isaiah Berlin lo ejemplifica así: "La canción alemana, la legislación alemana, el modo como un alemán vive en su casa y como lleva su vida pública, son producto del genio colectivo que no puede atribuirse a autores individuales. Es el que crea los mitos y las leyendas, las baladas y las crónicas históricas y es el mismo que ha engendrado el estilo de la Biblia de Lutero, el arte y la artesanía, las imágenes y las categorías del pensamiento de los alemanes".[48]

Lo mismo vale para los mexicanos: el modo como vivimos nuestras vidas públicas y privadas, como producimos y creamos, como pensamos y hablamos, son producto de nuestra cultura que a su vez es resultado de nuestra historia.

Dos modelos en uno

La nuestra es una sociedad en la que conviven y han convivido siempre, un arraigado tradicionalismo y la modernidad (eternamente incompleta) concebida en el sentido de los países occidentales ricos.

El tradicionalismo viene del hecho de que la España que conquistó el Nuevo Mundo en el siglo XVI, vivía aferrada a modos de vida y de pensamiento según los cuales las verdades teológicas y filosóficas, jurídicas y retóricas ya se consideraban resueltas de manera absoluta y definitiva, por lo cual había que cerrarse a las nuevas corrientes y a las nuevas preocupaciones que nacían en los países europeos y enclaustrarse en un pensamiento dogmático, formalista y estrecho. Escribe Octavio Paz: "En el momento en que Europa se abre a la crítica filosófica, científica y política que prepara el Nuevo Mundo, España se cierra y encierra a sus mejores espíritus en las jaulas conceptuales de la neo-escolástica".[49]

Los gobiernos virreinales y la Iglesia vieron herejías por doquier, no aceptaron los descubrimientos de la ciencia y castigaron a quienes se atrevieron a asomarse por alguna rendija a los nuevos pensamientos. Y esto, como afirmó Menéndez y Pelayo, "pasó a la acción y penetró en la vida".[50]

Pero por otra parte, existió también, desde fines del siglo XVIII, un persistente deseo de modernidad, "exorcizar las sombras, dispersiones y rupturas de la realidad política, religiosa y natural"[51] y dejar entrar "el cientificismo, el racionalismo, la idea de la ruptura con la autoridad, la pugna por la libertad de pensamiento y el afán universalista".[52] En el siglo XIX, el deseo de imitar el modo de pensar de los países occidentales hizo que los liberales fueran más lejos hasta aprender y aplicar las teorías francesas sobre la nación, la república y la igualdad a un país "pobre, mugroso y desorganizado" como escribió Luis González, de castas privilegiadas y masas miserables, sin instituciones, sin industria, con grandes latifundios y capitales inmóviles, que no estaba listo ni estructural ni sobre todo mentalmente para recibirlas.

El resultado de estos afanes fue la convivencia de contrarios que por un lado empujó al país hacia adelante y por otro lo deformó.[53]

Lo que se logró, lo vio Amado Nervo hace un siglo, cuando escribió que "a despecho de la inercia popular, con palpable disgusto de la masa del país, con manifiesta repugnancia del pueblo y de las clases acomodadas, con ostensible oposición de los mexicanos" y "gracias a la decisión progresista de una minoría, tenemos Constitución liberal, establecimos la independencia de la Iglesia y el Estado, laicizamos la enseñanza oficial, poseemos ferrocarriles, telégrafos y hasta la república"[54] y lo sigue viendo hoy Rolando Cordera cuando afirma que "el país creció, el país se expandió, se crearon instituciones, la gente se educó, nos hemos abierto al mundo, se ha formado una especie de acumulación que ahora sirve para enfrentar la realidad de otra manera".[55]

Lo que se deformó lo vio un poeta popular en el porfiriato, cuando con tal de pretender que ya éramos muy civilizados y hacíamos elecciones, sucedían cosas como ésta: "Qué importa a los chamulas/ que no tengan ojos azules/ si dos diputados güeros/ se sientan en sus curules". Y lo vio Octavio Paz cuando afirmó que desde la Independencia hemos elegido modelos políticos que no corresponden a nuestra historia y cultura y lo seguimos viendo hoy, cuando todavía es vigente lo que escribió Víctor Flores Olea hace más de un cuarto de siglo: "Las desigualdades de la sociedad mexicana (tienen que ver) con la dinámica de las relaciones económicas y sociales (que) han condicionado la existencia de un sector moderno y otro arcaico dentro del mismo proceso histórico. La participación, el desarrollo y la riqueza del polo moderno se funda en el marginalismo, la pobreza y el atraso del arcaico".[56]

Hemos aprendido a vivir en un país en el que los logros van de la mano de las deformaciones y los viejos valores y costumbres conviven con las nuevas ideas y propuestas, a veces chocan, a veces se superponen, a veces simplemente uno funciona y el otro no. Hemos aprendido a vivir con gobernantes que entregan pizarrones eléctricos en escuelas situadas en pueblos en los que no hay energía eléctrica y hemos aprendido a vivir aceptando que se construya un flamante y moderno distribuidor vial en la ciudad de México con los albañiles volando a doce y quince metros del piso sin protección alguna, metiendo las varillas como dios les da a entender, ayudando como pueden a sacar a un compañero que resbaló en un agujero profundo.[57] Entre nosotros hay sectores de la economía que exportan y cotizan en las bolsas de valores y otros que ni por asomo quieren oír que se pudieran privatizar o recibir inversión extranjera, un empresariado fuerte y bien organizado pero que al primer problema saca su dinero del país, un sindicalismo en el que sigue vigente el viejo corporativismo y en el que mandan líderes dinosaurios con una clase política nueva formada por tecnócratas.

Este traslape y esta convivencia de modelos, ha dado lugar a un montón de contradicciones y confusiones: por un lado siguen existiendo instituciones como el Instituto Mexicano del Seguro Social, el Instituto del Fondo Nacional de la Vivienda para los Trabajadores o el Sistema Nacional para el Desarrollo Integral de la Familia, que nacieron de la idea de que los pobres tienen derechos y el Estado tiene responsabilidades con ellos,[58] pero por otro no se les dan suficientes recursos ni apoyos para funcionar debidamente, porque el gasto social no está entre las prioridades de los gobiernos neoliberales. Por un lado está el gobierno que alerta contra el excesivo crecimiento demografico (según el Consejo Nacional de Población nace un mexicano cada 14 segundos, más de dos millones al año) y por otro una poderosa Iglesia católica para la cual la idea del control natal es inadmisible y más todavía, "ajena a nuestra idiosincrasia".

Un lugar en el que se hace evidente la convivencia de los dos modelos es la Universidad Nacional Autónoma de México, pues se trata de una institución que se propone al mismo tiempo criterios de eficiencia pero que se mantiene y quiere seguirse manteniendo como popular, masiva y gratuita. ¿Cómo resolver la contradicción que significa que para lograr lo primero hace falta tener alumnos de excelencia y por mantener lo segundo se tiene que aceptar a estudiantes con una pésima preparación? ¿Cómo resolver la contradicción que significa necesitar cada vez más recursos para dedicar a la investigación pero no poder subir las cuotas de colegiatura porque es un acuerdo social que eso no se haga jamás?

¿Qué mejor ejemplo de esta convivencia de modelos que la existencia en el México de hoy de los sindicatos corporativos? Si bien éstos nacieron para proteger a los trabajadores de los abusos tanto de las autoridades como de los patrones y para garantizarles beneficios: horas de trabajo, pagos adecuados, prestaciones, ahora se han convertido en grupos de chantaje, extorsión y corrupción, que protegen la ineficiencia e improductividad. Allí está por ejemplo, el sindicato de Pemex, empresa que según Macario Schettino tiene 145,000 trabajadores para producir lo mismo que petróleos de Venezuela con 50,000 y cuya deuda es prácticamente igual que sus activos, pero la mitad está formada por pasivos laborales, es decir, lo que se le debe a los trabajadores, con todo y que dedica a su nómina 76% de los gastos de operación.[59] Y está por ejemplo, el que fue uno de los sindicatos más combativos en la segunda mitad del siglo xx, el de electricistas, que, dice también Schettino, utiliza 50% más de mano de obra por kw que la Comisión Federal de Electricidad y entre 2000 y 2007 vio caer la productividad de los trabajadores 12%, a pesar de que el personal creció en casi 13% y de que tuvo un incremento presupuestal de 32%.[60]

Parecería como si dos universos corrieran paralelos en México: por un lado, el de una sociedad con ideas importadas, que se siente moderna, que dice creer en las leyes y dice esperar respuestas institucionalizadas y por otro lado, el de una sociedad tradicionalista, que se aferra a sus modos de actuar y

de esperar todo del gobierno, que no se interesa en leyes ni en instituciones y que responde a sus redes primarias: familia y compadres, vecinos y amigos.[61]

En el universo de los modernos, el de "los integrados" según les llaman algunos autores,[62] los funcionarios y ejecutivos firman decretos, giran instrucciones, se reúnen en juntas, navegan en la red, hablan de cambios y reformas.[63] Son ellos los que presionan para que se modifique la Constitución y se incorpore el derecho a "saber cuáles son los grandes temas que impactan la vida nacional".[64]

Y en el universo de los tradicionales,[65] una enorme mayoría no se entera de (y quizá tampoco le interesa demasiado) lo que aquéllos hacen y deciden y va viviendo como puede, a veces con chamba y otras sin, a veces con agua y otras colgándose de la luz y adecuándose, como dice Luis Villoro, "al mundo planeado por sus representantes y no a la inversa".[66]

Y claro, resulta inevitable que en esa brecha entre los dos universos, se instale la mentira, no puede ser de otro modo. Porque no hay conexión posible (aunque haya mezcla, revoltijo, montaje y hasta hibridación como quieren los teóricos actuales de la cultura) entre ambos y sólo la mentira puede mediar entre ellos.

¿O no es mentira exigir en las escuelas públicas de las zonas más pobres que la inscripción de los alumnos ¡se haga por internet!? ¿o cuando la Secretaría de Salud hace una publicidad en la cual aparece la fotografía de una mujer indígena vieja y desdentada, envuelta en su rebozo, junto a un texto que dice: "Con e-Salud las mujeres de las localidades más remotas del país pueden informarse sobre los cuidados específicos y preventivos de las enfermedades que más les afectan, contribuyendo con ello a su bienestar. A través del portal e-Salud y DiscapaciNet tienen aceso a información médica en línea"?[67] ¡No estoy segura si esto nos debe dar risa o vergüenza!

Inevitabilidad y necesidad

Pero no nada más las autoridades, también los ciudadanos mentimos. De nosotros sale la directiva del equipo de futbol que engaña sobre la edad de los jugadores para que así puedan competir en categorías que no les corresponden, el boxeador que falsifica sus papeles sobre el peso para así poder retar al campeón, el policía que pone una bacha de mariguana en el bolsillo de un joven para así poderlo extorsionar, el taxista que lleva colgada en el espejo del auto la tarjeta de identificación y autorización del chofer de la unidad, que no es él.[68]

De nosotros sale el albañil que no llega a trabajar el lunes y dice que es porque se murió su abuelita pues ¿como decir la verdad de que se fue a su pueblo y no quiso regresarse tan pronto? y la señora que llega tarde al médico y le echa la culpa al tráfico pues ¿cómo decir que no se levantó temprano? y el funcionario que no quiere ir a su cita y pone de pretexto que su superior lo mandó llamar pues ¿cómo reconocer que no preparó los papeles para la reunión? y el pobre que no quiere responder a la encuesta con la verdad sobre sus ingresos pues ¿cómo estar seguro de que no lo sacarán de los programas de apoyo? y la mujer que oculta que no tiene marido pues ¿cómo reconocer que es jefa de familia y madre soltera lo cual está tan mal visto en el discurso del Estado, de las iglesias y de los medios de comunicación?

¿Cuántos de nosotros no nos amparamos en la oscuridad de la noche para quemar basura? ¿o nos parapetramos detrás de las puertas de nuestra casa para desperdiciar litros de agua barriendo el piso con manguera o dejando eternamente sin arreglar la fuga en el excusado?[69] ¿o tiramos un árbol porque las hojas "ensucian" el auto? ¿o pateamos a un perro sólo porque sí y toleramos que el niño maltrate a un gato como forma de diversión aunque a la hora del discurso hablamos de lo importante que es cuidar el aire y el agua y los árboles y respetar a los animales? ¿No vivimos prometiendo lo que no cumplimos, desde pagar nuestras deudas hasta visitar a un enfermo, desde terminar un trámite hasta arreglar un bache? ¿no es cierto que nos resulta más cómodo dar mordida para facilitarnos la vida? ¿no tenemos abandonada a la abuelita pero nos llenamos la boca con discursos sobre el amor a los padres y el respeto que les debemos a la familia y bla bla? ¿no mentimos sobre el origen de nuestro dinero, sobre lo que nos costó cualquier objeto, sobre si tenemos un vicio, sobre si creemos en Dios y hasta sobre nuestras intenciones de voto? ¡Por eso las encuestas previas a las elecciones nunca dan en el blanco!

Me escribe una lectora: "Nuestro problema es que no asumimos responsabilidad alguna. Si chocamos, nos damos a la huida, si cometemos una infracción sabemos que hay una salida 'fácil' repartiendo dinero a las autoridades. Así podemos pensar en cientos de ejemplos. Me niego a creer que los mexicanos traemos de nacimiento un gen de irresponsabilidad y desidia, que nos impide hacernos cargo de lo que nos corresponde: llegar a tiempo al trabajo, entregar lo que se nos pide a tiempo y en forma, respetar las reglas de tránsito, etcétera".[70]

* * *

No, no es un gen. Mentir es un código que se volvió necesario porque se ha vuelto la única forma para ejercer el poder y la autoridad, para gobernar y mantener el orden, para impresionar, para legitimarse, para estar a la altura de un modelo ideal de cómo deben ser las cosas, para conseguir el aplauso y el elogio, para hacer creer, para salir del paso, para llenar un vacío, para evitar o al menos atenuar los conflictos en una cultura a la que no le gusta que ellos salgan a la luz, para dar esperanza, para conseguir un empleo, para recibir un apoyo, para vivir en sociedad.

Sin la mentira no hallaríamos cómo trocar una ilusión en realidad ni cómo encubrir el vacío que deja la verdad, pues parafraseando a Carlos Monsiváis, somos un país en el que se tiene poco y se idealiza mucho. Por eso como dice Raquel Mosqueda: "¿Quién necesita una verdad cuando puede echar mano de una excelente mentira?"[71]

La mentira es, diría Nietzsche, un medio de conservación en la lucha por la existencia. O, diría Jean Franco, una forma de poder tener el discurso de la responsabilidad y el compromiso sin la responsabilidad ni el compromiso.

Y ella está tan profundamente arraigada en nosotros,[72] tan compartida por toda la sociedad[72] que ya es "un bloque semiótico históricamente petrificado" como diría Phillippe Roger.[73] Hemos heredado y aprendido una concepción y un código de orden ideológico y social y valorativo y un modo de funcionamiento cultural que hacen que la mentira esté presente entre nosotros y forme parte de nuestro modo de actuar. Por eso Noé Jitrik dice: "El piso mismo de la vida social está constituido por mentiras tan sólidas que no parecen ofrecer dudas acerca de su existencia".[74]

Sin perspectivas de cambio

¿Vamos a cambiar?

No, nada indica que este modo de funcionar vaya a cambiar.

Primero, porque como ya lo mostraron desde Lorenzo de Zavala hasta Francisco Bulnes, desde Octavio Paz hasta Carlos Fuentes, desde Héctor Aguilar Camín hasta Carlos Pereda, así ha sido siempre en México, ya es un modelo establecido, un código aceptado y compartido, muy difícil de modificarse porque si algo no cambia o cambia muy lentamente son los hábitos mentales. Muy bien lo dijo en una reunión pública un elemento de la Policía Preventiva: "Las cosas siempre han sido así y no tendrían por qué cambiar ahora".[75]

Segundo, porque no hay señal alguna que muestre que se considere que ya llegó la hora de modificar esa vieja costumbre. Fuimos el único país que en noviembre del 2001 se atrevió a afirmar que los atentados del 11 de septiembre en Estados Unidos no le habían afectado a su turismo, aunque las agencias de viajes, líneas aéreas, hoteles y restoranes se quejaran amargamente por las pérdidas,[76] el único país que en 2007 afirmó que la caída de la bolsa de Shangai no le había afectado a su economía, aunque se había registrado una caída de 5.80% en la bolsa de valores, "lo que significó perder en una sola sesión el avance acumulado durante el año" y el único que en el 2008 ha dicho que la crisis alimentaria mundial se va a detener en sus fronteras.[77]

Y por último, la mentira no va a desaparecer porque a las nuevas generaciones las estamos educando en ella: ésa es la manera como están aprendiendo a funcionar. Los ejemplos están allí: en una encuesta llamada "Consulta civil a niños y niñas de México" llevada a cabo a fines de los años noventa por un grupo de nombre Foro de Apoyo Mutuo, la mayoría de los pequeños respondió que lo que más le gustaría en la vida sería tener más educación. Una respuesta correcta de acuerdo a lo que se debe decir, que sin embargo no tiene sustento en la realidad, como lo demuestran entre otros datos, los de aprovechamiento escolar y los de las encuestas de valores de Enrique Alduncin, en las cuales los adultos ponen como sus prioridades en la vida para salir adelante a la suerte y a las relaciones y no a la educación ni al trabajo.[78] Como explica Teun A. Van Dijk, el discurso no solamente sirve para la comunicación sino también para la reproducción de las prácticas.[79]

Y es que mentir ha sido y sigue siendo útil. A los que tienen poder y a los que no lo tienen, a los del gobierno y a los ciudadanos, a todos nos ha convenido esta forma de funcionar. Ha servido para impresionar a los de afuera y engañar a los de adentro sin tenernos que creer de verdad esos valores ni mucho menos cumplirlos.

Acudir a la mentira no ha sido un error ni un accidente, sino como diría Ciro Gómez Leyva, una voluntad de los mexicanos,[80] que la han (que la hemos) convertido en una manera de funcionar, en un código, en un paradigma, en un "candado cognoscitivo" diría Deepak Chopra,[81] con el cual aprendimos a enfrentar las situaciones y a resolver los problemas.

Por eso por donde se le mire, por donde se le busque, en donde se le encuentre, brinca la mentira, brinca el doble discurso, salta la diferencia entre discurso y realidad.

Ésa ha sido y es nuestra verdad. La mentira ha estado con nosotros por mucho tiempo y como el dinosaurio del cuento de Tito Monterroso, sin duda lo seguirá estando por bastante tiempo más, porque la fantasía del país que somos, de la nación que hemos creado en el imaginario, hicieron de la simulación una necesidad y hoy requieren de la mentira para seguir existiendo.

III. Consecuencias de la mentira[1]

La desconfianza

¿Pasa algo cuando se miente una y otra vez? ¿Tiene alguna consecuencia en la sociedad mexicana ese modo de funcionar del discurso público?

Según Pablo González Casanova, en los años cincuenta "La sociedad civil compartió en gran medida los mitos y perspectivas oficiales. La comunicación fue particularmente fácil. El lenguaje común habló el lenguaje oficial, la interpretación de la historia, de la economía y de las perspectivas del futuro fueron parte de una sociedad civil que pensó como su gobierno".[2] Ese ánimo compartido, ese lenguaje común, esa misma mirada tanto hacia el pasado como hacia el futuro, empezaron a desaparecer en los años setenta, cuando el país entró en crisis y los ciudadanos nos dimos cuenta que esa situación se debía menos a las circunstancias internacionales como nos quisieron hacer creer, que a las malas decisiones gubernamentales, a la corrupción y a la negligencia, así como a la voracidad de los empresarios y al silencio cómplice de iglesias y medios de comunicación.

En los años noventa del siglo pasado, los resultados de las encuestas mostraban que "la población se divide, en proporciones casi iguales, en posturas antagónicas (entre los que consideran que) debemos tener plena confianza en nuestros gobernantes y los que sostienen lo contrario",[3] y hoy, en la primera década del siglo xxi la desconfianza ya es la tónica: en el gobierno y en el Congreso; en los empresarios y en los medios de comunicación; en las instituciones y en las leyes; en la justicia y en las policías.

Una encuesta del 2008 mostró que los diputados y senadores, sindicatos y partidos políticos, toda "la clase política" y toda la policía no cuentan con la confianza de los ciudadanos.[4] Ni siquiera el presidente de la República se salva, pues apenas uno de cada cinco considera real lo que informa y 65% lo considera poco real.[5]

Pero, a decir verdad ¿cómo tener confianza si el secretario de Hacienda dice que ya consiguió entrar en las cuentas bancarias de las personas, información que por ley es secreta, y amenaza con usarla en contra de los ciudadanos para saber si realmente ganamos lo que decimos ganar y si efectivamente pagamos los impuestos que nos corresponde pagar?[6] ¿Cómo tener confianza si el Instituto Federal Electoral, que nos ofreció toda la discreción, confidencialidad y seguridad en el padrón de electores, luego resulta que "alguien" vendió a los estadunidenses ese listado?[7] ¿Cómo tener confianza si el argumento que nos dieron para endeudarnos con el famoso Fondo Bancario para la Protección del Ahorro fue que era necesario salvar a la banca mexicana a fin de que se quedara en manos de mexicanos y luego simple y sencillamente permitieron que se vendiera a consorcios extranjeros? ¿Cómo tener confianza si hasta cuando llevamos nuestro auto a verificar resulta que el holograma que nos dan es apócrifo?[8]

Escribe Javier Marías: "Una de las más graves sensaciones que los ciudadanos tienen en las sociedades actuales es que tanto las autoridades como las empresas los están siempre estafando, o como mínimo, aprovechándose de ellos y eso crea a su vez una sensación de malestar e indefensión máximas que lleva a ver como enemigos tanto a los políticos como al prójimo en general. Algo sumamente perjudicial para la convivencia y que, si a algo invita, es a saltarse las reglas y la ley el mayor número de veces posible y a que los individuos, en su pequeña escala, intenten por su parte estafar y defraudar cuanto puedan".[9]

Un ejemplo de la magnitud de la desconfianza, fue cuando a principios del 2002, la Secretaría de Hacienda decidió que si una persona que acudía a comer a un restorán quería recibir factura por su consumo, la cual le servía para deducir impuestos, tenía que cumplir con los siguientes pasos:

1. firmar un papel en el que aseguraba que comer era una actividad indispensable para su persona,

2. entregar copia de su cédula de contribuyente,

3. hacer operaciones aritméticas para que le descontaran solamente los impuestos aplicables a su consumo (pues las bebidas alcohólicas no entraban en esa contabilidad).

Si alguien quería evitar este engorroso método, podía esperar al fin de año fiscal y hacer el descuento a la hora del pago global de sus impuestos.[10]

Y sin embargo ¡la mayoría prefirió el trámite largo y lento pero hecho en el momento, porque todos sabemos que conseguir una devolución de impuestos es algo así como un sueño imposible![11] Y es que los ciudadanos pueden pasar años tramitando una devolución a la que tienen derecho, presentando una y otra vez los papeles, yendo y viniendo de las ventanillas. Ésta es una carta enviada a la sección de correspondencia de un diario capitalino: "Desde abril pasado inicié los trámites de mi solicitud de devolución por impuestos pagados de más por 27 mil 924 pesos, los que corresponden a los gastos médicos que por desgracia tuve que erogar en una intervención quirúrgica de urgencia en el año 2000. En el primer intento de devolución fui auxiliado por personal del Sistema de Administración Tributaria en la revisión de la documentación y llenado de las formas correspondientes, a pesar de lo cual la resolución fue que no había marcado con una X en el cuadro que indicaba que solicitaba la devolución... En el segundo intento se volvió a presentar la documentación, la cual fue resuelta negativamente argumentando que la dirección del declarante era otra a la de su base de datos, a pesar de que incluí copias de los documentos de cambio de domicilio efectuado en 1993 y verificado en su sistema de cómputo de ventanilla... En el tercer intento se volvió a consultar con el personal y a entregar la documentación, la cual fue resuelta negativamente argumentando que al nombre al que fueron expedidas las constancias y comprobantes no coincidía con el de su base de datos, lo cual es cierto pero porque ellos en Hacienda decidieron que el segundo nombre no debe formar parte del Registro Federal de Contribuyentes".[12]

Por eso, como dice el dicho, más vale pájaro en mano (en ese caso billete en mano) que cien promesas de devolución volando.

La poca o nula confianza que se tiene en las autoridades lleva en ocasiones a situaciones muy graves. Por ejemplo, la decisión de las personas de resolver sus problemas, haciendo justicia por la propia mano, pues la policía nunca llega a tiempo cuando se la necesita. Todos hemos visto en la televisión las imágenes de linchamientos colectivos, sin que la autoridad aparezca y cuando lo hace, horas después, lleva en la boca toda suerte de pretextos, "que esta zona no nos toca a nosotros", "que el tráfico nos detuvo", sin que puedan explicar por qué los medios de comunicación y los curiosos sí consiguen llegar y ponerse en primera fila aunque vengan desde el otro extremo de la ciudad y aunque llueva, truene, sea domingo o media noche.[13]

No es entonces como creía Octavio Paz, porque los mexicanos sean seres oscuros, hostiles y vengativos por definición, fascinados con la violencia y la muerte, sino simple y llanamente son acciones desesperadas que se hacen porque no se confía en que a quienes les corresponde hacerlo, van a resolver los problemas.[14]

* * *

Pero si los ciudadanos no confían en las autoridades, tampoco las autoridades confían en los ciudadanos. Por eso sucede que al presentarse en una ventanilla para hacer cualquier trámite, aunque los papeles y credenciales estén perfectamente certificados y sellados, de todos modos no nos creen, de todos modos nos exigen otra identificación, otra señal de que somos esa persona que decimos ser y que vivimos en el domicilio en que decimos vivir y otro documento que certifique que ya pagamos el servicio que decimos que ya pagamos.

* * *

Y es que a decir verdad, nadie confía en nadie: "El jardinero que desde hace años viene cada semana a cortar el pasto o el taxista al que jamás en mi vida había visto, la joven que trabaja en mi casa y que día tras día me prepara la comida o el policía que da vueltas a la colonia en su patrulla, el encargado de la caseta a la entrada de mi oficina o el desempleado del que ni idea tengo: todos son mis enemigos. A unos porque los conozco y me conocen, a otros porque nunca los he visto o porque ni siquiera sé que existen, el hecho es que en esta ciudad, en este país, debo sospechar de todos: del compañero de trabajo y del vecino del departamento, del obrero de la fábrica por la que paso a veces camino a alguna diligencia y de la cajera del banco al que acudo a guardar mis ahorros, del que maneja el camión de la basura y del que trae la pizza un domingo, del que despacha en la gasolinera y del que ayuda en el taller mecánico, de la señora que vende flores de puerta en puerta y del señor que pide limosna en la esquina. Todos son mis enemigos, de todos debo desconfiar, porque todos se quieren aprovechar de mí, todos me quieren hacer daño".[15] Esta percepción está tan internalizada, que según la Encuesta Nacional de Cultura política del 2003, a la pregunta ¿qué tanto puede confiar en las demas personas? 63% de los encuestados respondieron que poco y 20% que nada.[16]

* * *

Según los que la estudian, la confianza tiene un peso determinante "en la cohesión social y en el bienestar económico de una sociedad" y es incluso "un lubricante para la cooperación".[17]

Pero entre nosotros, no existe. Como me escribe el lector Julio Avilés: "Quizá el mayor lastre que tenemos los mexicanos, es que somos una sociedad que basa su conducta en la descalificación y la desconfianza, no creemos en la buena fe de nadie, los gobernantes desconfían de los gobernados, los gobernados de los gobernantes, los patrones de los trabajadores y viceversa, los asociados en una empresa desconfían cada uno de los motivos del otro, los vecinos no se ponen de acuerdo en medidas que a todos beneficien, etcétera".[18]

La falta de respeto

Los ciudadanos no se sienten con la obligación ni con el deseo de respetar ni a la ley, ni a las instituciones, ni a las investiduras, ni a las autoridades, ni a las personas.

Entrevistada en el aniversario de los sucesos de Atenco en 2006, una de las participantes dijo: "No creemos en sus leyes ni en su justicia".[19] ¿Qué quiso decir con eso de "sus" leyes? ¿no son acaso las leyes de todos?

Pero por lo visto no es la única que piensa de ese modo: resultados de una encuesta hecha por un investigador de la Universidad Nacional Autónoma de México en 2006, muestran que a gran cantidad de personas les parece que "violar la ley no es grave", que lo grave "es ser sorprendido" y datos de una encuesta hecha por una empresa privada en agosto del 2007, muestran que sólo al 2% de la población le parece problemático que no se cumpla la ley.[20] Por eso una estudiosa afirma que "nuestra cultura es contraria al respeto y observancia de la ley".[21]

¡Ni siquiera las autoridades están dispuestas a respetarla! Cuando el Instituto Nacional de Antropología e Historia envió un oficio al gobierno capitalino diciendo que se debe solicitar permiso para cualquier instalación que pretenda colocarse en la Plancha del Zócalo, éste respondió citando un acta de 1527 (sí, del siglo XVI) en la que se establece que el Zócalo pertenece al ayuntamiento local.[22] Eso sí que son formas de dar atole con el dedo, pretendiendo que se respeta la ley, porque ¿acaso nos gobernamos por la de la época colonial?

Por lo que se refiere a las instituciones, con todo y que se supone que ellas son el conjunto de órganos a los que les ha sido asignado ejercer el poder del Estado y llevarlo a la práctica con legitimidad, asegurando el cumplimiento de las metas y proyectos, garantizando la continuidad, la integración y la integralidad de lo que se hace, estableciendo las condiciones para un trabajo público serio, coordinado y eficaz y vigilando que se hagan las cosas y que se ejerzan adecuadamente los recursos,[23] tampoco merecen respeto: "La debilidad fundamental del sistema político mexicano es la inefectividad de las instituciones formales, donde se toman las decisiones gubernamentales cotidianas. No hay reglas ni respeto a ellas por parte de los actores".[24]

Y es que no existe en los ciudadanos "un sentido de pertenencia y apropiación de las instituciones del Estado", afirma Héctor Tejera Gaona.[25] Y esto vale por igual para el Congreso de la Unión que para los tribunales de justicia, para las secretarías de Estado que para los ministerios públicos, e incluso para instituciones de las que hace algunos años nadie dudaba, como el Instituto Federal Electoral y la Comisión Nacional de los Derechos Humanos y en las que ya tampoco se confía y para las que hoy, como hace un siglo, sigue siendo cierto que "si nuestras inmejorables instituciones no han sido recibidas con el entusiasmo que merecen, ha sido porque ellas obligan a abrazar lo que se aborrece, a hacer por la fuerza aquello en lo que no se cree".[26]

Tampoco sentimos respeto hacia las autoridades. Me escribe un lector: "La falta de respeto a la autoridad se está volviendo un hábito. La gente se está acostumbrando a tomar palos y machetes y considera eso normal. Ya no son hechos aislados sino parte de una costumbre que se va generalizando".[27]

Y lo mismo sucede con las personas. Hubo un tiempo en que nadie se habría atrevido a criticar al presidente de la República, pero hoy hemos llegado muy lejos, hasta insultarlo.

¿Imaginamos alguna vez los mexicanos que podríamos llegar a escuchar lo que se le dijo al Primer Mandatario de la Nación Vicente Fox? Durante todo el sexenio se le atacó sin piedad y en la campaña presidencial del 2006 el candidato de la Coalición por el Bien de Todos le dijo "chachalaca" y "pájaro que hace mucho ruido".

¿Imaginamos alguna vez que llegaríamos a escuchar que a la Primera Dama se le dijeran cosas como "demente", que "se le aflojaron las tuercas" y que "ya solo falta que salga en la televisión haciendo pipí"?[28]

Y lo mismo sucedió con el siguiente presidente de la República Felipe Calderón, a quien la oposición le llamó públicamente Fecal y Cacalderón y a quien los seguidores de Andrés Manuel López Obrador han insultado a diestra y siniestra, incluso en el recinto del Senado de la República.[29] ¡Cómo estará la cosa que hasta un estudiante al que le había dado un premio por excelencia académica se permitió gritarle "espurio" en plena ceremonia![30]

¿Y a los magistrados? Andrés Manuel López Obrador les dijo a los de la Suprema Corte de Justicia de la Nación que "no son más que encubridores de políticos corruptos y de delincuentes de cuello blanco".[31] ¿Y al presidente del IFE? ¿Y al ombudsman?

Sin duda que esto ha sido posible por la libertad de expresión que real y efectivamente campeó en el país desde la última década del siglo XX, pero lo que podía haber sido el ejercicio de un derecho se utiliza también para difamar y hasta para, paradójicamente, negárselo a otros que piensan o actúan de manera diferente.

Esto es evidente en la moda reciente de que los ciudadanos mandan correos electrónicos y cartas a los analistas políticos, periodistas e intelectuales con quienes no están de acuerdo, en los cuales la agresión y el insulto están a la orden del día. Durante el conflicto postelectoral del año 2006, a quienes se negaron a aceptar la versión de que hubo fraude en la elección o que no estuvieron de acuerdo con las acciones emprendidas por la Coalición por el Bien de Todos, se les acusó de "vendidos", "traidores", "sólo preocupados por su cartera" y mil cosas más. Ésta es una carta enviada a un diario capitalino: "Hoy los intelectuales dan vergüenza. Dan pena los pobres... Utilizando sus espacios públicos... Mal usando la palabra... Dan pena en verdad, dan lástima".[32]

El amparo que da el anonimato del internet permite a muchos insultar libremente a quienes piensan distinto que ellos. Particularmente vulnerables son quienes tienen algún blog o columna de opinión en algún diario. Éste es un correo electrónico que me envió alguien que se firma como Leticia Martel cuando escribí que la lucha contra el narcotráfico del presidente Calderón estaba siendo un fracaso: "La gentuza de la UNAM, o sea, el bastión más estúpido de la izquierda mexicana, todos escriben y piensan como tú. Ahora resulta que el gobierno que nosotros, los del resto de la república mexicana, no hace nada en contra del narco y que la lucha ha sido infructuosa ¿me puedo reir grandísima bruta? jajaja, ¡Eso quisieran! ¡Quisieran que Calderón fracasara, o lo que es peor, que fracasaran los mexicanos que no le dimos el voto al Pejelagarto y fósil universitario de la dizque una de las mejores universida-

des del mundo jajaja, ese premio patito se lo sacó De la Fuente de la manga, solamente entre ustedes los unamistas de UNAM of course, se dan el avión. No chilanga, no te sientas en la posición de aminorar el esfuerzo enorme que está haciendo el gobierno, ustedes los chilangos no tienen calidad moral para opinar, tienen la ciudad más cochina y sucia del país, son los más corruptos de toda Latinoamerica, los más marxistas y comunistas, los únicos que tienen la visión retrógrada de la economía. Escribes pura basura, no comprendo como Raymundo riva Palacio (*sic*) te tiene en el universal. Eres la basura socialista que detestamos la mayoría de los mexicanos".[33]

Eso sí, a todo esto siempre se le cobija bajo la frase de "con todo respeto". Y es que, desde hace varios años se ha puesto de moda anteponerla a los insultos, groserías, burlas y descalificaciones, pues se considera que basta con decirla y ya entonces todo se vale. El "con todo respeto" o el "sin afán de ofender" son frases que como diría la historiadora británica Joanna Bourke, les dan a las personas "la suprema felicidad, la seguridad de que hacen lo correcto".[34]

* * *

Ahora bien: también es cierto que a la sociedad mexicana le sirve que las instituciones no funcionen y las leyes no se respeten.[35] La precariedad del estado de derecho ha sido conveniente para todos: para el gobierno y para los ciudadanos, pues como diría André Pierre Taguieff "ha sido la solución para los problemas".[36] Y por eso "desde que este país existe se han violado todas las leyes, una tras otra" asegura Fernando Escalante Gonzalbo.[37]

¡Entonces es mentira lo que dicen los juristas de que es un clamor generalizado de la sociedad mexicana que exista un estado de derecho! ¡y de allí que no baste con hacer reformas jurídicas para que éste funcione! pues como bien dice Guillermo Deloya Cobían: "Pensar en reformas al marco jurídico a sabiendas de que se tiene en baja estima el valor de la ley, cambiar las instituciones a sabiendas de que la cultura nacional está permeada por una profunda desconfianza a las instituciones, son caminos equivocados".[38]

Hace poco tiempo una conocida actriz de televisión lo puso muy claro: "No tiene caso irse por el camino de las leyes de los hombres sino mejor confiar en la ley de Dios".[39]

La desmemoria

Los humanos por naturaleza seleccionamos aquello que recordamos, en función de necesidades, circunstancias, horizontes e intereses específicos implícitos o explícitos. Dicha selección, afirma Allan Bullock, tiene sus orígenes en lo social: hay ciertas cosas que cada sociedad está dispuesta a saber y ciertas que no, dependiendo de sus características culturales, de su modo de ser y funcionar, de sus orígenes, sus planteamientos para el futuro y su concepto de sí misma.[40]

En México no queremos recordar. Hay una cómoda desmemoria colectiva que permite que vuelvan a suceder cosas que ya sucedieron, que se hagan propuestas que ya se hicieron, que se repitan formas de acción y de reacción, que quienes proponen hoy alguna cosa sean los mismos que ayer la impidieron y quienes la impugnan hoy sean mañana quienes la promueven.

¿No denunciaron algunos miembros del PRD a su propio partido ante el IFE y tiempo después denunciaron al IFE ante sus militantes? ¿No fue Andrés Manuel López Obrador a Televisa a denunciar el complot presidencial en su contra y poco después denunció a la empresa televisiva como parte de ese complot? ¿No criticaron los partidos de oposición al PRI por sus métodos de hacer política, pero apenas llegaron al poder funcionaron exactamente igual que aquél: de manera clientelar, haciendo promesas que no cumplen, cobrando facturas por los favores, gastando el dinero populistamente y sin transparencia ni rendición de cuentas?

Hoy como nunca, es claro que no importa lo que se dijo o hizo antes y que se vale apropiarse del discurso del otro y convertirlo en propio. Y entonces vemos a la derecha ofreciendo ocuparse de los pobres y prometiendo la justicia social, que ha sido tradicionalmente el discurso de la izquierda y a la izquierda blandiendo cacerolas, que era el modo protestativo característico de las señoras de la derecha, o a la Iglesia hablando de libertad de conciencia porque lo que quiere es meterse en la educación, que fue exactamente la razón por la cual los liberales usaron esta expresión en el siglo XIX, pero para volverla laica.

Me escribe un lector: "De manera repetitiva se reproducen las mismas quejas, se proponen las mismas soluciones y se llevan a cabo los mismos errores que conllevan otra vez al fracaso".[41] Y otro: "¿Por qué el empeño nuestro en no recordar? ¿es porque nos da vergüenza? ¿es porque preferimos cada vez empezar desde cero para no aceptar cómo somos y cómo actuamos? ¿o es simplemente por ignorancia y desconocimiento de nuestro pasado? ¿o quizá porque nos conviene que las cosas sean así? Tal vez como escribe Patricia Corres: "Finalmente vanidosos, más que la búsqueda de la verdad nos interesa la estética: gustar y gustarnos"[42]

El desinterés

Si como afirma Norbert Lechner la confianza es "un lubricante para la cooperación", lo contrario también es válido: la desconfianza es un lubricante para el desinterés.

Esto es muy claro cuando se observan los elevados índices de despolitización de la sociedad mexicana, pues de acuerdo a datos recientes, un 80% de los ciudadanos no se interesan por la política, es decir, ocho de cada 10 personas "carecen de un interés inmediato por el debate público".[43]

Pero no sólo en el debate, incluso no muestran interés en la información, como da fe el siguiente ejemplo: una señora que es desde hace muchos años paciente de un médico endocrinólogo, no tenía la menor idea de que se trataba nada menos que del secretario de Salud del gobierno federal.[44] Supongo que eso sólo puede suceder porque no lea periódicos ni escuche o vea noticieros.

El desinterés se manifiesta en muchas situaciones: desde los altos índices de abstención a la hora de las elecciones (en las legislativas de 2003, 58% de ciudadanos se abstuvieron de votar, afirma Carlos Martínez Assad y desde hace muchos años ningún gobernador ha ganado con mas de 20% de votos del total del padrón. Y en las presidenciales, nadie ha ganado con más de 60% de votos y ha habido casos en que esa cifra no ha sido mayor de 30%),[45] hasta en el abandono de causas y luchas (como sucedió con las organizaciones ciudadanas surgidas de los terremotos del año 85 en la ciudad de México, cuando todo mundo se puso a ayudar a las víctimas y a planear medidas de prevención para casos futuros y hasta se decretó un día nacional de la Protección Civil, pero poco a poco, conforme el tiempo pasó, cada vez menos personas acuden a las reuniones y a las marchas, al punto que como comentó uno de los líderes, "la manta que llevan pesa más").[46]

El desinterés lleva también a que cosas que ya funcionaban se echen a perder, se detengan, se caigan. Los ejemplos abundan: desde que antes producíamos el chile que se consume en el país y ahora lo importamos, hasta el trámite de obtener una licencia de conducir que un día funciona, otro se cae, luego vuelve a funcionar y uno nunca sabe.[47] ¿No llegó a estar eliminada la tortura en México?[48] ¿No desde hace un cuarto de siglo ya estábamos en "transición" a la democracia?[49] ¿No ya se había reconocido a la multiculturalidad como "la realidad en el territorio nacional"?[50] ¡Con razón ya en el siglo XVII Carlos de Sigüenza y Góngora se lamentaba "de la poca duración de todo lo que en nuestra América empieza grande"!

La doble moral

Del doble discurso a la doble moral el brinco es casi imperceptible. ¿O será que es al revés y que aquél existe porque ésta existe y lo sustenta?

Lo dieron por ejemplo los empresarios que querían abrir casinos en el país para lo cual argumentaron que se trata de negocios que ayudarían a la economía nacional, pero luego esos mismos señores se enojaron cuando empezaron a llegar a las costas mexicanas los barcos turísticos de empresas transnacionales en los que ellos no tienen participación y entonces argumentaronn (con las mismas ideas y hasta palabras que usan los anticasinistas) que le hacen daño a la economía y a la ecología. Lo dieron los dueños de gasolinerías que un buen día denunciaron a la empresa Pemex de fraude porque las pipas que compran y pagan completas a la paraestatal llegan con menos cantidad de combustible, siendo que desde hace años ellos han hecho sus negocios en complicidad con estas prácticas.[51] Lo dio Andrés Manuel López Obrador que denunció al presidente Fox por apoyar abiertamente al candidato panista a la Presidencia de la República y por usar recursos del gobierno para ese fin, siendo que él hizo lo mismo como jefe de gobierno de la capital, tanto en su propia campaña para ocupar el cargo de Primer Mandatario como en las campañas de otros perredistas.

Un ejemplo sin desperdicio es el que se vio durante el plantón postelectoral en la ciudad de México en el 2006: en un desplegado publicado por varias organizaciones, se acusaba al presidente de la República por "suspender la libertad al libre tránsito de los vecinos y comerciantes que vivimos y ejercemos nuestra actividad diaria en las colonias aledañas a la H. Cámara de Diputados, provocando pérdidas económicas". La razón de esta suspensión de "la libertad de tránsito de vehículos y de personas", era que la Policía Fe-

deral Preventiva estaba instalada en los alrededores del recinto del Congreso de la Unión. "Se trata de un bloqueo ilegal y sin fundamento" decía el texto citado.[52] ¡Lo increíble es que esas organizaciones firmantes habían intentado hacer un plantón precisamente frente a la sede del poder legislativo días antes y lo más increíble es que cuando hicieron pública su queja el PRD, partido del que formaban parte, llevaba más de dos semanas con plantones instalados en el centro histórico y algunas de las más importantes arterias de la capital, que impedían "el libre tránsito de personas y vehículos y el ejercicio de las actividades diarias para el sustento de las familias"![53]

Pero todavía ningún caso supera al siguiente: el señor Fernando Sánchez Ugarte, que como subsecretario de Ingresos de la Secretaría de Hacienda fue uno de los creadores y promotores del Impuesto Empresarial de Tasa Única IETU, cuando se salió del gobierno, entró a trabajar a la iniciativa privada en una empresa que solicitó un amparo de ese impuesto "en el que cuestiona la constitucionalidad de 9 de los 19 artículos permanentes de la ley así como de 3 de los 22 artículos transitorios".[54]

* * *

La doble moral la aplican sistemáticamente los medios de comunicación. Por ejemplo, si se trata de un diario que simpatiza con la izquierda, justificará cualquier acto de grupos que ideológicamente lo sean, incluidos los que usan la violencia, a la que entonces se considerará legítima porque es de "insurgencia" o de "protesta" o de "manifestación de repudio". Esto se hizo evidente en la manera de dar cuenta de los hechos sucedidos en Atenco o en Oaxaca: las acciones de los manifestantes siempre fueron enaltecidas y consideradas de lucha social, sin importar si tomaban edificios públicos, que-

maban estaciones de radio y vehículos, ponían barricadas en las calles, disparaban armas o blandían machetes, golpeaban y retenían a burócratas y hasta los exhibían en plaza pública al mejor estilo de la Revolución Cultural China. Pero siempre que entró alguna fuerza pública, aunque hubiera ocasiones en que iban desarmados o incluso no respondían si se les agredía, se le llamó "represión". Y en cambio, si el diario no simpatiza con esos grupos, dará una versión completamente distinta y hasta opuesta de los hechos en la cual un lado será el de "las fuerzas del orden" y otro el de "los revoltosos y agresores" a los que urge reprimir "porque ponen en riesgo la gobernabilidad y hasta la estabilidad social".

    ¿Qué sino doble moral es cuando un candidato a un puesto de elección popular que se presenta como católico esconde que es divorciado? ¿O cuando los que hablan de la importancia de la vida humana y se oponen a las legislaciones que despenalizan el aborto o la voluntad anticipada, callan cuando hay linchamientos y asesinatos contra quienes profesan otras religiones? ¿Qué sino doble moral es la que tienen esos intelectuales que aparecen en cuanto foro público pueden, diciendo que hay que estar lejos del poder porque contamina y corrompe y alardeando sobre la independencia como condición fundamental de la libertad intelectual para luego cenar con los poderosos cada vez que los invitan y aceptar toda suerte de homenajes, prebendas, becas y viajes?[55] ¿Y cuando los medios de comunicación festinan durante años el libre mercado y la competencia y el fin del proteccionismo estatal pero luego los vemos emprender campañas sucias para evitar que se conceda permiso para abrir una tercera opción en la televisión? ¿Y cuando los padres de familia discursean sobre la necesidad de proteger el medio ambiente pero tiran la basura en cualquier parte y sacan a sus perros a pasear sin recoger los excrementos? ¿Y cuando los niños, en un acto organizado por la Secretaría de Educación Pública subieron a la tribuna para hablar mal de los alimentos chatarra y en el receso, se pusieron felices a comer sus papitas, refrescos y pastelillos?

    Doble discurso, doble patrón para medir, doble moral: ¿Hay algún líder obrero que sea obrero, que viva como obrero?[56] Pienso en Fidel Velázquez o en Napoleón Gómez Urrutia y lo dudo. ¿Tienen un elevado nivel moral los que se la exigen a los demás? Pienso en el padre Maciel de los Legionarios de Cristo, acusado de asaltar sexualmente a varios niños cuya educación le confiaron los padres y lo dudo. ¿Viven pobremente quienes dicen estar con los pobres? Veo a los obispos con sus vestimentas principescas, que juegan golf y se festejan sus cumpleaños con grandes banquetes y dudo de que les interese ese mundo de miserables a los que dicen amar y que desprecien a los ricos como dicen despreciar.[57]

    Pero no hay ejemplo mejor de la doble moral que impera en nuestro discurso público que lo que sucede con los migrantes. Cuando se trata de mexicanos que van a Estados Unidos, criticamos duramente a los norteamericanos por el pésimo trato que les dan a los connacionales. Pero cuando se trata de centroamericanos que cruzan a México, se les maltrata sin piedad, igual o peor que eso de que tan amargamente nos quejamos. Y para muestra, un botón: en abril del 2005, en el estado de Coahuila, elementos de seguridad de la empresa Transportación Ferroviaria Mexicana golpearon y tiraron desde un tren en marcha a una joven indocumentada originaria de Guatemala, que viajaba con otros migrantes en un tren de carga que se dirigía a la frontera con Texas. Gabriela Maritza Barrios, de 20 años de edad y madre de un niño de cuatro, sufrió tantas fracturas que los médicos del Hospital Universitario le tuvieron que amputar una pierna.[58]

La corrupción

En el Sindicato Nacional de Trabajadores de la Educación y en el de Petróleos Mexicanos, las plazas se heredan o venden. En el del Seguro Social, el contrato colectivo incluye la entrega de más de 200 millones de pesos para promoción de la cultura y el deporte y la organización de festivales y regalos de día de Reyes para los hijos de los trabajadores, dinero sobre el que no se piden cuentas a los líderes.[59] En el de Mineros y Metalúrgicos, el dirigente Napoleón Gomez Urrutia nunca aclaró dónde estaban millones de pesos que "desaparecieron" así nada más y en el de Trabajadores Azucareros el líder fue acusado de "no ingresar a las arcas del gremio 13 millones de dólares producto de la venta del edificio del hospital de los trabajadores a un grupo privado".[60]

¿Para qué pagar la multa si se puede dar mordida y arreglarse con el policía? ¿Para qué pagar la luz si se puede poner un diablito y colgarse o amañar el medidor o conseguir que los trabajadores de la propia empresa "instalen" el robo organizado en alguna fábrica, oficina o comercio? ¿Para qué pagar los impuestos completos si conocemos a alguien que puede vendernos facturas y recibos falsos para bajarlos? ¿Para qué tirar la comida que no se acabó ayer si al revolverla con la nueva ni se nota? ¿Para qué comprar mercancía legal si es más barata la de contrabando?

La corrupción consiste, según las definiciones canónicas, en un acuerdo entre dos partes que beneficia a ambos por encima de la ley.[61] En México, ella forma parte intrínseca e indispensable de la estructura y modo de funcionamiento del sistema político, económico, cultural y mental debido a que "es parte de un problema de diseño institucional y de efectividad y eficiencia gubernamental". Por eso, por más promesas y supuestos esfuerzos que se han hecho para erradicarla ello es imposible: existe dice René Millán, un ambiente y condiciones que la propician y, dice Leticia Juárez, una tolerancia social hacia ella.[62]

¿Quiere usted faltar al trabajo y que le paguen su salario? Compre una incapacidad en el Seguro Social. ¿Quiere usted circular todos los días con su auto? Compre una calcomanía cero. ¿Quiere usted ganar una licitación pública? Invite a cenar al encargado y hágale algún regalito.

Ésta es una carta enviada a una revista: "En el fraccionamiento donde vivo en el puerto de Veracruz hay 140 casas que fueron invadidas por familias que anteriormente ya habían hecho lo mismo, pues todas tienen ya una casa dentro de este fraccionamiento. En ninguno de los dos casos han pagado un solo peso por la compra del inmueble, no pagan predial, no pagan agua, no pagan luz y ¿acaso las autoridades han hecho algo? Claro que no, son intocables y más ahora que habrá elecciones el próximo año".[63]

Y es que en este país son (somos) corruptos tanto el burócrata como el ciudadano, tanto la oficina pública como la empresa privada, tanto el que da como el que recibe, tanto el que acepta como el que calla. O como decía una vieja campaña de televisión: "La corrupción somos todos".

Esperar todo del gobierno

Quinientos años de una cultura vertical, autoritaria y prepotente, nos acostumbraron a esperar que el gobierno se ocupe de todo y resuelva todo.

Y es que el nuestro ha sido un Estado que parece poder cumplir con esas expectativas: paternalista y benefactor, "controlador, vigilador y castigador" según la celebre trilogía de Foucault, "organizador y mediador" según la afirmación de Luis Aguilar: el que reparte la tierra y regala la casa, fija el precio del maíz y compra las cosechas, subsidia la tortilla, la leche y el transporte colectivo, construye la carretera, el aeropuerto, la clínica y la escuela, lleva la electricidad y el agua, el médico y las medicinas, el maestro y los libros de texto y por si eso no bastara, asume las deudas de los grandes consorcios privados y de las empresas paraestatales y "rescata" desde fundidoras hasta bancos, desde ingenios hasta medios de comunicación.

Por eso es que tanto los ricos como los pobres, en las situaciones de problemas internacionales como de desastres naturales, en la vida cotidiana como en las excepciones, esperan que el gobierno se encargue de componer las cosas, con el convencimiento de que todo lo puede y todo lo debe dar. Un ejemplo sin desperdicio es lo que está sucediendo en todo el país con la luz: nadie la quiere pagar porque "es obligación del gobierno dar este servicio" o "darlo más barato".[64] ¿No es por pensar así que las mujeres que viven en un predio invadido en Iztapalapa atacaron a los agentes que querían quitar los diablitos y en Chihuahua los productores agrícolas detuvieron y raparon a los empleados de la Comisión Federal de Electricidad que fueron a cortar el servicio que no pagan?[65] ¡Y hay quien considera que esto es correcto y le llama "acciones defensivas" contra "la miope ofensiva de la CFE"![66]

Del gobierno se espera que cobre pocos impuestos pero haga muchas obras de beneficio colectivo; que de los servicios muy baratos y si se puede, mejor gratis; que no cambie las reglas del juego a que estamos acostumbrados pero que se modernice, se haga eficiente y ágil; que fomente el empleo pero no la inflación; que se haga responsable tanto del crecimiento económico como de la estabilidad social; que garantice la libertad de expresión pero impida la crítica, que garantice la seguridad pero también el respeto a los derechos humanos, que respete la democracia participativa pero también tome decisiones, lleve las riendas y no pierda el control.

Pocos ejemplos mejores de esto que el siguiente: en la Convención Anual de Banqueros del año 2000 el presidente saliente del gremio, Carlos Gómez y Gómez dijo: "De lo único que me arrepiento en mi vida es de haber adquirido una entidad bancaria". La razón de ese arrepentimiento era que desde su punto de vista el gobierno provocó la crisis financiera de 1994-1995 que le hizo perder mucho dinero.[67]

El problema con ese "esperar todo de una gran chichi" como afirma un sicoanalista, es que nunca es suficiente. Haga lo que haga el gobierno, los ciudadanos siempre queremos más y mejor y tenemos la convicción de que éste debe y puede hacerlo. ¿No se quejaron los trabajadores del Sistema de Transporte Colectivo (Metro) cuando les ofrecieron alimentos en comedores distribuidos en varios puntos de la ciudad, de los que se subsidia 85% del precio porque, según dijeron, "La comida no está balanceada", "Nos dan demasiado pollo", "La carne se deshace en la boca", "El agua de fruta está demasiado dulce"?[68] ¿Y los habitantes de la capital cuando escucharon que se cobrará peaje en algunas vías de comunicación cuya construcción resulta demasiado costosa porque, según dijeron, "ya bastante cara es la vida hoy día y todavía tener que pagar", "que el gobierno construya lo que se requiera pero todo sin pago"?[69] ¿No se molestan los que reciben casas del gobierno porque son demasiado pequeñas? ¿O exenciones de impuestos porque nada más son por cinco años?

Carecer de liderazgo

El liderazgo es "una posición de poder que influye en forma determinante en las decisiones de carácter estratégico, que se ejerce activamente y que encuentra una legitimación en su correspondencia con las espectativas del grupo" afirma Orazio M. Petracca y en esa medida, como dice K. Lang: "Es una acción efectiva y no un mero prestigio".[70]

Según quienes nos han estudiado y nos conocen bien —desde Alain Touraine hasta Samuel Huntington—[71] "el problema de México es su liderazgo político". Algo similar han dicho desde hace mucho nuestros pensadores: Lucas Alamán en el siglo XIX escribió que "los errores de los hombres pueden hacer inútiles los más bellos presentes de la naturaleza", Daniel Cosío Villegas a mediados del siglo XX afirmó que "los dirigentes mexicanos han hecho inútiles las más profundas promesas de la Revolución" y Héctor Aguilar Camín a fines de esa misma centuria aseguró que "lo que necesitamos es liderazgo".[72]

Y en efecto lo necesitamos porque si hemos de creer a los estudiosos, el éxito o el fracaso de una sociedad está en relación directa con las mejores o peores decisiones que toman quienes la dirigen,[73] que deben ser capaces de organizar y coordinar intereses muy diversos, buscar el beneficio social así como ver hacia el futuro.

Pero sucede que entre nosotros, los dirigentes no están dispuestos a pasar de lo personal y lo inmediato. Por eso vemos que un gobernador deja el cargo antes de terminarlo, para dirigir la campaña política de un candidato o para irse de embajador y asegurarse chamba por los próximos años así le haga daño a su estado por dejar los proyectos sin concluir. Y vemos que uno tras otro los gobernantes no incrementan algún impuesto o no obligan a cumplir cierta ley a fin de asegurarse votos para su partido o para su persona en la próxima elección, así no cuenten con recursos para cumplir con sus obligaciones.

Por eso un académico norteamericano escribió que lo que caracteriza a los líderes políticos e intelectuales mexicanos es su pragmatismo: no hay una ideología o normas legales o lealtades políticas sino que se tiene gran flexibilidad para hacer lo que resulte más conveniente en cada momento para los propios intereses y lo que cuenta no son los principios, sino los resultados.[74]

La desesperanza

Según Héctor Aguilar Camín: "De Bartolomé de las Casas a Lucas Alamán a Daniel Cosío Villegas, toda una línea de preguntas en la historia mexicana ha tenido su origen inmediato en una sorda crisis de conciencia, en el deshaucio doloroso de las confianzas y certidumbres heredadas. Más precisamente: en la sensación de hallarse frente al término previsible de una civilización, un país, una nación. Sólo por breves periodos hemos vivido en el optimismo y la tónica de nuestro acontecer es siempre la situación de crisis. Luego de la primera oleada de optimismo independiente, a partir de 1836 y de la perdida de Texas, casi no ha habido década en la historia mexicana que no haya estado signada por algún momento de penetrante incertidumbre sobre el destino, el sentido y la integridad de la nación".[75]

La desesperanza no sólo está en nuestros intelectuales, también la sienten los ciudadanos. Los siguientes son algunos correos electrónicos que he recibido de mis lectores, ciudadanos como usted y como yo, que se sienten profundamente desesperanzados:

–"No hay evidencias de una sociedad civil, de una sociedad que se organiza como tal y que se expresa";

–"En México nada funciona ni funcionará porque estamos bajo el control de una elite profundamente corrupta, depredadora y venal";

–"Los políticos y los pueblos tenemos paradigmas que nos atan al subdesarrollo y al atraso";

–"¿Para que sirve tanto gasto excesivo en tecnología (computadoras, medios de comunicación de última generación, personas con altos grados académicos y capacitaciones, etc.) si lo más importante: el bienestar humano, empleando la ley de Herodes, va en sentido contrario; es decir, retrocediendo";

–"Hay tanto desinterés por todas partes, desde la Iglesia, pasando por las personas que están en el poder ejecutivo, legislativo y judicial";

–"¿Hasta cuando se seguirán burlando de nosotros, haciendo y modificando leyes que no se aplican? Poder, intereses económicos, costos políticos, corrupción en todas sus vertientes";

–"El gobierno, los grandes empresarios, la alta jerarquía eclesiástica, a todos... les importamos un bledo. Los mexicanos somos tratados como basura. Somos un pueblo que nunca hemos sido tratados como seres humanos, sino como animales."[76]

Y éste que lo resume todo: "¿Acaso no hay esperanza?"[77]

IV. Cada día nuestra mentira[1]

*É*ste es el libro de nunca acabar. Pasan los años, cambian los funcionarios y los partidos en el poder, se modifica el mundo, las relaciones económicas, la comunicación y la tecnología, pero entre nosotros las mentiras siguen presentes y tan campantes.

Seguimos con el método de un día sí y otro también promulgar leyes y hasta hacerle reformas a la Constitución,[2] aunque eso no necesariamente significa que se legisla sobre los asuntos más importantes (hay quien considera que de hecho no se legisla sobre lo fundamental) ni que se lo hace adecuadamente. Ni mucho menos quiere decir que se generan los complementos para que las dichas leyes se puedan aplicar, como legislaciones secundarias, reglamentos y normas.

También seguimos creando oficinas burocráticas: subsecretarías, direcciones, comisiones, fiscalías, consejos. Y firmando acuerdos y convenios, porque ya sabemos que crear "instrumentos" es la forma favorita de nuestros gobernantes para hacernos creer que gobiernan. En junio del 2007 la Cámara de Diputados pidió permiso para crear varias nuevas comisiones además de las 73 ya existentes y en septiembre del 2007 el senador Santiago Creel propuso, en un discurso de apenas veinte minutos, crear nada menos que veinte instancias burocráticas que según él, servirían para resolver el problema de la seguridad.[3]

Y siguen idénticos los discursos de autoridades y funcionarios, legisladores y jueces, empresarios y medios de comunicación, eclesiásticos y políticos que reiteran y repiten las promesas y planes, alardes y pretensiones, descalificaciones y tergiversaciones, silencios y ocultamientos, cinismos y dobles discursos, verdades a medias, manipulación de cifras, de palabras y de imágenes.

Una y otra vez volvemos a escuchar que se van a hacer cosas maravillosas y que se tuvo éxito en las que ya se hicieron. Una y otra vez nos lanzan las advertencias: que no se tolerará y que se va a investigar y que se llegará hasta el fondo del asunto y que caiga quien caiga.

No hay pues, ninguna diferencia discursiva entre el sexenio de Felipe Calderón y los anteriores que revisamos en este libro. Hoy, igual que ayer y que antier nos aseguran que "hemos avanzado en la recuperación de espacios que estaban en manos de la delincuencia organizada";[4] nos dicen que se va (ahora sí) a ayudar a los pobres: "El presidente anunció su proyecto de combate eficaz a la marginación";[5] que se va (otra vez) a gastar menos en cosas superfluas: "El presidente firmó un decreto de austeridad según el cual

reduciría 10% su salario y el de su gabinete y recortaría gastos de operación, representación, servicios personales, telefonía móvil y otros";[6] que se va (una vez más) a mejorar la educación: "Se va a emprender una reforma educativa para consolidar la vida democrática del país y construir una nueva etapa de desarrollo con crecimiento económico, bienestar, seguridad y justicia para todas y todos los mexicanos";[7] que se van (esta vez en serio) a respetar los derechos humanos: "Se delinearon los últimos detalles del acuerdo del convenio de colaboración entre el gobierno de México y la Organización de las Naciones Unidas para impulsar el respeto a las garantías básicas. El texto será firmado en Los Pinos".[8]

Hoy, lo mismo que desde hace una década, y dos y tres, siguen insistiendo en que "tuvimos un excelente año agropecuario, crecimos más que otros sectores de la economía, exportamos lo que nunca, logramos un crecimiento de empleo e inversión, somos uno de los países en el mundo que menor impacto tuvieron a consecuencia de los precios de los alimentos en su canasta básica y en la inflación."[9]

* * *

En el 2007 se hizo pública con bombos y platillos la Ley General de Acceso a las Mujeres a una Vida Libre de Violencia. Unas semanas después de su entrada en vigor, se acercó a mí una mujer a la que el marido golpeaba sin piedad una y otra vez. La delegación correspondiente a su domicilio del Instituto de la Mujer del Distrito Federal la atendió, y se llegó al acuerdo de que el hombre debería abandonar el hogar conyugal y no volvérsele a acercar. Pero de todos modos, él siguió persiguiéndola y acosándola, esperándola a la salida del trabajo o a la entrada de la escuela de los hijos. Hasta que una madrugada se metió por la fuerza al pasillo que le servía de vivienda y se le fue encima a golpes y patadas. La mujer salió corriendo a pedir ayuda y encontró a una patrulla a la que le relató la situación. "Uy no señora, nosotros no podemos hacer nada. Tiene usted que ir a tal y tal lugar a levantar un acta" fue la respuesta. Por supuesto, era imposible a esa hora trasladarse al sitio indicado

y por supuesto, sólo la intervención oportuna de los vecinos la salvó a ella y a sus hijos de algo peor.[10]

¡Ay santa Agnes Heller, san Norberto Bobbio, san Pietro Barcellona! ¿no nos habían ustedes dicho que la ley existe para ponerle un dique a los deseos ilimitados de los individuos y poder vivir en sociedad? ¿y que es obligatoria y vinculante para todos?[11] ¿no nos habían asegurado que las instituciones son la "instancia decisoria del ordenamiento social"[12] y que ellas están allí "para dirimir los conflictos"?[13] Y sin embargo, a esta mujer no le sirvieron de nada las magníficas leyes e instituciones que existen en México y que protegen a las mujeres de la violencia de sus maridos.

Como tampoco le sirvieron a un niño de nueve años cuya historia se publicó en la sección de correo de un diario de circulación nacional: "Hace cinco años murió nuestra madre. A partir de entonces nuestro pequeño hermano Juan Pablo Rangel Díaz, hoy de 9 años de edad, fue llevado a vivir con su padre, Juan Rangel González y su abuela paterna. Todo este tiempo ambos lo han sometido a constante maltrato físico. El 9 de diciembre de 2003 llevamos a Juan Pablo al DIF de Cuautitlán donde se inició una averiguación cuyo resultado es que nos den la custodia de Juan Pablo, pero su padre demandó y el 9 de mayo de 2006 ganó la sentencia, por lo que tuvimos que entregarle al pequeño, quien en ese entonces tenía siete años. Desde entonces no nos fue permitido ver a nuestro hermano. Tuvimos noticias de él gracias a una trabajadora social de nombre Laura Valverde, del Hospital Infantil Federico Gómez, donde fue hospitalizado en octubre del 2007 por una supuesta crisis de esquizofrenia. En ese momento el niño se encontraba en un estado muy lamentable: sumamente delgado y con la mirada perdida. Nos informaron que estaba en tratamiento siquiátrico.

"En el tiempo que él vivió con nosotros jamás presentó un cuadro como ése. Recurrimos al DIF de Coyotepec, con el procurador Eugenio Cruz Rojo el 19 de diciembre pasado. Nos dijo que en dos semanas habría solución. El 14 del mismo mes nos citó el sicólogo Pilar Godínez.

"Vimos a nuestro hermanito a las 8 de la mañana. No tenía puesto un suéter y sus piernitas se veían moradas por el frío. Cuando nos vio, corrió a abrazarnos y, llorando, nos dijo que tenía hambre, que es castigado por su madrastra, quien, en castigo, lo deja dormir en el baño y que le había pegado con una manguera, lo cual fue comprobado por Pilar Godínez, quien lo llevó a curación al mismo DIF de Coyotepec.

"Acudimos a ustedes con desesperación, ya que las autoridades competentes no hacen nada al respecto. Tenemos las evidencias del maltrato en fotos y videos; ya no sabemos qué hacer o a quién acudir. Queremos que nuestro pequeño hermano tenga las mismas posibilidades de cualquier niño de ser respetado en su derecho de ser amado y bien cuidado y de recibir atención médica adecuada, porque su padre quiere encerrarlo en un hospital siquiátrico. Les suplicamos nos ayuden a investigar bien el problema y a lograr la custodia del pequeño Juan Pablo.

"Hoy se reúnen en el DIF de Coyotepec un médico del hospital siquiátrico, una trabajadora social; del jurídico, la licenciada Hortencia Castro y el sicólogo Pilar Godínez para determinar si es llevado a un internado, a un albergue o a un hospital siquiátrico."[14]

México es signatario de un montón de convenios internacionales sobre el compromiso del Estado para la protección de la infancia. Además tenemos por supuesto, leyes, tribunales especiales para atender asuntos familiares e instituciones como el Sistema Nacional para el Desarrollo Integral de la Familia que tiene entre sus atribuciones y obligaciones la de garantizar la protección de los niños que "por alguna situación de vulnerabilidad se encuentran en riesgo, en abandono o sujetos a maltrato".[15] Y no sólo eso: el gobierno, la Iglesia, los medios de comunicación, los empresarios y las organizaciones no gubernamentales nos endilgan discursos conmovedores sobre que los niños son lo más importante y que hay que cuidarlos y respetarlos.

Y sin embargo, ante una situación de este tipo que exigía una intervención inmediata a fin de resguardar a un pequeño, nadie tomó el asunto en sus manos y mientras, pasaron cinco años en la vida de un niño. ¿Cómo no sentir indignación? ¿Para qué sirven tantas leyes, convenios, programas y oficinas burocráticas?[16] ¿Para qué queremos los discursos de los poderosos en los que nos prometen el oro y el moro y en los que nos aseguran que ya hicieron esto y aquello? O como dijera alguna vez Carlos Fuentes "¿Cuántos discursos, cuántas promesas han pasado por los palacios del poder?"[17]

* * *

Por eso no voy a terminar este libro, porque como son las cosas en México, no puede tener fin. Seguiré recogiendo las mentiras y denunciando a los que mienten. Espero que los lectores colaboren conmigo en la tarea. Tenemos que hacerlo para exponer a nuestros poderosos, para que se den cuenta que nos damos cuenta.

Epílogo:
La única verdad es la mentira

*M*éxico entra al siglo XXI de la mano de la mentira y la simulación, compañeras fieles a lo largo de su historia, pero que ahora han alcanzado alturas insospechadas.

Porque como nunca la incongruencia entre el discurso del poder y la realidad es enorme.[1] Nos habían dicho que la nuestra era una economía sólida, que vivíamos en una democracia y que habíamos avanzado en la lucha por los objetivos que hoy día se consideran los adecuados: la justicia social, la educación, el respeto a los derechos humanos, a la diversidad, al medio ambiente. Pero nada de eso resultó cierto: nuestra democracia no solamente es puramente electoral sino que ni siquiera pasó la prueba de los acuerdos y las negociaciones ni nos permitió, como se pensaba a mediados de los años noventa "asegurar la paz social y la concordia entre los mexicanos";[2] la economía no pasó la prueba de la competitividad internacional, el Tratado de Libre Comercio con América del Norte no se convirtió en ese motor del desarrollo que supuestamente iba a ser y a pesar del discurso gubernamental de que llegaremos a ser una de las grandes economías del planeta, "el tema del crecimiento económico no es la prioridad nacional";[3] más de la mitad de la población vive en pobreza hoy igual que hace medio, uno, dos siglos y esa justicia social de la que tanto se alardea no pasa de ser un "tomar de los vencedores una cierta cantidad de despojos para distribuirla entre los perdedores" como dice con crudeza Agnes Heller;[4] la educación escolarizada es un desastre y generaciones enteras se han perdido y se siguen perdiendo por eso; la obediencia de la ley es una ficción; el respeto a la diversidad (religiosa, ideológica, sexual, étnica) inexistente; la transparencia sólo un invento para publicidad; las instituciones están incapacitadas para cumplir con sus objetivos, atoradas entre la falta de recursos, la ineficiencia y la corrupción; el medio ambiente está devastado y a nadie le interesa cuidarlo; la impartición de justicia no se ha enterado que debe hacer honor a su nombre. Entre nosotros no hay respeto a los derechos humanos, el racismo hacia los indios es brutal y fuerte la desconfianza hacia los extranjeros, los narcotraficantes hacen y deshacen a su santo gusto, millones emigran para poder ganarse el pan, la inseguridad y el miedo dominan nuestra vida cotidiana y hasta la sacrosanta institución de la familia lleva en su seno la violencia.

Ya ni siquiera sabemos si somos una nación, si tenemos una identidad y cuál sería ésa y no tenemos un proyecto a futuro, cuestiones de las que hace apenas unos años nadie dudaba.

Nuestros poderosos se la han pasado envolviendo en palabras y más palabras la promesa incumplida, el proyecto no realizado, la trampa, la corrupción y el fracaso. ¿Cómo pudo Vicente Fox decir que México es un país "en el que uno se siente tranquilo, seguro, confiado de que va a ser el mejor del mundo" cuando lo que experimentamos los ciudadanos es inseguridad, miedo, desconfianza? ¿cómo puede un secretario de Economía afirmar que México "está blindado" frente a los problemas económicos mundiales cuando lo que vemos es de otro modo, muy de otro? ¿cómo puede un secretario de Gobernación decir que México está y ha estado preparado para enfrentar cualquier tipo de reto" siendo que no tenemos ningún control sobre lo que sucede con el narcotráfico y en las fronteras? ¿Y uno de Seguridad Pública asegurar que disminuyeron los delitos y uno de Trabajo que se crean empleos y uno de Agricultura que se producen los alimentos que nos comemos y uno de Medio Ambiente que se protege la ecología y se hacen acciones contra el cambio climático?

Pero lo dicen. Sin empacho alguno hablan de fronteras seguras, economía invulnerable, tranquilidad social, seguridad nacional, ¡ah que país maravilloso el del discurso!

¿De qué nos sirven las leyes que protegen a la familia de la violencia intrafamiliar si no hay forma de aplicarlas? ¿de qué nos sirve que los mexicanos tengan por escrito y garantizado su derecho a la salud y a la vivienda y a un trabajo digno si esos derechos no tienen forma de volverse realidad? ¿de qué nos sirven tantas secretarías y direcciones y tribunales y comisiones y fiscalías si no llevan a la práctica su misión?

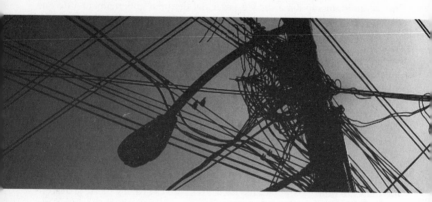

Ese del que hablan es un país inventado, los discursos de logros y avances, de respeto y cuidado, de apoyo y solidaridad, de gestión y acción, no son una práctica sino como diría Elizabeth Jelin, pura palabra vacía.[5]

Nos la hemos pasado creando instituciones, promulgando leyes, firmando convenios. Hemos adoptado ideas de otras culturas pretendiendo que estamos de acuerdo con ellas. Usamos los conceptos que la comunidad inter-

PAÍS DE MENTIRAS

nacional pone de moda y que nosotros, en el afán de ser aceptados por ella, hacemos creer que creemos. Son los discursos política, ideológica y culturalmente correctos de nuestro tiempo y son asuntos que se presentan como moralmente incuestionables y que además se prestan a las hermosas palabras, a los grandes programas y a las preciosas promesas.

Pero ¿y luego qué?

Luego simple y llanamente, no cumplimos nada de eso. La mentira es la esencia de nuestra vida política. Y lo que le permite seguir funcionando.

* * *

En sentido filosófico la verdad no existe. Sabemos que todo depende, como dice el dicho, del cristal con que se mira. Lo que para uno es bello para otro no lo es, lo que para uno es riqueza para otro aún resulta insuficiente, lo que alguien llama democracia, a otro no le parece que lo sea y lo que le hace justicia a un lado le resulta injusto al otro. Se dice por eso que la verdad es relativa.

Y así debe ser, porque de otro modo, como dice Robbe Grillet, "convertimos al concepto de verdad en un concepto que sirve a la opresión",[6] como han hecho a lo largo de la historia y siguen haciendo todos los fundamentalismos que enarbolan sus banderas de "ésta es la única verdad".

Pero si tomamos al concepto de verdad en un sentido cartesiano, las cosas adquieren otra dimensión. Porque entonces la verdad es evidencia, adecuación, correspondencia, concordancia, ausencia de contradicción entre lo que se dice y lo que es.

Y entonces resulta que negar que hubo muertos durante un operativo policiaco ya no es "un punto de vista" sino una mentira abierta, decir que el choque de dos trenes se produjo por problemas técnicos y no por descuido de los operarios ya no es "el cristal con que se mira" sino un engaño, asegurar que producimos lo que nos comemos cuando importamos más de la mitad de los productos básicos ya no es "una versión de los hechos" sino una negación de los datos, afirmar que bajó medio punto porcentual el robo de autos, ya no es "una mejoría" sino una trampa en el manejo de las cifras, promulgar una ley que no tiene forma de llevarse a la práctica ya no es "una buena intención" programática sino una franca mentira.

Y sin embargo, México no es hoy el mismo que era en 1824, en 1880, en 1920, en 1950, en 1980. Eso significa que con todo y la brecha que existe entre discurso y realidad, de todos modos las cosas caminan, aunque sea "informe y caóticamente entre las ruinas del desperdicio burgués y la expansión capitalista" como dice Monsiváis.[7]

Hoy tenemos carreteras y puentes, armas y tractores, bancos y universidades, hospitales y cárceles, hoteles y tiendas, fábricas y oficinas, medios de comunicación y medios de transporte. Hoy millones de niños asisten a la escuela y reciben sus vacunas, las personas van a trabajar al campo y a las oficinas, a pasear, de compras y de viaje. Hoy le vendemos y le compramos al mundo, recibimos sus inversiones y nos invitan a sus cumbres. Hemos pasado del autoritarismo a algo que mal que bien podríamos calificar de democracia, con algunas de sus virtudes como la libertad de expresión. Aquí estamos, transitando por el siglo XXI con este nuestro modo de funcionar.

Pero ¿quiere decir esto que las exageraciones, cifras falsas, promesas no cumplidas, informes tramposos, silencios, tergiversaciones, ocultamientos, de todos modos permiten no sólo vivir sino incluso salir adelante? ¿Quiere decir esto que nuestro modo de funcionar ha funcionado, que jugar con nuestras propias reglas nos ha permitido avanzar, que aunque concebimos las cosas de otra manera y las resolvemos de otra manera que como lo hacen los países avanzados, de todos modos podemos hacer las cosas?

Estas preguntas nos colocan en terreno pantanoso, pues ¿es separable "la ética de la intención" de "la ética del método"? es decir ¿aquello a lo que se quiere llegar y el modo de conseguirlo?

Octavio Paz creía que había que desterrar a la mentira y estaba convencido de que ella nos había hecho un daño moral "incalculable". Francisco Bulnes hasta llegó a considerarla delito: "En materia de interés público es delito ocultar la verdad". Y Justo Sierra afirmó que por culpa de "nuestra aversión radical a la verdad, producto de nuestra educación y nuestro temperamento" la nación mexicana era uno de los "organismos sociales más débiles, más inermes de los que viven dentro de la órbita de la civilización".[8]

Yo no quiero ver a la mentira ni como pecado como creen las Iglesias, ni como cuestión de principios y de pureza como le gustaría a las izquierdas y a las derechas por igual o de ilegalidad, que es como funciona la jurisprudencia norteamericana. Ni siquiera quiero darle a la verdad una asignación de superioridad, tal que la mentira quede como un absoluto mal y la verdad como un bien total como dice Noé Jitrik.

Sin embargo, existe un principio de verdad que reside en la razón humana y que es el fundamento de la ética y del derecho,[9] necesarios para vivir. Ello hace que la verdad sea un valor. Claro que pensar así es entrar en el terreno de los ideales ilustrados como diría Francisco Laporta,[10] de una mirada liberal moral como diría Nancy L. Rosenblum.[11] Pero a fin de cuentas, esos son mis ideales y esa es mi mirada.

Por eso al terminar este largo recorrido por el discurso público mexicano no me queda sino preguntarme ¿cómo serían las cosas si se hubieran hecho sin mentiras? ¿dónde estaríamos si se hubiera dicho la verdad? ¿más atrás, más adelante? ¿mejor, peor, igual? ¿nos ha hecho más bien o nos ha hecho más daño que esa sea nuestra forma de funcionar?[12]

Regreso al país de mentiras[1]

*L*a primera edición de *País de mentiras* se publicó en octubre de 2008. Unas semanas después, se desplomó el avión en que viajaban varios funcionarios del gobierno de Felipe Calderón, entre ellos el secretario de Gobernación, muriendo todos sus ocupantes.

Esa tragedia fue una prueba para los argumentos sostenidos en el libro, pues si bien todo indicaba que se trató de un accidente, los ciudadanos dudaron de que así fuera, lo cual hizo evidente la magnitud de la desconfianza respecto de las palabras de sus autoridades, o como diría Hannah Arendt: "El rechazo absoluto a la verdad de nada, independientemente de lo bien que pudiera ser establecida",[2] algo que precisamente yo había señalado como una de las consecuencias graves que tenía el hecho de que reiteradamente el discurso público nos había mentido.

Tres años más tarde, otro secretario de Gobernación del gobierno de Felipe Calderón murió porque el helicóptero en que viajaba se desplomó. Como escribió Jorge Zepeda Patterson: "Debe ser ínfima la posibilidad estadística de que se repita la muerte de la misma posición del gabinete (secretario de Gobernación) por la misma causa (tragedia aérea), en el mismo sexenio".[3]

Y en efecto, no sólo para la teoría de las probabilidades eso ya era demasiado, también lo era para los ciudadanos: "Lo menos que genera es suspicacia, particularmente tratándose del responsable de la política y la seguridad nacional", escribió el mismo periodista.

* * *

Este libro analiza la mentira del discurso público mexicano durante la última década del siglo XX y la primera del siglo XXI. Eso no significa, por supuesto, que antes no se hubiera mentido desde el poder a los ciudadanos, pero la razón para seleccionar esa temporalidad la expliqué en el "Prólogo": "Si bien la mentira había formado parte de nuestro discurso público desde tiempos inmemoriales, sucedió la paradoja de que en este periodo, en el que supuestamente ya no habría sido necesaria dado que una de las premisas de la democracia es precisamente el derecho de los ciudadanos a la verdad, ella no sólo creció y se reprodujo hasta dimensiones insospechadas sino que se convirtió en la única forma de gobernabilidad. Y esto fue así, porque el proceso democratizador nos obligó a considerar necesario todo el paquete que lo constituye: la transparencia, la igualdad, el respeto a los derechos humanos, al medio ambiente, a la diversidad y a la libre expresión, y dado que la nuestra es una cultura en la que nada de eso existe, pues nos obligó a la franca mentira. Fue entonces y fue allí, cuando ella se volvió necesaria e inevitable, con el fin de pretender que ese cambio que tanto nos anunciaron y que tanto habíamos deseado, realmente había llegado. La mentira sirvió para llenar los huecos y tapar lo que no se hacía y lo que no se cumplía de las promesas en las que cifraron sus esperanzas millones de ciudadanos. Sirvió para mantener la ilusión y evitar el conflicto que se habría producido cuando cambiaron los modos de relación entre los grupos de poder, los cuales habían funcionado durante años, y sirvió también como estrategia de legitimación, para poder usar el discurso de la responsabilidad y del compromiso sin que realmente se asumieran ni la responsabilidad ni el compromiso".[4]

Esta nueva edición de *País de mentiras* sale a la luz en plena segunda década del siglo XXI, cuando ha concluido el mandato de Felipe Calderón como presidente de México. Su objetivo consiste en poner al día el análisis, a partir de la pregunta de si hubo algún cambio en el discurso público durante estos años por lo que se refiere a la mentira que nos dicen desde el poder a los ciudadanos.

* * *

A Felipe Calderón le tocaron crisis económicas muy serias: la del 2009 en Estados Unidos y la recesión posterior a ella, que se prolongó por varios años, así como la europea en el 2011-2012.

Internamente, su sexenio se inició con fuertes manifestaciones sociales que ponían en duda su triunfo en las urnas. También se vio el fin largamente anunciado de la prosperidad de Pemex, la decadencia de instituciones que habían sido parte de la columna vertebral del sistema político (como el IMSS que se quedó sin recursos para pagar las pensiones de los jubilados), mientras permanecían vivos viejos grupos de poder sindicales y partidistas, que le impidieron lograr reformas que, según sus funcionarios, habrían permitido al país dar saltos importantes en materia económica, energética y laboral.

La naturaleza se mostró dura con el país: hubo inundaciones brutales en Tabasco y Veracruz, e incluso en zonas donde esto no sucedía, como la ciudad de Monterrey, donde la furia del agua arrasó todo a su paso. El agua cubrió enormes extensiones de Nuevo León, Coahuila y Tamaulipas, con destrucción de casas, escuelas, sembradíos, puentes, calles y carreteras, provocando además la parálisis de la actividad económica en la zona fronteriza.[5] Pero también se vivió la peor sequía en años en el norte del territorio, con miles de reses muertas, cosechas perdidas y hasta hambre, como sucedió en la Tarahumara. No faltaron los incendios y huracanes que devastaron zonas enteras: en Coahuila el fuego arrasó 250,000 hectáreas y en Oaxaca Carlotta hizo mucho daño, por sólo mencionar dos ejemplos.[6]

La quiebra de Mexicana de Aviación y la liquidación de la Compañía de Luz y Fuerza del Centro dejaron sin empleo a miles de personas y afectaron a millones de usuarios.

Un brote de influenza en los primeros meses del 2009 llevó a las autoridades federales a declarar emergencia sanitaria en todo el país y a las del D.F. a sellar la capital, lo cual también afectó a la economía.[7]

Los feminicidios y asesinatos continuaron en varias zonas del país, especialmente en el norte, pero Ciudad Juárez se convirtió en símbolo de la incapacidad gubernamental para enfrentar este problema.

Y una tragedia conmovió a la sociedad: el incendio de la guardería ABC en Sonora, en el que fallecieron medio centenar de niños de entre cinco meses y cinco años de edad y más de setenta quedaron heridos.[8]

Pero lo principal que le tocó a Felipe Calderón fue lo que él mismo eligió como centro de su acción gubernamental: la guerra contra el narcotráfico. Esto fue lo que marcó y definió al sexenio y por eso es también el centro del análisis en este nuevo capítulo.

* * *

Como dije antes, apenas instalado en la silla presidencial, el mandatario sacó al ejército de los cuarteles y lo mandó a las calles, además de que solicitó aumentos en el presupuesto destinados a lo que llamó "la seguridad nacional".[9]

Miles de soldados fueron enviados a erradicar plantíos de drogas, interceptar cargamentos de narcóticos, decomisar armas, vehículos, dinero y drogas y aprehender criminales. Y se involucró en esto a las policías.

Los resultados de este proceder fueron sin duda significativos. Así lo expresaron reiteradas veces, desde el primero hasta el último día del sexenio, tanto el presidente como los funcionarios. Por ejemplo, a menos de un año de iniciado el gobierno ya decían: "Hemos avanzado en la recuperación de espacios que estaban en manos de la delincuencia organizada", "hemos fortalecido la presencia de la autoridad", "hemos disminuido la violencia y la pérdida de vidas humanas", "hemos mejorado las condiciones de seguridad de los mexicanos y de sus familias", "vamos por el camino correcto";[10] y a punto de terminarlo seguían diciendo: "La estrategia anticrimen es la correcta y ha rendido frutos".[11] Así lo pensaban también muchos ciudadanos: "Hay innumerables evidencias, para quien quiere verlas, de que ha sido la lucha más efectiva contra el narcotráfico en la historia de México".[12]

Sin embargo, no fueron suficientes para acabar con el narcotráfico y la delincuencia organizada y, en cambio, incendiaron el territorio nacional hasta convertirlo en uno asolado por la violencia. Como ya también dije, no sólo las actividades criminales aumentaron en estados ya contaminados, sino que se extendieron a otras entidades y México dejó de ser solamente un lugar de tránsito para las drogas y se convirtió en productor y en consumidor.[13]

Esa realidad se le vino encima al mandatario y, junto con ella, las críticas de muchos ciudadanos y grupos políticos que consideraron que sus decisiones habían hecho más daño que bien.

Y él no encontró mejor manera de enfrentar a ambas que recurriendo a varias de las formas de mentir tradicionales del discurso público mexicano: alardeando sobre éxitos y logros, amañando cifras, guardando silencio, negando, tergiversando, diluyendo responsabilidades, descalificando a los críticos.

Y sin embargo, dijeran lo que dijeran desde el gobierno, para los ciudadanos la realidad era que en el país había montones de asesinatos, personas "levantadas", colgadas de puentes y desaparecidas, balaceras en carreteras, calles y plazas, secuestros, asaltos y extorsiones, tumbas colectivas con cientos de cadáveres, "una espiral imparable de violencia y la certeza de que el gobierno es incapaz de controlar su territorio".[14]

Entonces Calderón dio en construir un discurso que consideraba que quien dijera esas cosas estaba mintiendo y no sólo eso, sino que además era mal mexicano. En una entrevista para un diario extranjero dijo: "No existe el enorme caos y la enorme inseguridad que algunos en el exterior creen y que otros se empeñan en proclamar"[15] y en un discurso frente a empresarios mexicanos afirmó: "Existe inseguridad pero también quienes magnifican el problema".[16] A los embajadores y cónsules de México en el extranjero les dijo: "Los mexicanos juzgamos a nuestro país con la mayor severidad que podemos, incluso por encima de la severidad respecto de otros temas" y "hablar mal de México para muchos es un esfuerzo cotidiano".[17]

Se echaba así a andar una estrategia para detener lo que en el gobierno llamaron "las campañas bastardas de desprestigio" y "la promoción negativa del país",[18] que fue paralela al regaño presidencial a quienes "le querían hacer daño a México", a los "catastrofistas" que pretendían atemorizar y sembrar el terror en lugar de dar ilusiones y esperanzas. Según el presidente, "esto no se vale", hay que "hablar bien de México".[19]

Y a eso se dedicaron con fruición él mismo, su esposa Margarita Zavala y los funcionarios, quienes en diversos foros nacionales e internacionales presentaron un panorama de un país tranquilo, listo para recibir a los inversionistas extranjeros y con una de las economías más competitivas del planeta.[20]

Varios intelectuales compartieron este punto de vista. Según Fernando Escalante Gonzalbo: "La percepción sobre la violencia es distinta a la realidad de la violencia. La imagen de un país más homicida que nunca es falsa. México es menos violento hoy que hace tres lustros. Los homicidios dolosos no han hecho sino descender. La violencia del narco es episódica".[21] Y según Héctor Aguilar Camín y Jorge Castañeda, "México es un país mejor que el que la mayoría de los mexicanos tiene en la cabeza".[22]

Sin embargo, otros estudiosos se opusieron a estas versiones. En opinión de Rafael Lemus, esa manera de ver y de decir las cosas era una "maniobra" discursiva para negar el incremento de la violencia o para atribuírselo a una supuesta ilusión mediática, según la cual no es que hubiera crecido el número de crímenes, sino sólo la atención que los medios le prestaban. Para este autor: "La violencia se ha multiplicado radicalmente. Se sabe que, después de dos décadas de una sistemática tendencia a la baja, la tasa nacional de homicidios se disparó 50% en 2008 y otro 50% en 2009".[23] Lo mismo afirmó Alejandro Hope quien daba números para mostrar que entre 2007 y 2010 los homicidios intencionales pasaron de 8,900 a 25,500 por año, "un incremento de una magnitud que no tiene precedentes y que es incluso dos veces más rápido que el experimentado por Colombia durante la guerra contra Pablo Escobar".[24] Y aunque este estudioso aseguró después que desde 2011 se observaba una disminución en los delitos violentos, concluyó que "no es un resultado que invite a la complacencia. Al día de hoy ocurre un asesinato en México cada 26 minutos en promedio".[25]

Pero no sólo eso. Según Hope, la violencia además provocó una cadena, pues "el incremento de homicidios bajó la probabilidad de que cualquier asesinato fuera castigado. Hubo entonces más homicidios. La atención a los homicidios hizo que crecieran los secuestros. Entre homicidios y secuestros no se podía atender la extorsión o el robo de vehículos. El desorden engendró desorden". Otros estudiosos estuvieron de acuerdo con él. Para Eduardo Guerrero: "El aumento de la incidencia de delitos del fuero común se ha observado de forma relativamente generalizada en estados en los que los grandes cárteles tenían presencia".[26]

Como se puede ver, la guerra contra el narco se convirtió también en una guerra discursiva entre funcionarios, estudiosos, periodistas y ciudadanos, que alcanzó todos los aspectos del asunto: desde las explicaciones sobre la violencia hasta las afirmaciones sobre el número de muertos, desde la descripción de los enfrentamientos hasta la definición de los llamados "daños colaterales".

Por ejemplo, el gobierno dio en afirmar que la violencia era siempre por "ajustes de cuentas" entre los propios delincuentes: "El argumento es que los enfrentamientos y las ejecuciones se han multiplicado porque la campaña gubernamental ha sido efectiva y, al capturar o eliminar a ciertos capos, ha creado vacíos de poder en el interior de los cárteles que los sicarios colman con balas. Se trata de bandas de narcotraficantes contra otras bandas de narcotraficantes por el reacomodo de poder —escribió Lemus— y de acuerdo a este modo de ver las cosas, el aumento de los crímenes es muestra de que el gobierno le va ganando la guerra a los grupos criminales".[27]

Este discurso resultó poco creíble, porque como han mostrado los estudiosos de la comunicación, "para que ello funcione es porque los dos lados se lo creen".[28] Y los ciudadanos no se lo creyeron. Cuando el gobierno aseguraba que si unos jóvenes eran acribillados a la entrada de una escuela o en la esquina de una calle, si se secuestraba a una muchacha o se atacaba a un camión que transportaba migrantes, era porque se trataba de miembros de grupos de narcos que peleaban entre sí, los familiares y conocidos de las víctimas se encargaban de desmentirlo. Más de una madre le gritó públicamente a Calderón que su hijo era un buen muchacho y no un delincuente.[29]

Otra estrategia gubernamental fue la pretensión de localizar el problema de la violencia en unos cuantos sitios, "unas matemáticas —dice Lemus— con las que cree demostrar que ella no está esparcida por todo el país y es, al parecer, un asuntillo local".

Por eso cuando un secretario de Gobernación afirmó que la inseguridad en el estado de Morelos no era tan grave como la pintaban, el poeta Javier Sicilia, cuyo hijo había sido asesinado allí, lo invitó a caminar de noche sin guardaespaldas por las calles de Cuernavaca.[30] Y cuando el gobernador de Tamaulipas aseguró que en su entidad "no pasa nada" y que todo lo que se dice sobre la violencia son "rumores", una lectora me escribió: "Antier un comando armado entró a este municipio de Valle Hermoso Tamaulipas, y calle por calle fueron asaltando, golpeando y disparando a cuanto ciudadano encontraron, mataron a los policías colgándolos de los semáforos y destruyeron todo a su paso. Por más de 36 horas no sabíamos si ya podíamos salir de nuestras casas o no, no entraba ni un auto ni podía salir, no hubo gasolina ni abastos ni tampoco bancos. Pero no apareció nada en las noticias. Hace unos momentos están llegando helicópteros y soldados, parece zona de guerra". Y agregaba: "Escuchar decir que no caigamos en paranoias y que nada malo sucede por estas tierras fue bastante irritante".[31] Y cuando el presidente afirmó que "México es un país tranquilo", un lector me mandó este correo: "Sería muy recomendable que él viajara de incógnito, como cualquier ciudadano, sin estar rodeado por el inmenso enjambre de guaruras que lo cuida, a cualquier ciudad del norte del país. Su encuentro con la realidad lo pondría a reflexionar. Sabría lo que es amar a Dios en tierra de narcos. En esta ciudad las balaceras son constantes; en cualquier día, a cualquier hora y en cualquier lugar. Otro hecho delictivo relacionado con los narcos es la extorsión. Ésta ya no sólo alcanza a los bares, restaurantes, billares, boliches, vinaterías y lugares para fiestas. También ha llegado a las escuelas particulares y últimamente a los médicos. Algunos de ellos decidieron quitar el letrero que tenían fuera de su consultorio para evitarse una mala sorpresa. No, por lo menos en esta parte de la república, México no es un país tranquilo".[32]

Por lo que se refiere a los muertos, según el gobierno, la cifra hacia fines del sexenio calderonista andaba en torno a los 50 mil,[33] pero los activistas afirmaban que "los muertos, desaparecidos y desplazados son muchos más de los que el gobierno reconoce". Estos manejaban números que iban de los 60 a los 90 mil (además de 20 mil desaparecidos y 250 mil desplazados)[34] y el secretario de Defensa de Estados Unidos llegó a decir que eran 150,000, atribuyéndole la información al propio gobierno mexicano.[35]

Incluso los estudiosos manejaban datos completamente diferentes. Un caso que lo evidencia es el de Ciudad Juárez, sobre la que Lemus escribió: "En 2007 se contaban 14.4 homicidios por cada cien mil habitantes; tres años más tarde ya se alcanzaban los 108.5 homicidios por cada cien mil habitantes". En cambio, según Eduardo Guerrero: "Las ejecuciones en Ciudad Juárez disminuyeron alrededor de 40% debido a la presencia intensiva de las fuerzas federales en el municipio".[36]

¿Cómo era posible que la misma situación diera lugar a dos maneras tan distintas de ver las cosas? Para uno, por culpa del ejército había más muertos, para otro gracias al ejército había menos. Según Lemus, la de Juárez "es la tasa más alta de cualquier ciudad en el mundo" y según Guerrero, "ésta es la disminución cuantitativa y cualitativa más importante de todas las registradas".

A ello se agregaban los medios, con su propia manera de entender y de transmitir lo relacionado con la violencia, tan escandaloso que hasta se les acusó de fomentarla por "horas y horas de transmisión y difusión de actos violentos".[37]

* * *

La reacción ciudadana a la guerra fue también muy diversa. Según una encuesta del Pew Global Attitudes Project, "83% apoya la política de llevar al ejército a este combate",[38] e incluso activistas como Javier Sicilia admitían que "sería un error regresar al ejército a los cuarteles".[39] Yo misma escribí: "No me explico cómo sería el país sin ese combate contra la delincuencia, con los criminales haciendo libremente de las suyas y sin absolutamente ningún freno ni contrapeso por malo o mínimo que sea. Por lo demás, esta guerra no la inventó Calderón. Ya estaba allí. Los homicidios, los robos, los secuestros, los ataques a migrantes, el tráfico de drogas y armas, todo eso es bastante anterior. Y nos quejábamos cuando no se hacía nada para pararlo. Ahora nos quejamos porque se hace. La guerra contra el crimen no es la guerra de Calderón, es la de todos nosotros. Los ciudadanos tendríamos que tenerlo muy claro: es algo que nos compete a nosotros. Y es muy grave y muy irresponsable pretender frenar que se lo combata. La opción no puede ni debe ser retirarse de esa lucha. No puedo entender cómo alguien puede estar en contra de los que luchan para librarnos de este flagelo (por insuficientes que aún sean sus resultados) en lugar de estar contra los que lo inflijen. En ese sentido tendríamos que tener muy claro que la criminalidad es culpa de los criminales y de quienes los solapan, no de quienes los combaten".[40] Algo parecido pensaba Joaquín Villalobos: "Que la violencia aumente o se expanda cuando las fuerzas del Estado se hacen presentes en un lugar que tiene alta presencia criminal es lógico pero no se puede inferir de ello que el gobierno es el responsable del aumento de la violencia y, mucho menos, suponer que si no se hubiese hecho nada al respecto la sociedad estaría más segura".[41]

Pero las voces que condenaban la estrategia calderonista de sacar al ejército a las calles sustentaban sus críticas en varios argumentos. Uno de ellos era el que sostenía que los datos duros sobre el consumo de drogas y sobre violencia relacionada con el narco no justificaban la estrategia de guerra que se había emprendido.[42] José Luis Sierra iba más lejos: "Los kilogramos de droga confiscados anualmente son nada frente a las toneladas que tienen capacidad de producir los narcotraficantes mexicanos. Si se evalúa la cantidad de droga confiscada y erradicada por el ejército con el número de efectivos militares movilizados, los recursos materiales aplicados y el monto del presupuesto ejercido, se verá que la efectividad es muy baja".[43]

Otro argumento era el que afirmaba que era una guerra imposible de ganar por razones que iban desde el desmantelamiento de los aparatos de inteligencia que se había llevado a cabo en el sexenio anterior, hasta por la desorganización e incluso "total carencia de coordinación"[44] de los aparatos de seguridad y de las fuerzas encargadas de ella. Se habló de traslapes de obligaciones, de rivalidades y pleitos entre el ejército y los mandos civiles, entre las instancias federal y estatales, las procuradurías de justicia y las secretarías de Estado o dentro de las propias secretarías (como la de Gobernación y la de Seguridad Pública), entre los servicios de inteligencia nacionales y los de fuera que nos vienen a "ayudar" y entre las diversas ramas militares y las muchas corporaciones policiacas (cerca de 2,000).[45]

A ello se agregaba que tanto soldados como policías estaban insuficientemente preparados y pertrechados y, sobre todo, mal pagados, y así tenían que combatir a gente capacitada y bien armada, dueña de enormes recursos y riqueza. En palabras del secretario de Defensa: "La desarticulación y accionar del ejército manifiestan tal desproporción y desajuste que se traducen en limitantes tácticas y técnicas tan graves que los inhabilitan para actuar en operaciones de defensa del Estado Mexicano".[46]

Sin duda por eso hubo y sigue habiendo gran cantidad de deserciones de las filas castrenses (20,000 según el propio secretario)[47] para pasarse a las del crimen organizado, algo de lo que también ya había yo hablado en este libro.[48] Como escribió un periodista: "Calderón se lanzó a combatir una industria que emplea a miles de personas y mueve miles de millones de dólares y todo salió al revés".[49]

Pero además, porque "la estrategia de los criminales es la de corromper y amedrentar, de modo que quien no coopera por la buena coopera porque no le queda remedio. Muchas autoridades y la mayoría de los así llamados cuerpos de seguridad nomás no pudieron o no quisieron entrarle a esta guerra, fuera por incompetencia, miedo, corrupción, o de plano porque estaban involucrados".[50] Esto también está dicho en estas páginas, citando a Luis Astorga para quien es un hecho "la penetración de las organizaciones criminales en el gobierno, en las fuerzas policiacas, en el ejército y en la empresa privada.[51]

Un argumento más, de mucho peso, fue el que afirmaba que ese combate había generado más violencia: "Esa guerra sólo echa gasolina al fuego. Calderón pone un Estado podrido a luchar contra los cárteles sin ningún plan maestro", afirmó el ya citado periodista Ioan Grillo, y según una ONG internacional "no se ha logrado reducir la violencia y además se ha generado un incremento drástico de violaciones a los derechos humanos".[52]

* * *

Hacia el final del sexenio, varios hechos hicieron evidente la verdad de la situación e incluso hicieron tambalear el discurso presidencial.

El primero fue cuando una institución norteamericana hizo público que la tasa de migración de México a Estados Unidos había sido, por primera vez en cuarenta años, de 0%: "Durante varios años el flujo migratorio de México a Estados Unidos ha disminuido, pero hasta hace poco había escasas pruebas de que el flujo de regreso a México haya aumentado".[53]

Las razones que se dieron a este fenómeno fueron diversas: desde la difícil situación de la economía norteamericana hasta las medidas de seguridad en la frontera, pasando por los peligros de las rutas para los migrantes. El presidente Calderón, sin embargo, prefirió atribuírselo al éxito de sus políticas y dijo que el fenómeno se debía a que "en México hay más oportunidades de trabajo, de estudiar y de tener acceso a servicios de salud".[54]

Pero eso no era cierto. La verdadera explicación radicaba en los ofrecimientos de empleo de la delincuencia organizada, que resultaban atractivos para muchos ciudadanos: "Es el crimen organizado el que está captando el descontento", escribió un periodista y la actriz Kate del Castillo abundó: "La única promesa de bienestar económico que se vuelve realidad es la del crimen organizado".[55]

El segundo hecho fue el desplegado del Instituto Federal Electoral dirigido a la opinión pública y publicado en los diarios el 12 de marzo de 2012, anunciando que había comenzado "la importante tarea de visitar a 8 millones de ciudadanos que han sido sorteados para formar parte de las mesas directivas de casilla a fin de cuidar la legalidad y transparencia de la elección que deberá realizarse en el mes de julio". Allí se explicaba que más de 34,000 funcionarios recorrerían durante cuatro meses el territorio nacional con ese fin y "lo harán a pesar de todos los obstáculos, incluidos los de seguridad": "Los problemas de seguridad no serán un obstáculo para la cita y la fiesta cívica", pues "las previsiones por inseguridad son consideradas por el IFE como parte de su trabajo cotidiano".[56] ¡Y el presidente y los gobernadores diciendo que todo estaba bajo control!

El tercer hecho fue la detención de varios altos mandos del ejército, acusados de nexos con el narcotráfico.[57] Aunque varios gobernadores ya habían sido acusados de lo mismo, y aunque se sabía de policías y autoridades coludidas, que se tratara de los personajes más mimados de la institución, cuyo cometido era precisamente luchar contra los delincuentes, fue un golpe duro.

Y por fin, la denuncia a mediados de 2012, por parte de un subcomité del Senado de Estados Unidos, de que la sede mexicana de un banco inglés se había convertido en un importante centro de lavado de dinero. No era la primera vez que se acusaba a los bancos mexicanos, pero en este caso el escándalo fue mayúsculo por las cantidades de que se trataba. En su comparecencia, los funcionarios de HSBC sólo acertaron a pedir disculpas y a decir que todo ello se debía a que México tenía pocos y malos controles.[58]

Todos estos hechos pudieron ser los que llevaron al presidente Calderón a cambiar su discurso triunfalista y a reconocer que no solamente no se había logrado ganar la guerra, sino ni siquiera disminuir la violencia. En una entrevista, respondió así a una pregunta sobre si México estaba mejor que hacía seis años: "En términos de violencia, evidentemente no. Ha habido un incremento exponencial de las muertes generadas por los grupos criminales. La violencia ha venido creciendo de forma dramática desde 2004 y llegó a un punto climático en 2011. Hay más violencia de la que había antes de que yo llegara a la presidencia".[59]

Y no sólo eso, fue todavía más lejos hasta decir que "el narcotráfico ha comenzado a remplazar las funciones del Estado".[60] Así lo explicó el mandatario: "¿Quién manda? ¿El presidente municipal de esta localidad o el capo que opera allí? ¿El gobernador de este estado o el jefe del grupo o de la mafia que está en esa entidad? ¿Quién manda en una nación? ¿El presidente y el Congreso o las leyes de los capos?". Y agregó: "Los señores llegan a un lugar y disputan el monopolio de la fuerza del Estado; ellos llegan a un sitio y ponen su propia ley, llegan a un lugar y cobran sus cuotas que son como impuestos". Su conclusión no podía ser más dramática: "El crimen organizado tiene una inercia sustitutiva del Estado. Es un Estado paralelo".[61]

Después de años de que él y sus funcionarios habían afirmado, repetido y reiterado que "el Estado mexicano está plenamente vigente y en control de su territorio",[62] por un breve momento (pues pronto volvería a su discurso triunfalista) Calderón reconocía lo que varios estudiosos ya habían advertido: que "el crimen organizado había generado prácticas y apoyos sociales suplantando al Estado, vía la provisión de bienes y servicios"[63] y que "los cárteles se han convertido en un verdadero contra-poder que enfrenta peligrosamente la legitimidad del Estado".[64]

* * *

El reconocimiento presidencial de la gravedad del problema de la violencia y el narcotráfico se sustentaba en realidades brutales, entre las cuales destacaban dos: la primera, la que mostraba que los ciudadanos percibían que "el país está en una espiral imparable de violencia",[65] percepción que a pesar de los esfuerzos del gobierno por evitarla a golpe de palabras y cifras y publicidad, era mayoritaria. Como escribí cuando el presidente quiso negar la importancia de esta percepción: "Lo significativo no es si son mil en lugar de mil quinientos los muertos, sino el hecho de que la sociedad vive aterrorizada por la violencia y la inseguridad, por la real y por la imaginada y por la percibida y por la supuesta".[66]

La segunda, que la violencia se había internalizado en las personas, convirtiéndose en la manera de enfrentar y pretender resolver los problemas, porque ella se ha establecido como "marcos de percepción de la realidad y de orientación para actuar en ella", dado que constituye "las experiencias sociales y los mundos de vida de los actores".[67] Como escribió una periodista: "Hay una tendencia general a formar relaciones sociales cada vez más violentas, el sostenimiento del orden social depende cada vez más de la violencia".[68]

Y en efecto, durante el sexenio hubo linchamientos provocados por rumores y por asuntos menores (como que la hija de una señora quería huir con su novio) y secuestros de funcionarios para conseguir que se hiciera caso a las peticiones de algún grupo. También hubo un importante aumento de violencia en delitos como el robo y otras situaciones —la violencia doméstica por ejemplo— que hicieron evidente que ella ya no era sólo cosa de los criminales y delincuentes o del Estado que los combate, sino de toda la sociedad. Y más todavía, que estaba a flor de piel y lista para brotar a la menor provocación. Un buen ejemplo sucedió en una multitudinaria marcha que se llevó a cabo en mayo del 2011 y que se había anunciado como "Por la paz", pero en la que se escucharan gritos pidiendo muerte y venganza para los políticos que no les gustaban a los marchistas.[69]

En una encuesta llevada a cabo por la Universidad Nacional, una mayoría de jóvenes entre 15 y 17 años se manifestaron "a favor de la tortura y la pena de muerte para combatir la violencia", haciendo evidente una inclinación por el combate a la violencia con la violencia[70] y algunos estudios mostraron que "muchos niños prefieren ser como El Chapo que ganar un Nobel", pues "no vale la pena estudiar para acabar vendiendo tacos en la calle, vale más la pena ser el que más mata, el que más chinga, el más cabrón".[71]

La violencia se ha convertido en el elemento central de la vida mexicana como se observa en los medios de comunicación, en los comentarios que los lectores envían a los diarios, en las redes sociales[72] y en la cultura del día: el cine, la literatura, las canciones, el periodismo y el arte no hablan de otra cosa, como si fuera el único tema en la vida nacional.

* * *

Según Platón, "el gobierno está autorizado para utilizar aquellas mentiras que considere convenientes por encima de la verdad. Esto se justifica para mantener el orden y la tranquilidad".[73]

Quizá eso mismo pensaron el presidente y sus funcionarios, porque las mentiras del discurso oficial no tuvieron que ver solamente con la guerra contra el narco, o con la violencia y la inseguridad, sino con muchos otros asuntos: desde los alcances del sistema de salud pública hasta el número de empleos creados, desde las obras públicas que se construyeron hasta el manejo de las concesiones y licitaciones, desde las cifras de disminución de la pobreza hasta las inversiones extranjeras, desde los incrementos a las tarifas por servicios (por ejemplo, los precios de la gasolina y de la energía eléctrica) y a los impuestos (incluyendo la creación de nuevos como el IETU y el IDE)[74] hasta el respeto a los derechos humanos.

Una de las más persistentes fue la que se refería al crecimiento. En 2010, la Secretaría de Hacienda emitió un boletín hablando de una "buena recuperación" del producto interno bruto, de la inversión privada y la extranjera, así como del comercio tanto en importaciones como en exportaciones,[75] y según un boletín del Banco Mundial, "México es la primera economía de América Latina en facilidad de hacer negocios y de crear empresas.[76] Macario Schettino no sólo estuvo de acuerdo, sino que concluyó que "comparado con los últimos 30 años, 2010 no ha sido malo: en algunas mediciones como el crecimiento e inflación estará entre los mejores".[77] En esa misma tónica, un año después el presidente de la Bolsa Mexicana de Valores habló de que para el 2012 el país crecería 4% "gracias a la recuperación en Estados Unidos y a los niveles de productividad y competitividad que tiene la economía nacional".[78]

Otros no veían esto con tanto optimismo. Para la OCDE: "El crecimiento en México en los últimos 20 años es decepcionante"[79] y según Luis Petersen Farah: "Mientras otros países latinoamericanos empezaron a correr, la economía mexicana resultó ser aún demasiado lenta".[80] Antonio Gazol escribió que "la tasa de crecimiento entre 2006 y 2011 fue de 2.1, más baja que en el sexenio anterior",[81] Carlos Fernández Vega aseguró que la economía mexicana pasó de ser la número 52 en la escala internacional a ser la número 60,[82] y Carlos Elizondo Mayer-Serra señaló que existen muchos cuellos de botella que hacen imposible la competitividad y que no tenemos reglas que propicien el crecimiento.[83]

En conclusión, como afirmó Rogelio Montemayor Seguy: "Un análisis serio de la realidad actual lleva a afirmar que no podemos estar satisfechos con una estrategia económica con crecimiento de la economía notoriamente insuficiente, que ha congelado peligrosamente el ingreso per cápita y ha mantenido a la economía mexicana fuera del grupo de los BRICS".[84]

Otra mentira se dio respecto a la pobreza. Cuando habían transcurrido 17 meses de su gobierno, el presidente comunicó a los mexicanos que "a partir de ahora queremos hacer de la política social el centro de la tarea de mi gobierno".[85] Un poco tarde sin duda y, sin embargo, poco después el mandatario ya se adornaba diciendo "que la pobreza extrema se redujo 23 por ciento y que la desigualdad también descendió de 48 a 43 puntos".[86]

Fue tan persistente la mentira en este rubro, que en un acto público casi al final de su mandato, el presidente aseguró que estaba entregando el Programa Oportunidades a la familia 6.5 millones, al beneficiario 2.5 millones de "70 y Más" (dos días después la cifra que daban ¡ya era de 3 millones!) y la constancia un millón de estancias infantiles,[87] siendo que por esas mismas fechas, un informe de la Secretaría de Hacienda y Crédito Público sobre el ejercicio del presupuesto del gobierno federal, hizo evidente que durante los primeros meses del año 2012 "no se ha destinado ni un solo peso" a programas de tipo social, cultural, de investigación científica y educativos.[88]

Y sin embargo, varios intelectuales compartieron el optimismo presidencial sobre el supuesto triunfo en la lucha contra la pobreza. En un libro publicado en 2011, Jorge Castañeda afirmó: "Hoy México por fin se ha convertido en una sociedad de clase media. La clase media representa ya la mayoría de la población". Y Luis Rubio y Luis de la Calle dijeron algo parecido: "México se está convirtiendo en una sociedad de clase media".[89]

Pero según la Comisión Económica para América Latina y el Caribe (CEPAL), entre 2008 y 2010 hubo un incremento de más de tres millones 600 mil personas en condiciones de pobreza y cerca de cuatro millones de indigentes, "lo que significa que México hoy tiene 40 millones 838 mil personas en condiciones de pobreza", y el Consejo Nacional de Evaluación de la Política de Desarrollo Social (Coneval) fue todavía más lejos y afirmó que "no son 40 millones 838 mil personas las que viven en condiciones de pobreza como señala la CEPAL, sino que entre 2008 y 2010, el número de personas en situación de pobreza pasó de 48.8 millones a 52 millones".[90] De esas mediciones 30% corresponde a pobreza extrema.[91]

Una mentira más tuvo que ver con el empleo, un rubro significativo por las promesas que había hecho Calderón desde su campaña y porque se calificó a sí mismo como "el presidente del empleo".

Mientras los discursos oficiales alardeaban sobre la creación de miles de plazas (según el INEGI entre 2007 y 2010 se crearon poco más de un millón de empleos y en 2011 casi 600 mil y el propio presidente afirmó unos meses antes de terminar su mandato haber creado dos millones de empleos y aseguró que su gobierno fue "el segundo periodo con mayor generación de empleo formal en la historia del país"),[92] el Banco de México sostenía que las cifras de pérdidas de plazas "superan a las creadas por la actual administración en los dos años anteriores" y eso que se refería solamente al sector formal y cuantificable que no es ni remotamente toda la verdad,[93] pues 30% de la población económicamente activa está en la economía informal y 10% en el subempleo,[94] y el IMSS "confesó que la cifra de creación de empleos está inflada en 660 mil plazas. El propio INEGI aseguró que en sólo tres meses desaparecieron 685 mil empleos en los sectores formales e informales".[95] La empresa Manpower de plano dijo que "no se recuperan los niveles de empleo previos a la crisis económica del 2009".[96] La situación llegó a ser de tal gravedad, que el rector de la UNAM afirmó "que más de 7 millones de jóvenes ni estudian ni trabajan".[97]

Otra mentira fue respecto al desempeño de la industria, pues por más que la Secretaría de Economía aseguró que hacía acciones que la promovían y la Secretaría de Hacienda informó que "está incrementándose a un ritmo anual del 8%", el propio INEGI afirmaba que todos los 21 subsectores en que se clasifican las actividades manufactureras "se habían visto afectados".[98] Antonio Gazol incluso llegó a decir que había un proceso de "desindustrialización" derivado del hecho de que no había una política industrial "definida, dirigida y aplicada por el gobierno".[99]

Algo similar ocurrió con el comercio, pues la política comercial "se circunscribe a la suscripción y administración cotidiana de tratados de libre comercio" pero sin realmente hacer una diversificación respecto al vecino del norte.[100]

Por lo que se refiere al campo, aunque los secretarios del ramo siempre dijeron que "va para adelante" éste siguió siendo "inhóspito y desesperanzado", como escribió Armando Bartra.[101]

No sólo su crecimiento fue bastante menor que el del PIB nacional,[102] sino que ni siquiera se pudo hacer cargo de la alimentación del país, algo que los funcionarios aseguraban que sucedía.[103] Las importaciones de maíz, trigo, frijol y arroz estuvieron en cifras que según los diputados de la comisión respectiva en el Congreso de la Unión crecieron en 30%, aunque el secretario del ramo asegurara que disminuyeron 26%.[104]

Por lo que se refiere a la infraestructura, mientras el gobierno presumió de haber emprendido "el programa carretero más grande de la historia" (en algunos actos se dijo que el más grande de los últimos tres sexenios) y el presidente aseguraba que se habían construido o reparado 21 mil kilómetros de carreteras,[105] Martha Martínez escribió que "no sólo se ha construido la mitad de kilómetros que el sexenio pasado y hay enormes retrasos en las obras, sino que ello ha costado el doble de recursos".[106]

El turismo no se quedó atrás: con todo y que desde el 2008 se había registrado una baja de alrededor de 10% en la cantidad de turistas extranjeros (en la zona norte fronteriza con Estados Unidos la cifra fue del doble), así como de vuelos internacionales que llegaban al país,[107] la secretaría del ramo insistió en vaticinar para el 2012 un crecimiento de 15% del sector.[108] Eso por supuesto no sucedió, más bien al contario, en el primer trimestre de ese año la llegada de turistas por vía aérea bajo 5.8% y por vía terrestre se redujo 9% y también el gasto de los turistas disminuyó.[109] La situación llegó a tal punto, que los prestadores de servicios turísticos han acusado a la funcionaria de que no ha ayudado para nada y que las metas que se plantearon "aún están muy lejos de alcanzarse".[110]

En cuanto a la salud, el presidente insistió y reiteró que su gobierno logró la cobertura universal, aludiendo en específico a la creación del Seguro Popular para quienes no formaban parte de las instituciones y aseguró que durante su gobierno se construyó la mayor cantidad de infraestructura jamás hecha por ninguna administración para este sector: 1,100 nuevos hospitales y 2,300 remodelados.[111] Sin embargo, algunos estudiosos del tema han asegurado que esa afirmación es falsa y lo ejemplifican con los casos de las clínicas y hospitales acreditados para atender a los nuevos pacientes, que en los hechos no tienen posibilidad de hacerlo "porque las personas que laboran y los espacios destinados a la consulta externa carecen de los más elementales equipos de diagnóstico e instrumental".[112]

En este sentido varios ciudadanos han denunciado la manera como se engaña con esto: "Gracias a la presencia de funcionarios, se ha llevado a cabo la necesaria e inusual limpieza en la unidad e incluso, pensando por dónde pasarán, se han remodelado el área de gobierno y el auditorio ya olvidado, desatendidos por mucho tiempo. Los directivos consiguieron medicamentos prestados, incubadoras y baumanómetros, además de colocar apresuradamente cortinas para dividir el espacio entre pacientes en el área de hospitalización. Nada más pasó la revisión y todo desapareció".[113]

Por lo demás, el servicio en las clínicas y hospitales públicos es tan lento y tan poco amable (diga lo que diga la publicidad que lo presenta como agradable y expedito) y como de todos modos los enfermos no reciben los medicamentos recetados (porque desde hace años hay carencia de medicamentos en esas instituciones),[114] un estudio demostró que los ciudadanos prefieren acudir a consultorios particulares y comprar sus medicinas.[115]

Uno de los temas donde más se usó la mentira fue el de los hidrocarburos. Y es que Pemex, la empresa petrolera que fue el orgullo y la principal fuente de recursos de México, vive agobiada por la corrupción (según un reporte del segundo trimestre de 2012, la pérdida neta fue de 25 mil 917 millones de pesos por tres rubros: gastos administrativos y trabajos de mantenimiento y conservación que crecieron 71.2%, gastos de operación que crecieron 13% y beneficios otorgados a los empleados que también crecieron 13%),[116] ordeñada por el fisco, sufriendo el millonario robo cotidiano en sus ductos y, lo más grave, viendo la declinación de la productividad: "El problema más serio que enfrenta México es la caída de producción de petróleo", escribió Macario Schettino y según Antonio Gershenson: "Las reservas probadas han seguido declinando a pesar del discurso oficial en el sentido de que todo va muy bien. El total equivalente de petróleo y gas ha caído de 25.1 en el año 2000 a 13.8 a principios de 2011. Es una caída continua a menos de la mitad de la del principio del periodo". La producción de barriles por día bajó de 3.1 millones en 2009 a 2.5 en 2010 y 2011.[117]

Para tapar esta situación y poder seguir asignando contratos (y recibiendo jugosas aportaciones de dinero), se empezó a inventar la existencia de reservas "posibles o probables", algo que como dice Gershenson, no existe porque "lo único que vale son las reservas probadas y lo demás es pura palabrería".

Un aspecto en que la mentira oficial ha seguido existiendo, es el que tiene que ver con el respeto a los derechos humanos. Aunque México tiene presencia en todos los foros internacionales y firma todos los acuerdos que existen en esta materia y aunque el presidente insiste en que "impulsará reformas constitucionales para alcanzar los estándares internacionales en materia de derechos humanos", e incluso asegura que "las violaciones de los derechos humanos han sido excepcionales",[118] grupos defensores y activistas aseguran que "ha aumentado la desaparición de personas activas en organizaciones sociales", así como de periodistas y que a lo largo y ancho del país se sigue practicando la tortura, delito que "no es castigado, ni siquiera investigado".[119]

Tampoco hubo ningún cambio importante en lo que se refiere a la impartición de justicia. Si bien es cierto que se hicieron algunas leyes que pretendían abonar al tema (por ejemplo contra la trata de personas y la controvertida Ley de Víctimas), en los hechos aún estamos muy lejos de que el concepto justicia sea algo más que un deseo. Como dice Alejandro Martí: "Este sistema de justicia es uno que todos los ciudadanos aborrecemos. Tenemos una gran desconfianza. No hay quien haya tenido una buena experiencia con él".[120]

La mentira sigue siendo el fundamento del discurso de las policías y procuradurías. Algunos ejemplos que hacen esto evidente y que hicieron mucho ruido en su momento, fueron el de un operativo policiaco en junio de 2008 en una discoteca en la ciudad de México y la captura un año después, de dos personas acusadas de secuestro. En el primer caso, murieron 12 personas, la mayoría de ellos jóvenes. El secretario de Seguridad Pública de la capital dijo que no sabía nada del asunto, pero según la Comisión de Derechos Humanos del Distrito Federal, el video donde se podían ver esas acciones fue editado y la cámara que registró los hechos desaparecida, pues "se quiso atentar contra el derecho a la verdad y ocultar información".[121] En el segundo caso, la Procuraduría General de la República organizó al día siguiente de la captura de los dos acusados de secuestro una repetición actuada de la acción con el fin de filmarla para los medios, lo cual fue severamente criticado y puso en duda incluso la culpabilidad de una de esas personas, ciudadana francesa, generando un fuerte conflicto con ese país europeo que llevó incluso a la suspensión de los eventos programados para celebrar el "Año de México en Francia".

Por lo que se refiere la educación pública, ella siguió siendo el mismo desastre que ha venido siendo desde hace años y del que ya hablé largamente en este libro:[122] está manejada por dos sindicatos corporativos que sólo se interesan por pelear prebendas, con escuelas mal equipadas, maestros poco capacitados y un nivel bajísimo de aprendizaje de parte de los alumnos. La Secretaría de Educación Pública no puede hacer ningún cambio en el patrón establecido de funcionamiento y tiene poco espacio de maniobra, como se hizo evidente cuando el secretario del ramo pretendió obligar a los maestros a presentar un examen de evaluación de conocimientos, convocatoria que generó manifestaciones en contra y poca asistencia.

En lo que tiene que ver con la educación superior, un rubro al que supuestamente se le dedicarían recursos para resolver el problema de tantos "ninis", esto tampoco mejoró de manera significativa, pues aunque el presidente aseguró que se fundaron 140 universidades, los estudiosos afirman que "éstas sólo existen en el papel" (como es el caso de la denominada Universidad Politécnica Metropolitana de Hidalgo que funciona en las instalaciones de una mueblería). Escribe Pedro Miguel: "El territorio nacional está lleno de universidades que se reducen a papel membretado y de estudiantes sin universidad; de aulas sin maestro y de maestros sin trabajo".[123]

No se avanzó ni un paso para eliminar la corrupción que siguió impregnando todos los espacios de la vida nacional. Escribe Carlos Puig: "El 18% del ingreso de cada familia se gasta en pequeños y no tan pequeños actos de corrupción: desde la cantidad que cada semana hay que darle al de la basura para que se la lleve hasta el trámite cotidiano de pagar por estacionarse o porque el policía no levante una infracción, para que el que mida el agua no invente que tiene que cambiar el medidor o para que el funcionario de la ventanilla haga su trabajo, y eso dejando fuera la corrupción grandota, la de funcionarios, licitaciones, gobernadores, ministerios públicos y demás".[124]

Tampoco cambió nada en la ineficiencia de todo tipo de ventanillas en las que los ciudadanos tienen que cumplir con trámites, desde el Registro Público de la Propiedad hasta los ministerios públicos, pasando por las delegaciones y las oficinas para pago de impuestos.[125] Un estudio del Instituto Ciudadano de Estudios sobre la Inseguridad reveló que en promedio un ciudadano pierde once horas en levantar y ratificar una denuncia en el Ministerio Público,[126] y otros han hecho evidente que muchísimos contribuyentes no consiguen la devolución de los impuestos que pagaron de más por parte del Servicio de Administración Tributaria, que, eso sí, saca carísima publicidad en los medios asegurando que se trata de un procedimiento sencillo y rápido.[127]

Un asunto que mostró de manera muy evidente para los ciudadanos la mentira gubernamental, fueron los festejos por el bicentenario de la Independencia/centenario de la Revolución: mientras el secretario de Educación Pública y el responsable de la comisión encargada pregonaban las muchas acciones y obras que se hicieron, las críticas llovían: "Todos los días se inventan actividades sin ton ni son, que van desde darles medallas y hacerles homenajes a un montón de personas e instituciones, hasta iluminar algún edificio o monumento público o ponerle letreros alusivos a una carretera o a un puente que ya existían".[128] Escribe Patricia Galeana: "Las actividades fueron costosas y efímeras", ni se hicieron obras públicas necesarias, ni se mejoró la enseñanza de la historia y lo poco que se hizo resultó un fracaso, como trasladar de ida y vuelta a Palacio Nacional los huesos de algunos "héroes" patrios que se encontraban en la columna de la Independencia del Paseo de la Reforma en la capital, "una acción inútil que no le agrega nada a la celebración ni al estudio de la historia" y que Luis Martínez de plano calificó de "humorada patriotera, profanación y necrolatría".[129]

Pero lo más increíble, por su peso simbólico, fue lo que pasó con el monumento conmemorativo de dicha gesta: un edificio que costó millones de pesos, que se suponía que iba a ser un arco y terminó siendo una torre y que no se inauguró sino hasta un año y medio después de la fecha que se celebraba. Concluye Galeana: "Se desperdició una oportunidad para revisar nuestra realidad social y para renovar nuestras instituciones políticas. Nuestras actuales autoridades han demostrado que tienen poca aptitud para construir y mucha capacidad para gastar y destruir. Tienen también una gran vocación para regodearse en sus propias exageraciones y mentiras. Quienes realmente crean que hicieron un gran papel se engañan solos, porque la sociedad está consciente de su fracaso".[130]

Este fracaso no se debió sólo a desorganización, malos manejos o derroche de recursos, sino que tuvo, según algunos analistas, raíces profundas en el hecho de que para los conservadores, la historia se lee diferente que para los liberales y no comparten lo que éstos consideran grandes momentos y personajes o triunfos de las causas justas y correctas. Como escribió Luis Medina: "Debe ser sumamente difícil para la elite gobernante actual afrontar las celebraciones. Debe resultarles incómodo gobernar a una nación con cuya inmensa mayoría se encuentran en estado de constante disonancia cognoscitiva y tener que respetar los ritos y símbolos heredados".[131] Esto explica que hayan sucedido tantos problemas, pues como dijo alguien, celebrar es una decisión política.

* * *

Por supuesto, la mentira no solamente fue utilizada por el gobierno federal sino también por los gobiernos locales, a todos los niveles, desde gobernadores hasta presidentes municipales.

Algunos casos fueron emblemáticos, por ejemplo los de Coahuila y Michoacán, estados a los que sus mandatarios endeudaron por miles de millones de pesos, lo cual escondieron, silenciaron, negaron o atribuyeron a invenciones mediáticas y ataques políticos.

Además, estuvieron las mentiras que se dijeron en las entidades asoladas por la delincuencia. ¿Fue o no un acto terrorista el que sucedió en el zócalo de Morelia la noche del 15 de septiembre de 2008?[132] ¿Qué pasaba en Monterrey que los delincuentes cerraban vialidades y había balaceras en las calles y hasta en plena Macroplaza y que en pleno día incendiaban o atacaban casinos llenos de personas? ¿Cómo se explicaban en Veracruz tantos asesinatos de periodistas?

El engaño campeó también entre los legisladores que según Maite Azuela "se revuelcan entre retrasos y mentiras",[133] "legislan al vapor, legislan incompleto, legislan sin considerar la realidad, legislan mal".[134] Es lo que el periódico *El Universal* llamó "disfuncionalidad del Congreso" y otros han llamado "parálisis legislativa."

Porque si algo definió en este sexenio (igual que en el anterior) la actitud de diputados, senadores y asambleístas, fue que se la pasaron empantanados en la confrontación constante y todo en ellos fue el *no*, la oposición a lo que fuera, la negativa a cualquier cosa que se propusiera: "No aprobaron ninguna de las reformas estructurales en materia laboral, fiscal y de seguridad y se conformaron con una miscelánea que atendió más a la coyuntura política y a los intereses de los grupos parlamentarios".[135]

Escribe Román Revueltas: "En nueve meses, el Congreso no le aprobó una sola iniciativa de ley al jefe del Ejecutivo. Sabemos perfectamente cuál es la principal misión de los legisladores de nuestra desleal oposición: que al presidente no le salgan las cosas, que no le vaya bien, que no coseche éxitos y que no logre sus propósitos. Si, de pasada, se llevan al país entre las patas, pues, qué le vamos a hacer. Es un mero detalle. Se ocupan de asuntos como exigir la devolución de una condecoración otorgada por un gobierno extranjero a un funcionario mexicano y de reconvenir a los muchachos de las selecciones de futbol por no cantar con el debido entusiasmo el Himno Nacional, pero cuando ves los resultados que ofrecen te das cuenta que su productividad es prácticamente nula. Así perdimos casi un sexenio entero. Y así seguiremos hasta que el país se hunda de verdad".[136]

Uno de los momentos estelares para mentir en México han sido desde siempre las campañas para obtener cargos de elección popular. Ya hablé de eso en varias partes de este libro y no hubo cambio alguno durante las que tuvieron lugar en el 2012: desde los que querían ser presidente hasta los que buscaban gubernaturas, diputaciones o delegaciones, todos se soltaron haciendo promesas,[137] que de lucha contra la inseguridad y delincuencia, que de crecimiento económico, que de respeto a la ley y al estado de derecho, que de justicia social, que de depuración de los sistemas de justicia y las policías, que de combate a la corrupción, que de llevar servicios y generar empleos. Los ciudadanos ya conocemos esto, pues lo vivimos cada tres y cada seis años, y ya no lo escuchamos siquiera, o como escribió alguien "ya somos inmunes".[138]

Pero vale la pena relatar un ejemplo que sucedió durante el segundo debate de los candidatos a la presidencia en junio de 2012: el del Movimiento Progresista afirmó que si se reducían los sueldos de los altos funcionarios gubernamentales, se lograría un ahorro de 300 mil millones de pesos. A eso el mismísimo presidente Calderón respondió vía Twitter que el ahorro sería, si se les bajaba 50%, de mil millones y al día siguiente el secretario de Economía dio las siguientes cifras: el total de lo que se paga a los servidores públicos, es de 264 mil millones y de eso sólo 0.7% corresponde a directivos y otros altos cargos.[139] Esto a su vez originó otras respuestas, una de ellas según la cual "en 2012 el pago de la burocracia nacional se eleva a un billón de pesos (sin considerar prestaciones, alrededor de 250 mil millones adicionales) y el dato no proviene de la calentura de la oposición sino del presupuesto de egresos de la federación 2012 autorizado por la Cámara de Diputados. Y ese monto equivale a una tercera parte del presupuesto autorizado para el presente año, es decir, que de cada peso presupuestal, 33 centavos se destinan al pago de dicha nómina". Este mismo analista aseguraba que las erogaciones por ese concepto "constituyen alrededor del 9% del PIB, una proporción considerable".[140]

¿Cuál era la verdad? Mientras el secretario calderonista acusaba al candidato de las izquierdas de que engaños como ése "son el principal ingrediente de la tragedia griega que hoy estamos viviendo", el analista afín a López Obrador acusaba al secretario de dar cifras de ficción o de deliberado engaño.

Como sea, lo cierto es que nos mienten siempre sobre los dineros que se usan para los procesos electorales y los ciudadanos no tenemos ni idea de cuánto cuestan ni de dónde salen los recursos. Lo que sí sabemos, porque nos afecta de manera directa o indirecta, es que en torno a las épocas electorales, no se entregan recursos destinados a ciertos rubros y programas, no se pagan servicios o infraestructura contratados y hasta hay suspensión de pagos (de la que no se habla) por parte de instituciones y oficinas tanto del gobierno federal como de los locales.[141] Ello se debe, según el panista Rafael del Olmo, a que "se están financiando las campañas con recursos públicos".[142] El resultado fue que más de una pequeña empresa quebró y muchas personas se vieron afectadas por ello, al punto de perder sus casas o ahorros.

Los ejemplos abundan pero basta con dar uno: en el D.F. no se entregaron 50 millones de pesos de los 100 prometidos y autorizados para mejorar las cárceles de la capital. La explicación fue absurda: algo así como que no se habían gestionado en tiempo.[143]

* * *

Lo que estas acciones hacen evidente, es que a los políticos no les importan los ciudadanos. Los quieren para que voten y luego se olvidan de ellos.[144]

Los ciudadanos estamos completamente abandonados y desamparados, afirmó el poeta Efraín Bartolomé cuando "por error" catearon su casa.[145] Y tenía razón: ¿cuántas veces hay que acudir a la delegación correspondiente para solicitar que tapen coladeras y baches o quiten un tanque de gas oxidado o un auto abandonado?, ¿o a la compañía de luz para pedir que revisen cables sueltos o transformadores a punto de caerse?, ¿o a la Procuraduría Social para que se resuelva el caso de un vecino que no paga, mete quince personas a vivir en un departamento, tiene veinte perros o ha puesto una cocina clandestina o una maquiladora o una fábrica de cohetes? ¿A quién le importan los problemas que les afectan como construcciones defectuosas o en lugares prohibidos, cambios de uso de suelo y cierres de vialidades, fraudes y trampas y abusos en cobros de servicios y mercancías, trámites infinitos para lo que sea, desde un permiso hasta el cobro de una pensión, desde la falta de medicamentos en hospitales y clínicas hasta la necesidad de servicios esenciales como el agua y la recolección de basura?[146]

La verdad es que en este país a nadie le interesan los ciudadanos, no hay lugar para ellos, no hay lugar para nosotros.[147]

Un buen ejemplo de esto es esa farsa llamada "participación ciudadana", decidida y acotada en sus tiempos y en sus quehaceres, oh paradoja, por las autoridades y sin que los ciudadanos puedan hacer nada para cambiarlo. Ya también hablé de ello en este libro: "En 1994, el Congreso aprobó el Estatuto de Gobierno del D.F. y la elección de consejeros ciudadanos. El instrumento para ello sería la Ley de Participación Ciudadana que fue aprobada por la Asamblea de Representantes. Un año después, se llevó a cabo la primera elección, que alcanzó, a pesar de los esfuerzos de los partidos por boicotearla, un 21% de votación, algo que no se ha vuelto a lograr. Así se establecieron 16 Consejos de Ciudadanos, los cuales por razones políticas no duraron en funciones el tiempo para el que habían sido elegidos. En 1999 se llevó a cabo la segunda elección, en 2005 la tercera y en 2010 la más reciente, eso a pesar de que la ley dice que se debían efectuar cada tres años. En cada ocasión se reformó la ley y se fueron disminuyendo las atribuciones de los comités. Y en cada ocasión se hizo todo por boicotearlas y, después, no volvimos a saber nada de los consejos electos. Los comités vecinales que se eligieron han tenido desde entonces, como única actividad, la de reunirse con las autoridades para celebrar que fueron electos y tomarse la foto. No ha sucedido nada más. Y no sucederá porque las autoridades no quieren que suceda".[148]

Para muestra basta un botón: en marzo de 2011 se organizó una consulta para que los ciudadanos decidieran cómo debía gastarse el dinero asignado a los comités vecinales. Las autoridades ya habían advertido que únicamente lo podían usar en uno de tres rubros (servicios, equipamiento urbano, seguridad), pero ni así les dieron lo prometido.

La participación ciudadana ha terminado por ser la reproducción del modelo bien conocido del Estado paternalista que no tiene ninguna gana de que los ciudadanos participen y que sirve sólo para legitimar decisiones previamente tomadas por la burocracia estatal y para apuntalar el clientelismo electorero. Y los ciudadanos lo sabemos tan bien, que por eso todas estas elecciones y consultas han sido un enorme fracaso. La última no convocó ¡ni a 10% de los empadronados!

La lista de mentiras podría seguir y seguir. No voy a rellenar con más ejemplos la clasificación de las mismas que hice ya en este libro, porque no es necesario: los que di siguen siendo vigentes y con los que aquí he dado me parecen suficiente para demostrar que este modo de proceder sigue vivito y coleando. Por lo demás, cualquier ciudadano puede completar este texto con sus experiencias, porque "la simulación y el engaño, el embuste y la falsedad, la exageración y la distorsión abundan en el confesionario de nuestros políticos, empresarios, intelectuales y religiosos".[149]

* * *

Y sin embargo, con todo y las mentiras, la corrupción, la inseguridad y la violencia, la vida sigue. Como afirma John Carlin: "La gran mayoría de los ciudadanos se despiertan en sus camas por las mañanas, se lavan los dientes, desayunan, se van al trabajo en coche o en autobús o en metro o a pie, comen su lunch a mediodía, vuelven a casa, cenan, ven televisión y a dormir, que mañana se repite la historia. La vida de los mexicanos es, en la mayor parte de los casos, de una rutinaria normalidad". Y concluye: "En México no reina la anarquía sino que es una sociedad que funciona y la gente en general se porta con decente moderación".[150]

Sin duda que así es. Pero es que ¿cómo podría ser de otro modo? Las personas tenemos que vivir, ni modo de no ir a trabajar y a la escuela y al médico y al supermercado y a sembrar la parcela y a visitar a la abuelita, ni modo de no ir al cine, a misa, a la manifestación de apoyo a la causa en que creemos, al gimnasio y al antro y al casino y al burdel.

El problema está en que los funcionarios y políticos quisieran que consideráramos el hecho de seguir yendo y viniendo como demostración de que el país está tranquilo y bien gobernado, cosa que no puede ser. Porque no es.

De modo que aunque seguimos haciendo nuestras actividades, los ciudadanos sabemos que ya no salimos a ciertas horas, que le hemos puesto rejas a nuestras ventanas, que ya no dejamos a los niños jugar en la calle, que hay lugares a los que ya no vamos a pasear o de vacaciones. Sabemos que tenemos miedo, que vivimos inquietos.

Y lo sabe también el gobierno. Tan es así, que en los festejos del bicentenario/centenario las propias autoridades federales solicitaron ¡que los ciudadanos no acudieran a ellos! Después de meses de bombardearnos con anuncios sobre la maravilla de espectáculos que nos esperaban, un día antes empezaron a pedir que viéramos mejor todo por televisión, "en la comodidad de tu casa".[151]

* * *

Ya en estas páginas hablé de la desconfianza como resultado inevitable de la mentira.[152] Y en efecto, hemos llegado a que "sin importar si dicen una verdad o una mentira, ya no se cree ninguna de las dos. Se le ha mentido tanto al mexicano que a veces, aunque le digan la verdad, cree que es una mentira".[153]

¿Se está ganando (como dice el presidente) o se está perdiendo (como vemos los ciudadanos y como incluso llegó a decir el propio Calderón en un arranque de sinceridad que luego fue olvidado) la guerra contra el narco? ¿Estamos creciendo (como dijo el presidente del PAN) o estamos estancados (como asegura Fernández Vega) o hay crecimiento pero muy lento (como dice León Bendesky) o hay señales poco alentadoras (como afirma la Concamin)?[154] ¿Se construyeron y arreglaron miles de kilómetros de carreteras como aseguró el presidente o no, como afirma Martha Martínez?[155] ¿Se canceló el proyecto Cabo Pulmo por la voluntad del gobierno federal como dijo la Semarnat o porque como dijeron los activistas los inversionistas extranjeros se echaron para atrás?[156]

La desconfianza e incredulidad se han hecho patentes en las encuestas en donde resulta que diputados y senadores, sindicatos y partidos políticos y la policía no cuentan con la confianza ni credibilidad de los ciudadanos, pero tampoco el presidente de la República de quien apenas uno de cada cinco considera real lo que informa y 65% lo considera poco real.[157]

Para captar la gravedad de estos números, bastaría con compararlos con Brasil: 66% de brasileños piensa que su país está progresando frente a 14% de mexicanos; 22% de brasileños considera que su economía va mal mientras que de los mexicanos es 63%; 75% de brasileños se dice satisfechos de la forma en que su gobierno enfrenta la crisis económica y sólo 32% de mexicanos lo está; 33% de brasileños cree que la crisis va para largo mientras que 80% de los mexicanos lo piensa; 42 % de brasileños piensa que se gobierna para bien de todo el pueblo y en cambio sólo 21% de mexicanos lo ve así.[158]

Y es que los mexicanos piensan como Román Revueltas, en "la crónica imposibilidad de resolver las cosas en este país. Los problemas están ahí, a la vista de todos y son tan identificables como los pasos que hay que dar para resolverlos. Pero no pasa nada. En algún punto de la cadena se rompe la racionalidad y todo aquello que parece posible, deseable o peor aún, impostergable, se desvanece en una bruma de impedimentos absurdos e incumplimientos descarados. Nadie puede solucionar realmente las complicaciones, nadie puede tampoco limpiar la casa y despejar el camino para que México se convierta en el país de ese futuro tan prometedor que tanto nos cacarean. Todo es tan colosalmente enredoso que muchos de nosotros comenzamos a creer que nadie puede ya arreglar los grandes desaguisados nacionales: una maraña de intereses corporativos, rancios usos y costumbres, prácticas ilegales y corrupciones endémicas ocurren en todos los ámbitos".[159]

Por eso Mario Luis Fuentes ha llegado a la conclusión de que existe "un profundo malestar que recorre al país" y Pilar Montenegro, cuando se retrató desnuda para una revista de caballeros, explicó: "Ante la actual situación del país, cada vez es más importante ver algo bello".[160] Yo misma hablé en estas páginas de la desesperanza de los ciudadanos.[161]

Sin embargo, ya no estoy segura de que exista ese ánimo sombrío. Al contrario, creo que cada vez es más evidente que muchos están muy contentos con los beneficios que obtienen de este modo de ser nuestro desordenado, corrupto, mentiroso. Por eso no cambiamos.

Eso es particularmente cierto para lo que se refiere al narcotráfico y la delincuencia. Y vale no solamente para los directamente involucrados, que adquieren dinero y poder y, algo no menor, un sentido de pertenencia, sino también para las madres y padres y esposas y hermanas y vecinos y amigos que disfrutan de ello. ¡Que lo digan si no las 80 personas que pasaron espléndidas vacaciones decembrinas en la Riviera maya, invitados por un par de capos que a su regreso fueron detenidos en el aeropuerto de la capital![162]

Estoy convencida de que parte importante de la explicación sobre el fracaso de la guerra contra la delincuencia, la organizada y la desorganizada, la relacionada con el narcotráfico o simplemente la que es producto del río revuelto y de la incapacidad y falta de voluntad de las policías, es que cuentan con una amplia base social de respaldo o lo que alguien ha llamado un "elevado nivel de complicidad social."

Y así seguirá siendo mientras a tantos les convengan sus beneficios. Según Joaquín Villalobos, en Colombia sólo se pudo parar una situación similar hasta que "el cansancio por la violencia condujo, gradualmente, a un consenso mayoritario y un gran soporte nacional, primero para perseguir y desmantelar a los cárteles del narcotráfico y luego para derrotar a las narcoguerrillas".[163] Y aquí es claro que aún estamos muy lejos de ese hartazgo.

Pero si esa hipótesis vale para el tejido social, es también válida para los políticos y funcionarios. Lo que se hizo evidente hacia el final del gobierno calderonista es que esa complicidad está también en los altos niveles del gobierno, del ejército y de los bancos. Y lo digo por esto: cuando se hizo público el caso del lavado de dinero por parte de HSBC, los ciudadanos nos dimos cuenta de que era imposible que los miles de millones de dólares que se blanquearon fueran algo de lo que no estuvieran enterados los funcionarios de dicha institución financiera, tanto en el ámbito nacional como internacional, la Secretaría de Hacienda y muy probablemente, como dijo Lorenzo Meyer, incluso la Presidencia. Sin embargo, no dijeron nada ni hicieron nada por detenerlo. Como afirmó este investigador: "Resultaba increíble que los hombres de traje deshicieran todo aquello que supuestamente los soldados habían salido a hacer".[164]

Entonces se hizo evidente que quizá no era tan cierto eso de que se quería combatir a la delincuencia. Al menos eso pareció cuando un secretario de Economía dijo, por increíble que parezca, que "la violencia atrae inversiones".[165]

Esta conclusión la dije ya: "La mayor mentira es pensar que a nuestras autoridades de verdad les interesa resolver el asunto de la seguridad", escribí citando a Luis Herrera Lasso.[166] Y para sostener la tesis, di los siguientes elementos: el hecho de que se desmantelaran todos los sistemas de inteligencia y que no se crearan nuevos, el hecho de que las acciones que se emprendieron una y otra vez fueran idénticas a las que ya habían mostrado ser ineficaces y fallidas, el hecho de que no se elaboraran estrategias y políticas de seguridad integrales y la manera como se atendían los problemas que generaba el narco: haciendo mucho ruido pero resolviendo poco.[167]

Todo esto sigue siendo válido hoy, y además, hay otros elementos que abonan a la conclusión: por ejemplo, el hecho de que la erradicación de cultivos ilícitos, que debería formar parte de las acciones de combate al narcotráfico, en el gobierno de Calderón "fue 57% menor que durante el gobierno de Fox y 30% menor que durante el gobierno de Zedillo"[168] y el hecho de que "al territorio nacional entren por puertos, aduanas terrestres, aeropuertos, la descuidada frontera sur, el desierto en el norte, una enorme cantidad de armas", siendo que uno supondría que si de verdad lo quisieran evitar (como dicen que quieren) habrían puesto "millones y millones en desarrollar métodos de detección y fortalecer el sistema de aduanas y los pases fronterizos".[169] Y podríamos incluir un tercer hecho que señaló nada menos que el embajador de Estados Unidos en México: la falta de acción del Ejército Mexicano para perseguir a líderes del narcotráfico, aun cuando contaba para ello con inteligencia provista por ese país.[170]

En una conferencia, el lingüista Noam Chomsky afirmó que "son intencionales las fallidas consecuencias de la guerra contra el narco".[171] Si bien lo dijo refiriéndose a los vecinos norteamericanos que, digan lo que digan, no parecen querer que este negocio se acabe ¿podría esa frase aplicarse también al gobierno mexicano?

En todo caso, no me puedo resistir a relatar la siguiente historia: cuando Calderón estaba en plena campaña para "hablar bien de México", conoció una exposición con más de mil imágenes gigantes de México, sus paisajes, habitantes y costumbres que el fotógrafo Willy Sousa estaba preparando para el gobierno del D.F. El presidente murió de emoción y, sin más, le quitó al jefe de gobierno de la capital la inauguración del evento, sin importar si para ello tuvo que pagarle 10 millones de pesos al artista.

Pero es que la versión de México que daba en sus fotografías era la puesta en imágenes de lo que el mandatario decía con palabras: combatir la imagen violenta del país y hacerlo con un México maquillado y estilizado, blanqueado, con una estética como la de los anuncios de la televisión. Según las fotos y videos de Sousa, el nuestro es un territorio de trajes típicos, de mujeres y niños con vestidos de colores y trenzas que les vuelan al viento, en el que las indias usan pestañas postizas, los niños tienen la cara bien lavada y los huaraches nuevos y los ciudadanos se envuelven en la bandera nacional (algo por cierto prohibido por la Constitución) que les parece "la más bonita del mundo". Un país en el que la pobreza no existe, en el que no hay basura ni mugre, en el que todo es ordenado. Un país con su cantidad adecuada de exotismos, pero eso sí, moderno. El propio Sousa contó que cuando unos empresarios japoneses vieron sus fotos dijeron que se sentían en Miami o Nueva York "pero yo les dije que era México".[172]

Pues bien: en julio del 2012 el señor Sousa fue detenido, acusado de fraude por muchos millones de pesos. ¿Podría esto servir como metáfora de la lucha contra el narco durante el sexenio de Felipe Calderón?

En los cuatro años que han transcurrido desde la publicación de este libro, se puede observar una permanencia cultural y dos cambios.

La permanencia es la siguiente: que la mentira sigue vigente en el discurso público. A pesar de que los ciudadanos la denunciamos constantemente, a pesar de que les hemos demostrado que no les creemos, los políticos, policías y procuradurías siguen como si nada con ese modo de funcionar. No ha habido la mínima modificación y ni siquiera la menor señal de que estén dispuestos a ello.

Por lo que se refiere a lo que sí ha cambiado, es lo siguiente: en primer lugar, que ha surgido una nueva modalidad de mentir que no estaba en mi clasificación anterior, que es la del exceso de información. Todos hablan, declaran, dicen, aseguran, afirman, opinan, dan cifras y datos y números que parecen duros. Así parece que se dice mucho pero en realidad no se dice nada y tanta palabrería se convierte en puro ruido. El resultado es la confusión: como no entendemos entonces nos da igual. Y eso es perfectamente intencional.[173]

Bernardo Bátiz da un ejemplo que movería a risa si no fuera porque es trágico: las autoridades insisten en presentar a los medios las enormes cantidades de dólares que supuestamente les encuentran (y decomisan) a los narcotraficantes, sin explicar cómo se compaginan esas grandes fortunas con "las pobres imágenes de mal vestidos y peor peinados" que presentan como los capos detenidos. ¿Quiere eso decir que solo capturan a los peones de última categoría de los carteles y rarísima vez a un jefe? se pregunta el ex procurador capitalino, porque de otra manera esas personas están muy lejos de lucir el éxito económico que supuestamente les produce su acción delictiva.[174]

De todos modos, y éste es el segundo cambio importante, hoy ya ni siquiera importa si el discurso tiene o no que ver con la realidad. Como afirma Peter Osborne: "Apariencia y realidad se han vuelto lo mismo en el mundo de la posmodernidad". Por eso nuestros políticos ya no pretenden siquiera decir la verdad, sino que construyen narrativas inventadas para "crear la verdad".[175]

Esto es posible porque vivimos en tiempos puramente declarativos y ya nadie se siente con obligación de sustentar lo que afirma. Como dice Michael Schermer: "La persona que hace la afirmación extraordinaria (por ejemplo que está ganando una guerra) es la que tendría sobre sí la carga de probarle a la sociedad que su afirmación tiene más validez que cualquier otra, es quien debe mostrar evidencias y convencer a los demás de que esas evidencias valen pero no lo hace, no le interesa ni le preocupa hacerlo".[176]

Por eso lo central deja de ser lo que se dice y pasa a ser la forma de comunicar las cosas. Eso se ha convertido en lo único que les preocupa a quienes emiten el discurso público y explica que hagan acciones tan absurdas como repetir la detención de unos secuestradores para filmarla, porque atrapar a un delincuente no es tan importante como salir en el periódico hablando de lo bien que hacen su trabajo.[177]

* * *

Hannah Arendt escribió que la preocupación por la mentira tuvo que ver con el puritanismo religioso y con la ciencia, dos modos de pensar supuestamente sustentados en la verdad.[178] Sin embargo, ése ha sido un interés mucho más viejo, como lo vemos en san Agustín que ya en el siglo IV hizo una clasificación de ocho categorías de la mentira en su libro *De mendacio*. El tema ha estado presente en pensadores y escritores: Kant le dedicó una buena cantidad de páginas y desde Mark Twain hasta George Orwell, pasando por Nietzsche, muchos tuvieron algo que decir sobre él.[179]

Pero fue en pleno siglo XX, cuando la guerra de Vietnam y casos como Watergate y el llamado Irán-Contra hicieron evidente tanto en Estados Unidos como en otras naciones occidentales que los gobiernos y funcionarios mentían, entendiendo este término sin ambigüedad alguna como "pretender que las circunstancias son otras de lo que sabemos que realmente son".[180]

Y fue entonces que el tema se empezó a poner de moda entre los científicos sociales, para quienes "la veracidad y el engaño han sido motivo de múltiples debates y se abordan tanto en las aulas y en los medios de comunicación como en la literatura especializada".[181]

Una importante cantidad de libros y artículos empezó a circular desde los años ochenta del siglo pasado, tanto con una perspectiva teórica como ejemplificando con casos concretos. Aparecieron textos sobre filosofía, ética y moral que mostraban a la mentira como "esencial a la naturaleza humana", como "necesaria y hasta indispensable para vivir",[182] como "normal y natural" y que no tiene que ver "ni con estar enfermo mental o con ser un fracasado", sino al contrario, es "sana" porque "la sociedad colapsaría por completo bajo el peso de la excesiva honestidad"[183] y como útil y funcional pues sirve para "aceitar las ruedas de la sociedad",[184] y aparecieron también textos sobre casos concretos de mentiras presidenciales y parlamentarias, militares y policiacas, sobre engaños de bancos y de jerarcas de iglesias que desfalcaban a clientes y creyentes y sobre medios de comunicación y periodistas que inventaban casos, datos y fuentes.

Algunos de ellos fueron los que exponían la mentira de Margaret Thatcher respecto a las Islas Malvinas que llevó a la guerra entre Inglaterra y Argentina y la de Georg W. Bush respecto a las supuestas armas atómicas de Saddam Hussein que llevó a la guerra de Estados Unidos contra Irak, la de los fraudes bancarios en empresas como Enron y la de Mariano Rajoy sobre la economía española, entre muchos otros.[185] Particularmente fuerte fue un libro del francés Thierry Meyssan en el que daba una versión del atentado de 2001 a las Torres Gemelas en Nueva York y al Pentágono en Washington, según la cual los propios norteamericanos lo habían organizado o al menos permitido.[186]

Pero fue hasta 2006, cuando apareció WikiLeaks, un sitio de internet que sacó a la luz documentos secretos tanto militares como diplomáticos y corporativos,[187] que hicieron públicos asuntos muy serios sobre los que intencionalmente se había callado o mentido, como matanzas y asesinatos de civiles desarmados en Irak y presiones a gobiernos diversos para actuar de determinada manera, que los ciudadanos pudimos constatar lo que siempre sospechamos: que la mentira es la forma de funcionar de los políticos, que la política es una red de mentiras, simulaciones y engaños y que éstos "no son azar sino el resultado inevitable del método de gobierno".[188] Como dijo Maquiavelo, "la mentira está en el centro de la política y el gobierno" y como escribió Brooke Harrington, "es parte integral de las instituciones".[189]

Pero sobre todo, pudimos darnos cuenta, con evidencia contundente, de que ella afectaba a millones de personas y que había sido lo que Sissela Bok llamaba "la fuente de efectos destructores".[190]

Entonces, como dije ya páginas atrás, dejó de tratarse de defender una "noción ingenuamente objetiva de la verdad",[191] o de ver a la mentira desde consideraciones éticas, morales, filosóficas y psicológicas según las cuales mentir es malo y decir la verdad es bueno, y pasó a tratarse de desenmascararla por el daño social que hace, o por lo menos, como dijo Julian Assange, para "hacerles más difícil a los políticos su comportamiento vergonzoso".[192]

El libro que el lector tiene entre sus manos es el eslabón mexicano (el primero y hasta ahora el único) de esa cadena mundial que hace por evidenciar un problema que como sociedad nos daña severamente. Por eso lo escribí y por eso me ha parecido importante ponerlo al día, pues estoy convencida de que como dijo Ricardo Piglia: "La verdad se vuelve un horizonte político y un objeto de lucha".[193]

NOTAS

PRÓLOGO:
EL DESCUBRIMIENTO DE LA MENTIRA

[1] Los artículos que no llevan nombre de autor son míos y fueron publicados en *El Universal*, en las fechas señaladas.

[2] Francisco Labastida Ochoa, citado en "Labastida y las vergüenzas", 21 de noviembre de 1996.

[3] "Alimentos y soberanía", 16 de mayo de 1996.

[4] *Ibíd.* y "El campo mexicano", 29 de octubre de 1998.

[5] Romárico Arroyo, citado en "Mentiras sobre el campo", 29 de octubre de 1998.

[6] Confederación Nacional Campesina y Central Independiente de Obreros Campesinos y Agrícolas, citadas en *ibíd.*

[7] Agustín Escobar Latapí, "Progresa y los nuevos paradigmas de la acción social del Estado en México", en Jorge Alonso, Luis Armando Aguilar y Richard Lang, coords., *El futuro del Estado social*, Universidad de Guadalajara-ITESO-Instituto Goethe, México, 2002, p. 196.

[8] David Barkin y Blanca Suárez, *El fin de la autosuficiencia alimentaria*, Nueva Imagen, México, 1982, pp. 57, 62, 67 y 202.

[9] Eduardo Sojo según Miguel Ángel Granados Chapa, *Plaza Pública*, Radio Universidad, México, 29 de abril de 2008, y Alberto Cárdenas según *La Jornada*, 8 de mayo de 2008.

[10] "El IMSS", 11 de marzo de 1999; "Al director del IMSS", 7 de diciembre de 2006.

[11] Coloquio Internacional "Los derechos humanos hoy", Fundación Mexicana Cambio XXI Luis Donaldo Colosio, México, octubre de 1994.

[12] Definición de mentira en Wikipedia Online.

[13] "Discurso": "Práctica enunciativa que transmite información y efecto de significado en función de sus condiciones institucionales, ideológico-culturales e histórico-coyunturales, las que determinan lo que puede y debe ser dicho, así también como el cómo", Regine Robin, *Histoire et lingüistique*, Armand Colin, Paris, 1973, p. 34; "Público": "Lo que alude a lo que es de interés o utilidad común", Nora Rabotnikof, "Público-Privado", *Debate Feminista*, vol. 18, octubre de 1998, p. 4. Al discurso público no lo defino nada más por sus contenidos sino también por el lugar en el cual se produce, que es el del poder.

[14] Tienen voz porque tienen el poder, que es la investidura para el ejercicio de determinadas competencias, dice Gilberto Giménez Montiel, "El discurso jurídico como discurso del poder", *Poder, Estado y discurso, perspectivas sociológicas y semiológicas del discurso político-jurídico*, Universidad Nacional Autónoma de México, México, 1981, pp. 11-13.

[15] "Corpus": conjunto de datos con homogeneidad en muchos niveles: cronológica, de situación política, de coyuntura y de modo de resolver los problemas que se plantean. Regine Robin, "Discours politique et conjoncture", en P. Léon y H. Mitterand, *L'analyse du discours*, CFE, Montreal, 1976, p. 102.

[16] César Cansino, "Lecciones intemporales para México", *Metapolítica*, número especial: *México en la cultura, viejos problemas, nuevos retos*, Jus-Centro de Estudios de Política Comparada, A.C., México, 2005, primera parte, p. 22.

[17] Octavio Paz, "De la independencia a la revolución", en *México en la obra de Octavio Paz. El peregrino en su patria*, Fondo de Cultura Económica, México, 1987, p. 193.

[18] Luis González y González, *Galería de la Reforma*, Secretaría de Educación Pública, México, 1986, pp. 20-21 y 86.

[19] Lorenzo de Zavala, citado en Enrique González Pedrero, *País de un solo hombre; el México de Santa Anna*, vol. 1: La ronda de los contrarios, Fondo de Cultura Económica, México, 1993, p. 274.

[20] Justo Sierra, citado en Arnaldo Córdova, *La ideología de la revolución mexicana*, Era, México, 1973, p. 39.

[21] Lo de falsificación y mentira en Octavio Paz, "La jauría", *Novedades*, 9 de junio de 1943; lo de simulación en *Sor Juana Inés de la Cruz o las trampas de la fe*, Fondo de Cultura Económica, México, 1982, p. 30.

[22] Octavio Paz, "La mentira en México", *Novedades*, 11 de octubre de 1943.

[23] José Gutiérrez Vivó, coord., *El otro yo del mexicano*, Océano, México, 1998: Héctor Aguilar Camín en p. 144; Horacio Labastida en p. 129; Josefina Zoraida Vázquez en p. 123; Marta Lamas en p. 145; Fernando Escalante Gonzalbo en p. 120; Luis Feder en p. 116; José Gutiérrez Vivó en p. 54.

[24] Escribe Roger Bartra: "Sin esas odiosas peculiaridades nacionales (el cacique, el dirigente charro, el proteccionismo, el soborno) el sistema político mexicano no es capaz de funcionar adecuadamente". "Nacionalismo revolucionario y seguridad nacional en México", en Sergio Aguayo Quezada y Bruce Michael Bagley, comps., *En busca de la seguridad perdida. Aproximaciones a la seguridad nacional mexicana*, Siglo XXI, México, 2002, p. 151.

[25] La "legitimidad" es cuando los actos del gobierno "cuentan con el apoyo de la sociedad", dice Lucio Levi, "Legitimidad", *Diccionario de política*, t. II, Siglo XXI, México, 1985, p. 896, y cuando no se necesita de la fuerza para imponerse, dice Oliver Reboul, citado en Gilberto Giménez Montiel, *La teoría y el análisis de las ideologías*, Secretaría de Educación Pública-Consejo Mexicano de Ciencias Sociales-Universidad de Guadalajara, México, 1988, p. 256. Jürgen Habermas la define como "reconocimiento de que un orden político es correcto, adecuado y justo y que sus acciones son de interés general". Citado en Eusebio Fernández, *Teoría de la justicia y derechos humanos*, Debate, Madrid, 1991.

[26] Jean Franco, "Invadir el espacio público, transformar el espacio privado", *Debate Feminista*, vol. 8, septiembre de 1993, p. 278.

[27] Pietro Barcellona, "El divorcio entre derecho y justicia en el desarrollo cultural de la modernidad", *Debate Feminista*, vol. 19, abril de 1999, pp. 4-5.

[28] Guy Sorman, *La singularidad francesa*, Andrés Bello, Caracas, 1996, p. 32.

[29] Roderic Ai Camp, *Intellectuals and the State in Twentieth Century Mexico*, versión mecanografiada de 1983.

[30] Octavio Paz, *El laberinto de la soledad*, Fondo de Cultura Económica, México, 1963, p. 54.

[31] Octavio Paz, *Sor Juana Inés de la Cruz o las trampas de la fe*, *op. cit.*, p. 23.

[32] Es la idea que sostiene el libro de Edward Said, *Orientalism*, Penguin, London, 2003.

[33] Pablo González Casanova, *La democracia en México*, Era, México, 1962, p. 10.

[34] Juan Rafael Elvira Quesada, "Exitosa participación de México en la Cumbre de Bali sobre cambio climático", comunicado de prensa de la Secretaría de Medio Ambiente y Recursos Naturales, México, 17 de diciembre de 2007, online.

[35] Secretaría del Medio Ambiente y Recursos Naturales, citado en "Síntesis de la prensa nacio-

nal", *El Universal Online*, 14 de diciembre de 2007.

[36] Pankaj Bhatia, citado en *Reforma*, 15 de diciembre de 2007.

[37] Israel Laguna Monroy, *El Universal*, 22 de abril de 2008.

[38] *Reforma*, 15 de diciembre de 2007.

[39] *El Universal Online*, 18 de diciembre de 2007.

[40] *Ibid.*

[41] *Reforma*, 15 de diciembre de 2007.

[42] *El Universal*, 24 de abril de 2007.

[43] José Joaquín Blanco, "Plaza Satélite", en *Función de media noche*, Secretaría de Educación Pública-Era, México, 1986, p. 84.

[44] Teun A. Van Dijk, "Prefacio" a Teun A. Van Dijk, coord., *Racismo y discurso en América Latina*, Gedisa, Barcelona, 2007, p. 24.

[45] Octavio Paz, declaraciones al *Wall Street Journal*, reproducidas en *La Jornada*, 28 de mayo de 1994.

[46] Nancy Fraser, "Repensar el ámbito público: una contribución a la crítica de la democracia realmente existente", *Debate Feminista*, vol. 7, marzo de 1993, p. 24.

[47] Pierre Bourdieu y Loïc Wacquant, *Las argucias de la razón imperialista*, Paidós, Buenos Aires, 2001, p. 15.

[48] Carlos Pereda, "¿Qué puede enseñarle el ensayo a nuestra filosofía?", *Fractal*, núm. 18, otoño de 2000, pp. 90-91.

[49] Carlos Monsiváis, "Cultura nacional y cultura colonial en la literatura mexicana", en *Características de la cultura nacional*, Universidad Nacional Autónoma de México, México, 1969, p. 5. Algo similar expresó Leopoldo Zea en "En torno a la filosofía americana", en José Luis Martínez, *El ensayo mexicano moderno*, vol. II, Fondo de Cultura Económica, México, 1984, p. 344. También José Gaos hablaba de este "prejuicio europeizante". Véase Antolín Sánchez Cuervo, "José Gaos, el segundo descubrimiento", *Metapolítica*, número especial: *México en cultura, viejos problemas, nuevos retos, op. cit.*, primera parte, p. 27.

[50] Francisco Bulnes, citado por Fernando Curiel, "Para leer a Bulnes", en Francisco Bulnes, *Las grandes mentiras de nuestra historia*, Consejo para la Cultura y las Artes, México, 1991, p. 17. Esta afirmación es hoy tan válida como entonces.

[51] José Fernández Santillán, *Liberalismo democrático*, Océano, México, 1997, p. 13; Pablo González Casanova, *La democracia en México*, Era, México, 1969, p. 15; Guillermo Bonfil, *México profundo*, Consejo Nacional para la Cultura y

las Artes, México, 1989, según mi reseña "Contra la ficción dominante", publicada en *Nexos*, núm. 136, abril de 1989.

[52] Jaime F. Cárdenas Gracia, "Legitimidad, legitimación, estabilidad", *Topodrilo*, núm. 13, septiembre-octubre de 1990, Universidad Autónoma Metropolitana/Iztapalapa, p. 11.

[53] Carlos Martínez Assad a Sara Sefchovich, ciudad de México, 2 de diciembre de 2006.

[54] Pablo González Casanova, *La democracia en México, op. cit.*, p. 10.

[55] Guy Sorman, *La singularidad francesa, op. cit.*, p. 32; Karl Popper, citado en Isidro Cisneros, "Sociedades complejas, democracia y tolerancia: una polémica entre Karl Popper y Herbert Marcuse", en *Religiones y sociedad*, Secretaría de Gobernación, México, 1997. No creo, como Isaiah Berlin, que los pensadores tienen el deber de ser "la conciencia moral de su tiempo", pero al menos sí quienes expliquen lo que pasa.

LAS SUPUESTAS PANACEAS

[1] Este capítulo retoma, reorganiza y actualiza buena parte de los artículos que publiqué semanalmente en el periódico *El Universal* varios de los cuales se reprodujeron en diarios del país, desde febrero de 1995 hasta abril de 2008, así como algunas de mis participaciones en el programa de radio *Monitor* de Radio Red desde octubre de 1996 hasta diciembre de 1999, y desde mayo de 2002 hasta agosto de 2006. El lector los encontrará citados sin nombre de autor.

[2] Ana Guevara, *La Jornada*, 9 de enero de 2008; "Deporte y casinos", *ibíd.*

[3] "Las olimpiadas no son deporte", 25 de julio de 1996; "Deporte y casinos", 26 de agosto de 2004.

[4] "El plan de seguridad", 5 de julio de 1995.

[5] "El Consejo Nacional de Seguridad Pública", 14 de marzo de 1996; "Más sobre la seguridad pública", 21 de marzo de 1996; "Ofrecen plan de seguridad", 10 de septiembre de 1998. En 2008, para responder a la indignación ciudadana por el aumento de los secuestros se elaboró otro plan que incluía reuniones del presidente y los gobernadores y la creación de un grupo antisecuestro formado por 300 policías "incorruptibles". "Otro plan inútil", 12 de agosto de 2008.

[6] "Urge detener la criminalidad", 1 de junio de 1995; "El plan de seguridad", 5 de julio de 1995.

[7] *Crónica*, 15 de septiembre de 2008.

[8] Javier Oliva Posada, *La Jornada*, 12 de septiembre de 2004.

[9] Martín Carlos Velasco Barroso a Sara Sefchovich, ciudad de México, 23 de junio de 2002.

[10] "¡No vaya a defraudarlos, señor Presidente!", 11 de julio de 2002.

[11] "¿Sirve para algo la Procuraduría Social del D.F.?", 19 de junio de 2003.

[12] Raúl Domínguez, correo electrónico a Sara Sefchovich, 20 de marzo de 2003, y "¿Es el silencio la única respuesta de la autoridad?", 26 de junio de 2003.

[13] "Pemex: ahogado el niño", 1 de agosto de 1996.

[14] "De ahogados y responsables", 15 de julio de 2004.

[15] "Indecencia del IFE", 13 de julio de 2006.

[16] "Aguas malas", 27 de junio de 1996; "Del sentimentalismo a la burla", 18 de septiembre de 2003.

[17] "Receta para el presidente", 14 de octubre de 1999.

[18] "¿Quién manda aquí?", 14 de diciembre de 2006.

[19] *La Jornada*, 11 de enero de 2006.

[20] "Los ciudadanos dudan", 13 de julio de 1995, y *Primero Noticias*, Televisa, 22 de abril de 2008.

[21] Martí Batres a Sara Sefchovich, ciudad de México, 22 de febrero de 2007.

[22] Citado en *The Economist*, 15 de agosto de 2003.

[23] La fuerza de los nuncas, de los siempres, ese lenguaje definitivo, esa puesta en escena, dice Francisco J. Laporta: "La transparencia del poder: problemas actuales de un ideal ilustrado", en José María González y Carlos Thiebaut, eds., *Convicciones políticas, responsabilidades éticas*, Anthropos, Barcelona, 1990, p. 11.

[24] *Reforma*, 12 de julio de 2007, y José Luis Piñeyro, "Soberanía nacional ¿efectiva?", *El Universal*, 1 de septiembre de 2007.

[25] "Una cultura de dobles mensajes", 10 de agosto de 1995.

[26] El secretario de Seguridad Pública en el programa radiofónico *Monitor*, Radio Red, 29 de octubre de 2006, y el rector de la Universidad Nacional Autónoma de México, citado en "La Universidad y el IMP", 3 de noviembre de 2005.

[27] Diego de Durán, citado en Miguel León-Portilla, *De Teotihuacan a los aztecas. Antología de fuentes e interpretaciones históricas*, Universidad Nacional Autónoma de México, México, 1983, p. 284.

28 "En sólo dos semanas ¡tres mentiras más!", 10 de octubre de 2002.

29 Nuevo Reglamento de Tránsito del DF, capítulo IV, artículos 51 y 52.

30 Carlos Loret de Mola, *Sólo Noticias*, Televisa, 8 de agosto de 2007.

31 Javier Oliva Posada, citado en "Obligado balance", 6 de enero de 2005.

32 "Diputados y senadores: ¡vaya modelo!", 3 de enero de 2002; "La culpa es del Congreso", 17 de enero de 2002.

33 "Democracia a la mexicana", 18 de diciembre de 2003.

34 "Puras promesas", 22 de septiembre de 2005.

35 "Andrés Manuel: basta", 30 de agosto de 2001.

36 *Reforma*, 30 de abril de 2007.

37 "¿Qué pasa con los diputados?", 1 de mayo de 2003.

38 Gerardo Bazán, *Crónica*, 12 de abril de 2008.

39 Víctor M. Toledo, "Pemex a debate: ¿y la ciencia y la tecnología?", *La Jornada*, 19 de abril de 2008.

40 "Obligado balance", 6 de enero de 2005.

41 "Legisladores faltistas", 25 de septiembre de 1997; "¿Qué pasa con los diputados?", 1 de mayo de 2003; "Realidad mexicana: funcionarios ricos y sociedad pobre", 15 de mayo de 2003; "Obligado balance", 6 de enero de 2005.

42 Miguel Ángel Paredes Ramos, *La Jornada*, 8 de agosto de 2007.

43 Georgina Sánchez, "El peligro de las armas pequeñas en México", ponencia en el Seminario Internacional México: La Seguridad Nacional en la Encrucijada, El Colegio de México, México, 25 de septiembre de 2007.

44 "País de fantasía", 12 de agosto de 2004.

45 Héctor F. Castillo Berthier, *La sociedad de la basura: caciquismo urbano en la ciudad de México*, Instituto de Investigaciones Sociales/Universidad Nacional Autónoma de México, México, 1983.

46 "Farol en la calle", 29 de noviembre de 2001.

47 *El Universal*, 1 de abril de 2007.

48 "El extraño discurso mexicano", 25 de octubre de 2001.

49 Eduardo Medina Mora, *La Jornada*, 26 de marzo de 2008; Carlos Abascal, *El Financiero*, 18 de octubre de 2006.

50 "De héroes y bandidos", 11 de junio de 1998.

51 "Indecencia del IFE", 13 de julio de 2006.

52 *Reforma*, 15 de junio de 2004.

53 "País de fantasía", 12 de agosto de 2004.

54 *Time*, 7 de agosto de 1995.

55 *Reforma*, 3 de junio de 2004.

56 Datos de la Fundación Nacional de Investigaciones de Niños Robados y Desaparecidos, *La Jornada*, 9 de agosto de 2006.

57 *Debate Legislativo en Pleno*, año 2, núm. 30, 13 de enero de 2004, pp. 12-15, y "Para qué son las partidas secretas", 25 de julio de 2002.

58 Según un desplegado publicado en los diarios del país, firmado y pagado por grupos de hoteleros, agentes de viajes y guías de turistas, citado en "Otra trampa de los casinistas", 16 de octubre de 2003.

59 "La corrupción tan profunda", 10 de julio de 2003.

60 "En sólo dos semanas ¡tres mentiras más!", 10 de octubre de 2002.

61 "¿Cómo vivir en México?", 23 de septiembre de 2004; DF: ¿quién aplica la ley?", 27 de octubre de 2005.

62 Pietro Barcellona, "El divorcio entre derecho y justicia en el desarrollo cultural de la modernidad", *Debate Feminista*, vol. 19, abril de 1999, pp. 4-5.

63 Norberto Bobbio, *El tiempo de los derechos*, Sistema, Barcelona, 1997, p. 28. Este autor usa el término "vinculantes".

64 "Aduanas: trampas y mentiras", 7 de agosto de 2003.

65 "Carta a Julia Carabias", 20 de abril de 2000.

66 *La Jornada*, 25 de abril de 2003.

67 *Reforma*, 25 de septiembre de 2007.

68 "La corrupción tan profunda", 10 de julio de 2003.

69 "Los ciudadanos y sus impuestos", 26 de febrero de 2004.

70 *Reforma*, 25 de mayo de 2004.

71 "La corrupción tan profunda", 10 de julio de 2003.

72 "Los ciudadanos y sus impuestos", 26 de febrero de 2004.

73 "Golpe de realidad", 30 de junio de 2005.

74 "País de fantasía", 12 de agosto de 2004.

75 "Giros ¿negros?", 9 de noviembre de 2000.

76 Llamada telefónica al programa radiofónico *Monitor*, Radio Red, 6 de agosto de 2006.

77 César Cansino, "Lecciones intemporales para México", *Metapolítica*, número especial: *México en la cultura, viejos problemas, nuevos retos*, Jus-Centro de Estudios de Política Comparada, A.C., México, 2005, primera parte, p. 21.

LAS MIL Y UNA FORMAS DE MENTIR

1 Este capítulo retoma, reorganiza y actualiza buena parte de los artículos que publiqué se-

manalmente en el periódico *El Universal* varios de los cuales se reprodujeron en diarios del país, desde febrero de 1995 hasta abril de 2008, así como algunas de mis participaciones en el programa de radio *Monitor* de Radio Red desde octubre de 1996 hasta diciembre de 1999, y desde mayo de 2002 hasta agosto de 2006. El lector los encontrará citados sin nombre de autor.

[2] "¿De qué se ríen?", 9 de junio de 1997; "Desesperación ciudadana", 13 de noviembre de 1997.

[3] "Elecciones de consejeros ciudadanos", 9 de noviembre de 1995.

[4] Desplegado del Sindicato Nacional de Trabajadores de la Educación, *El País*, 15 de julio de 2007, y declaraciones conjuntas de Elba Esther Gordillo y Felipe Calderón, *La Jornada*, 14 de abril de 2008.

[5] *La Jornada*, 14 de agosto de 2006.

[6] *La Jornada*, 2 de diciembre de 2006

[7] "Casinos: falsedades y cuentas alegres", 26 de septiembre de 2002.

[8] *Ibíd.*

[9] "El terremoto más devastador", 19 de septiembre de 2002.

[10] *Ibíd.*

[11] *Reforma*, 19 de abril de 2008.

[12] "Como es evidente, muy poco o nada se ha cumplido" y, al contrario, a veces se realizan acciones trascendentes que no estaban en los planes, dice Héctor R. Núñez Estrada, "Consideraciones críticas al Plan Nacional de Desarrollo 1995-2000", *Gestión y Estrategia Online.*

[13] Carlos Bazdresch, "El Plan Nacional de Desarrollo", *El Universal*, 17 de mayo de 2007.

[14] "La ¿nueva? agenda", 5 de octubre de 2006, y "El proyecto de nación", 18 de junio de 2007.

[15] Tzvetan Todorov, *Nosotros y los otros*, Siglo xxi, México, 1991, pp. 9-14.

[16] Francisco Gil Díaz, citado en "Cifras van, cifras vienen", 30 de marzo de 1995.

[17] Datos en *La Jornada* durante el verano de 2006; Andrés Manuel López Obrador en el Zócalo capitalino, 23 de agosto de 2006.

[18] "¿A quién le creemos?", 15 de enero de 2004; "Las dudas", 30 de diciembre de 2004.

[19] "Cifras van, cifras vienen", 30 de marzo de 1995.

[20] Ian Raider, de Gallup de México, a Sara Sefchovich, Jiutepec, Morelos, 9 de noviembre de 2007.

[21] José Joaquín Brunner, citado en Guillermo Sunkel, *Usos políticos de las encuestas de opinión*

pública, Facultad Latinoamericana de Ciencias Sociales, Santiago de Chile, 1989, p. 3.

[22] Guillermo Sunkel, *Las encuestas de opinión pública: entre el saber y el poder*, Facultad Latinoamericana de Ciencias Sociales, Santiago de Chile, 1989.

[23] Ian Raider, entrevista citada, y Guillermo Sunkel, *ibíd.*, p. 54.

[24] Marta Martínez, "Cuarenta años de dudas e impunidad", *Enfoque*, suplemento de *Reforma*, 28 de septiembre de 2008, p. 14.

[25] *Ibíd.*

[26] Eduardo Valle, *El año de la rebelión por la democracia*, Océano, México, 2008, pp. 95-98.

[27] Comunicación del secretario de Seguridad Pública a periodistas de *El Universal*, 8 de noviembre de 1998; "López Dóriga y López Obrador", 15 de febrero de 2001.

[28] *Newsweek*, edición internacional, 13 de octubre de 1998.

[29] Raymundo Riva Palacio, "Amarga Navidad", *El Universal*, 24 de diciembre de 2006.

[30] Arturo Arango, "Diagnóstico de la inseguridad pública en México", ponencia en el Seminario Internacional México: La Seguridad Nacional en la Encrucijada, seminario citado.

[31] *El Universal*, 1 de enero de 2003

[32] Lo he vivido personalmente en dos ocasiones, y me lo han relatado varios ciudadanos.

[33] "¿Cuánto tiempo durará la incertidumbre?" 18 de abril de 1996; "Del dicho al hecho", 27 de abril de 1995; *Monitor,* Radio Red, 13 de noviembre de 1998.

[34] Miguel de la Madrid Hurtado, entrevista con Sara Sefchovich, ciudad de México, 28 de agosto de 2001.

[35] Julieta Campos, *¿Qué hacemos con los pobres? La reiterada querella por la nación*, Aguilar, México, 1995, p. 359.

[36] "Cifras van, cifras vienen", 30 de marzo de 1995.

[37] *Monitor*, Radio Red, 19 de octubre de 1996.

[38] "Las campañas", 18 de noviembre de 1999.

[39] Andrés Manuel López Obrador en el programa radiofónico *Monitor*, Radio Red, 16 de enero de 2002.

[40] Carlos Martínez Assad, *¿Cuál destino para el D.F.? Ciudadanos, partidos y gobierno por el control de la capital*, Océano, México, 1996, pp. 195 y 211.

[41] "A la salud de nuestros bancos", 8 de junio de 1995.

[42] Marlon Czermak, presidente de la Asociación Mexicana de Evaluaciones, *Reforma*, 23 de agosto de 2007.

43 Cifras publicadas en los periódicos desde que se anunció el proyecto, y Gloria López Morales, citada en "Fama por infamia", 26 de octubre de 2006.

44 José Fuentes Mares, *Intravagario*, Grijalbo, México, 1986, p. 170.

45 "Nueva estrategia: ¡ignóralos!", 20 de diciembre de 2001.

46 "Las ínfulas de los medios", 21 de agosto de 2003.

47 "Una cultura de dobles mensajes", 10 de agosto de 1995.

48 Miguel Bortolini, *Memoria gráfica*, folleto, Delegación Coyoacán, México, agosto de 2006; "Los platos rotos", 28 de septiembre de 2006.

49 "¿Cuál democracia?", 21 de julio de 2005.

50 Quinto informe de gobierno del presidente Vicente Fox, citado en "Lo que nos van a decir hoy", 1 de septiembre de 2005.

51 Vicente Fox Quesada en su programa radiofónico *Fox Contigo*, 10 de mayo de 2003, y comunicado de prensa de la Fundación Vamos México, 3 de febrero de 2004.

52 "Pequeño destino", 7 de junio de 2001.

53 "En el país de Fox", 19 de julio de 2001.

54 Jorge A. Bustamante, *Reforma*, 22 de agosto de 2006; "Sobre migración", 2 de marzo de 2006.

55 Raúl Feliz y Arturo Coutiño, en *El Universal*, 11 de septiembre de 2006.

56 "País de fantasía", 12 de agosto de 2004.

57 "Conacyt: métodos absurdos", 22 de julio de 1999.

58 "Las esposas valientes", 29 de septiembre de 2005.

59 "Rock en el Zócalo", 9 de junio de 2005.

60 "Conacyt: métodos absurdos", 22 de julio de 1999.

61 "Realidad mexicana: funcionarios ricos y sociedad pobre", 15 de mayo de 2003.

62 "El agua y las mentiras", 3 de junio de 1999.

63 *Ibíd.*

64 Fernando Espino, en *Reforma*, 15 de abril de 2008.

65 "Un salto hacia atrás", 15 de junio de 1995.

66 José Luis Santiago Vasconcelos, en *La Jornada*, 11 de junio de 2004.

67 Eduardo Medina Mora, *La Jornada*, 26 de abril de 2008.

68 "Huele feo", 29 de febrero de 1996.

69 "Del sentimentalismo a la burla", 18 de septiembre de 2003.

70 "Hablar demasiado", 13 de agosto de 1998. (Según un estudioso de la cultura estadounidense, en ese país entre más poder se tiene, más

se puede permanecer callado, exactamente al revés de México, *Time*, 16 de mayo de 2006.)

71 "Hablar demasiado", *art. cit.*

72 Elena Poniatowska a Sara Sefchovich, ciudad de México, 23 de mayo de 2006.

73 "La culpa es de los escritores", 20 de noviembre de 2003.

74 "Malabarismos del discurso", 26 de noviembre de 1998; "La trampa foxista", 12 de abril de 2001.

75 *La Jornada*, 18 de enero de 2006. En 2007, la presidenta en turno de la Cámara de Diputados, Ruth Zavaleta, usó un discurso parecido para justificar que, a pesar de AMLO, ellos tenían que reconocer a Felipe Calderón como presidente: "Hay un pato que hace como pato, hace cuacua y no por ser perredista voy a ver si hace croac-croac aunque es molesto, es la realidad", *La Jornada*, 20 de octubre de 2007.

76 "La culpa es del Congreso", 17 de enero de 2002.

77 "Impuestos como castigo", 10 de enero de 2002.

78 Adrián Lajous, *La Jornada*, 15 de marzo de 2008.

79 Carlos Monsiváis, "El Fobaproa", online.

80 "Azúcar dulce para unos cuantos", 4 de octubre de 2001; "Las noticias olvidadas", 27 de mayo de 2004.

81 Esther Cimet, citada en "¿Por qué tanta prisa, López Obrador?", 4 de abril de 2002; "Sí al segundo piso", 24 de enero de 2002; "¿Sí al segundo piso?", 31 de enero de 2002.

82 *Excélsior*, 1 de febrero de 2008.

83 "El barco se hunde", 13 de octubre de 2005.

84 "País bananero", 29 de julio de 1999.

85 "¿Quién pone en orden a las policías?", 23 de enero de 2003.

86 "¿A quién creerle?", 24 de agosto de 2006.

87 *El Universal Online*, 30 de junio de 2007.

88 *El Universal*, 5 de septiembre de 2007.

89 Linda Gordon, "Cuando 'el mejor interés del niño' es la peor política", *Debate Feminista*, vol. 22, octubre de 2000, pp. 252-254.

90 Andrés Manuel López Obrador, discurso en la Plaza de la Constitución de la ciudad de México, 13 de abril de 2008.

91 "¿A quién le creemos?", 15 de enero de 2004.

92 María Elena Morera, en el seminario Seguridad en Democracia, México, 5 de septiembre de 2007.

93 *La Jornada*, 20 de mayo de 2007.

94 *La Jornada*, 16 de julio de 2007; "La relación más difícil: con EU", 18 de marzo de 2004.

95 "¿A quién le creemos?", 15 de enero de 2004.

96 "Los ciudadanos y sus impuestos", 26 de febrero de 2004.

97 "Una nueva cultura para el país", 3 de agosto de 1995.

98 Gustavo Esteva, "Huevos de serpiente", *La Jornada*, 29 de abril de 2008.

99 "La catástrofe anunciada", 2 de enero de 2003.

100 "Para qué son las partidas secretas", 25 de julio de 2002.

101 "Ni la burla perdonan", 21 de diciembre de 1995.

102 "Andrés Manuel: devuélveme mi vida", 24 de octubre de 2002.

103 Haydée Birgin, "Violencia doméstica: una cuestión de ciudadanía", *Debate Feminista*, vol. 19, abril de 1999, p. 88.

104 "Palabras huecas", 7 de septiembre de 2006.

105 "Nuestra pobre aristocracia", 21 de octubre de 2004.

106 "¿Es la guerra?", 14 de septiembre de 2006.

107 *Ibíd.*; "Palabras huecas", 7 de septiembre de 2006.

108 "Nuestra pobre aristocracia", 21 de octubre de 2004.

109 Sexto informe de gobierno del presidente Vicente Fox, 1 de septiembre de 2006.

110 "¿Cuál democracia?", 21 de julio de 2005.

111 Onésimo Cepeda, entrevista de Carlos Martínez Assad y Fred Álvarez, *Eslabones*, núm. 14, julio-diciembre de 1997, Sociedad Nacional de Estudios Regionales, p. 181.

112 "Una nueva cultura para el país", 3 de agosto de 1995.

113 "Del dicho al hecho", 27 de abril de 1995.

114 El Fisgón, caricatura en *La Jornada*, 30 de marzo de 2007.

115 Sara Sefchovich, "Crisis de la cultura y cultura de la crisis", *Casa del Tiempo*, núm. 76, mayo de 1988, Universidad Autónoma Metropolitana, pp. 24-28, y *México: país de ideas, país de novelas*, Grijalbo, México, 1987, pp. 255-272.

116 "Terrorismo sí o no ", 28 de septiembre de 2008.

117 Yaotl Altan, correo electrónico a Sara Sefchovich, México, 17 de diciembre de 2007.

118 "La derecha de nuevo", 9 de febrero de 1995.

119 Esther Charabati, *El oficio de la duda*, Universidad Autónoma de la Ciudad de México, México, 2007, p. 182.

120 "El PRD y las persecuciones", 10 de agosto de 2000.

121 "Cuidado con el encasillamiento", 27 de abril de 2000; "Un país de puros juristas", 15 de abril de 2004.

122 "Estrategias políticas", 24 de febrero de 2005.

123 "El extraño discurso mexicano", 25 de octubre de 2001.

124 "¡Vaya con el discurso!", 19 de febrero de 2004.

125 "Estamos de estreno", 9 de mayo de 1996.

126 "Una cultura de dobles mensajes", 10 de agosto de 1995.

127 "Una y otra vez el mismo país", 24 de agosto de 1995.

128 "En sólo dos semanas ¡tres mentiras más!", 10 de octubre de 2002.

129 En octubre de 2002, tuvo que renunciar en Alemania el jefe del partido político de oposición más importante de ese país, cuando un grupo de ciudadanos descubrió que había utilizado para viajes particulares las millas reunidas por sus viajes oficiales en avión. Información de la BBC de Londres, 8 de octubre de 2002.

130 "¿Quién pone en orden a las policías?", 23 de enero de 2003.

131 "Rock en el Zócalo", 9 de junio de 2005.

132 "¿Somos un país rico o un país pobre?", 12 de octubre de 1995; "Una y otra vez el mismo país", 24 de agosto de 1995.

133 "Una cultura de dobles mensajes", 10 de agosto de 1995.

134 "El extraño discurso mexicano", 25 de octubre de 2001.

135 "¿Es esto lo que nos merecemos?, 29 de abril de 1999.

136 "Disyuntiva: ¿cínicos o desmemoriados?", 21 de septiembre de 1995.

137 *La Jornada* y *El Universal*, 14 de enero de 2007.

138 Declaraciones de José Luis Soberanes, 16 de enero de 2007.

139 "El tema inevitable", 3 de septiembre de 1998.

140 "Una tragedia evitable", 2 de octubre de 2003.

141 "Salma Hayek y el silencio", 14 de noviembre de 2002.

142 "Lo políticamente incorrecto", 17 de noviembre de 2008.

143 "El silencio tramposo", 22 de enero de 2004.

144 *La Jornada*, 21 y 23 de diciembre de 2007.

145 "Las noticias olvidadas", 27 de mayo de 2004.

146 "Francisco Barrio y otros machines", 11 de diciembre de 1997.

147 "¿Es el silencio la única respuesta de la autoridad?", 26 de junio de 2003.

148 *Reforma*, 23 de diciembre de 2007.

149 "El peor de los horrores", 12 de junio de 2003.

150 "¿Tiene un límite la amistad?", 25 de septiembre de 2003.

151 *Ibíd.*

152 "¿De qué se ríen?", 19 de junio de 1997.

[153] "Aborto en México", 30 de septiembre de 2004. De acuerdo con datos del Grupo de Información en Reproducción Elegida, se practican 100 mil abortos al año y mueren unas mil mujeres. De cada cien abortos que se practican, cinco mujeres deben ser hospitalizadas por complicaciones. *Boletín*, GIRE, septiembre de 2004. Esto ya ha cambiado ahora, pues en 2008 la Suprema Corte de Justicia de la Nación hizo que el procedimiento sea legal.

[154] *El Independiente*, 15 de julio de 2003.

[155] *Reforma*, 17 de junio de 2007.

[156] "De la corrupción en Pemex", 23 de mayo de 1996.

[157] "Una más de nuestros dilectos representantes", 29 de mayo de 2003.

[158] "D.F.: sin autoridad y sin gobierno", 20 de octubre de 2005.

[159] "¿A quién creerle?", 24 de agosto de 2006.

[160] "¿Tiene un límite la amistad?", 25 de septiembre de 2003.

[161] "País de trampas y mentiras", 26 de diciembre de 2002.

[162] "El Señor de los Casinos", 23 de junio de 2005.

[163] "Por la boca muere el pez", 9 de octubre de 1997.

[164] "Los ciudadanos dudan", 13 de julio de 1995.

[165] "¡Hasta el turismo!", 29 de abril de 2004; Rodolfo Elizondo, *La Jornada*, 27 de octubre de 2004.

[166] "Contra los funcionarios de la ecología", 25 de enero de 1996; "El fuego", 28 de mayo de 1998.

[167] Luis Feder, en *Monitor*, Radio Red, 10 de mayo de 1999.

[168] "Sacrificar a unos cuantos…", 7 de marzo de 2002.

[169] Radio Centro, 15 de julio de 1998.

[170] Relato de los padres del menor a Sara Sefchovich, ciudad de México, 20 de abril de 2003.

[171] "Baja California Sur, al banquillo", 27 de septiembre de 2001.

[172] "Héroes caídos", 6 de abril de 2000.

[173] "Buscar culpables, lanzar epítetos", 23 de noviembre de 1995.

[174] "Nuestro modo de ser", 18 de diciembre de 1997.

[175] Marco Rascón, "…Como en Nueva York", *La Jornada*, 15 de abril de 2008.

[176] "Nuevo socio en el linchamiento", 14 de diciembre de 1995; "Otra vez la cargada", 8 de julio de 2004.

[177] "El villano favorito", 7 de julio de 2005.

[178] "Pemex: ahogado el niño", 1 de agosto de 1996.

[179] Genaro Borrego, citado en "El IMSS", 11 de marzo de 1999.

[180] "¿Dónde quedó la soberanía?", 11 de agosto de 2005.

[181] "Estrategias políticas", 24 de febrero de 2005.

[182] "¿Quién pone en orden a las policías?", 23 de enero de 2003.

[183] "¿Dónde quedó la soberanía?", 11 de agosto de 2005.

[184] "Propensos a la manipulación", 11 de julio de 1996.

[185] "Un sí al Presidente", 27 de julio de 1995.

[186] Santiago Creel, citado en "Estrategias políticas", 24 de febrero de 2005.

[187] "¿Dónde quedó la soberanía?", 11 de agosto de 2005.

[188] "Novela y realidad", 23 de noviembre de 2000.

[189] Alberto Fernández Garza, citado en "Empresarios voraces", 13 de mayo de 1999.

[190] "Contra una juez", 25 de febrero de 1999; "Carta abierta a los procuradores", 27 de agosto de 1998.

[191] Mayra Pérez Sandi a Sara Sefchovich, México, 3 de octubre de 1998.

[192] Pierre Ansart, "Idéologie stratégique et stratégie politique", *Cahiers Internationaux de Sociologie*, vol. LXIII, 1977, y "La especificidad de las ideologías políticas: aspectos sociológicos", en Mario Monteforte Toledo, ed., *El discurso político*, Nueva Imagen, México, 1980, p. 23.

[193] "La UNAM y la doble moral", 4 de noviembre de 1999.

[194] "Lo políticamente correcto", 8 de junio de 2000.

[195] "De los malosos otra vez", 29 de junio de 1995; "El presidente, los opinadores y la realidad nacional", 8 de diciembre de 1995; "Declaracionitis", 13 de junio de 1996.

[196] Adolfo Gilly, "Hermano es quien sabe ser Hermano", en *El otro jugador. La Caravana de la Dignidad Indígena*, La Jornada Ediciones, México, 2001, p. 189.

[197] "Cuidado con el encasillamiento", 27 de abril de 2000; "¿Cómo entender?", 3 de agosto de 2006; "Respuesta", 10 de agosto de 2006.

[198] Germán Dehesa, "Ahí tienen", *Reforma*, 15 de abril de 2008.

[199] "Escisión en Las Abejas", *La Jornada*, 19 de abril de 2008, y "Amenaza ruptura en PRD", *Reforma*, 19 de abril de 2008.

[200] "La Universidad y la doble moral", 4 de noviembre de 1999.

[201] "¿Nos representan?", 31 de agosto de 2006.

[202] *Reforma*, 21 de junio de 2004.

203 Según Georg Vignaux, "la teatralización es un procedimiento necesario a todo discurso", citado en Gilberto Giménez, "La argumentación en la ficción y en la crítica literaria", *Acta poética*, núm. 5, 1983, Instituto de Investigaciones Filológicas/Universidad Nacional Autónoma de México, México, p. 4. Según la teoría de la comunicación el ruido se define como "un fenómeno que perturba el proceso de transmisión de un mensaje", Helena Beristáin, *Diccionario*, inédito, pp. 932-933.

204 "Gobernar es resolver problemas", 27 de mayo de 1999.

205 "Del sentimentalismo a la burla", 18 de septiembre de 2003.

206 *La Jornada*, 2 de agosto de 2007.

207 "Comparación inevitable", 20 de enero de 2005.

208 *Reforma*, 17 de junio de 2007.

209 *La Jornada*, 21 de septiembre de 2007.

210 "Una tragedia evitable", 2 de octubre de 2003.

211 "Fast Track", 24 de marzo de 2008.

212 *La Jornada Online*, 13 de mayo de 2006.

213 *El Universal Online*, 26 de abril de 2008.

214 Joaquín López Dóriga, *Noticiero*, Televisa, 30 de abril de 2008.

215 Francisco Gil Díaz, entrevista en *La Jornada*, 13 de septiembre de 2004.

216 *Reforma*, 21 de agosto de 2007.

217 *El Universal*, 21 de abril de 2008.

218 Gustavo Leal F., "IMSS: ¿y transparencia mexicana?", *La Jornada*, 19 de abril de 2008.

219 Sergio Aguayo Quezada, "Huele a pólvora", *Reforma*, 19 de septiembre de 2007.

220 Sol Sigal a Sara Sefchovich, México, 5 de diciembre de 2007.

221 Samuel Martínez Amaya a Sara Sefchovich, 4 de agosto de 1994.

222 "Créditos: la gran mentira", 11 de diciembre de 2003.

223 Información de un lector que pidió no revelar su nombre para evitarse represalias, correo electrónico, 25 de mayo de 2005, y Miguel Ángel Granados Chapa, *Plaza Pública*, Radio Universidad, 7 de abril de 2008.

224 Esto lo viví personalmente con un servicio de traducción que le presté a la Secretaría de Educación Pública en los años noventa, y lo están viviendo ahora los proveedores de la tienda Gigante desde que la compró Soriana.

225 "Violencia y familia", 11 de mayo de 2006.

226 "Puras promesas", 22 de septiembre de 2005.

227 "El IMSS", 11 de marzo de 1999.

228 "Carta abierta a Mario Luis Fuentes", 1 de junio de 2000; "Al director del IMSS", 7 de diciembre de 2006.

229 Genaro Borrego, citado en "El IMSS", 11 de marzo de 1999.

230 Me consta que eso sucedió con el programa *Monitor* de Radio Red.

231 "¿Por qué tanta saña contra la Universidad?", 22 de agosto de 2002.

232 "Deporte y casinos", 26 de agosto de 2004.

233 "El maratón", 19 de agosto de 1999.

234 "Estamos de estreno", 9 de mayo de 1996.

235 Manlio Fabio Beltrones, en *La Jornada*, 5 de diciembre de 2006.

236 "Pequeño destino", 7 de junio de 2001.

237 *Reforma*, 22 de abril de 2008.

238 "Realidad mexicana: funcionarios ricos y sociedad pobre", 15 de mayo de 2003; "Vergüenza", 22 de abril de 2004.

239 "Desastres, triste balance", 5 de enero de 2006.

240 "La suerte de los banqueros", 17 de diciembre de 1998.

241 "Signos inquietantes", 23 de mayo de 2002.

242 Miguel Ángel Granados Chapa, *Plaza Pública*, Radio Universidad, 11 de abril de 2008. Su acusación era concretamente contra José Luis Santiago Vasconcelos, director jurídico de la PGJ.

243 Salvador García Soto, *Proceso Online*, 15 de abril de 2008.

244 Juan Camilo Mouriño, según el Partido de la Revolución Democrática.

245 Luis González y González, "El linaje de la cultura mexicana", en *Todo es Historia*, Cal y Arena, México, 1989, p. 284.

246 "La muy delgada línea que separa la verdad de la mentira", 17 de abril de 2003.

247 "Ni la burla perdonan", 21 de diciembre de 1995.

248 Andrés Oppenheimer, citado en "De héroes y bandidos", 11 de junio de 1998.

FICCIONES PARA EXPORTACIÓN

1 El término lo tomé del periodista Carlos Fazio que así le llamó a una de ellas: "El imperio de los derechos humanos en México es un truco publicitario for export", citado en Sara Sefchovich, "Pequeño destino", 7 de junio de 2000.

Los derechos humanos: ¿lo más respetable?

2 Este capítulo retoma y actualiza mi texto: "Los derechos humanos: teoría, práctica, filosofía, utopía", *Eslabones*, núm. 8, julio-diciembre de 1994, Sociedad Nacional de Estudios Regiona-

les, pp. 6-46, así como las entrevistas con los principales actores involucrados en la cuestión de los derechos humanos de las instituciones públicas, de los partidos políticos y de las organizaciones no gubernamentales, pp. 47-93, y otras hechas posteriormente que no fueron publicadas; así como mi participación en el Coloquio Internacional Los Derechos Humanos Hoy, organizado por la Fundación Mexicana Cambio XXI Luis Donaldo Colosio, México, octubre de 1994, con la ponencia "La situación actual de los derechos humanos en México"; mi traducción al artículo de Tom J. Farrer, "Derechos humanos y bienestar humano", *Revista Mexicana de Sociología*, vol. XLVI, núm. 1, 1984, Instituto de Investigaciones Sociales/Universidad Nacional Autónoma de México, pp. 301-333, y de los siguientes artículos publicados en el periódico *El Universal*: "Aplauso a la CNDH por el caso Aguas Blancas", 7 de marzo de 1996; "Derechos humanos en Morelos", 4 de julio de 1996; "¿Transición a la democracia?", 13 de febrero de 1997; "Chihuahua y los derechos humanos", 29 de mayo de 1997; "Basta ya señor Presidente", 4 de septiembre de 1997; "Para el nuevo milenio", 30 de diciembre de 1999; "Derechos humanos ¿para todos?", 24 de febrero de 2000; "Derechos humanos y ciudad de México", 22 de noviembre de 2001; "Derechos humanos ¿para quiénes?"; 13 de junio de 2002; "Los derechos humanos en México", 4 de septiembre de 2003; "Comparación inevitable", 20 de enero de 2005;"Derechos ciudadanos", 8 de septiembre de 2005.

³ José Luis Soberanes en *La Jornada*, 25 de agosto de 2006.

⁴ Conferencia de prensa de Rubén Aguilar Valenzuela, vocero de la Presidencia de la República, 25 de agosto de 2006. No es la primera vez que se usa la descalificación psicológica para las figuras públicas que incomodan al gobierno: en 1999 el procurador Jorge Madrazo lo hizo para descalificar al político José Francisco Ruiz Massieu acusándolo de "psicópata", "Psicólogos de banqueta", 23 de septiembre de 1999.

⁵ Essadia Belmir, *El Universal*, 9 de noviembre de 2006.

⁶ "Para el nuevo milenio", *art. cit.*

⁷ "Derechos humanos ¿para todos?", *art. cit.*

⁸ "Pequeño destino", 7 de junio de 2001.

⁹ *La Jornada*, 2 de agosto de 2007.

¹⁰ *La Jornada*, 1 de agosto de 2007.

¹¹ "Los derechos humanos en México", *art. cit.*

¹² "La mirada de afuera", 24 de junio de 1999.

¹³ Pablo II citado en Jorge Madrazo Cuéllar, *Derechos humanos: el nuevo enfoque mexicano*, Fondo de Cultura Económica, México, 1993, p. 28.

¹⁴ Citado en *ibíd.*, p. 30, y Jesús Rodríguez y Rodríguez, comp., *Antología de clásicos mexicanos de los derechos humanos de la Independencia a la Constitución vigente*, t. 5, Comisión Nacional de los Derechos Humanos, México, 1991, p. 9.

¹⁵ Ignacio A. Esteva de la Parra, "El marco constitucional de la Ley de la Comisión Nacional de Derechos Humanos", en *Memoria del Simposio: Experiencias y perspectivas de los organismos estatales de derechos humanos y la Comisión Nacional de Derechos Humanos*, Comisión Nacional de los Derechos Humanos-Comisión Estatal de los Derechos Humanos, México, 1993, pp. 84 y 81.

¹⁶ Norbert Lechner, "Los derechos humanos y el nuevo orden internacional", en Carlos Portales, *La América Latina en el nuevo orden económico internacional*, Fondo de Cultura Económica, México, 1986, p. 294 (Col. Lecturas de El Trimestre Económico).

¹⁷ Víctor M. Martínez Bullé Goyri, "Los derechos humanos en la actualidad", *Revista de la Universidad*, núms. 516-517, enero-febrero de 1994, Universidad Nacional Autónoma de México, p. 9.

¹⁸ Sergio Aguayo Quezada, presidente de la Academia Mexicana de Derechos Humanos, entrevista de Sara Sefchovich, Jiutepec, Morelos, 5 de febrero de 1994.

¹⁹ Miriam Morales, asesora de la COMAR, entrevista de Sara Sefchovich, ciudad de México, 14 de febrero de 1994; Jorge Madrazo Cuéllar, "Cincuenta años de evolución de los derechos humanos", *Revista de la Universidad, op. cit.*, núms. 516-517, p. 20.

²⁰ Luis F. Aguilar, "Cuidemos a las ONG", en *Sociedad civil, organizaciones no gubernamentales, transición a la democracia*, Miguel Ángel Porrúa, México, 1994, p. 11.

²¹ Luis de la Barreda Solórzano, entrevista de Cristina Pacheco, *Gaceta de la Comisión de Derechos Humanos del D.F.*, núm. 1, enero de 1994, Comisión de Derechos Humanos del Distrito Federal, pp. 45 y 43.

²² Americas Watch, *Derechos humanos en México, ¿una política de impunidad?*, Planeta, México, 1991, pp. 193 y 197.

²³ Jorge Madrazo Cuéllar, presidente de la Comisión Nacional de Derechos Humanos, entrevista de Sara Sefchovich, ciudad de México, 14 de febrero de 1994.

24 Fernando Cano Valle, presentación a *Síntesis de dos años de trabajo de la Comisión Nacional de Derechos Humanos*, Comisión Nacional de Derechos Humanos, México, 1992, p. 5; Emilio Rabasa Gamboa, "Comentarios sobre la ley de la Comisión Nacional de derechos humanos", en *Memoria del Simposio: Experiencias y perspectivas de los organismos estatales de derechos humanos y la Comisión Nacional de Derechos Humanos, op. cit.*, p. 117, y *Decreto constitucional, ley y reglamento interno de la Comisión Nacional de Derechos Humanos*, Comisión Nacional de los Derechos Humanos, México, 1992, pp. 20, 21, 22.

25 Luis de la Barreda Solórzano, presidente de la Comisión de Derechos Humanos del Distrito Federal, entrevista de Sara Sefchovich, ciudad de México, 26 de mayo de 1994.

26 Norbert Lechner, "Los derechos humanos y el nuevo orden internacional", *op. cit.*, p. 276; Liborio Herrero citado en Eusebio Fernández, *Teoría de la justicia y derechos humanos*, Debate, Madrid, 1991, p. 79; Víctor M. Martínez Bullé Goyri, "Los derechos humanos en la actualidad", *op. cit.*, p. 9.

27 Hannah Arendt citada en Celso Lafer, *La reconstrucción de los derechos humanos. Un diálogo con el pensamiento de Hannah Arendt*, Fondo de Cultura Económica, México, 1994, p. 189.

28 Daniel E. Herrendorf, *Derechos humanos y viceversa*, Comisión Nacional de los Derechos Humanos, México, 1991, p. 88.

29 Tom J. Farrer en "Derechos humanos y bienestar humano", *Revista Mexicana de Sociología, op. cit.*, p. 327.

30 Teresa Jardí, "Primer informe de labores como delegada de la Procuraduría General de la República en Chihuahua, Chihuahua", febrero-agosto de 1993, pp. 2-3; *Gaceta de la Comisión de Derechos Humanos del DF*, núm. 5, mayo de 1994, Comisión de Derechos Humanos del Distrito Federal, p. 24; José Barragán, Miguel Bazdresch y Efraín González, *Libro blanco de los derechos humanos de Jalisco*, Universidad de Guadalajara, Guadalajara, 1994, pp. 11-12.

31 *Ibíd.*

32 Isabel Molina, encargada para derechos humanos del PRD; "Encadenamiento de impunidades", en *Un sexenio de violencia política*, PRD, México, inédito, 1994, p. 5, y entrevista de Sara Sefchovich, ciudad de México, 25 de mayo de 1994.

33 Lucero González, presidenta de la Sociedad Mexicana pro Derechos de la Mujer, entrevista de Sara Sefchovich, ciudad de México, 12 de enero de 1994.

34 "Derechos humanos ¿para todos?", *art. cit.*

35 "Violencia y familia", 11 de mayo de 2006.

36 "De globalifóbicos y otros bichos", 28 de septiembre de 2000; "Los alternativos", 1 de febrero de 2001.

37 Alfonso Verde Cuenca, "Constitucionalización de las comisiones estatales de derechos humanos", en *Memoria del Simposio: Experiencias y perspectivas de los organismos estatales de derechos humanos y la Comisión Nacional de Derechos Humanos, op. cit.*, p. 73.

38 *Justicia y Paz. Revista de información y análisis sobre derechos humanos*, Centro de Derechos Humanos Fray Francisco de Vitoria O.P., A.C., núm. 32, diciembre de 1992-octubre de 1993, p. 7.

39 Rodolfo Stavenhagen, *Derecho indígena y derechos humanos en América Latina*, El Colegio de México-Instituto Interamericano de Derechos Humanos, México, 1988, pp. 9-10 y 342-343.

40 *Justicia y Paz, op. cit.*, p. 17; Americas Watch, *Derechos humanos en México, ¿una política de impunidad?, op. cit.*, p. 73-74.

41 *Justicia y Paz, op. cit.*, p. 17.

42 "Situación actual de los derechos de las mujeres en México", Foro Internacional Derechos Humanos de las Mujeres y Filantropía, México, 17-19 de mayo de 1993, pp. 1, 2 y 3; Lucero González, entrevista citada.

43 "Perfil socioeconómico del Quejoso", *Gaceta de la Comisión de Derechos Humanos del D.F., op. cit.*, núm. 5, p. 24, y *Diagnóstico sobre la situación de los derechos humanos en México*, Oficina del Alto Comisionado de las Naciones Unidas, México, 2003, pp. 166-169.

44 *Justicia y Paz, op. cit.*, p. 7; Americas Watch, *Derechos humanos en México, ¿una política de impunidad?, op. cit.*, p. 119.

45 Isabel Molina, entrevista citada, y *La Jornada*, 28 de noviembre de 2006.

46 Jorge Madrazo Cuéllar, *Derechos humanos: el nuevo enfoque mexicano, op. cit.*, pp. 68-73, y los informes anuales a la Presidencia de la Comisión Nacional de los Derechos Humanos.

47 Morris Tidball-Binz, declaraciones a la revista *Proceso*, 28 de febrero de 1994, p. 33.

48 Isabel Molina, "Encadenamiento de impunidades", *op. cit.*, p. 4.

49 Teresa Jardí, directora del Departamento de Derechos Humanos de la Arquidiócesis de México, entrevista de Sara Sefchovich, ciudad de México, 2 de febrero de 1994.

[50] Jorge Madrazo Cuéllar, entrevista citada; Celso Lafer, *La reconstrucción de los derechos humanos. Un diálogo con el pensamiento de Hannah Arendt, op. cit.,* p. 28.

[51] Jorge Madrazo Cuéllar, entrevista citada.

[52] Americas Watch, *Derechos humanos en México, ¿una política de impunidad?, op. cit.,* pp. 24 y 217.

[53] Teresa Jardí, entrevista citada.

[54] Sociedad civil: "la gente común y corriente", dice Mauricio Merino; "La sociedad en su versión tumultuaria", dice Fernando Escalante Gonzalbo, ambos en Enrique Florescano, coord., *Mitos mexicanos,* Taurus, México, 2001, pp. 195 y 242.

[55] Porque en efecto los hay de todo tipo, bueno y malo. Volveremos sobre esto en el espacio dedicado a la participación ciudadana.

[56] Miguel Concha Malo, presidente del Centro de Derechos Humanos Fray Francisco de Vitoria O.P., A.C., entrevista de Sara Sefchovich, ciudad de México, 21 de febrero de 1994; Jorge Madrazo Cuéllar, entrevista citada; Héctor Aguilar Camín, "Del rigor en las ONG", en *Proceso,* 13 de junio de 1994, p. 44.

[57] Vittorio Mathieu, "Prolegómenos a un estudio de los derechos humanos desde el punto de vista de la comunidad internacional", en *Los fundamentos filosóficos de los derechos humanos,* UNESCO, Barcelona, 1985, p. 48.

[58] Ignacio A. Esteva de la Parra, "El marco constitucional de la Ley de la Comisión Nacional de Derechos Humanos", en *Memoria del Simposio: Experiencias y perspectivas de los organismos estatales de derechos humanos y la Comisión Nacional de Derechos Humanos, op. cit.,* p. 89; Luis de la Barreda, entrevista citada; Isabel Molina, entrevista citada.

[59] Isabel Molina, entrevista citada; Morris Tidball-Binz, declaraciones citadas.

[60] Isabel Molina, entrevista citada; José Barragán, *Libro blanco de los derechos humanos de Jalisco, op. cit.,* p. 10-11; Tidball-Binz, declaraciones citadas.

[61] José Luis Pérez Canchola, "Tendencias y perspectivas de los organismos estatales de derechos humanos y la Comisión Nacional de derechos humanos", en *Memoria del Simposio: Experiencias y perspectivas de los organismos estatales de derechos humanos y la Comisión Nacional de Derechos Humanos, op. cit.,* p. 40.

[62] Miguel Sarre, primer ombudsman de México en Aguascalientes, visitador de la Comisión Nacional de los Derechos Humanos y activista, entrevista de Sara Sefchovich, ciudad de México, 23 de octubre de 2004.

[63] Sergio Aguayo, entrevista citada; María del Carmen Feijoó, "Los derechos humanos y las ciencias sociales en América Latina", *Revista Mexicana de Sociología, op. cit.,* pp. 291-300.

[64] Suzanne Rimsey en *La Jornada,* 16 de enero de 1994, p. 18.

[65] Americas Watch, *Derechos humanos en México, ¿una política de impunidad?, op. cit.,* p. 100; Amnistía Internacional, "Balance", *La Jornada,* 26 de junio de 2004.

[66] Human Rights Watch, "Para el nuevo milenio", *art. cit.*

[67] "Los derechos humanos en México", *art. cit.*

[68] Margarita Labarca, Antonio López Ugalde, Miguel Sarre y Sandra Serrano, "Análisis de gestión de la CNDH en 2003", *Este País,* núm. 160, julio de 2004, pp. 8, 15 y 16.

[69] Carlos Beas Torres, "La debacle de la CNDH, *La Jornada,* 20 de mayo de 2007.

[70] Carlos Monsiváis, "Soberanes: a título de insuficiencia", *Enfoque,* suplemento de *Reforma,* 10 de junio de 2007, p. 15.

El medio ambiente: ¿la importancia de cuidarlo?

[71] Parte de la información que utilizo en este capítulo la tomé de mi texto "Ecología y sociedad", *Política,* suplemento de *El Nacional,* 5 de octubre de 1989 y de mis siguientes artículos publicados en el periódico *El Universal:* "La contaminación es un problema político", 18 de enero de 1996; "Contra los funcionarios de la ecología", 25 de enero de 1996; "Agua", 31 de julio de 1997; "Jalisco y la muerte", 19 de marzo de 1998; "El fuego", 28 de mayo de 1998; "El Ajusco", 11 de febrero de 1999; "El agua y las mentiras", 3 de junio de 1999; "Carta a Julia Carabias", 20 de abril de 2000; "Muy subidos están los conservadores", 14 de septiembre de 2000; "El modelo depredador", 28 de junio de 2001.

[72] "¿Puede ser mejor el imperialismo?", 29 de agosto de 2002.

[73] Aunque aun así son tan fuertes los intereses económicos que han conseguido que la agenda de las preocupaciones ambientales esté pasando a lugares marginales del escenario político dice el activista Mark Sommer, "¿Está muerto el ecologismo?", *El Universal,* 20 de agosto de 2005.

[74] La información de las leyes e instituciones está en la página de la Secretaría del Medio Ambiente y Recursos Naturales.

[75] Felipe Vázquez en *El Universal,* 20 de agosto de 2005.

[76] Víctor Lichtinger citado en Sara Sefchovich, "El modelo depredador", *art. cit.*

[77] *La Jornada*, 27 de julio de 2001.

[78] "El modelo depredador", *art. cit.*

[79] Lisa Antillón Kantrowitz, "¿Desastres naturales?", *Reforma*, 2 de agosto de 2004.

[80] José Sarukhán, "Los retos del desarrollo sustentable en el contexto de los cambios ambientales globales", en Francisco Toledo, Enrique Florescano y José Woldenberg, coords., *Los desafíos del presente mexicano*, Taurus, México, 2006, p. 261.

[81] Guadalupe Williams Linea en Richard Primack, Ricardo Rozzi, Peter Feinsinger, Rodolfo Dirzo, Francisca Massardo y 117 autores de recuadros, *Fundamentos de conservación biológica. Perspectivas latinoamericanas*, Fondo de Cultura Económica, México, 2001, p. 563.

[82] Arturo Gómez Pompa en *ibíd.*, p. 593.

[83] Daniel Piñeiro, declaraciones a *Gaceta UNAM*, Universidad Nacional Autónoma de México, 29 de enero de 2007. La Unión Internacional para la Conservación de la Naturaleza ha establecido diez categorías de conservación que incluyen las de amenaza, en peligro crítico, en peligro y vulnerable, *Fundamentos de conservación biológica. Perspectivas latinoamericanas, op. cit.*, p. 179.

[84] "El Ajusco", *art. cit.*

[85] "El modelo depredador", *art. cit.*

[86] Francisco de Paula Sandoval citado en Sara Sefchovich, "Jalisco y la muerte", *art. cit.*; "Las noticias olvidadas", 27 de mayo de 2004.

[87] "Las noticias olvidadas", *ibíd.*

[88] Existe un proyecto de comunidades indígenas de esta zona para salvar el lago y según un ecologista está teniendo éxito. Víctor Manuel Toledo, "Pueblos indígenas y conservación en México: manejo comunitario de los recursos naturales", en *Fundamentos de conservación biológica. Perspectivas latinoamericanas, op. cit.*, p. 590.

[89] Chris Corbin en *El Universal*, 20 de agosto de 2005.

[90] *Reforma*, 1 de agosto de 2004.

[91] *Reforma*, 21 de agosto de 2005

[92] *Reforma*, 2 de agosto de 2003.

[93] "El modelo depredador", *art. cit.*

[94] *Milenio*, 2 de abril de 2001; *Istmo*, 13 de abril de 2001.

[95] *Reforma*, 6 de abril de 2001.

[96] "El agua y las mentiras", *art. cit.*

[97] Víctor Lichtinger citado en Sara Sefchovich, "El modelo depredador", *art. cit.* Exequiel Ez-curra, *De las chinampas a la megalópolis: el medio ambiente en la cuenca de México*, Fondo de Cultura Económica, México, 2005, p. 62; Ramón Domínguez Mora, *La Jornada*, 13 de septiembre de 2004.

[98] "Un problema de seguridad nacional", 24 de mayo de 2001.

[99] "Agua", *art. cit.* Esto duele más cuando se conocen los datos internacionales: en el Día Mundial del Agua de marzo de 1999 la ONU afirmó que "un millón de millones de personas en cincuenta países no disponen de agua o apenas de muy poca. Las niñas y mujeres en los países pobres dedican diez millones de años/persona para traer un poco de agua desde fuentes distantes. Más de la mitad de la población del planeta sufre de enfermedades relacionadas con la carencia o mala calidad del agua y seis millones de personas mueren anualmente por ese motivo. De ésos, muchos son niños: cada ocho segundos muere uno en alguno de los 127 países pobres. A esto hay que agregar lo que sucede con los animales y las plantas", "El agua y las mentiras", *art. cit.*

[100] Jorge Legorreta a Sara Sefchovich, ciudad de México, 16 de diciembre de 2007.

[101] Ramón Domínguez Mora, declaraciones citadas.

[102] Ek del Val, entrevista de Sara Sefchovich, ciudad de México, 26 de julio de 2003.

[103] "El agua y las mentiras", *art. cit.*

[104] Christine Siebe, entrevista con Yassir Zárate Méndez, *El Faro. Boletín Informativo de la Coordinación de la Investigación Científica*, Universidad Nacional Autónoma de México, agosto de 2007, pp. 18-19.

[105] Víctor Lichtinger en "El modelo depredador", *art. cit.*

[106] Víctor Lichtinger citado en Juan Saldaña, "Medio ambiente: historia sin fin", *La Jornada*, 17 de agosto de 2003, y "El modelo depredador", *art. cit.*

[107] *La Jornada*, 16 de julio de 2002. Se trata del escritor Salvador Elizondo a quien visité para este fin en octubre de 1998.

[108] *Reforma*, 17 de agosto de 2006.

[109] "El modelo depredador", *art. cit.*

[110] Hiroshi Takahashi, "Los 31 sitios donde reina la contaminación", *La Revista*, núm. 76, agosto de 2005, pp. 20-36.

[111] "Carta a Julia Carabias", *art. cit.*

[112] Otro caso célebre es el de Felipe Arriaga y recientemente han salido varios más a la luz.

[113] *La Jornada*, 19 de octubre de 2006.

114 *Fundamentos de conservación biológica. Perspectivas latinoamericanas, op. cit.*, p. 153.

115 "Muy subidos están los conservadores", *art. cit.*

116 Mauricio Flores, "Gente detrás del dinero", *Crónica*, febrero de 2007.

117 Anuncio de media plana en diarios de circulación nacional, 5 de junio de 2007.

118 Iván Restrepo citado en "El modelo depredador", *art. cit.*

119 Iván Restrepo y Homero Aridjis escribieron esto en sendos artículos periodísticos citados en *ibíd.*

120 Arq. Norma Teresa Ruz Varas, entrevista de Sara Sefchovich, ciudad de México, 14 de marzo de 2000.

121 *Fundamentos de conservación biológica. Perspectivas latinoamericanas, op. cit.*, p. 222.

122 *Ibíd.*, p. 218.

123 Iván Restrepo, "El costoso aprendizaje ambiental", *La Jornada*, México, 18 de junio de 2004.

124 Según José Luis Luege Tamargo, la Procuraduría Federal de Protección al Medio Ambiente "no puede atender los problemas de deterioro por lo mermado del presupuesto con el que cuenta", *La Jornada*, 29 de octubre de 2004.

125 Es interesante que encima de todo estén equivocados y sean tan ciegos porque los investigadores ya han mostrado que el aumento de la cifra del PIB (o en las ganancias de las empresas privadas) es sólo aparente ya que a largo plazo el daño en los recursos del país es irreversible y les convendría más cuidar el entorno. Por eso Daly y Cobb desarrollaron un Índice de Bienestar Económico Sustentable (IBBES) para incorporar estos factores a las mediciones.

126 *La Crónica de Cancún*, 6 de abril de 2001.

127 "Las noticias olvidadas", 27 de mayo de 2004.

128 *Ciencias*, núm. 85, enero-marzo de 2007, Facultad de Ciencias de la Universidad Nacional Autónoma de México.

129 El concepto de desarrollo sustentable pone énfasis en el mejoramiento de los modelos actuales de desarrollo y crecimiento buscando prácticas menos destructivas para la protección del medio ambiente y de la diversidad ecológica. Véase *Fundamentos de conservación biológica. Perspectivas latinoamericanas, op. cit.*, p. 585, y José Sarukhán, "Los retos del desarrollo sustentable en el contexto de los cambios ambientales globales", *op. cit.*, pp. 254-256.

El multiculturalismo: ¿una realidad afortunada?

130 La primera versión de este texto la presenté como ponencia magistral "La mirada multicultural, ¿qué es eso?", en el 35 Congreso del Southwest Council of Latin American Studies dedicado al tema *Imágenes multiculturales de las Américas*, Morelia, Michoacán, marzo de 2002. Una versión más amplia se publicó con el título "Exigencias imperiales y sueños imposibles: del transculturalismo al multiculturalismo", *Revista de la Universidad*, núm. 4, junio de 2004, Universidad Nacional Autónoma de México, pp. 77-89. En este capítulo reúno y actualizo además mis artículos: "La mirada imperial: cómo ven los norteamericanos la literatura de América Latina", *Siglo XX-20th. Century, Critique and Cultural Discourse*, vol. 4, núms. 1-2, abril de 1996, Society of Spanish and Spanish-American Studies, University of Colorado, pp. 219-34; y "La exigencia imperial", *La Jornada Semanal*, suplemento de *La Jornada*, núm. 148, enero de 1998, pp. 8-9, y los siguientes artículos publicados en el periódico *El Universal*: "La realidad y los símbolos", 29 de marzo de 2000; "Lección espiritual y social", 21 de diciembre de 2000.

131 Bernardo de Balbuena, "Argumento", en *Grandeza Mexicana*, Imprenta de Diego López, 1604, facsimilar, p. 5.

132 Othón de Mendizábal citado en Luis Villoro, *Los grandes momentos del indigenismo en México*, Secretaría de Educación Pública-Centro de Investigaciones y Estudios Superiores en Antropología Social, México, 1987, p. 212.

133 Giovanni Sartori, *La sociedad multiétnica. Pluralismo, multiculturalismo y extranjeros*, Taurus, México, 2001, p. 61; León Olivé, *Multiculturalismo y pluralismo*, Paidós-Universidad Nacional Autónoma de México, México, 1999, p. 58; Guy Hermet propone usar el término "pluriculturalismo" para el primer caso porque según él "la yuxtaposición de conjuntos humanos requiere otro tipo de análisis", "Multiculturalismo y democracia en Europa", *Este País*, núm. 82, enero de 1998, p. 55. En el libro citado de Sartori él también desecha el término multiculturalismo como algo imposible e indeseable y habla de "pluriculturalismo" como algo real.

134 Jacob T. Levy, *El multiculturalismo del miedo*, Tecnos, Madrid, 2003, p. 21.

135 El dato es de Lucio Mendieta y Núñez en Carlos Martínez Assad, *Signos de identidad*,

Instituto de Investigaciones Sociales/Universidad Nacional Autónoma de México, México, 1989, p. 8; Víctor Manuel Toledo habla de unas "cincuenta culturas principales" en "Pueblos indígenas y conservación en México: manejo comunitario de los recursos naturales", en *Fundamentos de conservación biológica. Perspectivas latinoamericanas*, *op. cit.*, p. 590. Carlos Zolla y Emiliano Zolla Márquez hablan de cerca de 80: *Los pueblos indígenas de México, 100 preguntas*, Universidad Nacional Autónoma de México, México, 2004, pp. 32-34. Isabel Oliver recoge un dato según el cual "los pueblos originarios del país se distribuyen en 64 diferentes etnias": "Desde el silencio", *Este País*, núm. 190, enero de 2007, p. 15.

[136] Olivia Gal, "Estado federal y grupos de poder regionales frente al indigenismo, el mestizaje y el discurso multiculturalista: pasado y presente del racismo en México", *Debate Feminista*, vol. 24, octubre de 2001, p. 99.

[137] Guillermo Bonfil Batalla, comp., *Simbiosis de culturas. Los inmigrantes y su cultura en México*, Fondo de Cultura Económica-Consejo Nacional para la Cultura y las Artes, México, 1993; véanse en concreto los capítulos: "La cultura africana: tercera raíz", de Luz María Martínez Montiel, pp. 111-180; "Inmigración europea y asiática, siglos xix y xx", de la misma autora y Araceli Reynoso Medina, pp. 245-424; y "Los españoles en México: población, cultura y sociedad", de Clara E. Lida, pp. 425-454.

[138] Luz María Martínez Montiel, "La cultura africana: tercera raíz", *op. cit.*, p. 136.

[139] *El Universal Online*, 8 de marzo de 2007.

[140] Era tal la pasión por lo francés que la moda, la gastronomía, las diversiones y hasta los sueños pretendían imitarlo en todo, como trescientos años antes había sido con lo español y cien después sería con lo norteamericano. Por eso José Emilio Pacheco escribió que hasta nuestros escritores modernistas de principios del siglo xx "no eran sino buenos lectores de los franceses". Sara Sefchovich, "José Emilio Pacheco, crítico", *Revista de la Universidad de México*, núm. 468, marzo-abril de 1990, pp. 58-62; Carlos Monsiváis, "¿Tantos millones de hombres no hablaremos inglés? La cultura norteamericana y México", en *Simbiosis de culturas. Los inmigrantes y su cultura en México, op. cit.*, pp. 455-516, sobre todo la p. 460, y "Notas sobre la cultura mexicana en el siglo xx", en *Historia general de México*, vol. iv, El Colegio de México, México, 1977, p. 415.

[141] Guillermo Bonfil, "Presentación", en *Simbiosis de culturas. Los inmigrantes y su cultura en México, op. cit.*, p. 7.

[142] Liberal: "Sin prejuicios, de mentalidad abierta, que respeta los derechos y libertades", según lo define Enrique Krauze, y por lo tanto "que contribuye o quiere hacerlo a instaurar un orden más igualitario, una economía más abierta, unas leyes uniformes para todo el mundo", por oposición a conservador al que define como "proclive al poder absoluto, receloso de las libertades", *Reforma*, 17 de junio de 2007. Según José Antonio Aguilar Rivera: "La matriz ideológica de México es el liberalismo", en "El laberinto de las identidades", en Francisco Toledo, Enrique Florescano y José Woldenberg, coords., *Los desafíos del presente mexicano*, *Los desafíos del presente mexicano*, Taurus, México, 2006, p. 199; pero Octavio Paz piensa que no, que el liberalismo fue una imposición de un grupo de ilustrados decimonónicos que no tomaron en consideración las verdaderas raíces ideológicas de México y que tampoco consiguieron modificar de fondo la cultura política española; Octavio Paz, *Sor Juana Inés de la Cruz o las trampas de la fe*, Fondo de Cultura Económica, México, 1982, pp. 29-30.

[143] Quien se opone a que el humanismo sea el motivo para reconocer al otro. "¡Ésa no es la razón!", dice. Citado en Alain Touraine, *¿Podemos vivir juntos?*, Fondo de Cultura Económica, Buenos Aires, 1997, p. 172.

[144] La palabra tolerancia es muy controvertida y más bien hoy se habla de respeto para quitarle ese sabor a "concesión, condescendencia o indulgencia" y sobre todo ese "aire de superioridad paternalista", dicen los autores Carolina Rivera Farfán, María del Carmen García Aguilar, Miguel Lisbona Guillén, Irene Sánchez Franco y Salvador Meza Díaz quienes dedican un buen número de páginas a rastrear el concepto en el capítulo "En torno al debate histórico sobre la tolerancia", en *Diversidad religiosa y conflicto en Chiapas. Intereses, utopías y realidades*, Universidad Nacional Autónoma de México-Centro de Investigaciones y Estudios Superiores en Antropología Social-Secretaría de Gobernación-Secretaría de Gobierno del Estado de Chiapas-Consejo Nacional de Ciencia y Tecnología del Estado de Chiapas, México, 2005, pp. 361-364. Esta definición está en la p. 368. Véase también Isidro Cisneros, "Sociedades complejas, democracia y tolerancia: una polémica entre Karl Popper y Herbert Marcu-

se", en *Religiones y sociedad*, Secretaría de Gobernación, México, 1997. En todo caso, como
dice Fernando Escalante Gonzalbo, no nos
interesa la tolerancia como una virtud moral
sino como una condición jurídica objetiva, un
derecho que se respete y se cumpla. "El derecho a decidir", conferencia magistral, Grupo
de Información en Reproducción Elegida, México, 31 de enero de 2001.

[145] Así define José Antonio Aguilar Rivera el concepto en "La casa de muchas puertas: diversidad y tolerancia", *Este País*, núm. 84, enero de
1998, p. 6.

[146] Carlos Thiebaut y Salvador Giner citados en
Carolina Rivera Farfán, María del Carmen
García Aguilar, Miguel Lisbona Guillén, Irene
Sánchez Franco y Salvador Meza Díaz, *Diversi-
dad religiosa y conflicto en Chiapas, op. cit.*, p. 372.

[147] León Olivé, *Multiculturalismo y pluralismo, op.
cit.*, p. 16-17, 61, 77.

[148] "La mirada imperial: cómo ven los norteame-
ricanos la literatura de América Latina", *art.
cit.* Este artículo reseña y comenta el libro de
Steven M. Bell, Albert H. LeMay y Leonard
Orr, eds., *Critical Theory, Cultural Politics and
Latin American Narrative*, University of Notre
Dame Press, Notre Dame, 1993.

[149] Edward Said, *La pluma y la espada*, Siglo XXI,
México, 2001, p. 124.

[150] Mary Louise Pratt, "Criticism in the Contact
Zone: Descenering Community and Nation",
en *Critical Theory, Cultural Politics and Latin
American Narrative, op. cit.*, p. 85.

[151] Marta Lamas, *Feminismo: transmisiones y re-
transmisiones*, Taurus, México, 2006, pp. 54, 55
y 59.

[152] Joan W. Scott, "Los usos de la teoría", *Debate
Feminista*, vol. 5, marzo de 1992, p. 143.

[153] Irving A. Leonard, *La época barroca en el México
colonial*, Fondo de Cultura Económica, México,
1986, p. 76.

[154] Judith Shklar citada en Jacob T. Levy, *El multiculturalismo del miedo, op. cit.*, p. 29; Fernando
Salmerón citado en León Olivé, *Multiculturalismo y pluralismo, op. cit.*, p. 85; Nancy L. Rosenblum, "Introducción", en Nancy L. Rosenblum, ed., *Liberalism and the Moral Life*, Harvard
University Press, Cambridge, 1989, pp. 2, 5, 6.

[155] "Lección espiritual y social", *art. cit.*

[156] Isaiah Berlin, "La búsqueda del ideal", en *Árbol que crece torcido*, Vuelta, México, 1992, p. 26.

[157] De esto habló la comandante zapatista Ester en
la tribuna del Congreso de la Unión en 2001.
"La realidad y los símbolos", *art. cit.*

[158] Por ejemplo, en el caso de los grupos indígenas, José Andrés García Méndez se pregunta:
¿cómo conciliar dos lógicas distintas, las del
derecho consuetudinario que respetan los
pueblos indígenas y el marco jurídico nacional?, en "Entre el apocalipsis y la esperanza.
La presencia protestante en Chiapas", *Eslabones*, núm. 14, julio-diciembre de 1997, Sociedad Nacional de Estudios Regionales. Daniela
Marino da la siguiente respuesta: esto es posible dice, porque "el muy reciente desarrollo
del derecho internacional en materia indígena
propugna el pluralismo jurídico en un contexto liberal, para dar cabida a la cultura y propiedad comunal de los pueblos indígenas en
el interior de los Estados-nación, sin renunciar
a la nacionalidad ni a los capítulos constitucionales de los derechos individuales", en "Andrés Molina Enríquez, Propiedad comunal,
multiculturalismo y pluralismo jurídico" en
Metapolítica, número especial: *México en la cultura, viejos problemas nuevos retos*, Jus-Centro de
Estudios de Política Comparada, A.C., México,
2005, primera parte, p. 55.

[159] Ángel Sermeño, "La ciudadanía multicultural", reseña a W. Kymlicka, *Ciudadanía multicultural. Una teoría liberal de los derechos de las minorías*, en *Metapolítica*, vol. 2, núm. 6, abril-junio
de 1998, Centro de Estudios de Política Comparada, A.C., pp. 365-367. Fernando Escalante
Gonzalbo en la conferencia citada dice que esta
contraposición de hecho "suele suceder".

[160] Hay investigadores que se molestan por el uso
de este término pues dicen que se trata de un
sistema completo de derecho consuetudinario
y no positivo, pero no por eso menos válido.
Es el caso de Stavenhagen, Yáñez y Cisneros,
citados por Carlos Zolla y Emiliano Zolla Márquez, *Los pueblos indígenas de México, 100 preguntas, op. cit.*, pp. 117-120.

[161] Alain Touraine, *¿Podemos vivir juntos?, op. cit.*,
pp. 174-179.

[162] Cornelius Castoriadis, "Reflexiones en torno al
racismo", *Debate Feminista*, vol. 24, octubre de
2001, pp. 21-22.

[163] Isaiah Berlin, "La unidad europea y sus vici-
situdes", en *Árbol que crece torcido, op. cit.*, pp.
249, 250 y 251.

[164] Esta pregunta se la hacen mucho los liberales
hoy, véase el libro citado de Nancy L. Rosenblum, en particular la "Introducción" escrita
por ella misma.

[165] Cornelius Castoriadis, "Reflexiones en torno al
racismo", *op. cit.*, p. 27. No por nada este au-

tor dice que la simple defensa de los derechos humanos es incompatible con negarse a juicios sobre otras culturas y que los progresistas están atorados en esta contradicción.

[166] Escribe Pietro Barcellona: "La idea de un tratamiento normativo igual de todos los ciudadanos, no es una manifestación de una iluminación universalista de la conciencia sino de una gran estrategia de neutralización" en "El vaciamiento del sujeto y el regreso al racismo", *Debate Feminista, op. cit.*, vol. 24, p. 36.

[167] Steven Lukes, "La sociedad pluralista y sus enemigos. Entrevista con Isaiah Berlin", *Metapolítica, op. cit.*, núm. 6, pp. 311-326.

[168] Fernando Escalante Gonzalbo, conferencia citada.

[169] Amartya Sen, "Usos y abusos del multiculturalismo", *Este País*, núm. 184, julio de 2006, p. 4.

[170] A. Semprini citado por Giovanni Sartori, *La sociedad multiétnica. Pluralismo, multiculturalismo y extranjeros, op. cit.*, p. 137.

La diversidad: ¿necesaria y agradecible?

[171] En este capítulo aprovecho experiencias de mi participación en el grupo Tradiciones en Armonía, en la mesa "Las religiosidades en México", en las VIII Jornadas de Desarrollo Transpersonal, Universidad Iberoamericana, México, noviembre de 1995, y en el foro organizado por la Sociedad Civil de las Américas con el tema "La agenda de la sociedad civil respecto a la diversidad", Cuernavaca, Morelos, septiembre de 1998, así como mi aprendizaje en el diplomado "Teoría e historia de las religiones", Facultad de Filosofía y Letras/ Universidad Nacional Autónoma de México, febrero-diciembre de 1995 y febrero-diciembre de 1997. Partes de lo que aquí se sostiene aparecieron publicadas en "Una forma de estar en el mundo: acerca de la multirreligiosidad", *Revista de la Universidad*, núm. 38, noviembre de 2003, Universidad Nacional Autónoma de México, pp. 43-50, que resume y amplía una entrevista que sobre el tema me hizo Bernardo Barranco para su programa de radio *Las Religiones del Mundo, Monitor*, México, agosto de 2002; y en los siguientes artículos publicados en el periódico *El Universal*: "La derecha de nuevo", 9 de febrero de 1995; "Un salto hacia atrás", 15 de junio de 1995; "¿Dónde quedó el país laico?", 8 de febrero de 1996; "En defensa de la tolerancia", 22 de febrero de 1996; "Contra la intolerancia", 25 de abril de 1996; "Los

excesos de la Iglesia", 24 de octubre de 1996; "Los sacerdotes detenidos", 13 de marzo de 1997; "Cuidado con la intolerancia", 12 de febrero de 1998; "Carta abierta a Nilda Patricia", 26 de marzo de 1998; "El derecho al respeto ajeno", 30 de abril de 1998; "El pobrecito señor X", 4 de junio de 1998; "Asuntos religiosos", 6 de agosto de 1998; "El tema del aborto", 8 de octubre de 1998; "El país de intolerancia", 24 de diciembre de 1998; "Fox: cuida tus palabras", 5 de agosto de 1999; "Laicismo", 28 de octubre de 1999; "¿En favor de la vida?", 13 de abril de 2000; "Lo políticamente correcto", 8 de junio de 2000; "El origen de la violencia", 21 de septiembre de 2000; "Giros ¿negros?", 9 de noviembre de 2000; "El derecho a la diversidad", 22 de febrero de 2001; "En defensa de una maternidad voluntaria", 9 de mayo de 2002; "Signos inquietantes", 23 de mayo de 2002; "A qué le tiran con esa publicidad", 30 de mayo de 2002; "Una tarea impostergable", 12 de septiembre de 2002; "Libertad de expresión", 4 de marzo de 2004; "Discurso bonito", 14 de octubre de 2004.

[172] "Discurso bonito", *art. cit.*

[173] Ludwig Wittgenstein citado en Pierre André Taguieff, "El racismo", *Debate Feminista*, vol. 24, octubre de 2001, p. 8.

[174] Samuel Ramos, *Historia de la filosofía en México*, Consejo Nacional para la Cultura y las Artes, México, 1993, p. 39.

[175] Cristóbal Colón citado en David Brading, *Orbe Indiano. De la monarquía católica a la república criolla, 1492-1867*, Fondo de Cultura Económica, México, 1991, p. 25.

[176] Raimundo Lazo, *Historia de la literatura hispanoamericana. El periodo colonial 1492-1780*, Porrúa, México, 1983, p. 6.

[177] Enrique Florescano e Isabel Gil Sánchez, "La época de las reformas borbónicas y el crecimiento económico, 1750-1808", en *Historia general de México*, t. II, El Colegio de México, México, 1980, p. 185.

[178] Octavio Paz, "Prefacio. Entre orfandad y legitimidad", a Jacques Lafaye, *Quetzalcóatl y Guadalupe. La formación de la conciencia nacional en México*, Fondo de Cultura Económica, México, 1983, p. 17.

[179] Cornelius Castoriadis, "Reflexiones en torno al racismo", *Debate Feminista, op. cit.*, vol. 24, p. 19.

[180] Jacques Lafaye, *Quetzalcóatl y Guadalupe. La formación de la conciencia nacional en México, op. cit.*, p. 189. Y no fue el único, muchos lo pensaron en el siglo XIX y todavía en el XX intelectua-

les como José Vasconcelos seguían insistiendo que en el territorio mexicano debía haber una única religión y excluir a todas las demás.

[181] El cual, por cierto, en una de esas paradojas de la historia, dado que era liberal en 1865 instauró una Ley de Tolerancia.

[182] Charles Hale, *La transformación del liberalismo en México a fines del siglo XIX*, Vuelta, México, 1991, caps. I, VI, y VIII.

[183] Ésta era una medida sumamente grave que sólo se había tomado dos veces antes: la primera en 1526 y duró un día y la segunda en 1624 y duró una semana. En esta ocasión duraría tres años. Francisco de la Maza, *La ciudad de México en el siglo XVII*, Secretaría de Educación Pública, México, 1985, p. 17.

[184] Héctor Aguilar Camín y Lorenzo Meyer, *Historia gráfica de México*, t. VIII, Instituto Nacional de Antropología e Historia-Patria, México, 1988, p. 18; Carlos Martínez Assad, *Los lunes rojos, la educación socialista en México*, Secretaría de Educación Pública-El Caballito, México, 1986, pp. 9-25.

[185] Aunque cada vez es más dura la insistencia del clero para que se le permita participar abiertamente y no de manera subrepticia en la educación y la política. Véanse las recientes opiniones de la Arquidiócesis de México, vertidas en un editorial del semanario *Desde la Fe*, en contra de lo que llaman la "embestida de laicistas", *Milenio*, 15 de septiembre de 2008.

[186] Roberto Blancarte "La influencia de las religiones cristianas", Guillermo Bonfil Batalla, comp., *Simbiosis de culturas. Los inmigrantes y su cultura en México*, Fondo de Cultura Económica-Consejo Nacional para la Cultura y las Artes, México, 1993, p. 540.

[187] *Ibíd.*

[188] Carlos Garma Navarro, "Afiliación religiosa de los pueblos indígenas de la sierra norte de Puebla", *Eslabones*, núm. 14, julio-diciembre de 1997, Sociedad Nacional de Estudios Regionales, p. 122.

[189] *Ibíd.*, pp. 122 y 127.

[190] Rodolfo Casillas "Aportaciones de las disidencias cristianas a la cultura mexicana", en *Simbiosis de culturas. Los inmigrantes y su cultura en México*, *op. cit.*, pp. 558-559.

[191] Danièle Hervieu-Léger citada por Enrique Luengo González y Alfredo Gutiérrez Gómez en "Presentación" a Enrique Luengo González, comp., *Secularización, modernidad y cambio religioso*, Universidad Iberoamericana, México, 1991, p. 7.

[192] Danièle Hervieu-Léger le llama "paradoja" al hecho de que por un lado la religión parezca perder fuerza y presencia y por el otro haya señales de un resurgimiento o retorno de lo religioso, *ibíd.*

[193] Las ideas de que es posible separar al individuo de la colectividad, de que es posible decidir si se quiere o no tener una religión y obedecer sus preceptos, de que es posible la secularización y llevar la cuestión religiosa a la vida privada, de todo eso hablo en "Una forma de estar en el mundo: acerca de la multirreligiosidad", *op. cit.*, pp. 43-50, y en "Una tarea impostergable", *art. cit.*

[194] Françoise Champion, "La nébuleuse mystique-ésotérique", en Françoise Champion y Danièle Hervieu-Léger, *De l'émotion en religion. Renouveaux et traditions*, Centurion, Paris, 1990, p. 58.

[195] Danièle Hervieu-Léger, "Présentation", en *ibíd.*, pp. 5-11.

[196] Estas teorías conspiracionistas han sido refutadas por las investigaciones recientes. Escribe Rodolfo Casillas: "No hay evidencia suficiente de que dichos procesos respondan a planes internacionales del imperialismo cultural, incluso no se puede decir con fundamento verificable que alguno de ellos en particular responde a mandatos externos", "La pluralidad religiosa en México", en Gilberto Giménez Montiel, coord., *Identidades religiosas y sociales en México*, Instituto de Investigaciones Sociales/Universidad Nacional Autónoma de México, México, 1996, p. 88.

[197] Gilberto Giménez Montiel, "El debate actual sobre modernidad y religión", *ibíd.*, p. 10.

[198] Danièle Hervieu-Léger, "Por una sociología de las nuevas formas de religiosidad: algunas cuestiones teóricas previas", *ibíd.*, p. 40.

[199] Reneé de la Torre, "Pinceladas de una ilustración etnográfica: la Luz del Mundo en Guadalajara", *ibíd.*, p. 163.

[200] Jean-Pierre Bastian, "Los efectos sociales y políticos de la desregulación religiosa en México", *Eslabones*, *op. cit.*, núm. 14, p. 27.

[201] Antonio Roqueñi Ornelas, "Iglesia Católica, Apostólica y Romana. Otra visión", *ibíd.*, p. 200.

[202] Carolina Rivera Farfán, María del Carmen García Aguilar, Miguel Lisbona Guillén, Irene Sánchez Franco y Salvador Meza Díaz, *Diversidad religiosa y conflicto en Chiapas*, Universidad Nacional Autónoma de México-Centro de Investigaciones y Estudios Superiores en An-

tropología Social-Secretaría de Gobernación-Secretaría de Gobierno del Estado de Chiapas-Consejo Nacional de Ciencia y Teconología del Estado de Chiapas, México, 2005 p. 73; y Carlos Martínez Assad, "¿Existe la diversidad religiosa en México?", *Eslabones, op. cit.*, núm. 14, p. 13.

[203] Jean-Pierre Bastian, "Los efectos sociales y políticos de la desregulación religiosa en México", *Eslabones, op. cit.*, núm. 14, p. 18.

[204] Carlos Martínez Assad, "¿Existe la diversidad religiosa en México?", *ibíd.*, p. 13.

[205] José Andrés García Méndez, "Entre el apocalipsis y la esperanza. La presencia protestante en Chiapas", *ibíd.*, p. 110.

[206] Danièle Hervieu-Léger "Por una sociología de las nuevas formas de religiosidad: algunas cuestiones teóricas previas", *ibíd.*, p. 31.

[207] Esta afirmación se basa en los censos así como en los estudios consultados ya citados. Por ejemplo, el de 1970 hablaba de 91% de ellos, el de 2000 ya de 63%, cifra mucho muy disminuida pero de todos modos seguían siendo mayoría.

[208] Carlos Martínez Assad, "¿Existe la diversidad religiosa en México?", *op. cit.*, p. 12.

[209] La lista la obtuve de distintas fuentes: Carlos Martínez Assad, *ibíd.*; Carolina Rivera Farfán, María del Carmen García Aguilar, Miguel Lisbona Guillén, Irene Sánchez Franco y Salvador Meza Díaz, *Diversidad religiosa y conflicto en Chiapas, op. cit.*, en varios de los cuadros que presentan en el libro, principalmente en la p. 117; y en Tonatiuh Suárez M., "Apuntes para una geografía religiosa de México", *Eslabones, op. cit.*, núm. 14, en los mapas que presenta al final de su texto, citados más adelante.

[210] Cristina Gutiérrez Zúñiga, *Nuevos movimientos religiosos*, El Colegio de Jalisco, México, 1966; Françoise Champion, "La nébuleuse mystique-ésotérique", *op. cit.*, p. 17.

[211] Michelangelo Bovero, "El pensamiento laico", *Nexos*, núm. 185, mayo de 1993, p. 7.

[212] En 1999 un amplio grupo de ciudadanos lanzó una campaña para recuperar "la vocación laica del Estado mexicano" y para el "fortalecimiento de una cultura laica como condición fundamental para ejercer nuestros derechos y para educar a las nuevas generaciones en el respeto a la diversidad de pensamiento, expresión de ideas, creencias y modos de vida", citada en "Laicismo", *art. cit.*

[213] Carlos Martínez Assad, "¿Existe la diversidad religiosa en México?", *op. cit.*, p. 4.

[214] Enrique Marroquín, "Los protestantes en Oaxaca: ¿persecución o resistencia cultural?", en Gilberto Giménez Montiel, coord., *Identidades religiosas y sociales en México, op. cit.*, p. 104.

[215] Gilberto Giménez Montiel, "El debate actual sobre modernidad y religión", *ibíd.*, pp. 246-259; Tonatiuh Suárez M., "Apuntes para una geografía religiosa de México", *op. cit.*; véanse los mapas 3, p. 269; 4, p. 270; 8, p. 274; y 10, p. 276.

[216] José Andrés García Méndez, "Entre el apocalipsis y la esperanza. La presencia protestante en Chiapas", *op. cit.*, p. 110.

[217] Carolina Rivera Farfán, María del Carmen García Aguilar, Miguel Lisbona Guillén, Irene Sánchez Franco y Salvador Meza Díaz, *Diversidad religiosa y conflicto en Chiapas, op. cit.*, p. 19; Jean-Pierre Bastian, "Los efectos sociales y políticos de la desregulación religiosa en México", *op. cit.*; Carlos Garma Navarro, "Conversos, buscadores y apóstatas. Estudio sobre la movilidad religiosa", en Roberto J. Blancarte y Rodolfo Casillas R., *Perspectivas del fenómeno religioso*, Facultad Latinoamericana de Ciencias Sociales-Secretaría de Gobernación, México, 1999, p. 129; Cristina Gutiérrez Zúñiga, *Nuevos movimientos religiosos, op. cit.*, p. 21; Danièle Hervieu-Léger, "Por una sociología de las nuevas formas de religiosidad: algunas cuestiones teóricas previas", *op. cit.*, p. 32.

[218] Carolina Rivera Farfán, María del Carmen García Aguilar, Miguel Lisbona Guillén, Irene Sánchez Franco y Salvador Meza Díaz, *Diversidad religiosa y conflicto en Chiapas, op. cit.*, p. 366; Cornelius Castoriadis, "Reflexiones en torno al racismo", *op. cit.*, p. 19.

[219] Vicente Fox citado en "Fox: cuida tus palabras", 5 de agosto de 1999.

[220] Santiago Creel citado en "Discurso bonito", *art. cit.*

[221] *Ibíd.*

[222] Onésimo Cepeda Silva, "Iglesia Católica, Apostólica y Romana", *Eslabones, op. cit.*, núm. 14, pp. 177-183.

[223] Reneé de la Torre Castellanos, Alma Dorantes González, Patricia Fortuny Loret de Mola y Cristina Gutiérrez Zúñiga, "Tradición religiosa y secularización en Guadalajara", *ibíd.*, p. 142, y "Contra la intolerancia", *art. cit.* Por supuesto, esto no sucede sólo en México. En septiembre de 2000 el arzobispo de Bolonia, en Italia, dijo que había que cerrarle las puertas del país a los inmigrantes musulmanes porque se reproducían mucho y abrírselas solamen-

te a inmigrantes católicos, y en un programa de televisión en Inglaterra un lord que había sido asesor de Margaret Thatcher manifestó su preocupación por las altas tasas de crecimiento de hindúes y musulmanes frente a las muy reducidas de los que él llama "verdaderos británicos". "El origen de la violencia", *art. cit.*

224 Graciela Álvarez Delgado, "Iglesia Metodista", *Eslabones, op. cit.*, núm. 14, p. 243.

225 Gabriel Sánchez, "Iglesia Cristiana de México", *ibíd.*, pp. 208 y 205.

226 Los dos ejemplos tomados de Carolina Rivera Farfán, María del Carmen García Aguilar, Miguel Lisbona Guillén, Irene Sánchez Franco y Salvador Meza Díaz, *Diversidad religiosa y conflicto en Chiapas, op. cit.*, pp. 242 y 324.

227 Víctor Ronquillo, *Milenio Semanal*, 24 de noviembre de 2003, pp. 38-39.

228 *La Jornada*, 26 de agosto de 2004

229 Olga Montes García, "Violación de los derechos humanos en Oaxaca por motivos religiosos", *Eslabones*, núm. 8, julio-diciembre de 1994, Sociedad Nacional de Estudios Regionales, p. 123.

230 *Reforma*, 28 de noviembre de 2005.

231 *Ibíd.*

232 Anónimo, "El Islam está invadiendo a toda América Latina", folleto, s.p.i., s.f., pp. 14-15 y 19.

233 El comunicador es José Gutiérrez Vivó en su programa *Monitor* en Radio Red y el budista es Marco Antonio Karam, director de Casa Tíbet México.

234 "El país de intolerancia" y "En defensa de la tolerancia", *arts. cit.*

235 Jorge Ruiz Soto, "Columna del Lector", *El Universal*, 14 de septiembre de 2000.

236 *Desde la Fe. Semanario de la Arquidiócesis Primada de México*, citado en *La Jornada*, 24 de septiembre de 2007.

237 Ulises Beltrán, Fernando Castaños, Julia Isabel Flores, Yolanda Meyenberg y Blanca Helena del Pozo, *Los mexicanos de los noventa*, Instituto de Investigaciones Sociales/Universidad Nacional Autónoma de México, México, 1996, p. 85.

238 Reneé de la Torre Castellanos, Alma Dorantes González, Patricia Fortuny Loret de Mola y Cristina Gutiérrez Zúñiga, "Tradición religiosa y secularización en Guadalajara", *op. cit.*, p. 148.

239 Jacques Lafaye, "Conciencia nacional y conciencia étnica en la Nueva España", ponencia presentada ante el IV Congreso Internacional de Estudios Mexicanistas en la Universidad de California en Los Angeles en 1973, incluida en un apéndice llamado "Abismo de conceptos: identidad, nación, mexicano", en la edición de 1999 de su libro *Quetzalcóatl y Guadalupe. La formación de la conciencia nacional en México, op. cit.*

240 David Brading, *Orbe Indiano. De la monarquía católica a la república criolla, 1492-1867, op. cit.*, p. 394.

241 José Woldenberg, "Los retos de la política hoy", en Francisco Toledo, Enrique Florescano y José Woldenberg, coords., *Los desafíos del presente mexicano, op. cit.*, Taurus, México, 2006, p. 29.

242 Cornelius Castoriadis, "Reflexiones en torno al racismo", *op. cit.*, pp. 19-20 y 222-223.

243 Néstor Braunstein, "México: en psicoanálisis…", *Debate Feminista, op. cit.*, vol. 24, p. 59.

244 Isaiah Berlin, "La apoteosis de la voluntad romántica", en *Árbol que crece torcido*, Vuelta, México, 1992, p. 255.

245 "Las religiones y todos los demás sistemas de pensamiento han gastado sus mejores energías intelectuales en reflexionar sobre sí mismos, pero no se han preocupado nunca en reflexionar acerca del otro", Jacob Neusner en Andrew M. Greeley y Jacob Neusner, *Un sacerdote y un rabino leen la Biblia*, Planeta, México, 1995, pp. 393-394 y 397.

246 "Una tarea impostergable", *art. cit.*

247 Gabriel Sánchez, "Iglesia Cristiana de México", *op. cit.*, pp. 207 y 210.

248 Abner López, "Iglesia Presbiteriana", *Eslabones, op. cit.*, núm. 14, p. 255.

249 Ley de Asociaciones Religiosas y Culto Público de 1992 citada en Carolina Rivera Farfán, María del Carmen García Aguilar, Miguel Lisbona Guillén, Irene Sánchez Franco y Salvador Meza Díaz, *Diversidad religiosa y conflicto en Chiapas, op. cit.*, pp. 365-369, y anuncio de la Secretaría de Gobernación en los periódicos nacionales.

250 *La Jornada*, 28 de diciembre de 2006.

251 "Cuidado con la intolerancia", *art. cit.*

252 Citada en José Woldenberg, "Los retos de la política hoy", *op. cit.*, p. 27, Enrique Alduncin Abitia, "Valores y familias en México", en Clara Jusidman, comp., *Valores y familias, mitos y realidades*, Causa Ciudadana, México, 2003, p. 169.

253 *Diagnóstico sobre la situación de los derechos humanos en México*, Oficina del Alto Comisionado de Naciones Unidas para los Derechos Humanos, México, 2003, p. 183.

254 Alejandro Brito, "En Chiapas, exterminio de

homosexuales, ausencia de derechos humanos", *Debate Feminista*, vol. 7, marzo de 1993, p. 295.

[255] "El tema del aborto", 8 de octubre de 1998.

[256] "Hoja informativa", Grupo de Información en Reproducción Elegida, México, septiembre de 2004, con datos del Consejo Nacional de Población, *Cuadernos de Salud Reproductiva*, México, 2000.

[257] "Un salto hacia atrás", 15 de junio de 1995.

[258] "¿En favor de la vida?", 13 de abril de 2000.

[259] "Cuidado con la intolerancia" y "El pobrecito señor X", *arts. cit.*

[260] "Libertad de expresión", 4 de marzo de 2004.

[261] Sara Sefchovich, "La derecha apocalíptica", *Revista Mexicana de Sociología*, vol. XLV, núm. 2, 1983, Instituto de Investigaciones Sociales/ Universidad Nacional Autónoma de México, pp. 601-637.

[262] "Paradojas del discurso por la paz", 20 de febrero de 2003.

[263] *La Jornada*, 17 de noviembre de 2005.

[264] Ricardo Alemán, *El Universal*, 23 de agosto de 2006.

[265] "Hablar demasiado", 13 de agosto de 1998.

[266] *La Jornada*, 3 de junio de 2003.

[267] Enrique Galván Ochoa, "Domingo", *La Jornada*, 20 de mayo de 2007.

[268] Jaime Costa citado en Dolores Plá Brugat, "Ser español en México para bien y para mal", en Delia Salazar, coord., *Xenofobia y xenofilia en la historia de México, siglos XIX y XX*, Instituto Nacional de Migración-Instituto Nacional de Antropología e Historia-DGE Ediciones, México, 2006, p. 153.

[269] "A qué le tiran con esa publicidad", 30 de mayo de 2002.

[270] Carlos Monsiváis "Paisajes de la cultura: entre un diluvio de chips y un diluvio de paradigmas", en Francisco Toledo, Enrique Florescano y José Woldenberg, coords., *Los desafíos del presente mexicano, op. cit.*, p. 181 y "La defensa del pudor", 7 de septiembre de 1995.

[271] Adal Ramones citado en "Signos inquietantes", *art. cit.*

[272] "De globalifóbicos y otros bichos", 28 de septiembre de 2000; Salvador Elizondo, entrevista de Sara Sefchovich, ciudad de México, octubre de 1998.

[273] "Giros ¿negros?", 9 de noviembre de 2000.

[274] José Woldenberg, "Los retos de la política hoy", *op. cit.*, pp. 26-27. Véanse otras encuestas ya citadas aquí como la de Ulises Beltrán, Fernando Castaños, Julia Isabel Flores, Yolanda Meyenberg y Blanca Helena del Pozo, *Los mexicanos de los noventa, op. cit.*

[275] *Ibíd.*, p. 5.

[276] Definida por Miguel Székely como "tratar diferente o negativamente a las personas", en "Una nueva imagen en el espejo: percepciones sobre la discriminación en México", *Este País*, núm. 190, enero de 2007, p. 6.

[277] Carlos Monsiváis, "Los iguales, los semejantes, los (hasta hace un minuto) perfectos desconocidos. A cien años de la redada de los 41", *Debate Feminista, op. cit.*, vol. 7, p. 323.

[278] Francisco Labastida Ochoa en *Monitor*, Radio Red, 4 de agosto de 1997; Emilio González Márquez, *Reforma*, 10 de agosto de 2007.

[279] Magdalena Gómez, "Valores y política cultural. Una mirada desde la diversidad indígena", en *Valores y familias, mitos y realidades, op. cit.*, p. 106.

Los extranjeros: ¿nuestros amigos?

[280] Este capítulo retoma y reactualiza mis artículos: "Mirada sobre nosotros: los norteamericanos y México", Premio Plural de Ensayo 1989, *Plural*, núm. 221, febrero de 1990, y "Extranjeros en México: Historia de una desconfianza", *Eslabones*, núm. 9, enero-junio de 1995, Sociedad Nacional de Estudios Regionales, pp. 14-23, una versión del cual se presentó como conferencia inaugural en el VII Coloquio de Estudios Regionales, "Los extranjeros en México", Consejo Estatal de Población-Universidad Autónoma Benito Juárez de Oaxaca-Sociedad Nacional de Estudios Regionales, Oaxaca, abril de 1994; el capítulo "Puerto de entrada, puerto de salida" del libro colectivo *Veracruz, puerto de llegada*, H. Ayuntamiento de Veracruz, México, 2000, pp. 11-28; los artículos "La mirada imperial: cómo ven los norteamericanos la literatura de América Latina", en *Siglo XX-20th Century, Critique and Cultural Discourse*, vol. 4, núms. 1-2, abril de 1996, Society of Spanish and Spanish-American Studies, University of Colorado, pp. 219-234; "La exigencia imperial", *La Jornada Semanal*, suplemento de *La Jornada*, núm. 148, enero de 1998, pp. 8-9; así como de los siguientes artículos publicados en el periódico *El Universal*: "El respeto al derecho ajeno", 11 de mayo de 1995; "Contradicciones en la relación México-EU", 26 de octubre de 1995; "Nuestra Cancillería", 3 de abril de 1997; "Los extranjeros", 19 de febrero de 1998; "Un problema de seguridad nacional", 24 de mayo

de 2001; "Propuesta al rector de la UNAM", 1 de noviembre de 2001; "Una cultura por el prójimo", 20 de diciembre de 2001; "Argentina de los humanos", 14 de febrero de 2002; "Signos inquietantes", 23 de mayo de 2002; "A qué le tiran con esa publicidad", 30 de mayo de 2002; "Estados Unidos: ¿agredidos o agresores?", 17 de octubre de 2002; "¿El maniqueísmo es el camino?", 30 de octubre de 2003; "La relación más difícil: con EU", 18 de marzo de 2004; "Apatía mexicana ante el Tsunami", 13 de enero de 2005; "La otra cara del problema", 3 de febrero de 2005; "Condi en México", 10 de marzo de 2005; "Vecinos violentos", 31 de marzo de 2005; "La paja en el ojo ajeno", 21 de abril de 2005; "Humo sin fuego", 19 de mayo de 2005; "Mirarse el ombligo", 2 de junio de 2005; "Lo políticamente incorrecto", 17 de noviembre de 2005; "El muro que no funcionará", 19 de enero de 2006; "Las reacciones", 30 de marzo de 2006; "En nuestro propio jugo", 20 de abril de 2006; "La paja en el ojo", 12 de octubre de 2006.

[281] Eric Hobsbawm, "La política de la identidad y la izquierda", *Nexos*, núm. 224, agosto de 1996.

[282] Eric van Young, "Rebelión agraria sin agrarismo: defensa de la comunidad, significado y violencia colectiva en la sociedad rural mexicana de fines de la época colonial", en Antonio Escobar O., coord., *Indio, nación y comunidad en el México del siglo XIX*, Centro de Estudios Mexicanos y Centroamericanos-Centro de Investigaciones y Estudios Superiores en Antropología Social, México, 1993, pp. 43 y 49.

[283] Aimer Granados García, "El discurso patriótico de la celebración de la independencia mexicana", en Delia Salazar, coord., *Xenofobia y xenofilia en la historia de México, siglos XIX y XX*, Instituto Nacional de Migración-Instituto Nacional de Antropología e Historia-DGE ediciones, México, 2006, p. 103.

[284] Miguel Hidalgo en *Independencia Nacional*, vol. II: *Periodo Hidalgo*, Universidad Nacional Autónoma de México, México, 1986, p. 19.

[285] Luz María Montiel y Araceli Reynoso Medina, "Inmigración europea y asiática siglos XIX y XX", en Guillermo Bonfil Batalla, comp., *Simbiosis de culturas. Los inmigrantes y su cultura en México*, Fondo de Cultura Económica-Consejo Nacional para la Cultura y las Artes, México, 1993, p. 247.

[286] Francisco Bulnes, *Las grandes mentiras de nuestra historia*, Consejo Nacional para la Cultura y las Artes, 1991, México, pp. 470 y 472.

[287] El historiador Luis González y González, siguiendo la tradición antiextranjera, los acusa de haber traído a México "el lujo, la locura y la corrupción máximas". "El linaje de la cultura mexicana", en *Todo es Historia*, Cal y Arena, México, 1989, p. 273.

[288] Andrés Molina Enríquez citado en Luz María Montiel y Araceli Reynoso Medina, "Inmigración europea y asiática siglos XIX y XX", *op. cit.*, p. 256. Véanse las pp. 252, 254, 258 y 259.

[289] Los dos relatos citados en Sara Sefchovich, "Extranjeros en México, historia de una desconfianza", *op. cit.*, p. 17.

[290] Judit Boxer Liwerant, "El México de los años treinta: cardenismo, inmigración judía y antisemitismo", en *Xenofobia y xenofilia en la historia de México, siglos XIX y XX, op. cit.*, pp. 379-415.

[291] Epítetos citados en Luz María Montiel y Araceli Reynoso Medina, "Inmigración europea y asiática siglos XIX y XX", *op. cit.*, pp. 257 y 399. A los chinos se les confinó en ghettos y se cometieron contra ellos matanzas brutales sin que nadie saliera a su defensa.

[292] "La paja en el ojo ajeno" y "La pala en el ojo", *arts. cit.*

[293] *Reforma*, 18 de septiembre de 2007.

[294] Jean Meyer, "Lo inevitable y lo inesperado", *Reforma*, 23 de septiembre de 2007.

[295] Fernando del Paso, *Noticias del Imperio*, Diana, México, 1987, pp. 571-572.

[296] Mauricio Magdaleno, *Cabello de elote*, de 1949, citado en Sara Sefchovich, "La literatura en los años cuarenta: la hora de los catrines", en Rafael Loyola, coord., *Entre la guerra y la estabilidad política*, Consejo Nacional para la Cultura y las Artes-Grijalbo, México, 1989, p. 291.

[297] Mario Contreras citado en Luz María Montiel y Araceli Reynoso Medina, "Inmigración europea y asiática siglos XIX y XX", *op. cit.*, p. 265.

[298] Copla citada por Martín González de la Vara, "El renacimiento cultural hispánico en Las Vegas, Nuevo México, 1880-1900", *Eslabones*, núm. 4, julio-diciembre de 1992, Sociedad Nacional de Estudios Regionales, p. 83.

[299] Gaspar Pérez de Villagrá citado en Alfonso Méndez Plancarte, *Poetas novohispanos, primer siglo 1521-1621*, Universidad Nacional Autónoma de México, México, 1942, p. XXIX.

[300] Copla citada en Luz María Martínez Montiel, "La cultura africana, tercera raíz", en *Simbiosis de culturas. Los inmigrantes y su cultura en México, op. cit.*, p. 111.

[301] Javier Wimer, "El artículo 33", *Debate Feminista*, vol. 13, abril de 1996, p. 104.

302 Luz María Montiel y Araceli Reynoso Medina, "Inmigración europea y asiática siglos XIX y XX", *op. cit.*, p. 269.

303 Ignacio Bernal, "Formación y desarrollo de Mesoamérica", en *Historia general de México*, vol. I, El Colegio de México, México, 1976, p. 160; Miguel León-Portilla, *Aztecas-mexicas, desarrollo de una civilización originaria*, Algaba, México, 2005, p. 9; Cecilia Cortina Campero, *Historia de México, época prehistórica, época prehispánica*, Panorama, México, 2004, p. 13.

304 Alfredo Romero Castilla, comentario a algunos capítulos en *Xenofobia y xenofilia en la historia de México, siglos XIX y XX*, *op. cit.*, p. 425.

305 Dolores Plá Brugat, "Ser español en México para bien y para mal", *ibíd.*, pp. 137 y 140. La cita de Juan Comas está allí mismo.

306 Sara Sefchovich, "La derecha apocalíptica", *Revista Mexicana de Sociología*, vol. XLV, núm. 2, 1983, Instituto de Investigaciones Sociales/ Universidad Nacional Autónoma de México, pp. 601-637.

307 "Prejuicios", 20 de julio de 2006.

308 Héctor Sánchez López y Martí Batres Guadarrama citados en "PRD: crisis moral", 28 de noviembre de 2002.

309 "En defensa de la tolerancia", *art. cit.* La frase es una paráfrasis de Andrés Molina Enríquez.

310 "El respeto al derecho ajeno", *art. cit.*

311 "Sí, existen Dios y el diablo", 16 de febrero de 2006.

312 Sergio Zermeño a Sara Sefchovich, ciudad de México, 3 de marzo de 2006.

313 "A qué le tiran con esa publicidad", *art. cit.*

314 Pierre André Taguieff, "El racismo", *Debate Feminista*, vol. 24, octubre de 2001, p. 13.

315 Carlos Monsiváis citado en "PRD: crisis moral", *art. cit.*

316 Graham Greene, *Caminos sin ley*, citado en *Escritores extranjeros en la Revolución*, Instituto Nacional de Estudios Históricos de la Revolución Mexicana, México, 1979, p. 146.

317 Opiniones citadas en Pablo Yankelevich, quien muestra el "desprecio" por lo mexicano que tuvieron y siguen teniendo muchos argentinos, en "Spencerianos rioplatenses y sus aproximaciones a México", *Eslabones, op. cit.*, núm. 9, pp. 149 y 152.

318 Robert Pastor y Jorge Castañeda, *Límites en la amistad, México y Estados Unidos*, Joaquín Mortiz, México, 1989, p. 12.

319 Agustín Cue Cánovas, *Historia mexicana*, t. II, Trillas, México, 1987, pp. 130 y 148.

320 José María Roa Barcena, "La invasión norteamericana", en Álvaro Matute, *México en el siglo XIX. Antología de fuentes e interpretaciones históricas*, Universidad Nacional Autónoma de México, México, 1984, p. 480.

321 "Humo sin fuego", *art. cit.*

322 Edwin A. Deagle, Jr., "México y la política de seguridad nacional de los Estados Unidos", en Carlos Tello y Clark W. Reynolds, *Las relaciones México-Estados Unidos*, Fondo de Cultura Económica, México, 1981, p. 228.

323 Alan Riding, *Vecinos distantes. Un retrato de los mexicanos*, Joaquín Mortiz, México, 1985, p. 9.

324 Jorge Montaño, embajador de México en Washington, entrevista de David Aponte, *El Universal*, 17 de septiembre de 2004.

325 Héctor Aguilar Camín a Sara Sefchovich, ciudad de México, 20 de septiembre de 2003.

326 Jean-Françoise Revel citado en "Estados Unidos: ¿agredidos o agresores?", *art. cit.*

327 Jorge Montaño, entrevista citada.

328 Richard Fagen "La política de las relaciones méxico-norteamericanas", en Carlos Tello y Clark W. Reynolds, *Las relaciones México-Estados Unidos, op. cit.*, p. 368.

329 Francisco José Ruiz Cervantes, "Ingleses y estadounidenses en la ciudad de Oaxaca entre 1910 y 1920", *Eslabones, op. cit.*, núm. 9, p. 92.

330 "La vida sigue", 20 de septiembre de 2001.

331 "Estados Unidos: ¿agredidos o agresores?", *art. cit.*

332 "¿El maniqueísmo es el camino?", *art. cit.*

333 *Reforma*, 27 y 28 de mayo de 2007.

334 *Reforma*, 31 de marzo de 2007.

335 Olga Pellicer. "México y la nueva agenda internacional", en Jorge Eduardo Navarrete, coord., *La reconstrucción de la política exterior de México: principios, ámbitos, acciones*, Universidad Nacional Autónoma de México-Centro de Investigaciones Interdisciplinarias en Ciencias y Humanidades, México, 2006, pp. 370-371.

336 "Una cultura por el prójimo", 20 de diciembre de 2001; "Argentina de los humanos", 14 de febrero de 2002; "Apatía mexicana ante el Tsunami", 13 de enero de 2005; "Mirarse el ombligo", 2 de junio de 2005; "En nuestro propio jugo", 20 de abril de 2006.

La democracia: ¿lo que tenemos?
y ¿lo que queremos tener?

337 Este capítulo retoma y actualiza mis artículos: "Democracia y cultura", *Revista Mexicana de Sociología*, vol. XLVII, núm. 1, 1986, Instituto de Investigaciones Sociales/Universidad

Nacional Autónoma de México, pp. 243-250; "El futuro de la democracia", *Topodrilo*, núm. 13, septiembre-octubre de 1990, Universidad Autónoma Metropolitana/Iztapalapa, pp. 8-10; "Mucho ruido electoral y pocas nueces democráticas", *Topodrilo*, núm. 35, julio de 1994, Universidad Autónoma Metropolitana/Iztapalapa, pp. 6-11; "Abstención, una defensa incómoda", *Etcétera*, núm. 81, agosto de 1994, pp. 20-21; "La paz del México roto", reseña a Sergio Zermeño, *La sociedad derrotada. El desorden mexicano de fin de siglo*, Siglo XXI, México, 1996, en *La Jornada Semanal*, suplemento de *La Jornada*, núm. 103, febrero de 1997, así como mi participación en los siguientes congresos: Simposio Internacional El Imaginario Social, Universidad Nacional Autónoma de México-Universidad de Quebec, México, noviembre de 1984, con la ponencia "Análisis del discurso en cartas a la redacción enviadas a los periódicos del D.F.", que se publicó corregida como "Política y vida cotidiana", *Casa del Tiempo*, vol, IV, núms. 46-47, noviembre de 1984, Universidad Autónoma Metropolitana, pp. 5-10; Congreso Latinoamericano de Sociología, Río de Janeiro, Brasil, abril de 1986, con la ponencia "La cultura en México, alternativa de la democracia"; simposio Los Veinte Años de la Democracia en México, Instituto de Investigaciones Sociales/Universidad Nacional Autónoma de México, México, septiembre de 1986; Seminario sobre Cultura, Política y Poder en México, Centro de Estudios Interdisciplinarios en Ciencias Sociales/Universidad Nacional Autónoma de México, México, octubre de 1986; coloquio Los Problemas Nacionales y el Nuevo Gobierno, Instituto de Investigaciones Sociales/Facultad de Ciencias Políticas y Sociales/Universidad Nacional Autónoma de México, México, noviembre de 1988, como comentarista de la mesa Las Culturas Urbanas; mesa redonda La Democracia Hoy, ciclo El Chiste de la Democracia, Centro Cultural El Hijo del Cuervo, septiembre de 1994; Foro de Evaluación sobre la Situación de México, Fundación para la Democracia, México, abril de 1995, con la ponencia "La cuestión cultural"; ciclo Gobernabilidad Democrática. ¿Qué Reforma?, Comisión Especial para la Reforma del Estado de la Cámara de Diputados/Instituto de Investigaciones Jurídicas/Universidad Nacional Autónoma de México, Salón Legisladores del Recinto Legislativo, 30 de septiembre de 2004, con la ponencia "Gobernabilidad

democrática y participación ciudadana", que se publicó con el título de "Gobernabilidad y ciudadanía", en Manuel Camacho Solís y Diego Valadés, coords., *Gobernabilidad democrática. ¿Qué reforma?*, Universidad Nacional Autónoma de México-Cámara de Diputados, México, 2005, pp. 526-530, y de los siguientes artículos publicados en el periódico *El Universal*: "¿Y los intelectuales?", 23 de febrero de 1995; "De los malosos otra vez", 29 de junio de 1995; "Ni diploma ni pasamontañas", 31 de agosto de 1995; "Consejeros ciudadanos: poco apoyo", 28 de septiembre de 1995; "Elecciones de consejeros ciudadanos", 9 de noviembre de 1995; "El presidente, los opinadores y la realidad nacional", 7 de diciembre de 1995; "Hay que entender a la sociedad", 4 de enero de 1996; "Declaracionitis", 13 de junio de 1996; "Nosotros los críticos y ustedes los políticos", 26 de septiembre de 1996; "Triunfos de los ciudadanos", 17 de octubre de 1996; "Sí participar o no participar", 20 de marzo de 1997; "¿Gobierno con miedo?", 27 de marzo de 1997; "¡Buena suerte!", 30 de junio de 1997; "¿Y ahora qué?", 10 de julio de 1997; "Sí y no", 17 de julio de 1997; "Los observadores", 21 de mayo de 1998; "La democracia", 3 de diciembre de 1998; "La dichosa alianza", 12 de agosto de 1999; "¿Participación ciudadana?", 9 de septiembre de 1999; "El IFE, ¿y la austeridad?", 21 de octubre de 1999; "Las campañas", 18 de noviembre de 1999; "Ni gobernabilidad ni democracia", 2 de marzo de 2000; "Plebiscito ciudadano", 4 de mayo de 2000; "Las odiosas elecciones", 29 de junio de 2000; "Las ONG", 26 de octubre de 2000; "Los alternativos", 1 de febrero de 2001; "Nueva estrategia: ¡ignóralos!", 20 de diciembre de 2001; "Senadores berrinchudos", 18 de abril de 2002; "¿Para qué son las partidas secretas?", 25 de julio de 2002; "De la abstención al voto diferenciado", 3 de julio de 2003; "¿Tiene un límite la amistad?", 25 de septiembre de 2003; "¿Qué hace un pobre ciudadano?", 27 de noviembre de 2003; "Democracia a la mexicana", 18 de diciembre de 2003; "Libertad de expresión", 4 de marzo de 2004; "Reformas para la democracia", 7 de octubre de 2004; "De votos a votos", 14 de julio de 2005; "¿Cuál democracia?", 21 de julio de 2005; "Carta a los lectores", 2 de febrero de 2006; "La primavera y AMLO", 23 de marzo de 2006; "Solicito chamba", 15 de junio de 2006; "Confusión electoral", 29 de junio de 2006; "El mensaje", 6 de julio de 2006; "¿Nos representan?", 31 de agosto de 2006; "¿Es la guerra?", 14 de septiembre de 2006; "Mi país inventado", 30 de noviembre de 2006.

[338] Luis Aguilar Villanueva, "La democracia civilizatoria", *Debate Feminista*, vol. 1, marzo de 1990, p. 92.

[339] José Fernández Santillán, *Liberalismo democrático*, Océano, México, 1997, p. 28.

[340] José María González García, "Límites y aforismos en la teoría de la democracia representativa de Norberto Bobbio", en José María González García y Fernando Quesada, coords., *Teorías de la democracia*, Anthropos, Barcelona, 1988, p. 23.

[341] Alain Touraine, *¿Qué es la democracia?*, Fondo de Cultura Económica, México, 1999, p. 290. Fernández Santillán en el libro citado lo pone así "El derecho-poder del ciudadano de intervenir en las decisiones colectivas".

[342] Pedro Salazar Ugarte, "¿Qué participación para cuál democracia?", en Alicia Ziccardi, coord., *Participación ciudadana y políticas sociales en el ámbito local*, Instituto de Investigaciones Sociales/Universidad Nacional Autónoma de México-Consejo Mexicano de Ciencias Sociales-Instituto Nacional de Desarrollo Social, 2004, México, p. 45.

[343] Dice este autor que en el siglo XIV los mexicas eligieron al primer tlatoani, luego durante la Colonia, con todo y su sistema absolutista, también hubo lugar para elecciones de algunos puestos de la administración. Gustavo Ernesto Emmerich, "Introducción", en Gustavo Ernesto Emmerich, coord., *Las elecciones en la ciudad de México, 1376-2005*, Universidad Autónoma Metropolitana-Instituto Electoral del D.F., México, 2005, p. 15.

[344] *Ibíd.* p. 180.

[345] José Fernández Santillán, "México: hacia una gobernabilidad diferente", *Este País*, núm. 80, noviembre de 1997, p. 19.

[346] En 1988 el expresidente José López Portillo se congratulaba de que "gracias a la reforma que impulsé, hoy tenemos competencia electoral con reglas justas".

[347] José Woldenberg, "Los retos de la política hoy", en Francisco Toledo, Enrique Florescano y José Woldenberg, coords., *Los desafíos del presente mexicano*, Taurus, México, 2006, pp. 15-16.

[348] Cuauhtémoc Cárdenas en *La Jornada*, 17 de mayo de 1994.

[349] "Realidad mexicana: funcionarios ricos y sociedad pobre", 15 de mayo de 2003; las cifras de gasto del Instituto Federal Electoral en "El IFE y ¿la austeridad?", *art. cit.*

[350] "La democracia" y "Las odiosas elecciones", *arts. cit.*

[351] Carlos Martínez Assad, "Hacer dos, tres, muchas elecciones", citado en Sara Sefchovich, "Abstención, una defensa incómoda", *op. cit.*, p. 20.

[352] José Woldenberg, "Los retos de la política hoy", *op. cit.*, p. 21.

[353] Carlos Martínez Assad, entrevista de Sara Sefchovich, ciudad de México, 20 de mayo de 1994.

[354] "De la abstención al voto diferenciado", *art. cit.*; "Abstención, una defensa incómoda", *op. cit.*, pp. 20-21; Carlos Martínez Assad, entrevista citada.

[355] Carlos Martínez Assad, entrevista citada.

[356] "Mucho ruido electoral y pocas nueces democráticas" y "Abstención, una defensa incómoda", *op. cit.*

[357] Luis Rubio, "La política democrática en México: nuevas complejidades", en Luis Rubio y Susan Kaufman, coords., *México: democracia ineficaz*, CIDAC-Miguel Ángel Porrúa, México, 2006.

[358] Fernando Escalante Gonzalbo, "México fin de siglo", en Varios, *Pensar en México*, Fondo de Cultura Económica-Consejo Nacional para la Cultura y las Artes, México, 2006, p. 22.

[359] Luis Rubio, "La política democrática en México: nuevas complejidades", *op. cit.*, pp. 27, 29 y 53.

[360] Mediación: "ámbito político legitimador que funciona independientemente de la formalidad democrática", Roger Bartra, "La dictadura no era perfecta: mediaciones democráticas y redes imaginarias", en José Antonio Aguilar Rivera, coord. *México: crónicas de un país posible*, Fondo de Cultura Económica-Consejo Nacional para la Cultura y las Artes, México, 2005, p. 303. Sergio Zermeño afirma lo mismo, habla del "desmantelamiento de los órdenes tradicionales de intermediación", en *La sociedad derrotada. El desorden mexicano de fin de siglo*, Siglo XXI, México, 1996, p. 51.

[361] "¿Nos representan?", 31 de agosto de 2006.

[362] Agnes Heller, "Ética ciudadana y virtudes cívicas", en *Políticas de la posmodernidad. Ensayos de crítica cultural*, Península, Barcelona, 1989, p. 217.

[363] H. Schneider citado en Bruno Lautier, "¿Por qué es preciso ayudar a los pobres? Un estudio crítico del discurso del Banco Mundial acerca de la pobreza", en Jorge Alonso, Luis Armando Aguilar y Richard Lang, coords., *El futuro*

del Estado social, Universidad de Guadalajara-ITESO-Instituto Goethe, México, 2002, p. 100.

[364] Alain Touraine, *¿Qué es la democracia?*, *op. cit.*, p. 276.

[365] Marta Lamas, entrevista de Sara Sefchovich, ciudad de México, 29 de abril de 2003.

[366] Norberto Bobbio, "Sociedad civil", en *Diccionario de política*, t. II, Siglo XXI, México, 1985, las llama "acciones autogestionarias" y Clauss Offe les llama "iniciativas ciudadanas" y las define como "Acciones orientadas hacia la mejora en términos colectivos de las condiciones de vida, que no se reducen a mecanismos de ayuda mutua sino que dan lugar a formas de autoorganización política que no han sido previstas por las instituciones del sistema político", citado por Marta Lamas, "Editorial", *Debate Feminista*, *op. cit.*, vol. 1, p. 1.

[367] Alain Touraine, *¿Qué es la democracia?*, *op. cit.*, pp. 99 y 109.

[368] Norberto Bobbio, "Sociedad civil", *voz citada*.

[369] Luis F. Aguilar Villanueva, "Cuidemos a las ONG", en Varios, *Sociedad civil, organizaciones no gubernamentales, transición a la democracia*, Miguel Ángel Porrúa, México, 1994, p. 15.

[370] Sergio Zermeño, "La democracia como identidad restringida", *Revista Mexicana de Sociología*, núm. 4, 1987, Instituto de Investigaciones Sociales/Universidad Nacional Autónoma de México/p. 4.

[371] Hubo también algunas ONGS que se ocuparon de vigilar las elecciones y no para gestionar beneficios.

[372] "¿El futuro de la democracia?", *op. cit.*, p. 9.

[373] Ya dijimos que, según Mauricio Merino, la sociedad civil somos todos: "La gente común y corriente", en Enrique Florescano, coord., *Mitos mexicanos*, Taurus, México, 2001, pp. 195 y 242; pero Enrique Canales dice que el término se refiere a la "sociedad civil organizada", en "¿Cuál sociedad civil?", *Reforma*, 6 de octubre de 2005; y Agapito Maestre dice que es "cuando los ciudadanos cuestionan o enfrentan cualquier norma o decisión que no haya tenido su origen o rectificación en ellos mismos", citado en César Cansino y Sergio Ortiz Leroux, "Nuevos enfoques sobre la sociedad civil", *Metapolítica*, vol. 1, núm. 2, abril-junio de 1997, Centro de Estudios de Política Comparada, A.C., p. 224. En resumen podríamos decir que la diferencia es la siguiente: una cosa es la sociedad en general y otra es la parte de la sociedad en la que los ciudadanos actúan colectivamente en la esfera pública para expresar sus intereses, intercambiar información, alcanzar objetivos comunes y realizar demandas al Estado, como afirma Larry Diamond en "Repensar la sociedad civil", *ibíd.*, p. 186.

[374] Enrique Canales, *ibíd.*

[375] Nina Torres Baños, "La administración de Fox y las organizaciones no gubernamentales: neocorporativización neoconservadora de la llamada sociedad civil", en Ana Alicia Solís de Alba, Max Ortega, Abelardo Mariña Flores y Nina Torres, coords., *Balance del sexenio foxista y perspectivas para los movimientos sociales*, Itaca, 2007, México, p. 337-339.

[376] Sergio Zermeño, *La sociedad derrotada. El desorden mexicano de fin de siglo*, *op. cit.*, pp. 70-71 y 60-61.

[377] Alicia Ziccardi, "Claves para el análisis de la participación ciudadana y las políticas sociales del espacio social", en Alicia Ziccardi, coord., *Participación ciudadana y políticas sociales en el ámbito local*, *op. cit.*, p. 10.

[378] Joan Font, "Participación ciudadana y decisiones públicas: conceptos, experiencias y metodologías", *ibíd.*, p. 23.

[379] Alicia Ziccardi dice que sí porque "las formas de representación que se sustentan en el voto no garantizan una intermediación efectiva y eficaz entre representantes y representados", "Claves para el análisis de la participación ciudadana y las políticas sociales del espacio social", *op. cit.*, p. 10.

[380] Aquí surge un problema, pues por un lado la democracia exige representatividad, pero, por otro, en ella las personas quieren participar y como dice Touraine no quieren ni necesitan tantas mediaciones para ello. Alain Touraine, *¿Qué es la democracia?*, *op. cit.*, p. 141.

[381] Alicia Ziccardi, "Claves para el análisis de la participación ciudadana y las políticas sociales del espacio social", *op. cit.*, p. 9.

[382] Alberto J. Olvera y Ernesto Isunza Vera, "Rendición de cuentas: los fundamentos teóricos de una práctica de ciudadanía", en Alicia Ziccardi, coord., *Participación ciudadana y políticas sociales en el ámbito local*, *op. cit.*, p. 338.

[383] "¿Sí al segundo piso?", 31 de enero de 2002.

[384] Carlos Martínez Assad, *¿Cuál destino para el D.F.?*, Océano, México, 1996, y "De votos a votos", 14 de julio de 2005.

[385] Sergio Zermeño, "La participación ciudadana bajo los gobiernos perredistas del Distrito Federal (1997-2003)", en Alicia Ziccardi, coord., *Participación ciudadana y políticas sociales en el ámbito local*, *op. cit.*, pp. 145-165.

386 Por ejemplo, en diciembre de 2003 se aprobó la Ley Federal de Fomento a las Actividades Realizadas por Organizaciones de la Sociedad Civil; Francisco J. Morales Camarena, "Sociedad civil y gobierno en México", *Este País*, núm. 160, julio de 2004, pp. 27-28. Roger Bartra habla de "rebeldía domesticada", en *Las redes imaginarias del poder político*, Era, México, 1981, p. 123.

387 Sergio Zermeño, "La participación ciudadana bajo los gobiernos perredistas del D.F. (1997 2003)", *op. cit.*, p. 165.

388 *Ibíd.*, p. 181.

389 Joan Font dice que la participación ciudadana en las decisiones políticas nunca existió. Joan Font, "Participación ciudadana y decisiones públicas: conceptos, experiencias y metodologías", en Alicia Ziccardi, coord., *Participación ciudadana y políticas sociales en el ámbito local, op. cit.*, p. 23.

390 "¿Es el silencio la única respuesta de la autoridad?", *art. cit.*

391 "Entre la represión y la inacción", 26 de agosto de 1999.

392 Francisco J. Laporta, "La transparencia del poder: problemas actuales de un ideal ilustrado", en José María González y Carlos Thiebaut, eds., *Convicciones políticas, responsabilidades éticas*, Anthropos, Barcelona, 1990, p. 208.

393 José Fernández Santillán, *Liberalismo democrático, op. cit.*, p. 29.

394 Agustín Gendrón, "En los confines de la nada: recuerdo del México de los ochenta", *El Huevo*, núm. 61, agosto de 2001, p. 51.

395 "¿Y ahora qué?", *art. cit.*

396 Alberto J. Olvera y Ernesto Isunza Vera, "Rendición de cuentas: los fundamentos teóricos de una práctica de ciudadanía", *op. cit.*, p. 338.

397 Juan E. Pardinas, "¿Democracia sin rendición de cuentas?", *Enfoque*, suplemento de *Reforma*, 16 de noviembre de 2006, pp. 12-17.

398 Alberto J. Olvera y Ernesto Isunza Vera, "Rendición de cuentas: los fundamentos teóricos de una práctica de ciudadanía", *op. cit.*, p. 340.

399 *El Independiente*, 11 de junio de 2003.

400 Juan E. Pardinas, "¿Democracia sin rendición de cuentas?", *op. cit.*

401 Se dijo que los dineros se fueron a las campañas políticas porque nadie pensó que alguien se daría cuenta, pero he aquí que sucedieron desastres inesperados y entonces se necesitaron esos recursos que nadie encontró ni supo dónde quedaron. Eso explica que el secretario de Gobernación defendiera a la responsable del Fonden y que se la haya premiado con una curul en el siguiente gobierno, "El barco se hunde", 13 de octubre de 2005.

402 "Para qué son las partidas secretas", *art. cit.*

403 Miguel Ángel Granados Chapa, palabras pronunciadas en su homenaje, México, 9 de agosto de 2007.

404 "Nosotros los críticos y ustedes los políticos", 26 de septiembre de 1996.

405 "Prejuicios", 20 de julio de 2006.

406 "El presidente, los opinadores y la realidad nacional", 8 de diciembre de 1995; "Nosotros los críticos y ustedes los políticos", 26 de septiembre de 1996; "Ni la burla perdonan", 21 de diciembre de 1995; "El poder que ciega", 3 de febrero de 2000; "Nueva estrategia: ¡ignóralos!", 20 de diciembre de 2001; "Signos inquietantes", 23 de mayo de 2002.

407 "Machismo y política", *op. cit.*

408 Marta Sahagún de Fox, *Reforma*, 10 de noviembre de 2001.

409 Vicente Fox en *La Jornada*, 28 de febrero de 2003.

410 Julio Scherer, discurso en la entrega del Premio Ciudadano de Periodismo, Universidad Iberoamericana, 7 de mayo de 2003.

411 "¿Cuál democracia?", *art. cit.*

412 "Solicito chamba", 15 de junio de 2006.

413 Julio Boltvinik, "2006: fin de la ilusión democrática", *La Jornada*, 29 de diciembre de 2006.

414 Alain Touraine, *¿Qué es la democracia?, op. cit.*, p. 290.

415 Norbert Lechner, "Tres formas de coordinación social. Un esquema", *Debate Feminista*, vol. 19, abril de 1999, p. 143.

416 Sanni Giacomo Sanni, "Participación política", en *Diccionario de política, op. cit.*, t. II, p. 1181.

417 Roger Bartra, "La dictadura no era perfecta: mediaciones democráticas y redes imaginarias", *op. cit.*, p. 309.

418 Sergio Zermeño, *La sociedad derrotada. El desorden mexicano de fin de siglo, op. cit.*, en mi reseña "La paz del México roto", *art. cit.*

419 Alain Touraine, *¿Qué es la democracia?, op. cit.*, p. 290.

420 Gabriel Zaid citado en Julieta Campos, *¿Qué hacemos con los pobres? La reiterada querella por la nación*, Aguilar, México, 1995, p. 324. Democracia desde abajo es un pleonasmo, dice Carlos Monsiváis y cuando es desde arriba pues se llama de otra manera. "Simposio sobre la cultura", *Eslabones*, núm. 4, julio-diciembre de 1992, Sociedad Nacional de Estudios Regionales, p. 13.

[421] Giovanni Sartori, entrevista en *El País*, 8 de abril de 2001.

[422] Octavio Paz, *Sor Juana Inés de la Cruz o las trampas de la fe, op. cit.*, p. 45.

[423] Daniel Cosío Villegas según César Cansino, "Lecciones intemporales para México", *Metapolítica*, número especial: *México en la cultura, viejos problemas nuevos retos*, Jus-Centro de Estudios de Política Comparada, A.C., México, 2005, primera parte, p. 20.

[424] Luis Rubio, "La política democrática en México: nuevas complejidades" en *México: democracia ineficaz, op. cit.*, p. 53.

[425] Pedro Salazar Ugarte, "¿Qué participación para cuál democracia?", en Alicia Ziccardi, coord., *Participación ciudadana y políticas sociales en el ámbito local, op. cit.*, p. 45.

[426] Sergio Zermeño, *La sociedad derrotada. El desorden mexicano de fin de siglo, op. cit.*, en mi reseña "La paz del México roto", *art. cit.*

[427] "¿Es la guerra?", *art. cit.*

[428] "Lecciones de los comicios", 4 de noviembre de 2004.

[429] El presidente Ernesto Zedillo la agregó a los vivas del 15 de septiembre de 1998 y en su último informe de gobierno el presidente Vicente Fox usó la palabra 33 veces de las 2 mil que tenía en total su discurso.

[430] Publicidad del Tribunal Federal Electoral en los medios de comunicación, durante agosto de 2007.

ENGAÑOS PARA CONSUMO INTERNO

La familia: ¿un lugar de amor?

[1] Este capítulo retoma lo tratado en las siguientes conferencias: "La familia, una visión social", Congreso de la Asociación Mexicana de Psicoterapia Psicoanalítica de Grupo, México, noviembre de 1986; "La violencia en la familia", Tercer Congreso Nacional de Terapia Familiar de la Asociación Mexicana de Terapia Familiar, México, octubre de 1990; "Familias y valores: mitos y realidades", Grupo de Estudios sobre familias A.C., México, mayo de 2001; presentación del libro de Enriqueta Gómez y Teresa Weisz, *Nuevas parejas, nuevas familias* (Norma, México, 2005), agosto de 2005 y de los siguientes textos: "La familia ha muerto, viva la familia", *Fem*, vol. II, núm. 7, abril-junio de 1978; "La familia, esa contradicción", *Fem*, año 11, núm. 59, noviembre de 1987, y artículos publicados en el periódico *El Universal*: "El

huevo de la serpiente", 8 de enero de 1998; "La violencia familiar", 17 de junio de 1999; "El peor de los horrores", 12 de junio de 2003; "La violencia en México", 3 de marzo de 2005; "Preguntas sobre la familia", 6 de abril de 2006; "Violencia y familia", 11 de mayo de 2006.

[2] Margarita Nolasco, "La familia mexicana", *Fem, op. cit.*, núm. 7, p. 14; Pilar Gonzalbo, *Historia de la familia*, Instituto Mora-Universidad Autónoma Metropolitana, México, 1993, p. 7; Peter Laslett citado en *ibíd.*, p. 45; Ignacio Maldonado, "Familia y valores", en *Valores y familias, mitos y realidades*, Causa Ciudadana, México, 2003. El término "hogar" se puede encontrar en prácticamente todos los textos de los estudiosos de la familia como Brígida García, Fernando Cortés y Rosa María Rubalcava y también en las encuestas. Hay quien no está de acuerdo con que "corresidencia" signifique algo para la consideración de la familia, por ejemplo Peter Burke, citado en Inaiá María Moreira de Carvalho y Paulo Henrique de Almeida, "Familia y protección social", *Estudios Sociológicos*, vol. XXII, núm. 65, mayo-agosto de 2004, El Colegio de México, p. 352.

[3] George Murdock citado en Rocío Córdova Plaza, "Sexualidad y relaciones familiares en una comunidad veracruzana", en *Espacios familiares: ámbitos de sobrevivencia y solidaridad*, Programa Universitario de Estudios de Género/Universidad Nacional Autónoma de México-Sistema Nacional para el Desarrollo Integral de la Familia-Consejo Nacional de Población-Universidad Autónoma Metropolitana, México, 1997, p. 14.

[4] María Inés García Canal, "La casa: lugar de la escena familiar", *Debate Feminista*, vol. 22, octubre de 2000, p. 215.

[5] Inaiá María Moreira de Carvalho y Paulo Henrique de Almeida, "Familia y protección social", *op. cit.*, p. 350.

[6] Enriqueta Gómez, entrevista de Sara Sefchovich, ciudad de México, 5 de abril de 1998, y Enriqueta Gómez y Teresa Weisz, *Nuevas parejas, nuevas familias, op. cit.*

[7] Christopher Lasch, *Refugio en un mundo despiadado. La familia ¿santuario o institución asediada?*, Gedisa, Barcelona, 1984.

[8] Julia Isabel Flores, "Comunidad, instituciones, visión de la existencia, identidad, ideología", en Ulises Beltrán, Fernando Castaños, Julia Isabel Flores, Yolanda Meyenberg y Blanca Helena del Pozo, *Los mexicanos de los noventa*, Instituto de Investigaciones Sociales/Univer-

sidad Nacional Autónoma de México, México, 1996, p. 81.

9 Me refiero a las ciencias sociales, porque la psicología y el psicoanálisis es precisamente donde se han enfocado.

10 Ya puesta en cuestión con los nuevos métodos de fertilización.

11 Citado por Christopher Lasch, en *Refugio en un mundo despiadado. La familia ¿santuario o institución asediada?, op. cit.,* pp. 74-78.

12 Mario Luis Fuentes, "La familia en el marco del Programa Nacional de Población", conferencia magistral ante la Comisión de Población de la Cámara de Diputados, LVII Legislatura, 18 de mayo de 1998, p. 7.

13 Un buen resumen de estos cambios está en Rosario Esteinou, "Fragilidad y recomposición de las relaciones familiares. A manera de introducción", *Desacatos,* otoño de 1999, Centro de Investigaciones y Estudios Superiores en Antropología Social, pp. 11-25.

14 Marta Lamas, "¿Madrecita santa?", en Enrique Florescano, coord., *Mitos mexicanos,* Taurus, México, 2001, pp. 223-228. La familia es "un círculo de gente que te quiere", dicen Doris Jasinek y Pamela Bell Ryan en el libro *Una familia es un círculo de gente que te quiere,* Javier Vergara Editor, Buenos Aires, 1990.

15 Lo de perro y perico es de Gabriel Vargas en su famosa historieta, *La familia Burrón.*

16 Cincuenta y cinco por ciento de los encuestados por este investigador dio esa respuesta. Luis Leñero, *Familias que cambian,* Instituto Mexicano de Estudios Sociales A.C., México, 1994, p. 34.

17 Christopher Lasch, *Un mundo despiadado. La familia ¿santuario o institución asediada?, op. cit.,* pp. 23 y 212. Michelle Perot considera por eso que el hogar "ya no es siquiera el ámbito de lo privado", citada en Carmen Ramos Escandón, "Historiografía, apuntes para una definición en femenino", *Debate Feminista,* vol. 20, octubre de 1999, p. 149.

18 Diane Feeley citada en Marta Lamas, "La crítica feminista a la familia", *Fem,* vol. II, núm. 7, abril-junio de 1978, p. 78.

19 Sigmund Freud, "El malestar en la cultura", en *El malestar en la cultura y otros ensayos,* Alianza, Madrid, 1970, p. 53.

20 Marta Torres Falcón, "La parte visible del iceberg: una aproximación al fenómeno de la violencia familiar", en *Espacios familiares: ámbitos de sobrevivencia y solidaridad, op. cit.,* p. 130.

21 *Diccionario de Ciencias Sociales* de la UNESCO,

citado en *ibíd.,* p. 128. René Jiménez Ornelas la define así: "Cuando se arremete físicamente contra una persona sin que ella lo acepte", entrevista, *Humanidades y Ciencias Sociales,* año II, núm. 22, junio de 2007, Coordinación de Humanidades/Universidad Nacional Autónoma de México, p. 7.

22 De eso se habla mucho en sicología, por eso según René Jiménez Ornelas, "Ejemplos de violencia sicológica hay millones: cuando un empleador presiona a través de discursos desvalorativos del trabajo de una persona, está cometiendo este tipo de violencia", *ibíd.*

23 Por supuesto en el aspecto económico hay también lo contrario, pues familias enteras se han despedazado por herencias millonarias.

24 Marta Torres Falcón, "La parte visible del iceberg: una aproximación al fenómeno de la violencia familiar", *op. cit.,* p. 135.

25 Hannah Arendt citada en *ibíd.,* p. 137.

26 Evan Imber-Black, *La vida secreta de las familias,* Gedisa, Barcelona, 1999. Todo el libro es ejemplar para tratar este asunto; Regina Bayo-Borrás Falcón, "Psicología de la violencia", *Debate Feminista,* vol. 26, octubre de 2002, p. 249, y Haydée Birgin, "Violencia doméstica: una cuestión de ciudadanía", *Debate Feminista,* vol. 19, abril de 1999, p. 88.

27 Ray Helfer y C. Henry Kempe, *Child Abuse and Neglect: The Family and the Community,* Ballinger, Chicago, 1976.

28 *Diagnóstico sobre la situación de los derechos humanos en México,* Oficina del Alto Comisionado de las Naciones Unidas, México, 2003, pp. 165-166; *El Universal,* 11 de mayo de 2003.

29 La cifra para los estadounidenses es del 2%, "La violencia en México", *art. cit.*

30 Estos datos son de la Procuraduría General de Justicia del DF para 1995, citados en Marta Torres Falcón, "La parte visible del iceberg: una aproximación al fenómeno de la violencia familiar", *op. cit.,* p. 147.

31 Encuesta citada en "¿Evolución de las especies?", *Humanidades y Ciencias Sociales, op. cit.,* p. 13.

32 Encuesta del Instituto Nacional de Estadística, Geografía e Informática, 2006.

33 Citado en José Woldenberg, "Los retos de la política hoy", en Francisco Toledo, Enrique Florescano y José Woldenberg, coord. *Los desafíos del presente mexicano,* Taurus, México, 2006, p. 27.

34 Mario Luis Fuentes, "Políticas públicas para la infancia ancladas en la familia", conferencia

magistral en la VII Reunión Nacional de Directores de Sistemas Estatales del DIF, 9 de octubre de 1998.

35 Informe citado en "¿Evolución de las especies?", *op. cit.*, p. 12.

36 *El Universal*, 23 de noviembre de 2006.

37 *El Universal*, 11 de mayo de 2003.

38 *Ibíd.*

39 *La Jornada*, 14 de noviembre de 2004.

40 Daniel Hernández Franco, "Hogares, pobreza y vejez. Desigualdad y pobreza de la población mayor", *Demos. Carta Demográfica sobre México*, núm. 14, Instituto de Investigaciones Sociales/Universidad Nacional Autónoma de México, 2001, pp. 31-33.

41 Luis Leñero, *Familias que cambian, op. cit.*, p. 17.

42 Encuesta nacional sobre la dinámica de las familias, coordinada por Cecilia Rabel, en *Boletín*, Universidad Nacional Autónoma de México, GGCS-907, diciembre de 2006.

43 *Nexos*, año 24, núm. 299, noviembre de 2002, cuadro, p. 30.

44 Encuesta del Instituto Nacional de Estadística, Geografía e Informática (INEGI) citada por María de la Paz López, "Criadero de alacranes (solidarios)?", *Nexos, op. cit.*, núm. 299, p. 24. En 2003 Ana Teresa Aranda, directora general del DIF, dijo en la conferencia de prensa para anunciar el Congreso Internacional sobre la Familia que en el país había 23 millones de familias de las cuales 15 millones seguían el modelo nuclear, pero prefiero los datos del INEGI. Estudiosos como López, García y Esteinou coinciden en que alrededor de 70% de los hogares del país están compuestos por familias nucleares.

45 María Elena Chapa, correo electrónico a Sara Sefchovich, 17 de diciembre de 2007.

46 Marta Torres Falcón, "La parte visible del iceberg: una aproximación al fenómeno de la violencia familiar", *op. cit.*, p. 152.

47 Evan Imber-Black, *La vida secreta de las familias, op. cit.*, p. 79. Por eso ella detesta este término: "Me estremezco cuando una familia es llamada o se llama a sí misma disfuncional, como si el complicado repertorio de respuestas ante la vida, de cualquier familia, tuviera la posibilidad de ponerse en correspondencia con una estrecha lista de rasgos universales".

48 Enrique Alduncin Abitia, *Los valores de los mexicanos*, t. II, Fomento Cultural Banamex, México, 1991, p. 43. (¡80% más alto del valor que le sigue!)

49 Angus Wright citado en Richard A. Nuccio y Angelina M. Ornelas con la colaboración de

Iván Restrepo, "El medio ambiente en México, seguridad para el futuro", en Sergio Aguayo y Bruce Michael Bagley, comps., *En busca de la seguridad perdida. Aproximaciones a la seguridad nacional mexicana*, Siglo XXI, México, 2002, p. 272.

La justicia social: ¿un compromiso ineludible?

50 Este capítulo resume y actualiza varios capítulos de mis libros, *La suerte de la consorte*, segunda edición corregida y aumentada, Océano, México, 2002, y *Veinte preguntas ciudadanas a la mitad más visible de la pareja presidencial, con todo y sus respuestas (también) ciudadanas*, Océano, México, 2004, así como de mi participación en el evento Construyendo Justicia Social desde y con la Gente, Fundación Vamos México, junio de 2003; con la conferencia magistral "La justicia social", y en los siguientes artículos publicados en el periódico *El Universal*: "Un país de excluidos", 5 de octubre de 1995; "Una cuestión de ética", 8 de agosto de 1996; "Pobre país", 16 de octubre de 1997; "El ciclón y la vida", 5 de noviembre de 1998; "El derecho a decidir", 28 de enero de 1999; "Justicia social y té canasta", 18 de octubre de 2001; "La asistencia social", 28 de febrero de 2002; "¿Puede ser mejor el imperialismo?", 28 de agosto de 2002; "¿Por qué no sirve la caridad?", 27 de febrero de 2003; "Lecciones y esperanzas", 1 de enero de 2004.

51 Katha Pollit, "¿Son las mujeres moralmente superiores a los hombres?", *Debate Feminista*, vol. 8, septiembre de 1993, p. 328. La suposición de que luchar contra la pobreza y por la justicia social es natural, evidente y universal, es falsa. El rey de Marruecos, por ejemplo, tiene la obligación de velar por la fe, no de ocuparse del bienestar de sus súbditos. Juan Antonio Mateos a Sara Sefchovich, Casablanca, Marruecos, 8 de marzo de 2004.

52 M. Fried citado en Ricardo Páez, "La medicina y la justicia", en Jorge Alonso, Luis Armando Aguilar y Richard Lang, coords., *El futuro del Estado social*, Universidad de Guadalajara-ITESO-Instituto Goethe, México, 2002, p. 287.

53 Francisco Alberto González Hernández, correo electrónico a Sara Sefchovich, 14 de febrero de 2003.

54 Lo que se conoce como "catolicismo social". Manuel Ceballos Ramírez y Alejandro Garza Rangel, *Catolicismo social en México. Teoría, fuentes e historiografía*, Academia de Investigación Humanística, México, 2000, y Soledad

Loaeza, *El Partido Acción Nacional: la larga marcha, 1939-1994. Oposición leal y partido de protesta*, Fondo de Cultura Económica, México, 2000, pp. 526-527.

[55] José María Valverde, *Vida y muerte de las ideas. Pequeña historia del pensamiento occidental*, Planeta, Barcelona, 1980, pp. 101 y 130.

[56] Ferenc Fehér, "Contra la metafísica de la cuestión social", en *Políticas de la posmodernidad. Ensayos de crítica cultural*, Península, Barcelona, 1989, pp. 249-250.

[57] Agnes Heller, "Ética ciudadana y virtudes cívicas", en *ibíd.*, p. 212. Teresa Montagut lo pone de manera menos cruda: "El rico entrega por medio de sus impuestos una fracción de sus recursos para aliviar un problema general", en *Política social, una introducción*, Ariel, Barcelona, 2000, p. 61.

[58] Víctor Abramovich y Christian Courtis, *Los derechos sociales como derechos exigibles*, Trotta, Madrid, 2002, p. 89.

[59] Carlos M. Vilas, "De ambulancias, bomberos y policías: la política social del neoliberalismo (notas para una perspectiva macro)", en Varios, *Las políticas sociales de México en los años noventa*, Instituto de Investigaciones Sociales/Universidad Nacional Autónoma de México-Facultad Latinoamericana de Ciencias Sociales-Instituto Mora-Plaza y Valdés, México, 1996, p. 117.

[60] Agnes Heller, "La justicia social y sus principios", en *Políticas de la posmodernidad, op. cit.*, p. 224.

[61] Ferenc Fehér, "Contra la metafísica de la cuestión social", *op. cit.*, p. 249.

[62] Michela di Giorgio, "El modelo católico", en Georges Duby y Michelle Perrot, *Historia de las mujeres*, t. IV, Taurus, México, 2000, p. 218, y Concepción G. de Flaquer, "Editorial", *El Álbum de la Mujer*, 11 de enero de 1888.

[63] Mario Luis Fuentes, *La asistencia social en México, historia y perspectivas*, Ediciones del Milenio, México, 1998, pp. 46, 50, 170; Hira de Gortari y Alicia Ziccardi, "Instituciones y clientelas de la política social: un esbozo histórico 1867-1994", en *Las políticas sociales de México en los años noventa, op. cit.*, pp. 202-206.

[64] Leopoldo Zea, "Prefacio de 1943", a *El positivismo en México*, Fondo de Cultura Económica, México, 1981, p. 240.

[65] Concepción G. de Flaquer, "Editorial", *El Álbum de la Mujer, art. cit.*

[66] Lo de "infelices" era una manera común de hablar de los pobres. Anónimo, "Carmen Romero Rubio de Díaz", *El Álbum de la Mujer*, 27 de noviembre de 1887; Josefina Cazares, entrevista con Sara Sefchovich, 12 de marzo de 1982; Mario Luis Fuentes, *La asistencia social, op. cit.*, p. 56.

[67] Carmen Ramos Escandón, "Mujer e ideología en el México porfirista, 1880-1910", en Carmen Ramos Escandón, coord., *Presencia y transparencia: la mujer en la historia de México*, El Colegio de México, México, 1987, p. 153.

[68] José López Portillo y Rojas citado en John Brushwood, *México en su novela*, Fondo de Cultura Económica, México, 1973, p. 230.

[69] Arnaldo Córdova, *La ideología de la Revolución Mexicana*, Era, México, 1973, p. 318.

[70] Enrique Krauze, *Francisco I. Madero, místico de la libertad*, Fondo de Cultura Económica, México, 1987, p. 15; Francisco Suárez Farías, "La mujer en la historia: doña Sara Pérez de Madero", *Política y Cultura*, núm. 1, 1992, Universidad Autónoma Metropolitana, pp. 271-276; *El Mundo Ilustrado*, 17 de noviembre de 1911 y 14 de enero de 1912.

[71] Luz Lomelí, "Una lectura sociopolítica de la transformación de la política social en México", en *El futuro del Estado social, op. cit.*, pp. 169-170 y 175.

[72] Rosalba Portes Gil y Carmen Portes Gil, entrevista de Sara Sefchovich, Cuernavaca, Morelos, 8 de febrero de 1998.

[73] Teresa del Carmen Incháustegui Romero, "El cambio institucional de la asistencia social en México, 1937-1997", tesis de doctorado de la Facultad Latinoamericana de Ciencias Sociales, mimeo., México, 1997, pp. 77-81.

[74] Julio Sesto, "Las primeras damas de la República", *Hoy*, 1 de octubre de 1942, p. 53.

[75] Anónimo, "Un rayo de luz en la nutrición infantil", folleto sobre la esposa de Miguel Alemán, s.p.i., s.f.

[76] Carlos M. Vilas, "De ambulancias, bomberos y policías: la política social del neoliberalismo (notas para una perspectiva macro)", *op. cit.*, p. 117.

[77] Instituto Nacional de Protección a la Infancia, *Memoria sexenal, 1959-1964*, México, 1964; Teresa del Carmen Incháustegui Romero, *El cambio institucional de la asistencia social en México, 1937-1997, op. cit.*, pp. 120-122.

[78] Institución Mexicana de Asistencia a la Niñez, en *Enciclopedia de México*, Compañía Editora de la Enciclopedia de México, México, 1978.

[79] Sara Sefchovich, "El informe y la mujer", *Fem*, año II, núm. 59, noviembre de 1987, pp. 31-32.

[80] Teresa del Carmen Incháustegui Romero, *El cambio institucional de la asistencia social en México, 1937-1997, op. cit.*, pp. 211 y 126.

[81] *Diario Oficial de la Federación,* 2 de enero de 1976.

[82] María Esther Zuno de Echeverría, entrevista de Sara Sefchovich, ciudad de México, 14 de julio de 1982.

[83] Sara Sefchovich, "El informe y la mujer", *op. cit.*

[84] Miguel de la Madrid Hurtado, *Las razones y las obras: crónica del sexenio 1982-1988,* t. I, Unidad de la Crónica Presidencial/Presidencia de la República-Fondo de Cultura Económica, México, 1984, p. 13.

[85] Sara Sefchovich, *La suerte de la consorte, op. cit.*, p. 404.

[86] Rolando Cordera, "Mercado y equidad: de la crisis del Estado a la política social", en *Las políticas sociales de México en los años noventa, op. cit.*, p. 52.

[87] Teresa del Carmen Incháustegui Romero, *El cambio institucional de la asistencia social en México, 1937-1997, op. cit.*, pp. 132 y 230.

[88] *Ibíd.*, p. 233, y Miguel de la Madrid Hurtado, entrevista de Sara Sefchovich, ciudad de México, 28 de agosto de 2001.

[89] Clara Scherer, entrevista de Sara Sefchovich, Oaxaca, Oaxaca, 23 de agosto de 1999, y Mario Luis Fuentes, *La asistencia social en México, historia y perspectivas, op. cit.*, pp. 581 y 603.

[90] Enrique Hernández Laos afirma que 23 millones vivían en la pobreza extrema y 42 millones sobrevivían con menos de dos salarios mínimos. Citado en Hira de Gortari y Alicia Ziccardi, "Instituciones y clientelas de la política social: un esbozo histórico, 1867-1994", *op. cit.*, p. 225.

[91] *Las razones y las obras: crónica del sexenio 1982-1988,* t. V, Unidad de la Crónica Presidencial/Presidencia de la República-Fondo de Cultura Económica, México, 1988, p. 13; Miguel de la Madrid Hurtado, *Quinto informe de gobierno,* Secretaría de Gobernación, México, 1 de septiembre de 1987.

[92] Carlos Salinas de Gortari citado por Carlos Monsiváis, "De las ventajas enormes del silencio", *El Universal,* 25 de febrero de 2007.

[93] Carlos Salinas de Gortari, *Sexto informe de gobierno,* Secretaría de Gobernación, México, 1994.

[94] Mario Luis Fuentes, entrevista de Sara Sefchovich, ciudad de México, 5 de diciembre de 1998.

[95] Rodolfo Tuirán a Sara Sefchovich, ciudad de México, 22 de octubre de 2001.

[96] "El derecho a decidir", *art. cit.*

[97] Ana Teresa Aranda Orozco, en *La Jornada,* 28 de octubre de 2001.

[98] *El Universal,* 19 de septiembre de 2004.

[99] "Realidad mexicana, funcionarios ricos y sociedad pobre", 15 de mayo de 2003.

[100] Se llamó "Vamos México", fundada en septiembre de 2001. Sara Sefchovich, *Veinte preguntas ciudadanas a la mitad más visible de la pareja presidencial, con todo y sus respuestas (también) ciudadanas, op. cit.*, p. 25.

[101] *Ibíd.* pp. 25-26.

[102] "La asistencia social", *art. cit.*

[103] "¿Por qué no sirve la caridad?", *art. cit*; Linda Gordon, "Cuando 'él mejor interés del niño' es la peor política", *Debate Feminista,* vol. 22, octubre de 2000, pp. 252-254.

[104] Alan Riding, *Vecinos distantes,* Joaquín Mortiz, México, 1985, p. 91.

[105] Bruno Lautier, "¿Por qué es preciso ayudar a los pobres? Un estudio crítico del discurso del Banco Mundial acerca de la pobreza", en *El futuro del Estado social, op. cit.*, pp. 47-113.

[106] Marta Lamas, "¿Madrecita santa?", en Enrique Florescano, coord., *Mitos mexicanos,* Taurus, México, 2001, p. 223.

[107] "Justicia social y té canasta", *art. cit.*

[108] Isaiah Berlin "La sociedad pluralista y sus enemigos. Entrevista con Steven Lukes", *Metapolítica,* vol. 2, núm. 6, abril-junio de 1998, Centro de Estudios de Política Comparada, A.C., p. 312.

[109] Carlos M. Vilas, "De ambulancias, bomberos y policías: la política social del neoliberalismo (notas para una perspectiva macro)", *op. cit.*, p. 123.

[110] Julio Boltvinik, "Pobreza en la ciudad de México", *La Jornada,* 25 de enero de 2002; varios autores están de acuerdo con estas apreciaciones. Miguel Székely afirma que entre 1950 y 1984 hubo una reducción considerable de la pobreza pero que a partir de 1982 se dieron varios "puntos de quiebre" que cambiaron esta tendencia, en "Es posible un México con menor pobreza y desigualdad", en José Antonio Aguilar Rivera, coord., *México: crónicas de un país posible,* Consejo Nacional para la Cultura y las Artes-Fondo de Cultura Económica, México, 2005, p. 244, y Enrique Hernández Laos quien sostiene que entre los años sesenta y setenta la pobreza se había reducido a la mitad pero en la década de los ochenta se acrecen-

tó en una quinta parte tal que para 1988 era similar a la que se registraba en 1977, en los años previos al auge petrolero. Citado en Hira de Gortari y Alicia Ziccardi, "Instituciones y clientelas de la política social: un esbozo histórico, 1867-1994", *op. cit.*, p. 225.

[111] *El Financiero*, 12 de noviembre de 2002.

[112] En tiempos del presidente Zedillo un subsecretario de Estado, Santiago Levy, elaboró una de esas "medidas" del gobierno según la cual eran poco más de 18 millones, cifra que todos los estudiosos descalificaron inmediatamente. Las que aquí expongo son de Julio Boltvinik, "Pobreza en la ciudad de México", *op. cit.*, p. 28; Rodolfo de la Torre García, *El Financiero*, 12 de noviembre de 2002; Rodolfo Tuirán, *El Universal*, 27 de noviembre de 2006; Sedesol citada en Juan E. Pardinas, "El combate a la pobreza en México: desafíos políticos", en Luis Rubio y Susan Kaufman, coords., *México: democracia ineficaz*, CIDAC-Miguel Ángel Porrúa, México, 2006, p. 99; Gerardo Torres Salcido, "Las políticas fundamentales tendrían que promover la producción del empleo", en *Humanidades y Ciencias Sociales*, marzo de 2007, Coordinación de Humanidades/Universidad Nacional Autónoma de México, p. 18, y José Woldenberg, "Los retos de la política hoy", en Francisco Toledo, Enrique Florescano y José Woldenberg, coords., *Los desafíos del presente mexicano*, Taurus, México, 2006, p. 22.

[113] "Vergüenza", 22 de abril de 2004.

[114] Carlos Barba Solano, "El futuro de la función social del Estado en América Latina", en *El futuro del Estado social*, *op. cit.*, p. 151. Véase Enrique Valencia, *Los dilemas de la política social. ¿Cómo combatir la pobreza?*, Universidad Autónoma de Guadalajara-Universidad Iberoamericana-ITESO, México, 2000.

[115] Rolando Cordera, "Mercado y equidad: de la crisis del Estado a la política social", *op. cit.*, p. 46.

[116] Julieta Campos, *¿Qué hacemos con los pobres? La reiterada querella por la nación*, Aguilar, México, 1995, p. 89.

[117] Alicia Ziccardi, entrevista en *Humanidades y Ciencias Sociales*, *op. cit.*, p. 16.

[118] Víctor Abramovich y Christian Courtis, *Los derechos sociales como derechos exigibles*, *op. cit.*, p. 89.

[119] Peter Townsend citado en Julio Boltvinik, "Conceptos y métodos para el estudio de la pobreza", *Comercio Exterior*, vol. 53, núm. 5, mayo de 2003, p. 408, nota 18.

[120] Adolfo Sánchez Almanza, "Cómo erradicar la pobreza en México, la pregunta que los estadistas no logran contestar", *op. cit.*, p. 14.

[121] Gerardo Torres Salcido, "Las políticas fundamentales tendrían que promover la producción del empleo", *op. cit.*, p. 18.

[122] Abraham Maslow según Julio Boltvinik, "Economía Moral", *La Jornada*, 1 de agosto de 2003.

[123] Julio Boltvinik, "Economía Moral", *La Jornada*, 7 de abril de 2007.

[124] Bruno Lautier, "¿Por qué es preciso ayudar a los pobres? Un estudio crítico del discurso del Banco Mundial acerca de la pobreza", *op. cit.*, p. 64.

[125] *Ibíd.*

[126] James Wolfensohn citado en "¿Puede ser mejor el imperialismo?", *art. cit.*

[127] Paul O'Neill citado en *ibíd.*

[128] Rodolfo de la Torre García en *El Financiero*, *art. cit.*

[129] Entendiendo por política pública una manera de decidir, construir y desarrollar acciones desde el gobierno para atender y enfrentar problemas. Luis Aguilar Villanueva, "Estudio introductorio", en Luis Aguilar Villanueva, ed., *El estudio de las políticas públicas*, Miguel Ángel Porrúa, México, 1994, pp. 70-71.

[130] *Primero Noticias*, Televisa, 7 de abril de 2008.

[131] Antonio Gazol, "México en la construcción de un nuevo orden económico internacional", en Jorge Eduardo Navarrete, coord., *La reconstrucción de la política exterior de México: principios, ámbitos, acciones*, Centro de Investigaciones Interdisciplinarias en Ciencias y Humanidades/ Universidad Nacional Autónoma de México, México, 2006, p. 347.

[132] Susan George, citada en Martin Lienhardt, "La pobreza: un escándalo", introducción a Martin Lienhardt, coord., *Discursos sobre la pobreza*, Iberoamericana, Zurich, 2006, pp. 36-37.

[133] Alfredo Zepeda en *Masiosare*, suplemento de *La Jornada*, 6 de enero de 2002, p. 7.

[134] Ricardo Páez, "La medicina y la justicia", *op. cit.*, p. 299.

[135] Hans Kelsen, *¿Qué es la justicia?*, Fontamara, México, 1994.

La educación y la cultura: ¿las prioridades?

[136] Este capítulo retoma materiales e ideas de mis libros: *Ideología y ficción en la obra de Luis Spota*, México, Grijalbo, 1985; *México: país de cines, país de novelas*, Grijalbo, México, 1987, y *La crónica y la vida: cronistas del fin de siglo veinte mexi-*

cano, México, en prensa, así como de mis artículos: "El escritor en México", coautor, *Cuadernos de Comunicación*, núms. 24-25, noviembre de 1977, pp. 105-108; "Los gobiernos revolucionarios y la escultura", coautor, en Mario Monteforte Toledo, *Las piedras vivas: escultura y sociedad en México*, Universidad Nacional Autónoma de México, México, 1979, pp. 210-254; "Democracia y cultura", *Revista Mexicana de Sociología*, vol. XLVII, núm. 1, 1986, Instituto de Investigaciones Sociales/Universidad Nacional Autónoma de México, pp. 243-250; "Literatura e ideología en el Porfiriato", *Revista de la Universidad de México*, vol. XLII, núm. 435, abril de 1987, Universidad Nacional Autónoma de México, pp. 22-28; "La continua obsesión de la cultura mexicana", *La Jornada Semanal*, suplemento de *La Jornada*, abril de 1987, pp. 6-8; "Crisis de la cultura y cultura de la crisis", *Casa del Tiempo*, núm. 76, mayo de 1988, Universidad Autónoma Metropolitana, pp. 24-28; "La literatura en los años cuarenta: la hora de los catrines", en Rafael Loyola, coord., *Entre la guerra y la estabilidad política*, Dirección General de Publicaciones/Consejo Nacional para la Cultura y las Artes-Grijalbo, México, 1989, pp. 281-320; "El cambio en las ideas, 1940-1988", *Iztapalapa*, enero-julio de 1990, Universidad Autónoma Metropolitana, pp. 169-176; "Literatura, creación y crítica", *Revista de la Universidad de México*, núm. 468, marzo-abril de 1990, pp. 15-40; "José Emilio Pacheco, crítico", *ibíd.*, pp. 58-62; "Las verdaderas ideas", *Nexos*, núm. 155, octubre de 1990, pp. 24-30; "Las verdaderas ideas", *Letra Internacional*, núm. 21-22, primavera-verano de 1991, pp. 47-51; "Una sola línea: la narrativa mexicana", en Karl Kohut, *Literatura mexicana hoy: del 68 al ocaso de la Revolución*, Frankfurt Am Main, Vervuert Verlag, 1991, pp. 47-54; "Crónica del cronista", *Eslabones*, núm. 4, julio-diciembre de 1992, Sociedad Nacional de Estudios Regionales; "La cultura: forma de vida, no de consumo", *La Buhardilla*, 27 de febrero de 1995, Universidad Iberoamericana; "Carlos Monsiváis: pensador sin paradigma", en Isidro Cisneros y Laura Baca, *Democracia, autoritarismo e intelectuales. Reflexiones para la política de fin del milenio*, FLACSO-Triana, México, 2002; de mi dictamen del libro de Roderic Ai Camp, "Intellectuals and the State in Twentieth Century Mexico", Coordinación de Humanidades/Dirección General de Publicaciones/Universidad Nacional Autónoma de México, 1983; de mi traducción a Henry Schmidt, "Los intelectuales de la Revolución desde otra perspectiva", *Revista Mexicana de Sociología*, vol. LI, núm. 2, 1989, Instituto de Investigaciones Sociales/Universidad Nacional Autónoma de México, pp. 67-86; de mi presentación del libro *La filosofía de lo mexicano* de Abelardo Villegas, Casa Universitaria del Libro, enero de 1989; de mi participación en los siguientes eventos académicos: Simposio Historia Contemporánea de México, Querétaro, Instituto de Investigaciones Sociales/Universidad Nacional Autónoma de México-Gobierno del Estado de Querétaro, febrero de 1988; ponencia "Las ideas en México entre 1940 y 1970"; seminario de especialización, Democracia, Autoritarismo, Intelectuales, Universidad Nacional Autónoma de México-Facultad Latinoamericana de Ciencias Sociales-Universidad Autónoma Metropolitana, octubre de 1996; V Coloquio de Estudios Regionales, Grupos y Movimientos Culturales en las Regiones, Universidad de Guadalajara-CISMOS-Sociedad Nacional de Estudios Regionales, Guadalajara, mayo de 1992, y Primer Congreso Nacional Jornadas Metropolitanas de Estudios Culturales, Universidad Autónoma Metropolitana, julio de 1994; de mi participación en incontables conferencias, mesas redondas y programas de radio y televisión sobre la cultura en México, así como de los siguientes artículos publicados en el periódico *El Universal*: "¿Y los intelectuales?", 23 de febrero de 1995; "Acuerdo y desacuerdos", 2 de marzo de 1995; "La UNAM tan querida", 9 de enero de 1997; "Al FONCA con cariño", 27 de febrero de 1997; "La UNAM detrás de la sociedad", 21 de agosto de 1997; "Bellas artes", 30 de octubre de 1997; "Cultura en el cardenismo", 6 de noviembre de 1997; "Parteaguas cultural", 1 de octubre de 1998; "El cine mexicano", 19 de noviembre de 1998; "La importancia personal", 10 de diciembre de 1998; "El conflicto en la UNAM", 1 de abril de 1999; "¿Para qué la bronca?", 22 de abril de 1999; "Así no se vale", 20 de mayo de 1999; "Gobernar es resolver problemas", 27 de mayo de 1999; "Las terceras posiciones", 1 de julio de 1999; "Conacyt: métodos absurdos", 22 de julio de 1999; "Entre la represión y la inacción", 26 de agosto de 1999; "La UNAM y sus enemigos", 7 de octubre de 1999; "La UNAM y la esperanza", 20 de enero de 2000; "La UNAM y la compasión", 10 de febrero de 2000; "El dolor por la UNAM", 16 de marzo de 2000; "Cultura no, por favor", 27 de julio de 2000; "Cargada de los intelectuales", 7 de diciembre de 2000; "Los intelectuales y el zapatismo", 15 de marzo de 2001; "Marcos y los intelectuales", 22 de marzo de 2001; "El canciller y la cultura", 19 de abril de 2001; "Carta al rector de la UNAM", 10, 17 y 21 de mayo de 2001; "¿Por qué tanta saña contra la universidad?", 22 de agosto de 2002; "México, vasto desierto cultural", 3 de octubre de 2002; "¿Huelga en la Universidad Nacional?", 31 de octubre de 2002; "Los intelectuales y el oportunismo", 8 de mayo de 2003; "Lo políticamente incorrecto", 24 de julio de 2003; "La culpa es de los escritores", 20 de noviembre de 2003; "El nuevo rector de la UNAM, 4 de diciembre de 2003; "La UNAM vital", 17 de junio de 2004; "UNAM: entre las mejores", 10 de noviembre de 2005; "Pleitos culturales", 1 de diciembre de 2005; "¿Una ley para la cultura?", 8 de diciembre de 2005; "La política cultural", 2 de noviembre de 2006; "El panorama de la educación", 25 de enero de 2007; "El desastre educativo", 1 de febrero de 2007.

[137] Varios, "Resumen y conclusiones", en *Los mexicanos de los noventa*, Instituto de Investigaciones Sociales/Universidad Nacional Autónoma de México, 1996, p. 162.

[138] Pablo Latapí Sarre, "Un siglo de educación nacional: una sistematización", en Pablo Latapí Sarre, coord., *Un siglo de educación en México*, Consejo Nacional para la Cultura y las Artes-Fondo de Cultura Económica, México, 1998, p. 36.

[139] Adrián Acosta Silva, "Educación: caminando en círculos", en Francisco Toledo, Enrique Florescano y José Woldenberg, coords., *Los desafíos del presente mexicano*, Taurus, México, 2006, pp. 97-98.

[140] Aurora Loyo, "Las nuevas orientaciones de la política educativa mexicana", en Varios, *Las políticas sociales de México en los años noventa*, Instituto de Investigaciones Sociales/Universidad Nacional Autónoma de México-Facultad Latinoamericana de Ciencias Sociales-Instituto Mora-Plaza y Valdés, México, 1996, p. 393.

[141] Justo Sierra citado en Josefina Zoraida Vázquez, *Nacionalismo y educación en México*, El Colegio de México, México, 1979, p. 98.

[142] José Vasconcelos citado en Sara Sefchovich, "Introducción", a Gabriela Mistral, *Lecturas para mujeres*, Secretaría de Educación Pública, México, 1988, p. 20.

[143] Citado en Josefina Zoraida Vázquez, *Nacionalismo y educación en México*, *op. cit.*, p. 231.

[144] Gilberto Guevara Niebla, antologador, *La educación socialista en México, 1934-1945*, Secretaría de Educación Pública-Consejo Nacional de Fomento Educativo, 1985.

[145] Carlos Martínez Assad, *Los lunes rojos*, Secretaría de Educación Pública-El Caballito, México, 1986.

[146] Pablo Latapí Sarre, "Un siglo de educación nacional: una sistematización", *op. cit.*, t. I, pp. 22-23.

[147] Josefina Zoraida Vázquez, *Nacionalismo y educación en México*, *op. cit.*, p. 228.

[148] Pablo Latapí Sarre, "Un siglo de educación nacional: una sistematización", *op. cit.*, p. 33.

[149] *Ibíd.*, p.. 33-34.

[150] Gilberto Guevara Niebla, coord., *La catástrofe silenciosa*, Fondo de Cultura Económica, México, 1992.

[151] Eduardo Andere, *La educación en México: un fracaso monumental*, Planeta, México, 2003, pp. 111 y 143.

[152] *Ibíd.*, p. 164, y Adrián Acosta Silva, "Educación: caminando en círculos", *op. cit.*, p. 113.

[153] Eduardo Andere, "Education in Mexico", *Voices of Mexico*, núm. 80, septiembre-diciembre de 2007, Universidad Nacional Autónoma de México, p. 41.

[154] Adrián Acosta Silva, "Educación: caminando en círculos", *op. cit.*, p. 113.

[155] José Lema Labadie, "La calidad educativa, un tema controvertido", conferencia magistral en el Foro de la Asociación Nacional de Universidades e Instituciones de Educación Superior (ANUIES) y la Universidad Nacional Autónoma de México, 2004, online. Eugenio Rodríguez Fuenzálida dice que "La calidad significa desarrollar una formación continua de profesores, integrar a los padres y a los alumnos en la dinámica pedagógica, abrir la escuela hacia la comunidad en la riqueza y las potencialidades que ésta posee, investigar sobre la práctica educativa", en "Criterios de análisis de la calidad en el sistema escolar", *Revista Iberoamericana de Educación*, núm. 5, mayo-agosto de 1994, p. 6.

[156] Johanna Filip citada en *ibíd.*, pp. 47 y 51. Axel Didriksson define la calidad en función de "el valor social de los conocimientos" en "La nueva reforma universitaria en América Latina", *eseconomía*, núm. 4, verano de 2003, p. 48.

[157] Alberto Saracho Martínez, "La educación superior, una herramienta para el crecimiento", *Este País*, núm. 194, mayo de 2007, p. 50.

[158] Manuel Peimbert, "La Universidad Nacional, el Estado y los rezagos educativos", *Revista de*

la Universidad, núm. 602-604, marzo-mayo de 2001, Universidad Nacional Autónoma de México, p. 89.

159 Encuesta Nacional de la Juventud 2005 citada en *La Jornada*, 8 de abril de 2007.

160 Adrián Acosta Silva, "Educación: caminando en círculos", *op. cit.*, p. 114.

161 Germán Campos Calle, "Proyecciones", en *Generación Anáhuac*, Universidad Anáhuac, México, 2007, p. 35. Esta cifra se basa en cálculos hechos sobre datos de la ANUIES, la OCDE y la Universidad Nacional Autónoma de México.

162 Adrián Acosta Silva, "Educación: caminando en círculos", *op. cit.*, p. 116.

163 *Ibíd.*, p. 117.

164 Roger Díaz de Cossío, "La desaparición anunciada de los científicos mexicanos", *Este País*, núm. 160, julio de 2004, p. 45.

165 *Ibíd.*, p. 44.

166 "Dos de cada tres estudiantes (66%) de 15 años de edad en México carecen de las competencias suficientes que mide la prueba del PISA en matemáticas", "Gasto y calidad educativa en México", "Indicadores", *Este País, op. cit.*, núm. 194, p. 80.

167 Macario Schettino, "Un robo disfrazado de justicia social", blog de *El Universal Online*, 24 de marzo de 2008.

168 Héctor Aguilar Camín, entrevistado por José Gutiérrez Vivó, coord., *El otro yo del mexicano*, Océano, México, 1998, p. 32.

169 *El Universal*, abril de 2007, datos elaborados con base en cifras de la Universidad Nacional Autónoma de México.

170 José Gutiérrez Vivó, *El otro yo del mexicano, op. cit.*, p. 29.

171 "Gasto y calidad educativa en México", *op. cit.*, p. 77.

172 Germán Campos Calle, "Proyecciones", *art. cit.*

173 Eduardo Andere, *La educación en México: un fracaso monumental, op. cit.*, p. 15.

174 Roberto Rodríguez Gómez Guerra a Sara Sefchovich, ciudad de México, 11 de junio de 2007. En cambio, la educación media parece ser la más abandonada, "El gasto educativo por estudiante más bajo como proporción del PIB per cápita: sólo 16%", "Gasto y calidad educativa en México", *op. cit.*, p. 78.

175 Macario Schettino, "Un robo disfrazado de justicia social", *op. cit.*

176 Eduardo Andere, *La educación en México: un fracaso monumental, op. cit.*, p. 33.

177 "¿Quién manda aquí?", 14 de diciembre de 2006.

178 "Gasto y calidad educativa en México", *op. cit.*, p. 79.

179 *El Universal*, 23 de agosto de 2004.

180 Pablo Latapí Sarre, "Un siglo de educación nacional: una sistematización", *op. cit.*, p. 37.

181 Alberto Arnaut citado en *ibíd.*, p. 38.

182 Jesús Manuel Díaz Zurita, carta a *Reforma*, 17 de junio de 2007.

183 *Reforma*, 21 de agosto de 2007.

184 Alberto Saracho Martínez, "La educación superior, una herramienta para el crecimiento", *op. cit.*, p. 51.

185 *Ibíd.*

186 Datos de la Universidad Nacional Autónoma de México en *El Universal*, 28 de septiembre de 2001.

187 Pierre Bourdieu y Loïc Wacquant, *Las argucias de la razón imperialista*, Paidós, Buenos Aires, 2001, p. 15.

188 Arnaldo Córdova, *La ideología de la Revolución Mexicana*, Era, México, 1973, pp. 37 y 58.

189 Carlos Pereda, "¿Qué puede enseñarle el ensayo a nuestra filosofía?", *Fractal*, núm. 18, otoño de 2000, p. 90.

190 Alfonso Noriega, *El pensamiento conservador y el conservadurismo mexicano*, Universidad Nacional Autónoma de México, México, 1972.

191 Mario Alberto Reyes Ibarra y Jesús Olvera Ramírez, "La infraestructura de datos espaciales, herramienta para el desarrollo", *Este País, op. cit.*, núm. 194, p. 54.

192 Pablo Latapí Sarre, "Los riesgos de las universidades públicas", *Este País*, núm. 195, junio de 2007, p. 29.

193 Isaiah Berlin, "La rama doblada, sobre el surgimiento del nacionalismo", en *Árbol que crece torcido*, Vuelta, México, 1994.

194 Carlos Amador, "Las tonterías de moda: los intelectuales postmodernos y el abuso de la ciencia", *Debate Feminista*, vol. 22, octubre de 2000, p. 313.

195 Alejandro Canales, "XV años", *Campus Milenio*, 12 de julio de 2007, p. 4.

196 La carta del maestro Alberto Sánchez Cervantes a *La Jornada*, 28 de febrero de 2007 dice: "Los esfuerzos realizados por maestros y académicos que fomentan la enseñanza de la historia para la comprensión de hechos y procesos históricos se tropiezan con dislates como éstos, que obligan a enseñar ya no digamos contenidos triviales sino cosas inútiles, ridículas y perniciosas". Y concluye, "Éste es un ejemplo más del rumbo deplorable que en los últimos años ha tomado la educación básica en

nuestro país". La respuesta de los encargados de elaborar las preguntas, que se publicó unos días después en el mismo lugar, fue que "se lo hizo así para darle un poco de humor".

[197] De acuerdo con la Declaración del Pacto Internacional de Derechos Económicos, Sociales y Culturales que, por supuesto, México ha suscrito.

[198] Gilberto Giménez Montiel, "Para una concepción semiótica de la cultura", documento de trabajo, Instituto de Investigaciones Sociales/ Universidad Nacional Autónoma de México, México, mimeo., s.f.

[199] Carlos Monsiváis: "Paisajes de la cultura: entre un diluvio de chips y un laberinto de paradigmas", en Los desafíos del presente mexicano, op. cit., p. 161.

[200] Gabriel Zaid, "Tres momentos de la cultura en México", Plural, núm. 43, abril de 1975, p. 11.

[201] Bernabé Navarro, Cultura mexicana moderna en el siglo XVIII, Universidad Nacional Autónoma de México, México, 1983, pp. 22 y 174.

[202] José Rafael Campoy citado en José Joaquín Blanco, La literatura en la Nueva España. Esplendores y miserias de los criollos, t. II, Cal y Arena, 1989, México, pp. 174-175.

[203] José Luis Martínez, La expresión nacional, Oasis, México, 1984, y Gabriel Zaid, "Tres momentos de la cultura en México", op. cit., pp. 11-12.

[204] Ignacio Manuel Altamirano citado en Antonio Acevedo Escobedo, "Prólogo", a Aires de México, Universidad Nacional Autónoma de México, México, 1972, p. x.

[205] Luis Mario Schneider, Ruptura y continuidad. La literatura mexicana en polémica, Fondo de Cultura Económica, México, 1975, p. 78.

[206] Carlos Monsiváis, "Cultura nacional y cultura colonial en la literatura mexicana", en Características de la cultura nacional, Instituto de Investigaciones Sociales/Universidad Nacional Autónoma de México, México, 1969, p. 57.

[207] Sara Sefchovich, "Cultura de la crisis y crisis de la cultura", en México: país de ideas, país de novelas, op. cit., pp. 242-243.

[208] José Vasconcelos citado en Sara Sefchovich, "Introducción", a Gabriela Mistral, op. cit. p. 20.

[209] Guillermo Bonfil, "La querella por la cultura", Nexos, núm. 100, abril de 1986, p. 32.

[210] La Jornada, 28 de octubre de 2006.

[211] Carlos Monsiváis, "Simposio sobre la cultura", Eslabones, op. cit., núm. 4, p. 7. A las cifras contribuye sin duda el hecho de que sean lectura obligatoria en las escuelas.

[212] Néstor García Canclini afirmó en octubre de 2006 que ya son 7,210 distribuidas en los 31 estados y el DF, La Jornada, 28 de octubre de 2006.

[213] "Actividad editorial de libros", Libros de México, núm. 85, mayo de 2007, p. 15.

[214] Reforma, 21 de agosto de 2004 y 28 de octubre de 2006 y datos de la Cámara Nacional de la Industria Editorial Mexicana citados en Ernesto Piedras, ¿Cuánto vale la cultura? Contribución económica de las industrias protegidas por el derecho de autor en México, Consejo Nacional para la Cultura y las Artes-Sociedad General de Escritores de México-Sociedad de Autores y Compositores de Música-Cámara Nacional de la Industria Editorial Mexicana, 2004, pp. 108, 105 y 111.

[215] Lourdes Arizpe, "La transformación de la cultura en México", en Raúl Béjar y Héctor Rosales, coords., La identidad nacional mexicana como problema político y cultural. Nuevas miradas, Centro Regional de Investigaciones Multidisciplinarias/Universidad Nacional Autónoma de México, México, 2005, p. 41.

[216] Ernesto Piedras, ¿Cuánto vale la cultura? Contribución económica de las industrias protegidas por el derecho de autor en México, op. cit., pp. 134 y 135.

[217] Lourdes Arizpe, "La transformación de la cultura en México", op. cit., p. 41.

[218] Ibíd., aunque la definición de qué es un monumento histórico aún no es compartida por todos los que elaboran estas cifras.

[219] Néstor García Canclini, "¿Cómo se comporta la sociedad mexicana ante la globalización cultural?", en Lourdes Arizpe, coord., Retos culturales de México frente a la globalización, Cámara de Diputados-Miguel Ángel Porrúa, México, 2006, p. 58.

[220] Encuesta Nacional de Prácticas y Consumos Culturales, Consejo Nacional para la Cultura y las Artes citada en ibíd., p. 59.

[221] Ernesto Piedras, ¿Cuánto vale la cultura? Contribución económica de las industrias protegidas por el derecho de autor en México, op. cit. p. 134.

[222] Ibíd., pp. 129 y 133.

[223] Ibíd., pp. 120, 121 y 122.

[224] Eduardo Nivon Bolán y Eduardo Villalobos Audifred, "Perfil metropolitano del consumo cultural. Los casos de Guadalajara, Monterrey y el Distrito Federal", en Retos culturales de México frente a la globalización, op. cit., pp. 538 y 543.

[225] Encuesta Nacional de Prácticas y Consumos Culturales, citada en Néstor García Canclini,

"¿Cómo se comporta la sociedad mexicana ante la globalización cultural?", *op. cit.*, p. 59.

[226] *Ibíd.*, p. 63.

[227] Ernesto Piedras, *¿Cuánto vale la cultura? Contribución económica de las industrias protegidas por el derecho de autor en México, op. cit.* p. 126.

[228] *Ibíd.*, p. 85, y Eduardo Nivon Bolán y Eduardo Villalobos Audifred, "Perfil metropolitano del consumo cultural. Los casos de Guadalajara, Monterrey y el Distrito Federal", *op. cit.*, p. 539.

[229] Encuesta Nacional de Prácticas y Consumos Culturales, citada en Néstor García Canclini, "¿Cómo se comporta la sociedad mexicana ante la globalización cultural?", *op. cit.*, p. 59.

[230] Raúl Béjar y Héctor Rosales, "Para pensar a México en el siglo XXI. Notas críticas sobre globalización, cultura e identidad", en *Retos culturales de México frente a la globalización, op. cit.*, p. 233.

[231] Néstor García Canclini, "¿Cómo se comporta la sociedad mexicana ante la globalización cultural?", *op. cit.*, p. 59.

[232] *La Jornada*, 28 de octubre de 2006.

[233] Eduardo Nivon Bolán y Eduardo Villalobos Audifred, "Perfil metropolitano del consumo cultural. Los casos de Guadalajara, Monterrey y el Distrito Federal", en *Retos culturales de México frente a la globalización, op. cit.*, pp. 536 y 539 y ss.

[234] *Ibíd.*, p. 550.

[235] Para libros véanse los datos en "Actividad editorial de libros", *op. cit.*, p. 15. Para el consumo de revistas, Néstor García Canclini, "¿Cómo se comporta la sociedad mexicana ante la globalización cultural?", *op. cit.*, p. 58.

[236] Según la Encuesta Nacional de Prácticas y Consumos Culturales, "más de 87% acostumbra oír radio", y más de la tercera parte de los encuestados la escucha entre dos y cuatro horas diariamente, *ibíd.*, p. 59.

[237] Sara Sefchovich, encuesta a un grupo de maestros indígenas de primaria de zonas rurales de Chiapas, Guerrero y Oaxaca, Arizona State Univeristy, marzo de 2006. Les puse por delante los nombres más célebres del panteón literario mexicano pero resultó que con una sola excepción de alguien que había oído hablar de Ignacio Manuel Altamirano porque había nacido en el mismo pueblo, ninguno de los veinte encuestados había escuchado los nombres de Juan Rulfo, Carlos Fuentes, Elena Poniatowska, Carlos Monsiváis, Laura Esquivel o Paco Ignacio Taibo, ni los nombres de algunas de las novelas más conocidas como *Los de abajo* o *Pedro Páramo*. Ni siquiera a Rosario Castellanos conocían los chiapanecos, siendo que sus novelas, consideradas por muchos como indigenistas, suceden en ese lugar. Unos meses después, se publicaron en un diario de la capital los resultados de una encuesta entre estudiantes de secundaria de Guanajuato. Ellos habían escuchado más nombres de los literatos del panteón nacional aunque tampoco habían leído ninguna de sus obras.

[238] Según dice la *Declaración Universal sobre Diversidad Cultural de la* Unesco, 2000, artículo 8.

[239] Organización de las Naciones Unidas, *Diagnóstico sobre la situación de los derechos humanos en México: derechos culturales*, Oficina del Alto Comisionado de las Naciones Unidas para los Derechos Humanos en México, 2003, p. 27.

[240] Raúl Béjar y Héctor Rosales, "Para pensar a México en el siglo XXI. Notas críticas sobre globalización, cultura e identidad", *op. cit.*, p. 232.

[241] "Cultura no, por favor", *art. cit.*

[242] Sara Sefchovich, "Cultura de la crisis y crisis de la cultura", *op. cit.*, pp. 262 y 263.

[243] *Ibíd.*, p. 263.

[244] Así la califica Guillermo Bonfil Batalla en "La querella por la cultura", en *Pensar nuestra cultura*, Alianza, México, 1992, p. 159. Véase también Gilberto Guevara Niebla, "La crisis y la educación", en Pablo González Casanova y Héctor Aguilar Camín, coords., *México ante la crisis*, t. 2, Siglo XXI-Universidad Nacional Autónoma de México, México, 1985, p. 134.

[245] Sergio González Rodríguez, "Notas sobre cultura y región", *Eslabones, op. cit.*, núm. 4, p. 24.

[246] José Luis Martínez, *Literatura mexicana siglo XX (1910-1949)*, Antigua Librería Robredo, México, 1949, p. 107.

[247] Pierre Zima, *Pour une sociologie du texte littéraire*, Union Générale D'Éditions, Paris, 1978, p. 118.

[248] Versión libre de una idea de Fredric Jameson en *The Political Unconscious. Narrative as a Socially Simbolic Act*, Cornell University Press, New York, 1981. Véase también Umberto Eco, *Socialismo y consolación. Reflexiones en torno a* Los Misterios de París *de Eugenio Sue*, Tusquets, Barcelona, 1970.

[249] "Pleitos culturales", *art. cit.*

[250] "¿Una ley para la cultura?", *art. cit.*

[251] Luis Guillermo Piazza, *La mafia*, Joaquín Mortiz, México, 1967; Arnaldo Córdova, "El ser de la Universidad", *Revista de la Universidad*, núms. 602-604, marzo-mayo de 2001, Universidad Nacional Autónoma de México, p. 18.

[252] Arnaldo Córdova, *ibíd.*, p. 18.

253 "Nuestro modo de ser", 6 de enero de 2000.

254 "Salma Hayek y el silencio", 14 de noviembre de 2002.

255 Julio Boltvinik, "2006: fin de la ilusión democrática", *La Jornada*, 29 de diciembre de 2006.

256 Carlos Monsiváis: "Paisajes de la cultura: entre un diluvio de chips y un laberinto de paradigmas", *op. cit.*, p. 168.

257 "La importancia personal", *art. cit.*; "El extraño discurso mexicano", 25 de octubre de 2001.

258 "Los intelectuales y el oportunismo", *art. cit.*

259 Claudio Lomnitz, "Fisuras en el nacionalismo mexicano", en *Modernidad Indiana*, Planeta, México, 1999, p. 26.

260 Carlos Monsiváis, "Simposio sobre la cultura", *op. cit.*, p. 7.

261 "El premio Nobel y México", 19 de octubre de 1995.

262 Blanca González Rosas, "1968: detonante del arte contemporáneo mexicano", en Armando Ponce, coord., *México, su apuesta por la cultura*, Proceso-Grijalbo-Universidad Nacional Autónoma de México, México, 2003, p. 61.

263 Jorge Cuesta citado por Guillermo Sheridan, "México, los contemporáneos y el nacionalismo", mimeo., s.f.

264 Sergio González Rodríguez, "Notas sobre cultura y región", *op. cit.*, p. 27.

265 Néstor García Canclini, *Arte popular y sociedad en América Latina*, Grijalbo, México, 1977, p. 73.

266 Néstor García Canclini, "La modernidad latinoamericana debe ser revisada", entrevista con César Cansino, *Metapolítica*, vol. 7, núm. 29, mayo-junio de 2003, Centro de Estudios de Política Comparada, A.C., pp. 26-27.

267 Carlos Monsiváis, "Simposio sobre la cultura", *op. cit.*, p. 8.

268 "El sentido elitista, masivo o popular es el resultado del modo en que se realiza la producción, distribución y consumo así como de la participación o exclusión de las diferentes clases sociales en el conjunto del proceso." Néstor García Canclini, *Arte popular y sociedad en América Latina*, *op. cit.*, p. 73. Una definición de esta naturaleza aunque útil, no deja de presentar problemas, pues como diría Roger Chartier: ¿a qué segmento de la población se le califica de popular y a cuál no? Para México éste es un debate fascinante porque a la literatura mexicana le encantan los pobres, pero ¿son populares los retratos que hacen de ellos Guillermo Prieto o Elena Poniatowska, José Tomás de Cuéllar o Cristina Pacheco?, ¿o para ser popular los tendrían que hacer los mismos pobres?, ¿o al menos los tendrían que leer ellos? Carmen Castañeda se lo pregunta así: ¿se aplica a lo creado por el pueblo, a lo recibido por él o a lo destinado a él?, "La imprenta y la cultura popular en Guadalajara en la época colonial tardía", *Eslabones*, núm. 4, *op. cit.*, p. 69. En el caso de la cultura de masas, la definición es igualmente problemática. ¿Cómo deciden los productores de cine y TV qué darle a la gente? Hay una confusión entre mercado y creación de las necesidades y del gusto. Pero éste no es el lugar para ese debate.

269 Teun A. Van Dijk, "El procesamiento cognoscitivo del texto literario", *Acta Poética*, núm. 2, Instituto de Investigaciones Filológicas/Universidad Nacional Autónoma de México, 1980, p. 13.

Los indios: ¿nuestros iguales?

270 Este capítulo retoma parte de las ideas para mi presentación en el simposio internacional Problems of Racial, Ethnic and other Special Groups: National and International Perspectives, The International Organization for the Study of Group Tensions, University of Princeton, New Jersey, junio de 1988; así como de mi reseña "Contra la ficción dominante", a *México profundo*, de Guillermo Bonfil, Consejo Nacional para la Cultura y las Artes, México, 1989, publicada en *Nexos*, núm. 136, abril de 1989 y de la parte que se publicó en *México Indígena*, núm. cero, julio de 1989; de mi presentación al libro, *Aves sin nido*, de Concepción Núñez Miranda, Instituto Oaxaqueño de las Culturas, México, 1997; así como del dictamen de la tesis de doctorado de la misma autora, *Deshilando condenas, bordando libertades. Diez historias de vida: mujeres indígenas presas por delitos contra la salud en Oaxaca*, así como de la organización de la conferencia magistral "Los indios de México hoy", impartida por José del Val en la Universidad Estatal de Arizona, en Estados Unidos, en abril de 2005, además de los siguientes artículos publicados en el periódico *El Universal*: "Todos somos delincuentes", 6 de marzo de 1997; "La paja en el ojo ajeno", 2 de octubre de 1997; "La niña Fox", 16 de noviembre de 2000; "La realidad y los símbolos", 29 de marzo de 2000; "Más esperanza para los indígenas", 8 de enero de 2004.

271 José del Val, "Los pueblos indios hoy", en *México, identidad y nación*, Universidad Nacional Autónoma de México, México, 2004, p. 171.

272 "Prejuicios", 20 de julio de 2006.

273 Se les llama indios, indígenas, pueblos indígenas, poblaciones indígenas, etnias, grupos étnicos, grupos etnolingüísticos, pueblos originarios o primeras naciones. "Las categorías fueron elaboradas y aplicadas en el curso de complejos procesos históricos y en contextos sociales y políticos diversos, llenándose de contenidos distintos, polémicos y muchas veces contradictorios entre sí", dicen Carlos Zolla y Emiliano Zolla Márquez, *Los pueblos indígenas de México, 100 preguntas*, Universidad Nacional Autónoma de México, México, 2004, p. 13.

274 Guillermo Bonfil citado en *ibíd*., p. 13.

275 Víctor Manuel Toledo, "Pueblos indígenas y conservación en México: manejo comunitario de los recursos naturales", en Richard Primack, Ricardo Rozzi, Peter Feinsinger, Rodolfo Dirzo, Francisca Massardo y 117 autores de recuadros, *Fundamentos de conservación biológica. Perspectivas latinoamericanas*, Fondo de Cultura Económica, México, 2001, p. 590.

276 Guillermo Bonfil, *México profundo, op. cit.*, según mi reseña "Contra la ficción dominante", *art. cit.*

277 Jean Piel citado por Leticia Reina Aoyama, "Introducción", a Antonio Escobar O., *Indio, nación y comunidad en el México del siglo XIX*, Centro de Investigaciones y Estudios Superiores en Antropología Social, México, 1992, p. 11.

278 Es mi resumen de los rasgos que les atribuyen diversos investigadores citados en Carlos Zolla y Emiliano Zolla Márquez, *Los pueblos indígenas de México, 100 preguntas, op. cit.*, pp. 78-81.

279 Margarita Peña, *Descubrimiento y Conquista de América, cronistas, poetas, misioneros y soldados*, Universidad Nacional Autónoma de México, México, 1982, p. 21.

280 Enrique Florescano e Isabel Gil Sánchez, "La época de las reformas borbónicas y el crecimiento económico, 1750-1808", en *Historia general de México*, t. II, El Colegio de México, México, 1980, p. 185.

281 Ese papa fue Pablo II quien dijo que "eran hombres verdaderos". Citado en Jorge Madrazo Cuéllar, *Derechos humanos: el nuevo enfoque mexicano*, Fondo de Cultura Económica, México, 1993, p. 28. Pero como bien dice Guy Rozat, estas discusiones "fueron un problema del mundo occidental en su forma particular hispano-teológica y nada tuvieron que ver con los indios", en "Las representaciones del indio, una retórica de la alteridad", en *Debate Feminista*, vol. 13, abril de 1996, p. 48.

282 Raimundo Lazo, *Historia de la literatura hispanoamericana. El periodo colonial, 1492-1780*, Porrúa, México, 1976, p. 6.

283 Gaspar Pérez de Villagrá citado en Alfonso Méndez Plancarte, *Poetas novohispanos. Primer siglo 1521-1621*, Universidad Nacional Autónoma de México, México, 1942, p. XXXIX.

284 Miguel León-Portilla, *Visión de los vencidos. Relaciones indígenas de la conquista*, Universidad Nacional Autónoma de México, México, 1971, p. 163.

285 Alejandra Moreno Toscano, "El siglo de la Conquista", en *Historia general de México*, t. II, *op. cit.*, pp. 22 y ss.

286 Andrés Lira y Luis Muro, "El siglo de la integración", *ibíd.*, t. II, p. 85.

287 Ese estudioso era Paul Ricard y así precisamente se llama su libro: *La conquista espiritual de México*. José Joaquín Blanco, *La literatura en la Nueva España: Conquista y Nuevo Mundo*, Cal y Arena, México, 1989, p. 30.

288 Stanley Stein y Barbara Stein, *La herencia colonial de América Latina*, Siglo XXI, México, 1982, pp. 40 y 64.

289 David Brading, *Prophecy and Myth in Mexican History*, University of Cambridge Press, London, 1984, p. 19.

290 David Brading, *Orbe Indiano. De la monarquía católica a la república criolla, 1492-1867*, Fondo de Cultura Económica, México, 1991, pp. 396 y 423.

291 Enrique Florescano, *Imágenes de la Patria*, Taurus, México, 2005, p. 248, y Enrique Florescano e Isabel Gil Sánchez, "La época de las reformas borbónicas y el crecimiento económico, 1750-1808", *op. cit.*, p. 185.

292 José del Val, "Los indios y los antropólogos a la Constitución", en *México, identidad y nación, op. cit.*, p. 118.

293 José María Luis Mora citado en Olivia Gal, "Estado federal y grupos de poder regionales frente al indigenismo, el mestizaje y el discurso multiculturalista: pasado y presente del racismo en México", *Debate Feminista*, vol. 24, octubre de 2001, p. 92.

294 Enrique Florescano, *Imágenes de la Patria, op. cit.*, p. 251.

295 Leticia Reina Aoyama, "Introducción", *op. cit.*, p. 11.

296 Olivia Gal, "Estado federal y grupos de poder regionales frente al indigenismo, el mestizaje y el discurso multiculturalista: pasado y presente del racismo en México", *op. cit.*, p. 95.

297 Pero ellos, escribe Jean Piel, "para defender

su existencia amenazada se reindianizan y se apartan más de la nación". "¿Naciones indoamericanas o patrias del criollo? El caso de Guatemala y los países andinos en el siglo XIX", en *Indio, nación y comunidad en el México del siglo XIX, op. cit.*, p. 25.

[298] Moisés Sáenz citado por Enrique Florescano, *Imágenes de la Patria, op. cit.*, p. 358, y Manuel Gamio según versión de Florescano en *ibíd.*, p. 294.

[299] Carlos Martínez Assad, "Presentación", a *Signos de identidad*, Instituto de Investigaciones Sociales/Universidad Nacional Autónoma de México, México, 1989, p. 8.

[300] Luis Villoro, *Los grandes momentos del indigenismo en México*, Secretaría de Educación Pública-Centro de Investigaciones y Estudios Superiores en Antropología Social, México, 1987, p. 210, y los capítulos "La paradoja del indigenismo" y "Recuperación social de lo indígena", pp. 192-218.

[301] Manuel Gamio citado en *ibíd.*, p. 193.

[302] El indigenismo es "la incorporación, absorción, asimilación, integración y redención como ideología y política de Estado para hacer eficientes y concordantes con la explotación capitalista a las poblaciones indígenas", Guillermo May Correa, "Ni en quince minutos ni en seis años: nuevo Constituyente y nueva Constitución", en Ana Alicia Solís de Alba, Max Ortega, Abelardo Mariña Flores y Nina Torres, coords., *Balance del sexenio foxista y perspectivas para los movimientos sociales*, Itaca, México, 2007, p. 344.

[303] Aunque en un libro reciente, Beatriz Urías Horcasitas ha sacado a la luz la existencia, simultánea al auge de los discursos nacionalista e indianista, de un proyecto gubernamental para desindianizar a los indios y que llevó a cabo medidas concretas para ello que fueron desde el despoblamiento de ciertas zonas del país hasta promover que a ellas llegaran individuos de raza blanca. Urías incluso desmonta la idea vasconceliana de la "raza cósmica" para mostrar que se refería a la creación de un hombre nuevo que debía estar lejos de los vicios (como el alcoholismo), del fanatismo religioso, de la enfermedad e incluso de la diversidad racial (indios). Beatriz Urías Horcasitas, *Historias secretas del racismo en México (1920-1950)*, Tusquets, México, 2007.

[304] "Nosotros", 2 de noviembre de 1946 citada en Carlos Martínez Assad, "Presentación", *op. cit.*, p. 9.

[305] Es la tesis central de su libro *México profundo, op. cit.*

[306] Pedro Carrasco, "La sociedad mexicana antes de la conquista", en *Historia general de México, op. cit.*, t. I, pp. 287-288.

[307] Carlos Zolla y Emiliano Zolla Márquez, *Los pueblos indígenas de México, 100 preguntas, op. cit.*, p. 194.

[308] José del Val, "Los caminos de la reformulación de la identidad nacional", p. 103, y "Derechos indígenas", p. 127, en *México, identidad y nación, op. cit.*, p. 65.

[309] Guillermo May Correa, "Ni en quince minutos ni en seis años: nuevo Constituyente y nueva Constitución", *op. cit.*, p. 348.

[310] Guy Rozat, "Las representaciones del indio, una retórica de la alteridad", *op. cit.*, p. 65.

[311] Víctor Manuel Toledo, "Pueblos indígenas y conservación en México: manejo comunitario de los recursos naturales", *op. cit.*, p. 590; José del Val, "Los pueblos indios hoy", *op. cit.*, p. 171; Consejo Nacional de Población citado en Carlos Zolla y Emiliano Zolla Márquez, *Los pueblos indígenas de México, 100 preguntas, op. cit.*, p. 43.

[312] Según Lucio Mendieta y Núñez son 48 grupos indígenas. Citado en Carlos Martínez Assad, "Presentación", *op. cit.*, p. 8. Alicia Castellanos Guerrero, Jorge Gómez Izquierdo y Francisco Pineda, "El discurso racista en México", en Teun A. Van Dijk, coord., *Racismo y discurso en América Latina*, Gedisa, Madrid, 2007, afirman en la p. 285 que son 56 grupos etnolingüísticos y en la página 291 que el número de etnias varía de 57 hasta 62.

[313] Víctor Manuel Toledo, "Pueblos indígenas y conservación en México: manejo comunitario de los recursos naturales", *op. cit.*, p. 590, y Censo General de Población y Vivienda citado en Carlos Zolla y Emiliano Zolla Márquez, *Los pueblos indígenas de México, 100 preguntas, op. cit.*, pp. 32-34. Alicia Castellanos Guerrero, Jorge Gómez Izquierdo y Francisco Pineda, "El discurso racista en México", *op. cit.*, afirman que hay 92 lenguas y variantes dialectales, p. 291.

[314] Rodolfo Stavenhagen, *Derecho indígena y derechos humanos en América Latina*, El Colegio de México-Instituto Interamericano de Derechos Humanos, México, 1988, pp. 9-10 y 342-343.

[315] O a cualquier grupo social: las mujeres, los negros, los latinoamericanos. Cornelius Castoriadis, "Reflexiones en torno al racismo", en *Debate Feminista, op. cit.*, vol. 24, p. 23.

316 Carlos Monsiváis, "Los espacios marginales", *Debate Feminista*, vol. 17, abril de 1998, p. 22.

317 Andrés Molina Enríquez según Daniela Marino, "Andrés Molina Enríquez. Propiedad comunal, multiculturalismo y pluralismo jurídico", *Metapolítica*, número especial: *México en la cultura, viejos problemas nuevos retos*, Jus-Centro de Estudios de Política Comparada, A.C., 2005, primera parte, p. 56.

318 Guillermo Bonfil, "Las culturas indias como proyecto civilizatorio", en *Pensar nuestra cultura*, Alianza, México, 1992, p. 71.

319 Jesús Martín Barbero, "Proyectos de modernidad en América Latina", en *Metapolítica, op. cit.*, número especial, p. 41.

320 Guy Rozat, "Las representaciones del indio, una retórica de la alteridad", *op. cit.*, pp. 41 y 45.

321 Alan Riding, *Vecinos distantes. Un retrato de los mexicanos*, Joaquín Mortiz, México, 1985, p. 437.

322 Luis Villoro, *Los grandes momentos del indigenismo en México, op. cit.*, p. 191.

323 Jacinto Canek citado en Guillermo May Correa, "Ni en quince minutos ni en seis años: nuevo Constituyente y nueva Constitución", *op. cit.*, p. 343.

324 Palabras pronunciadas por Evo Morales en el Encuentro en Defensa de la Humanidad, México, octubre de 2003, citado en "¿El maniqueísmo es el camino?", 30 de octubre de 2003.

325 Pierre André Taguieff, "El racismo", *Debate Feminista, op. cit.*, vol. 24, p. 12.

326 Carlos Monsiváis, "Los espacios marginales", *op. cit.*, p. 22.

327 Diego de Durán citado en Miguel León-Portilla, *De Teotihuacan a los aztecas. Antología de fuentes e interpretaciones históricas*, Universidad Nacional Autónoma de México, México, 1983, p. 283.

328 Carlos Zolla, entrevista, *Humanidades y Ciencias Sociales*, junio de 2007, Coordinación de Humanidades/Universidad Nacional Autónoma de México, p. 4.

329 Carlos Zolla y Emiliano Zolla Márquez los recogen en *Los pueblos indígenas de México, 100 preguntas, op. cit.*, pp. 179-185.

330 *Reforma*, 25 de agosto de 2006.

331 Testimonio citado en Alicia Castellanos Guerrero, Jorge Gómez Izquierdo y Francisco Pineda, "El discurso racista en México", *op. cit.*, p. 305.

332 Néstor Braunstein, "México en psicoanálisis…", *Debate Feminista, op. cit.*, vol. 24, p. 54.

333 Lothar Knauth, "Los procesos del racismo", *Desacatos*, verano de 2000, Centro de Investiga-ciones y Estudios Superiores en Antropología Social, p. 13.

334 Teun A. Van Dijk, "Racismo y discurso en América Latina: una introducción", en *Racismo y discurso en América Latina, op. cit.*, p. 21.

335 Lothar Knauth, "Los procesos del racismo", *op. cit.*, pp. 64-65.

336 Todos citados en Pietro Barcellona, "El vaciamiento del sujeto y el regreso del racismo", *Debate Feminista, op. cit.*, vol. 24, p. 36.

La economía: ¿sana y sólida?

337 Este capítulo retoma y actualiza algunas partes de mis libros *México, país de ideas, país de novelas*, Grijalbo, México, 1987, pp. 103-109, 141-147 y 183-194, y *La suerte de la consorte*, Océano, México, 1999, pp. 404, 420-421, 432, 434-435, así como mis artículos en revistas: "Elogio de México antes del tratado", *La Cultura en México*, suplemento de *Siempre!*, núm. 2032, junio de 1992, pp. II-IV; "Los casinos: apuesta contra México", *El Universal*, 11, 12 y 13 de noviembre de 1996, p. 8; "Jugar a los casinos es perder", *Este País*, núm. 70, enero de 1997, pp. 22-27; "La señora contra los casinos", *Milenio Semanal*, 1 de septiembre de 2003, pp. 29-32; y los siguientes artículos en el periódico *El Universal*: "No hay salida", 13 de abril de 1995; "¿Nos gobiernan nuestros enemigos?", 16 de marzo de 1995; "Más dinero ¿para quién?", 1 de febrero de 1996; "De la corrupción en Pemex", 23 de mayo de 1996; "¿A quién sirve el legislativo?", 6 de junio de 1996; "Los impuestos", 19 de septiembre de 1996; "No a los casinos", 7 de noviembre de 1996; "El comercio ambulante", 26 de diciembre de 1996; "Mirar hacia el norte", 8 de mayo de 1997; "Los ambulantes", 17 de agosto de 1997; "El valor del trabajo", 22 de octubre de 1998; "Otra vez, ¡no a los casinos!", 4 de marzo de 1999; "Partidos y casinos", 18 de marzo de 1999; "Empresarios voraces", 13 de mayo de 1999; "Diódoro y la navidad", 23 de diciembre de 1999; "Carta a Leticia Navarro", 28 de diciembre de 2000; "Rechazo a los casinos otra vez", 3 de mayo de 2001; "En el país de Fox", 19 de julio de 2001; "Economía: modelo para engañar", 9 de agosto de 2001; "Se oculta que la economía está en problemas", 16 de agosto de 2001; "Azúcar dulce para unos cuantos", 4 de octubre de 2001; "El terremoto más devastador", 19 de septiembre de 2002; "Casinos: falsedades y cuentas alegres", 26 de septiembre de 2002; "Los clavos para el ataúd

de México", 12 de diciembre de 2002; "País de trampas y mentiras", 26 de diciembre de 2002; "La catástrofe anunciada", 2 de enero de 2003; "La corrupción tan profunda", 10 de julio de 2003; "¿Casinos para salir de la crisis?", 31 de julio de 2003; "Aduanas: trampas y mentiras", 7 de agosto de 2003; "Otra trampa de los casinistas", 16 de octubre de 2003; "Salvación económica", 25 de diciembre de 2003; "¡Hasta el turismo!", 29 de abril de 2004; "Otra vez los bancos", 20 de mayo de 2004; "No a los casinos", 9 de diciembre de 2004; "Los casinos no son panacea", 16 de diciembre de 2004; "Los inevitables ambulantes", 23 de diciembre de 2004; "Por fin: no a los casinos", 28 de abril de 2005; "Lo que nos van a decir hoy", 1 de septiembre de 2005; "Sobre migración", 2 de marzo de 2006; "Culpan a México", 9 de marzo de 2006; "Huevos de oro", 21 de diciembre de 2006; "La economía en problemas", 11 de enero de 2007.

338 Leopoldo Solís, *La realidad económica mexicana, retrovisión y perspectivas*, Siglo XXI, México, 1970, p. 86.

339 *Ibíd.*, pp. 99-100.

340 José Ayala, José Blanco, Rolando Cordera, Guillermo Knochenhauer y Armando Labra, "La crisis económica: evolución y perspectivas", en Pablo González Casanova y Enrique Florescano, coords., *México hoy*, Siglo XXI, México, 1977, p. 37.

341 Cesáreo Morales, "El comienzo de una nueva etapa de relaciones entre México y Estados Unidos", en Pablo González Casanova y Héctor Aguilar Camín, coords., *México ante la crisis*, vol. 1, Siglo XXI-Universidad Nacional Autónoma de México, México, 1985, p. 70.

342 *Ibíd.*, pp. 75-76.

343 José Ayala, José Blanco, Rolando Cordera, Guillermo Knochenhauer y Armando Labra, "La crisis económica: evolución y perspectivas", *op. cit.*, p. 19.

344 *Ibíd.*, pp. 19-20.

345 Cesáreo Morales, "El comienzo de una nueva etapa de relaciones entre México y Estados Unidos", *op. cit.*, p. 78.

346 Héctor Aguilar Camín, *Después del milagro. Un ensayo sobre la transición mexicana*, Cal y Arena, México, 1988, pp. 26-42.

347 *Ibíd.*, p. 32.

348 Héctor Aguilar Camín y Lorenzo Meyer, *Historia gráfica de México*, t. X, Instituto Nacional de Antropología e Historia-Patria, México, 1988, p. 61.

349 Miguel de la Madrid Hurtado, "Discurso de toma de posesión", en *Las razones y las obras: crónica del sexenio 1982-1988*, t. I, Unidad de la Crónica Presidencial/Presidencia de la República-Fondo de Cultura Económica, México, 1984, p. 13.

350 Macario Schettino, *Para reconstruir México*, Océano, México, 1996, p. 51.

351 Sara Sefchovich, *La suerte de la consorte, op. cit.*, pp. 420-421.

352 Enrique Krauze, *La presidencia imperial. Ascenso y caída del sistema político mexicano, 1940-1996*, Tusquets, México, 1997, p. 425.

353 Macario Schettino, *Para reconstruir México, op. cit.*, p. 54.

354 Jaime Serra Puche citado en Mario Luis Fuentes, *La asistencia social en México, historia y perspectivas*, Ediciones del Milenio, México, 1998, p. 602.

355 Jorge G. Castañeda, entrevista con Sara Sefchovich, ciudad de México, 22 de julio de 1995.

356 José Luis Calva, "Inversión y crecimiento", *El Universal*, 1 de diciembre de 2006.

357 Jorge G. Castañeda, *Sorpresas te da la vida*, Aguilar, México, 1994, p. 47.

358 Macario Schettino, *Para reconstruir México, op. cit.*, p. 55.

359 Macario Schettino, *Propuestas para elegir un futuro*, Océano, México, 1999, p. 94.

360 *Ibíd.*, pp. 142-143 y 145

361 *La Jornada*, 25 de agosto de 2001.

362 *El Universal Online*, 26 de julio de 2007.

363 *La Jornada*, 25 de agosto de 2001.

364 Rubén Aguilar Valenzuela en declaraciones a la prensa previas al quinto informe de gobierno del presidente Vicente Fox, en "Lo que nos van a decir hoy", 1 de septiembre de 2005.

365 José I. Casar, "Una nota sobre crecimiento y desarrollo en México", en Francisco Toledo, Enrique Florescano y José Woldenberg, coords., *Los desafíos del presente mexicano*, Taurus, México, 2006, p. 89.

366 José Luis Calva, "Inversión y crecimiento", *op. cit.*

367 Roberto Salinas en *Asuntos Capitales Online*, 10 de mayo de 2007. El 0.9% desde 1994 hasta 2007 según la misma fuente, 6 de agosto de 2007.

368 OEO en *La Jornada*, 10 de octubre de 2006.

369 Andrés Nebot Sánchez en *El País*, edición internacional, 26 de julio de 2007.

370 *El Universal*, 11 de septiembre de 2006.

371 José Luis Manzo Yépez, "Pemex: propuestas para su rehabilitación financiera y productiva", *Memoria Virtual*, enero de 2006.

372 "Salvación económica", *art. cit.*

373 Información en *Monitor*, Radio Red, 22 de junio de 2007.

374 "Salvación económica", *art. cit.*

375 Macario Schettino, "Vivir de prestado", *El Universal*, 27 de febrero de 2007.

376 Enrique Quintana en *Monitor*, Radio Red, 3 de octubre de 2005.

377 "En el país de Fox", *art. cit.*

378 J. Guillermo Domínguez, "El poderío de las empresas multinacionales", *eseconomía*, núm. 4, verano de 2003, p. 110.

379 "Más dinero ¿para quién?", *art. cit.*

380 Armando Bartra citado en "La catástrofe anunciada", *art. cit.*

381 Los datos los tomé de Luis Hernández Navarro, "Instantáneas de un campo devastado", *La Jornada*, 5 de noviembre de 2002, quien a su vez los tomó de diferentes fuentes que cita en su artículo.

382 John Saxe Fernández, "Globalización y seguridad: la presidencia imperial en México", *eseconomía, op. cit.*, p. 40.

383 Joseph Stiglitz según Néstor García Canclini, "La modernidad latinoamericana debe ser revisada", entrevista con César Cansino, *Metapolítica*, vol. 7, núm. 29, mayo-junio de 2003, Centro de Estudios de Política Comparada, A.C., p. 31.

384 OEO en *La Jornada*, nota citada.

385 Rodolfo Elizondo en *Reforma*, 23 de mayo de 2007.

386 Daniel Hiernaux, "Foreign Currency Income From Tourism", *Voices of Mexico*, núm. 76, julio-septiembre de 2006, Centro de Investigaciones sobre América del Norte/Universidad Nacional Autónoma de México, p. 75.

387 *Reforma*, 23 de mayo de 2007.

388 Definida por Andrés Manuel López Obrador como "hacer negocios privados a la sombra de los puestos públicos" en "Las definiciones cortas", 26 de febrero de 1998.

389 Felipe González en *Monitor*, Radio Red, 13 de octubre de 2006.

390 "No a los casinos", *art. cit.*; "Huevos de oro", *art. cit.*

391 Raúl Rodríguez Barocio, "Mexico in North America: The Relegated Neighbor?", *Voices of Mexico, op. cit.*, p. 24; "Ranking de competitividad global del Foro de Davos", *Enfoque*, suplemento de *Reforma*, 30 de noviembre de 2003; Sergio Sarmiento, "Reto a Calderón", *Reforma*, 9 de octubre de 2008.

392 Germán Campos Calle, "Proyecciones", en *Generación Anáhuac*, Universidad Anáhuac, México, 2007, p. 35.

393 Carlos Bazdresch, "Gasto en desarrollo e investigación", *El Universal*, 16 de marzo de 2007.

394 Ricardo Medina, presidente de la Cámara Nacional de la Industria del Calzado, afirma que el mexicano "detesta el trabajo", en *Asuntos Capitales Online*, 14 de mayo de 2007. Esta concepción que repiten muchos empresarios, le echa la culpa a "la idiosincrasia del mexicano" o a "su incapacidad genética o racial o sicológica para trabajar". Ella se contrapone a otras, por ejemplo la revista estadounidense *Time*, en su número del 18 de junio de 2007, relata los trabajos que hacen los migrantes mexicanos en Estados Unidos, quienes se levantan de madrugada para subirse a transportes que los llevarán durante 2 o 3 horas hasta sus lugares de trabajo donde cumplirán horarios de muchas horas para luego volver ya tarde a sus casas a descansar un poco y repetir la jornada idéntica al día siguiente.

395 Por ejemplo, de un total de 300 iniciativas presentadas en el 2004 sólo se aprobaron 61 y en el 2006, hubo "4,629 millones de pesos en gasto y 45 iniciativas lo que equivale a más de 100 millones de pesos por iniciativa". *La Jornada*, 23 de mayo de 2005 y 22 de junio de 2007.

396 Joseph Stiglitz, en *El Universal*, 18 de abril de 2006.

397 Andrés Rozental en Luis Rubio y Susan Kaufman, coords., "Introducción", *México: democracia ineficaz*, CIDAC-Miguel Ángel Porrúa, México, 2006, p. 15.

398 Samuel Bernal, *Expansión*, núm. 874, septiembre-octubre de 2003, p. 32.

399 Marco Provencio, en *Monitor*, Radio Red, 17 de octubre de 1999.

400 "La corrupción tan profunda", 10 de julio de 2003.

401 *El Independiente*, 15 de julio de 2003; "Aduanas: trampas y mentiras", 7 de agosto de 2003.

402 Fluvio C. Ruiz Alarcón, "Oil Earnings and Fiscal Policy in Mexico", *Voices of Mexico, op. cit.*, p. 58.

403 Enrique Calderón citado en "De la corrupción en Pemex", *art. cit.*

404 "La Universidad y el IMP", 3 de noviembre de 2005.

405 "Huevos de oro", *art. cit.*

406 Germán Martínez Cazares, *Reforma*, 24 de abril de 2008.

407 Víctor Godínez citado en "Se oculta que la economía está en problemas", *art. cit.*

[408] David Barkin en *Monitor*, Radio Red, 13 de marzo de 2005.

[409] Francisco Gil Díaz en *La Jornada*, 13 de septiembre de 2004, y "Economía: modelo para engañar", *art. cit.*

[410] Presidente de la Cámara Nacional de la Industria de Transformación y Enrique Quintana citados en "Se oculta que la economía está en problemas", *art. cit.*

[411] "Se oculta que la economía está en problemas", *art. cit.*

[412] León Bendesky, Enrique de la Garza, Javier Melgoza y Carlos Salas, "La industria maquiladora de exportación en México: mitos, realidades y crisis", *Estudios Sociológicos*, vol. XXII, núm. 65, mayo-agosto de 2004, El Colegio de México, p. 283.

[413] "Los ambulantes", *art. cit.*

[414] Benjamín Temkin y Gisela Zaremberg, "Explorando el mercado informal: ¿qué hay entre la elección voluntaria y la determinación social?", Facultad Latinoamericana de Ciencias Sociales, versión preliminar inédita, s.f.

[415] "Los inevitables ambulantes", *art. cit.*

[416] Julia Isabel Flores, "Comunidad, instituciones, visión de la existencia, identidad, ideología", en Ulises Beltrán, Fernando Castaños, Julia Isabel Flores, Yolanda Meyenberg y Blanca Helena del Pozo, *Los mexicanos de los noventa*, Instituto de Investigaciones Sociales/Universidad Nacional Autónoma de México, 1996, p. 83.

[417] Hernando Soto, *El otro sendero. La revolución informal*, Diana, México, 1987, reseñado en *Time*, 14 de octubre de 1988.

[418] Carlos Cárdenas Guzmán en *Monitor*, Radio Red, 21 de junio de 2007.

[419] "País de trampas y mentiras", *art. cit.*

[420] Jorge Cadena Roa, "Notas para el estudio de los movimientos sociales y los conflictos en México", en Víctor Gabriel Muro y Manuel Canto Chac, coords., *El estudio de los movimientos sociales: teoría y método*, El Colegio de Michoacán-Universidad Autónoma Metropolitana/Xochimilco, México, 1991, p. 44.

[421] Rafael Hernández Estrada, "Cronología de la iniciativa para legalizar los casinos en México", Foro Di No a los Casinos, Palacio Legislativo de San Lázaro, 2002.

[422] Yo misma las conté, cuando empecé mi investigación sobre este tema, cuyos primeros resultados aparecen en los artículos citados: "Los casinos: apuesta contra México" y "Jugar a los casinos es perder".

[423] "Casinos: falsedades y cuentas alegres", *art. cit.*

[424] *Ibíd.*

[425] *Ibíd.*

[426] "El terremoto más devastador", *art. cit.*

[427] *Ibíd.*

[428] "¿Casinos para salir de la crisis?", *art. cit.*

[429] José Luis Daza citado en "Los clavos para el ataúd de México", *art. cit.*

[430] "No a los casinos", *art. cit.*

[431] J. Guillermo Domínguez, "El poderío de las empresas multinacionales", *eseconomía*, núm. 4, verano de 2003, p. 110.

[432] Jorge Castañeda, entrevista citada con Sara Sefchovich.

[433] "Otra trampa de los casinistas", *art. cit.* El más furioso contra el muelle fue el gran defensor casinista Miguel Torruco Márquez de la Asociación Mexicana de Hoteles y Moteles.

[434] Samuel P. Huntington, "The Hispanic Challenge", *Foreing Policy*, marzo-abril de 2004, pp. 31-36.

[435] "Sobre migración", *art. cit.*

[436] *La Jornada*, 31 de diciembre de 2006.

[437] "Sobre migración", *art. cit.*

[438] Cifras de Samuel P. Huntington, "The Hispanic Challenge", *art. cit.*

[439] A fines del 2007 una fuente aseguró que ya eran 29 millones de personas de origen mexicano las que de manera legal o ilegal vivían en Estados Unidos, *La Jornada*, 27 de diciembre de 2007.

[440] Francis Mestries, "Datos duros", *La Jornada del Campo*, 13 de diciembre de 2007.

[441] Carlos Flores Vizcarra, comunicación personal a Sara Sefchovich, Phoenix, Arizona, 27 de marzo de 2005.

[442] *Arizona Republic*, 16 de marzo de 2005.

[443] Ricardo Valenzuela, *Asuntos Capitales Online*, 16 de agosto de 2007.

[444] *Time*, 22 de febrero de 2005.

[445] "Culpan a México", *art. cit.*

[446] El investigador de la UNAM Sergio Zermeño relata que en un estudio que está llevando a cabo en cierta zona del estado de Guerrero, el propio presidente municipal le dijo que el narco forma parte esencial de la vida económica del pueblo, que apenas si tiene producción agrícola y algunos servicios, pero que se mantiene de subsidios del gobierno y del dinero de esos grupos. Sergio Zermeño a Sara Sefchovich, Guadalajara, Jalisco, 26 de noviembre de 2007.

[447] Luis Astorga, entrevista con Sara Sefchovich, ciudad de México, 24 de marzo de 1994.

448 José I. Casar, "Una nota sobre crecimiento y desarrollo en México", *op. cit.*, p. 81.

449 José Luis Calva, "Balance del neoliberalismo", *El Universal*, 20 de enero de 2006.

450 Informe del Banco Mundial de 2005 citado en Antonio Gazol, "México en la construcción de un nuevo orden económico internacional", en Jorge Eduardo Navarrete, coord., *La reconstrucción de la política exterior de México: principios, ámbitos, acciones*, Centro de Investigaciones Interdisciplinarias en Ciencias y Humanidades/ Universidad Nacional Autónoma de México, México, 2006, p. 344.

451 Macario Schettino, "Nueva época", *El Universal*, 2 de enero de 2007.

452 Arturo Damm Arnal, "De la pobreza: la pregunta importante", *Este País*, núm. 179, febrero de 2006, pp. 28-29.

453 José Luis Daza en *El Universal*, septiembre de 2003.

454 "Otra vez los bancos", *art. cit.*

455 Axel van Trotsenburg, *La Jornada*, 21 de septiembre de 2007.

456 León Bendesky, "Mirada al 2007", *La Jornada*, 26 de diciembre de 2006.

457 Antonio Gazol, "México en la construcción de un nuevo orden económico internacional", *op. cit.*, p. 347.

458 Roberto Salinas, *Asuntos Capitales Online*, 10 de mayo de 2007.

459 Agustín Carstens, discurso frente a la Cámara Americana de Comercio, *La Jornada*, 27 de febrero de 2007.

460 Juan Ramón de la Fuente, *Reforma*, 23 de agosto de 2007.

461 Carlos Fuentes, *La nueva novela hispanoamericana*, Joaquín Mortiz, México, 1976, p. 114.

462 Claudio Lomnitz, "Decadencia en tiempos de globalización", en Claudio Lomnitz, *Modernidad Indiana*, Planeta, México, 1999. p. 66.

La nación y la identidad: ¿existen?

463 Este capítulo retoma y actualiza ideas de mi libro *México: país de ideas, país de novelas. Una sociología de la literatura mexicana*, Grijalbo, México, 1987, y de mis capítulos "La literatura en los años cuarenta: la hora de los catrines", en Rafael Loyola, *Entre la guerra y la estabilidad política*, Dirección General de Publicaciones/ Consejo Nacional para la Cultura y las Artes-Grijalbo, México, 1989, pp. 281-320, e "Historia, ideas y novelas: propuesta y defensa de un tema de investigación y de una manera de llevarlo a cabo", en Boris Berenzon, Georgina Calderón, Valentina Cantón, Ariel Arnal y Mario Aguirre Beltrán, coords., *Historiografía, herencias y nuevas aportaciones*, Instituto Panamericano de Geografía e Historia-Secretaría de Relaciones Exteriores-Correo del Maestro-Ediciones La Vasija, México, 2003, pp. 257-277; de los diplomados "Pensamiento historiográfico mexicano del siglo xx" y "Corrientes, temas y autores de la historiografía del siglo xx", Facultad de Filosofía y Letras/Universidad Nacional Autónoma de México, febrero-junio de 1996 y agosto de 1996-marzo de 1997, así como de mi participación en los siguientes eventos: comentarista de la mesa Revolución, Cultura y Nacionalismo, vii Reunión de Historiadores mexicanos y Norteamericanos, San Diego, California, octubre de 1990; conferencia inaugural "La mujer en la historia", ciclo de conferencias para mujeres líderes, Secretaría de Promoción Política de la Mujer en el Estado de México, Naucalpan, Estado de México, marzo de 2002; conferencia "La historia vista desde el otro lado", Día Institucional de la Mujer Académica Universitaria, Federación de Asociaciones Autónomas de Personal Académico de la Universidad Autónoma del Estado de México, Toluca, Estado de México, marzo de 2003; mesa Los Estudios Nacionales en la Época de la Globalización Crítica: El Caso Único de México, xxiv Congreso Internacional de Latin American Studies Association (LASA), Dallas, Texas, marzo de 2003; y de los siguientes artículos publicados en el periódico *El Universal*: "¿Nueva versión de la historia nacional?", 25 de enero de 2001; "Puros enemigos", 5 de agosto de 2004; "Himno nacional", 16 de septiembre de 2004; "El festejo a la patria", 15 de septiembre de 2005; "La patria está de moda", 24 de noviembre de 2005; "Mi país inventado", 30 de noviembre de 2006.

464 Mariano Otero citado en Jesús Silva Herzog-Márquez, "Prólogo", a Eduardo Andere, *La educación en México: un fracaso monumental*, Planeta, México, 2003, p. 6.

465 Manuel Dublán y José María Lozano citados en Josefina Zoraida Vázquez, *Nacionalismo y educación en México*, El Colegio de México, México, 1979, p. 119.

466 T. K. Oomen Citado en Catherine Héau y Gilberto Giménez, "Versiones populares de la identidad nacional en México durante el siglo xx", en Raúl Béjar y Héctor Rosales, coords., *La identidad nacional mexicana como problema*

político y cultural. Nuevas miradas, Centro Regional de Investigaciones Multidisciplinarias/ Universidad Nacional Autónoma de México, México, 2005, p. 82.

[467] Leopoldo Zea citado en Abelardo Villegas, *La filosofía de lo mexicano*, Universidad Nacional Autónoma de México, México, 1988, p. 168.

[468] Norberto Bobbio, *El tiempo de los derechos*, Sistema, Barcelona, 1997, p. 46.

[469] Pietro Barcellona, "El divorcio entre derecho y justicia en el desarrollo cultural de la modernidad", *Debate Feminista*, vol. 19, abril de 1999, pp. 4-5.

[470] T. K. Oomen citado en Catherine Héau y Gilberto Giménez, "Versiones populares de la identidad nacional en México durante el siglo xx", *op. cit.*, p. 83.

[471] Luis Villoro, *En México, entre libros. Pensadores del siglo XX*, Fondo de Cultura Económica, México, 1994, p. 130.

[472] Horacio Labastida, "¿Qué tipo de sociedad somos?", en José Gutiérrez Vivó, coord., *El otro yo del mexicano*, Océano, México, 1998, pp. 133 y 134.

[473] Catherine Héau y Gilberto Giménez, "Versiones populares de la identidad nacional en México durante el siglo xx", *op. cit.*, pp. 82 y 84.

[474] Eduardo Andere, *La educación en México: un fracaso monumental*, *op. cit.*, p. 7.

[475] Norbert Lechner, "Tres formas de coordinación social. Un esquema", *Debate Feminista*, *op. cit.*, vol. 19, p. 144.

[476] Benedict Anderson, *Imagined Communities: Reflections on the Origin and Spread of Nationalism*, Verso, London-New York, 1991, p. 5, extracto online.

[477] Édgar V. Salcido, correo electrónico a Sara Sefchovich, 23 de marzo de 2007.

[478] Justo Sierra citado en Josefina Zoraida Vázquez, *Nacionalismo y educación en México*, *op. cit.*, p. 118.

[479] Francisco Sosa, Genaro García y el folleto citados en Carlos Martínez Assad, *La Patria en el Paseo de la Reforma*, Fondo de Cultura Económica, México, 2005, pp. 77-98.

[480] Josefina Zoraida Vázquez, "Centralistas, conservadores y monárquicos, 1830-1853", en Humberto Morales y William Fowler, *El conservadurismo mexicano en el siglo XIX (1810-1910)*, Benemérita Universidad Autónoma de Puebla-University of Saint Andrews-Secretaría de Cultura del Gobierno del Estado de Puebla, México, 1999, p. 115.

[481] Jesús Martín Barbero, "Proyectos de moderni-

dad en América Latina", en *Metapolítica*, vol. 7, núm. 29, mayo-junio de 2003, Centro de Estudios de Política Comparada, A.C., p. 42.

[482] "El festejo a la patria", *art. cit.* Todo el concepto está explicado en Carlos Martínez Assad, *La Patria en el Paseo de la Reforma*, *op. cit.*, y en Enrique Florescano, *Imágenes de la Patria a través de los siglos*, Taurus, México, 2005.

[483] Salvador Díaz Mirón citado por Carlos Martínez Assad, *ibíd.*, pp. 63 y 96.

[484] El libro colectivo *Historia ¿para qué?*, Siglo xxi, México, 1980, apunta en cada uno de sus capítulos a explicar esto, en particular los textos de Enrique Florescano y Carlos Pereyra.

[485] Puedo dar fe de esto por la censura que hizo a dos libros: uno de Jorge Aguilar Mora con el título de *Un día en la vida del general Obregón* y uno mío con el título de *Las Primeras Damas*, publicados en México por Martín Casillas en 1982.

[486] Carlos Antonio Aguirre Rojas, *Mitos y olvidos en la historia oficial de México*, Quinto Sol, México, 2003, p. 17.

[487] Roger Bartra citado en Ricardo Pérez Montfort, "La consolidación del acuerdo estereotípico nacional, 1921-1937", *Eslabones*, núm. 9, enero-junio de 1995, Sociedad Nacional de Estudios Regionales, p. 161.

[488] Guy Hermet, "Multiculturalismo y democracia en Europa", *Este País*, núm. 82, enero de 1998, p. 55.

[489] Adalbert Dessau, *La novela de la Revolución Mexicana*, Fondo de Cultura Económica, México, 1973, p. 87.

[490] José Rafael Campoy citado en José Joaquín Blanco, *La literatura en la Nueva España. Esplendores y miserias de los criollos*, t. 2, Cal y Arena, México, 1989, pp. 174-175.

[491] Guillermo Prieto citado por Margo Glantz, *Guillermo Prieto. Tres semblanzas*, Universidad Nacional Autónoma de México, México, 1972, p. 19.

[492] José Tomás de Cuéllar citado por Ralph E. Warner, *Historia de la novela mexicana en el siglo XIX*, Antigua Librería Robredo, México, 1953, p. 64.

[493] Raimundo Lazo, *Historia de la literatura hispanoamericana, siglo XIX*, Porrúa, México, 1976, pp. 56 y ss.

[494] Enrique Florescano, *Imágenes de la Patria a través de los siglos*, *op. cit.*, pp. 174 y 231; Ricardo Pérez Montfort, "La consolidación del acuerdo estereotípico nacional, 1921-1937", *op. cit.*, pp. 153-165.

[495] Manuel Gómez Morin citado en Carlos Monsiváis, "Notas sobre la cultura mexicana en el siglo XX", en *Historia general de México*, t. 4, El Colegio de México, México, 1977, p. 334.

[496] Samuel Ramos citado en Abelardo Villegas, *La filosofía de lo mexicano, op. cit.*, p. 115; Emilio Uranga, citado en Abelardo Villegas, *Autognosis: el pensamiento mexicano en el siglo XX*, Instituto Panamericano de Geografía e Historia, México, 1985, p. 122.

[497] Emilio Uranga, "El pensamiento filosófico", en *México, cincuenta años de revolución*, Fóndo de Cultura Económica, México, 1963, p. 488.

[498] Octavio Paz, *El laberinto de la soledad*, Fondo de Cultura Económica, México, 1963, p. 34.

[499] Algunos dicen que Carlos Denegri, otros que Luis Spota.

[500] Carlos Monsiváis, "Cultura nacional y cultura colonial en la literatura mexicana", en Varios, *Características de la cultura nacional*, Instituto de Investigaciones Sociales/Universidad Nacional Autónoma de México, México, 1969, p. 7.

[501] "La patria está de moda", *art. cit.*

[502] Carlos Echánove Trujillo citado en Luis Villoro, *Los grandes momentos del indigenismo en México*, Secretaría de Educación Pública-Centro de Investigaciones y Estudios Superiores en Antropología Social, México, 1987, p. 210.

[503] Guillermo Tovar y de Teresa, "Palabras al lector", en Armando Ponce, coord., *México, su apuesta por la cultura*, Proceso-Grijalbo-Universidad Nacional Autónoma de México, México, 2003, p. 13. José Ángel Quintanilla, "el alma de la nación está en la serie de tradiciones, hábitos, creencias y valores que conforman la cultura", palabras de presentación a Ernesto Piedras, *¿Cuánto vale la cultura? Contribución económica de las industrias protegidas por el derecho de autor en México*, Consejo Nacional para la Cultura y las Artes-Sociedad General de Escritores de México-Sociedad de Autores y Compositores de Música-Cámara Nacional de la Industria Editorial Mexicana, México, 2004, p. 15.

[504] Amartya Sen citado por Mario Vargas Llosa en *El País*, 8 de abril de 2007.

[505] Esto no lo dice de manera directa, pero es lo que se puede inferir de las preguntas que hace en sus entrevistas a migrantes mexicanos y sus conclusiones: "En todos los casos constatamos que [las personas entrevistadas] no quieren perder su identidad", "Ninguno [de los migrantes] rechaza la identidad mexicana". Lourdes Arizpe, "La transformación de la cultura en México", en Raúl Béjar y Héctor Rosales, coords., *La identidad nacional mexicana como problema político y cultural. Nuevas miradas, op. cit.*, p. 50.

[506] Maya Lorena Pérez Ruiz, "La identidad nacional entre los mayas. Una ventana al cambio generacional", *ibíd.*, pp. 115-132.

[507] Jesús Silva Herzog-Márquez le llama "trampa de la autenticidad", citado por José Antonio Aguilar Rivera, "El laberinto de las identidades", en Francisco Toledo, Enrique Florescano y José Woldenberg, coords., *Los desafíos del presente mexicano*, Taurus, México, 2006, p. 215.

[508] La base de esta caracterización está en José del Val, "Identidad, etnia y nación", en José del Val, *México, identidad y nación*, Universidad Nacional Autónoma de México, México, 2004, pp. 52 y ss., pero la he completado con otros autores que se van mencionando en cada lugar.

[509] Daniela Marino, "Andrés Molina Enríquez. Propiedad comunal, multiculturalismo y pluralismo jurídico", *Metapolítica*, número especial: *México en la cultura, viejos problemas nuevos retos*, Jus-Centro de Estudios de Política Comparada, A.C., 2005, primera parte, p. 56, y Olivia Gal, "Estado federal y grupos de poder regionales frente al indigenismo, el mestizaje y el discurso multiculturalista: pasado y presente del racismo en México", *Debate Feminista*, vol. 24, octubre de 2001, p. 92.

[510] Para Manuel Gamio véase Luis Villoro, *Los grandes momentos del indigenismo en México, op. cit.*, p. 211, y Guillermo Bonfil, *México profundo*, Consejo Nacional para la Cultura y las Artes, México, 1989; para Enrique Krauze véase José Antonio Aguilar Rivera, "El laberinto de las identidades", *op. cit.*, pp. 197-198.

[511] José Joaquín Fernández de Lizardi citado en Luis Villoro. *El proceso ideológico de la revolución de independencia*, Universidad Nacional Autónoma de México, México, 1983, p. 120.

[512] Edmundo O'Gorman, "La supervivencia política novohispana", en *Historia y palabra*, Condumex, México, 2006, p. 32.

[513] El libro paradigmático para la explicación de este proceso es *Quetzalcóatl y Guadalupe. La formación de la conciencia nacional en México*, Fondo de Cultura Económica, México, 1983.

[514] Ricardo Pérez Montfort, "La consolidación del acuerdo estereotípico nacional, 1921-1937", *op. cit.*, pp. 153-165.

[515] Luis Fernando Pérez Martínez, correo electrónico a Sara Sefchovich, 20 de agosto de 2007.

516 Ricardo Pérez Montfort, "La consolidación del acuerdo estereotípico nacional, 1921-1937", *op. cit.*, p. 154.

517 *Time*, 9 de marzo de 2006.

518 José del Val, "Identidad, etnia y nación", *op. cit.*, pp. 60-64.

519 Catherine Héau y Gilberto Giménez, "Versiones populares de la identidad nacional en México durante el siglo xx", *op. cit.*, todo el capítulo.

520 Carlos Martínez Assad, *Los sentimientos de la región. Del viejo centralismo a la nueva pluralidad*, Océano, México, 2002.

521 Concepción Lombardo de Miramón, *Memorias de una primera dama*, Libros de Contenido, México, 1992, p. 17; *Capítulos olvidados de la historia de México*, Reader's Digest, México, 1994, p. 227.

522 Carlos Martínez Assad, *Los sentimientos de la región. Del viejo centralismo a la nueva pluralidad*, *op. cit.*, p. 11.

523 Idea que recogería y correría el barón Alexander von Humboldt a principios del siglo xix y que pervive hasta hoy.

524 Francisco Bulnes, *Las grandes mentiras nacionales*, Consejo Nacional para la Cultura y las Artes, México, 1991.

525 Héctor Aguilar Camín, "Mentiras fundadoras", *Proceso*, núm. 1023, 10 de junio de 1996.

526 Héctor Aguilar Camín citado en Enrique Florescano, *Imágenes de la Patria a través de los siglos*, *op. cit.*, p. 433. Hoy se ha puesto de moda denostar esta historia oficial, lo hace por ejemplo Luis González de Alba en *Las mentiras de mis maestros*, Cal y Arena, México, 2007.

527 Enrique Florescano, *ibíd.*, nota 59 del capítulo 9, p. 459, y Héctor Aguilar Camín, "Historia para hoy", en Varios, *Historia ¿para qué?*, *op. cit.*, p. 148; Claudio Lomnitz, "Decadencia en tiempos de globalización", en Claudio Lomnitz, *Modernidad Indiana*, Planeta, México, 1999, p. 66.

528 Néstor Braunstein, "México: en psicoanálisis...", *Debate Feminista*, *op. cit.*, vol. 24, p. 55.

529 Carlos Loret de Mola, *Primero Noticias*, Televisa, 7 de abril de 2007.

530 Raúl Béjar y Héctor Rosales, "Las identidades nacionales hoy. Desafíos teóricos y políticos", en *La identidad nacional mexicana como problema político y cultural. Nuevas miradas*, *op. cit.*, pp. 19 y 26.

531 José Antonio Aguilar Rivera, "El laberinto de las identidades", *op. cit.*, p. 197.

532 José Gutiérrez Vivó, "Prólogo", a José Gutié-rrez Vivó, coord., *El otro yo del mexicano*, *op. cit.*, p. 11.

533 Leopoldo Zea citado en Abelardo Villegas, *La filosofía de lo mexicano*, *op. cit.*, p. 168.

534 Charles Taylor, *El multiculturalismo y la política del reconocimiento*, Fondo de Cultura Económica, México, 1999. Raúl Béjar y Héctor Rosales escriben que "La identidad nacional mexicana debe pensarse como un resultado histórico abierto y en transformación [...] [no] como una esencia o como una realidad cristalizada". "Las identidades nacionales hoy. Desafíos teóricos y políticos", *op. cit.*, pp. 19 y 26.

535 Gilberto Giménez, "Materiales para una teoría de las identidades sociales", en José Manuel Valenzuela, coord., *Los estudios culturales en México*, Fondo de Cultura Económica, México, 2002, pp. 45 y ss.

536 Guillermo Bonfil, "Pluralismo cultural y cultura nacional", en *Pensar nuestra cultura*, Alianza, México, 1992, p. 117.

537 Justo Sierra citado en Abelardo Villegas, *La filosofía de lo mexicano*, *op. cit.*, p. 17.

538 Leopoldo Zea citado en *ibíd.*, p. 168.

SIMULACIONES PARA TODOS

La seguridad nacional: ¿sólo una idea?

1 Este capítulo retoma lo aprendido como miembro del grupo promotor y organizador del seminario Seguridad en Democracia, ciudad de México, 4-5 de septiembre de 2007 y los siguientes artículos publicados en el periódico *El Universal*: "Ni gobernabilidad ni democracia", 2 de marzo de 2000; "El ejército", 18 de enero de 2001; "Urge detener la criminalidad", 1 de junio de 1995; "El plan de seguridad", 5 de julio de 1995; "El Consejo Nacional de Seguridad Pública", 14 de marzo de 1996; "Más sobre la seguridad pública", 21 de marzo de 1996; "¿Dónde quedó la soberanía?", 11 de agosto de 2005; "Las muchas seguridades", 10 de septiembre de 2007.

2 Laurie Freeman, "Déjà vu. Las políticas antidrogas en la relación México-Estados Unidos", *Foreign Affairs en español*, vol. 8, núm. 1, 2008, Instituto Tecnológico Autónomo de México, p. 18.

3 Sergio Aguayo Quezada, "Los usos, abusos y retos de la seguridad nacional mexicana, 1946-1990", en Sergio Aguayo Quezada y Bruce Michael Bagley, comps., *En busca de la seguridad perdida. Aproximaciones a la seguridad nacional mexicana*, Siglo xxi, México, 2002, p. 123.

⁴ Luis Astorga, entrevista de Sara Sefchovich, ciudad de México, 21 de febrero de 1994.

⁵ Luis Astorga citado en Eduardo Correa Senior, "México: hacia la construcción de un Estado paramilitar. La política contra el narcotráfico", inédito, 2007, p. 7.

⁶ Francisco Ramírez Acuña, secretario de Gobernación, en el seminario citado Seguridad en Democracia, 4 de septiembre de 2007.

⁷ Jorge Luis Sierra, "Mucha fuerza, pocos resultados", *El Universal*, 6 de julio de 2007, y Eduardo Correa Senior a Sara Sefchovich, ciudad de México, 10 de septiembre de 2007.

⁸ *El Universal*, 24 de septiembre de 2007.

⁹ Bruce Michael Bagley, "Marco internacional: experiencias comparativas", ponencia en Seguridad en Democracia, seminario citado.

¹⁰ Georgina Sánchez, "El peligro de las armas pequeñas en México", ponencia en el Seminario Internacional México: La Seguridad Nacional en la Encrucijada, El Colegio de México, México, 25 de septiembre de 2007.

¹¹ *El Universal*, 24 de septiembre de 2007.

¹² Eduardo Correa Senior, "México: hacia la construcción de un estado paramilitar. La política contra el narcotráfico", inédito, 2007, p. 1.

¹³ Edgardo Buscaglia, "Marco internacional: experiencias comparativas", ponencia en Seguridad en Democracia, seminario citado.

¹⁴ Arturo Arango Durán, "Diagnóstico de la inseguridad pública en México", ponencia en el Seminario Internacional México: La Seguridad Nacional en la Encrucijada, seminario citado.

¹⁵ Maureen Meyer, "La seguridad en la relación América Latina-Europa", ponencia en *ibíd.*

¹⁶ Laurie Freeman, "Déjà vu. Las políticas antidrogas en la relación México-Estados Unidos", *op. cit.*, p. 15.

¹⁷ Eduardo Correa Senior, entrevista citada.

¹⁸ *Ibíd.*, y Edgardo Buscaglia, "Marco internacional: experiencias comparativas", ponencia citada.

¹⁹ Francisco Pérez Arce, *El principio. 1968-1988: años de rebeldía*, Itaca, México, 2007, pp. 23 y 139.

²⁰ Rafael Reygadas hace una lista de las demandas que incluyen la educación, el respeto a los derechos humanos, el apoyo para el trabajo y la vivienda y otros. Citado en María de los Ángeles Mascott, "Cultura política y nuevos movimientos sociales en América Latina", *Metapolítica*, vol. 1, núm. 2, 1997, Centro de Estudios de Política Comparada, A.C., p. 239, nota 24.

²¹ Lorenzo Meyer, "Prólogo", a Sergio Aguayo Quezada y Bruce Michael Bagley, comps., *En busca de la seguridad perdida. Aproximaciones a la seguridad nacional mexicana, op. cit.*, p. 11.

²² Éste fue el argumento favorito de los presidentes Adolfo López Mateos y Luis Echeverría.

²³ Raúl Benítez Manaut menciona a varios grupos, entre ellos el llamado Ejército Revolucionario del Pueblo (EPR), en "Seguridad Nacional y transición política, 1994-2000", *Revistas de El Colegio de México Online*, octubre-diciembre de 2001, p. 982.

²⁴ Ricardo Raphael en *Noticiario Radiofónico Enfoque*, Núcleo Radio Mil, 1 de octubre de 2007.

²⁵ Eduardo Correa Senior a Sara Sefchovich, entrevista citada.

²⁶ Jorge Luis Sierra, "Hipótesis de los ataques a Pemex", *art. cit.*

²⁷ Ricardo Raphael, "La traición de los servicios de inteligencia", *El Universal*, 1 de octubre de 2007.

²⁸ Jorge Luis Sierra, "Hipótesis de los ataques a Pemex", *art. cit.*

²⁹ Richard C. Rockwell y Richard H. Moss, "La reconceptualización de la seguridad: un comentario sobre la investigación", en Sergio Aguayo Quezada y Bruce Michael Bagley, comps., *En busca de la seguridad perdida. Aproximaciones a la seguridad nacional mexicana, op. cit.*, p. 58.

³⁰ Carlos Martínez Assad a Sara Sefchovich, ciudad de México, 6 de septiembre de 2007 y debate en Seguridad en Democracia, seminario citado.

³¹ Ian Sigal a Sara Sefchovich, Portland, Oregon, 14 de septiembre de 2007.

³² Bruce Michael Bagley, "Marco internacional: experiencias comparativas", en Seguridad en Democracia, seminario citado; Elena Azaola a Sara Sefchovich, ciudad de México, 4 de septiembre de 2007; Gustavo Iruegas a Sara Sefchovich, ciudad de México, 4 de septiembre de 2007.

³³ Raúl Benítez Manaut, "Seguridad Nacional y transición política, 1994-2000", *op. cit.*, p. 966. El dicho perímetro abarca desde Canadá hasta el Caribe y 500 millas náuticas, dice Abelardo Rodríguez, "El comando norte", ponencia en el Seminario Internacional México: La Seguridad Nacional en la Encrucijada, seminario citado.

³⁴ Elena Azaola a Sara Sefchovich en conversación citada; Javier A. Elguea, "Seguridad internacional y desarrollo nacional: la búsqueda

de un concepto", en Sergio Aguayo Quezada y Bruce Michael Bagley, comps., *En busca de la seguridad perdida. Aproximaciones a la seguridad nacional mexicana, op. cit.,* p. 81. María Elena Morera, "Derechos humanos, educación, salud y papel de la sociedad", en Seguridad en Democracia, seminario citado.

[35] Arturo Arango Durán, "Diagnóstico de la inseguridad pública en México", *op. cit.*

[36] Gustavo Iruegas a Sara Sefchovich, conversación citada.

[37] Jorge Luis Sierra, "Subordinación militar a EU", *El Universal,* 31 de agosto de 2007; Eduardo Correa Senior, entrevista citada.

[38] José María Pérez Gay, "Los nuevos mercenarios", *La Jornada,* 19, 20, 21 de septiembre de 2007. Según Eduardo Correa Senior, también les conviene a las agencias de inteligencia estadounidenses como DEA, FBI y CIA, entrevista citada. Esto lo afirmó también la primera plana de *El Universal* del 10 de octubre de 2007.

[39] Jorge Luis Sierra, "Hipótesis de los ataques a Pemex", *El Universal,* 14 de septiembre de 2007.

[40] Ernesto López Portillo a Sara Sefchovich, ciudad de México, 4 de septiembre de 2007.

[41] Jorge Tello Peón en "Enfoque", *Reforma,* 14 de octubre de 2007.

[42] Javier A. Elguea citado en Sergio Aguayo, Bruce Michael Bagley y Jeffrey Stark, "Introducción. México y Estados Unidos en busca de la seguridad", en Sergio Aguayo Quezada y Bruce Michael Bagley, comps., *En busca de la seguridad perdida. Aproximaciones a la seguridad nacional mexicana, op. cit.,* p. 33; Javier A. Elguea, "Seguridad internacional y desarrollo nacional: la búsqueda de un concepto", en *ibíd.,* p. 87; y Gabriel Székely en Seguridad en Democracia, seminario citado.

[43] Javier A. Elguea, *ibíd.,* p. 87, y José Woldenberg en Seguridad en Democracia, seminario citado.

[44] Página electrónica del Centro de Investigación y Seguridad Nacional (CISEN), 13 de septiembre de 2007.

[45] Javier A. Elguea, "Seguridad internacional y desarrollo nacional: la búsqueda de un concepto", *op. cit.,* p. 82.

[46] Norbert Lechner, "Tres formas de coordinación social. Un esquema", *Debate Feminista,* vol. 19, abril de 1999, p. 158.

[47] Norberto Bobbio, *El tiempo de los derechos,* Sistema, Barcelona, 1997, p. 27.

[48] Richard C. Rockwell y Richard H. Moss, "La

reconceptualización de la seguridad: un comentario sobre la investigación", *op. cit.,* pp. 54 y 56.

[49] Luis Herrera Lasso y Guadalupe González citados en Lorenzo Meyer, "Prólogo", *op. cit.,* p. 12.

[50] Richard C. Rockwell y Richard H. Moss, "La reconceptualización de la seguridad: un comentario sobre la investigación", *op. cit.,* p. 49.

[51] Leonel Godoy citado en Sergio Sarmiento, "Terrorismo", *Reforma,* 17 de septiembre de 2008.

[52] Desplegado "Repudio al terrorismo", *La Jornada,* 18 de septiembre de 2008.

[53] Ángel Gutiérrez Chávez, *La Jornada,* 22 de septiembre de 2008.

[54] *La Jornada,* 26 de septiembre de 2007.

[55] Raúl Benítez Manaut, "Seguridad Nacional y transición política, 1994-2000", *op. cit.,* p. 975.

[56] Gerardo Rodríguez Sánchez Lara y Mario Arroyo Juárez, "Terrorismo, guerrilla y narcoterrorismo ¿amenazas para México?", *Foreign Affairs en español, op. cit.,* p. 38. Ellos presentan la lista completa de estos "instrumentos".

[57] Eduardo Correa Senior, "El narcotráfico", conferencia en la Universidad Autónoma de la Ciudad de México, julio de 2007.

[58] Así le llamó Antonio O. Garza, embajador de Estados Unidos en México, citado en *La Jornada,* 21 de septiembre de 2007. Este embajador ha sido particularmente duro con México sobre la incapacidad de las fuerzas de seguridad nacionales para resolver la inseguridad y el narcotráfico, incluso llegó a cerrar uno de los consulados fronterizos."¿Dónde quedó la soberanía?", 11 de agosto de 2005.

[59] Daniel Drache, "La seguridad de América del Norte", Seminario Internacional México: La Seguridad Nacional en la Encrucijada, seminario citado.

[60] Definición de terrorismo en Wikipedia Online.

[61] Definición de sabotaje en *ibíd.* Quien así lo llama es Carlos Montemayor en *La Jornada,* 24 de septiembre de 2008.

[62] Luis Hernández Navarro, "Seguridad en democracia", en Seguridad en Democracia, seminario citado.

[63] Carlos Abascal, *Milenio,* 23 de octubre de 2005.

[64] Luis Astorga, entrevista citada, y Raúl Benítez Manaut, "Seguridad Nacional y transición política, 1994-2000", *op. cit.,* p. 966.

[65] Eduardo Correa Senior, "México: hacia la construcción de un Estado paramilitar. La política contra el narcotráfico", *op. cit.,* p. 2.

[66] Gerardo Rodríguez Sánchez Lara y Mario Arroyo Juárez, "Terrorismo, guerrilla y narco-

terrorismo ¿amenazas para México?", *op. cit.*, p. 33.

[67] "La gobernabilidad", 21 de enero de 2008.

[68] Santiago Creel, "Congreso: los pendientes", ponencia presentada en Seguridad en Democracia, seminario citado; Genaro García Luna presentación de su libro *Contra el crimen ¿Por qué 1661 corporaciones de policía no bastan?*, en el Seminario Internacional México: La Seguridad Nacional en la Encrucijada, seminario citado.

[69] Sergio García Ramírez, "El marco jurídico", en Seguridad en Democracia, seminario citado.

[70] Red de Especialistas en Seguridad Pública, "Especialistas opinan sobre las políticas de seguridad previstas en el Plan Nacional de Desarrollo", documento final de la reunión de trabajo, 3 de septiembre de 2007.

[71] Gerardo Rodríguez Sánchez Lara y Mario Arroyo Juárez, "Terrorismo, guerrilla y narcoterrorismo ¿amenazas para México?", *op. cit.*, p. 33.

[72] Red de Especialistas en Seguridad Pública, "Especialistas opinan sobre las políticas de seguridad previstas en el Plan Nacional de Desarrollo", documento citado.

[73] Fernando Ortiz Proal, "Edén del terrorismo", *El Universal*, 14 de septiembre de 2007.

[74] Jorge Luis Sierra, "Fallas de la inteligencia militar", *El Universal*, 20 de julio de 2007.

[75] Luis Herrera Lasso, "Seguridad e inteligencia en México", en Seminario Internacional México: La Seguridad Nacional en la Encrucijada, seminario citado.

[76] Aunque como ya se dijo, formalmente es el presidente de la República quien lo decide.

[77] Ana María Salazar, "Negociaciones de inexpertos", *El Universal*, 21 de septiembre de 2007.

[78] "Carta de los directores", *Foreign Affairs en español*, *op. cit.*, p. ix.

[79] Bruce Michael Bagley, "Marco internacional: experiencias comparativas", y María Elena Morera "Derechos humanos, educación, salud y papel de la sociedad", en Seguridad en Democracia, seminario citado.

[80] Laurie Freeman, "Déjà Vu. Las políticas antidrogas en la relación México-Estados Unidos", *op. cit.*, pp. 15 y 23.

[81] *Ibíd.*

[82] Germán Dehesa, "Garabatos", *Reforma*, 11 de septiembre de 2007.

[83] Leonardo Curzio, "Seguridad, inteligencia y democracia", Seminario Internacional México: La Seguridad Nacional en la Encrucijada, seminario citado.

[84] Ricardo Raphael, "La traición de los servicios de inteligencia", *art. cit.*

[85] *La Jornada*, 3 de octubre de 2007.

[86] Francisco Ramírez Acuña al inaugurar la 19 Conferencia Nacional de Procuración de Justicia, *La Jornada*, 21 de septiembre de 2007.

[87] Raúl Fraga, "Entrevista", *Revista de Humanidades y Ciencias Sociales*, núm. 30, abril de 2008, Coordinación de Humanidades/Universidad Nacional Autónoma de México, p. 5.

[88] Nelson Arteaga Botello, *En busca de la legitimidad: violencia y populismo punitivo en Mexico, 1990-2000*, Universidad Autónoma de la Ciudad de México, México, 2004, p. 118.

[89] Red de Especialistas en Seguridad Pública, "Especialistas opinan sobre las políticas de seguridad previstas en el Plan Nacional de Desarrollo", documento citado.

[90] Richard C. Rockwell y Richard H. Moss, "La reconceptualización de la seguridad: un comentario sobre la investigación", *op. cit.*, p. 59.

[91] Esto se lo dijeron los legisladores al secretario Francisco Ramírez Acuña en su comparecencia el 25 de septiembre de del 2007, *La Jornada*, 26 de septiembre de 2007.

Los conflictos sociales: ¿cuántos discursos?

[92] Este capítulo retoma mis siguientes artículos publicados en el periódico *El Universal*: "Todos somos criminales", 16 de febrero de 1995; "Aplauso a la CNDH por el caso Aguas Blancas", 2 de marzo de 1996; "El pantano chiapaneco", 2 de mayo de 1996; "Desesperación ciudadana", 13 de noviembre de 1997; "El tema obligado", 15 de enero de 1998; "Hay silencios y silencios", 23 de julio de 1998; "El conflicto en la UNAM", 1 de abril de 1999; "¿Para qué la bronca?", 22 de abril de 1999; "Así no se vale", 20 de mayo de 1999; "Gobernar es resolver problemas", 27 de mayo de 1999; "Las terceras posiciones", 1 de julio de 1999; "Entre la represión y la inacción", 26 de agosto de 1999; "La UNAM y sus enemigos", 7 de octubre de 1999; "La UNAM y la esperanza", 20 de enero de 2000; "La UNAM y la compasión", 10 de febrero de 2000; "El dolor por la UNAM", 16 de marzo de 2000; "Los intelectuales y el zapatismo", 15 de marzo de 2001; "Marcos y los intelectuales", 22 de marzo de 2001; "La realidad y los símbolos", 29 de marzo de 2001; "Carta al rector de la UNAM", 10, 17, 21 de mayo de 2001; "Lo importante y los superfluo", 18 de mayo de 2002; "Inesperada lección de Atenco", 8 de

agosto de 2002; "Respuesta", 10 de agosto de 2006; "¿Es la guerra?", 14 de septiembre de 2006; "Mi país inventado", 30 de noviembre de 2006; "Las acciones sociales", 15 de febrero de 2007; "Los conflictos y su resolución", 5 de abril de 2007.

[93] Charles Tilly, "La disensión política y los pobres en América Latina, siglos XVIII y XIX", conclusiones a Silvia Marina Arrom y Servando Ortoll, coords., *Revuelta en las ciudades. Políticas populares en América Latina*, Universidad Autónoma Metropolitana/Iztapalapa-El Colegio de Sonora-Porrúa, México, 2004, p. 283.

[94] Acción colectiva es "cualquier cosa que las gentes hacen juntas en aras de algo compartido", según la definición clásica de Mancur Olson en *The Logic of Collective Action. Public Groups and the Theory of Groups*, Harvard University Press, Cambridge, 1965.

[95] Es el término que usa Gilberto Giménez para quien la acción social se define como "lo que emprenden los actores sociales entendidos como sujetos que tienen una identidad colectiva, un 'nosotros'", en "Los movimientos sociales. Problemas teórico-metodológicos", *Revista Mexicana de Sociología*, año LVI, núm. 2, abril-julio de 1994, Instituto de Investigaciones Sociales/Universidad Nacional Autónoma de México, p. 10.

[96] Bert Klandermans y Suzanne Staggenborg, "Introducción", a Bert Klandermans y Suzanne Staggenborg, eds,. *Methods of Social Movement Research*, University of Minnesota Press, Minneapolis-London, 2002, p. x.

[97] Marc Howard Roos, *La cultura del conflicto*, Paidós, Buenos Aires, 1995, p. 135.

[98] Irene Vasilachis de Gialdino, "La representación discursiva de los conflictos sociales en la prensa escrita", *Estudios Sociológicos*, vol. XXIII, núm. 67, enero-abril de 2005, El Colegio de México, p. 132.

[99] Marc Howard Roos, *La cultura del conflicto, op. cit.*, p. 139.

[100] Carlos Monsiváis, *Entrada libre. Crónicas de la sociedad que se organiza*, Era, México, 1987, pp. 12 y 147.

[101] Francisco Pérez Arce, *El principio. 1968-1988: años de rebeldía*, Itaca, México, 2007, p. 146.

[102] Gilberto Giménez Montiel, "Los movimientos sociales. Problemas teórico-metodológicos", *op. cit.*, p. 10.

[103] Charles Tilly, "La disensión política y los pobres en América Latina, siglos XVIII y XIX", *op. cit.*, p. 285.

[104] "Contenciosas" como se dice hoy siguiendo a Sidney Tarrow, citado en Jorge Cadena-Roa, "Los movimientos sociales en tiempos de la alternancia (2000-2004)", en Fernando Castaños, Julio Labastida Martín del Campo y Miguel Armando López Leyva, coords., *El estado actual de la democracia en México. Retos, avances y retrocesos*, Instituto de Investigaciones Sociales/Universidad Nacional Autónoma de México, México, 2007, p. 256.

[105] "Un movimiento social es el conflicto de dos adversarios por la gestión de recursos culturales", dice Alain Touraine en "Reacciones antinucleares o movimiento antinuclear", *Revista Mexicana de Sociología*, vol. XLIV, núm. 2, abril-junio de 1982, Instituto de Investigaciones Sociales/Universidad Nacional Autónoma de México, México, p. 694.

[106] Luis Hernández Navarro, "Seguridad en democracia", ponencia presentada en el seminario Seguridad en Democracia, México, 4 de septiembre de 2007. Es también la tesis de su libro *Sentido contrario. Vida y milagros de rebeldes contemporáneos*, La Jornada Ediciones, México, 2007.

[107] Adriana López Monjardin, "Movimientos políticos, movimientos sociales", en Víctor Gabriel Muro y Manuel Canto Chac, coords., *El estudio de los movimientos sociales: teoría y método*, El Colegio de Michoacan-Universidad Autónoma Metropolitana/Xochimilco, México, 1991 p. 30.

[108] Margarita Favela Gavia, "Cambios en el sistema político y en la protesta social en México, 1946-2000: interacción entre instituciones y acción social", *Estudios Sociológicos*, vol. XXIII, núm. 68, mayo-agosto de 2005, El Colegio de México, p. 553.

[109] Un buen resumen está en María Ángeles Mascott, "Cultura política y nuevos movimientos sociales en América Latina", *Metapolítica*, vol. 1, núm. 2, 1997, Centro de Estudios de Política Comparada, A.C., pp. 230 y ss.

[110] O como se dice ahora, su "éxito" en el sentido que le da a la palabra William Gamson, según Miguel Armando López Leyva, "Movimientos sociales y políticas públicas: la influencia de los movimientos sociales en el proceso decisional de las políticas", conferencia en el Instituto de Investigaciones Sociales de la Universidad Nacional Autónoma de México, México, 24 de abril de 2008.

[111] Alain Touraine en "Reacciones antinucleares o movimiento antinuclear", *op. cit.*, p. 690.

112 Gonzalo Torres, correo electrónico a Sara Sefchovich, 12 de mayo de 2008.

113 Paul B. Armstrong, "Prefacio", a *Lecturas en conflicto: validez y variedad en la interpretación*, Instituto de Investigaciones Sociales/Universidad Nacional Autónoma de México, México, 1992, p. XIII.

114 "Es la ideología hecha práctica", Sara Sefchovich, *Ideología y ficción en la obra de Luis Spota*, Grijalbo, México, 1985, p. 101.

115 Gilberto Giménez, "La controversia ideológica en torno al VI informe de José López Portillo. Ensayo de análisis argumentativo", *Discurso*, núm. 1, mayo-agosto de 1983, Colegio de Ciencias y Humanidades/Universidad Nacional Autónoma de México, p. 25, nota 4.

116 Paul B. Armstrong, "Prefacio", a *Lecturas en conflicto: validez y variedad en la interpretación*, *op. cit.*, p. XI.

117 Citados en Margarita Favela Gavia, "Cambios en el sistema político y en la protesta social en México, 1946-2000: interacción entre instituciones y acción social", *op. cit.*, p. 537, nota 4.

118 Édgar Jiménez Cabrera, "La nueva izquierda en América Latina", *Este País*, núm. 194, mayo de 2007, p. 47.

119 Irene Vasilachis de Gialdino, "La representación discursiva de los conflictos sociales en la prensa escrita", *op. cit.*, p. 96.

120 Samuel Ruiz en *La Jornada*, 24 de septiembre de 2007.

121 Diego E. Piñeiro, "Ensayo de síntesis: una mirada transversal", en Diego E. Piñeiro, *En busca de la identidad. La acción colectiva en los conflictos agrarios de América Latina*, Consejo Latinoamericano de Ciencias Sociales, Buenos Aires, 2004, p. 305, y a Jorge Cadena Roa, "Notas para el estudio de los movimientos sociales y los conflictos en México", en Víctor Gabriel Muro y Manuel Canto Chac, coords., *El estudio de los movimientos sociales: teoría y método*, *op. cit.*, p. 42.

122 Alain Touraine, "Reacciones antinucleares o movimiento antinuclear, *op. cit.*, p. 690.

123 Frederic Jameson citado en Richard Rorty, "The Pragmatist's Progress", en Umberto Eco *et al.*, *Interpretation and Overinterpretation*, Cambridge University Press, Cambridge, 1992, p. 103.

124 Pierre Ansart, "Idéologie stratégique et stratégie politique", *Cahiers Internationaux du Sociologie*, vol. LXIII, 1977, p. 135. Y es que según Lucio Levy, "La legitimación sólo se adquiere cuando se cuenta con el apoyo de la sociedad", *Diccionario de política*, t. II, Siglo XXI, México, 1985, p. 896.

125 Julio Juárez Gamiz, entrevista en *Humanidades y Ciencias Sociales*, octubre de 2007, Coordinación de Humanidades/Universidad Nacional Autónoma de México, p. 14.

126 Paul B. Armstrong, "Prefacio", *op. cit.*, p. XII.

127 Sara Sefchovich, *Ideología y ficción en la obra de Luis Spota*, *op. cit.*, pp. 193 y 201.

128 Irene Vasilachis de Gialdino, "La representación discursiva de los conflictos sociales en la prensa escrita", *op. cit.*, p. 107 y 96.

129 Jean-Pierre Vernant, "Tensions and Ambiguities in Greek Tragedy", en Charles S. Singleton, *Interpretation: Theory and Practice*, The Johns Hopkins University Press, Baltimore, 1969, p. 60.

130 Paul B. Armstrong, "Prefacio", *op. cit.*, p. XIII.

131 Gilberto Giménez, *El discurso político*, curso, Facultad de Ciencias Políticas y Sociales/División de Estudios Superiores/Universidad Nacional Autónoma de México,1981. Véase el capítulo de Luis Villoro, "El concepto de ideología en Marx y Engels", en Mario H. Otero, comp., *Ideología y ciencias sociales*, Universidad Nacional Autónoma de México, México, 1979, especialmente las pp. 22-24, 31 y 32-34.

132 Jean Mouchon citado en "Lo importante y lo superfluo", 18 de mayo de 2000.

133 Julio Juárez Gamiz, entrevista citada.

134 Jorge Cadena-Roa, "Los movimientos sociales en tiempos de la alternancia (2000-2004)", *op. cit.*, pp. 256 y 258.

135 Pete Hamill citado en "Lo importante y lo superfluo", *art. cit.*

136 Gerrit Huizer, "Ciencia social aplicada y acción política: notas sobre nuevos enfoques", *Revista Mexicana de Sociología*, vol. XLI, núm. 3, julio-septiembre de 1979, Instituto de Investigaciones Sociales/Universidad Nacional Autónoma de México, p. 1025.

137 Tilman Evers, Clarita Müller-Plantenberg y Stefanie Spessart, "Movimientos barriales y Estado. Luchas en la esfera de la reproducción en América Latina", *Revista Mexicana de Sociología*, vol. XLIV, núm. 2, abril-junio de 1982, Instituto de Investigaciones Sociales/Universidad Nacional Autónoma de México, p. 707.

138 Adriana López Monjardin, "Movimientos políticos, movimientos sociales", *op. cit.*, pp. 24-25.

139 Serge Moscovici, "Influencia manifiesta e in-

fluencia oculta en la comunicación", *Revista Mexicana de Sociología*, vol. XLV, núm. 2, abril-julio de 1983, Instituto de Investigaciones Sociales/Universidad Nacional Autónoma de México, p. 690.

[140] Véase por ejemplo Leticia Reina, *Las rebeliones campesinas en México, 1819-1906*, Siglo XXI, México, 1998, en donde se muestra que hubo muchas y por causas diversas, desde por despojo de tierras hasta por aumento de tributos, desde por abusos de autoridades hasta por obligar a sembrar lo que no querían, desde por razones electorales hasta por autonomías. "Nueva introducción", pp. VI, XII y XIX.

[141] Silvia Marina Arrom, "La política popular en las ciudades latinoamericanas antes de la era populista", introducción a Silvia Marina Arrom y Servando Ortoll, coords., *Revuelta en las ciudades. Políticas populares en América Latina*, *op. cit.*, p. 12.

[142] Carl Christian Sartorius, *México hacia 1850*, Consejo Nacional para la Cultura y las Artes, México, 1990, p. 230.

[143] Adriana López Monjardin se niega a aceptar la división teórica tradicional entre movimientos sociales (en tanto luchas reivindicativas) y movimientos políticos (en tanto lucha explícita por el poder), ya que según ella, en México siempre están mezclados, lo cual resulta inevitable por su propio carácter. La autora ejemplifica: "Cuando los pagos que recibe una comunidad por sus cosechas de café dependen de la solución de un conflicto político ¿cómo separar el estudio de los movimientos sociales del análisis de los movimientos políticos? Las luchas por el poder político en el campo ¿no forman parte de los movimientos sociales campesinos?". Por eso concluye que "las ligas son estrechas y la separación entre unos y otros puede resultar poco pertinente llevando a perder de vista algunas de las características centrales de los conflictos que se pretenden explicar. "Movimientos políticos, movimientos sociales", *op. cit.*, pp. 23, 27 y 29.

[144] *Ibíd.*, p. 21.

[145] Lucía Álvarez, "Actores sociales, construcción de ciudadanía y proceso democrático en la ciudad de México", en Lucía Álvarez, Carlos San Juan y Cristina Sánchez Mejorada, coords., *Democracia y exclusión. Caminos encontrados en la ciudad de México*, Universidad Nacional Autónoma de México-Universidad Autónoma Metropolitana/Azcapotzalco-Universidad Autónoma de la Ciudad de México-Instituto Nacional de Antropología e Historia-Plaza y Valdés, México, 2006, p. 53.

[146] Alberto J. Olvera, "Introducción", a Alberto J. Olvera, coord., *La sociedad civil, de la teoría a la realidad*, El Colegio de México, México, 1999, p. 12.

[147] Jorge Alonso, *Los movimientos sociales en el valle de México*, Centro de Investigaciones y Estudios Superiores en Antropología Social, México, vol. 1, 1986; vol. 2, 1988. Alejandra Massolo, *Por amor y coraje. Mujeres en los movimientos urbanos en la ciudad de México*, El Colegio de México, México, 1992; Juan Manuel Ramírez Saíz, *El movimiento urbano popular en México*, Siglo XXI, México, 1986.

[148] Lucía Álvarez, "Actores sociales, construcción de ciudadanía y proceso democrático en la ciudad de México", *op. cit.*, p. 58.

[149] Silvia Bolos, "Los movimientos sociales, actores de la democracia en la ciudad", en Lucía Álvarez, Carlos San Juan y Cristina Sánchez Mejorada, coords., *Democracia y exclusión. Caminos encontrados en la ciudad de México*, *op. cit.*, pp. 81 y 87.

[150] *Ibíd.*, p. 87.

[151] Lucía Álvarez, "Actores sociales, construcción de ciudadanía y proceso democrático en la ciudad de México", *op. cit.*, p. 59.

[152] Sergio Zermeño, *La sociedad derrotada. El desorden mexicano de fin de siglo*, Siglo XXI, México, 1996, pp. 70-61 y 60-61.

[153] Silvia Bolos, "Los movimientos sociales, actores de la democracia en la ciudad", *op. cit.*, p. 85.

[154] Hermann Bellinghausen, "En ocho años de la revuelta zapatista las causas siguen vigentes", *La Jornada*, 31 de diciembre de 2001.

[155] Raúl Fraga, entrevista, *Revista de Humanidades y Ciencias Sociales*, núm. 30, abril de 2008, Coordinación de Humanidades/Universidad Nacional Autónoma de México, p. 6.

[156] Carmen Lira Saade, "Presentación", a *El otro jugador. La Caravana de la Dignidad Indígena*, La Jornada Ediciones, México, 2001, p. 7.

[157] Subcomandante Marcos citado en "El pantano chiapaneco", *art. cit.*

[158] Carlos Tello Díaz, *La rebelión de las Cañadas. Origen y ascenso del EZLN*, Cal y Arena, México, 1995, pp. 260-261.

[159] Subcomantante Marcos a Laura Castellanos, "Retrato radical", *Gatopardo*, núm. 86, diciembre de 2006-enero de 2007, p. 43.

[160] Carta enviada a políticos europeos, reproducida en Martín Álvarez Fabela, *Acteal de los*

mártires: infamia para no olvidar, Plaza y Valdés, México, 2000, p. 17.

161 Luis Felipe Bravo Mena, "Recelo panista ante eventual endurecimiento insurgente", en *El otro jugador. La Caravana de la Dignidad Indígena*, *op. cit.*, p. 83.

162 Comandanta Esther, discurso ante el Congreso de la Unión, Televisa, 28 de marzo de 2001.

163 Subcomandante Marcos citado en Laura Castellanos, "Retrato radical", *op. cit.*, p. 39.

164 Lo primero lo dijo Adolfo Gilly en "Valores contra cinismo", *Nexos*, febrero de 1995; lo segundo, Carlos Antonio Aguirre Rojas, entrevista online, 1 de enero de 2008.

165 Lo primero lo dijo Adolfo Gilly, *ibíd.*; lo segundo Rosaluz Pérez en "Gato por liebre. Academia y contrainsurgencia en Chiapas", *Ojarasca*, suplemento de *La Jornada*, núm. 132, abril de 2008, p. 4.

166 Lo primero lo dijo Marco Estrada Saavedra, *La comunidad armada rebelde y el EZLN. Un estudio histórico y sociológico sobre las bases de apoyo zapatistas en las cañadas tojolabales de la selva Lacandona (1903-2005)*, El Colegio de México, México, 2007; lo segundo Rosaluz Pérez en "Gato por liebre", *art. cit.*

167 Juan Pedro Viqueira afirma lo primero, Mariana Romo lo segundo; ambos citados en Laura Castellanos, "Retrato radical", *op. cit.*, p. 42.

168 Carlos Antonio Aguirre Rojas en la presentación de su libro *Mandar obedeciendo: las lecciones del neozapatismo mexicano*, Centro Cultural y Social Karacola, México, 18 de febrero de 2008.

169 Hermann Bellinghausen, "En ocho años de la revuelta zapatista las causas siguen vigentes", *art. cit.*

170 Luis H. Álvarez en *Reforma*, 18 de octubre de 2007.

171 *El Universal*, 14 de abril de 2008.

172 Subcomandante Marcos citado en Laura Castellanos, "Retrato radical", *op. cit.*, p. 39.

173 "Aplauso a la CNDH por el caso Aguas Blancas", *art. cit.*

174 *La Jornada*, 29 de junio de 2005.

175 "El conflicto en la UNAM", *art. cit.*

176 "Las terceras posiciones", *art. cit.*

177 "¿Es esto lo que nos merecemos?", 29 de abril de 1999, y "El conflicto en la UNAM", *art. cit.*

178 "Así no se vale" y "Gobernar es resolver problemas", *arts. cit.*

179 "Entre la represión y la inacción", *art. cit.*

180 Raúl Benítez Manaut, "Seguridad Nacional y transición política, 1994-2000", *Revistas de El Colegio de México Online*, octubre-diciembre de 2001, p. 971.

181 Sergio Zermeño citado en "La UNAM y la compasión", *art. cit.*

182 Carlos Martínez Assad citado en *ibíd.*

183 "¿Para qué la bronca?", *art. cit.*

184 "Entre la represión y la inacción", *art. cit.*

185 "Las terceras posiciones", *art. cit.*

186 Diego Enrique Osorno, *Oaxaca sitiada, la primera insurrección del siglo XXI*, Grijalbo, México, 2007, pp. 17 y 279.

187 Concepción Núñez Miranda, correo electrónico a Sara Sefchovich, 1 de agosto de 2008.

188 "¿Es la guerra?", *art. cit.*

189 *Hispanoticias Online*, 10 de noviembre de 2006.

190 Diego Enrique Osorno, *Oaxaca sitiada, la primera insurrección del siglo XXI*, *op. cit.*, p. 278.

191 Berta Maldonado a Sara Sefchovich, 16 de noviembre de 2007; véanse los libros de Elena Poniatowska, *Amanecer en el Zócalo. Los cincuenta días que confrontaron a México*, Planeta, México, 2007, y Sabina Berman, *Un soplo en el corazón de la Patria*, México, Planeta, 2006.

192 Juan Manuel Villalobos, correo electrónico a Sara Sefchovich, 10 de julio de 2006.

193 "El Correo Ilustrado", *La Jornada*, 8 de julio de 2006.

194 Raquel Serur citada en "¿Es la guerra?", *art. cit.*

195 Octavio Rodríguez Araujo y Grupo Sur citados en *ibíd.*

196 Héctor Aguilar Camín y Soledad Loaeza citados en *ibíd.*

197 Vicente Fox Quesada, *Reforma*, 23 de agosto de 2006.

198 "¿A quién creerle?", 24 de agosto de 2006"

199 *Las Abejas de Acteal Online*, 25 de octubre de 2007.

200 Raúl Vera en *La Jornada*, 28 de octubre de 2007, y Samuel Ruiz, *La Jornada*, 8 de noviembre de 2007.

201 Marcela Turati, "Acteal, la injusticia que no termina", *Gatopardo*, núm. 86, diciembre-enero de 2007, p. 54.

202 Carlos Fuentes citado en Martín Álvarez Fabela, *Acteal de los mártires: infamia para no olvidar*, *op. cit.*, p. 230.

203 Samuel Ruiz y Raúl Vera en *La Jornada*, 22 de diciembre de 2007.

204 Martín Álvarez Fabela, *Acteal de los mártires: infamia para no olvidar*, *op. cit.*, p. 37.

205 Marcela Turati, "Acteal, la injusticia que no termina", *art. cit.*, p. 54. A esta versión contribuyó el hecho de que la mayoría de los inculpados eran presbiterianos y su Iglesia tomó la defensa de sus casos.

206 Según el antropólogo Yvon Le Bot ésa era una versión del gobierno "para eludir sus responsabilidades en la matanza de Chenalhó". Algo similar afirmó el abogado Javier Angulo, defensor de los encarcelados por este motivo; ambos citados en *ibíd.*, pp. 54 y 55.

207 Héctor Aguilar Camín, "Regreso a Acteal. I. La fractura", *Nexos*, núm. 358, octubre de 2007, y cartas a "El Correo Ilustrado" de *La Jornada*.

208 María Amparo Casar "Acteal: dato por dato", *Reforma*, 17 de diciembre de 2007.

209 *Las Abejas de Acteal Online*, 25 de octubre de 2007.

210 Carta a "El Correo Ilustrado", *La Jornada*, 26 de octubre de 2007.

211 *La Jornada*, 27 de octubre de 2007.

212 *La Jornada*, 29 de octubre de 2007.

213 Dolores Camacho y Arturo Lomelí, "Acteal: algunos trasfondos del debate", *La Jornada Online*, 2 de diciembre de 2007.

214 Gerardo Caetano, "Introducción. Fundamentación general del grupo de trabajo sobre historia reciente de CLACSO", en Gerardo Caetano, comp., *Sujetos sociales y nuevas formas de protesta en la historia reciente de America Latina*, CLACSO, Buenos Aires, 2005, p. 13.

215 Sergio Zermeño, *La sociedad derrotada. El desorden mexicano de fin de siglo*, *op. cit.*, pp. 112, 113 y 159.

216 *Ibíd.*, y Héctor Aguilar Camín, "Historia para hoy", en Varios, *Historia ¿para qué?*, Siglo XXI, México, 1980, p. 162.

217 Silvia Marina Arrom, "La política popular en las ciudades latinoamericanas antes de la era populista", *op. cit.*, p. 16, nota 8.

218 Octavio Paz, *El laberinto de la soledad*, Fondo de Cultura Económica, México, 1963, p. 34.

219 Luis Hernández Navarro, "Seguridad en democracia", ponencia citada.

220 Roger Bartra, "La dictadura no era perfecta: mediaciones democráticas y redes imaginarias", en José Antonio Aguilar Rivera, coord., *México: crónicas de un país posible*, Fondo de Cultura Económica-Consejo Nacional para la Cultura y las Artes, México, 2005, p. 303.

221 Por ejemplo, la apertura de fronteras a productos industriales y agrícolas de otros países o los salarios excesivamente bajos o la falta de libertad de expresión, etcétera.

222 Es la vieja teoría de Talcott Parsons hoy revisitada en Nelson Arteaga Botello, *En busca de la legitimidad: violencia y populismo punitivo en México, 1990-2000*, Universidad Autónoma de la Ciudad de México, México, 2004, p. 13.

223 Carlos Zolla y Emiliano Zolla Márquez, *Los pueblos indígenas de México, 100 preguntas*, Universidad Nacional Autónoma de México, México, 2004, p. 13.

224 Lewis Coser, *Las funciones del conflicto social*, Fondo de Cultura Económica, México, 1961.

225 Silvia Marina Arrom, "Protesta popular en la ciudad de México: el motín del Parián en 1828", en Silvia Marina Arrom y Servando Ortoll, coords., *Revuelta en las ciudades. Políticas populares en América Latina, op. cit.*, p. 85.

226 José Woldenberg citado en "Ni gobernabilidad ni democracia", *art. cit.*

227 Irene Vasilachis de Gialdino, "La representación discursiva de los conflictos sociales en la prensa escrita", *op. cit.*, p. 102. Esta misma tesis es la de Daniel Cohn Bendit sobre el movimiento del 68, entrevista, *El País*, 14 de mayo de 2008.

228 Silvia Bolos, "Los movimientos sociales, actores de la democracia en la ciudad", *op. cit.*, p. 85.

229 *Conflictividad social en México: 1994-1997*, Cuadernos de Reflexión y Acción No Violenta, SERPAJ, Cuernavaca, primavera de 1997, pp. 7-8.

230 *Ibíd.*, p. 1.

231 Margarita y Luis, participantes del movimiento de Atenco, en Miguel Ángel Granados Chapa, *Plaza Pública*, Radio Universidad, 28 de abril de 2008.

232 *Conflictividad social en México: 1994-1997*, *op. cit.*, p. 33.

233 Jorge Cadena-Roa, "Los movimientos sociales en tiempos de la alternancia (2000-2004)", *op. cit.*, pp. 239 y 240.

234 Lucía Álvarez citada en *ibíd.*

235 Raúl Jiménez Lescas, "1982 -2006: 13 mil 908 huelgas, 6.2 millones de riesgos de trabajo, 2 millones 120 mil 322 conflictos laborales, saldo del modelo económico neoliberal", en Ana Alicia Solís de Alba, Max Ortega, Abelardo Mariña Flores y Nina Torres, coords., *Balance del sexenio foxista y perspectivas para los movimientos sociales*, Itaca, México, 2007, pp. 263 y 266.

236 Luis Hernández Navarro, "Seguridad en democracia", ponencia citada.

237 Rob Aitken, Nikki Craske, Gareth Jones y David Strausfeld, eds., *Is the Mexican State Being Dismantled?*, Macmillan, London, 1996.

238 Jorge Cadena-Roa, "Los movimientos sociales en tiempos de la alternancia (2000-2004)", *op. cit.*, pp. 241 y 248.

239 Luis Hernández Navarro, *Sentido contrario.*

Vida y milagros de rebeldes contemporáneos, La Jornada Ediciones, México, 2007, pp. 41-56.

[240] *El Universal*, 4 de mayo de 2006 y Wikipedia Online.

[241] Enrique Peña Nieto a Joaquín López-Dóriga, *Noticiero*, Televisa, 3 de mayo de 2006.

[242] Hank Johnston, "Verification and Proof in Frame and Discourse Analysis", en Bert Klandermans y Suzanne Staggenborg, eds., *Methods of Social Movement Research*, *op. cit.*, p. 64.

[243] Paul B. Armstrong, "Prefacio", *op. cit.*, p. XIII.

[244] Resumen del Segundo Debate, sobre las posiciones de Claudia Sheinbaum y Porfirio Muñoz Ledo, *La Jornada*, 16 de mayo de 2008.

[245] Discurso en la Asamblea Nacional Informativa para la Defensa del Petróleo, Zócalo de la ciudad de México, 14 de abril de 2008.

[246] *La Jornada*, 24 de abril de 2008.

[247] Felipe Calderón, mensaje en cadena nacional, 8 de abril de 2008.

[248] *La Jornada*, 14 de abril de 2008.

[249] Jesús Reyes Heroles, comparecencia en el Senado de la República, 8 de mayo de 2008.

[250] Adrián Lajous, *El Financiero*, 15 de junio de 2006, y Georgina Kessel, comparecencia en el Senado de la República, 8 de mayo de 2008.

[251] Andrés Manuel López Obrador, discurso citado.

[252] David Ibarra, *La Jornada*, 15 de mayo de 2008.

[253] Por ejemplo, Rolando Cordera, "Adelantando conclusiones", *La Jornada*, 18 de mayo de 2008.

[254] Javier Morales Silva, "Cartas del lector", *Reforma*, 26 de mayo de 2008.

[255] Jacobo Zabludovsky, "Bucareli", *El Universal*, 21 de abril de 2008, y Jorge Zepeda Patterson, "¿Qué hacemos con López Obrador?", *El Universal*, 20 de abril de 2008.

[256] *Indymedia* y *El Universal Online*, 27 de octubre de 2006.

[257] Ricardo Alemán, "Itinerario Político", *El Universal*, 26 de mayo de 2008.

[258] *La Jornada*, 20 de octubre de 2008.

[259] *El Universal Online*, 5 y 11 de marzo de 2008, y "Preguntas incómodas", 17 de marzo de 2008.

[260] *Reforma*, 12 de marzo de 2008 e *ibíd*.

[261] Victoria G. de Ocejo, "Cartas del lector", *Reforma*, 17 de mayo de 2008.

LA MENTIRA MAYOR

La impartición de justicia: ¿algo que decir?

[1] Sobre este tema escribí los siguientes artículos: "Quinientos días contra la justicia", 22 de agosto de 1996; "Derecho a la justicia", 29 de agosto de 1996; "Carta para Pemex", 16 de enero de 1997; "Al Procurador del Edomex", 16 de febrero de 1997; "De héroes y bandidos", 11 de junio de 1998; "Contra una juez", 25 de febrero de 1999; "Las dos caras de la solidaridad", 2 de septiembre de 1999; "En Morelos y en el Edomex no se aplica la ley", 18 de julio de 2002; "País de fantasía", 12 de agosto de 2004; "Sí: existen Dios y el diablo", 16 de febrero de 2006; "La vida en México", 31 de diciembre de 2007.

[2] Jorge Zepeda Patterson, "¿Qué hacemos con López Obrador?", *El Universal*, 20 de abril de 2008.

[3] Miguel Carbonell y Enrique Ochoa Reza, "The Direction of Criminal Justice Reform in Mexico", *Voices of Mexico*, núm. 81, enero-abril de 2008, Centro de Investigaciones sobre América del Norte/Universidad Nacional Autónoma de México, p. 20.

EL PISO PARA LA MENTIRA

[1] Las citas sin nombre de autor son de artículos míos publicados en el periódico *El Universal*.

[2] Rafael Ruiz Harrell, "Iniciativa prodigiosa", *Reforma*, 7 marzo 2007. La propuesta calderonista es igual de sexista que la del siglo XIX cuando se hacía exactamente al revés y como dijo el juez encargado del caso de adulterio del presidente Manuel González: "el adulterio no es ilícito en el varón". Véase mi libro *La suerte de la consorte*, Océano, México, 2002, p. 161.

[3] "¿A quién le creemos?", 15 de enero de 2004.

[4] La cifra la dio el senador Santiago Creel en el seminario Seguridad en Democracia, México, 5 de septiembre de 2007.

[5] "¿Cómo fue que llegamos hasta acá?", 19 de diciembre de 2002.

[6] "Lecciones de las campañas", 22 de junio de 2000.

[7] "¿Calidad total?", 12 de julio de 2001.

[8] Ricardo Lara, *Reforma*, 19 de abril de 2008.

[9] Iván Restrepo, "Invasión de zonas verdes en el Distrito Federal", *La Jornada*, 29 de abril de 2008.

[10] "El barco hace agua", 17 de febrero de 2000.

[11] "Negligencia, mal del país", 17 de agosto de 1995.

[12] Y eso que su apoderado legal pasó a ser asesor del gobernador de la entidad pero ni así encuentran a los culpables. *El Universal*, 30 de marzo de 2007.

[13] "México de verdad", 8 de junio de 2006.

[14] "DF: ¿quién aplica la ley?", 27 de octubre de 2005.

[15] "¿Cómo vivir en México?", 23 de septiembre de 2004.

[16] "DF: ¿quién aplica la ley?", 27 de octubre de 2005, y Margarita de Orellana a Sara Sefchovich, 7 de octubre de 1998.

[17] "¿De quién fue la culpa?", 16 de mayo de 2002.

[18] "Lecciones de las campañas", 22 de junio de 2000.

[19] "El IMSS", 11 de marzo de 1999; "Carta abierta a Mario Luis Fuentes", 1 de junio de 2000; "De votos a votos", 14 de julio de 2005; "Los platos rotos", 28 de septiembre de 2006; "Adiós, Encinas", 16 de noviembre de 2006.

[20] Datos de 1997.

[21] Bertolt Brecht "Las cinco dificultades para decir la verdad", *Memoria*, agosto de 2006, p. 60.

[22] El libro paradigmático sobre esto es el de Gabriel Zaid, *El progreso improductivo*, Siglo XXI, México, 1976.

[23] José Gaos citado por Elias Trabulse, "Prólogo" a Edmundo O'Gorman, *Historia y palabra*, Centro de Estudios de Historia de México Condumex, México, 2006 p. 16; Edmundo O'Gorman, "Meditaciones sobre el criollismo", *ibíd.*, p. 111.

[24] Eduardo Andere, *La educación en México: un fracaso monumental*, Planeta, México, 2003, p. 164.

[25] José Luis Calva, "México 2025: atreverse a ser", *El Universal*, 6 de octubre de 2006.

[26] Carlos Fernández en *La Jornada*, 14 de noviembre de 2003.

[27] Germán Dehesa, "¿La continuidad del proyecto?", *Reforma*, 26 de mayo de 2003.

[28] Carlos Martínez García, "En La Jefa", *La Jornada*, 28 de mayo de 2003.

[29] Sara Lovera en "Relieves", *Radio Educación*, 10 de febrero de 2003. Teresita de Barbieri le llama "proyecto conservador", comentario a mi conferencia sobre Marta Sahagún, Instituto de Investigaciones Sociales de la Universidad Nacional Autónoma de México, México, 19 de mayo de 2003.

[30] Imanol Ordorika, "Disputa por la educación", *Masiosare*, suplemente de *La Jornada*, 6 de enero de 2002, p. 5.

[31] Soledad Loaeza, *El Partido Acción Nacional: la larga marcha, 1939-1994. Oposición leal y partido de protesta*, Fondo de Cultura Económica, México, 2000, p. 567.

[32] Joseph Stiglitz, *Reforma*, 4 de abril de 2007.

[33] Pablo Latapí Sarre, "Los riesgos de las universidades públicas", *Este País*, núm. 195, junio de 2007, p. 29.

[34] Luis Rubio, "La política democrática en México: nuevas complejidades", en Luis Rubio y Susan Kaufman, coords., *México: democracia ineficaz*, CIDAC-Miguel Ángel Porrúa, México, 2006, pp. 27, 29, sobre todo 32 y 53.

[35] Roger Bartra,"La dictadura no era perfecta: mediaciones democráticas y redes imaginarias", en José Antonio Aguilar Rivera, coord., *México: crónicas de un país posible*, Fondo de Cultura Económica-Consejo Nacional para la Cultura y las Artes, México, 2005, p. 303, y Sergio Zermeño, *La sociedad derrotada. El desorden mexicano de fin de siglo*, Siglo XXI, México, 1996, p. 51.

[36] Esto lo dice Luis Rubio en "La política democrática en México: nuevas complejidades", *op. cit.* p. 53, pero es una idea que ya había manifestado Edmundo O'Gorman en su libro *México: el trauma de su historia*, según dice Andrés Lira. "Fantasma de rey", *Revista de la Universidad*, núm. 33, noviembre de 2006, Universidad Nacional Autónoma de México, p. 23. También Lorenzo Meyer habla de "la persistencia de la organización y los hábitos políticos", "La encrucijada", en *Historia general de México*, t. IV, El Colegio de México, México, 1976, p. 283.

[37] Zillah Eisenstein, ed., *El patriarcado capitalista y la situación del feminismo socialista*, Siglo XXI, México, 1980, p. 312.

[38] Genoveva Roldán, *Gaceta UNAM*, Universidad Nacional Autónoma de México, 21 de abril de 2008.

[39] Emilio Pradilla Cobos, *Metropoli Online*, 11 de febrero de 2008.

[40] *La Jornada*, 15 de marzo de 2008.

[41] Gerardo Ruiz Mateos en comparecencia ante comisiones de la Cámara de Diputados, *La Jornada* y *Reforma*, 1 de octubre de 2008.

[42] *El Universal Online*, 10 de agosto de 2008.

[43] "Barrio, declaración de males", 26 de abril de 2001.

[44] "Evaluando al GDF", 11 de noviembre de 1999.

[45] Carlos Martínez Assad a Sara Sefchovich, 20 de marzo de 2008.

[46] Sara Sefchovich, *Veinte preguntas ciudadanas a la mitad más visible de la pareja presidencial*, Océano, México, 2004, pp. 23-24.

[47] Rosaura Barahona, a Sara Sefchovich, 23 de septiembre de 2000.

[48] Linda Gordon, "Cuando 'el mejor interés del niño' es la peor política", *Debate Feminista*, vol. 22, octubre de 2000, p. 251.

[49] "Un país de puros juristas", 15 de abril de 2004.

50 "Hasta la crítica tiene un límite", 13 de marzo de 2003.

51 "Mal periodismo", 1 de agosto de 2002.

52 "Deporte y casinos", 26 de agosto de 2004.

53 "Televisa: excepcional cobertura del conflicto", 27 de marzo de 2003.

54 "Propuesta al rector de la UNAM", 1 de noviembre de 2001.

55 "Las ínfulas de los medios", 21 de agosto de 2003.

56 Guillermo Knochenhauer, "720 mil campesinos pueden competir en el mercado", Este País, núm. 204, marzo de 2008, p. 17.

57 Fidel Herrera en respuesta a una pregunta directa de Guadalupe Juárez en el programa de Sergio Sarmiento y Guadalupe Juárez en Radio Red, 1 de octubre de 2008.

58 "¿Es demasiado tarde?", 9 de febrero de 2006. Jared Diamond, profesor de la Universidad de California, estudió las razones por las que han decaído las sociedades y dice que en todos los casos fue por las decisiones equivocadas que tomaron quienes las dirigen. Para evitarlo tendrían que estar dispuestos primero a reconocer que los problemas existen y luego que se los tiene que resolver. Y para resolverlos a su vez tendrían que estar dispuestos a dejar de lado formas de pensar y de actuar que tienen muy enquistadas e incluso atreverse a arriesgar lo inmediato (el voto, la aprobacion a su persona o a su grupo político) y ver á largo plazo, porque cuando se actúa demasiado tarde ya no tiene sentido, pues los problemas han crecido tanto que es difícil hallarles solución. Veáse Collapse. How Societies Choose to Fail or Succeed, Penguin, New York, 2005.

59 "Contra los funcionarios de la ecología", 25 de enero de 1996.

60 Javier Cercas, "Una cuestión de honor", El País Semanal, 20 de abril de 2008.

61 "Oportunidades perdidas", 6 de octubre de 2005.

62 "Cambiar partido", 1 de junio de 2006.

63 "¿Cínicos o desmemoriados?", 21 de septiembre de 1995.

64 "Fama por infamia", 26 de octubre de 2006.

65 "PRD ¿ésta es la izquierda?", 26 de enero de 2006.

66 Rosa Albina Garavito Elías, "Mi renuncia al PRD", El Universal, 26 de abril de 2008.

67 "Cuando no se entiende nada", 5 de marzo de 1998.

68 "Ciudadana que no entiende", 31 de mayo de 2001.

69 Arnaldo Córdova, "La izquierda tal como es", La Jornada, 3 de febrero de 2008.

70 José Fernández Santillán citado en "La verdadera gobernabilidad", 1 de marzo de 2007.

71 Rodolfo Cordera Perdomo a Sara Sefchovich, citado en "Pensadores y lectores", 22 de febrero de 2007.

72 Gerardo Caetano, "Introducción. Fundamentación general del grupo de trabajo sobre historia reciente de CLACSO", en Gerardo Caetano, comp., Sujetos sociales y nuevas formas de protesta en la historia reciente de América Latina, CLACSO, Buenos Aires, 2005, p. 13; Sergio Zermeño, La sociedad derrotada. El desorden mexicano de fin de siglo, op. cit., pp. 112, 113 y 159.

73 Héctor Aguilar Camín,"Historia para hoy", en Varios, Historia ¿para qué?, Siglo XXI, México, 1980, p. 162.

74 Silvia Marina Arrom, "Introducción. La política popular en las ciudades latinoamericanas antes de la era populista", en Silvia Marina Arrom y Servando Ortoll, eds., Revuelta en las ciudades. Políticas populares en América Latina, Universidad Autónoma Metropolitana/Iztapalapa-El Colegio de Sonora-Porrúa, México, 2004, p. 16, nota 8.

75 "Negligencia: mal del país", 17 de agosto de 1995.

76 Sara Sefchovich, "El informe y la mujer" Fem. Nueva Cultura Feminista, 1978, p. 30.

77 "Los mexicanos y la dignidad", 20 de julio de 2000.

78 "La mirada de afuera", 24 de junio de 1999.

79 La Jornada, 17 de junio de 2007.

LA MENTIRA COMO CÓDIGO

1 Las citas sin nombre de autor son de artículos míos publicados en el periódico El Universal.

2 Por "código" me refiero a que los discursos tienen una serie de estrategias (lexicales, sintácticas y semánticas, de lugar y proceso de la enunciación, de formas de organizar y operar) y una lógica, y que constituyen una práctica socialmente ritualizada y regulada en una situación coyuntural determinada y con premisas ideológico-culturales que son ampliamente compartidas por la sociedad. Si el discurso construye sentido es precisamente por eso, porque se inscribe en el proceso social de producción discursiva y remite a un sistema de representaciones y valores prexistente. Gilberto Giménez Montiel, "Poder, Estado y discurso: perspectivas sociológicas y semioló-

gicas del discurso político-jurídico", Instituto de Investigaciones Jurídicas/Universidad Nacional Autónoma de México, México, 1981, pp. 124-126, y "La argumentación en la ficción y en la crítica literaria", *Acta Poética*, núm. 5, 1983, Instituto de Investigaciones Filológicas/ Universidad Nacional Autónoma de México, p. 4. Véase también Umberto Eco, *Apocalípticos e integrados ante la cultura de masas*, Lumen, Barcelona, 1975, p. 110.

3 Umberto Eco, *ibíd.*, p. 239, nota 22.

4 Modo o manera de funcionar, es decir, un comportamiento que se repite de manera regular, sistemática y en todos los hechos y que supone a la vez al sujeto que enuncia, al que recibe y a la situación en la que eso sucede. Claude Lévi-Strauss citado en José Antonio Alonso, *Metodología*, Edicol, México, 1983, p. 73; Pierre Bourdieu citado en Gilberto Giménez Montiel en el curso "Análisis del discurso literario", Facultad de Filosofía y Letras/Universidad Nacional Autónoma de México, México, 1982.

5 Louis Hjemslev citado en Gilberto Giménez, *ibíd.*

6 Néstor García Canclini, "La modernidad latinoamericana debe ser revisada", entrevista con César Cansino, *Metapolítica*, vol. 7, núm. 29, mayo-junio de 2003, Centro de Estudios de Política Comparada, A.C., pp. 26-27.

7 Clifford Geertz, *La intepretación de las culturas*, Gedisa, Barcelona, 2000, p. 20.

8 William Gamson citado en Aquiles Chihu Amparán y Alejandro López Gallegos, "El análisis de los marcos en la obra de William Gamson", *Estudios Sociológicos*, vol. XXII, núm. 65, mayo-agosto de 2004, El Colegio de México, pp. 436-7.

9 Octavio Paz, *Sor Juana Inés de la Cruz o las trampas de la fe*, Fondo de Cultura Económica, México, 1982, p. 15.

10 Jean L. Cohen, "Para pensar de nuevo la privacidad: la autonomía, la identidad y la controversia sobre el aborto", *Debate Feminista*, vol. 19, abril de 1999, p. 29.

11 Ariel Dorfman, *Readers nuestro que estás en la tierra. Ensayos sobre el imperialismo cultural*, Nueva Imagen, México, 1980, p. 22.

12 Enrique Alduncin Abitia, *Los valores de los mexicanos. México: entre la tradición y la modernidad*, Fomento Cultural Banamex, México, 1986, p. 35.

13 Ésta es la teoría de la argumentación de Perlman quien sostiene que para construir su argumento el locutor tiene que partir de una base de acuerdo con su auditorio, citado en Dominique Maingueneau, *Initiation aux méthodes de l'analyse du discours*. *Problèmes et perspectives*, Hachette, Paris, 1976.

14 Pierre Ansart, "Idéologie stratégique et stratégie politique", *Cahiers Internationaux de Sociologie*, vol. LXIII, 1977, y "L'efficace du symbolique", en *Ideologies, conflicts et pouvoir*, Presses Universitaires de France, Paris, 1977, los cuales resumo en *El discurso político, teoría y análisis*, núm. 9, presentación y compilación, Centro de Estudios sobre la Universidad/Universidad Nacional Autónoma de México, México, 1978.

15 Así lo interpretaron los primeros que se ocuparon de pensar en "el mexicano", desde Samuel Ramos en su clásico *El perfil del hombre y la cultura en México* de 1934, Planeta, México, 2001, pasando por Emilio Uranga, Leopoldo Zea, Agustín Yáñez y hasta Octavio Paz en el otro clásico, *El laberinto de la soledad* de 1950, Fondo de Cultura Económica, México, 1963, en Sara Sefchovich, "La literatura en los años cuarenta: la hora de los catrines", en Rafael Loyola, *Entre la guerra y la estabilidad política*, Dirección General de Publicaciones/Consejo Nacional para la Cultura y las Artes-Grijalbo, México, 1989, pp. 281-320. Resúmenes de este modo de pensar se encuentran en Abelardo Villegas, *Autognosis: el pensamiento mexicano en el siglo XX*, Instituto Panamericano de Geografía e Historia, México, 1985, y *La filosofía de lo mexicano*, Universidad Nacional Autónoma de México, México, 1988; Roger Bartra, *La jaula de la melancolía. Identidad y metamorfosis del mexicano*, Grijalbo, México, 1992, y *Anatomía del mexicano*, Plaza y Janés, México, 2001; Raúl Béjar Navarro, *El mexicano, aspectos culturales y psicosociales*, Universidad Nacional Autónoma de México, México, 1988.

16 Todavía hoy muchos hablan del mexicano como "improductivo", "que no le gusta trabajar", "no interesado en progresar". En mi artículo "Los obstáculos sicológicos", 28 de mayo de 2007, cuento de un técnico serbio que dirigió la selección nacional de futbol y aseguró que los mexicanos "no tienen mentalidad ganadora" y que sus derrotas constantes se deben a ello, y del presidente Felipe Calderón quien públicamente ha dicho que "deben tener una visión distinta, una visión de triunfo". Véanse también las respuestas de varios entrevistados por José Gutiérrez Vivó, coord., *El otro yo del mexicano*, Océano, México, 1998.

17 Enrique Florescano e Isabel Gil Sánchez, "La época de las reformas borbónicas y el cre-

cimiento económico, 1750-1808" en *Historia general de México*, t. II, El Colegio de México, México, 1980, p. 198.

[18] Raimundo Lazo, *Historia de la literatura hispanoamericana. El periodo colonial, 1492-1780*, 1983, México, Porrúa, p. 6.

[19] François Houtart, "Qué es el imperialismo", *Agenda latinoamericana 2005 online*.

[20] Enrique Semo, *Historia del capitalismo en México. Los orígenes, 1521-1763*, Siglo XXI, México, 1973, p. 112.

[21] Alejandra Moreno Toscano, "El siglo de la Conquista", en *Historia general de México, op. cit.*, p. 24.

[22] Tulio Halperin Donghi, *Historia contemporánea de América Latina*, Alianza, Madrid, 1969, p. 538.

[23] Raúl Vidales, "La teología del imperio", en Horacio Cerutti Guldberg, coord., *El ensayo en nuestra América*, Universidad Nacional Autónoma de México, México, 1993, p. 481.

[24] Aunque como bien señalan algunos estudiosos, habría sido posible tener una cierta "respuesta de política pública frente a ciertas presiones": David Barkin, entrevista con José Gutiérrez Vivó, *Monitor*, Radio Red, 18 de agosto de 2001.

[25] Raúl Vidales, "La teología del imperio", *op. cit.*, p. 484.

[26] Joan W. Scott, "Igualdad versus diferencia: los usos de la teoría postestructuralista", *Debate Feminista*, volu. 5, marzo de 1992, p. 87.

[27] Jean L. Cohen, "Para pensar de nuevo la privacidad: la autonomía, la identidad y la controversia sobre el aborto", *op. cit.*, vol. 19, p. 29.

[28] Oliver Reboul citado en Gilberto Giménez Montiel, *La teoría y el análisis de las ideologías*, Secretaría de Educación Pública-Consejo Mexicano de Ciencias Sociales-Universidad de Guadalajara, México, 1988, p. 253.

[29] Michael Slackman, entrevista en *The New York Times online*, 12 de agosto de 2006.

[30] Muhammad Atrianfar, "The Fine Art of Hiding What you Mean to Say", *The New York Times*, 6 de agosto de 2006.

[31] Vicente Fox en *El Universal*, 17 de agosto de 2004.

[32] Recuérdese a Guillermo Prieto evitando que fusilen a Benito Juárez a puro golpe de palabras, hasta el gobierno "recuperando su prestigio después del 68" gracias a los discursos del presidente Luis Echeverría. Véase Arnaldo Córdova, "La historia maestra de la política", *op. cit.*, p. 135.

[33] Nestor Braunstein, "México: en psicoanálisis...", *Debate Feminista*, vol. 24, octubre de 2001, p. 53.

[34] "Una sociedad dividida", 24 de junio de 2004.

[35] "Legisladores faltistas", 25 de septiembre de 1997; "Obligado balance", 6 de enero de 2005.

[36] Rafael Macedo de la Concha citado en Ricardo Alemán, *El Universal*, 28 de junio de 2004.

[37] Diódoro Carrasco citado en "Nosotros los críticos y ustedes los políticos", 26 de septiembre de 1996.

[38] Henry C. Schmidt, "Los intelectuales de la Revolución desde otra perspectiva", *Revista Mexicana de Sociología*, vol. LI, núm. 2, 1989, Instituto de Investigaciones Sociales/Universidad Nacional Autónoma de México, p. 67.

[39] Adaptación de una idea de Guillermo Bonfil en *Pensar nuestra cultura*, Alianza, México, 1992, p. 17.

[40] "Una y otra vez el mismo país", 24 de agosto de 1995.

[41] Carta en *El Financiero*, 25 de mayo de 2001, y "La ciudad ¿de la esperanza?", 14 de junio de 2001.

[42] José María Ruiz Soroa, "El derecho como placebo", *El País*, 25 de julio de 2007.

[43] Samuel P. Huntington, "Cultures Count", prefacio a Lawrence E. Harrison y Samuel P. Huntington, eds., *Culture Matters. How Values Shape Human Progress*, Basic Books, New York, 2000, p. XVIII.

[44] Lawrence E. Harrison, *Underdevelopment is a State of Mind. The Latin American Case*, Madison Books, London, 1985.

[45] Agustín Legorreta citado en "Otra vez los bancos", 20 de mayo de 2004.

[46] Se trata de Bruce Michael Bagley y sus escritos "Mexico in the 1980's. A New Regional Power" publicado en *Current History* en noviembre de 1981, y "Mexican Foreign Policy: The Decline of a Regional Power" publicado en la misma revista en diciembre de 1983.

[47] Johann Gottfried Herder citado en Isaiah Berlin, "La rama doblada: sobre el seguimiento del nacionalismo", en *Árbol que crece torcido*, Vuelta, México, 1992, pp. 298-299.

[48] *Ibíd.*, p. 298.

[49] Octavio Paz, "Prefacio. Entre orfandad y legitimidad", a Jacques Lafaye, *Quetzalcóatl y Guadalupe. La formación de la conciencia nacional en México*, Fondo de Cultura Económica, México, 1983, p. 17.

[50] Marcelino Menéndez y Pelayo citado en Vicente Lombardo Toledano, *Las corrientes filosóficas*

en la vida de México, Universidad Obrera, México, 1963, p. 27.

51 José María Valverde, *Vida y muerte de las ideas. Pequeña historia del pensamiento occidental*, Planeta, Barcelona, 1980, p. 101.

52 Antonio Rubial García, "Las generaciones preilustradas novohispanas y la literatura compendiosa en la época de Sor Juana", en Carmen Beatriz López Portillo, coord., *Sor Juana y su mundo: una mirada actual*, Claustro de Sor Juana/Unesco/Fondo de Cultura Económica, México, 1998, p. 391.

53 Octavio Paz, *Sor Juana Inés de la Cruz o las trampas de la fe*, *op. cit.*, p. 30.

54 Amado Nervo citado en José Luis Martínez, *La expresión nacional*, Oasis, México, 1984, p. 61.

55 Rolando Cordera, "¿Qué tipo de sociedad somos?", en José Gutiérrez Vivó, coord., *El otro yo del mexicano*, *op. cit.*, p. 130.

56 Víctor Flores Olea citado en Abelardo Villegas, *Autognosis. El pensamiento mexicano en el siglo XX*, *op. cit.*, p. 152.

57 Como se puede ver en el documental *En el hoyo* de Juan Carlos Rulfo.

58 Luigi Ferrajoli, "Prólogo", a Víctor Abramovich y Christian Courtis, *Los derechos sociales como derechos exigibles*, Trotta, Madrid, 2002, p. 10.

59 Macario Schettino, "Un robo disfrazado de justicia social", blog de *El Universal*, 24 de marzo de 2008.

60 *Ibíd.*

61 "¿Quiénes son los culpables?", 25 de noviembre de 2004.

62 Por ejemplo Sergio Zermeño en *La sociedad derrotada. El desorden mexicano de fin de siglo*, Siglo XXI, México, 1996.

63 "Hay que entender a la sociedad", 4 de enero de 1996. La parafernalia tecnológica, escribió Roland Barthes, confiere autoridad además de que se supone que es señal de eficiencia y orden, de modernidad y progreso. *Análisis estructural del relato*, Tiempo Contemporáneo, Buenos Aires, 1970, p. 20.

64 Jorge Carrillo Olea, "Parecía sólo un cuento", *La Jornada*, 7 de agosto de 2007.

65 Aquí no uso el término de excluidos que también usa Sergio Zermeño en *La sociedad derrotada. El desorden mexicano de fin de siglo*, *op. cit.*, pues no lo están, son parte integral del sistema. Guillermo Bonfil es más duro y usa conceptos como mexicanos imaginarios frente a mexicanos reales en *México profundo*, Consejo Nacional para la Cultura y las Artes, México, 1989.

66 Luis Villoro, *El proceso ideológico de la revolución de independencia*, Universidad Nacional Autónoma de México, México, 1983, p. 168.

67 "País de fantasía", 12 de agosto de 2004.

68 "¡Aguanta Jenny!", 5 de abril de 2001.

69 "El Ajusco", 11 de febrero de 1999.

70 Ariadna Cano, correo electrónico a Sara Sefchovich, 19 de abril de 2007.

71 Raquel Mosqueda, "La mentira", online.

72 "El autor del discurso y el decodificador entenderán lo mismo porque se remiten a un código familiar", Umberto Eco, *Apocalípticos e integrados ante la cultura de masas, op. cit.*, p. 110.

73 Philippe Roger citado en "Estados Unidos: ¿agredidos o agresores?", 12 de octubre de 2002.

74 Noé Jitrik, "Sin mentiras absolutas", *El Ángel*, suplemento de *Reforma*, 24 de septiembre de 2006.

75 En el Seminario Internacional México: La Seguridad Nacional en la Encrucijada, El Colegio de México, México, 25 de septiembre de 2007.

76 "Farol de la calle", 29 de noviembre de 2001. ¡Medio año tuvo que transcurrir para que la Secretaría de Turismo reconociera que en los meses inmediatos a ese hecho llegaron a nuestro país un millón menos de turistas!

77 Eduardo Sojo, secretario de Economía según Miguel Ángel Granados Chapa, "Plaza Pública", *Radio Universidad*, 29 de abril de 2008.

78 Enrique Alduncin Abitia, *Los valores de los mexicanos, op. cit.*, p. 121.

79 Teun A. Van Dijk, "Prefacio", a Teun A. Van Dijk, coord., *Racismo y discurso en America Latina*, Gedisa, Madrid, 2007, p. 18.

80 Ciro Gómez Leyva, "El mensaje", *Milenio Diario*, 6 de julio de 2006.

81 Deepak Chopra citado en "La guerra perdida", 15 de abril de 1999.

CONSECUENCIAS DE LA MENTIRA

1 Las citas sin nombre de autor son de artículos míos publicados en el periódico *El Universal*.

2 Pablo González Casanova, "El desarrollo más probable", en Pablo González Casanova y Enrique Florescano, coords., *México hoy*, Siglo XXI, México, 1979, p. 407.

3 Enrique Alduncin Abitia, *Los valores de los mexicanos*, Fomento Cultural Banamex, México, 1991, p. 188.

4 *Ranking Nacional de Confianza en las Instituciones*, Consulta Mitofsky, 2008, online.

5 Roy Campos, director de Consulta Mitofsky,

entrevista con Joaquín López-Dóriga, *Noticiero*, Televisa, 2 de septiembre de 2007.

6 "¿Qué hace un pobre ciudadano?", 27 de noviembre de 2003. En el 2004 el subsecretario de Ingresos hasta amenazó con "actos de autoridad" para llevar el control de las ganancias de las personas y conocer los saldos de sus cuentas. "El silencio tramposo", 22 de enero de 2004.

7 "El silencio tramposo", *ibíd*.

8 "¿Podremos perdonar?", 11 de abril de 1996.

9 Javier Marías, "La peligrosa sensación de estafa circundante", *El País Semanal*, 2 de septiembre de 2007, p. 94.

10 "Si como cobran pagaran…", 21 de febrero de 2002.

11 "El SAT: nuestro enemigo", 31 de agosto de 2008.

12 Citada en "Si como cobran pagaran…", *art. cit.*

13 ¿Quiénes son los culpables?", 25 de noviembre de 2004.

14 "¿Cómo fue que llegamos hasta acá?", 19 de diciembre de 2002.

15 "Puros enemigos", 5 de agosto de 2004.

16 Héctor Tejera Gaona, "Ciudadanía, imaginarios e instituciones: la construcción de la local globalización democrática en México", en Lourdes Arizpe coord., *Retos culturales de México frente a la globalización*, Cámara de Diputados-Miguel Ángel Porrúa, México, 2006, p. 187.

17 Francis Fukuyama, *Trust: The Social Virtues and the Creation of Prosperity*, Penguin, London, 1955; Norbert Lechner, "Tres formas de coordinación social. Un esquema", *Debate Feminista*, vol. 19, abril 1999, p. 143; "Valor económico de la confianza", 30 de mayo de 1996; "El silencio tramposo" 22 de enero de 2004.

18 Julio Avilés citado en "Puros enemigos", 5 de agosto de 2004.

19 Margarita en Miguel Ángel Granados Chapa, *Plaza Pública*, Radio Universidad, 28 de abril de 2008.

20 Encuesta Bimsa Ipsos publicada en *El Universal*, 3 de septiembre de 2007.

21 Julia Flores citada en Guillermo Deloya Cobián, *El Estado de derecho en México*, Porrúa-Benemérita Universidad de Puebla, México, 2007, p. 227.

22 *Reforma*, 17 de mayo de 2008.

23 Sergio Zermeño, *La sociedad derrotada. El desorden mexicano de fin de siglo*, Siglo XXI, México, 1996, pp. 60-61; Nancy L. Rosenblum "Introducción", en Nancy L. Rosenblum, ed., *Liberalism and the Moral Life*, Harvard University Press, Cambridge, 1989, p. 6.

24 Gustavo López Montiel, "Democracia e instituciones informales en México", *Este País*, núm. 200, noviembre de 2007, p. 28.

25 Héctor Tejera Gaona, "Ciudadanía, imaginarios e instituciones: la construcción de la local globalización democrática en México", *op. cit.*, p. 190.

26 Memoria de Oaxaca del siglo XIX citada en Guy P. C. Thompson, "Los indios y el servicio militar en el México decimonónico. ¿Leva o ciudadanía?", en Antonio Escobar O., coord., *Indio, nación y comunidad en el México del siglo XIX*, Centro de Estudios Mexicanos y Centroamericanos-Centro de Investigaciones y Estudios Superiores en Antropología Social, México, 1993, p. 207.

27 Octavio Fitch, correo electrónico a Sara Sefchovich, 30 mayo 2002, citado en "Ebrard contra López Obrador", 6 de junio de 2002.

28 "Libertad de expresión", 4 de marzo de 2004.

29 Claudia Sheinbaum, 16 de mayo de 2008.

30 *El Universal Online* y *Reforma*, 4 de octubre de 2008.

31 Andrés Manuel López Obrador, "Discurso en el Zócalo", *La Jornada*, 15 de abril de 2008.

32 Correo del lector de *La Jornada*, 25 de agosto de 2006; "¿Cómo entender?", 3 de agosto de 2006; "Respuesta", 10 de agosto de 2006.

33 Leticia Martel, correo electrónico a Sara Sefchovich, 19 de mayo de 2008.

34 Joanna Bourke citada en "Irak: el gran tema", 13 de mayo de 2004.

35 Miguel Nazar Haro citado en Roger Bartra, "Nacionalismo revolucionario y seguridad nacional en México", en Sergio Aguayo Quezada y Bruce Michael Bagley, comps., *En busca de la seguridad perdida. Aproximaciones a la seguridad nacional mexicana*, Siglo XXI, México, 2002, p. 151, nota.

36 Andre Pierre Taguieff citado en Guillermo Deloya Cobián, *El Estado de derecho en México*, *op. cit.*, pp. 251-252.

37 Fernando Escalante Gonzalbo en José Gutiérrez Vivó, coord., *El otro yo del mexicano*, Océano, México, 1998, p. 142.

38 Guillermo Deloya Cobián, *El Estado de derecho en México*, *op. cit.*, p. 231.

39 Verónica Castro en *Reforma*, 15 de abril de 2008.

40 Allan Bullock, "¿Ha dejado de ser importante la historia?", *Foro Internacional*, julio-septiembre de 1994, El Colegio de México, p. 356.

41 Alejandro López Hernández, correo electrónico a Sara Sefchovich, 8 de febrero de 2007.

42 "Carreteras y memoria", 22 de marzo de 2007.

43 Leonardo Curzio, "Sociedad despolitizada", *El Universal*, 31 de diciembre de 2007.

44 *Reforma*, 20 de abril de 2008.

45 Carlos Martínez Assad, "Hacer dos, tres, muchas elecciones", citado en Sara Sefchovich, "Abstención, una defensa incómoda", *Etcétera*, núm. 81, agosto de 1994, p. 20.

46 "Puras promesas", 22 de septiembre de 2005.

47 "Licencia en las licencias", 11 de enero de 2001, "¿Calidad total?", 12 de julio de 2001, "Andrés Manuel: basta", 30 de agosto de 2001.

48 Teresa Jardí, directora del Departamento de Derechos Humanos de la Arquidiócesis de México, entrevista de Sara Sefchovich, ciudad de México, 2 de febrero de 1994.

49 El concepto se empezó a usar en la segunda mitad de la década de los ochenta. Se pueden encontrar artículos alusivos en casi todos los números de la revista *Nexos* publicados en la siguiente década y consultar los libros: *Transición a la democracia*, Facultad Latinoamericana de Ciencias Sociales, México, 1991; César Cansino, *Construir la democracia. Límites y perspectivas de la transición en México*, Porrúa, México, 1995; *Transición a la democracia, diferentes perspectivas*, Universidad Nacional Autónoma de México, 1996; *Elecciones y transición a la democracia*, Cal y Arena, México, 1999, *Semblanza de México, 1994-2001. Rebelión, transición y democracia*, Porrúa, México, 2001.

50 En la ley aprobada en el gobierno de Carlos Salinas de Gortari citada en Carlos Zolla y Emiliano Zolla Márquez, *Los pueblos indígenas de México, 100 preguntas*, Universidad Nacional Autónoma de México, México, 2004, p. 194.

51 "De la corrupción en Pemex", 23 de mayo de 1996.

52 "¿A quién creerle?" 24 de agosto de 2006.

53 *Ibíd.*; "¿Cómo entender?, 3 de agosto de 2006.

54 Miguel Ángel Granados Chapa, "Plaza Pública", *Radio Universidad*, 29 de abril de 2008.

55 "Los intelectuales y el oportunismo", 8 de mayo de 2003; "Cargada de los intelectuales", 7 de diciembre de 2000; "La importancia personal", 10 de diciembre de 1998.

56 "Hay de líderes a líderes", 4 de mayo de 1995.

57 "País de trampas y mentiras", 26 de diciembre de 2002.

58 "La paja en el ojo ajeno", 21 de abril de 2005; "La paja en el ojo", 12 de octubre de 2006.

59 Marco A. Beteta, *Radio Red*, 5 de octubre de 2007.

60 "¿Cuál es la solución?", 31 de marzo de 2008.

61 Adaptación de definiciones en Wikipedia Online.

62 Memorándum de conclusión de la implementación ICM del Laboratorio de Documentación y Análisis de la Corrupción y la Transparencia, Instituto de Investigaciones Sociales/Universidad Nacional Autónoma de México, México, 2005, p. 32.

63 Noemí Kida, "Cartero", *Día Siete*, núm. 403, mayo de 2008.

64 Me escribe un lector: "Le escribo de Cuauhtémoc, Chihuahua, ciudad de 200,000 habitantes aproximadamente, aquí hubo un grupo de campesinos que querían robarse la luz argumentando que se las daban muy cara". Jesús Jiménez Rojo, correo eletrónico a Sara Sefchovich, 6 de mayo de 2008.

65 "¿Qué pasa con la luz?", 5 de mayo de 2008.

66 Víctor M. Quintana S., "La atenquización del campo chihuahuense", *La Jornada*, 15 de mayo de 2008.

67 Carlos Gómez y Gómez citado en "Malos negocios", 30 de marzo de 2000.

68 *Reforma*, 15 de abril de 2008.

69 Jorge Luis Suárez y María Teresa Blum en Enrique Galván Ochoa, "Dinero", *La Jornada*, 4 octubre 2008.

70 Orazio M. Petracca, "Liderazgo", *Diccionario de política*, t. I., Siglo XXI, México, 1985, p. 94; K. Lang citado en *ibíd.*

71 Alain Touraine, entrevista con Carlos Martínez Assad, París, 18 de mayo de 2007; Samuel P. Huntington, "Cultures Count", prefacio a Lawrence E. Harrison y Samuel P. Huntington, eds., *Culture Matters. How Values Shape Human Progress*, Basic Books, New York, 2000, p. XVIII.

72 Lucas Alamán citado en Héctor Aguilar Camín, "Historia para hoy", en Varios, *Historia ¿para qué?*, Siglo XXI, México, 1980, p. 148; Daniel Cosío Villegas citado en *ibíd.*, p. 149; Héctor Aguilar Camín en José Gutiérrez Vivó, coord., *El otro yo del mexicano, op. cit.*, p. 49.

73 Jared Diamond, *Collapse. How Societies Choose to Fail or Succed*, Penguin, New York, 2005, cap. 14.

74 "Cargada de los intelectuales", 7 de diciembre de 2000.

75 Héctor Aguilar Camín, "Historia para hoy", *op. cit.*, pp. 148 y 149.

76 Correos electrónicos a Sara Sefchovich de Carlos Martínez, 18 de enero de 2007; R. Tonatiuh Medina Meza, 8 de febrero de 2007; Manuel Díaz, 25 de enero de 2007; Luis Félix, 22 de

marzo de 2007; Luis Félix, 16 de julio de 2007; Martín Pablo García, 28 de enero de 2008; Jorge Peón, 3 de diciembre de 2007.

[77] Francisco Javier Gutiérrez López, correo electrónico a Sara Sefchovich, 28 de enero de 2008.

CADA DÍA NUESTRA MENTIRA

[1] Las citas sin nombre de autor son de artículos míos publicados en el periódico *El Universal*.

[2] Más de 300 enmiendas en sus ochenta y cuatro años de existencia afirmó Sergio Sarmiento en el 2001, "La Constitución mexicana", *Diario de Yucatán*, 5 de febrero de 2001, y la cifra ha crecido en los últimos años dice Michael Shelton, correo electrónico a Sara Sefchovich, 17 de febrero de 2008.

[3] *El Universal*, 7 de junio de 2007, y Santiago Creel, ponencia en el seminario Seguridad en Democracia, México, 4 de septiembre de 2007.

[4] Francisco Ramírez Acuña en el mismo seminario.

[5] *La Jornada*, 19 de junio de 2007.

[6] *Ibíd.*

[7] Desplegado del Sindicato Nacional de Trabajadores de la Educación, *El País*, 15 de julio de 2007.

[8] Declaración del Subsecretario de Asuntos Jurídicos y Derechos Humanos de la Secretaría de Gobernación Daniel Cabeza de Vaca en *La Jornada*, 6 de febrero de 2008.

[9] Alberto Cárdenas Jiménez, secretario de Agricultura, Ganadería, Desarrollo Rural, Pesca y Alimentación (Sagarpa), *La Jornada*, 21 de abril de 2008.

[10] Relato de la señora Ofelia Lugo a Sara Sefchovich, ciudad de México, 30 de marzo de 2006.

[11] Ésta es la ley según Norberto Bobbio, *El tiempo de los derechos*, Sistema, Barcelona, 1997, p. 28, y Pietro Barcellona, "El divorcio entre derecho y justicia en el desarrollo cultural de la modernidad", *Debate Feminista*, vol. 19, abril de 1999, p. 4-5.

[12] Norberto Bobbio, *ibíd.*, p. 46.

[13] Luis Aguilar, "La democracia como exigencia de un gobierno que ofrezca razones", en Rolando Cordera *et al.*, *México, el reclamo democrático*, Siglo XXI, México, 1989. El respeto a las leyes y a las instituciones "constituye la condicion sine qua non para la democracia", dice Nancy Rosenblum, "Introduccion", a Nancy L. Rosenblum, ed., *Liberalism and the Moral Life*, Harvard University Press, 1989, Cambridge, p. 6.

[14] *La Jornada*, 21 de enero de 2008.

[15] Página del Sistema Nacional para el Desarrollo Integral de la Familia (DIF Online).

[16] Me escribe el lector Antonio Flores, abogado: "México ha suscrito un sinfín de tratados y convenciones internacionales sobre los derechos de los ninos, de hecho si la mitad de esos tratados se cumplieran, todos los niños vivirían felices", correo electrónico a Sara Sefchovich, 28 de enero de 2008.

[17] Carlos Fuentes citado en Martín Álvarez Fabela, *Acteal de los mártires: infamia para no olvidar*, Plaza y Valdés, México, 2000, p. 230.

EPÍLOGO:
LA ÚNICA VERDAD ES LA MENTIRA

[1] César Cansino, "Lecciones intemporales para México", *Metapolítica*, número especial: *México en la cultura, viejos problemas nuevos retos*, 2005, Jus-Centro de Estudios de Política Comparada, A.C., primera parte, p. 22.

[2] Carlos Almada en debate televisivo con Samuel del Villar, Televisa, 30 de mayo de 1994.

[3] Leonardo Curzio, "Las prioridades invertidas", *El Universal*, 10 de marzo de 2008.

[4] Agnes Heller, "Ética ciudadana y virtudes cívicas", en *Políticas de la posmodernidad. Ensayos de crítica cultural*, Península, Barcelona, 1989, p. 212.

[5] Elizabeth Jelin citada en Haydée Birgin, "Violencia doméstica: una cuestión de ciudadanía", *Debate Feminista*, vol. 19, abril de 1999, p. 90.

[6] Alain Robbe Grillet, entrevista, *El Ángel*, suplemento de *Reforma*, 24 de febrero de 2008.

[7] "En defensa del Monsi", 27 de enero de 2000.

[8] Todos estos autores están citados en el prólogo.

[9] B. de S. Santos citado en Alejandro Baratta, "El Estado mestizo y la ciudadanía plural. Consideraciones sobre una teoría mundana de la alianza", *Debate Feminista*, vol. 24, octubre de 2001, pp. 69-70.

[10] Francisco J, Laporta, "La transparencia del poder: problemas actuales de un ideal ilustrado", en José María González y Carlos Thiebaut, eds., *Convicciones políticas, responsablidades éticas*, Anthropos, 1990, Barcelona, p. 206.

[11] Nancy L. Rosenblum, "Introducción", en Nancy L. Rosenblum, ed., *Liberalism and the Moral Life*, Harvard University Press, Cambridge, 1989, pp. 2; Sara Sefchovich, "¿El futuro de la

democracia?", *Topodrilo*, septiembre-octubre de 1990, Universidad Autónoma Metropolitana/Iztapalapa, p. 8.

[12] Hay quien ya tiene respuesta a esta pregunta, por ejemplo Ricardo García Saiz afirma: "La mentira impide avanzar", *La Jornada*, 9 de septiembre de 2004, y Julio Scherer García asegura, por el contrario, que la mentira no es importante, que lo importante es el modo como nos aplasta el poder y la corrupción. Julio Scherer García a Sara Sefchovich, 6 de octubre de 2008.

REGRESO AL PAÍS DE MENTIRAS

[1] Este capítulo retoma, reorganiza y actualiza buena parte de los artículos que publiqué semanalmente en el periódico *El Universal* (algunos de los cuales se reprodujeron en diarios del país) entre 2008 y 2012. El lector los encontrará citados sin nombre de autor, sólo con su fecha de publicación. Además incluye otros textos publicados en revistas así como conferencias impartidas durante esos mismos años.

[2] Hannah Arendt citada por Sissela Bok, *Mentir: la elección moral en la vida pública y privada*, Universidad Nacional Autónoma de México/ Instituto de Investigaciones Filosóficas-Fondo de Cultura Económica, 2010, p. 175.

[3] Jorge Zepeda Patterson, "Calderón, el portero sin suerte", *El Universal*, 13 de noviembre de 2011.

[4] Véase p. 17.

[5] "El desastre otra vez", 11 de julio de 2010.

[6] "Lamento", 7 de febrero de 2010; "Coahuila: la negligencia nacional", 21 de mayo de 2011; *Noticiero con Joaquín López-Dóriga*, Televisa-canal 2, 18 a 21 de junio de 2012.

[7] "El doctor Córdova", 16 de enero de 2011; "Petición a Ebrard", 24 de mayo de 2009; "La verdadera ayuda", 10 de mayo de 2009.

[8] "El desastre", 14 de junio de 2009; *Noticiero con Joaquín López-Dóriga*, Televisa-canal 2, 5 de junio de 2009; *La Jornada*, 6 de junio de 2009.

[9] Véase p. 251. Los aumentos de presupuesto llegaron a ser tan enormes que para 2012 "ese renglón fue mayor que el de desarrollo social, de salud o de comunicaciones y transporte", escribió Lorenzo Meyer, "El calderonismo", *Reforma*, 2 de agosto de 2012.

[10] Francisco Ramírez Acuña, secretario de Gobernación, en el seminario *Seguridad en democracia*, 4 de septiembre de 2007, y en la *19 Conferencia Nacional de Procuración de Justicia*, 20 de septiembre de 2007.

[11] Felipe Calderón, inauguración de la Academia Nacional de Formación y Desarrollo Policial Ignacio Zaragoza en la ciudad de Puebla el 5 de mayo de 2012, *La Razón*, 6 de mayo de 2012.

[12] Gonzalo Torres, correo electrónico a Sara Sefchovich, 19 de mayo de 2008.

[13] Véase p. 251.

[14] Luigi Mazzitelli, representante regional de la Oficina de Naciones Unidas contra la Droga y el Delito, *El Mañana Online*, 14 de febrero de 2010.

[15] Felipe Calderón, declaraciones a *El País*, 21 de agosto de 2009; "Qué tanto es tantito", 6 de septiembre de 2009.

[16] Felipe Calderón, palabras a empresarios en Mérida, Yucatán, *La Jornada*, 26 de febrero de 2010.

[17] Felipe Calderón, discurso en la reunión anual con embajadores y cónsules, Residencia Oficial de los Pinos, *Página de la Presidencia de la República*, 8 de enero de 2010; Felipe Calderón, declaraciones ya citadas a *El País*.

[18] "El peso de la palabra", 15 de marzo de 2009.

[19] *Excélsior*, 12 de febrero de 2009; Felipe Calderón, discurso citado en la reunión con embajadores y cónsules; "Hablar bien de México", 17 de enero de 2010.

[20] La primera dama dijo: "Tenemos que aprender a hablar bien de México, a no mirarlo con desprecio". Margarita Zavala de Calderón, Congreso Internacional de Innovación Educativa 2010, *La Jornada*, 9 de febrero de 2010. Lo otro se dijo en el Foro Económico Mundial de Davos, Suiza, en enero de 2009.

[21] Fernando Escalante Gonzalbo, "Homicidios 1990-2007", *Nexos*, núm. 381, septiembre de 2009, p. 24.

[22] Héctor Aguilar Camín y Jorge Castañeda, "Regreso al futuro", *Nexos Online*, 6 de diciembre de 2010; "Principio de año", 2 de enero de 2011.

[23] Rafael Lemus, "Políticas del duelo", *Letras Libres Online*, núm. 151, julio de 2011.

[24] Alejandro Hope, "Impuesto a la violencia", *Nexos*, núm. 413, mayo de 2012, p. 21.

[25] Alejandro Hope, "¿Adiós a las armas?", *Nexos*, núm. 414, junio de 2012, p. 17.

[26] A. Hope, "Impuesto", *art. cit.*; Eduardo Guerrero, "Políticas de seguridad en México: el último cuarto de siglo", *Confluencia XXI*, núm. 17, abril-junio de 2012, p. 23.

[27] R. Lemus, *art. cit.* Joaquín Villalobos está de acuerdo con esta tesis, véase "Nuevos mitos de la guerra contra el narco", *Nexos Online*, núm. 409, 8 de enero de 2012.

28 Gregory Bateson, "Conventions of Communication: Where Validity Depends upon Belief", citado por J. A. Barnes, *A Pack of Lies. Towards a Sociology of Lying*, Cambridge University Press, Cambridge, 1994, p. 171.

29 Sara Sefchovich, *La suerte de la consorte*, Océano, México, 2010, p. 515.

30 Javier Sicilia a Alejandro Poiré, *La Jornada*, 29 de marzo de 2012.

31 Correo electrónico a Sara Sefchovich, 27 de febrero de 2010; "El discurso negador", 7 de marzo de 2010.

32 Correo electrónico a Sara Sefchovich, 29 de julio de 2012.

33 El gobierno federal reconoció hasta septiembre del 2011 casi 48,000 muertos. Salvador Camarena, *El País*, 12 de enero de 2012.

34 Javier Sicilia, dirigente del Movimiento por la Paz con Justicia y Dignidad, *Proceso*, 25 de abril de 2012.

35 *Terra Online*, 27 de marzo de 2012. Según Carlos Resa Nestares esta cifra está muy inflada "para presentar grandes logros y conseguir mayor cantidad de recursos". Foro Internacional Sobre Políticas de Regulación del Consumo de Drogas, Universidad Nacional Autónoma de México, *La Jornada*, 26 de abril de 2012.

36 R. Lemus, *art. cit.*, y Eduardo Guerrero, "2011: la dispersión de la violencia", *Nexos*, núm. 410, febrero de 2012, p. 14.

37 Eduardo Medina Mora, procurador general de la República, *La Jornada*, 3 de marzo de 2009.

38 *Milenio Online*, 21 de junio de 2012.

39 Javier Sicilia, *Vanguardia*, 6 de mayo de 2011.

40 "La guerra del presidente", 8 de mayo de 2011. Véase Elena Azaola "Violencia de hoy, violencias de siempre", *Nexos*, núm. 413, mayo de 2012, pp. 44-49.

41 J. Villalobos, *art. cit.*

42 Jorge Castañeda y Rubén Aguilar, *El narco: la guerra fallida*, Punto de Lectura, México, 2009; "Realidad y percepción", 13 de diciembre de 2009.

43 Jorge Luis Sierra, "Mucha fuerza, pocos resultados", *El Universal*, 6 de julio de 2007; "Respuesta con datos", 19 de mayo de 2008.

44 Jacobo Zabludovsky, "Crítica demoledora", *El Universal*, 6 de octubre de 2008.

45 "La gobernación", 21 de enero de 2008.

46 Guillermo Galván citado por Pedro José Peñaloza "La ostentosa debilidad de las balas", *Este País*, núm. 216, marzo de 2009, p. 6.

47 *Ibíd.*

48 Véase p. 252; Arturo Arango Durán, "Diagnóstico de la inseguridad pública en México", Seminario *México: la seguridad nacional en la encrucijada*, El Colegio de México, 25 septiembre de 2007.

49 Ioan Grillo, entrevista, *El País*, 2 de junio de 2012.

50 "La guerra del presidente", *art. cit.*

51 Véase p. 237; Luis Astorga, entrevista con Sara Sefchovich, 21 de febrero de 2004.

52 I. Grillo, entrevista citada; "Ni seguridad, ni derechos. Ejecuciones, desapariciones y tortura en la guerra contra el narcotráfico de México", informe que presentó José Miguel Vivanco, director para las Américas de la organización Human Rights Watch (HRW), *El Universal*, 10 de noviembre de 2011.

53 Pew Hispanic Center, citado en *Latino.zona franca.mx*, 25 de abril de 2012.

54 Felipe Calderón, Cátedra Henry Kissinger, Biblioteca del Congreso de Estados Unidos, Washington D.C., *CNN en español*, 24 de abril de 2012.

55 Roberto Vizcaíno, *El Sol de México*, 15 de febrero de 2010; Kate del Castillo, *La Jornada*, 15 de febrero de 2012.

56 Inserción pagada por el Instituto Federal Electoral, *La Jornada*, 12 de marzo de 2012.

57 *La Jornada*, 24 de mayo de 2012.

58 Comparecencia de los funcionarios de HSBC en el Senado norteamericano, *Noticiero con Joaquín López-Dóriga*, Televisa-canal 2, 17 de julio de 2012.

59 Felipe Calderón, entrevista con Luis Prados y Salvador Camarena, *El País*, 15 de julio de 2012.

60 Según dijo el presidente de Perú Ollanta Humala que Calderón le dijo a él en plática privada en la Cumbre de las Américas, *La Jornada*, 15 de abril de 2012.

61 Felipe Calderón en el Foro Económico Mundial para América Latina, *La Jornada*, 17 de abril de 2012.

62 Alejandro Poiré citado por Sergio Aguayo, "Garza y Poiré", *Reforma*, 8 de diciembre de 2010.

63 Mario Luis Fuentes, "Por una república social", *Confluencia XXI*, núm. 16, enero-marzo de 2012, p. 11.

64 Nelson Arteaga Botello, *En busca de la legitimidad: violencia y populismo punitivo en México 1990-2000*, Universidad Autónoma de la Ciudad de México, México, 2004, p. 118; "Respuesta con datos", *art. cit.*

[65] Véase la nota 14.

[66] "Hablar bien de México", 9 de octubre de 2011.

[67] Gilberto Giménez, *Estudios sobre la cultura y las identidades sociales*, Consejo Nacional para la Cultura y las Artes/ITESO, México, 2007, p. 44, 45, 49.

[68] Natalia Mendoza Rockwell, "Crónica de la cartelización", *Nexos*, núm. 414, revista citada, p. 75; "¿Qué sucede en México?", 22 de julio de 2012.

[69] "La violencia está en nosotros", 14 de mayo de 2011.

[70] Segunda Encuesta Nacional de Cultura Constitucional: legalidad, legitimidad de las instituciones y rediseño del Estado, Universidad Nacional Autónoma de México/Instituto de Investigaciones Jurídicas, *La Jornada*, 25 de agosto de 2011; "No se olvida", 2 de octubre de 2011.

[71] Foro Internacional sobre Políticas de Regulación del Consumo de Drogas, citado, *La Jornada*, 27 de abril de 2012; Humberto Padgett, "Los muchachos perdidos", *El País*, 28 de junio de 2012.

[72] "Ciencia y razones", 13 de septiembre de 2009; "Diego y los ciudadanos", 23 de mayo de 2010.

[73] Platón citado por J. A. Barnes, *op. cit.*, p. 136.

[74] Siendo que había prometido bajarlos y no crear nuevos como dice Carlos Manuel Sabines Venegas, carta del lector en *Reforma.com*, 17 de mayo de 2008.

[75] Documento resumido por Leo Zuckerman en *Excélsior*, 3 de octubre de 2010, citado por Héctor Aguilar Camín, "Noticias que no son noticia", *Milenio*, 5 de noviembre de 2010.

[76] H. Aguilar Camín, *ibíd.*

[77] Macario Schettino, "Cierre de año", *El Universal*, 21 de diciembre de 2010; "Principio de año", 2 de enero de 2011.

[78] Luis Téllez, *Publimetro*, 11 de junio de 2012.

[79] *La Jornada*, 31 de julio de 2009.

[80] Luis Petersen Farah, "2010 el año malo", *Milenio*, 26 de diciembre de 2010; "Principio de año", *art. cit.*

[81] Antonio Gazol Sánchez, "¿Dónde está la política industrial?", *Confluencia XXI*, núm. 16, revista citada, p. 112.

[82] Carlos Fernández Vega, "México S.A.", *La Jornada*, 4 de mayo de 2010.

[83] Carlos Elizondo Mayer Serra, "Para competir… hay que competir", entrevista con Sonya Valencia, *Examen*, año XII núm. 206, mayo de 2012, p. 16.

[84] Rogelio Montemayor Seguy, "¿Basta la estabilidad macroeconómica para dinamizar nuestro desarrollo?", *Confluencia XXI*, núm. 16, revista citada, p. 18.

[85] "El tiempo: un misterio", 28 de abril de 2008.

[86] INEGI, *La Jornada*, 31 de julio de 2009.

[87] *Sinembargo.mx*, 16 de junio de 2012; *Noticiero con Joaquín López-Dóriga*, Televisa-canal 2, 13 de julio de 2012.

[88] *La Jornada*, 19 de julio de 2012.

[89] Jorge Castañeda, "Por fin: una clase media mexicana", capítulo 2 del libro, *Mañana o pasado. El misterio de los mexicanos*, Aguilar, México, 2011, pp. 85 y 99; Luis Rubio y Luis de la Calle, "Clasemedieros", *Nexos*, núm. 389, mayo de 2010.

[90] José Luis Ortiz Santillán, *Analítica.com*, 16 de junio de 2012.

[91] Jorge Zepeda Patterson, "La crisis que viene", *El Universal*, 22 de julio de 2012.

[92] *La Jornada*, 17 de julio de 2012; *Noticiero con Joaquín López-Dóriga*, Televisa-canal 2, 9 de julio de 2012.

[93] *La Jornada*, 21 de julio de 2009; "Origen de la desgracia", 2 de agosto de 2009.

[94] *La Jornada*, 21 de julio de 2012.

[95] Carlos Manuel Sabines Venegas, carta del lector ya citada.

[96] "El único argumento válido", 20 de mayo de 2012.

[97] José Narro, *La Jornada*, 19 de mayo de 2012.

[98] Las secretarías de Economía y de Hacienda citadas en Antonio Gazol Sánchez, *art. cit.*, p. 117; INEGI citado en *La Jornada*, 31 de julio de 2009.

[99] A. Gazol Sánchez, *ibíd.*

[100] *Ibíd.*

[101] El secretario que lo dijo fue Alberto Cárdenas Jiménez, *La Jornada*, 21 de abril de 2008, pero todos los demás han hablado en el mismo sentido; Armando Bartra, "Vivir en el campo", *La Jornada del Campo*, 21 de julio de 2012, p. 2.

[102] Jaime F. de la Mora Gómez, "Una década perdida en el sector primario", *Confluencia XXI*, núm. 16, revista citada, p. 86.

[103] "Alimentos y mentiras", 2 de junio de 2008.

[104] Comparecencia del titular de la SAGARPA, *La Jornada*, 19 de agosto de 2009. Según los diputados, "los datos que proporciona la SAGARPA sobre la situación en el sector no coinciden con la realidad en el campo", *ibíd.*

[105] *Noticiero con Joaquín López-Dóriga*, Televisa-canal 2, 9 y 25 de julio de 2012.

[106] Martha Martínez, *Enfoque*, núm. 874, 23 de enero de 2011, pp. 7-11.

[107] César Castruita, "Los pasos de los pesos", *Crónica*, 13 de septiembre de 2008.

[108] Gloria Guevara, *Reforma*, 30 de mayo de 2011.

[109] Datos del Consejo Nacional Turístico en *ibíd*.

[110] Jorge Hernández Delgado, presidente de la Confederación Nacional Turística, *Armenta Turismo Online*, 15 de julio de 2012.

[111] *Notimex*, 30 de enero de 2012; *Noticiero con Joaquín López-Dóriga*, Televisa-canal 2, 18 de julio de 2012.

[112] Gustavo Leal F., "¿Vivir mejor? ¡Qué chulas encuestas!", *La Jornada*, 10 de enero de 2009.

[113] Sandino López, carta a El correo ilustrado de *La Jornada*, 15 de julio de 2012.

[114] Las denuncias se han escuchado desde la segunda mitad de la década de los noventa en radio y periódicos. "Carta abierta a Mario Luis Fuentes", 1 de junio de 2000.

[115] "El progreso improductivo", 1 de mayo de 2012.

[116] *Milenio*, 28 de julio de 2012.

[117] Macario Schettino, "¿Un diagnóstico correcto?", *El Universal*, 22 de noviembre de 2009; Antonio Gershenson, "¿Cuánto petróleo tenemos y dónde?", *La Jornada*, 3 de abril de 2011; carta de Claudio Bortolini a Enrique Galván Ochoa, "Dinero", *La Jornada*, 19 de julio de 2012.

[118] *Milenio*, 31 de agosto de 2008; *El País*, 15 de julio de 2012.

[119] Rosario Ibarra de Piedra, *Milenio*, 31 de agosto de 2008; Red Nacional de Organizaciones Civiles Todos los Derechos para Todos, *Crónica*, 13 de septiembre de 2009; *Reforma*, 1 de diciembre de 2010; Informe citado de Human Rights Watch (HRW), 2011; *La Jornada*, 23 de julio de 2011.

[120] Alejandro Martí, *Reforma*, 24 de mayo de 2012.

[121] *Crónica*, 13 de diciembre de 2008; *Reforma*, 9 de julio de 2008.

[122] Véanse pp. 47 y ss.

[123] Pedro Miguel, "Un régimen fallido", *La Jornada*, 17 de julio de 2012.

[124] Carlos Puig, "Las pequeñas cosas", *Milenio*, 13 de diciembre de 2008.

[125] "Aplican restricciones: hacer trámites en la ciudad de México", dossier *La ciudad de cada quien*, *Nexos*, núm. 404, octubre de 2011, pp. 85-86.

[126] *Reforma*, 2 de junio de 2011; "¿Qué significa ser ciudadano?", 19 de junio de 2011.

[127] "El SAT, nuestro enemigo", 31 de agosto de 2008.

[128] "Historias de huesitos", 6 de junio de 2010.

[129] *Ibíd.*; Luis Martínez, *La Jornada*, 1 de junio de 2012.

[130] Patricia Galeana, "2010: autocomplacencia oficial", *Enfoque*, núm. 874, 23 de enero de 2011.

[131] Luis Medina Peña, "Las dos historias patrias", *Nexos*, núm. 381, septiembre de 2009, p. 42; "Historias de huesitos", *art. cit.*

[132] El presidente de la Academia Mexicana de Ciencias Forenses y exinvestigador del Instituto Nacional de Ciencias Penales Ángel Gutiérrez Chávez aseguró que "desde la lógica forense y penal fue un acto terrorista". En cambio para John Horgan, un académico norteamericano experto en el tema, "el de Morelia fue un ataque de aficionados", hecho por un grupo que está experimentando con tácticas terroristas que supone pueden ser eficaces para lo que a él le interesa, pero no un acto terrorista. "Terrorismo sí o no", 28 de septiembre de 2008.

[133] Maite Azuela, "La cohesión de lo intangible", *Blog* del 27 de julio de 2009.

[134] "Diálogo con los lectores", 17 de diciembre de 2007.

[135] *La Jornada*, 23 de julio de 2012; "El no", 22 de julio de 2008; "Los legisladores: nuestros enemigos", 10 de diciembre de 2007.

[136] Román Revueltas, "La fatalidad mexicana", *Milenio*, 26 de diciembre de 2010.

[137] Véanse pp. 195 y ss.

[138] Benjamin Bradlee citado por J. A. Barnes, *op. cit.*, p. 1.

[139] Andrés Manuel López Obrador, debate, Televisión-canal 11, 11 de junio de 2012; José Antonio Meade, *Noticiero con Joaquín López-Dóriga*, Televisa-canal 2, 12 de junio de 2012.

[140] José Luis de la Cruz Gallegos, estudio hecho por el Centro de Investigación en Economía y Negocios del Instituto Tecnológico de Monterrey campus Estado de México, citado por Carlos Fernández Vega, "México S.A.", *La Jornada*, 12 de junio de 2012.

[141] "Al menos técnicamente", 10 de enero de 2010; "¿Venganzas?", 29 de enero de 2012.

[142] Rafael del Olmo a Arturo Damm Arnal, *Pesos y contrapesos*, Uno TV, 4 de enero de 2012; "¿Venganzas?", *ibíd*.

[143] *Reforma*, 23 de julio de 2012.

[144] "Los ciudadanos inexistentes", 3 de abril de 2011; "Ser ciudadano", 12 de junio de 2011; conferencia "Los ciudadanos y las elecciones. ¿Incompatibilidad de intereses?", en el seminario *2012: elecciones en tiempos de cinismo y agravio*, Instituto de Ciencias Jurídicas de Puebla, noviembre de 2011.

145 "Estamos solos", 21 de agosto de 2011.

146 Conferencia "Gobernabilidad democrática y participación ciudadana", ponencia presentada en el ciclo *Gobernabilidad democrática. ¿Qué reforma?*, Comisión Especial para la Reforma del Estado, Cámara de Diputados/Instituto de Investigaciones Jurídicas de la Universidad Nacional Autónoma de México, Salón Legisladores del Recinto Legislativo, septiembre de 2004; publicada en Manuel Camacho y Diego Valadés, coords., *Gobernabilidad democrática. ¿Qué reforma?*, Universidad Nacional Autónoma de México/Cámara de Diputados, 2005, pp. 526-530.

147 "Sin lugar para nosotros", 19 de julio de 2009.

148 Véanse pp. 164-168. "Elecciones para los ciudadanos", 24 de octubre de 2010; "La farsa de la participación ciudadana", 27 de marzo de 2011.

149 Jorge Castañeda y Rubén Aguilar, *La diferencia: radiografía de un sexenio*, Grijalbo, México, 2007, p. 9.

150 John Carlin, "Enemigo público número uno de la democracia", *El País*, 16 de septiembre de 2011; "Maneras de vivir la realidad", 6 de noviembre de 2011; "La vida sigue", 17 de abril de 2011.

151 Anuncios en estaciones de radio del país durante el 14 y 15 de septiembre de 2010; "Los festejos", 19 de septiembre de 2010.

152 Véase p. 313.

153 Óscar Galicia, *El Sol de México*, 15 de febrero de 2010.

154 Gustavo Madero del PAN y Concamin, *La Jornada*, 2 de agosto de 2010; León Bendesky, "Fortaleza económica en duda", *ibíd.*

155 Véanse las notas 105 y 106.

156 Greenpeace, correo electrónico a Sara Sefchovich, 19 de julio de 2012.

157 Ranking Nacional de Confianza en las Instituciones, Consulta Mitofsky, 2008; Roy Campos, entrevista, *Noticiero con Joaquín López-Dóriga*, Televisa-canal 2, 2 de septiembre de 2007; "¿A quién creerle?", 9 de junio de 2008.

158 Latinobarómetro citado en José Antonio Crespo, "México y Brasil: autoimagen nacional", *Excélsior*, 7 de abril de 2010; "Hablar bien y mal de México", 13 de junio de 2010.

159 R. Revueltas, *art. cit.*

160 M. L. Fuentes, *art. cit.*, p. 9; Pilar Montenegro en *La Jornada*, 2 de septiembre de 2011.

161 Véase p. 328.

162 "La violencia está en nosotros", 14 de mayo de 2011.

163 Villalobos, *art. cit.*

164 Lorenzo Meyer, Leonardo Curzio, José Antonio Crespo, *Primer Plano*, Televisión-canal 11, 23 de julio de 2012.

165 Gerardo Ruiz Mateos, *La Jornada*, 22 de abril de 2010.

166 Luis Herrera Lasso, *México: la seguridad nacional en la encrucijada*, seminario citado.

167 Véanse pp. 258-259.

168 Eduardo Guerrero, "Políticas de seguridad en México", *art. cit.*, p. 21.

169 Carlos Puig, "Armas, muertos y responsabilidades", *Milenio*, 28 de julio de 2012.

170 Peter Kornblum "Wikileaks y los archivos de América Latina", *La Jornada*, 11 de agosto de 2012.

171 Noam Chomsky, palabras en el festejo de los 45 años de NACLA, *La Jornada*, 13 de mayo de 2012.

172 "El presidente y el fotógrafo", 29 de julio de 2012.

173 "¿Hora del silencio?", 28 de diciembre de 2008.

174 Bernardo Bátiz V., "Riesgo de contagio", *La Jornada*, 4 de agosto de 2012.

175 Peter Osborne, "Speaking Truth in Power", *The Guardian*, 4 de marzo de 2009.

176 Michael Schermer, *Why People Believe Weird Things*, Henry Holt and Co., New York, 2002, pp. 51 y 90-91.

177 "El peso de la palabra", *art. cit.*

178 Hannah Arendt citada por J. A. Barnes, *op. cit.*, p. 137.

179 San Agustín y Kant citados por Perez Zagorin "The Historical Significance of Lying and Dissimulation", *Social Research*, vol. 63, núm. 3, otoño de 1996 p. 870 y ss.; Mark Twain y George Orwell citados en Carlos Castilla del Pino citado en Silvia Blanco "Todos mentimos, lo que cambia es la dosis", *El País*, 13 de noviembre de 2009; Nietzsche citado en J. A. Barnes, *op. cit.*, p. 140.

180 Frederick Bailey citado en J. A. Barnes, *ibíd.*, p. 16.

181 Sissela Bok, "Prefacio a la edición de 1989", *op. cit.*, p. 9.

182 Nietzsche citado en J. A. Barnes, *op. cit.*, p. 140.

183 David Livingstone Smith, "Prefacio", *Why We Lie: The Evolutionary Roots of Deception and the Unconscious Mind*, St Martin's Griffin, New York, 2007, p. 2.

184 *Ibíd.*, pp. 12 y 13.

185 Para las Malvinas, véase Peter Osborne, *The Rise of Political Lying*, Free Press, London, 2005, capítulos 1 a 4 ; para Irak, John J. Mearsheimer, *Why Leaders Lie. The Truth about Lying in Inter-*

national Politics, Oxford University Press, New York, 2011, pp. 4 y 5, y David Corn, *The Lies of George W. Bush*, Random, London, 2003; para Enron, Larry Elliott y Richard J. Schroth, *How Companies Lie: Why Enron is Just the Tip of the Iceberg*, Nicholas Brealey, London, 2002; para España, Maruja Torres "Gobernar con la mentira", *El País*, 24 de junio de 2012, p. 8.

[186] Tierry Meyssan, *La terrible impostura*, El Ateneo, Madrid, 2004.

[187] Naief Yehya, "Bradley Manning, el nuevo macartismo", *Zócalo*, abril de 2012, p. 56.

[188] P. Osborne, "Introduction", *The Rise of Political Lying*, *op. cit.*, p. 7. Este autor afirma para Inglaterra lo mismo que yo para México: que la mentira es la característica definitoria (*defining feature*) de la cultura política británica moderna.

[189] Maquiavelo citado por Perez Zagorin, *art. cit.*, p. 885; Brooke Harrington, "Introduction: Beyond True and False", en Brooke Harrington, ed., *Deception. From Ancient Empires to Internet Dating*, Stanford University Press, Stanford, 2009, p. 15.

[190] Sissela Bok citada por J. A. Barnes, *op. cit.*, p. 12.

[191] Gianni Vattimo, *A Farewell to Truth*, Columbia University Press, New York, 2009, cap. 1, pp. 1-46. Véase p. 336.

[192] Julian Assange, en *Wiki Secrets*, película de Marcela Gaviria, 2011, Canal 22, 27 de julio de 2012.

[193] Ricardo Piglia, "La utopía defensiva", *La Tempestad*, noviembre de 2010, p. 87.

Esta obra se imprimió y encuadernó
en el mes de agosto de 2012,
en Drokerz Impresiones de México, S.A. de C.V.
que se localizan en la calle Venado No. 104, Col. Los Olivos,
CP 13210, Del. Tláhuac, México, D.F.